中华传统文化经典解说

张法祥　柯美成　编著

（上）

华夏出版社

图书在版编目(CIP)数据

荀子解说/张法祥,柯美成编著．－北京:华夏出版社,2009.3
(中华传统文化经典解说)
ISBN 978－7－5080－4809－3

Ⅰ．荀…　Ⅱ．①张…②柯…　Ⅲ．①儒家②荀子－注释　Ⅳ．B222.62

中国版本图书馆 CIP 数据核字(2009)第 027338 号

华 夏 出 版 社 出 版 发 行
(北京东直门外香河园北里4号　邮编:100028)
新　华　书　店　经　销
北 京 圣 瑞 伦 印 刷 厂 印刷
三河市李旗庄少明装订厂装订
720×990　1/16 开本　34.75 印张　480 千字　插页 4
2009 年 4 月北京第 1 版　　2009 年 4 月北京第 1 次印刷
定价:39.00元

本版图书凡印刷装订错误可及时向我社发行部调换

目　录

前　言 ·· (1)

劝学篇第一 ··· (1)

修身篇第二 ··· (14)

不苟篇第三 ··· (27)

荣辱篇第四 ··· (38)

非相篇第五 ··· (54)

非十二子篇第六 ·· (68)

仲尼篇第七 ··· (80)

儒效篇第八 ··· (89)

王制篇第九 ··· (116)

富国篇第十 ··· (143)

王霸篇第十一 ·· (165)

君道篇第十二 ·· (193)

臣道篇第十三 ·· (214)

致士篇第十四 ·· (227)

议兵篇第十五 ·· (233)

强国篇第十六 …………………………………………… (255)

天论篇第十七 …………………………………………… (271)

正论篇第十八 …………………………………………… (285)

礼论篇第十九 …………………………………………… (312)

乐论篇第二十 …………………………………………… (339)

解蔽篇第二十一 ………………………………………… (350)

正名篇第二十二 ………………………………………… (369)

性恶篇第二十三 ………………………………………… (392)

君子篇第二十四 ………………………………………… (411)

成相篇第二十五 ………………………………………… (417)

赋篇第二十六 …………………………………………… (431)

大略篇第二十七 ………………………………………… (440)

宥坐篇第二十八 ………………………………………… (473)

子道篇第二十九 ………………………………………… (483)

法行篇第三十 …………………………………………… (490)

哀公篇第三十一 ………………………………………… (495)

尧问篇第三十二 ………………………………………… (503)

附录:历代名家论荀子 ………………………………… (511)

前　言

　　荀子是先秦儒家中三个最重要的人物之一，他继孔子、孟子之后被称为儒学大师，和孟子有同等重要的地位。但荀子及荀学在历史上却几经浮沉，引起的争议非常激烈，迄今不息。荀子其人其学，有叙说不完的话语，有值得深入探究的义理，也有为智为仁争讼不已的疑案难题。千百年来，伴随着绌荀、申荀的起落反复，人们对荀子之学不断地推出新的认识，获取新的启示。

　　一、荀子的生年行历

　　荀子名况字卿，因荀、孙属上古双声，二字可通假以用，故又称孙卿。战国末季赵国（今山西安泽）人。

　　古籍记载有关荀子生平行历者，仅见之于《史记》本传及刘向《别录》，然而过于简略，疑案颇多。其他资料只言片语，且与司马迁、刘向所记相抵牾，所以关于荀子生平行历的研究，歧说纷纭，迄无定论。

　　《史记·孟轲荀卿列传》说："荀卿，赵人。年五十始来游学于齐。驺衍之术迂大而宏辩，奭也文具难施；淳于髡久与处，时有得善言。故齐人颂曰：'谈天衍，雕龙奭，炙毂过髡。'田骈之属皆已死。齐襄王时，而荀卿最为老师。齐尚修列大夫之缺，而荀卿三为祭酒焉。齐人或谗荀卿，荀卿乃适楚，而春申君以为兰陵令。春申君死而荀卿废，因家兰陵。李斯尝为弟子，已而相秦。荀卿嫉浊世之政，亡国乱君相属，不遂大道而营于巫祝，信禨祥，鄙儒小拘，如庄周等又猾稽乱俗，于是推儒、墨、道德之行事兴坏，序列著数万言而卒。因葬兰陵。"

　　《别录·叙录》说："孙卿，赵人，名况。方齐宣王、威王之时，聚天下贤士于稷下，尊宠之。若邹衍、田骈、淳于髡之属甚众，号曰列大夫，皆世所称，咸作书刺世。是时，孙卿有秀才，年五十始来游学。诸子之事，皆以为非先王之法也。孙卿善为《诗》、《礼》、《易》、《春秋》。至齐襄王时，孙卿最为老师，齐尚修列大夫之缺，而孙卿三为祭酒焉。齐人或谗孙卿，乃适楚，楚相春申君以为兰陵令。人或谓春申君曰：'伊尹去夏入殷，殷王而夏亡；管仲去鲁入齐，鲁弱而齐强。故贤者所在，君尊国安。今孙卿，天下贤人，所去之国，其不安乎！'春申君使人聘孙卿。孙卿遗春申君书，刺楚国，因为歌、赋，以遗春申君。春申君恨，复固谢孙卿，孙卿乃行，复为兰陵令。春申君死而孙卿废，因家兰陵。"

对上列两古籍所记"年五十始来游学于齐"，最先由东汉应劭《风俗通义·穷通篇》提出修正之议："齐威、宣之时，聚天下贤士于稷下，尊宠。若邹衍、田骈、淳于髡之属甚众，号曰列大夫，皆世所称，咸作书刺世。是时孙卿有秀才，年十五始来游学。诸子之事皆以为非先王之法也。孙卿善为《诗》、《礼》、《易》、《春秋》。至襄王时，孙卿最为老师。"这是因为，齐威王是齐宣王的父亲，故将《叙录》之"方齐宣王、威王之时"，改正为"齐威、宣之时"。今人梁启雄《荀子简释》认为，"威王"二字衍，或"威"系"湣"之误，湣王是宣王之子，故又将"方齐宣王、威王之时"，改定为"齐宣、湣王之时"。又，"秀才"当属年少才俊，故宜以"孙卿有秀才，年十五始来游学"，矫正《叙录》"孙卿有秀才，年五十始来游学"之误写。有了这两处的修正，即可使文意、辞气贯通妥帖。重要的是，因将始来游学于齐的年龄界定在十五岁，荀子享年数的过高估算，也就自然得以避免。可以假定，荀子始游学分别在齐威、宣、湣王之末季，当分别不迟于公元前320年、前300年、前283年，则到春申君公元前238年被杀，年五十者便分别年届一百三十二岁、一百一十二岁、九十五岁。然而，若年十五者，便分别年届九十七岁、七十七岁、六十岁。

公元前238年，春申君死而荀子被废，又值李斯因上《谏逐客书》而官至秦王政之廷尉，荀子愤而为之不食。这两件不幸之事发生，夺去了荀子的生命。所以，又可以假定，荀子的卒年即在公元前237年前后。如是，依"年五十"始游学于齐之说，如在威、宣王之际，则其生年当于公元前370年前后；在宣、湣王之际，则其生年当于公元前350前后。或依"年十五"始游学于齐之说，如在威、宣王之际，则其生年当于公元前335年前后；在宣、湣王之际，则其生年当于公元前315年前后。在湣王之末季始游学于齐，依"年五十者"，则其生年当于公元前333年前后；依"年十五者"，则其生年当于公元前298年前后。荀子曾有"人无百岁之寿"一说，见于《王霸篇》。若依"年五十者"始游学于齐估算，不论出生于何时代，其享年也逾百岁，而这在当时不大可能。司马迁说"田骈之属皆已死"，这是说驺衍、田骈、邹奭、淳于髡等人鼎盛的威、宣之际或宣、湣之际成为过去，"齐尚修列大夫之缺"，邀请荀子"三为祭酒"，故有"齐襄王时，而荀卿最为老师"的声望和荣耀。想情度理，这是齐襄王中后期的事情。此时荀子其资质、阅历、学养，无一不丰，且当年富力强，在六、七旬年当中。综合上述，可以推定，荀子生年当于公元前315年前后,卒年当于公元前238年之后,享年八十岁有余。此当较为合理之论。但自清人汪中,及至现代学者冯友兰、侯外庐都主张在尚无确证的情况下,不轻易定荀子生卒之年,而暂作阙疑。这是明智之举。

自田齐政权建立,统治者为了扩大政治影响,笼络知识分子,创办稷下学宫,成为战国时代最大的文化学术中心。稷下学宫立"不治而议论"(《史记·田敬仲完世家》)或曰"不任职而议国事"(《盐铁论·论儒》)为宗旨,实行游学与议政结合,引导知识分子关心社会现实,此举深受人们欢迎。孟轲、邹衍、淳于髡、宋钘、慎到、环渊、鲁仲连之徒,都曾来此讲学或参加学术活动。到齐宣王时,稷下学宫蔚为大观,收罗学者上千人,其中76人赏赐豪宅,封上大夫爵位。而到齐湣王时,稷下学士盛极,竟达数万人之众。湣王晚年,齐将败亡,稷下学宫衰微,后由齐襄王复国继位,重振稷下学宫,荀子等大批学者返回稷下。此时,田骈等老一辈学者相继去世,而荀子的学术成就却日益超拔,在列大夫中"最为老师","三为祭酒",担任稷下学宫主持人。荀子一生有大部分时间是在稷下学宫度过的,他从求学、讲学,及至做到最高学长,先后和儒、道、墨、法、名、阴阳等各家学术主要代表人物直接交往,相互交流学术见解,切磋修身治国平天下的君子之道。在稷下学宫,荀子过着自由讲学、自由辩论、著书立说的生活,一面和百家学说交锋争鸣,一面评论国是得失借以影响当权者的政治操作。这段经历,促成了荀子思想的广博深邃,使其具有复杂性、丰富性和开放性的特点,从而奠定了荀子在战国晚期学术界的领袖地位。

和孔孟一样,荀子也周游列国,游说诸侯,进行社会考察。他东至齐鲁,西入秦陇,北到燕赵,南及楚汉,足迹遍天下,详细地了解各诸侯国的政治、经济、军事、文化、教育、科技等各方面的情况。他最为深入地研究了齐、秦、赵、楚等国的历史与现状,试图说服显诸侯接受他以王道一天下的政治主张。在齐国,荀子有十余年的学术和资政活动,因三为祭酒、最为老师的稷下讲学而受人尊重,更以"处胜人之势,行胜人之道,天下莫忿"(《强国》)为主旨的说齐相之论而震动天下。荀子受秦昭王及应侯范雎之邀,到秦国观察民风国情,建议秦王"节威反文"、"端诚信全之君子治天下"(同上),用仁义之道统一天下。又到赵国和赵孝成王、临武君、陈嚣、李斯等探讨"兵要"(《议兵》),以仁义壹民、附民和以礼法治军的思想说服赵王,而称为上卿。荀子和楚国有终生不解之缘,先是去齐适楚,由楚相春申君任其为兰陵令;因受人之谗而解聘,遂而去楚归赵;后再受春申君坚请,复聘为兰陵令,故又去赵归楚,直至春申君被害而废职,最后定居并老死于兰陵。他对楚国政治黑暗极为不满,批评的方式直截了当,曾有长信致春申君,又作诗赋讽喻之,反复申述以礼法治国的理念。荀子行色匆匆,疲于奔命,向显诸侯灌输其礼法王霸思想,收效并不比他的祖师爷孔子好多少,他在齐、楚等国屡遭谗毁,其文韬武略也很少被当权者采纳。但他面临战国末世,目睹宋、鲁、东周的灭亡以及齐、楚的由强变弱,亲历秦赵长平之战的惨烈和各国时而合纵时而连横的历史演变,又是暴秦吞灭各诸侯国而践踏仁义的见证人。由此,他积累了丰富的社会阅历,对社会历史的发展规律有了深刻的理解和把握。

荀子在其《正论篇》屡称"子宋子",以"子"冠而尊称宋钘,表明荀子在初年大约师事过宋尹学派领袖人物宋子。又在其著述中,多次贬斥子思、孟子为"俗儒",攻击子游、子夏、子张为"贱儒",推崇仲尼、子弓为"大儒"。荀子以仲尼、子弓思想嫡传正宗自居,所以也每以大儒自命。荀子因传道与孟子齐名,更以传经优于孟子。荀子有别于孟子的"以意逆志"只观大略,而着力于始乎诵《经》终乎读《礼》,注重章句文学,并将学习目标引向做君子圣人,正是会通群经以经世致用。据刘向《别录》、班固《汉书·楚元王传》、陆机《毛诗草木虫鱼疏》、陆德明《经典释文叙录》等书记载,荀子当为经学之太祖,汉代的《礼》、《易》、《诗》、《书》、《乐》、《春秋》之学皆源于荀子。汉之古文经学、今文经学,无不显明地烙印着荀子思想的痕迹。康有为有感于荀子儒家传经大师的学术伟绩和地位,评论说:"孔子两大派,孟子荀子,传经之功荀子最多。"(《万木草堂口说》)荀子由于传道、传经相兼而使其学延续不绝,当年有传道高徒如李斯、韩非者流,经学名家如毛亨、伏生之辈,身后两千余年其术又为历代封建统治者所用。

著书立说,也是荀子的重要生活方式和内容。《史记·吕不韦列传》说:"是时诸侯多辩士,如荀卿之徒,著书布天下。吕不韦乃使其客人人著所闻,集论以为八览、六论、十二纪,共一百六十篇、二十余万言,以为备天地万物古今之事,号曰《吕氏春秋》。布咸阳市门,县千金其上,延诸侯游士宾客有能增损一字者予千金。"吕不韦与荀子是同时代人,他延聘食客撰成《吕氏春秋》之前,荀卿书已流布天下,为众人所喜爱,确令他"羞不如"。荀子著述远非孔孟只言片语之语录体可比,它以先期理论研究为基础,具备理论形态,形诸论证规则,单篇成文,专题设置,洋洋洒洒十数万言,全书构筑已臻完整体系。荀卿书的影响延续后世不断,西汉初年写就的《韩诗外传》广引荀书,至西汉成帝诏令光禄大夫刘向,将其所见荀书三百二十二篇,删除重复的二百九十篇,定为十卷三十二篇,取名《孙卿新书》。东汉班固《汉书·艺文志》著录《孙卿子》三十二篇。唐代元和年间,自号弘农人的登仕郎、守大理评事杨倞,开历史先河,为荀书作注,且重新调整篇目,将内容相近者合组编排,改十卷三十二篇为二十卷,定名《荀子》。此即今本《荀子》之始。至北宋时,《荀子》一书开始有国子监刻本。有清以来注家蜂起,惟王先谦集前人校刊、注释之成果,撰为《荀子集解》一本,于今最为通行。

通观今本《荀子》全书,既有《天论》、《解蔽》、《正名》、《性恶》等篇可以表明纯粹是荀子思想的精华之作;也有《儒效》、《议兵》、《强国》等篇径称"荀卿子"属以第三人称记录的篇章;《大略》、《宥坐》、《子道》、《法行》、《哀公》、《尧问》等篇则带有拼组痕迹的作品;另外,《荀子·礼论》又与《礼记·三年问》和《大戴礼记·礼三本》,《荀子·乐论》又与《礼记·乐记》和《礼记·乡饮酒》,《荀子·劝学》又与《大戴礼记·劝学》,其内容文字相同相似,两类篇章孰先孰后,后人有争议。相传大、小《戴记》所载篇目,为孔门弟子及其再传、三传弟子所记,但后人除了戴姓叔侄的编纂,不见原始文本,而荀子早在戴德、戴圣及其老师后苍百年之前已著有《劝学》、《礼论》、《乐论》诸篇,是最早的历史文献了。荀子即令根据孔子弟子所记而写作,也是再创作。《荀子》与大、小《戴记》有雷同,也是后者取自前者。司马迁史笔记荀子著书事,当属可信。荀子以学者著书,主于自作,独立完成,虽有几篇似为荀门弟子所记、杂录、传记成文,但也是以荀子自述为基础的合作篇章,学生仅付笔记功夫而已。从总体上看,《荀子》全书之质朴简约、说理透辟、结构谨严的特点,渗透在每一篇章,其前后思想连贯,风格基本一致,可谓"学者之文"的风貌浑然一体。胡适先生著《中国哲学史大纲》,以"为后人杂凑成"评判之,当非的论。

二、荀子的主要思想

荀子的思想学术繁富,涉及哲学、政治、经济、军事、伦理、法律、教育、文化、科技、历史、文艺、逻辑等各个领域,其思虑精湛、视野开阔、识力卓越、见解独特,为先秦诸子所不及。荀子用心良苦,营造出严整的理论架构,来承载他那博大精深的思想学术。这一理论体系具有严密的科学性。荀子提出"天人之分"命题,为自己的理论大厦奠定了深厚的唯物主义哲学基础,这是荀学的本体论或曰世界观部分,一般称之为荀子唯物主义自然观。荀子又以其唯物主义自然观为基础,进而考察人的认识能力及其发展过程和规律,构成了以"解蔽"为中心的唯物主义认识论和方法论。有了唯物主义世界观,又有唯物主义认识论、方法论,荀子哲学即成为完整的理论形态。接着,荀子由论形而上之道转入论形而下之器,运用他的哲学世界观和认识论、方法论来考察天地人三才之道,着重研究了人之道,人的本质和人类社会,得出了人"最为天下贵"(《王制》)、"人之性恶,其善者伪也"(《性恶》)的论断。这是荀子之学的核心思想。从"化性起伪"出发,即可演绎出礼义修身的为学之道、隆礼重法的君子之道(或曰治国理政之道)、统一天下的王霸之道等基本理论。《荀子》全书各方面的论述,诸如论为学、论修身、论荣辱、论人才、论王制王霸、论富国富民、论用兵之道、论为君之道、论为臣之道、论强国之道、论隆礼重法、论人治法治、论天道、论人性、论法后王、论礼乐、论正名、论解蔽等等,全都包括在其基本理论之中而各得其宜。这里所提及的,只是其中最重要的部分。

(一)荀子的天人观:"明于天人之分"是荀子哲学思想的基础

荀子天人学说的出发点是强调"天人之分"。对于天人关系这个古老命题,儒道两家学派创始人有截然相反的看法。老子主张"无为而无不为",孔子虽然基本上主张有意志的天,提出"知天命"、"畏天命"、"遵天命",但他同时亦注重"人为",以道家重天道、儒家重人道相区别。道家认为"无为而尊者,天道也。有为而累者,人道也"(《庄子·在宥》),故而应将"以心捐道"、"以人助天"(《庄子·大宗师》)的仁义礼智全部废弃,改成效法天道自然,实行无为而治。如是,天道、人道两者各行其道,或者人道服从天道,天道支配人道,人只能消极无为。"道之将行也与,命也;道之将废也与,命也。"此"命"指天命或天意。因为君子以"知命"为己任,"不知命,无以为君子也"。(《论语·尧曰》)于是就有了竭尽主观努力的"知其不可而为之"(《论语·宪问》)的使命感,只管追求道德理想,可以不计成败功利。子贡曾感叹:"夫子之文章,可得而闻也,夫子言性与道,不可得而闻也。"(《论语·公冶长》)这说明,孔子因"畏天命"解决不了现实问题而陷入了二元论的困惑。孟子从有意志的天转化为道德的天,他将天赋予的善性仁、义、礼、智用于"知天"而达到"天人合一",而人仍依赖于天,人之"有为"仅限于道德的完善、精神的诉求,如此岂可以"尽人事"?孟子以性、以德、以诚合于天,惟"万物皆备于我"(《孟子·尽心上》)至上,追求天人浑然无差别境界,这种神秘主义的政治哲学,于拯救乱世不切实用。荀子看出,儒道前辈回答"天人之际",毛病出在他们下功夫于认识自然、驾驭自然,而在认识社会、驾驭社会方面却显得无能为力。要将"有为"的人道与"无为而无不为"的天道结合起来,这是个重大的难题,它摆在了荀子面前。

荀子的天人观集中体现在他的名篇《天论》中。和前人在天人关系上着眼于天人相合不同,荀子立足于天人相分。荀子"天人之分"的思想理路,在先秦哲学中是异数,具有独创意义。他运用"明分"方法论研究天地人三才之道,首先把天道、人道分开来进行考察,然后再合而协调之。在完成其"天人相分、天人相合"的过程中,始终贯穿着他对儒道前辈所提出的"道"、"有为"、"无为"等范畴,从理论上进行必要的修正和调整。因而,荀子"明于天人之分"的思想,是当时中国学术最崭新的理论,有宏伟的气魄。

"明于天人之分",其"分"当训职分。"天有其时,地有其财,人有其治,夫是之谓能参"。(本节此下引文未特别注明的皆出自《天论》,不一一加注)形上之天具有本体超越性,称之为道;形下之人具有现实经验性,称之为器。二者应予区分,这正是荀子强调"天人之分"的理论基点。沿着这一致思途径行进,荀子看到了天行有常、天道无为的一面,又发现了人定胜天、人道有为的一面。天至大无外,至微无内,无声无形,无欲无为,创生万物,超越一切;这一本源性的天,是荀子借鉴老子的思想而来的。他把孔孟的"主宰之天"、"道德之天"改造成为"自然之天",赋予了物质的实在性,消除了天的人格色彩、宗教意味,而定格在唯物主义宇宙观上。所谓"天行有常,不为尧存,不为桀亡。应之以治则吉,应之以乱则凶。强本而节用,则天不能贫;养备而动时,则天不能病;循道而不贰,则天不能祸",所谓"天有常道矣,地有常数矣,君子有常体矣"。天以自己独立运行的规律出现,自己无意识也不受人的意志干涉,明乎此,人便只能自守职分,既不为"天地之变,阴阳之化"而恐惧,亦"不与天争职","故明于天人之分,则可谓至人矣"。

然而,虽然天道归天道,人道归人道,但人毕竟是社会的动物群,不是自然的动物群,人要与天沟通,与天地相参,才能安身立命。人秉敬天、顺天、和天之心,"知其所为,知其所不为","制天命而用之",即可就利避害、免祸致福,这就是德福合一的天人相通。人固然改变不了天道,却可以因"人为"而变易利害、转化祸福。一是靠道德主体的内在精神的完善,二是靠社会全员的同心合一的奋斗,而后者更为重要。荀子厌弃"大天而思之"、"从天而颂之"、"望时而待之"、"因物而多之"、"思物而物之"、"愿于物之所以生",这是反对做天的俘虏;他倡导"物畜而制之"、"制天命而用之"、"应时而使之"、"骋能而化之"、"理物而勿失之"、"有物之所以成",这是勉励人发挥主体能动性和自觉性,进行生产实践、社会实践,利用自然、改造自然、战胜自然。荀子在确认外在的世界客观存在着以及道的普遍性规律这一前提下,来论述他"明于天人之分"的唯物主义哲学思想,并将这一思想的主旨规定为:顺天地之变,尽人事之力,以造福于人类。荀子拿"知其所为,知其所不为",来消解"错人而思天"的道家"无为"思想中的消极因素,避免了"舍其所以参,而愿其所参"的错误。他又以"制天命而用之"、"君子敬其在己者,而不慕其在天者,是以日进也",来界定儒家"有为"思想的内涵,使儒家积极入世的理念臻于科学化、规范化、完善化。如此提升儒家"有为"思想,必然抬高"明于天人之分"的理论价值。由"天人相分"突出人的主体生存的理性思维,可以直接引申出性恶论。再由性恶论导入礼义之起源,同时派生出为学修身齐家治国平天下的思想,最后归结于一统天下而为圣人之治。

"明于天人之分,则可谓至人矣"、"惟圣人为不求知天"、"制天命而用之",寥寥数语,惊世骇俗,力若千钧,使荀子一下子站在了先秦理论的高峰。老庄、墨宋、慎田、邓惠、思孟各家学派偏执一端,"而自以为知道,无知也"。而只有"明于天人之分",才能称为明至理之人,"知通乎大道,应变而不穷,辨乎万物之情性者也"(《哀公》)。

(二)荀子的人性观:"性恶论"是荀子思想的核心

荀子最为后人所诋訾者,是他提出了性恶论。其实性恶论揭示了人之为人的本质,发现了"自觉的人",具有重大的理论价值。《荀子》中,除有中国古代思想史上唯一全面系统论述人性论的名篇《性恶》一文外,《劝学》、《修身》、《荣辱》、《非相》、《非十二子》、《儒效》、《王制》、《富国》、《王霸》、《君道》、《天论》、《礼论》、《解蔽》、《正名》等篇也都就人性问题发表了重要意见。荀子从人性恶这一基本观点出发,对人性、人情、人欲所做的阐述,形成他学说的一个核心的思想,为他的社会学、政治学、经济学、军事学、法律学、教育学等提供了理论上的依据,并且丰富和发展了儒家"人学"的思想,使之臻于完善。康有为说:"荀子专言人学,而不言天。"(《万木草堂口说》)章太炎曰:"荀子专主人事,不务超出人格,则但有人趣。"(《国学讲义》)这是对荀子学说根本价值的肯定。

荀子的性恶论是为反驳孟子的性善论而发。文章虽以《性恶》名篇,实则是全面地论证"人的本质"。"人之性恶,其善者伪也",开篇即揭出"性伪之分",正是荀子人性观的基础和前提。这里涉及了两个内涵完全不同的概念:"性"和"伪"。那么,何以为"性"、为"伪"？二者之间区别何在？荀子解释说:"凡性者,天之就也,不可学,不可事。礼义者,圣人之所生也,人之所学而能、所事而成者也。不可学、不可事而在人者,谓之性;可学而能、可事而成之在人者,谓之伪:是性、伪之分也。"(《性恶》)可见,"伪"即人为。性、伪都存在于人,成为人的本质的两个方面,一个是"天之就也不可学,不可事",属先天的自然属性;一个是"人之所学而能、所事而成者也",属后天修为的社会属性。荀子将性、伪列为探讨人性的对象,前者是感性层面的人性,后者是理性层面的人性,终因理性战胜感性而融入一个统一体,形成人的完整的本质。孟子和荀子的分歧存在于感性层面而非理性层面,二人都承认礼义道德是善不是恶,都承认善是完美的人性,所以在理性层面他们是一致的。荀子不仅肯定"礼义辞让"是人性,也承认"天之就也"的"好利争夺"同样是人性,是人的本性。孟子否定人的自然属性是人性,荀子则肯定人的自然属性是本性,只是认为后天修为所形成的礼义道德是价值准则,是人性而不是本性而已。孟子以人之性善与生俱来,荀子以人之性恶与生俱来。二人都主张对人实行道德教化,可是孟子强调以扩充本然的"良知"之善端为起点,荀子强调以抑制本能的"情欲"之恶端为起点。孟子主张人性本善,并不足以解释春秋战国时期尖锐的社会矛盾和惨烈的兼并斗争,不利于确立尊圣隆礼之教,而且也不可能有效地贯彻礼义之道。荀子立足于现实,明确地肯定人普遍具有恶的自然本性,正是为了唤醒人们的自救意识,同时也力图彰显礼义教化,以鞭策人们在后天的道德践履中改造恶的人性。荀子以"由恶入善"为致思理路,虽则迂回曲折,却可以在正视人普遍必然的自然欲求的基础之上,进而更深刻地揭示人的本质,引领人类认识自我、改造自我的思潮。

概括地说,荀子以"人性本恶"为出发点,运用"性伪之分"的理论分析的方法,全面论证人的本质。他既肯定"性恶"是人的本质,也肯定"人为"是人的本质,而且是更深刻和最理性的本质。下面就是荀子为我们所描述的人的本质性特征。其一,人是社会动物。论力和走,人不如牛马,但牛马为人所役使,这是因为"人能群,彼不能群也"。"人何以能群？曰:分。""群",指群居、群分,而群分又是群居的内在原因。人不是一般的动物合群,是社会合群,它是由三个"明分"组建的人类社会。"贵贱、杀生、予夺",属贵贱等级原则;"君君、臣臣、父父、子子、兄兄、弟弟",属伦理原则;"农农、士士、工工、商商",属社会分工原则(以上引自《王制》)。三个原则之中,礼义一以贯之。人类依靠礼义将自己最终从自然界中分化出来,在处理好人与自然、人与人的关系的基础上,结成有序的社会关系而变得力量强大,达到"胜物"的目的。可见,荀子认为群体性、社会性是人的自觉意识最普遍的表现。其二,人是理性动物。禽兽有父子而无父子之亲、有雌雄而无男女之别,而人则有之。人能认识事物、辨明是非,原因何在?"以其有辨也。"(《非相》)而能辨又来自于"心"。"知道"之"心",称为"形之君"、"天君"、"神明之主"(《解蔽》),是"天之就也",即天赋的自然之性。但"心"有神奇作用,"心虑而能为之动,谓之伪"。由于"心"的作用,人才会有知、有辨、有义、能群、明分。人的主体能动性,人认识世界和自身、主导自身的活动和行为,都是因为"心"具有能动作用才为之提供基础和前提条件的。因此,荀子重视"心"的理性思维能力,以之为人最深层次的本质特征。其三,人是有主体能动性的动物。人有"性伪之分",但荀子同时又指出了"性伪合"。人本性虽恶,却可以通过"化性起伪",由恶入善。人之性、伪,二者兼备,"性者,本始材朴也;伪者,文理隆盛也。无性则伪之无所加,无伪则性不能自美。性伪合,然后成圣人之名,一天下之功于是就也"(《礼论》)。但居于本体和基础地位的自是自然本性,社会属性是对自然本性的改造、优化和超越。人因"化性起伪"而列于天地万物之中,终能独立有为。"伪"包括人的道德实践、生产实践和社会实践等活动方式,人所创造的全部精神产品、物质产品皆由"伪"形成。由于"伪",野蛮的世界变成了"礼义辞让"(《强国》)、"文理隆盛"(《礼论》)的文明社会;由于"伪",人可以"一而群"(《富国》)、"制天命"、"裁万物"(《天论》)。简言之,"伪",即人的主体能动性,使人战胜了自己的自然本性,同时也改造了世界。"性伪合而天下治"(同上),荀子清醒地认识到人的主体能动性有巨大作用,把它当作人最大的本质特征予以揭示。他发现,人以自觉的主体精神站立在世界上,故而发出人"最为天下贵"(《王制》)的惊异和赞美。诚然,无论孟子、荀子,他们都没有把人放在其"社会关系的总和"(《关于费尔巴哈的提纲》)中来考察,因而所谈的仍不过是抽象的人性,看到人性的差异性少,甚至否认人性的阶级本质,这就不可能科学地揭示人的本质。

对人的自然欲求的肯定,在《荀子》全书中绝非偶然和孤立的观念,它体现了荀子的基本思想。荀子关注的是如何调和礼义与欲利之间的矛盾，使二者达致平衡、协调。第一，荀子反对禁欲，理由是"性伤谓之病"（《正名》）。然而诸子居多者则对人的自然欲求极力贬斥，老子鼓吹清心寡欲，墨子强调过度节欲，宋子认为欲望过多会导致国家衰亡，即如孟子也将养心与养欲对立起来而提倡寡欲，更有陈仲、史鳅者流竟崇尚灭欲而仁。荀子讲述养欲与礼义、养欲与治国、养欲与富民，不但不是必然对立而是相互促进的道理，对诸子的片面认识做了批评。他首先指出，诸子以"去欲"、"寡欲"而"语治"，却因"无以道欲"、"无以节欲"而困于"有欲"、"多欲"。诸子于"道欲"、"节欲"无能，是他们原本不懂得欲望的有无、多寡由人的本性、本能所决定，跟国家的治乱没有必然联系。其实，人的欲求只受心的支配，而心又受道理的支配，所以只要用道理指导心、控制心、支配心，就不必担心欲望的多寡会影响国家的治乱。荀子的结论是："故欲过之而动不及，心止之也。心之所可中理，则欲虽多，奚伤于治！欲不及而动过之，心使之也。向之所可失理，则欲虽寡，奚止于乱？故治乱在于心之所可，亡于情之所欲。""今人所欲无多，所恶无寡，岂为夫所欲之不尽也，离得欲之道而取所恶也哉？故可道而从之，奚以损之而乱？不可道而离之，奚以益之而治？故知者论道而已矣，小家珍说之所愿者皆衰矣。"（《正名》）针对老墨宋孟以减损人的自然欲求为宗旨的治国之道，荀子提出了相反的意见，即对人的自然欲求不可欺而拒之，只能"道而从之"。"道"即导也，将人的自然欲求导向有利于国家和个人的健康发展方面，给予最大的满足。第二，荀子反对纵欲，因为养欲而"纵其情"、"危其行"、"攻其心"、"乱其行"，这样的人和盗贼及处以削足之刑的罪犯没有什么不同，他们"为物所役"，终于陷入人性异化扭曲的窘境。第三，荀子主张导情节欲，他的论证是："性者，天之就也；情者，性之质也；欲者，情之应也。以所欲为可得而求之，情之所必不免也；以为可而导之，知所必出也。故虽为守门，欲不可去，性之具也。虽为天子，欲不可尽。欲虽不可尽，可以近尽也；欲虽不可去，求可节也。所欲虽不可尽，求者犹近尽；欲虽不可去，所欲不得虑者，欲节求也。道者，进则近尽，退则节求，天下莫之若也。"（同上）人的自然欲求是"天之就也"、"性之质也"、"情之应也"，不可阻挡、避免不了，唯一可做的是正视它，尽量满足它。荀子对人的自然欲求，一点儿也不回避，既在认识论上承认它的客观性、必然性，又在价值判断上肯定它的合理性、正当性。这就为他论证"导情节欲"找到了有利的基点，或者说是前提。荀子机敏地发现，人的自然欲求除了具有"情之所必不免也"的本质外,还存在"以为可而导之"的普遍规律,治国理政者对人的自然欲求终于可以找到"近尽"、"节求"之道,尽量给予满足。这个办法饱含人本主义精神,也不乏辩证思维。人的欲望有无限增大的特质,而现实的物质条件总是有限的,二者发生矛盾不可避免。荀子指出,首先要发展生产,树立最大化满足人需求的观念,让人不斗不争同归于和,即"故儒术诚行,则天下大而富,使而功,撞钟击鼓而和"(《富国》)。再就是着眼于用礼义端正人心,让人的自然欲求趋于理性化。人心既可"中理",又会"失理";人心之欲望或"不及"于物,或"过之"于物。当物充裕之时,即可"进则近尽",谓之足欲;当物欠缺之时,又行"退则节求",谓之不乱。两种情况下,人心之欲望皆可"中理"而不"失理",足欲而"不过、不及"。总之,在创造丰富的物质基础的前提下,实行"以道制欲"(《乐论》),"以公义胜私欲"(《修身》),合理地满足人的最大化的欲求,不仅不会引起社会混乱,反而会促进社会繁荣和人性朝向理性发展。这里,荀子以"养欲"为前提、为首要,以"制欲"为从属、为其次,其思理了然分明。

荀子的性恶论无疑是封建君主专制的理论工具,但用现代理论的观点重新审视,我们会发现,它肯定人的本性欲求的正当性、合理性,同时就蕴涵着人类的自我保护意识。同样是从人性本恶这一点出发,西方近现代学者霍布斯、孟德斯鸠、施特劳斯等人,为政治学、社会学、经济学、法律学等学科提出了新的理论观点。尊重人的自然本性,保护个人利益,实行权利优先的原则,推动个人利益最大化实现的市场经济等理论,无不以人性本恶为基础。恩格斯也充分肯定"性恶论"在历史发展过程中的进步作用,说:"自从阶级对立产生以来,正是人的恶劣的情欲——贪婪和权势欲成了历史发展的杠杆,关于这方面,例如封建制度和资产阶级的历史,就是一个独一无二的持续不断的证明。"(《费尔巴哈和德国古典哲学的终结》)西方启蒙主义思想家和马克思主义创始人对性恶论的态度可以证明荀子关于人性恶的本质具有普遍性、共同性这一思想,比孟子的性善论更有合理性和可取之处,更有利于从逻辑上解释人的阶级性和等级差异,最终导向对大同理念的确认。人的自然欲求会逐渐膨胀而导致社会罪恶,但人同时又具有由恶入善的人为转化能力,而为自己创设礼义法度,来约束、调节、引导自己的思想行为归于理性,确保人的生命存在及社会得到稳定、和谐、持续发展。由人性初恶到人性终善,并非简单变易,而是本质性的转化,是对自然本性的改造、提升,而完善于礼义教化、制度法正。所以,荀子的初衷是论人性的矫揉至善,如果人的自然欲求是必然的和合理的,那么仁义道德、法律规范更是须臾不可缺少的。

(三)荀子的礼治思想:礼论是荀子政治伦理的总纲

"礼义"与"性恶"这两个相对应的范畴,皆由"明于天人之分"而产生,是荀子学说中"性、伪统一论"联结的两个对等的核心概念,而"礼义"则是最具标志性的范畴。康有为说荀子"惟言礼最精"(《万木草堂口说》),梁启超说礼义"盖荀子政论全部出发点"(《先秦政治思想史》)。荀子继承孔子的礼学思想,又吸收法家等各学派关于礼的理论,创建了独具特色的礼义之论。礼义作为总纲,统摄着荀子对构成社会的经济基础、上层建筑意识形态所持的基本立场、基本思想。荀子认为,社会、政治、经济、法律、军事、文化、教育等领域,礼义无所不在,无所不统,既是国家的政治制度和政治原则,也是人们一切思想行为的规范和准则。荀子的政治思想、伦理思想、法律思想、教育思想等等,乃至其整个思想体系,最终都以礼义为归宿而牢固地支撑起来。

孔子对夏商周三代传承下来的礼仪灌注"仁"的内容,以挽救"礼崩乐坏"的颓势。春秋时期,天下大乱,"尊尊"、"亲亲"的等级名分渐至淆乱。楚庄王问鼎周天子,孔子以"克己复礼,仁也"为原则,评论说:"信善哉!楚灵王若能如是,岂其辱于乾豁?"(《左转·昭公十年》)鲁国大夫季孙氏在庭院中演八佾舞而僭越天子之礼,孔子谴责说:"是可忍也,孰不可忍也?"(《论语·八佾》)依周礼之制,臣见君先在堂下行拜而后升堂拜,但如今臣弃"拜下"而"拜乎上,泰也",如此违反君臣体统,孔子很生气,他决心坚守君臣大礼:"虽违众,吾从下。"(《论语·子罕》)孔子把"君君,臣臣,父父,子子"视为西周礼制的根本原则,可是他眼见统治者臣弑君、子弑父、弟弑兄的事件屡屡发生,因而痛心疾首,当齐景公问政时,他便强调这个根本原则比什么都重要。(《论语·颜渊》)孔子认为礼乐离开了仁的精神,玉、帛、钟鼓这些礼仪形式便失去存在价值。他说:"人而不仁,如礼何?人而不仁,如乐何?"(《论语·八佾》)仁的精神实质是指向恢复西周之礼,推行有差等的爱,而并非"普遍的人类之爱",所以说:"君子而不仁者有矣夫,未有小人而仁者也。"(《论语·宪问》)仁人只为君子而不为小人所有,因此"己所不欲,勿施于人"(《论语·颜渊》)和"己欲立而立人,己欲达而达人"(《论语·雍也》)这两条道德戒律,也都是对君子而言的,所欲、所立、所达,必须以君臣父子之"尊尊"、"亲亲"为中心,来调整人与人之间的关系,使礼保持仁的精神而不变质、不越分。当然,孔子的仁同时饱含普泛的人道主义意识,他倡导"爱众而亲仁"(《论语·学而》)的博爱思想。孔子认为:"为政以德,譬如北辰,居其所而众星共之。"(《论语·为政》)他主张,"节用而爱人,使民以时"(《论语·学而》);"道之以德,齐之以礼"(《论语·为政》)。他反对屠杀奴隶以殉葬,连"作俑"殉葬也予痛斥:"始作俑者,其无后乎!"(《孟子·梁惠王上》)"为俑者不仁。"(《礼记·檀弓下》)孔子讲"仁",强调在实施差等爱的同时,不能忘记同情、爱护普通人民。然而,孔子以仁释礼,注重的是人的内心修养,把仁当作为人处世标准来调和阶级矛盾,促进社会和谐,用道德治国平天下。孟子继承孔子的"礼治"思想,又把它发展为"仁政"。可是"仁政"的实行,有赖于人人皆有之的"不忍人之心"(《孟子·公孙丑上》),只要人们向内心发掘,扩充其仁、义、礼、智四"善端",即可成"王道"而保民取天下。人先验地具有的性善成为孟子"仁政""王道"的基础,被赋予了形而上的性质。

荀子鉴于奴隶主领主经济解体,迅速向以土地私有制为主要形式的地主经济转化的社会现实,不得已而修正孔子的"礼治"、孟子的"仁政"思想。尽管荀子以周、孔之礼这一基础话语为思考的依据,他所主张的仍然是尊君、亲亲、孝悌这些用以维护宗法制度、等级制度的伦理规范,但他所处的时代和孔子大不相同,和孟子也有很明显的区别。荀子试图让正在崩坏的礼乐制度转而为新兴地主阶级服务,就对礼做出新的解释,赋予新的内容,使之由道德规范变为社会的礼法纲纪,发挥礼义之"一制度"、"隆君权"的作用。

荀子对礼的解释采取大视野、大境界。孔孟拿礼义区分人与禽兽,要求人们把行礼义当成主体的自觉追求,表现为意志的自由,即所谓道德自律。荀子认为,孔孟限于伦理道德范畴诠释礼义,没有触及礼义的本质。荀子以养欲、明分释礼,使儒家礼论的内涵更加丰富,对人和社会的发展也更有价值。荀子看到了礼的精髓。

荀子从人的自然本性出发来谈礼的起源。面临人的欲无限和物有限的矛盾,圣人"制礼义以分之"(《王制》),使欲、物"两者相持而长","人一之于礼义,则两得之矣"(《礼论》),人和社会就能得到和谐发展。礼义因欲而起,为生存而设,因而生存是第一位的,礼义只须顺人心和为生民之属所用。"礼者,养也","养人之欲,给人之求"(同上),这就是礼义的本质所在。但养欲、给求是理性的过程和实现,因为人的生存有万世流长,礼义之道也有"天下之大虑"。"见其可欲也,则必前后虑其可恶也者;见其可利也,则必前后虑其可害也者;而兼权之、孰计之,然后定其欲恶取舍。如是,则常不失陷矣"(《不苟》)。荀子的"欲恶取舍之权",立足于圣人"养人之义",养是本,节是末。宋儒只言得一"节"字,以"禁"释"节",曲解了荀子,未察荀子"长虑顾后"而节欲导情的本意。荀子又从"明分"出发来谈礼的实质。所谓"明分",是对人与人的关系予以区分和确认,包括尊卑、贵贱、贫富、长幼、愚智、职业分工和处势强弱等,总称为人的"度量分界"(《礼论》)。依"度量分界",人的经济等差、社会身份、政治地位判然明确,对经济与社会资源的分割,对物质利益、精神利益的占有,也有了标准。荀子以"明分使群","兼足天下之道在明分"(《富国》)立论,表明礼义具有为人类生存服务的功利性,礼义是实现人的本质需求的手段和工具。在"度量分界"之内养欲、给求,欲求因节、由导,不致滥、过而能及之,从而步入理性实现的轨道,呈现出良性发展,这就是礼义所追求的目标。总括上述,"养人足欲"是礼义的本质,"明分给养"是礼义的方法,礼义能本、末合体,为人类所用的实质就完全具备了。

孔孟倡导道德自律至上,推崇道德本位主义,把礼义引向实现完美的人格,这对于治国理民来说,其意义和作用非常有限。荀子否定道德至上,把礼义归于欲、物之间矛盾的产物,成为人类生存的依附,这就给礼义找回了本源,替道德安置了发展的基石。荀子站在人类生存发展的高度来论述礼义的从属性、功利性,说明礼义源于自然本性,又对自然本性施以养育、改造和优化,并以性、伪合一的形式,对人类生存起到规范、调节和疏导的作用,因而成为人类求生存谋发展的理性工具。荀子将礼义的基础从伦理道德范畴转移到人类生存发展的需求上,于是礼义突破伦理道德以及对它行内心体悟的狭隘性、局限性,同时具有了社会理想、道德理想、社会政治理想的价值。礼义的意义扩大,地位增高,集中表现为可以之"一天下,财万物,长养人民,兼利天下,通达之属,莫不从服"(《非十二子》)。这说明,从内省的目标变成了广泛使用的外在工具。《荀子》全书不断重复一个观点:"人无礼则不生,事无礼则不成,国家无礼则不宁。"(《修身》)礼义这一本体意义,最终造就了它的"纲纪"地位,随之形成了荀子所谓的"君子之道",即统治者治理天下的方略。这包括以礼为学、以礼修身、以礼行政、以礼治国、以礼强国、以礼富民、以礼取天下等一系列题中之意。礼义在为学成人以治国平天下这一终生奋斗中的基础地位和主导作用，不是显而易见吗！

"礼治"、"仁政"原本是儒家的主流思想，实行有差等的爱以维护统治集团的利益，是其基本原则。荀子在继承这一衣钵时，奉行以后继者为主的原则，对孔孟的思想进行了重大修正和系统化调整。首先，是对周礼"尊尊"、"亲亲"的基本原则，从内容上做出根本性置换。依荀子论述，春秋战国时期的诸侯，分为"以德兼人者"、"以力兼人者"、"以富兼人者"（《议兵》），三者并非截然区隔，他们彼此交叉、重合、包容，又相互斗争，凡乘势壮大成为显诸侯者，又无一不是以富立国者。在这个历史时期，"王道"消退，"王、霸兼用"上升为主导趋势，重军事实力、经济实力，更以财富支配社会的发展。西周由奴隶主贵族操纵社会经济、政治大权，而今的统治者变成了占有社会最大财富的新兴地主阶级，社会结构的重大改组，要求建立新的政治秩序。"尊其所当尊，亲其所宜亲"，这一礼仪形式依旧存在，但所尊者、所亲者当系何人，西周和春秋战国则各有所主。西周是氏族政治，以周天子为代表的奴隶主贵族所构成的尊亲体系，是礼义的主体；到春秋战国，奉行的则是地主政治，以国君为代表的新兴地主阶级所构成的尊亲体系，成为礼义的主体。从荀子所作的"强国"、"富国"、"一天下"之论可以看出，他对以财富和强权而掌国执政的显诸侯及其所建立的新兴地主阶级政治秩序，已经认同，并且乐于做代言人。荀子还以"举贤尚功"的思想，来改造孔孟的"尊尊"、"亲亲"原则。他出于"在礼义面前人人平等"的认识，主张凡事要"度之以礼"（《思道》），以能否"属于礼义"为标准，可将"王公士大夫之子孙""归之庶人"，又可将"庶人之子孙""归之于卿相士大夫"（《王制》）。他强调"论德而定次，量能而授官，……上贤使之为三公，次贤使之为诸侯，下贤使之为士大夫"（《君道》）。凡选才任职，"无恤亲疏，无恤贵贱，唯诚能之求"（《王霸》）。这种突显"贤贤"、淡化"亲亲"的举贤理念，是对世卿世禄旧礼制的背离。如此一来，"尊尊"、"亲亲"由推崇奴隶制社会的等级制度，转而变为保护封建社会的等级制度。这个转变，是区别孔孟所言的旧礼制与荀子所言的新礼制的标志。

荀子反复强调"人生，不能无群，群而无分则争"（《王制》），主张"明分使群"，这在儒学史上有重大意义，因为它意味着封建社会的等级制度走向制度化、规范化。明分之道突出"度量分界"这个核心思想，强调人的尊卑、贵贱、贫富、长幼、愚智、能不能、强弱等有明显差别，并以之为依据，来分辨和确认人的名分以及人与人之间的关系,以便进行利益分配。分界不同,度量有别,各人所获取的物质利益、精神利益都由制度和准则来决定,任何人都不能"犯分乱理"(《性恶》),否则是对礼义的亵渎和侵害。"度量分界"适用于社会的各阶层和每一个成员,其普遍意义就在于:"使有贫富、贵贱之等,足以相兼临者,是养天下之本也。"(《王制》)全体社会成员假如都能"明分"而"养欲",社会的和谐稳定自会唾手可得。荀子以"兼足天下之道在明分",谕示拥有"管分之枢要"的君主(《富国》),切记"以礼分施,均遍而不偏",是"明分使群"的秘典(《君道》)。明分之道对于维护和巩固封建社会的政权至关重要,它是延续了两千多年的封建社会的生命线。而且,由于荀子"明分之道"理论的提出和论证,儒家的等级思想从此发生革命性变化,便能以完备的理论形态和鲜明的现实性来适应封建社会发展的需要了。

(四)荀子的礼治思想:礼义之体与礼法礼乐两翼

荀子的以礼治国、以礼治天下,是由礼法系统与礼乐系统共同完成的。由礼出发,仁、义、礼三者贯通,构成礼治的基础。在这一基础之上,又衍生出礼法和礼乐两大支柱,遂成为一座以"君子之道"为统领的礼治大厦。或将礼治比喻为战车,礼义是主体,礼法、礼乐是两翼之轮,向前推动,奔向"君子之道"。这实际是荀子思想的一个缩影,荀子学说的基本价值,概由此决定。

强调仁义礼是"差等爱",统治者跟普通百姓不可能"利益均沾",这是荀子和孔孟相一致的思想。他说:"亲亲、故故、庸庸、劳劳,仁之杀也。贵贵、尊尊、贤贤、老老、长长,义之伦也。行之得其节,礼之序也。"(《大略》)仁有杀、义有伦、礼有序,即人和人若享有社会利益,应当有别有分,这是封建社会的金科玉律,不可变易。然而实行仁爱的理路,孟子偏于"内圣",荀子则重在"外王",两人将儒家的政治伦理,鲜明地划分出两个对立的价值系统。所谓内圣,是讲内心道德修治的学问,即伦理学;所谓外王,是讲治国平天下的事功,即政治哲学。儒家从强烈的忧患意识出发,致力于实践内圣心性之学与外王经世之学的统一,孟荀两人各有所偏重而已。孟子从扩充内在的仁开始,经义之门发扬光大,再向外在的礼展开,最终表现为伦理道德的最高境界。这里,内在心性是原点,仁心成为本源,由仁不断内化、逐步升华,"道德内圣"即可修养成功。荀子将孟子的心性逻辑倒转过来,变成了礼的践行理路。他说:"君子处仁以义,然后仁也;行义以礼,然后义也；制礼反本成末，然后礼也；三者皆通，然后道也。"（同上）显然，把握以仁义为本、以礼节为末，是礼的原则，可是主爱之仁在内心，若不行义则仁无从显现，而行义又必须通过"明分"方可体现、贯彻义，于是行"明分"便将义归入礼制。而主理之义，无疑来自主爱之仁，这就是由义至仁了。然而这个过程的原点是礼之"明分"，追根溯源，经义之门而回归于仁。由于起点置换、重心转移，展现的则是"外王之道"。孟子将礼义引向精神超融，忽略其工具理性的意义，突现的则是内在的精神关切价值；荀子既看到礼义具有满足人的欲求的功能，更看到礼义对人的个体生命的规导作用，能够把单个人的行为和精神调节到合理状态，使之融入人的群体，于是在充分挖掘礼义的工具理性价值的同时，也顾及到礼义对人的精神具有巨大的统摄意义。所以，荀子是把礼义视作外在的道德规范、社会伦理来对待的，认为礼义其实就是理性的社会秩序，故而得出结论："礼义之谓治。"（《不苟》）"隆礼贵义者，其国治；简礼贱义者，其国乱。"（《议兵》）有学者指出："这不仅是孟子所没有的思想，也是孔子所没有的思想。""荀子在政治思想上之异乎孔孟，主要是礼治方面。""荀子一反孔孟内在化的倾向，而完全把礼推到外面去，使其成为一种外在的东西，一种政治组织的工具。"（徐复观：《荀子政治思想的解析》）这个评断极为准确，荀子的礼治的特质即在"外王之道"。

礼义作为满足人的生存需求的工具，其功利性功能向前发展，必然导致由礼而法的转变。这是礼义维护"差等爱"的本质所决定的。划分人与人之间的"度量分界"，是礼义的最高原则，若将这一原则运用于解决现实生活中的实际问题，就会变为分配和调节社会利益、规范社会成员思想行为的准则、尺度和方式，于是礼义即成为法度。荀子所谓法、法度，是在"礼法"（《修身》）的意义上使用的概念，和我们今天的"法律"不可等同。法度的含义宽泛，从经常被比喻为治国的衡、绳墨、规矩，为政的车之挽，君子的言行之表，群臣的寸、尺、寻、丈、检式等等，可以知道，它是道德范畴、政治范畴、法律范畴的综合体。故其含义可包括：（一）为政的法式，治国的方略；（二）名分等级，礼仪制度；（三）日常生活中判断是非的准则；（四）奖功罚过的标准；（五）诉讼的法律依据，判罪的刑法律令。荀子的礼法颇具普遍性、共同性、原则性，适用于社会各阶层所有成员，不似孟子的礼义富于情境性、权变性，可以在嫂溺之时以手援之而不违背"男女授受不亲"的礼义，荀子的礼法其刚性多于情境性。但是，荀子的礼法，论其性质仍属于儒家,不属于法家。这是因为,首先礼、法同源,皆由古者圣人以人之性恶而"隆礼义"(《儒效》)、"正法则"(《王制》),以防治人的偏险、悖乱,即礼、法同时产生于满足人的生存发展的需要。所以,礼、法的本质相同,都是以维护儒家的"差等爱"为最终目标,也同样具有儒家的人本主义、人道主义"泛爱众"的精神实质。其次,由礼本法末的制衡结构规定,所谓礼法结合,礼法并重,是有条件、有限制的统一,其中以礼为基础、为核心,法从属于礼、受制于礼。因而,礼法仅相对分离而独立,法仅有相对的独立性,不具完全独立的地位。荀子说:"礼义者,治之始也。"(《王制》)"法者,治之端也。"(《君道》)又说:"礼者,法之大分也,类之纲纪也。"(《劝学》)这是说,法的政治、法律作用,是由礼的伦理道德的价值理性所决定。孔孟只讲德治不讲法治,而专任于礼;法家只讲法治不讲德治,而"一任于法"。荀子针对他们的偏颇和片面性,提出礼法并重,将礼法贯通起来,用来治国理政。他消解了礼法对立,使德治、法治融为一体,在礼为纲、法为目的基础上,由法正之形而下的价值意义,来体现、显示、贯彻礼义之形而上的终极关怀。所以,荀子的礼法并重是"王霸并用"的治国方略,和只讲王道不讲霸道的孔子礼治、孟子仁政有原则性的区别,故可称为"礼法治"。"隆礼至法而国有常"(《君道》),荀子的这一思想为建立和巩固君主专制提供了理论依据,但若把秦朝实行的苛酷政治归罪于荀子,就有失公正了。

和礼、法同源相对应,还有一个由礼、乐同源形成的礼乐关系。荀子在其《乐论》篇中集中地阐述乐这一关系(以下引文未加注的皆出自《乐论》)。诚然,荀子音乐"缘于情"的命题,是后世学者论述"艺术是情感的表现"这一理论的依据,但后世所论的是"纯艺术",已经成为独立的门类,和荀子讲的礼乐,在本质属性上有区别。荀子接触到纯艺术的本质,终究没有抓住它。法起于"分",法以制度的形式实现礼之贵贱长幼贫富的等级名分;乐同样起于"分",它体现礼之等级名分的形式变成了情感。受上天即自然赋予人的本性,包括情、欲两个方面,情避免不了欲,而情欲有"五綦"(《王霸》),即目、耳、口、鼻、心,对色、声、味、臭、佚的欲求。欲求得以满足,感官即为享受,于是人的欢乐之情油然而生。但这欢乐之情,"君子乐得其道,小人乐得其欲",有礼义、私欲的得失区别。"以道制欲,则乐而不乱;以欲忘道,则惑而不乐",道与乐相生,欲与惑相随,这是必然的规律。为了让欢乐之情不因欲之满足而致惑入乱,就必须"以道制欲",即用礼义引导欢乐之情。于是得出结论说:"故乐者,所有道乐也;金石丝竹,所以道德也;

乐行而民乡方矣。"荀子不厌其烦,一再强调乐之起源,在于"道德"、"道乐"。道者,导也。就是说,乐因化育人的恶之本性、导引人的欢乐之情的需求而产生。如此论证,就把乐的艺术属性转化为道德属性了。在荀子看来,乐原本就是道德范畴的问题。人的本性"本始材朴",邪恶、粗恶是其特征。只有"化性起伪",方可完成由恶入善、由粗变精的转化过程,这就要靠礼乐来疏导、矫正。"穷本极变,乐之情也;著诚去伪,礼之经也","乐和同,礼别异"。礼主"别异"的伦理规范,乐主"合同"的情感疏导,礼乐两者结合,终归主导人心的"美善相乐"。所以,以伦理道德的工具为其实质的礼乐,有着礼法所不具备的情感愉悦的感性形式和审美过程,凭借这一优势,可在体现封建社会等级差别的同时,起到调和矛盾、淡化对立、润饰欢乐,从而使人与人之间的感情和谐一致的作用。荀子以"礼乐之统,管乎人心矣"的论断,将礼乐的实质、特征及功能概括以尽。礼乐治国与礼法治国相生相济,二者双管齐下,能使"礼义之分"变得温情脉脉,既善且美,达致"君子之道"的最高境界。荀子论礼乐,秉承孔孟"中和"之美的理想,极力彰显礼乐的道德价值和意义,以至将礼法、礼乐相提并论,视为礼治两个同等重要的型范,终于把儒家的艺术思想引向顶峰。

三、荀子与荀学的历史地位

(一)孟荀齐名显学之始

荀子及其思想,在中国历史上产生了重要的影响。即在荀子当世,他的学生韩非就有"儒分而为八"之说,列荀子与孟子齐名。"自孔子之死也,有子张之儒,有子思之儒,有颜氏之儒,有孟氏之儒,有漆雕氏之儒,有仲良氏之儒,有孙氏之儒,有乐正氏之儒"(《韩非子·显学》)。最先附和韩非此说者,当推西汉大儒、今文经学大师董仲舒。他说:"性有善端,动之爱父母,善于禽兽,则谓之善:此孟子之善。循三纲五纪,通八端之理,忠信而博爱,敦厚而好礼,乃可谓善:此圣人之善也。"(《春秋繁露·深察名号》)这里,将孟子"人之性本善"与荀子"圣人化性起伪"两说并提合论,正和韩非关于孟荀齐名显学之说相呼应。不久,司马迁对此成说加以阐述:"自孔子卒后,七十子之徒散游诸侯,……儒术既绌焉,然齐鲁之间,学者独不废也。于威、宣之际,孟子、荀卿之列,咸遵夫子之业而润色之,以学显于当世。"(《史记·儒林列传》)其后,刘向、班固、应劭、徐干等两汉学者史家也都立说,对荀子做出崇高评价。汉儒中甚至出现抑孟扬荀迹象。东汉末哲学家、"建安七子"之一的徐干就曾评述说:"予以荀卿子、孟轲怀亚圣之才,著一家之法,继明圣人之业。……有讥孟轲不度其量,拟圣行道,传食诸侯;深美颜渊、荀卿之行,故绝迹山谷,幽居研几。"(《中论·序》)又说:"昔荀卿生乎战国之际,而有睿哲之才,祖述尧舜,宪章文武,宗师仲尼,明拨乱之道,然而列国之君,以为迂阔不达时变,终莫肯用也。"(《中论·审大臣》)言下不无叹惋之意。总括历史记载,清代梁玉绳在《史记志疑》中说:"孔、墨同称,始于战国,孟、荀齐号,起自汉儒,虽韩退之亦不免。"谢墉《荀子笺释序》也说:"盖自周末历秦、汉以来,孟、荀并称久矣。"事实证明,孟、荀齐名,有同等重要的地位,为当世学者和汉儒所底定,此后虽屡有人想动摇它,都没有成功。

早在战国末世,社会上即流传"孙卿不及孔子"的说法,此事为《荀子·尧问》所记载。所举"不及孔子"者,是"名声不白,徒与不众,光辉不博也",故不能称作圣人。荀子弟子从"天下不治,孙卿不遇时也"立论,对贬低荀子者予以驳斥。看来分歧在荀子的社会政治影响比不上孔子这个问题上,并没有涉及荀子学说的内容及实质。孔子生当衰世,"礼坏乐崩",觅求救世良方的人们很容易接受孔子的说教,故其说畅行,被尊为圣人。然而荀子处于衰乱末世,"上无贤主,下遇暴秦",亡国乱君相属,不遂大道,岂能看出荀子之礼义"足以为纲纪"?"时世不同,誉由何生?不得为政,功安能成"?荀子学说的宝贵价值无以实现,实为客观情势所致,至于荀子之德、术、智、行均可与尧禹匹配,其贤"宜为帝王"。整理编定《荀子》一书的汉儒刘向,在其《叙录》中评论道:"如人君能用孙卿,庶几于王。然世终莫能用,而六国之君残灭,秦国大乱,卒以亡。观孙卿之书,其陈王道甚易行,疾世莫能用。其言凄怆,甚可痛也!呜呼!使斯人卒于闾巷,而功业不得见于世,哀哉!可为实涕。"刘向并不认为荀子"迂阔不达时变",恰恰相反,他在荀子亡后见到的历史事实是,由于拒绝采纳荀子以礼法为核心的王道主张,六国先后残灭,秦世终于覆亡,而行儒道的汉帝国却长盛未衰,由此他得出结论说,荀子所陈王道"甚易行","如人君能用孙卿,庶几于王"。然而,终荀子一生没有遇到这样的明君,致使其埋没下僚、功业不建,而刘向为之遗恨、太息!在这里刘向和荀子弟子的见解完全一致,即:一是确认荀子的礼义是治国的纲纪,二是明确荀子的思想具备事功外王的特质,三是肯定荀子的德、术、智、行竟与尧禹同贤,四是赞扬荀子的王道政治切实易行。自先秦以来的抑荀申荀争论,为荀学的推行铺平了道路,可谓硕果累累。其中最突出者,首先是荀子的礼法兼施、王霸并用的思想,先后经儒者陆贾、贾谊、晁错、董仲舒等人的宣传和阐述,终被西汉最高统治者采纳,成为治国方略。从汉武帝实行"罢黜百家,独尊儒术"的举措以后,儒学已经变成地主阶级统治人民的封建正统思想,而且延续两千多年不变。这时的儒学,和先秦以孔孟为代表的儒学已有所不同,它是在原来"仁义"、"教化"学说的基础上,转而为融礼、法为一体,兼王、霸而杂用的统治思想和方法。就其思想渊源来说,正是荀子的思想。从《史记》、《汉书》的记载看,这是不争的事实。其次,是荀子经学自稷下学宫始立,至于西汉更趋兴旺,朝廷设太学五经博士,专事传经;其后全国上下设学校,置经师,以授经,经学竟成为中国封建社会文化的正统,而与其时的封建政治相关联。直至有清之朝,荀子开启的经学传统仍在传承,而成为荀学传播的重要渠道之一。再次,《荀子》书于西汉末年经刘向编定,首次以全本刊行流布,是汉儒申荀的重大成果,它标志着荀学在封建社会的政治、社会和文化生活中始终是主流思想。

(二)孟荀谁主儒家道统

自汉及唐,荀子一直为人推崇,但是发生了儒家当以谁为正统的思考与争论。唐代儒学代表人物韩愈以论道统而及孟轲、荀卿、扬雄,为之进行比较,认为仁义之道:"尧以是传之舜,舜以是传之禹,禹以是传之汤,汤以是传之文武周公,文武周公传之孔子,孔子传之孟轲,轲之死,不得其传焉。荀与扬也,择焉而不精,语焉而不详。"(《原道》)又说:"孟氏醇乎醇者也,荀与扬大醇而小疵。"(《读荀子》)韩愈视孟子为儒家道统的真传者、继承人,而认为荀子虽在儒家道统之中,却因不精之择、不详之语,未能将道统传之后世,是大醇之余的小疵。如此之论,并没有视荀子为儒学异端叛逆。他在论先王之教、先王之道时,以"其法礼乐刑政"作为主要内容,反复申述之,恰与荀子礼法兼施、王霸并用的思想相吻合。但是,韩愈的道统之论及"大醇小疵"之说,又为其后否定荀子之风埋下了种子,因为他把荀子思想定性为别宗而非正宗。北宋文学家王安石、苏轼即各著有《荀卿论》,对荀子其人其学痛加诋毁,苏氏甚至以李斯焚书坑儒株连乃师,大张挞伐,不一而足。

逮至宋明理学兴起,荀学遂由衰微而跌入低谷。以程颢、程颐兄弟领军,朱熹扛鼎的宋明理学专攻荀子性恶论。程颐说:"荀子极偏驳,只一句'性恶',大本已失。"(《遗书》卷一九,《伊川先生语五》)朱熹说:"荀扬不惟说性不是,从头到底皆不识。当时未有明道之士,被他说用于世千余年。"

(《朱子语类》卷一三七)胡居仁说:"荀子只性恶一句,诸事坏了。是源头已错,末流无一是处……孟子言性善,在本原上,见得是,故百事皆是;荀子在本原上见错,故百事皆错。"(清熊赐履《学统》卷四三)程朱理学用以否定性恶论的依据是"理"。"理"先天地而存在,至高无上,永恒不灭。故以"穷物即理"为要。而"性即理也",故知理必先知性。可是荀不知性,孟能明性。宋明理学别支陆王心学,所不同的是将"性"换成了"心",认为"心"即宇宙万物的根源,因而为学必须"明本心"、"致良知"。这两支理学殊途同归,都回到了孟子的"尽心知性",都由否定荀子的性恶论,归结到反对荀子的以法释礼和隆礼重法。宋明理学的领袖人物不屑于韩退之关于荀子"大醇小疵"的评定,主张将荀子逐出儒家大门。朱熹说:"只是观它无所顾藉,敢为异论,则其末流便有坑焚之理";"荀卿全是申、韩,……然其要,卒归于明法制、执赏罚而已。"(《朱子语类》卷一三七)宋明理学以孟子主性善的心性之学为标准,来定儒家道统,其目的是推道德为本体,于是即可把崇尚外王之学的荀子列为别宗,而保孟子正宗地位千古不变。此与韩退之相同,相异的是又以荀子等同申韩法家,则拒荀于儒门之外,理由充足,顺理成章。理学不遗余力抨击荀子,认为孟轲死而千载无真儒,以致圣人之道不行,圣人之学不传,百世无善治,王道、道统于汉唐断裂,而今能"为往圣继绝学",使道统延续,王道承传者,则非程、朱、陆、王莫属。宋儒为儒学道统编制出如下谱系:尧、舜、禹、汤、文、武、周公、孔子、曾子、子思、孟子,孟子之后,由程颢、程颐续接。始作俑者是韩愈,他提出道统在孟子死后断裂不传,至朱熹等人则为之鼓噪,以续接道统为己任,将上述道统之说定论,迄于现代新儒家仍囿于成说。

在宋、元、明、清四代,站在宋明理学对立面的,是由北宋中叶李觏开启的两宋事功学派,明清之际的经世致用学派。他们为荀子的礼义之学辩护,反对把荀子排斥在儒家正统和主流之外。最先起而呼喊的,是南宋永康功利学派的代表人物陈亮和永嘉学派的代表人物叶适。叶适说:"言孔子传曾子,曾子传子思,必有谬误。""曾子之学,以身为本,……于大道多遗略,未可谓至。"(《宋元学案·水心学案》)"一贯之指,因子贡而粗明,因曾子而大迷。"(《习学记言》卷一三)韩愈、朱熹赞赏曾子悟道内省而入圣,尚事功重践履的叶适,则否定曾子而肯定继孔子之志,以致在政治、经济、外交诸方面多有建树的子贡。有宋以来四代申荀学者更注重攻击宋明理学的缺失和弊端,同时又致力于恢复荀子礼义之学在儒学中的基础地位,从而形成和理学的对峙之势,达到否定,至少是修正韩、朱之道统论的目的。

四代申荀学者致思理路一致,承接了荀子从人之本性欲求出发来揭示礼义的起源和本质。李觏反对理学不许言"利"、"欲"的虚伪道德观念,鼓吹"人非利不生","欲者人之情","夫利之初,顺人之性欲而为之节文者也"(《直讲李先生文集》)。陈亮多次与朱熹激烈争论,他痛恶理学"皆谈性命而辟功利",一味空谈"尽心知性"、"学道爱人",不过是"相蒙相欺,以尽废天下之实,则终于百事不理而已";痛斥理学之徒"皆风痹不知痛痒之人也。举一世安于君父之仇,而方低头拱手以谈性命,不知何者谓之性命乎"(《龙川文集》)。叶适则指摘理学"既无功利,则道义者,乃无用之虚语",认为"古之人未有不善理财而为圣君贤臣者也"(《习学记言》)。明代顾炎武目睹理学清谈之恶果,沉痛地说:"孰知今日之清淡有甚于前代者。昔之清谈谈老庄,今之清谈谈孔孟,未得其精而已遗其粗,未究其本而先辞其末。不习六艺之文,不考百工之典,不综当代之务,举夫子论学政之大端一切不问,而曰一贯,曰无言。以明心见性之空言,代修己治人之实学。股肱惰而万事荒,爪牙亡而四国乱,神州荡覆,宗社丘墟。"(《日知录·夫子言性与天道》)四代学者以其洞见之明,将荀子的礼义所具有的面向现实改造环境的外在性格融入儒学体系,并以此确认礼义之学给儒学赋予了新的生命力。

戴震是明清启蒙思潮的杰出代表,他对荀子礼义之学的继承最具典型意义,也最富理论成果。其一,戴震在哲学上提出"分理"之说:"事物之理,必就事物剖析至微,而后理得。""理者,察之而几微必区以别之名也。是故谓之分理;在物之质,曰肌理,曰腠理(亦曰文缕。理、缕,语之转耳);得其分则有条不紊,谓之条理。"(《孟子字义疏证·理》)"心之明之则止,于事情区以别焉,无几微爽失,则理义以明。"(《原善·中》)这说明,所谓"理",不过是对事物的存在及其发展的规律的一种认识罢了。但是,"理"在宋明理学眼里却是道德的主体,主宰一切,故而应当"存天理,灭人欲"。戴震的"分理"说带有浓厚的唯物主义自然观色彩,他拿来批判"理无不在"、"理在事先"的理学臆说,将程朱赋予普遍抽象性的理之荒谬暴露无遗,指出"后儒以理杀人","酷吏以法杀人",二者并无本质区别。其二,戴震论证"理在于欲"的命题,对孟荀二人的人性论进行融汇和改造。他首先肯定情、欲是自然的体现,这和荀子如出一辙。"凡事为皆有于欲,无欲则无为矣;有欲而后有为,有为而归于至当不可易之谓理。无欲无为,又焉有理"(《孟子字义疏证·权》),"理者,尽夫情欲之微,而区以别焉,使顺而达,各得其分寸毫厘之谓也"(《答彭进士允初书》),"圣人之道,使天下无不达之情,求遂其欲,而天下治"(《戴东原集·与某书》)。戴震所论欲、情、理、治,并非必然对立,它们可以在人的内在价值需求的各个层次上实现统一。统治者只要认同欲、情的客观必然性和正当合理性,给予充分的满足,除了单求一己之私欲外,欲、情绝非为恶,反可因顺乎情、达乎理而使天下大治。荀子从人的自然本性出发得出的是性恶论,戴震则看到了欲与理的统一,因而礼义与人的自然本性的分离、对立,可以变为统一。"荀子知礼义为圣人之教,而不知礼义亦出于性;知礼义为明其必然,而不知必然乃自然之极则,适以完其自然也。就孟子之书观之,明理义之为性,举仁义礼智以言性者,以为亦出于性之自然,人皆弗学而能,学以扩而充之耳。荀子之重学也,无于内而取于外;孟子之重学也,有于内而资于外。"(《孟子字义疏证·性》)戴震立足于人的本性欲求应予满足的思想,在矫正荀子礼义与人之本性对立这一缺失的同时,来改造孟子的道德至上主义。他认为,欲、情出于人之本性,礼义也是人之本性,仁义礼智固然可以成为调节、规导人的情欲的准则,却又受制于欲求的满足。他不否定荀子的性恶论,反而认为它"与性善说不惟不相悖,而且相若发明",说"善,其必然也;性,其自然也。归于必然,适完其自然,此之谓自然之极致,天地人物之道于是乎尽"(《孟子字义疏证·道》)。戴震沟通孟、荀两学,重构天理与人欲、礼义与人性的统一,这一思想的创新价值不应低估,它引领人们重新审视儒家道统,从内圣、外王的困惑中走出来。

  清末康有为具有明显的尊荀倾向,但是他申荀不绌孟,而且视孟荀为孔子之后儒家两派别的开创者,同为正宗,不可偏废。康有为以孟荀同源孔学的观点,在近代启蒙思想家中有广泛影响。康有为对人的自然本性的认识,接近荀子。他认为,"言性,告子是而孟子非,可以孔子折衷之";"性者,生之质也,未有善恶";"性无善恶,善恶者,圣人所立也"(《万木草堂口说》)。这是发挥孔子"性相近,习相远"(《论语·学而》)的观点,强调性是天生、善是后天人为,则和荀子无异:"人生而有欲,天之性哉!""普天之下,有生之徒,皆以求乐免苦而已,无他道矣。其在迂其途、假其道,曲折以赴,行苦而不厌者,亦以求乐而已。"(《大同书》)"夫性者,受天命之自然,至顺者也。"(《长兴学记》)申说人的自然本性喜乐厌苦,也与荀子理路相同。荀子思想的基本原则和价值取向,是康有为论人性的依据,有了这个基础,康有为不能不走向尊荀、申荀。但他秉持"可以孔子折衷之"的思维方法,就必然得出孟荀"圣学原有此二派,不可偏废"(《桂学答问》)的结论。他依"人生而有欲,天之性哉"立论,必会肯定性恶论;又依"仁义出于天性"立论,必会认同性善论,所以又说:"仁义礼智,天理也,非圣人所立也;若其条理,则圣人所立也。"(《长兴学记》)他将欲求、礼义一并归于天性,这在理论上和戴震一致,因而举步戴震之后,极力对孟荀二人和其异而求大同:"孟子言扩充,直指本心,荀则条理多。""孟扩充是直,荀言变化气质是曲。"(同上)康有为以孟荀二人对人之本性善恶有歧见,而所秉宗旨一致,所以孟子谓仁义礼智是人心善之本性的直接扩充,荀子谓礼义是对恶之本性的改变而以善归于人心,不论直途还是曲行,皆以儒家的道德教化为出发点和归宿。因此,康有为详析孟荀两学特质之异:"荀子言礼,正一身者也。孟子从内出,荀学言外入。内出,故重扩充;外入,故言践履。""内之于己,变化气质,外之于人,广开智识,二千年学者皆荀学也。""孟子多言仁少言礼,大同也;荀子多言礼少言仁,小康也。"(同上)认识孟荀两学特质之异,是为了弘扬各自的优点,并非否定两学共同具备的儒家传统思想的本质。这就是康有为的基本结论。

综合上述,可知宋、元、明、清四代学者前后一致,遵循人的生存发展需求应予满足的理路逻辑,论证礼义发源于孔子的经世致用的外王之学,是儒学的基础理论之一。同时依据这一理论,指出孟子的心性之学由于过分强调内在道德的超越,而忽视了人的自然本性的欲求;至于程朱理学,又将心性之学的这一理论缺失发展到极端,而导致"以理灭欲"、"以理杀人"的谬误。经世致用之学较事功之学更多地具有理性,为孟荀两学提出了新的论证、新的诠释,并在充分认识内圣、外王两学各自特质和具有共同的儒家传统这一基础上,提出了一个关于儒学道统、正宗的新说,即:孟荀同源于孔子、同宗于儒学,孟子主领以内圣为中心的心性之学,荀子主领以外王为中心的礼义之学,两学同属于儒学的基础理论,同为儒学正宗、主流。

对于明清启蒙思想家戴震、康有为等人,关于性恶、性善两说不相悖违而相互发明,以及孟荀同属儒学主流正宗这一思想,现代新儒家从未认同。而且追随宋明理学,一贯抨击荀子,表彰孟子,并以程朱陆王续接孟子而主儒家道统。这或许是荀子所批评的那种"蔽于一曲,而乱于大理",是一种偏颇的评判。李泽厚说:"如果儒学只有子思孟子,可能早已走入神秘主义的迷狂宗教,也没有汉代以来中国意识形态的局面。同样,如果没有汉代以后不绝如缕的这根'外王'线索来制约宋明理学的'内圣',也就没有近代以至今天的救国精神。"(《中国古代思想史论》)事实上,在孔子的思想体系中,内圣、外王是由修、齐、治、平的主题思想所统摄的两条主线,秦汉以后的儒学,乃至全部中国思想史,基本上沿着孟、荀这两条路径向前发展。在深入研究了儒学发展史、中国思想史以后,梁启超逐渐转变了"绌荀申孟"的态度,由斥责荀子是"儒家中最狭隘者也"(《论中国学术思想变迁之大势》),变成肯定荀子是"社会学之巨擘也"(《中国法理学发达史》)。梁启超一改昔日把荀子和二千年君主专制挂钩的做法,以新的视角,重新点评荀子思想,推翻他原先一味否定荀子的一些论断。这一史话趣味深长,于后人颇多启示。我们如能解除思想上的自蔽、蔽人,站在现代理论的高度,运用理性的批判思维,重新审视孔孟荀的儒学源流关系和主流正宗问题,就不难得出客观正确的结论来。韩退之的"孟轲死而道统绝"(《原道》),章太炎的"孙卿死而儒术绝"(《訄书》),这两种极端的观点,大概就是束缚我们的思考,以致长期未能摆脱内圣、外王胶瑟的原因吧。

(三)荀学二千年功过辨难

"故常以为二千年来之政,秦政也,皆大盗也;二千年之学,荀学也,皆乡愿也。惟大盗利用乡愿;惟乡愿工媚大盗。二者交相资,而罔不讬之于孔。被讬者之大盗乡愿,而责所讬之孔,又乌能知孔哉!"(《谭嗣同全集·仁学》)这是清末维新派激进思想家谭嗣同,对荀学和二千年中国历史的总评价。谭嗣同此说始于康有为,但两人的见解有明显区别。康有为认为荀子避言太平仁道而力陈据乱礼义,是舍孔子大同之精与本而存孔子小康之粗与末。荀子对社会、人生做哲学思考,其"言穷理","多奥析","有次弟","有条理",论德智而"天下中人多",故以"勉强学问"为长的荀子之学,教人"广开智识","变化气质",去恶入善,可求社会由乱而治。(《万木草堂口说》)康有为以小康之学和创知识论来定位二千年荀学的主导作用,是在政治伦理学的意义上对荀学进行概括的,其褒多于贬,意在表彰外王之学的经世致用。然而他的学生谭嗣同离开学术研讨的思路,竟把荀学和二千年来的封建意识联系起来,予以猛烈批判。他举证有三,一曰荀子"法后王,尊君统",二曰荀子倡导"有治人无治法",三曰荀子"喜言礼乐政刑之属,惟恐箝制束缚之具不繁也"。(《仁学》)据此,可定荀学为封建专制制度帮凶之弥天大罪。谭嗣同把康有为对荀学的学术定位转化为政治裁判,这在儒学史上开了一个恶例。希特勒在第二次世界大战期间,曾经盗用和歪曲哲学家尼采的"权力意志"理论,以之为推行法西斯主义的精神工具。有后人把法西斯的罪孽算在尼采头上,这和谭嗣同因李斯是荀卿高徒而实行法家路线,秦始皇弃仁义用暴政统治人民,还有历代昏君暗主的血腥统治,都要由荀子负责任、背黑锅是一个道理,两者的逻辑荒谬且不说,如此总结历史经验教训,岂不令人不寒而栗。明代李贽早已指出:"宋人谓卿之学不醇,故一传于李斯,即有坑儒焚书之祸。夫弟子为恶而罪及师,有是礼乎? 若李斯可以累荀卿,则吴起亦可以累曾子矣!"(李贽《焚书·卷五·宋人讥荀卿》)其言剀切,惜乎嗣同之视而不见也!

纵观二千年封建社会的历史,道家的"无为之治"、儒家的"有为而治",都曾经出现过;礼法并用的礼治、"一任于法"的法治,也都实行过,荀子不可能对它们都负责任。墨子早年受"儒者之业",后弃儒创墨,成了儒家的反对派,儒墨同为显学,这对于孔子来说,功也过也,谁也说不清楚。荀子向韩非、李斯传授"帝王之术",两高徒后来变成法家人物,荀子因而招来后世之流俗诋訾,被诬为原本就是法家老师带法家徒弟。殊不知,荀子曾当面斥责李斯:"今女不求之于本而索之于末,此世所以乱也",理由是:"汝所谓便者,不便之便也。吾所谓仁义者,大便之便也。彼仁义者,所以修政者也。"(《议兵》)荀子对法家代表人物的思想也有深刻批判:"慎子蔽于法而不知贤,申子蔽于势而不知知"(《解蔽》)。慎到、田骈"尚法而无法,下修而好作,上则取听于上,下则取从于俗,终日言成文典,及纠察之,则倜然无所归宿,不可以经国定分"(《非十二子》)。荀子思想与法家理论之间的本质区别是显而易见的。荀子从法家那里借鉴法、术、势观点,在批判的基础上予以改造。他给法、术、势灌注礼义,以充当基础,变成以礼义治国的"君子之道"。他也论势、讲法、用术,但同时注重对人格的道德精神追求,蕴涵着对人民的终极关怀。韩非、李斯、嬴政之辈,将"帝王之术"的礼义基础抽掉,以取决于统治者的意志为法与术的本质,使之沦为统治者随意掌控和运用的统治工具和手段。李斯"西而相秦",为虎作伥,是对荀子的辛辣讽刺,难怪他愤而"为之不食"。但韩非、李斯提供给嬴政的,并非荀子思想,而是法家货色。荀子早在秦昭王及应侯范睢邀谈之时,奉献"君人者之大本",即"顺礼义、务忠信","力术止,义术行","节威反文","端诚信全之君子治天下"(《强国》),这完全是儒家的治国理念。但秦国拒绝采纳荀子建议，而采用霸道手段统一了天下。秦始皇屠戮天下，焚书坑儒，李斯助纣为虐，这些都不是荀子的错。

平心而论，荀子的礼治思想是新兴地主阶级建立和巩固君主专制制度的舆论工具。这是不必讳言的。以维新变法为宗旨的谭嗣同极力否定君主专制，可谓理所当然，也是他对历史的一大贡献。但他攻击荀子则是犯了割断历史的错误。在奴隶制崩溃以后，新兴的地主阶级急需建立统一的中央集权的封建制度，以保护和巩固它的利益，并推动社会和经济的进一步发展。荀子顺应历史发展潮流，为结束诸侯异政、分裂割据而建立统一的中央集权的封建国家，大肆鼓吹，多方献策，在当时的历史条件下，是有进步意义的，发挥了推动历史前进的积极作用。社会历史是一个不断向前发展和进步的过程，每当一个新的社会制度出现，站出来支持者就是革命的、进步的，反对者就是保守的、落后的。当封建君主专制制度走到束缚、阻碍社会生产力进一步发展的时候，就必须废除它，谭嗣同起而揭露它的种种弊端和罪恶，引领革命风潮，无疑是进步的。而他以"今日废除君主专制"，否定"二千年前建立君主专制"，就使自己陷入自相矛盾而不能自拔。这是发生在两个时间、空间的事件，不是发生在同一个时间、空间的事件。与两个事件相对应的两个命题，都是合理的、可论证的，并不相互反对、相互否定。谭嗣同把两个同样合理的历史事件对立起来，用其中的一个否定另一个，否定二千年前荀子为建立君主专制政权而奔走呼吁，他如此以功为过，是对历史的辩证发展不尊重。当然，我们今天回望历史，在充分肯定荀子重事功人为、重社会创建的传统，在中国历史文化中的重要影响的同时，也不应忽视他的局限性，例如他为了论证礼治的历史合理性，竟把它描绘成"始则终，终则始，与天地同理，与万世同久"（《王制》），能够无限循环的永恒制度，这种历史唯心论和形而上学，是应当予以批判和否定的。

四、结束语

荀子曾以芷兰、君子自况，对自己有所评价，他在《宥坐》中说："芷兰生于深林，非以无人而不芳。君子之学，非为通也，为穷而不困，忧而意不衰也，知祸福始终而心不惑也。夫贤不肖者，材也；为不为者，人也；遇不遇者，时也；死生者，命也。今有其人不遇其时，虽贤，其能乎？苟遇其时，何难之有？故君子博学、深谋、修身、端行，以俟其时。"然而荀子终究未遇其时，未遇其君，只能落得个"德若尧、禹，世上少知；方术不用，为人所疑"的结局。为此他的学生也不无遗憾地感叹："天下不治，孙卿不遇时也。"（《尧问》)而荀子以"天下知之,则欲与天下同苦乐之;天下不知之,则傀然独立天地之间而不畏"(《性恶》)这句话,来概括自己的境遇和人生哲学。他凭着自己的德行仁义深厚,完全做到了:天下知己用己而能与天下人共苦乐,天下不知己用己而不苟合于乱世。他始终保持着自己独立的思想与人格。

荀子是战国末期一位大思想家、哲学家,是与孟子齐名的儒学大师。荀子在政治、经济、文化、思想各方面,都遵循着孔孟路线,又用科学方法论,对先秦道、墨、名、法各家学派清算总结,刺取其长,摒弃其短,故其哲学、政治学、经济学、法学、军事学、教育学、伦理学、逻辑学无不自成体系,规模宏浩,思理清湛。荀子思想敏锐,富于独创精神,敢发人所未发,言前人所未言,故其在诸多领域别开生面,有为前人所不及的独特建树。但是在基本的思想观念上,荀子和孔孟仍旧一脉相承。他对儒学所做的重大补充和发展,只是为了适应新兴地主阶级统治的需要,为它所接受,为它而生存,使儒学与时俱进,切于实用,流传万世,永盛不衰。所以,荀子是儒家,不是法家,但也不是泥守孔孟的儒家,而是与时俱进的现实主义儒家。明代归有光著《荀子叙录》曰:"当战国时,诸子纷纷著书,惑乱天下。荀卿独能明仲尼之道,与孟子并驰。顾其为书者之体,务当于文辞,引物联类,蔓衍夸多,故其间不能无疵。至其精造,则孟子不能过也。"(《震川集》卷二)清代汪中著《荀卿子通论》,以为"荀卿之学,出于孔氏,而尤有功于诸经","六艺之传赖以不绝者,荀卿也。周公作之,孔子述之,荀卿子传之,其揆一也"。梁任公在从尊君权、排异说、谨礼义、重考据四个方面归纳荀学的基础上,结论说:"由是观之,二千年政治,既皆出荀子矣;而所谓学术者,不外汉学、宋学两大派,而实皆出于荀子。然则二千年来,只能谓为荀学世界,不能谓之为孔学世界也。"(梁启超《论支那宗教改革》)章太炎更一再撰文,打出"尊荀"旗号,以为"自仲尼而后,孰为后圣?曰:水精既绝,制作不绍,浸寻二百年,以踵相接者,惟荀卿足以称是"。并声称:"章炳麟订之曰:同乎荀卿者与孔子同,异乎荀卿者与孔子异。"(《章太炎政论选集·后圣》)这番话虽不免矫枉过正,却由此,荡涤了唐宋诸儒、特别是宋明理学人物对荀子荀学的诋毁和株蔓,还给了荀子荀学应有的历史地位。

当代思想家、美学家李泽厚在其流布甚广的《中国古代思想史论》一书中对荀子荀学有一些很精辟的论述。李泽厚写道:"荀子或被视为法家,或曰儒法过渡人物,或很明显地可以看得出百家的影响。然而按传统说法他是儒家,比较起来,仍然更为准确。但因为传统说法是儒家自己的,便经常突出他与孔孟的歧异和对立。其实,荀与孔孟的共同点,其一脉相承处是更为基本和主要的。荀子可以说上承孔孟,下接易庸,旁收诸子,开启汉儒,是中国思想史从先秦到汉代的一个关键。"他又写道:"荀子是新时代条件下的儒家,他不是法家,也不再是像孔孟那样的儒家。这种'不像',也正表现在荀学中的原始民主和人道遗风毕竟大大削减,从而更为明白地呈展出它的阶级统治面目。""如果说,孟子在中国思想史上最先树立了伟大的个体人格观念;那么,荀子便在中国思想史上最先树立了伟大的人的族类的整体气概。""如果说,孟子对孔学的发扬主要在'内圣',那么荀子主要是'外王'。'外王'比'内圣'具有更为充分的现实实践品格,也是更为基础的方面。"李泽厚总结说:"从宋明理学到'现代新儒家',都一贯抨击荀子,表彰孟子,并以朱熹、王阳明直接孟子,认为这才是值得继承发扬的中国思想史的主流正宗。而三十年来国内的研究则又大都只赞扬表彰荀的唯物论,或则抨击他的尊君尚礼的法家倾向。这些似乎都没抓住荀的要害。孟子固然有其光辉的一面,但如果完全遵循孟子的路线发展下去,儒家很可能早已走进神秘主义和宗教里去了。正是荀子强调人为,并以改造自然的性恶论与孟子追求先验的性善论鲜明对立,才克服和冲淡了这种神秘方向;同时由于尽量吸取了墨家、道家、法家中冷静理智和重实际经验的历史因素,使儒学的重人为、重社会的传统得到了很大的充实,从而把儒家积极乐观的人生理想提到'与天地参'的世界观的崇高地位。……可以说,没有荀子,就没有汉儒;没有汉儒,就很难想象中国文化会是什么样子。"以本书编著者观之,李泽厚先生之见可谓的论,应看作是对荀子及荀学很恰当的总结。当然,关于荀子荀学的评价不可能定于一说,但博大精深的荀子思想和学术,已经受到学术界和社会越来越多的人的注意,以浓厚的兴趣研读荀子之文,重新认识荀子荀学在我国思想史上的地位和作用,则已是不争的事实。

　　本书以《古逸丛书》影刻宋台州本为底本,重点参考、比较了王先谦《荀子集解》、刘师培《荀子补释》、梁启雄《荀子简释》、方孝博《荀子选》、王天海《荀子校释》等有代表性的几家荀书整理性著作,其中在原文释义上重点吸纳了王天海《荀子校释》的许多观点或从中得到启示。全书体例,每篇题目下有简短的题解性文字,扼要说明《荀子》该篇的主旨、结构和写法特点。其下是全篇白话译文。译文后附原文,每篇原文按内容或逻辑关系划分为大的段落,每段原文下以点睛之笔作段意归纳,并对疑难字句作适当注释。最后有总评文字一篇。本书所有注释、译文务求忠实荀子本意,力避长期流行的错讹,并尽可能使文字简明、洗练、流畅。总评文字对全篇核心问题做文本正解、确解,而不做自由发挥。采用此种诠释方式,主要是为了突出本书立意"通读",而能使读者真正读懂《荀子》,以理清荀子的思想脉络及其特色。但是,由于编著者水平有限,不当乃至错误之处恐为不少,敬请读者批评指正。

劝学篇第一

《劝学篇》冠《荀子》全书之首，畅论教育和学习的重要，并指明教育和学习的内容、方法以及与修身养道的关系。特别是强调"隆礼"和亲近贤师良友的重要性，这也是贯穿在全书的基本观点。荀子有感于礼失、学废久矣，故作此篇以针砭时弊，且以"学"与"礼"二字统领全书。

本篇一直以来被选入中学语文课本，并且多见于各种先秦文选本，是《荀子》一书的代表作之一，也是全书最美之作。它气魄雄伟，结构严谨，说理绵密，巧譬博喻，词藻丰富，反复骈丽，声韵抑扬顿挫，更兼以精彩的类比推理，谆谆劝勉的情意，打动人心，催人奋进，历来为各年龄段人士特别是莘莘学子所喜爱。

君子说：学习是不能终止的。靛青是从蓼蓝中提取的，却比蓼蓝更青；冰是由水凝结而成的，却比水更冷。经过木匠的墨线取直的木材，拿去烘烤，把它弯曲做成车轮，能和圆规画的圆相合，即使长久曝晒变得枯干了，也不会再挺直，这是由于经过烘烤加工使它变成这样的。所以，木材经墨线取直就能砍得笔直，刀剑经磨石磨砺就能变得锋利。君子广博地学习并且每日参验省察自己，就会智慧聪明而行为没有过错了。

所以，不登上高山，不知道天的高；不下临深溪，不知道地的厚；不听取前代圣王的遗言，不知道学问的广博。干越和夷貉，地方不同，婴儿出生时的啼哭声却相同，但等到长大后，他们的习俗又不同了，这是后天教育使他们这样的。《诗经》上说："哎呀你们君子，不要老是图安逸！恭谨忠诚于职位，正道直行多交际。神灵感动了，会将大福赐给你。"什么也比不上教化之道的神力更广大，什么也比不上无灾无祸的幸福更久长。

我曾经整天地思考，却不如片刻学习收获大；我曾经踮起脚远望，却不如登高看得广阔。登高而招手，手臂没有加长，但远处的人却能看到；顺风而呼喊，声音没有加大，但别人却能听得清楚。凭借车马出行的人，并不是双脚比别人便利，但他却能日行千里；利用舟船出游的人，并不是水性比别人好，但他却能横渡大江大河。君子生性并非特异，只是善于借助外物罢了。

南方有一种鸟，名叫蒙鸠，它用羽毛构筑巢，又用毛发编结起来，系在芦苇梢上。一阵大风吹来，苇梢折断，鸟蛋摔破，幼鸟摔死。鸟巢并非不完善，是因为它所系的苇梢太脆弱才会这样的。西方有一种草，名叫射干，茎长四寸，生长在高山顶上，而俯临百丈的深渊。射干的茎并没有长得更长，是因为它生长的位置才使它显得高的。蓬草长在麻丛中，不扶也直；白沙混入黑泥里，与泥同黑。兰槐的根叫芷，其味香，但若把它浸在臭水里，君子不会接近它，百姓也不愿佩戴它。芷的本质并不是不美好，是因为它被浸在臭水里才会这样的。因此，君子居住必定会选择乡邻，交游必定会结交贤士，用这种办法来防止误入邪途而迈向正道。

事物的发生，必定有它的起因；荣辱的来临，必然同人的德行相称。肉腐烂了就会生蛆，鱼干枯了就会生虫。怠惰疏懒，忘乎所以，灾祸就会发生。刚强的东西可以用作支撑，柔软的东西可以用来束物。一个人行为邪恶、污秽，怨仇就会集中到他身上。铺开的柴草好像一样，但火总是向干燥的地方烧去；平整的地面好像一样，但水总是向低湿处流去。草木喜欢共生，鸟兽喜欢群居，万物都是各依从其同类而生存的。所以，箭靶张开，箭就射来了；林木茂盛，斧头就砍伐来了；树木成荫，众鸟就栖息来了；醋一发酸，蚊蝇就聚集来了。所以，说话有可能招祸，做事有可能招辱，君子要谨慎地立身处世啊！

堆积泥土成为高山，风雨就从那里兴起；汇积流水形成深渊，蛟龙就在那里生成；累积善行、养成高尚的道德，就能贯通大智慧，具备圣贤的思想境界。所以，不从半步半步地积累，就无法到达千里之外；不从细小的流水汇集，就无从形成大江大海。千里马一跃，不超过十步；笨马跑十天，也有千里远，成功在于它不肯放弃，不停顿地行走。比如雕刻，半途而止，即使是朽木也刻不断；若能不停地刻，就是金属石块也能雕空。蚯蚓无锋利的爪牙和强劲的筋骨，却能在地面吃泥土，地下吸泉水，原因在于用心专一；螃蟹虽有八只脚两只螯，若不借住蛇和鳝的洞穴就无处存身，原因是它用心浮躁。所以，没有潜心专一的精神，就没有通达的知识；没有精诚一志的态度，就没有显著的业绩。徘徊于十字路口的人，永远走不到目的地；同时侍奉两个君主的人，谁也不会宽容。眼睛不能同时看清楚两种事物，耳朵不能同时听明白两种声音。螣蛇没脚却能飞行，鼫鼠有五技却面临困窘。《诗经》上说："尸鸠栖身在桑树，养育七子忒专一。善人君子们啊，仪容要专一呀！仪容要专一啊，心志专永不屈呀！"所以君子收敛着他们的心使心志集中专一。

  从前，瓠巴一鼓瑟，游于水中的鱼也伸出头来倾听；伯牙一弹琴，正在吃草的马也仰着头来谛听。所以，声音不论多么微小，也会被人听见；行动不论多么隐蔽，也会被人知道。玉石蕴藏在山中，连草木都显得滋润；深渊生长珍珠，连崖岸都不会干枯。做善事就怕不能积累，哪有积累了善行却不被人知道的呢？

  学习从何处开始？到何处为止？回答说：从学习的方法说，是由诵读《诗》、《书》开始，到理解礼法典制结束；从学习的意义说，是从做学士开始，到终于成为圣人。确实能勤力持久，日积月累有所得，一直学习到老死才为止啊！所以，学习的方法虽然有止尽，而学习的意义却不能有片刻疏忽。坚持学习，就成为人；放弃学习，就如同禽兽了。所以，《尚书》是记载政事的；《诗经》是反映心声的范本；《礼经》是法律的原则、各种事理的准绳。所以学得了《礼经》就算到头了。这就叫达到了道德的顶峰。《礼经》的慎守礼节、仪式，《乐经》的使人内心和悦，《诗经》、《尚书》的广博丰富，《春秋》的微言大义，存在于天地之间的精华都收集在这些典籍里了。

  君子的学习，是把所学的知识灌输于耳，贮积于心，表现在举止上，体现在言行上，无论端庄的言辞还是小心的举动，都可以为人所效法。小人的学习，是从耳朵听进去，从嘴巴说出来，口耳之间最多不过相距四寸，怎么能靠它去完美七尺之躯的品行呢？古时的学者，是为了提高自己而学；如今的学者，是为了向人炫耀而学。君子的学习，是借以完美自己的身心；小人的学习，是把学问当作小鸡小牛感觉好玩。所以，人家没问就说给人家叫做骄傲，人家问一却答二叫做絮叨。骄傲是不对的，絮叨也是不对的；君子有问而告、问一告一，就像回声应和原声一样。

昔者瓠巴鼓瑟而流鱼出听

学习没有比接近贤师更便捷的了。《礼经》、《乐经》讲法度而不详细解说其义理，《诗经》、《尚书》记载先王掌故而不切合当今实际，《春秋》文词简约、涵义深微而不易迅速理解。仿效贤师的方法学习，那么君子的学说就会受到普遍的尊崇而周传于世了。所以说，学习没有比接近贤师更便捷的了。

　　学习的途径，没有比心悦诚服请教贤师更快捷的了，其次才是尊崇礼法。如果上不能悦服于贤师，下不能尊崇礼法，那就不过是学些百家杂说，并给《诗》、《书》的文义做些注脚罢了，那么到老也不过是个学识浅陋的儒生而已。如果要追溯先王的意旨，探求仁义的根本，那么学习礼法才是一条纵横交错而四通八达的正确道路。这正像提起皮衣领子，弯曲五指去梳理皮衣上的毛一样，一下子全都理顺了。不遵循礼法，而只是凭《诗》、《书》办事，那就譬如拿手指去测量河水的深浅、拿戈矛代替杵去舂米、拿锥子代替筷子去吃饭一样，是不可能达到目的的。所以，遵循礼法，虽对其精义尚不明晰，仍不失为礼法之士；不遵循礼法，即使对其精义明察善辩，也只是个不受检束的儒生。

　　如果所问的不合礼法，不要告诉他；所告知的不合礼法，不要追问他；所谈论的不合礼法，不要去听他；有人意气用事争强斗气，不要同他争辩。所以，必须是遵循礼义之道来请教的人，这才接待他，否则就避开他。所以，请教的人恭敬礼貌，然后才可以同他谈论道的要领；请教的人表情心悦诚服，然后才可以同他谈论为学之道的精髓。所以，不可以同他谈论却谈论了，叫做浮躁；可以同他谈论却不谈论，叫做隐瞒；不观察他的表情就谈论，叫做盲目。因而，君子不浮躁、不隐瞒、不盲目，谨慎地顺着来人的态度与之交谈。《诗经》上说："不急躁不怠慢，这是天子所称赞的。"说的就是这个意思。

　　射箭一百次，只有一次没射中，就不能称为善于射箭；驾车行千里路，只差半步没走完，就不能称为善于驾车；人伦事理不能贯通，仁义不能专一奉行，就不能称为善于学习。学习嘛，本来就应该一心一意坚持到底。一时学，一时不学，只是普通人的行为。其中善学者少，不善学者多，不善学之甚者就是夏桀、商纣、盗跖一类人了。能够全面贯通人伦事理、尽心奉行仁义，这才称得上善于学习的人。

　　君子知道学习礼法仁义如不全面、不精粹就不能算是完美，所以要反复诵读并深入思考以求融会贯通，选择贤师良友以求效法他们，除掉有害于学习的事物以求保养优良的品德。除非有利于全面彻底地学习礼法仁义，对其他的事物，眼睛不想去看，耳朵不想去听，嘴巴不想去说，脑子不想去思考。等到极其爱好学礼法仁义的时候，就像眼睛爱看五色、耳朵爱听五音、嘴巴爱尝五味、心里贪求天下一样。正因为坚定了为学之信念，所以权势、利禄不能使他倾倒，人多势众不能使他变心，天下之大不能使他动摇。生是为了遵从为学之道，死也是为了遵从为学之道，这样才称得上有道德操守。有道德操守，这才能坚定不移；能坚定不移，这才能应付各种复杂情况。既能坚定不移，又能应付各种复杂情况，这样才称得上是心智完全成熟的人。天显现它的光明，地显现它的广阔，君子以学问修养的精粹和完备为贵。

君子曰：学不可以已。青，取之于蓝，而青于蓝；冰，水为之，而寒于水。木直中绳，𫐓以为轮，其曲中规，虽有槁暴，不复挺者，𫐓使之然也。故木受绳则直，金就砺则利，君子博学而日参省乎己，则知明而行无过矣。

故不登高山，不知天之高也；不临深溪，不知地之厚也；不闻先王之遗言，不知学问之大也。干越、夷貉之子，生而同声，长而异俗，教使之然也。《诗》曰："嗟尔君子，无恒安息。靖共尔位，好是正直。神之听之，介尔景福。"神莫大于化道，福莫长于无祸。

吾尝终日而思矣，不如须臾之所学也；吾尝跂而望矣，不如登高之博见也。登高而招，臂非加长也，而见者远；顺风而呼，声非加疾也，而闻者彰。假舆马者，非利足也，而致千里；假舟楫者，非能水也，而绝江河。君子生非异也，善假于物也。

南方有鸟焉，名曰蒙鸠，以羽为巢，而编之以发，系之苇苕，风至苕折，卵破子死。巢非不完也，所系者然也。西方有木焉，名曰射干，茎长四寸，生于高山之上，而临百仞之渊。

木茎非能长也，所立者然也。蓬生麻中，不扶而直；白沙在涅，与之俱黑。兰槐之根是为芷，其渐之滫，君子不近，庶人不服。其质非不美也，所渐者然也。故君子居必择乡，游必就士，所以防邪辟而近中正也。

物类之起，必有所始；荣辱之来，必象其德。肉腐出虫，鱼枯生蠹；怠慢忘身，祸灾乃作。强自取柱，柔自取束；邪秽在身，怨之所构。施薪若一，火就燥也；平地若一，水就湿也。草木畴生，禽兽群焉，物各从其类也。是故质的张而弓矢至焉，林木茂而斧斤至焉，树成荫而众鸟息焉，醯酸而蚋聚焉。故言有召祸也，行有招辱也，君子慎其所立乎！

以上为第一部分，由教化之道能使人智慧聪明、行动无过、避灾免祸等几个方面，论述了教育和学习的目的及其重要性。

中绳：中，读zhòng，适应，符合；绳，木匠用的墨线。　輮：通"煣"。以火烘木，使之弯曲。　知明：知，读zhì，通"智"。　干越：犹言吴越。干，古国名，春秋时为吴所吞灭，故吴亦称干。　夷貉(mò)：夷族和貉族。　"嗟尔君子"云云：引自《诗经·小雅·小明》。靖，敬谨，专一；共，奉，供职；介，赐予；景，大。　生非异：生，或作"性"，生性。　蒙鸠：又名"鹪鹩"，一种小鸟。　射干：又名"乌扇"。一种草药。　白沙在涅，与之俱黑：今本《荀子》无此二句，据王念孙、刘师培等注而补。　兰槐：即白芷，一种香草。　滫(xiǔ)：臭水。一说指尿。　柱：通"拄"，支撑。　质的：质，箭靶；的，读dì，箭靶的中心。　醯(xī)：醋。　蚋：同"蚋"，蚊蝇类小昆虫。

积土成山，风雨兴焉；积水成渊，蛟龙生焉；积善成德，而神明自得，圣心备焉。故不积跬步，无以致千里；不积小流，无以成江海。骐骥一跃，不能十步；驽马十驾，功在不舍。锲而舍之，朽木不折；锲而不舍，金石可镂。蚓无爪牙之利、筋骨之强，上食埃土，下饮黄泉，用心一也。蟹八跪而二螯，非蛇蟮之穴无可寄托者，用心躁也。是故无冥冥之志者，无昭昭之明；无惛惛之事者，无赫赫之功。行衢道者不至，事两君者不容。目不能两视而明，耳不能两听而聪。螣蛇无足而飞，梧鼠五技而穷。《诗》曰："尸鸠在桑，其子七兮。淑人君子，其仪一兮。其仪一兮，心如结兮。"故君子结于一也。

昔者瓠巴鼓瑟而流鱼出听，伯牙鼓琴而六马仰秣。故声无小而不闻，行无隐而不形。玉在山而草木润，渊生珠而崖不枯。为善不积邪，安有不闻者乎！

以上为第二部分，申明学习的态度应持恒专一，只要肯下功夫，就会有一定的收获。

颐步：亦作"跬步"。半步，跨一脚。　十驾：一日所行为一驾，十驾为十日行程。　螾：同"蚓"，蚯蚓。　八跪：诸本多作"六跪"或曰"六"当为"八"之讹，或曰为"四"之讹，似当从前者，指蟹用于行走的八只足。　螯：蟹的第一对大足，形似钳，具有行走和进攻双重功能。　梧鼠：即鼫(shí)鼠，形似兔，相传它能飞但不能上屋，能爬树但不能上到顶，能游水但不能渡山涧，能挖洞但不能藏身，能走但走不过人，所以有"五技而穷"一说。　"尸鸠在桑"云云：引自《诗经·曹风·尸鸠》。尸鸠，一说即布谷鸟。据说尸鸠养育七子，早晨从上而下，晚上自下而上，平均如一，日日如此。　瓠巴：古之善鼓瑟者，不知何代人。　流鱼：王先谦据《大戴礼记》作"沉鱼"，现通行本亦多作"沉鱼"者。　伯牙：即俞伯牙。春秋时琴师，楚人。相传琴曲《高山流水》就是他的作品。　六马：古代天子车驾以六马。此处为泛指。

学恶乎始，恶乎终？曰：其数则始乎诵经，终乎读礼；其义则始乎为士，终乎为圣人。真积力久则入，学至乎没而后止也。故学数有终，若其义则不可须臾舍也。为之，人也；舍之，禽兽也。故《书》者，政事之纪也；《诗》者，中声之所止也；《礼》者，法之大分，类之纲纪也。故学至乎《礼》而止矣。夫是之谓道德之极。《礼》之敬文也,《乐》之中和也,《诗》、《书》之博也,《春秋》之微也,在天地之间者毕矣!

　　君子之学也,入乎耳,箸乎心,布乎四体,形乎动静,端而言,蝡而动,一可以为法则。小人之学也,入乎耳,出乎口,口耳之间则四寸耳,曷足以美七尺之躯哉!古之学者为己,今之学者为人。君子之学也,以美其身;小人之学也,以为禽犊。故不问而告谓之傲,问一而告二谓之囋。傲、囋,非也,君子如响矣。

　　学莫便乎近其人。《礼》、《乐》法而不说,《诗》、《书》故而不切,《春秋》约而不速。方其人之习说,君子之则尊以遍矣,周于世矣。故曰:学莫便乎近其人。

　　学之经,莫速乎好其人,隆礼次之。上不能好其人,下不能隆礼,安特将学杂识志,顺《诗》、《书》而已耳,则末世穷年,不免为陋儒而已。将原先王,本仁义,则礼正其经纬蹊径也。若挈裘领,诎五指而顿之,顺者不可胜数也。不道礼宪,以《诗》、《书》为之,譬之犹以指测河也,以戈舂黍也,以锥餐壶也,不可以得之矣。故隆礼,虽未明,法士也;不隆礼,虽察辩,散儒也。

　　问楛者,勿告也;告楛者,勿问也;说楛者,勿听也;有争气者,勿与辩也。故必由其道至,然后接之;非其道,则避之。故礼恭而后可与言道之方,辞顺而后可与言道之理,色从而后可与言道之致。故未可与言而言谓之傲,可与言而不言谓之隐,不观气色而言谓之瞽。故君子不傲、不隐、不瞽,谨顺其身。《诗》曰:"匪交匪舒,天子所予。"此之谓也。

　　以上为第三部分,指出学习的方法、步骤和向人求教的重要性,兼说若自己又被别人求教时所应持的态度。

　　数:术。指学习的方法和步骤。　**中声**:符合标准的乐章。　**所止**:所留,引申指保存。　**大分**:大纲,总则。　**类之纲纪**:类,指

学也者，固学一之也

与法相类者，即亦法也；纲纪，纲要。　端而言，蝡而动：传统的解释，以"端"读"喘"，微言也；蝡，微动也。前者颇牵强，端作端庄、正直讲似更妥帖。　傲、噆，非也，君子如响矣：此句通行本多作"傲非也，噆非也，君子如响矣"。傲，轻慢、倨傲。噆，据王天海引章炳麟《新方言·释言》："今蕲州谓不问而告为噆，杭州亦谓多言无节为噆，通言谓多声为噆噆。"荀子久居楚地，或以南方方言状多言烦人之貌。响，如响应声也。　楛（kǔ）：粗恶不精。此处引申为不正当、恶劣，不合礼法。　"匪交匪舒"云云：引自《诗经·小雅·采菽》。匪，非，不；交，通"绞"，急切，急躁；舒，舒缓，引申为怠慢。

百发失一，不足谓善射；千里蹞步不至，不足谓善御；伦类不通，仁义不一，不足谓善学。学也者，固学一之也。一出焉，一入焉，涂巷之人也。其善者少，不善者多，桀、纣、盗跖也。全之尽之，然后学者也。

君子知夫不全不粹之不足以为美也，故诵数以贯之，思索以通之，为其人以处之，除其害者以持养之。使目非是无欲见也，使耳非是无欲闻也，使口非是无欲言也，使心非是无欲虑也。及至其致好之也，目好之五色，耳好之五声，口好之五味，心利之有天下。是故权利不能倾也，群众不能移也，天下不能荡也。生乎由是，死乎由是，夫是之谓德操。德操然后能定，能定然后能应，夫是之谓成人。天见其明，地见其光，君子贵其全也。

以上为第四部分，总括全文，再次强调学习须专心一志，而以学习能致全和粹为最终目的。

伦类：伦，人伦，人与人之间的道德关系；类，法，法理。　涂巷：道路上，里巷中。涂，通"途"。

十八世纪法兰西思想家提出了"人类依赖于教育"的命题。其实，远在两千年以前，我国的思想家孔子和荀子就已经把教育和学习提升到本体论的高度来认识了。《学而》为《论语》首篇，《劝学》冠《荀子》全书，一脉相承，强调了教育和学习对于人生的意义。荀子曰："为之，人也；舍之，禽兽也。"把教育和学习作为人与动物的分界线、作为人类的生存方式来提倡，具有终极的意义，从而就能高屋建瓴，得出深刻的见解。于是，在"学不可以已"这一总论断下，本篇具体阐述了下列几个问题：

学习能改造人的本性，由恶入善。正像用蓝草做成染料、由水变为冰、輮木制作车轮、砺金变为刀剑一样，人若经过学习和教育，必会"知明而行无过矣"。干越、夷貉之子虽然"生而同声"，但由于"教使之然"而形成不同的社会习俗。这说明，人性本恶，而先王的教化之道神力广大，可以赋予人知识、品德、才能，可以移风易俗，避灾免祸，给人类带来幸福。

学习能助人改造环境，适应生存。"善假于物也"是人的本能和特性，因为只有如此，人类才能事半功倍，更好地适应其生存的环境。所以，借助外物以发展自己，是人类长期学习中摸索出来的成功经验。欲博见而"登高"，欲见者远而"登高而招"，欲闻者彰而"顺风而呼"，欲致千里而"假舆马"，欲绝江河而"假舟楫"，都是人类智慧的运用。君子牢记蒙鸠"风至苕折，卵破子死"的羞辱，学习射干"生于高山之上，而临百仞之渊"的荣耀，避免"兰槐之根是为芷，其渐之滫"的悲剧，这才"居必择乡，游必就士，所以防邪僻而近中正也"。人的品质的美与丑，道德的善与恶，是环境造就的，但更重要的是人选择环境的主动性、改造环境的能动性，有了这个努力学习的主观条件，才能创造出好的环境，成为中正之人。

学习能使人修养言行，避灾免祸。"物类之起，必有所始"，是客观的规律。依照这一规律来观察人的荣辱，总是有人的品行在起内因的作用，每当某种客观条件具备，某种特定的品行就会给人带来或荣或辱的结果。肉出虫在于"腐"，鱼生蠹在于"枯"，柱物须"强者"，束物须"柔者"，"薪燥"而火就，"地湿"而水就，草木因"畴"而生，禽兽因"群"而居，质的"张"而弓矢至，林木"茂"而斧斤至，树"成荫"而众鸟息，醯"酸"而蜹聚。同样的道理，"怠慢忘身"是前因，"祸灾乃作"是后果；"邪秽在身"是前因，"怨之所构"是后果；言与行是前因，祸与辱是后果。所以要努力学习，修养身心，谨言慎行，从根本上避灾免祸。荀子将灾祸耻辱的原因归之于自身的品行邪秽怠慢，而不是由先天决定；又将言行修养提升到人生命运的高度来认识，以"言有召祸也，行有招辱也，君子慎其所立乎"这一警语告诫人们，意在强调学习与修养关乎人的事业与幸福。

  对学习的意义的重视要比对学习的方法的掌握更重要。"故学数有终，若其义则不可须臾舍也。"学习的方法总是有止尽的，而学习的意义十分重大，具有永恒的价值，关系到人类生存发展的大事。"其数则始乎诵经，终乎读礼；其义则始乎为士，终乎为圣人。"《书》、《诗》、《礼》、《乐》、《春秋》等经典文献是学习的科目，礼法仁义是学习的内容，由士做到君子，最后成为圣人，才是学习的目标。"古之学者为己，今之学者为人。君子之学也以美其身，小人之学也以为禽犊。"古今学者的区别，君子小人的差异，是由学习的内容是否合乎礼法仁义、学习的目标是否把自己造就成贤圣来决定的。那些只能给《诗》、《书》的文义做些注脚的"陋儒"，虽然明察善辩而行为却不受检束的"散儒"，都应当在小人之列了。所以，"学"什么？"为"什么？答案是，"隆礼"是学习和践履的中心内容。"《礼》者，法之大分，类之纲纪也。故学至乎《礼》而止矣。夫是之谓道德之极。"将礼与法并提，并视之为"道德之极"，显然已由孔孟的内在自省的伦理标准，转变为外在行为的道德规范了。虽然学礼、为礼而能迈入礼法之士的"道德之极"，却还不是最终目的，最高境界是由"全粹之美"而"成人"，即做到圣人。"学之经，莫速乎近其人，隆礼次之"，这句话的深刻意蕴，就在于贤师的地位应当在"隆礼"之上，因为礼法之士和圣人是"隆礼"的楷模，圣人之道是追求的终极目标。学习不能停留在初始阶段，应当超越一般知识摄取的范围，超越个人修养的局限，矢志不渝地去追求和实现圣人之道，达到"天见其明，地见其光"的"全粹之美"。

修身篇第二

　　本篇论述儒者修身养性之道在于"由礼"、"得师"、"一好",如此才能成为士人君子,最后达到圣人的崇高境界。文中论治气养心之术一节是全篇的核心所在。而全篇旨意纯美,辞采缤纷,声韵铿锵,发挥淋漓尽致,沁人心脾。

　　见到善的行为,就会一脸严肃,一定要认真地检查自己(是否也具有这种善的行为);见到不善的行为,就会心怀忧惧,一定要诚恳地反省自己(是否没有这种不善的行为)。善的品行在身上,就会坚定自信,一定要自乐其善;不善的品行在身上,就像被人抹黑了,一定要憎恶这种不善。所以,指责我而又恰当中肯的人,就是我的老师;赞同我而又恰当中肯的人,就是我的朋友;阿谀奉承我的人,就是害我的贼子。所以,君子崇敬老师,亲近朋友,并非常憎恶害人的贼子。好善而永不厌倦,接受规劝而能警戒,虽说不想进步,可能吗?小人与此相反:自己非常昏乱,却痛恨别人责备自己做错了;自己非常不端正,却要求别人称赞自己贤良;自己心如虎狼,行如禽兽,却痛恨别人说自己是贼子。对阿谀奉承自己的人就亲近,对谏诤规劝自己的人便疏远,优秀正直的人反被他嘲笑,真挚忠诚的人反被他残害,这样的人即使不想灭亡,可能吗?《诗经》上说:"一边随声附和,一边相互诋毁,不分是非真悲哀!谋划很好的政策,竟然完全违背了;谋划不好的事情,却又一一照办了。"说的就是这种情况。

　　做到完全善的方法是:调理元气,保养身心,那么寿命可以继彭祖之后;修养品行,自成其名,那么名声可以与尧、禹相配。既适宜于顺时而通达,又有利于度过逆境,只有靠礼法和信义。凡是运用血气、意志、智慧和思维时,遵循礼法就能调理畅达,不遵循礼法就会错乱懈怠。凡在饮食、衣服或居住、举动时,遵循礼法就和谐适度,不遵循礼法就生病招祸。凡在容貌、态度、进退、行走方面,遵循礼法就端正文雅,不遵循礼法就傲慢邪僻、庸俗粗野。所以,做人没有礼法就不能生存，行事没有礼法就不能办成，国家没有礼法就不得安宁。《诗经》上说："礼仪都要符合法度，说笑都要斟酌得体。"说的就是这种情况。

以善的品行为人表率叫做教育，以善的品行附和别人叫做顺应。以不善的品行引导别人叫做谄佞，以不善的品行附和别人叫做逢迎。能分辨出是非的，叫做智慧；以是为非、以非为是的，叫做愚昧。以言语中伤善良人的叫做诋毁，存心陷害善良人的叫做残害。是就是是，非就是非，这叫正直。偷窃货物叫做盗取，隐匿行踪叫做诡诈，信口开河叫做荒诞，取舍不定叫做无常，为利忘义叫做大贼。多闻叫做广博，少闻叫做浅薄，见识多叫做博大，见识少叫做浅陋。看到困难不敢进取叫做迟缓，容易忘记叫做遗漏。把事情弄得少而有条理叫做明白，把事情弄得多而杂乱叫做昏暗。

理气养心的方法是：血气刚强的人，就用协调、和谐来柔化他；智谋诈深的人，就用简易、良善来平抑他；勇猛凶暴的人，就用道义、和顺来辅导他；迅疾便捷的人，就用静止、安详来节制他；心胸狭隘的人，就用广阔、博大来扩展他；卑下迟缓的人，就用大志急进来振奋他；庸碌低劣的人，就用良师益友来督责他；怠惰自弃的人，就用灾祸临头来警醒他；敦厚诚朴而拘谨的人，就用礼乐与之相协调，用思考与之相沟通。大凡理气养心的方法，没有比遵循礼法更快捷，没有比得到良师益友更重要，没有比专一其好更神妙的了。这就是所谓的理气养心的方法啊。

志向完美就会傲视富贵，以道义为重就会藐视王公；内心常常自省，身外之物就变得微不足道了。古书上说："君子役使外物，小人为外物所役使。"说的就是这个道理。身体劳苦但内心安适的事，就去做；利益虽少但道义多的事，就去做。侍奉暴虐之君而能显达，不如侍奉困顿之君而能与己和顺。所以，优秀的农夫并不因为水涝干旱就放弃耕耘，优秀的商人并不因为买卖亏本就不做生意，士人君子并不因为贫困潦倒就对道义有所懈怠。

外表恭敬而且内心忠信，遵循礼义而且性情仁爱，这样的人走遍天下，即使困处四方极边远的地方，人们没有不尊重他的。劳苦的事就争先去干，享乐的事就让给别人，诚实忠厚，谨守礼法，明察事理，这样的人走遍天下，即使困处四方极边远的地方，人们没有不信任他的。外表倨傲鄙陋而内心狡诈，遵循慎到、墨翟邪说而性情肮脏，这样的人走遍天下，即使显达四方，人们没有不鄙视他的。劳苦的事就偷懒怯懦、转身逃避，享乐的事就争抢贪取而毫不谦让，邪恶卑劣而不诚实，放纵私欲而不知检束，这样的人走遍天下，即使显达四方，人们没有不厌弃他的。

行走时恭敬小心，并不是怕陷入泥坑之中；行走时低着头，并不是怕碰着什么东西；两人对视而先低头示敬，并不意味着惧怕对方。士人既然要独立地修养自身，就不会为这些得罪于世俗之人了。

千里马一天能奔跑千里，劣马走十天也能达到千里之远。想要走完没有穷尽的路，追逐没有终点的目标吗？那么，无论是千里马还是劣马，即使跑折了骨头，走断了脚筋，到死也不可能达到目的；要是有一个既定的目标呢？那么，千里虽然遥远，也就是或慢或快，或先或后，又有谁能说就不能达到目的呢！不知道行路的人，他们是想要走完没有穷尽的路，追逐没有终点的目标呢，还是也想有一个可以达到的目标呢？对那些"坚白"、"同异"、"有厚无厚"的区别，不是不可能区别，而是君子不想参与辩论，是要止于这种无穷尽的辩论。对那些奇异怪僻的行为，不是不可能去做，而是君子不愿去做，是要止于这种怪异的行为。所以，学习之方叫做"迟"，别人停下来等待我，我赶上来接近他们，那么也就是或慢或快，或先或后，为什么又不能一起到达目的地呢？因此，半步半步走而不停止，跛了脚的甲鱼也能走到千里之远；堆积泥土而不中断，丘山也能聚成。堵塞源头，大开沟渠放水，就是长江黄河也会干涸；一会儿前进，一会儿后退，一会儿向左，一会儿向右，即使给天子驾车的六匹千里马也到不了终点。人们的才能禀性虽然彼此悬殊，难道会像跛腿甲鱼与天子的千里马差别那么大吗？然而，跛腿甲鱼能到达的地方，天子的千里马却到达不了，这没有别的缘故，只不过是有的去做了，有的没有做罢了。路途虽然很近，但不走就不会到达；事情虽然很小，但不做就不能成功。那些为人怠惰的人，他们或出道或入道，只是这一点很小的差别呀！

喜好礼法而能遵行的，是士人；深识礼法而能体悟其含义的，是君子；对礼法能整齐严明地践行而持久不息的，是圣人。人没有礼法约束，就会迷惘不知所措；有礼法约束而不理解其含义，就会局促不安；

道虽迩，不行不至

遵循礼法而又深究其事理，就会变得温和宽厚。

礼法，是用以正身的；老师，是靠他正确解释礼法的。无礼法，用什么来正身？无老师，我怎么知道礼法应当是这样的？礼法怎么规定就怎么做，这就是性情习惯于礼法了；老师怎么说就怎么说，这就是知识有如老师了。性情习惯于礼法，知识有如老师，这就是圣人了。所以，违背礼法，就是目中无法度；违背老师，就是目中无师教。不以师教和法度为准绳而好刚愎自用，就像让瞎子辨别颜色，让聋子辨别声音，除了紊乱无序和胡作妄为，不会有什么作为的。所以学习嘛，就是学习礼法。老师要以身作则，而重要的是自己要安心于守礼法。《诗经》上说："不知不觉，遵从上帝的法则。"说的就是这个道理。

正直诚实，尊长爱幼，即可称做好少年了；再加上热爱学习，谦虚敏捷，但求和别人一样上进，而没有凌驾于人的心愿，即可称做君子了。苟且怯懦，胆小怕事，没有廉耻且贪吃贪喝，即可称做恶少年了；再加上放荡凶悍而又不尊长，阴险歹毒而又不爱幼，即可称做不祥之人了，这样的人即使被刑杀也是罪有应得。尊敬老人，那么青壮年就会归附于我；不使穷困的人走上绝路，那么有才能的人就会积聚于我；暗中行善而不求人知，对人施恩而不求回报，对品行好和不好的人都能一视同仁。人若有了这三种品行，即使遇上大祸，老天爷难道不会替他消除大祸吗？

君子追求利益在于少，远离祸害在于早，躲避羞辱在于快，践行道义在于勇。

君子即使贫困潦倒，但志向远大；即使荣华富贵，但外貌谦恭；即使安逸闲适，但精神不怠惰；即使劳累疲倦，但容貌不憔悴；即使愤怒，但不过分处罚别人；即使高兴，但不过分奖赏别人。君子贫困潦倒却又志向远大，是由于他要弘扬仁义；荣华富贵却又外貌谦恭，是由于他要减少盛气；安逸闲适却又精神不怠惰，是由于他要约束于情理之中；劳累疲倦却又容貌不憔悴，是由于他要注重文饰仪表；愤怒时不过分处罚别人，高兴时不过分奖赏别人，是由于他奉行礼法而胜过私情。《尚书》上说："没有个人的喜好，只有遵循先王之道；没有个人的憎恶，只有遵循先王之路。"这就是说君子能用公理正义战胜个人的私欲啊！

见善，修然必以自存也；见不善，愀然必以自省也。善在身，介然必以自好也；不善在身，菑然必以自恶也。故非我而当者，吾师也；是我而当者，吾友也；谄谀我者，吾贼也。故君子隆师而亲友，以致恶其贼。好善无厌，受谏而能诫，虽欲无进，得乎哉？小人反是。致乱而恶人之非己也，致不肖而欲人之贤己也；心如虎狼，行如禽兽，而又恶人之贼己也。谄谀者亲，谏争者疏；修正为笑，至忠为贼，虽欲无灭亡，得乎哉？《诗》曰："噏噏呰呰，亦孔之哀。谋之其臧，则具是违。谋之不臧，则具是依。"此之谓也。

扁善之度：以治气养生则后彭祖，以修身自名则配尧、禹。宜于时通，利以处穷，礼信是也。凡用血气、志意、知虑，由礼则治通，不由礼则勃乱提僈；食饮、衣服、居处、动静，由礼则和节，不由礼则触陷生疾；容貌、态度、进退、趋行，由礼则雅，不由礼则夷固僻违、庸众而野。故人无礼则不生，事无礼则不成，国家无礼则不宁。《诗》曰："礼仪卒度，笑语卒获。"此之谓也。

以善先人者，谓之教；以善和人者，谓之顺。以不善先人者，谓之谄；以不善和人者，谓之谀。是是，非非，谓之知；非是，是非，谓之愚。伤良曰谗，害良曰贼；是谓是，非谓非，曰直。窃货曰盗，匿行曰诈，易言曰诞。趣舍无定，谓之无常；保利弃义，谓之至贼。多闻曰博，少闻曰浅；多见曰闲，少见曰陋。难进曰偍，易忘曰漏；少而理曰治，多而乱曰秏。

以上为第一部分，首先申明"全善"是修身养性的目标，君子与小人对待善有截然相反的价值取向。

修然：严肃整饬的样子。　　自存：自省。　　愀然：忧惧的样子。　介然：坚定自信的样子。　　菑然：被抹黑弄脏的样子。菑，读zī，通"缁"，黑色。　　"噏噏呰呰"云云：引自《诗经·小雅·小旻》。噏噏（xī xī），众口附和；呰呰（zǐ zǐ），互相诋毁；孔，很，甚；臧，善；具，

以善先人者，谓之教

通"惧"。　扁善：犹言"遍善"，全善。扁，通"遍"。　彭祖：相传为尧时大臣，名铿，封于彭城，经虞、夏至商，寿七百岁。　治通：犹言"理通"。治，理也。　提僈：犹言"怠慢"。提，借为"怠"；僈，通"慢"。　"礼仪卒度"云云，引自《诗经·小雅·楚茨》。卒，尽，完全；获，得时。　耗：同"耗"。耗，通"眊"，昏暗不明。

　　治气养心之术：血气刚强，则柔之以调和；知虑渐深，则一之以易良；勇胆猛戾，则辅之以道顺；齐给便利，则节之以动止；狭隘褊小，则廓之以广大；卑湿重迟贪利，则抗之以高志；庸众驽散，则劫之以师友；怠慢僄弃，则炤之以祸灾；愚款端悫，则合之以礼乐，通之以思索。凡治气养心之术，莫径由礼，莫要得师，莫神一好。夫是之谓治气养心之术也。

　　志意修则骄富贵，道义重则轻王公，内省而外物轻矣。传曰："君子役物，小人役于物。"此之谓矣。身劳而心安，为之；利少而义多，为之。事乱君而通，不如事穷君而顺焉。故良农不为水旱不耕，良贾不为折阅不市，士君子不为贫穷怠乎道。

　　体恭敬而心忠信，术礼义而情爱人，横行天下，虽困四夷，人莫不贵。劳苦之事则争先，饶乐之事则能让，端悫诚信，拘守而详，横行天下，虽困四夷，人莫不任。体倨固而心势诈，术顺墨而精杂污，横行天下，虽达四方，人莫不贱。劳苦之事则偷儒转脱，饶乐之事则佞兑而不曲，辟违而不悫，程役而不录，横行天下，虽达四方，人莫不弃。

　　以上为第二部分，扼要论述做到"全善"须从"治气养生"与"修身自名"两方面努力，以礼来调节人的生理需求、精神活动和道德情操，处理好生活中遇到的各种伦理道德问题，弘扬善的品行，摒弃不善的品行。

　　渐深：犹"诈深"，狡诈阴险。　齐给：迅疾。给，诸本多作

"急"。　便利：便捷，犹俗语之"麻利"。　动止：偏正词，犹言静止。　卑湿重迟贪利：卑，下；湿，低下；重迟，动作迟缓；贪利，疑为衍文。　庸众驽散：庸，平庸；驽，劣马；散，不知检束。　劫：胁。引申为督责。　僄弃：诸本多作"摽弃"。抛弃也；一说暴弃。　炤：读zhāo，通"昭"，昭示。　折阅：做生意折损本钱，即亏损了。　顺墨："慎墨"之讹，指慎到、墨翟。慎到，即慎子，战国时法家，赵人，当时颇负盛名，有《慎子》一书传世。墨翟，即墨子，春秋战国之际思想家、政治家，墨家学派创始人。相传为宋国人，长期居住在鲁国。墨家当时为儒家的主要反对派，墨学与儒学一度并称显学，有《墨子》一书传世。　偷儒：即"偷懦"，苟且懦弱。儒，通"懦"。　佁兑而不曲：兑，通"悦"；曲，通"拘"。　辟违：犹"僻违"。乖僻，乖邪。　程役：据刘师培曰：程役与辟违对文，则系指性情而言，非指事言。程，当作逞，程役即逞欲。逞役者，犹言快意也。

　　行而供冀，非渍淖也；行而俯项，非击戾也；偶视而先俯，非恐惧也。然夫士欲独修其身，不以得罪于比俗之人也。

　　夫骥一日而千里，驽马十驾则亦及之矣。将以穷无穷，逐无极与？其折骨绝筋，终身不可以相及也。将有所止之，则千里虽远，亦或迟或速、或先或后，胡为乎其不可以相及也？不识步道者，将以穷无穷，逐无极与？意亦有所止之与？夫"坚白"、"同异"、"有厚无厚"之察，非不察也，然而君子不辩，止之也；倚魁之行，非不难也，然而君子不行，止之也。故学曰迟，彼止而待我，我行而就之，则亦或迟或速，或先或后，胡为乎其不可以同至也？故蹞步而不休，跛鳖千里；累土而不辍，丘山崇成。厌其源，开其渎，江河可竭；一进一退，一左一右，六骥不致。彼人之才性之相县也，岂若跛鳖之与六骥足哉？然而跛鳖致之，六骥不致，是无它故焉，或为之，或不为尔！道虽迩，不行不至；事虽小，不为不成。其为人也多暇日者，其出入不远矣。

好法而行，士也；笃志而体，君子也；齐明而不竭，圣人也。人无法则伥伥然；有法而无志其义，则渠渠然；依乎法而又深其类，然后温温然。

礼者，所以正身也；师者，所以正礼也。无礼何以正身？无师吾安知礼之为是也？礼然而然，则是情安礼也；师云而云，则是知若师也。情安礼，知若师，则是圣人也。故非礼是无法也，非师是无师也。不是师法而好自用，譬之是犹以盲辨色，以聋辨声也，舍乱妄，无为也。故学也者，礼法也。夫师以身为正仪，而贵自安者也。《诗》云："不识不知，顺帝之则。"此之谓也。

端悫顺弟，则可谓善少者矣；加好学逊敏焉，则有钧无上，可以为君子者矣。偷儒惮事，无廉耻而嗜乎饮食，则可谓恶少者矣；加惕悍而不顺，险贼而不弟焉，则可谓不详少者矣，虽陷刑戮可也。老老而壮者归焉，不穷穷而通者积焉，行乎冥冥而施乎无报，而贤不肖一焉。人有此三行，虽有大过，天其不遂乎？

君子之求利也略，其远害也早，其避辱也惧，其行道理也勇。

君子贫穷而志广，富贵而体恭，安燕而血气不惰，劳倦而容貌不枯。怒不过夺，喜不过予。君子贫穷而志广，隆仁也；富贵而体恭，杀势也；安燕而血气不衰，柬理也；劳倦而容貌不枯，好交也；怒不过夺，喜不过予，是法胜私也。《书》曰："无有作好，遵王之道；无有作恶，遵王之路。"此言君子之能以公义胜私欲也。

以上为第三部分，阐述修身养性的具体方法，是将"由礼"、"得师"、"一好"三者贯彻到人的思想行为的各个方面，做到坚守全善的目标而不为外物所转移，依靠主观的努力，加强自省，注重践履，塑造圣贤人格。

情安礼，知若师

供冀：即恭己。供，恭也；冀，读为"己"。　　**击戾**：据王念孙曰：击戾者，谓有所抵触也。"行而俯项，非击戾也"者，谓非惧其有所抵触而俯项以避之也。　　**"坚白"、"同异"、"有厚无厚"**：为战国中期公孙龙、惠施、邓析等人辩论的题目，皆诡辩家之曲说异理。　　**相县**：悬殊。县，通"悬"。　　**伥伥然**：无所适从的样子。　　**渠渠然**：惊恐不安的样子。　　**温温然**：柔和开心的样子。　　**"不识不知"云云**：引自《诗经·大雅·皇矣》。　　**顺弟**：尊长爱幼。顺，义同"长"；弟，同"悌"。　　**老老**：以老为老而尊敬之。即孟子"老吾老，以及人之老"之义。　　**穷穷**：同"老老"句式，即使贫穷者更加贫穷。　　**安燕**：犹安居。　　**"无有作好"云云**：引自《尚书·洪范》。

　　《劝学篇》提出学习与道德并进，学习的过程就是修身的过程，要将人类的自然之恶性改造成为道德之善性。《修身篇》即论修身养性的内容和方法，于是为学之道和修身养性之道珠联璧合，相互发明。

　　学习的内容是礼义，修身的内容也是礼义。《劝学篇》说礼义是法律的最大界限，各种事理的准绳；《修身篇》则进一步从个体存在、行事成败、国家命运的高度，说明礼义不仅是道德手段，更是政治管理的工具。如是，礼义与法度联成一体，成为上为君主下为庶民的行为准则和社会利益分配的调节器，否则人们将在社会混乱和纷争中"伥伥然"、"渠渠然"，迷惘而不知所措，警惕而不得其安。只有遵行礼法，深究事理，首先从心灵和行动上变成礼法之人，人们才会"温温然"，即温和宽厚、礼让大度，如此安定和谐的社会也就会不期而至。即荀子所谓的"礼治"社会。由此，以礼义为中心的修身，就由个人道德问题，变成了治国平天下的大事了。

　　追求"全善"，亦即"全粹之美"，是修身的最高目标。首先是道德的完善，其次是道德的纯粹，能够在"血气、志意、知虑"，"食饮、衣服、居住、动静"，"容貌、态度、进退、趋行"等三个方面都有具体的表现特征。第一方面属生理机能、精神活动，由礼调节而能使全善"治通"；第二方面属生理需求、生活行为，由礼调节而能使全善"和节"；第三方面属待人接物、社会交往，由礼调节而能使全善"雅正"。以上生理的、心理的、精神的、行为的修养问题，都要拿到社会实践中去解决。荀子认为，在现实生活中，全善必然会面临善与恶、是与非、利与义、智与愚、信与诈、明白与昏暗、博义与浅陋、勤勉与怠惰等诸多矛盾，解决好这些问题，就形成了全善修养的具体内容。荀子详细地论列全善修养的范围和具体内容，强调全善修养的现实性和践履性的要求，就会使修身变成可知可为的道德践履，而不再是抽象和空洞的说教。

荀子论"治气养心之术"，无疑属心性修养问题，而且他也主张"内省而外物轻矣"，但这并不是向内心求证，而是向外界、外物求援，是将内省出来的疑难拿到社会实践中寻求答案。对于"血气刚强"则"调和"而"柔之"，对于"知虑渐深"则"易良"而"一之"，对于"勇胆猛戾"则"道顺"而"辅之"，对于"齐给便利"则"动止"而"节之"，对于"狭隘褊小"则"广大"而"廓之"，对于"卑湿重迟贪利"则"高志"而"抗之"，对于"庸众驽散"则"师友"而"去之"，对于"怠慢僄弃"则"祸灾"而"炤之"，对于"愚款端悫"则"礼乐"而"合之"、"思索"而"通之"。总之，求之于礼义则快捷，求之于师教则明畅，求之于致神专一则变化奇妙。和孟子向上翻、向内转的修身进路相反，荀子强调向下转、向外开，归向现实，到实际生活中践行礼义。这是可知可为的，可是道、墨、名家，还有思孟之流，却热衷于不可知不可为的论辩；荀子嘲讽他们是"穷无穷，逐无极"，"终身不可以相及也"。

不苟篇第三

　　本篇论述君子立身处世以礼义为道德行为的准则，至诚专一，不苟且妄为。篇名"不苟"二字与篇首"行不贵苟难，说不贵苟察，名不贵苟传，唯其当之为贵"数句用于揭旨，力若千钧，统摄全文。论"养心莫善于诚"和"操弥约而事弥大"两节思理精微，意味醇厚。通篇对比鲜明，论证有力；总分有序，首尾呼应；语言凝练，富于哲理。

　　君子的行为不以轻易犯难为可贵，学说不以轻易论辩为可贵，名声不以轻易传扬为可贵，只以他的行为、学说、名声合乎礼义为可贵。所以，怀抱石头投河自尽，这种行为虽然难以做到，而申徒狄却做到了，可是君子并不认为这种行为可贵，因为它不合乎礼义。山和渊相平，天和地相齐，齐国和秦国相合，从耳朵进去从嘴里出来，女人长胡须，蛋生羽毛，这些学说虽然难以把握，而惠施、邓析却这样论说，可是君子并不认为这种学说可贵，因为它不合乎礼义。盗跖这个人长久地风咏在人们的口中，他的名声如同日月，与虞舜、夏禹一样流传不息，可是君子并不认为这种名声可贵，这是因为它不合乎礼义。所以说，君子的行为不以轻易犯难为可贵，学说不以轻易论辩为可贵，名声不以轻易传扬为可贵，只以他的行为、学说、名声合乎礼义为可贵。《诗经》上说："东西富余啊，都是应时而生啊！"说的就是这个意思。

　　君子容易交接却难以亲昵，容易警惧却难以胁迫，畏惧祸患却不逃避为正义而死，希求利益却不做不该做的事，与人交接亲善但不偏私结党，言谈雄辩但不争论。胸襟广阔而远大，多么不同于世俗呀！

　　君子有才艺是美好的，没有才艺也是美好的；小人有才艺是丑恶的，没有才艺也是丑恶的。君子有才艺，就以宽宏大量、平易正直来开导人；没有才艺，就以谦虚谨慎、退让小心来敬奉人。小人有才艺，就以骄傲蛮横、邪僻乖戾来欺凌人；没有才艺，就以嫉妒怨恨、诬陷诽谤来排挤人。所以说：君子有才艺，人们就以向他学习为喜悦；没有才艺，人们就以向他传授为快乐。小人有才艺，人们就以向他学习为卑贱；没有才艺，人们就以向他传播为羞耻。这就是君子与小人的区别啊。

君子神情舒缓而不怠惰，品行廉正而不伤害人，言谈雄辩而不争论，明察事情而不纠缠无休，特立独行而不盛气凌人，坚定刚强而不凶暴，柔顺温和而不放纵，谦逊谨慎而能从容，这就是所谓最高的道德了。《诗经》上说："温良恭俭的人啊，您是道德的极致！"

君子推崇别人的德行，赞扬别人的完美，并非出于阿谀奉承；公正议论，坦诚指出别人的过错与丑恶，并非出于诋毁挑剔；说自己爱推崇美德，向舜、禹看齐，同天地并列，并非出于虚夸狂妄；随着时势的变迁而能屈能伸，柔软顺从如同蒲草一样，并非出于怯懦怕事；刚强勇猛而坚毅，从不屈服，并非出于骄矜横暴。这些都是依随时宜而变通适应，知道该屈该伸的道理。《诗经》上说："说左就左，君子无所不宜。说右就右，君子无所不有。"这是说君子能依随时宜，或屈或伸，变化自如，恰到好处。

君子与小人相反。君子志向大的就利用上天的规律而放胆行动，志向小的就敬畏礼义而控制行动；君子头脑聪明的就精明通达，比照事理而归类，缺乏机智的就端正诚恳，依从礼法而行事；君子被任用时就恭谨勤劳，自我节制，未被任用时就小心警戒，严肃自励；君子欢喜时会平和地治理，忧愁时会小心冷静地处事；君子通达时会重礼法而显明，困顿时会重简约而审慎。小人则不是这样。小人野心大的就傲慢而凶暴，心胸狭小的就放纵而邪僻；小人头脑聪明的就明抢暗盗，极为奸诈，缺乏机智的就歹毒残忍，胡作非为；小人被任用就喜于侥幸而倨傲，未被任用时就心中怨恨而不平；小人高兴时既轻浮又傲慢，忧愁时既沮丧又惊惧；小人显贵时骄横邪僻，困窘时自暴自弃。古书上说："君子无论穷达都能进取，小人无论穷达都不成正事。"说的就是这个意思。

君子治理有礼义制度的国家，不治理礼义混乱之世。这是怎么说的呢？这是说：有礼义制度称之为"治"，违背礼义制度称之为"乱"。所以君子治理有礼义制度的国家，不治理礼义混乱之世。那么国家混乱就不治理了吗？回答是：对国家混乱的治理，指的不是据乱而治之，而是拨除乱象而加之以礼义。这就好像人有了污秽而修洁之，不是说要据污秽而修洁之，而是要先去掉污秽而易之以修洁。所以拨除乱象并不是治理乱象，去掉污秽并不是修洁污秽。治理之所以为治理，犹言君子为礼义制度而不为非礼义乱象，为修洁而不为污秽。

君子的论辩简洁，赞同的人就会来聚合；言语优美，同类的人就会来响应。所以，马嘶而马应之，牛鸣而牛应之，这并不是牛马有智慧，而是由各自的形势造成的。所以，刚洗完澡的人会整理整理衣服，拍打拍打帽子，这是人之常情。谁会愿意以己之昭昭去接受人之昏昏呢？

君子修养心性没有比真诚更好的了，做到极其真诚，就不再用其他的修养方法了。只有仁义是立身的根本，只有仁义是行为的准则。真心诚意地奉行仁义，就能为人民树立楷模，楷模一经树立，就会具有神奇的力量，从而会教化人民；真心诚意地奉行仁义，就能理顺物理民心，物理民心一经理顺，人民就会明晓事理，从而会改变风俗。感化和改变交替使用，就叫做天德。上天不说话，而人们称誉它最高远；大地不说话，而人们称誉它最深厚；春、夏、秋、冬不说话，而老百姓对它周而复始的交替出现却深信不疑。上天、大地和四季的变化是有规律的，这是由它极其真诚而形成的。君子有了极高的德行，虽然默默不言，但能使人明白；没有施予恩惠，但能使人亲近；不用发怒，但能使人敬畏。君子之所以能够顺应自然界的运行规律，这是他真诚而专一地奉行仁义的结果。善于以真诚之心奉行仁义之道的君子懂得：不真诚就不会专一，不专一就不能成为楷模，不能成为楷模，那么即使将仁义发自内心，表现在脸色上，吐露在言词中，人民仍然不会顺从他；即使顺从了他，也必定疑虑在心。天地是至大的了，不真诚就不能化育万物；圣人是睿智的了，不真诚就不能教化万民；父子是最亲的了，不真诚就会相互疏远；国君是至高至上的了，不真诚就不会被人民尊重。真诚，是君子所必须把握的，是国家政事的根本，只要真诚之所居，同类的人就会聚合而来。把握了真诚就会得到它，放弃了真诚就会失去它。把握了真诚并得到了同类人，就会身心轻松；身心轻松了，就能专一奉行仁义；专一奉行仁义而不放弃，他就成功地造就了自己。成功地造就了自己，其才能就能得到充分发挥，就能永远地改变自己而不返回他当初的本性，从而同化于仁义之道了。

君子地位虽尊贵，但态度谦恭；小心谨慎，但道行远大；耳听目见的虽很近，但实际听到看见的却很远。这是什么原因呢？这是由于他掌握了一定的方法才这样的。所以，千万人的思想感情，也就是一个人的思想感情；开天辟地之初，也就是当今的样子；先前所有君王统治人民的方法，也就是后继之王统治人民的方法。君子审察了后继之王统治人民的方法，然后去推论先前所有君王统治人民的方法，就像正身拱手地谈论那样从容不迫。揭举礼义的纲纪和类别，区别是非的界限，总览天下的枢要，治理四海之内的百姓，就如同役使一个人一样。所以，掌握的方法越简要，能处理的事情就越重大。凭着五寸长的矩，可以画尽天下大大小小的方形。所以，君子不必走出居室，就能把全天下的情况都汇聚到他手里，这是他掌握了一定的方法的缘故。

世上有通达之士，有公正之士，有耿直之士，有诚实之士，也有小人。对上能尊重君主，对下能爱护民众；事务来了能应付，事件发生了能处置：像这样，就可以称得上通达之士。既不攀附结党，又不欺瞒上司；于上不奉迎上司，于下不危害民众；处理争辩能够出以公心，而不徇私情：像这样，就可以称得上公正之士。自身具备某种特长，君主虽然未发现，但不因此而背叛君主；自身存在某种短处，君主虽然不知道，但也不因此而骗取奖赏；对自己的特长和短处都不加掩饰，将实情暴露无余：像这样，就可以称得上耿直之士。说一句平常的话也必然诚实可信，做一件平常的事也必然小心谨慎，害怕仿效世俗，也不敢以自己专有的长处而自骄于人：像这样，就可以称得上诚实之士。说话经常没有诚信，做事经常不讲操守，只要有利可图，就会无所不用其极地追逐：像这样，就只能算是小人了。

公正产生明察，偏私产生暗昧，正直诚实产生通达，欺诈虚伪产生厄塞，真诚可信产生神奇，矜夸妄诞产生惑乱。这六种相生的情况，君子必须慎重对待，这也是圣王夏禹和暴君夏桀所不同的地方。

喜好还是厌恶，获取还是舍弃，衡量的标准是：见到自己所喜好的，就一定要前前后后考虑它使人可厌恶的一面；见到自己可以取利的，就一定要前前后后考虑它对人有危害的一面。兼顾两方面来衡量，深思熟虑，然后去决定自己是喜好还是厌恶，是获取还是舍弃。如果这样，就永远不会有失误和过错了。大凡人的祸患，往往是主观片面造成的危害。见到自己所喜好的就不去考虑它可厌恶的一面；见到自己可以取利的，就不去顾及它对人有危害的一面。所以，一行动就必然失败，要做事就必然受辱。这就是主观片面所造成的祸患啊。

他人厌恶的，我也厌恶之。对富贵的人一律傲视之，对贫贱的人一味迁就之，这并不是仁人应有的常情，而是奸邪之徒在黑暗的世道盗名欺世的手段，没有比这更险恶的了！所以说：盗取名誉的人比偷盗财货的人更可恶。田仲、史鲥之辈还不如盗贼呢。

君子行不贵苟难，说不贵苟察，名不贵苟传，唯其当之为贵。故怀负石而赴河，是行之难为者也，而申徒狄能之；然而君子不贵者，非礼义之中也。山渊平，天地比，齐秦袭，入乎耳、出乎口，钩有须，卵有毛，是说之难持者也，而惠施、邓析能之；然而君子不贵者，非礼义之中也。盗跖吟口，名声若日月，与舜、禹俱传而不息；然而君子不贵者，非礼义之中也。故曰：君子行不贵苟难，说不贵苟察，名不贵苟传，唯其当之为贵。《诗》曰："物其有矣，惟其时矣。"此之谓也。

君子易知而难狎，易惧而难胁；畏患而不避义死，欲利而不为所非；交亲而不比，言辩而不辞。荡荡乎！其有以殊于世也。

以上为第一部分，总说君子立身处世以礼义为道德行为的准则，致力于义与利二者关系的处理。

申徒狄：传说中人物，屡见于《庄子》、《尸子》、《韩诗外传》、《说苑》等书，其生活年代自夏代至周末，其说不一。申徒，又作申屠、信都、司徒。　山渊平，天地比，齐秦袭，入乎耳、出乎口，钩有须，卵有毛：这七个短句说的应是六种不可能有的反常现象。比，齐；袭，合；钩，疑"姁"之假字，"妪"也。山和渊不可能平，天和地不可能齐，齐在东秦在西中隔数国不可能合，女人不可能长胡子，蛋上不可能生毛，而诸辩者强以为"能之"。六事中唯"入乎耳、出乎口"费解，诸说纷纭，无可信服者。　惠施：战国时宋人，与庄子同时。属名家，主张"合同异"之说。　邓析：春秋时郑人，相传为名家之祖。　"物其有矣"云云：引自《诗经·小雅·鱼丽》。　吟口：据王天海注，即怨叹风咏长在人口也。又，《说苑》此二字作"凶贪"。　　易知而难狎：知，接也。古谓相交接曰知；狎，狎习，过分亲近。　　荡荡乎：辽远广大的样子。

　　君子能亦好，不能亦好；小人能亦丑，不能亦丑。君子能则宽容易直以开道人，不能则恭敬缚绌以畏事人；小人能则倨傲僻违以骄溢人，不能则妒嫉怨诽以倾覆人。故曰：君子能则人荣学焉，不能则人乐告之；小人能则人贱学焉，不能则人羞告之。是君子、小人之分也。

　　君子宽而不僈，廉而不刿，辩而不争，察而不激，直立而不胜，坚强而不暴，柔从而不流，恭敬谨慎而容，夫是之谓至文。《诗》曰："温温恭人，惟德之基。"此之谓也。

　　君子崇人之德，扬人之美，非谄谀也；正义直指，举人之过，非毁疵也；言己之光美，拟于舜、禹，参于天地，非夸诞也；与时屈伸，柔从若蒲苇，非慑怯也；刚强猛毅，靡所不信，非骄暴也；以义变应，知当曲直故也。《诗》曰："左之左之，君子宜之。右之右之，君子有之。"此言君子能以义屈信变应故也。

　　君子，小人之反也。君子大心则天而道，小心则畏义而节；知则明通而类，愚则端悫而法；见由则恭而止，见闭则敬而齐；喜则和而理，忧则静而理；通则文而明，穷则约而详。小人则不然。大心则慢而暴，小心则淫而倾；知则攫盗而渐，愚则毒贼而乱；见由则兑而倨，见闭则怨而险；喜则轻而翾，忧则挫而慑；通则骄而偏，穷则弃而儑。传曰："君子两进，小人两废。"此之谓也。

　　君子治治，非治乱也。曷谓邪？曰：礼义之谓治，非礼义之谓乱也。故君子者，治礼义者也，非治非礼义者也。然则国乱将弗治与？曰：国乱而治之者，非案乱而治之之谓也，去乱而被之以治。人污而修之者，非案污而修之之谓也，去污而易之以修。故去乱而非治乱也，去污而非修污也。治之为名，犹曰君子为治而不为乱，为修而不为污也。

君子洁其辩，而同焉者合矣；善其言，而类焉者应矣。故马鸣而马应之，牛鸣而牛应之，非知也，其势然也。故新浴者振其衣，新沐者弹其冠，人之情也。其谁能以己之潐潐，受人之掝掝者哉！

以上为第二部分，论述君子以礼义为准则的道德风范和治国方式。　易直以开道人：易直，平易正直；道，同"导"。　绅绌：谦虚退让。绅，通"撙"；绌，通"黜"。　骄溢：溢，水漫出器外；漫，通"僈"；僈，侮也。故骄溢有骄侮之义。　至文：犹言至德，至高之美德。文，德之总名。　以义变应：义，宜也。犹言以宜变通适应之。　知当曲直：曲直，犹言曲伸。此正与前文"与时曲伸"相照应。　"温温恭人"云云：引自《诗经·大雅·抑》。基，通"极"。　"左之右之"云云：引自《诗经·小雅·裳裳者华》。左，指文章、吉事，如政治、祭祀等；右，指武事、凶事，如战争、死丧等；有，指有能。　君子大心则天而道，小心则畏义而节：此处大心、小心就君子而言。大心，志向远大；小心，恭敬谨慎。王天海以为据荀子一贯的思想，此句"天"字前似脱一动词"制"字，"制天而道"与"畏义而节"对文；"制天而道"，即"制天命而行"。从之。　大心则慢而暴，小心则淫而倾：此处大心、小心与上文君子之大心、小心异。大心，野心；小心，心胸狭窄。　攫盗而渐：渐，奸，奸诈。　兑而倨：兑，"悦"之本字，喜悦。　轻而翾：翾，通"儇"，慢也，轻也。　弃而儑(àn)：儑，疑为"湿"之讹。自弃之谓。　以己之潐潐，受人之掝掝：潐潐(jiào jiào)，向来有二解：（一）同"皭皭"，洁白；（二）明察貌。掝掝(huò huò)，向来亦有二解：（一）污黑貌；（二）昏惑貌。我们以为潐潐作"昭昭"、掝掝作"昏昏"解，或更得体。

君子养心莫善于诚，致诚则无它事矣。惟仁之为守，惟义之为行。诚心守仁则形，形则神，神则能化矣。诚心行义则理，理则明，明则能变矣。变化代兴，谓之天德。天不言而人推高焉，地不言而人推厚焉，四时不言而百姓期焉。夫此有常，以至其诚者也。君子至德，嘿然而喻，未施而亲，不怒而威。夫此顺命，以慎其独者也。善之为道者，不诚则不独，不独则不形，不形则虽作于心、见于色、出于言，民犹若未从也，虽从必疑。天地为大矣，不诚则不能化万物；圣人为知矣，不诚则不能化万民；父子为亲矣，不诚则疏；君上为尊矣，不诚则卑。夫诚者，君子之所守也，而政事之本也，唯所居以其类至。操之则得之，舍之则失之。操而得之则轻，轻则独行，独行而不舍，则济矣。济而材尽，长迁而不反其初，则化矣。

　　君子位尊而志恭，心小而道大，所听视者近，而所闻见者远。是何邪？则操术然也。故千人万人之情，一人之情是也；天地始者，今日是也；百王之道，后王是也。君子审后王之道，而论于百王之前，若端拜而议。推礼义之统，分是非之分，总天下之要，治海内之众，若使一人。故操弥约而事弥大，五寸之矩，尽天下之方也。故君子不下室堂，而海内之情举积此者，则操术然也。

　　有通士者，有公士者，有直士者，有悫士者，有小人者。上则能尊君，下则能爱民，物至而应，事起而辨，若是则可谓通士矣。不下比以暗上，不上同以疾下，分争于中，不以私害之，若是则可谓公士矣。身之所长，上虽不知，不以悖君；身之所短，上虽不知，不以取赏；长短不饰，以情自竭；若是则可谓直士矣。庸言必信之，庸行必慎之，畏法流俗而不敢以其所独甚，若是则可谓悫士矣。言无常信，行无常贞，唯利所在，无所不倾，若是则可谓小人矣。

以上为第三部分，论述君子修养心性重在以仁义为本、立诚持一、操术要约，最终成为通达之士、公正之士、耿直之士、诚实之士。

天德：犹言天之本性。此言自然之道。　慎其独：犹言诚其独守仁义。慎，诚；独，专一。　操之则得之，舍之则失之：操之、舍之之"之"，谓至诚；得之、失之之"之"，指同类之人。　端拜：据王念孙曰：古无拜而议事之理，且端拜二字义不相属。拜当为"拜"，今"拱"字也，形与"拜"似而讹。端拱而议，则从容不劳也。　矩：直角三角形之曲尺，乃木工必备之物。　畏法流俗而敢以其所独甚：据王念孙曰，甚当为"是"，缘隶书二字形似而讹。

公生明，偏生暗，端悫生通，诈伪生塞，诚信生神，夸诞生惑。此六生者，君子慎之，而禹、桀所以分也。

欲恶取舍之权：见其可欲也，则必前后虑其可恶也者；见其可利也，则必前后虑其可害也者；而兼权之、孰计之，然后定其欲恶取舍。如是，则常不失陷矣。凡人之患，偏伤之也。见其可欲也，则不顾其可恶也者；见其可利也，则不虑其可害也者。是以动则必陷，为则必辱，是偏伤之患也。

人之所恶者，吾亦恶之。夫富贵者，则类傲之；夫贫贱者，则求柔之；是非仁人之情也，是奸人将以盗名于晻世者也，险莫大焉。故曰：盗名不如盗货。田仲、史䲡不如盗也。

以上为第四部分，照应篇首，总结全文，论述君子的好恶取舍当忌"偏伤之患"，更要反对欺世盗名。

孰计：犹"熟计"。孰，通"熟"。　田仲、史䲡不如盗：田仲，即《孟子·滕文公下》之陈仲子，齐人，处於陵不食兄禄，辞富贵为人灌园，号曰於陵仲子；史䲡，字子鱼，卫国大夫，卫灵公不用蘧伯玉而任弥子瑕，史䲡死于尸谏，孔子称其直。荀子对二人多有非议，以为卖直沽名。历来学者以荀论为过苛，亦有认为荀卿意在针砭流俗，而非持论于衡平者。

《劝学》第一，《修身》第二，《不苟》第三，如此一体构筑，是儒家的通常之论。先说为学之道，次说修身养性之道，最后以立身处世贵在诚守礼义作结，于是三篇形成一个严整的单元，对《荀子》全书起到统领作用。

以礼义为标准来检验君子的行为、学说、名声，是荀子为学与修身之论的题中之意。申徒狄或为周末人，恨道不能行，便抱石于怀中而投河自尽；田仲以其兄之禄为不义，避兄离母而隐居，史称廉士；史䲡见卫灵公不用蘧伯玉而用弥子瑕，便死而以尸谏，孔子称赞他正直如矢。但战国以来，对这些名士多有非议，如孟轲、赵威王即认为他们的操守不合伦常仁义。荀子也同样站在儒家维护伦常道德的立场而发议论。富与贵是人们所共同喜好的，贫与贱是人们所共同厌恶的。而维护尊卑贵贱的等级差别，正是礼的基本原则。见到富贵就一律傲视之，见到贫贱就一味迁就之，这不合常人之情，也违背仁人常情，而是奸人之情。荀子将申徒狄、田仲、史䲡之辈斥之为欺世盗名，可与天下大盗的跖相提并论，甚至等而下之。这些，表明荀子看出礼义也要受人情、时势的制约，违情而行，违时而行，必然不在礼义之中。荀子以"非礼义之中也"为理由，来评论惠施、邓析等人的名辨命题，以纠正礼义被僭越，这种理论上的拨乱反正，具有超学术的意义。

"君子养心莫善于诚，致诚则无它事矣，唯仁之为守，唯义之为行。"这是荀子修身理论中最精微独到的观点。《中庸》以"诚"为核心观念："诚者，天下之道也；诚之者，人之道也。"孟子也讲"诚"："反身而诚，乐莫大焉。"二者都是从内在心理，从主体内在的道德修养具有决定性作用的角度看待"诚"。荀子则从政事，从现实的外在修炼的功夫讲"诚"，所以他关于"心"、"诚"、"天德"、"慎独"的概念，跟孔孟与《中庸》的理解有较大的区别。荀子的"天地"并没有意志，是指客观的物质世界，其运行也是有规律可循的。他讲的"变化代兴"，是天地的本性，这是自然之道，故谓之"天德"，并没有宗教的神秘意味。"夫此有常"，是说天之高、地之厚、四时之行都有不改其常的规律，证明它们都是"至其诚者也"。君子要"夫此顺命"，即顺应自然界的运行规律，然而做到这一点并非易事，首先得真诚专一地奉行仁义，才能具备顺应天命的能力。"慎其独者也"，并非说慎言慎行，并非"君子戒慎乎其所不睹，恐惧乎其所不闻，莫见乎隐，莫显乎微，故君子慎其独也"之类。孔孟和《中庸》讲的那种纯心性的天人相通，带有准宗教的色彩。荀子所用"慎"，当训为"诚"；所用"独"，当训为"一"或"专"。合而言之，是诚其独，即诚于独守仁义。"不独则不形"，所用"形"，不训"见形于外"，当训"型范"，是说内心里若不真诚，就不可能成为人们效法的型范。这是强调心与行的一致，诚与独的一致，说明外在行为的典范作用，决非看不见摸不着的所谓"至诚如神"，而是本篇篇首所说的行、说、名的"唯其当之为贵"，三者均应诚守礼义，决不可苟且妄为。

荣辱篇第四

本篇专论荣辱观。全篇以《劝学篇》提出的"荣辱之来，必象其德"为基本观点立论，直论人的荣辱是由其修养品行所致，只有遵循礼法、重视师教、力行仁义道德，才能获取尊贵、荣耀和平安，否则只会始终与卑贱、耻辱和危险相伴随。由于形象比喻设问作答、正反对比和因果分析等方法的综合运用，将荣辱、义利、安危之间的关系阐发得十分透辟，确能给人以警示。

骄傲轻薄，是人的祸害；恭谨谦逊，可以免除各种兵器的杀身之祸。虽说有戈矛的锋利可以刺人，却不如恭谨谦逊的品行可以感化人。所以，对人说好话，比给他穿件棉衣更温暖；以恶语伤人，比用戈矛刺他更厉害。所以，在宽广的大地上依然不能行走，并不是大地不平坦，踮起脚也没有可踩的地方，原因就在于他以恶语伤人了。大路扰攘，小路危险，即使想不谨慎，也是不可能的。

图一时的痛快而招致死亡，是由于他放纵过度；明察一切却残及自身，是由于他违逆众人之心；知识渊博而自陷困窘，是由于他爱诋毁别人；想要好的名声而名声反而更坏，是由于他不积口德；以利交接朋友而关系愈加疏远，是由于他为人狡诈矫情；善辩而不为他人喜欢，是由于他好与人争执；为人廉正有棱角却不被人尊重，是由于他爱刺伤人；看似勇悍却不被人惧怕，是由于他爱贪财货；守信却不受人尊敬，是由于他爱独断专行。这些都是小人的作为，而君子是不会做的。

好斗的人，是忘记了自己身体的人，是忘记了自己父母的人，是忘记了自己君主的人。发泄一时的怒气，却丧失了自己的生命，即便如此他还是要去做，这就是忘记了自己的身体；家室顷刻破败，一家老小也不免受刑被杀，即便如此他还是要去做，这就是忘记了自己的父母；好斗是君主所厌恶的，也是刑法所严厉禁止的，即便如此他还是要去做，这就是忘记了自己的君主。对下忘记了自己的身体，对内忘记了自己的父母，对上忘记了自己的君主，这种人是刑法所不能赦免的，也是圣明帝王所不养护的。正在吃母乳的幼猪不去触犯老虎，正在吃母乳的幼狗不到远处游逛，这是由于它们没有忘记自己的亲属。但是作为一个人，对下忘记了自己的身体，对内忘记了自己的父母，对上忘记了自己的君主，那么这种人啊，岂不是连猪狗都不如吗？

凡好斗的人，必然自以为是对的，而认为别人是错的。自己确实是对的，别人确实是错的，那么就认为自己是君子而别人便是小人了。然而，以君子与小人相互攻打伤害，岂不是太过分了吗？这种人呀，正是所谓用狐父出产的戈来拣拾牛粪了。这能认为是明智的吗？其实没有比这更愚蠢的了。这能认为是有利的吗？其实没有比这更有害的了。这能认为是光荣的吗？其实没有比这更耻辱的了。这能认为是安全的吗？其实没有比这更危险的了。这些人爱斗殴，是何原因呢？我想把它归属为疯狂惑乱患了严重的疾病吧，但又不可以，因为圣明帝王是要惩罚这种行为的；我想把它归属为鸟鼠禽兽吧，但又不可以，因为他们的面貌身体又和人一样，而且除了斗殴之外，其喜好憎恶与人大多相同。这些人爱斗殴，是何原因呢？我很为他们羞耻。

世间有狗和猪的勇敢，有商贾和盗贼的勇敢，有小人的勇敢，还有士君子的勇敢。为争夺吃喝，竟不顾廉耻，不分是非，不避死伤，不怕众多的强者，贪婪地只看到吃的喝的，这是狗和猪的勇敢。为了争取利益，争抢财物，毫不谦让，果敢而奋疾，猛贪而暴戾，贪婪地只看到有利可图，这是商贾和盗贼的勇敢。轻率赴死并且凶暴，这是小人的勇敢。凡合乎道义的事，就不偏向于权势者，不顾及私利，即使全国的人都反对自己，也不为之改容，他看重死的价值，坚持正义，决不屈服，这是士君子的勇敢。

白鲦鱼是一种喜欢浮出水面向阳跳跃的鱼，它跳到沙滩上张口喘息，想喝水却已经够不到了。陷于祸患之中，才想到应该谨慎，然而没有用了。能够认识自我的人，遭受祸患后不会埋怨别人；能够认识命运的人，遭受祸患后不会埋怨上天。埋怨别人而不自我检束，必将穷迫而无出路；埋怨上天而不自我振作，就是没有志气了。失足于自己的不善，反而责怪别人，岂不是太离谱了吗！

荣和辱的最大分界，安和危、利和害的通常体现：以仁义为先而以利益为后是光荣的，以利益为先而以仁义为后是耻辱的；得到荣誉的会永远通达，得到耻辱的将永远困窘；通达之人永远控制别人，困窘之人永远受别人控制。这是荣和辱的最大分界。资质朴实忠厚的人总是拥有平安顺利，放荡凶悍的人经常面临危难祸害；拥有平安顺利的人总是享受和乐平易，面临危难祸害的人经常心中忧惧恐慌；享受和乐平易的人往往长寿，忧惧恐慌的人常常夭亡。这是安和危、利和害的通常体现。

上天生育万民，万民都有取得自己地位的道理。志气和心意最美善，道德和品行最深广，智慧和思想最英明，这是天子赖以取得天下的道理。政策法令符合礼法，各种措施得其时宜，处理政事公正，对上能够遵从天子的旨意，对下能够保护百姓，这是诸侯赖以建立国家的道理。心志和行为美善，居官善于治理，对上能够和顺上司，对下能够恪守职责，这是士大夫赖以获取封地采邑的道理。沿袭礼法准则、度量制度、刑法条例、土地及户口管理，虽不明白制定它们的意义，但是能够严守它们的数目，忠实于它们，不敢有所删减，父子代代相传以侍奉王公，因此夏商周三代虽然已经灭亡，但是它们的政治法令依然存在，这就是各级官吏能够获取俸禄和官位的道理。孝顺父兄，忠厚朴实，劳碌努力，勤奋治理自己的事业，不敢懈怠傲慢，这是平民百姓能够吃饱穿暖、延年益寿而免于刑杀的道理。粉饰邪说奸言，爱做怪异之事，虚妄夸诞，欺诈掠夺，放荡凶悍，骄横残暴，靠苟且偷生、反复无常而生存于乱世之中，这是奸邪之人因而遭受危险、耻辱、死亡、刑罚的道理。他们思想不深入，选择道路不谨慎，决定事情的取舍很粗率，这是他们遭受危亡的原因。

就资质、智能而言，君子和小人都是相同的。喜好荣誉，厌恶耻辱；喜好利益，厌恶祸害，君子和小人都是一样的。至于他们求取荣誉、利益和避免耻辱、祸害的方法，则是迥然不同的。那些小人，极力做些荒诞的事，却想让人相信自己；极力做些欺诈的事，却想让人亲近自己；行同禽兽，却想让人善待自己。小人所思考的是难以理喻的问题，所做的是难以平安的事，所坚持的是难以成立的主张，最终必然得不到自己所喜好的荣誉和利益，必然遭受自己所厌恶的耻辱和祸害。所以君子讲求信用，也希望别人相信自己；待人忠诚，也希望别人亲近自己；品行端正，办事恰当，也希望别人善待自己。他们所思考的是易于知晓的问题，所做的是易于平安的事，所坚持的是易于成立的主张，最终，必然得到自己所喜好的荣誉和利益，必然不会遭受自己所厌恶的耻辱和祸害。因此，君子的德行在困窘时不会隐没，在通达时如同日月一样彰明，死后的名声就更加光辉。小人没有不伸长脖子踮起脚，羡慕地说："君子的智能禀赋，本来就胜过别人啊！"他们不知道实际上君子的智能禀赋和自己并没有什么不同，只不过君子举措得当，而小人举措失当罢了。所以仔细分析小人的智能，完全可以知道他们有充分的能力做到君子所能做到的一切。这就如同越人安居于越国，楚人安居于楚国，君子安居于中原一样，并不是他们的智能禀赋所使然，而是他们的举措和风俗习惯各不相同造成的。奉行仁义，崇尚道德实践，本来是确保平安的道路，但不一定不发生危险；卑污狡诈，蒙骗抢夺，本来是必然危险的道路，但未必不会有安全的时候。所以，君子走的是确保安全的道路，小人走的是怪异的道路。

　　凡是人都有相同的地方，饿了就想吃饱饭，冷了就想穿暖衣，累了就想休息，喜好得利而厌恶受害，这是人生下来就具有的本性，是无须学习就会这样的，是贤君夏禹和暴君夏桀所相同的。眼睛能够辨别黑白美丑，耳朵能够分辨声音的清浊，口舌能够辨别酸咸甜苦，鼻子能够辨别芳香腥臭，身体肌肤能够辨别冷热痛痒，这也是人生来就具有的本性，是无须学习就会这样的，是贤君夏禹和暴君夏桀所相同的。人们都可以成为尧、禹，也可以成为桀和跖，可以成为能工巧匠，也可以成为农夫商人，完全在于人们的举措和风俗习惯长久积累而已。这是人生下来就具有的本性，是无须学习就会这样的，是禹和桀所相同的。做尧、禹一样的人，永远平安、光荣；做桀、跖一样的人，时常危险、屈辱。做尧、禹一样的人，永远愉快、安逸；做工匠、农夫、商人，时常烦恼、劳累。但是人们却尽力去做桀、跖以及工匠、农夫、商人，很少能成为尧、禹，是什么原因呢？回答是：见识浅陋。尧、禹这样的人，并不是生来就具备了圣人的品德，而是开始于经历各种患难，成功于修养身心，身心修养达到尽善尽美之时，最后才具备了圣人的美德。

　　人的性情原本就是小人，如果没有老师教导，没有礼法约束，就只能看到利益而已。人的性情原本就是小人，又加上遭遇混乱世道，遭遇昏乱风俗，这是以小人的感情加上小人的行为，以混乱的世道再加上昏乱的风俗。君子如若不是取得地位而治理天下，那就没有任何办法开启小人的心志，使其纳取善言。说到人的口和肠胃，它哪里知道什么礼义？哪里知道什么谦让？哪里知道什么廉与耻二者抵触？只知道美孜孜地咀嚼、香喷喷地吃饱而已。人没有老师教导，没有礼法约束，那么他们的心志必然决定他们只能有贪食的口和肠胃了。假如人生来就不曾看到牛羊猪狗等肉食和稻粱谷米等细粮，只看到过菽藿等豆叶菜蔬和糟糠等粗粮，那么就会认为最大的满足是菽藿糟糠了。倘若突然有人笑眯眯地把牛羊、稻粱等肉食细粮拿到他们面前，他们会惊奇地说："这是什么奇怪的东西？"他嗅到鼻里气味不错，尝到口里感觉香甜，吃下去而浑身感到舒坦，于是便没有不抛弃菽藿糟糠而选择肉食稻粱的了。如今是用古代圣王的办法，坚持仁义的纲常，来帮助人们结群居住，给予养护，进行服装、仪态的文饰，并使他们安定呢，还是用夏桀、盗跖的办法来做？这两种办法相差甚远，岂止是肉食稻粱同菜蔬粗粮之间的差别呢！可是人们却尽力用夏桀、盗跖的办法行事，而很少用古代圣王的办法行事，这是为什么呢？回答是：见识浅陋。见识浅陋，实在是天下的共患，人们的大灾大害呀！所以说：仁人喜欢把道理讲给人们听，做出榜样给人们看。讲给人们听，做给人们看，使人们经受磨练，使人们变得聪慧，使人们遵循礼义，使人们淳厚庄重，那么闭塞的人很快就会通达，见识浅陋的人很快就会广博，愚笨的人很快就会聪明智慧。假如仁人不把道理讲给人们听，做出榜样给人们看，那么商汤、周武这样的贤君在上面有何益处？夏桀、商纣这样的暴君在上面又有何害处？汤、武在位时，天下人跟随他们而得到安定；桀、纣在位时，天下人跟随他们而遭遇混乱。像这样，难道不正说明人的性情本来是可以这样，也可以那样的吗？

人的本性，是吃饭想有肉食，穿衣想有锦绣，行路想有车马，还想有积蓄余财而致富。即便如此，还是年复一年、祖祖辈辈也不知道满足，这正是人的本性啊。现在人生来就知道畜养鸡狗猪，还懂得养牛羊，可是吃饭还是不敢有酒肉；有多余的刀币布币，又有粮仓粮窖，可是衣着还是不敢用丝绸；节约俭省之人，行路时带着藏有贵重之物的箱子，可是还是不敢用车马。这是什么原因呢？并不是不想这么做，而是从长远考虑，顾及以后，害怕接济不上的缘故。于是，又进一步节省费用，抑制欲望，收藏财物，蓄积资金，以备接济来日之用。这对于自己是从长远考虑，顾及以后，岂不是很好吗？如今那些苟且偷生、智浅识短的人，竟连这个道理也不懂。他们对粮食极度浪费，不顾及以后，很快就消费净尽而陷入困境了。这就是他们不免于冻饿，手拿饭瓢、背着布袋沿街乞讨，最终死在沟壑成为弃尸的原因。更何况他们哪里明白，古代圣王治理天下的原则，仁义的总纲，《诗》、《书》、《礼》、《乐》的分别呢！而这些本来就是治理天下的大智慧，是为了天下人民长远考虑，顾及以后而永保千秋万代平安的。它流泽甚长，它蕴蓄丰厚，它功绩极遥远，不是精熟修养品行的君子，是不能知道它的精义的。所以说："井绳过短不可能汲出深井里的泉水，智慧不够的人不可以与他讨论圣人的言论。"至于《诗》、《书》、《礼》、《乐》的含义，本来就不是平常人所能了解的。所以说：对《诗》、《书》、《礼》、《乐》的含义，已知其一就能务求知其二，已知其二就能长久地钻研，予以推广就能精通，予以深思就能把握，再次详审就能喜好它们了；用它们修养情性就会有益，用它们成就名声就会荣耀，用它们与人群处就会平和，用它们独处就会知足。所谓和乐平易，想来就是这样吧！

　　尊贵到成为天子，富裕到拥有天下，这是人的禀性所共有的欲望。然而，放纵人们的欲望，那是客观情况所不容许，物质财富也不能满足的。因此，古代圣王就制定礼义来区别对待，使得天下人贵贱有等级、长幼有差别，聪明与愚笨、有才能与无才能也有区分，使得天下人都能承担其事，各得其所，而后使谷物俸禄的多少和厚薄与他们的地位和付出相称。这就是使人们结群居住而能够和谐一致的办法。所以，仁德的君主在上，那么农民就会把力气都用在耕田种地上，商人就会把精明都用在经营赚钱上，各行各业的工匠就会把技巧都用在制造器械上，士大夫以上直至公侯，没有人不以仁慈、宽厚、智慧、才能都用在恪尽职守上的，这就叫做太平治世。所以，有的贵为天子以天下俸禄而自己并不认为多，有的虽为守城门之吏、旅店主人、守城门之卒、敲梆更夫，自己也不认为所得的少。所以说："不齐才有齐，不顺才有顺，不同才有统一。"这就叫做人的等级伦理。《诗经》上说："接受小国大国的供奉，作为诸侯各国的庇荫。"说的就是这个道理。

　　憍泄者，人之殃也；恭俭者，偋五兵也。虽有戈矛之刺，

不如恭俭之利也。故与人善言，暖于布帛；伤人之言，深于矛戟。故薄薄之地，不得履之，非地不安也，危足无所履者，凡在言也。巨涂则让，小涂则殆，虽欲不谨，若云不使。

快快而亡者，怒也；察察而残者，忮也；博而穷者，訾也；清之而俞浊者，口也；豢之而俞瘠者，交也；辩而不说者，争也；直立而不见知者，胜也；廉而不见贵者，刿也；勇而不见惮者，贪也；信而不见敬者，好剸行也。此小人之所务，而君子之所不为也。

以上为第一部分，首先说明骄傲轻薄是人的祸害，恭谨谦逊可以免除杀身之祸这一道理，以揭示题意，总领全文。

憍泄：憍，同"骄"，骄傲，矜夸；泄，通"媟"，侮狎，轻慢。　俌五兵：俌，通"屏"、"摒"，摒除，摒却；五兵，五种兵器，具体所指，其说不一。　巨涂则让：巨涂，大路；让，读为"攘"，扰攘。　不使：犹言不可能。　快快：肆其快意，图一时之快。　怒：过分，过度。据王天海注：本书《君子篇》"刑罚不怒罪，爵赏不逾德"，王念孙曰："怒，逾，皆过也。"是其证。《淮南子·缪称训》："故唐虞日孳孳以致于王，桀纣日快快以致于死。"即谓肆意而快以致灭亡。肆意，当然是过度。　察察：苛察，明察过分。　忮：违逆。　訾：毁谤，诋毁。　俞：读为"愈"。　瘠：瘦。引申为淡薄、疏远。　交：通"佼"，借为"狡"，狡诈矫情。　刿：刺伤。　剸：同"专"。

斗者，忘其身者也，忘其亲者也，忘其君者也。行其少顷之怒，而丧终身之躯，然且为之，是忘其身也；家室立残，亲戚不免乎刑戮，然且为之，是忘其亲也；君上之所恶也，刑法之所大禁也，然且为之，是忘其君也。忧忘其身，内忘其亲，上忘其君，是刑法之所不舍也，圣王之所不畜也。乳彘不触虎，乳狗不远游，不忘其亲也。人也，下忘其身，内忘其亲，上忘其君，则是人也，而曾狗彘之不若也。

斗者,忘其身者也

凡斗者，必自以为是，而以人为非也。己诚是也，人诚非也，则是己君子而人小人也，以君子与小人相贼害也。忧以忘其身，内以忘其亲，上以忘其君，岂不过甚矣哉！是人也，所谓以狐父之戈钃牛矢也。将以为智邪？则愚莫大焉；将以为利邪？则害莫大焉；将以为荣邪？则辱莫大焉；将以为安邪？则危莫大焉。人之有斗，何哉？我欲属之狂惑疾病邪，则不可，圣王又诛之；我欲属之鸟鼠禽兽邪，则又不可，其形体又人而好恶多同。人之有斗，何哉？我甚丑之。

有狗彘之勇者，有贾盗之勇者，有小人之勇者，有士君子之勇者。争饮食，无廉耻，不知是非，不辟死伤，不畏众强，恈恈然惟利饮食之见，是狗彘之勇也。为事利，争货财，无辞让，果敢而振，猛贪而戾，恈恈然惟利之见，是贾盗之勇也。轻死而暴，是小人之勇也。义之所在，不倾于权，不顾其利，举国而与之，不为改视，重死持义而不桡，是士君子之勇也。

以上为第二部分，举斗殴为例，详细论列小人的言行品节所导致的恶果，说明小人的勇敢极为愚蠢、有害、耻辱、危险，指斥轻率赴死、残忍凶暴的小人连正在吃母乳的猪狗都不如。

刑法之所不舍：据王天海注，舍，通"赦"。《诗·小雅·雨无正》"舍彼有罪"，《释文》曰："舍，音赦。" 以狐父之戈钃牛矢也：狐父，地名，在今安徽砀山市南三十里；钃，斫，引申为拣、拾。狐父之戈或为当时名牌兵器，以之拾牛粪，谓非其所用也。 恈恈然：贪爱的样子。

鯈䱌者，浮阳之鱼也，胠于沙而思水，则无逮矣。挂于患而思谨，则无益矣。自知者不怨人，知命者不怨天。怨人者穷，怨天者无志。失之己，反之人，岂不迂乎哉！

荣辱之大分，安危利害之常体：先义而后利者荣，先利而后义者辱。荣者常通，辱者常穷；通者常制人，穷者常制于人，是荣辱之大分也。材悫者常安利，荡悍者常危害；安利者常乐易，危害者常忧险；乐易者常寿长，忧险者常夭折，是安危利害之常体也。

以上为第三部分，以白鲦鱼设喻，说明在陷于祸患之前就应想到小心谨慎，因为荣辱皆由个人自取和能否分辨义利，而并非上天和别人所左右。

儵鲦：二字均读为tiáo，单用或复用应均指一种小鱼，即白鲦，亦称鱎、白鱎。鲦，诸本作"鮋"，古代字书无此字，注家纷纭，疑为"鲦"之形误一说或可接受。　肤：通"呋"，张口喘息的样子。　材悫：材料质朴忠厚。一说材当为"朴"字之误，亦近似。

夫天生蒸民，有所以取之。志意致修，德行致厚，智虑致明，是天子之所以取天下也。政令法，举措时，听断公，上则能顺天子之命，下则能保百姓，是诸侯之所以取国家也。志行修，临官治，上则能顺上，下则能保其职，是士大夫之所以取田邑也。循法则、度量、刑辟、图籍，不知其义，谨守其数，慎不敢损益也，父子相传，以持王公，是故三代虽亡，治法犹存，是官人百吏之所以取禄职也。孝弟愿悫，軥录疾力，以敦比其事业而不敢怠傲，是庶人之所以取暖衣饱食、长生久视，以免于刑戮也。饰邪说，文奸言，为倚事，陶诞突盗，惕悍憍暴，以偷生反侧于乱世之间，是奸人之所以取危辱死刑也。其虑之不深，其择之不谨，其定取舍楛僈，是其所以危也。

材性知能，君子、小人一也。好荣恶辱，好利恶害，是君子、小人之所同也。若其所以求之之道则异矣。小人也者，疾为诞而欲人之信己也，疾为诈而欲人之亲己也，禽兽之行而欲人之善己也。虑之难知也，行之难安也，持之难立也，成则必不得其所好，必遇其所恶焉。故君子者信矣，而亦欲人之信己也；忠矣，而亦欲人之亲己也；修正治辨矣，而亦欲人之善己

志意致修，德行致厚，智虑致明

也。虑之易知也，行之易安也，持之易立也，成则必得其所好，必不遇其所恶焉，是故穷则不隐，通则大明，身死而名弥白。小人莫不延颈举踵而愿曰："知虑材性，固有以贤人矣！"夫不知其与己无以异也，则君子注错之当，而小人注错之过也。故孰察小人之知能，足以知其有余可以为君子之所为也。譬之越人安越，楚人安楚，君子安雅，是非知能材性然也，是注错习俗之节异也。仁义德行，常安之术也，然而未必不危也；污僈突盗，常危之术也，然而未必不安也。故君子道其常，而小人道其怪也。

凡人有所一同：饥而欲食，寒而欲暖，劳而欲息，好利而恶害；是人之所生而有也，是无待而然者也，是禹、桀之所同也。目辨白黑美恶，而耳辨音声清浊，口辨酸咸甘苦，鼻辨芬芳腥臊，骨体肤理辨寒暑疾养；是又人之所常生而有也，是无待而然者也，是禹、桀之所同也。可以为尧、禹，可以为桀、跖，可以为工匠，可以为农贾，在势注错习俗之所积耳；是又人之所生而有也，是无待而然者也，是禹、桀之所同也。为尧、禹则常安荣，为桀、跖则常危辱；为尧、禹则常愉佚，为工匠、农贾则常烦劳。然而人力为此而寡为彼，何也？曰：陋也。尧、禹者，非生而具者也，夫起于变故，成乎修为，修之待尽，而后备者也。

以上为第四部分，论述万民都有取得自己地位的道理，君子与小人在资质智能上完全相同，而且凡人皆可以成为尧禹，又皆可以成为纣桀，但是所取得的荣利耻害的方法不同、结果各异，完全由于各人的举措习俗和见识不同，由于是否修养身心道德的缘故。

鞠录疾力：鞠录，又作"劬录"、"拘录"，后世则多作"劬劳"，劳苦之义；疾力，奋力，努力。　敦比：二字皆含"治"义，犹言治理。　陶诞突盗：陶诞，读为"谣诞"，虚妄夸诞之言；突，欺诈，突盗即欺诈强盗。　憍暴：憍，同"骄"。　君子安雅：据王天海引王引之注曰：雅，读为夏。夏，谓中国也。故与楚、越对文。《儒效篇》："居楚而楚，居越而越，居夏而夏。"是其证。古者夏、雅二字互通。从之。　　注错：当为"举措"。注，乃楚人"举"之音转；错，通"措"。

人之生固小人，无师无法，则唯利之见耳。人之生固小人，又以遇乱世、得乱俗，是以小重小也，以乱得乱也。君子非得势以临之，则无由得开内焉。今是人之口腹，安知礼义，安知辞让，安知廉耻隅积？亦呥呥而噍，乡乡而饱已矣。人无师无法，则其心正其口腹也。今使人生而未尝睹刍豢稻粱也，惟菽藿糟糠之为睹，则以至足为在此也。俄而粲然有秉刍豢稻粱而至者，则瞲然视之曰："此何怪也？"彼臭之而无嗛于鼻，尝之而甘于口，食之而安于体，则莫不弃此而取彼矣。今以夫先王之道，仁义之统，以相群居，以相持养，以相藩饰，以相安固邪，以夫桀、跖之道？是其为相县也，几直夫刍豢稻粱之县糟糠尔哉！然而人力为此而寡为彼，何也？曰：陋也。陋也者，天下之公患也，人之大殃大害也。故曰：仁者好告示人。告之、示之、靡之、儇之、铩之、重之，则夫塞者俄且通也，陋者俄且僩也，愚者俄且知也。是若不行，则汤、武在上曷益？桀、纣在上曷损？汤、武存则天下从而治，桀、纣存则天下从而乱。如是者，岂非人之情固可与如此、可与如彼也哉！

人之情，食欲有刍豢，衣欲有文绣，行欲有舆马，又欲夫余财蓄积之富也。然而穷年累世不知不足，是人之情也。今人之生也，方知畜鸡狗猪彘，又畜牛羊，然而食不敢有酒肉；余刀布，有囷窌，然而衣不敢有丝帛；约者有筐箧之藏，然而行不敢有舆马。是何也？非不欲也，几不长虑顾后而恐无以继之故也。于是又节用御欲，收敛畜藏以继之也。是于己长虑顾后，几不甚善矣哉！今夫偷生浅知之属，曾此而不知也，粮食大侈，不顾其后，俄则屈安穷矣，是其所以不免于冻饿操瓢囊、为沟壑中瘠者也。况夫先王之道，仁义之统，《诗》、《书》、《礼》、《乐》之分乎！彼固为天下之大虑也，将为天下生民之属长虑顾后而保万世也。其流长矣，其温厚矣，其功盛姚远矣，非顺孰修为之君子，莫之能知也。故曰："短绠不可以汲深井之泉，知不几者不可与及圣人之言。"夫《诗》、《书》、《礼》、《乐》之分，固非庸人之所知也。故曰：一之而可再也，有之而可久也，广之而可通也，虑之而可安也，反鈆察之而俞可好也；以治情则利，以为名则荣，以群则和，以独则足。乐意者其是邪！

夫贵为天子，富有天下，是人情之所同欲也。然则从人之欲，则势不能容，物不能赡也。故先王案为之制礼义以分之，使有贵贱之等，长幼之差，知贤愚、能不能之分，皆使人载其事而各得其宜，然后使悫禄多少、厚薄之称。是夫群居和一之道也。故仁人在上，则农以力尽田，贾以察尽财，百工以巧尽械器，士大夫以上至于公侯，莫不以仁厚知能尽官职，夫是之谓至平。故或禄天下而不自以为多，或监门、御旅、抱关、击柝而不自以为寡。故曰："斩而齐，枉而顺，不同而一。"夫是之谓人伦。《诗》曰："受小共大共，为下国骏蒙。"此之谓也。

以上为第五部分，论述人生来都是小人，但如用师教、礼法引导，就会变得安守等级名分，知荣知足，群处而能同心和一、万世太平。

开内：内，读为"纳"。谓言开其心志，使纳善言。　今是人之口腹：犹言"若夫人之口腹"。今，犹"若"；"今是"，犹"若夫"，发语之词。　㒸积：疑为"鵰差"之音误。鵰差，有抵触，相恶之义。　呻呻：咀嚼的样子。　乡乡：犹言"飨飨"，享用的样子。　䜣然：露齿而笑的样子。　瞲（xuè）然：惊奇而视的样子。　臭之而无嗛于鼻：臭，同"嗅"；嗛，读为"嫌"，嫌弃，厌恶。　藩饰：藩，借为"繁"，即"繁饰"也。　儇（xuān）：慧，聪慧。　鈆：通"沿"，沿习，依循。　侟（xiàn）：同"闲"，开阔、宽大。　不知不足：后"不"系衍字，当去之。　温厚：温（yùn），通"蕴"；蕴厚，蕴积厚。功盛姚远：盛，甚，音近而通也；姚，"遥"之假字，姚远即遥远也。悫禄：即谷禄。悫，为"穀（谷）"字之误。　"受大共小共"云云：引自《诗经·殷颂·长发》。共，犹"供"，供奉；骏蒙，又作"骏庬"、"骏厐"、"徇蒙"等，皆覆庇之义也。

荀子的荣辱观首先以其君子小人之辨为基石。所谓君子与小人，在荀子的概念里，既有职业的区别，又有道德的区别。荀子不赞成孟子关于大人、小人由先天决定的观点，他肯定人类的自然性，认为凡人都有相同的资质智能、相同的欲望爱恶，都具有成为尧禹或成为纣桀的基础。并说这是"所生而有"和"无待而然"的。但是为什么会出现君子与小人、智与愚、尧禹与纣桀两种相反的结果呢？"是注错习俗之节也"，即举措和风俗习惯所使然。君子习于"学"、习于"为"，而小人则习于"陋"，君子和小人判然区分。君子懂得"仁义德行，常安之术也"，而小人恰好相反。依着"君子道其常，而小人道其怪"的规律，君子"常安荣"、"常愉佚"，小人"常危辱"、"常烦劳"。荀子在后天习性上找原因，把君子、小人的荣辱归结到举措、风俗习惯和是否修为上，这虽然避免了孟子的先验论，却又陷入了未能从社会历史发展的根源上看问题的经验论，因而并没有找到根本的原因。

义利之辨是荀子荣辱观的第二块基石。荀子将义利和荣辱相联系，认为荣辱的最大分界线是怎样摆正义与利的位置。荀子并不否定利，不是取义不取利，而是主张不以利害义，并且要先义后利，即见利思义；不能先利后义，即唯利为上。围绕着义利而可以区分出"狗彘之勇者"、"贾盗之勇者"、"小人之勇者"、"士君子之勇者"。前面三种人的勇是唯利为上，不分是非，其恶果是愚、害、辱、危；与此相反的是士君子的勇，为维护义而不倾威权、不谋私利，即使全国的人都反对自己也不为之改容，这种重死持义而不屈服的精神，就是孔子的"杀身成仁"和孟子的"舍生取义"了。所以，君子最终获取的是智、利、荣、安。义利之辨关乎君子、小人的生存状态，是不可等闲视之的。君子先义后利，故而荣，荣而常通，常通而常制人；小人先利后义，故而辱，辱而常穷，常穷而常制于人。前者是良性的发展，后者是恶性的发展。荀子还告诉人们，君子和小人的生存状态的发展趋向与他们各自的修养品行有关。"材悫者"常安利，故而常乐易，常乐易而常寿长；"惕悍者"常危害，故而常忧险，常忧险而常夭折。这又是良性发展和恶性发展的两种选择。所以，小人要想突破愚、害、辱、危的生存环境而能得智、利、荣、安的结局，那就要明乎义利，还要注重修为，有一个好的思想性格。荀子哪里能认识到他所谓的工匠、农贾之类的小人，原本是他所竭力维护的社会制度所造就的，他们怎么可能修养成为"愉佚"君子呢？

　　知己知命与知荣辱的联系，这是荀子荣辱观的第三块基石。知己不怨人而能通，知命不怨天而有志，通而有志，反求诸己，即能内省而外物轻，就是达到了知荣辱的目的了。这是强调主观努力，强调以自我检束、自我振作的精神来面对祸患，找回智、利、荣、安。荀子对孔子不怨天不尤人的思想做了积极的发挥，得出的是乐观主义的结论。但是，荀子讲荣辱是以他所谓的"人伦"为前提的，即维护贵贱尊卑长幼的社会秩序，并说不齐才有齐、不顺才有顺、不同才有统一。推行这样的礼义，那么君子、小人的名分就不可能跨越阶级的界限，工匠、农贾就只有永远做小人，安于愚、害、辱、危的命运。所以，荀子的荣辱观在士人阶层推行或许有若干意义，在全社会就行不通了。

非相篇第五

　　本篇首先痛斥相人之术，提出"相形不如论心，论心不如择术"的论断，来否定骨相宿命论；接着论述"法后王"的思想，用以完善当今的礼义政治；最后说明辩说的必要性和辩说的方法。全篇虽仅首节论非相而命为篇名，但以下论法后王和论辩说，都由于"择术"这条红线的贯穿，将全篇连成一体，并未失荀文体制严谨之长。根据命题的需要来选择论证方法，使道理的阐述丰富多变，是本篇的一大特色。例如用归纳推理论非相，用演绎、归纳推理论人之三不祥、三必穷，用连锁推理论循礼义崇圣王，用假言推理论法后王审周道，用概念辨析论辩说之术等等，都能使人感到有一种不可抗拒的逻辑力量。再者，开篇讲破除迷信，文辞极为奇丽；篇末论辩说之术时，更表现出儒家大师的那种特有的论辩技术和风度，可谓万世师表。

　　看相这码事，古代贤人没有干这个的，有学问的人也不谈论它。
　　古时候有个叫姑布子卿的人，当今魏国有个叫唐举的人，他们观看人的形状、气色，就能推测出他的吉凶祸福，普通人对此也都表示称赞。而古代贤人却没有干这个的，有学问的人也不谈论它。
　　所以，观看人的相貌不如考察他的思想；考察他的思想，不如辨别他认识事物的方法。人的相貌不如人的思想重要，人的思想不如认识事物的方法重要。认识事物的方法正确并且思想顺从于它，那么形体相貌虽然丑陋，但思想与认识事物的方法都是好的，就不会妨碍他成为君子；形体相貌虽然漂亮，但思想与认识事物的方法都是邪恶的，那他也就只能成为小人。做君子就叫做吉祥，做小人就叫做凶恶。所以，形体的高矮、大小和相貌的美丑，与吉凶无关。古代贤人没有看相的，有学问的人也不谈论它。
　　帝尧个子高，帝舜个子矮；周文王个子高，周公个子矮；孔子个子高，冉雍个子矮。从前卫灵公有个大臣叫公孙吕，身高七尺，背长三尺，眉发间的额宽三寸，鼻、目、耳俱全而相距远，他的名声震动了天下。楚国的孙叔敖，本是期思的一个乡下人，头顶秃而突出，左臂长，站在轩车上还没有车前横木高，但他却使楚国称霸诸侯。叶公子高，矮小瘦弱，走起路来好像连衣服都撑不起来似的。但白公胜叛乱时，令尹子西、司马子期都被杀死，叶公子高率兵攻入国都，杀掉白公，安定楚国，就像翻转手掌一样容易，他的仁义功名为后世所赞美。所以，对于士人不必去量他的高矮、测他的胖瘦、称他的轻重，只需看他的志向就行了。人体的高矮、大小及美丑，难道值得一谈吗？

再比如，徐偃王的容貌，眼睛可以看到自己的额头；孔子的容貌，脸上好像蒙着一个丑陋面具；周公的体形，身子好像一根折断的枯木；皋陶的容貌，面色如同削去皮的瓜；闳夭的容貌，满脸胡须，不见皮肤；傅说的容貌，身上的皮肤如同布满了鱼鳞甲；伊尹的容貌，脸上连胡须眉毛都不长；禹王瘸腿，汤王半身不遂，尧舜都是两眼三个瞳仁。请问相信相人之说者，给这些人看相，是注重评论他们的志向思想、学问才识呢，还是通过观察他们的高矮、分辨他们的美丑而互相欺骗、互相傲视呢？

古时候，夏桀、商纣高大英俊，论长相是天下出众的人。他们筋力强健，足以对付百来个人。然而他们人死国亡，成为天下最大的耻辱，后世凡是谈到坏人就必定举他们为例证。这并不是他们的相貌造成了祸患，而是闻见浅薄、思想境界卑下造成的啊。

如今世俗间的乱民，乡村里轻薄的男子，没有不长得美丽妖艳的，他们穿着奇服异装，戴着妇人的头饰，神情态度都如同女子。妇人没有不想得到他做丈夫的，姑娘没有不想得到他做朋友的。愿意抛弃父母和家庭而和他私奔的人比肩接踵。然而，一般的国君羞于把他们当作臣子，一般的父亲羞于把他们当作儿子，一般的兄长羞于把他们当作弟弟，一般的人羞于把他们当作朋友。不久，这种人被官府捆绑到闹市上去杀头，这时他们没有不呼天叫地号啕大哭的，痛苦悲伤今天的下场而后悔当初的作为。这并不是他们的相貌造成了祸患，而是他们的闻见浅薄、思想境界卑下造成的啊。那么，你在以相貌论人和以思想境界论人二者之间选择哪一种呢？

人有三种不吉祥的行为：年幼时不肯侍奉年长者，卑贱时不肯侍奉高贵者，无德才的不肯侍奉贤者，这是人的三种不吉祥啊！人有三种必然困窘的情况：做上司的不能爱护下属，做下属的喜欢非议上司，这是人第一种必然困窘的情况；当面唯唯诺诺，背后又毁谤，这是人第二种必然困窘的情况；智虑浅陋，品行低下，一知半解且与别人相差悬殊，既如此，那么仁人不能推举他，智士不能尊重他，这是人第三种必然困窘的情况。人如有以上多种行为和情况，做君主的就必然危险，做臣民的就必然灭亡。《诗经》上说："雪花纷纷满天飘，太阳一出雪融消。小人竟然不贬下，高居上位更横骄。"说的就是这种人。

人之所以为人，是因为什么呢？回答是：因为人对各种事物都能辨别。饥饿时就想吃饭，寒冷时就想穿暖，劳累时就想休息，喜好得利而厌恶受害，这是人生下来就具有的本性，无须学习就会这样的，这是贤君夏禹和暴君夏桀所相同的。然而人之所以成为人，并不仅仅是由于有两只脚而没有尾巴，而是因为人对各种事物都能辨别。猩猩的形状很像人，也是有两只脚而没有尾巴，然而君子却喝它的汤，吃它的肉。所以，人之所以为人，并不仅仅是由于有两只脚而没有尾巴，而是因为人对各种事物都能辨别。禽兽有父子生育关系而无父子相认的亲情，有雌雄不同而无男女礼义界限。所以，对于人伦事理没有不加以辨别的。

辨别人伦事理没有比等级名分更重要的了，等级名分没有比遵循礼法更重要了，遵循礼法没有比尊崇明君圣王更重要的了。圣明的君王数以百计，我们该效法谁呢？所以说：礼义由于年代久远而湮没了，依据礼义而制定的制度由于年代久远而失传了，拘守法度的主管官吏疲困于礼法的条文繁琐而使礼法废弛了。所以说，想要考察圣明君王的治理之道，就要寻找其中功绩鲜明突出的，后代的君王就是这样的。所谓后代的君王，就是当今掌管天下的君王。舍弃后代的君王而称道上古的君王，就好比舍弃自己的君主而去侍奉别人的君主一样。所以说，想要考察千年的往事，那么就要审视今天；想要知道亿万件事情，那么就要弄清一两件事情；想要知道上古的治道，那么就要明白周朝的治国之道；想要明白周朝的治国之道，那么就要研究周朝人所贵重的当世君主。所以说："由近知道远，由一知道万，由隐微知道明显。"说的就是这个道理。

那些狂妄的人说："古代和今天的情况不同，古代之所以安定，现在之所以混乱，是因为治政的方法不同。"然而大众都被这句话弄糊涂了。那些芸芸大众，愚昧而不会辩说，浅陋而不知谋虑。他们亲眼看到的事情尚且会受欺骗，更何况那些千年的传闻呢！狂妄的人，即使发生在眼前的事尚且能自欺欺人，更何况那些千年前更早年代的传闻呢！

圣人为什么不可欺呢？回答是：圣人是依据自己的经验来推断事理的。所以，他能以此人推断彼人，以此情推断彼情，以此类事物推断彼类事物，以今人之论说推断古人之功业，以此一事物的常理推断所有的事物，这些在古代和今天都是一样的。事理如若不相违背，即使历时长久，但道理相同。所以，圣人面对邪僻之道而不迷惑，观察纷繁复杂的事物而不昏乱。由此可以推断：五帝之前的君王后世没有传颂下来，并不是那时没有贤明的君王，而是时间太久的缘故；五帝作为君王的政绩没有传颂下来，并不是他们没有美善的政绩，而是时间太久的缘故。夏禹商汤虽然有传颂下来的政绩，但不像周代那样详明，并不是他们没有完备的政事，而是时间太久的缘故。流传时间久的，谈论起来就简略了，近代的事流传下来，谈论起来就详明。简略的就只能举其大要，详明的就会列举细节。愚笨的人听到事情的大略而不去了解其详情，听到事情的细节而不了解其大概。因此，礼义由于年代久远而湮没了，依据礼义而制定的制度由于年代久远而失传了。

凡是言论不合乎古代圣王的旨意，不遵循礼义的，就叫邪说，尽管巧妙动听，君子也不采纳。效法古代圣王，遵循礼义，亲近有学问的人，但是却又不喜欢辩说，不乐意参与辩说，那就必然不是真诚求知的人。所以君子对辩说，心里喜欢它，行动顺从它，乐意参与它。所以君子必定是善于辩说的。凡人没有不喜欢谈论自己所喜好的，君子就更是如此。所以君子赠人言语，比馈送人金石珠宝更贵重；观人言语，比观看锦绣纹彩更美好；听人言语，比欣赏钟鼓琴瑟更快乐。所以君子对于辩说是从来不满足的。鄙陋浅薄的人与此相反，他们只看重实质而不顾言语文饰，因此一辈子难免卑污平庸、俗不可耐。所以《易经》里说："扎住口的袋子，没有过错，没有荣誉。"说的就是这种陈腐的儒生。

大凡辩说的难处在于：用最高尚的辩说开导极低下的人，用最好的治国之道对付最昏乱的局面，这是不可能直接达到目的的。若远举古代的事例，容易流于荒谬；列举近世的事例，又怕庸俗化。善于辩说的人在这两者之间，远举古代的事例而不会发生谬误，列举近世的事例而不致显得庸俗，能够随着时代发展而变化，随着世事的需要而俯仰，说话有缓有急、有繁有简，就像渠堰引水蓄水、木工绳墨矫正曲木一样，随时控制自己，委曲婉转地达到谈话的目的，又不挫伤听辩说的人。所以，君子律己好比木工用墨线为准绳，待人好比船夫用舟楫来接客。律己好比用墨线为准绳，所以完全可以成为天下人效法的榜样；待人好比用舟楫来接客，所以能够对人宽容，也就能够依靠众人成就统一天下的大业。所以，君子自己贤能而又容纳疲弱无能的人，自己智慧而又容纳愚昧的人，自己渊博而又容纳浅陋的人，自己精粹而又容纳驳杂的人，这就叫做兼容各种人的方法。《诗经》上说："徐方国归顺同化，这是天子的功劳。"说的就是这个道理。

辩说的方法是：对待听取辩说的人，以严肃庄重的态度面对他，以正直真诚的心对待他，以坚定顽强的意志扶持他，以比喻称引的方法启发他，以分辨区别的方法使他明白，还要热情和悦地把知识传授给他，使人宝贵、珍惜、重视、崇信你所说的话。像这样，那么你的辩说就没有不被接受的，虽然不取悦于人，但人们没有不重视的。这就叫做能使自己所宝贵的别人也会宝贵。古书上说："惟有君子能使自己所宝贵的别人也会宝贵。"说的就是这个道理。

君子必定善于辩说。凡是人没有不喜欢谈论自己所喜好的东西的，君子更是如此。因此小人辩说的是邪恶，君子辩说的是仁义。说出的话若不在仁义之中，那么他说话还不如沉默不语，他辩说还不如口笨拙言；说的话若都在仁义之中，那么喜好言谈的人是上等的，不喜好言谈的人就是下等的了。所以合乎仁义的言论是至为重要的。由君主制定出来引导臣民的，这就是政令；由臣民说出来效忠于君主的，这就是谋略。因此，君子奉行仁义从不满足，内心喜好它，行动顺从它，乐意谈论它，所以说君子必定善于辩说。从细微处辩说不如找出其中的头绪，找出头绪不如依据等级名分。从细微处辩说能发现问题，找出头绪能剖析事理，依据等级名分能使天下得以治理。于是，圣人和士君子的职分也就具备了。

有小人的辩说，有士君子的辩说，有圣人的辩说。不事先思考，不及早谋划，一出言就很恰当，文采飞扬而有条理，举手投足之间，即可随机应变，这是圣人的辩说。事先思考，及早谋划，片刻的言谈已经值得一听，富于文采而内容充实，既广博而又正直公正，这是士君子的辩说。听他说话，虽然言词巧辩，但缺乏系统，没有主旨，任用他做事，往往被骗而无功效，对上不能顺从圣明的君主，对下不能和协安抚百姓。然而他巧舌如簧，无论夸夸其谈，还是唯唯诺诺，都能节制恰当。他们完全可以归入自夸自傲一类人，这就是坏人中的奸雄。圣明帝王一出现，所以要先杀这种人，而后才惩处盗贼。盗贼尚能改过自新，奸雄是不可能转变的。

相人，古之人无有也，学者不道也。

古者有姑布子卿，今之世，梁有唐举，相人之形状颜色，而知其吉凶妖祥，世俗称之。古之人无有也，学者不道也。

故相形不如论心，论心不如择术。形不胜心，心不胜术，术正而心顺之，则形相虽恶而心术善，无害为君子也；形相虽善而心术恶，无害为小人也。君子之谓吉，小人之谓凶。故长短、小大、善恶形相，非吉凶也。古之人无有也，学者不道也。

盖帝尧长，帝舜短；文王长，周公短；仲尼长，子弓短。昔者，卫灵公有臣曰公孙吕，身长七尺，面长三尺，焉广三寸，鼻目耳具而名动天下。楚之孙叔敖，期思之鄙人也，突秃长左，轩较之下，而以楚霸。叶公子高，微小短瘠，行若将不胜其衣，然白公之乱也，令尹子西、司马子期皆死焉；叶公子高入据楚，诛白公，定楚国，如反手尔，仁义功名善于后世。故士不揣长，不揳大，不权轻重，亦将志乎心尔。长短、大小、美恶形相，岂论也哉！

且徐偃王之状，目可瞻马；仲尼之状，面如蒙倛；周公之状，身如断菑；皋陶之状，色如削瓜；闳夭之状，面无见肤；傅说之状，身如植鳍；伊尹之状，面无须麋；禹跳，汤偏，尧、舜参牟子。从者将论志意，比类文学邪？直将差长短、辨美恶而相欺傲邪？

古者，桀、纣长巨姣美，天下之杰也；筋力越劲，百人之

相形不如论心，论心不如择术

敌也。然而身死国亡，为天下大僇，后世言恶则必稽焉。是非容貌之患也，闻见之不众，议论之卑尔！

今世俗之乱君，乡曲之儇子，莫不美丽姚冶，奇衣妇饰，血气态度，拟于女子。妇人莫不愿得以为夫，处女莫不愿得以为士，弃其亲家而欲奔之者，比肩并起。然而中君羞以为臣，中父羞以为子，中兄羞以为弟，中人羞以为友。俄则束乎有司，而戮乎大市，莫不呼天啼哭，苦伤其今，而后悔其始，是非容貌之患也，闻见之不众，议论之卑尔！然则从者将孰可也？

人有三不祥：幼而不肯事长，贱而不肯事贵，不肖而不肯事贤，是人之三不祥也。人有三必穷：为上则不能爱下，为下则好非其上，是人之一必穷也；乡则不若，偝则谩之，是人之二必穷也；知行浅薄，曲直有以相县矣，然而仁人不能推，知士不能明，是人之三必穷也。人有此三数行者，以为上则必危，为下则必灭。《诗》曰："雨雪瀌瀌，宴然聿消；莫肯下隧，式居屡骄。"此之谓也。

以上为第一部分，痛斥相人之术，举出实例来破除骨相宿命论盲从者的迷信思想。

姑布子卿：春秋时郑国人。姓姑布，名子卿。曾为孔子和赵襄子看过相。　梁有唐举：梁，即魏国。魏惠王都大梁（今河南开封），故魏亦称梁。唐举，战国时人，曾为李兑、蔡泽看过相。　子弓：即冉雍，字仲弓，鲁国人。孔子弟子，以德行著称。　面长三尺：据王天海注：面长三尺，乃言背长三尺。《正字通》："面，背也。"《汉书·项籍传》"马童面之"，颜注："面，谓背之。"《后汉书·光武帝纪》"丙午，赤眉君臣面缚"，李贤注："面，偝也，谓反偝而缚之。"此皆"面"训"背"之证。身长七尺，背长三尺，亦非常人之体；然面长三尺则不可思议也。　焉广三寸：据高亨曰：焉，疑借为"颜"，音同通用。颜之作焉，犹眉之作麋也。《说文》："颜，眉目之间也。"此其一义也。

《小尔雅》："颜，额也。"此又其一义也。此文乃用额义。面长三尺，颜广三寸，谓面长而额短，所以为奇也。又，王天海曰：额广三寸，非指左右之宽也，当言眉上至发际之阔也。此额阔三寸，亦非常人之相。　孙叔敖：春秋时楚国贤相。相传其三为令尹（宰相）而不喜，三去相位而不忧。　轩较：轩，车；较，车厢两侧的横木，跨于车旁人所傍之木上。　叶公子高：楚国大夫。姓沈，名诸梁，字子高，食采邑于叶。以楚僭称王，故其大夫亦称公。　白公：楚平王之孙，太子建之子，名胜，封为白公。　子西、子期：分别为楚平王之子公子申和公子结。　徐偃王：西周穆王时徐国国君，以叛周僭称王，穆王命楚灭之。偃王，谓其状貌丑陋，身体后仰而不能俯视，故曰"偃"。　倛：古代驱邪用的一种模样凶狠的假面具。　蒉：读zì，直立的枯木。　皋陶：又作"咎繇"。偃姓，传说中东夷族的首领。舜时曾任掌管刑狱，后助禹治水有功，被禹选为继承人，以早死，未继位。　闳夭：周文王时十大治世能臣之一。　傅说（yuè）：商王武丁时大臣。出身奴隶，武丁举以为相，从而实现殷商中兴。　伊尹：商初大臣。名伊，尹为官名。家奴出身，汤任以国政，从而攻灭夏桀，建立商朝。　牟：通"眸"，眼珠，此指瞳仁。　为天下大僇：僇（lù），通"戮"，耻辱。　乡则不若，偝则谩之：乡，通"向"；偝，背也。　"雨雪瀌瀌"云云：引自《诗经·小雅·角弓》。宴，通"晏"，天晴日出；聿，语助词。

　　人之所以为人者，何已也？曰："以其有辨也。"饥而欲食，寒而欲暖，劳而欲息，好利而恶害，是人之所生而有也，是无待而然者也，是禹、桀之所同也。然则人之所以为人者，非特以二足而无毛也，以其有辨也。今夫狌狌形笑亦二足而无毛也，然而君子啜其羹，食其胾。故人之所以为人者，非特以其二足而无毛也，以其有辨也。夫禽兽有父子而无父子之亲，有牝牡而无男女之别，故人道莫不有辨。

　　辨莫大于分，分莫大于礼，礼莫大于圣王。圣王有百，吾孰法焉？故曰：文久而灭，节族久而绝，守法数之有司极礼而褫。故曰：欲观圣王之迹，则于其粲然者矣，后王是也。彼后王者，天下之君也。舍后王而道上古，譬之是犹舍己之君而事人之君也。故曰：欲观千岁，则数今日；欲知亿万，则审一二；欲知上世，则审周道；欲知周道，则审其人所贵君子。故曰："以近知远，以一知万，以微知明。"此之谓也。

夫妄人曰："古今异情，其所以治乱者异道。"而众人惑焉。彼众人者，愚而无说、陋而无度者也，其所见焉犹可欺也，而况于千世之传也！妄人者，门庭之间犹可诬欺也，而况于千世之上乎！

圣人何以不可欺？曰：圣人者，以己度者也。故以人度人，以情度情，以类度类，以说度功，以道观尽，古今一度也。类不悖，虽久同理。故乡乎邪曲而不迷，观乎杂物而不惑。以此度之：五帝之外无传人，非无贤人也，久故也；五帝之中无传政，非无善政也，久故也；禹、汤有传政而不若周之察也，非无善政也，久故也。传者久则论略，近则论详；略则举大，详则举小。愚者闻其略而不知其详，闻其详而不知其大也。是以文久而灭，节族久而绝。

以上为第二部分，阐述"法后王"的思想，强调坚持"辨莫大于分，分莫大于礼"的原则，运用"以近知远，以一知万，以微知明"的方法，来治国理政，成就统一天下的大事。

何已：已通"以"，即"何以"也。　　无毛：据刘师培曰，当为"无尾"之讹。　　狌狌形笑：狌狌，即猩猩。形笑：据王天海等注，当为"形相"，音近致误也。一说，笑应读为"肖"，二字声韵并同；肖，像也。　　胾（zì）：大块肉。　　节族：指音乐的节奏。王天海以为，《荀书》礼义与节奏连文屡见，故知节奏当训为制度。族，通"奏"。　　报礼而褫：报，疲，疲极；褫，读chǐ，同弛。　　五帝：古代传说中所谓五帝所指不一，现在一般认为指黄帝、颛顼、帝喾、唐尧、虞舜。

凡言不合先王，不顺礼义，谓之奸言；虽辩，君子不听。法先王，顺礼义，党学者，然而不好言，不乐言，则必非诚士也。故君子之于言也，志好之，行安之，乐言之。故君子必辩。凡人莫不好言其所善，而君子为甚。故赠人以言，重于金石珠玉；观人以言，美于黼黻文章；听人以言，乐于钟鼓琴瑟。故君子之于言无厌。鄙夫反是，好其实不恤其文，是以终身不免埤污佣俗。故《易》曰："括囊，无咎无誉。"腐儒之谓也。

　　凡说之难：以至高遇至卑，以至治接至乱。未可直至也，远举则病缪，近世则病佣。善者于是间也，亦必远举而不缪，近世而不佣，与时迁徙，与世偃仰，缓急嬴绌，府然若渠匽、檃栝之于己也，曲得所谓焉，然而不折伤。故君子之度己则以绳，接人则用抴。度己以绳，故足以为天下法则矣；接人用抴，故能宽容，因众以成天下之大事矣。故君子贤而能容罢，知而能容愚，博而能容浅，粹而能容杂，夫是之谓兼术。《诗》曰："徐方既同，天子之功。"此之谓也。

　　谈说之术：矜庄以莅之，端诚以处之，坚强以持之，譬称以喻之，分别以明之，欣欢芬芗以送之。宝之，珍之，贵之，神之，如是则说常无不受。虽不说人，人莫不贵。夫是之谓为能贵其所贵。传曰："唯君子为能贵其所贵。"此之谓也。

　　君子必辩。凡人莫不好言其所善，而君子为甚焉。是以小人辩言险，而君子辩言仁也；言而非仁之中也，则其言不若其默也，其辩不若其呐也；言而仁之中也，则好言者上矣，不好言者下也。故仁言大矣，起于上所以道于下，政令是也；起于下所以忠于上，谋救是也。故君子之行仁也无厌，志好之，行安之，乐言之，故言君子必辩。小辩不如见端，见端不如见本分。小辩而察，见端而明，本分而理，圣人士君子之分具矣。

　　有小人之辩者，有士君子之辩者，有圣人之辩者。不先虑，不早谋，发之而当，成文而类，居错迁徙，应变不穷，是圣人之辩者也。先虑之，早谋之，斯须之言而足听，文而致实，博而党正，是士君子之辩者也。听其言则辞辩而无统，用其身则多诈而无功，上不足以顺明王，下不足以和齐百姓，然而口舌之于噡唯则节，足以为奇伟偃却之属。夫是之谓奸人之雄。圣王起，所以先诛也，然后盗贼次之。盗贼得变，此不得变也。

以上为第三部分，以"法先王顺礼义"为衡量标准，区别小人之辩、士君子之辩、圣人之辩，并说明儒家所秉持的辩论技术和方法。

黼黻文章：古代礼服上所绣的彩色花纹，黑白相间曰"黼"（fǔ），青黑相间曰"黻"（fù），青赤相间曰"文"，赤白相间曰"章"。　　埤污佣俗：即卑污庸俗。　　赢绌：犹言伸屈。赢，通"赢"。　　府然若渠匽：府，通"俯"。府然：俯身相就的样子；匽，通"堰"。　　檃栝（yǐ kuò）：矫正曲木的工具。　　枻（yì）：同"楫"，或指船舷。此处引申为船。　　"徐方既同"云云：引自《诗经·大雅·常武》。此诗专述周穆王平定徐偃王之乱一事。徐方，古徐国之地，此处概指徐国。　　芬芗：即芳香，比喻和悦的样子。　　成文：即"盛文"，谓文采丰茂。成，通"盛"。　　居错：即"举措"。　　致实：即"质实"。致，通"质"。　　党正：即"谠正"。谠，正直。　　口舌之于噡唯则节：句中"之于"诸本多作"之均"，据王天海注，字之误也；之于，犹至于。噡唯则节，谓言语多少能够节制。噡，多言；唯，应声，少言。　　偃却：同"偃蹇"，高耸之貌。此处与奇伟皆用引申义，谓自高自大，骄矜傲慢。

本篇为荀子论其方法论的重要篇章。论非相讲观人之术，论法后王讲治国之术，论辩说讲辩论之术。观人之术用于选拔人才，法后王用于管理政事，辩论之术用于宣扬礼治，都是治国理政的要项，三者由"择术"贯穿始终，有力地显示出荀子经验的方法论所具有的实践品格。

相术自春秋以来即甚为流行。从人的骨法面容来推测其内在性行和富贵禄命，而且以富贵之人和善人天生骨相好，贫贱之人和恶人天生骨相坏，这必然导入宿命论，是世俗迷信。荀子以"古之人无有也，学者不道也"为依据，断言相术没有谈论价值。特别有意义的是，荀子看出以相术宿命论为基础的人才制度的荒谬和危害性，针锋相对地提出了一个科学的人才理念："相形不如论心，论心不如择术。""形"训相貌，"心"训思想，"术"训认识事物的方法。形、心、术三者都力求端正，才是优秀人才，即所谓君子，否则是小人。但三者并非同等重要，心和术最重要，形可以求其次，所以形恶而心与术善者仍可做君子，形善而心与术恶者仍只能做小人；做君子则吉，做小人则凶。做君子的怎样才能趋吉避凶呢？那就要戒"三不祥"、"三必穷"。幼不事长、贱不事贵、不肖不事贤，必然违背作为天下通义的礼，所以是不善的表现；为上不爱下、为下非其上，当面顺从背后辱毁，智浅行薄而不被仁人智士推重，因而没有形成良好的人际关系，做官和为人必然困窘难通。总之，规避"三不祥"，突破"三不穷"，是人才顺利成长，走上治国理政道路的重要方法。从选拔人才到培育人才，从人才的主观条件到人才的客观环境，都有一个讲究认识事物的方法问题。"术"高于"心"，"心顺"从属"术正"，在实践中采用正确的认识事物的方法，为"心"选择一个合理而正确的所由之道，这是为君子者的关键。

在孔孟的言谈之中只有"法先王"之说，荀子却独发"法后王"之论，而且荀子对孟子的"略法先王而不知其统"做过多次批评，说明这两种提法还是有很大的区别。《儒效篇》说："道过三代谓之荡，法二后王谓之不雅。"足见荀子也认为夏商周三代的治理之道是确实可信的，后世贤王周文王、周武王的礼法制度是雅正的，因而他赞成"法先王"，但他更强调"法后王"，认为法后王切实可行，有利于维护礼义治国的制度。由于时间久远，上古帝王的政事渺茫难寻，夏禹、商汤的善政传颂下来的也简略得只能知其概要，所以对五帝无从效法，对禹、汤效法而无实绩，因而效法后王就势在必然了。此其一。其次，近世周文王、周武王依据礼义制定的法度"察也"，他们的为政事迹"粲然者也"，可以举其要，可以知其详，又有型范可以效法，因而有利于推行以礼治国的制度。最后，"法后王"具有方法论的价值，将为延续以礼治国的历史传统提供经验和方法。从后王的执政，可以"观王之迹"，这是历史的规律。数今日可观千岁，审一二可知亿万，审周道可知上世，审其人所贵君子可知周道，这是历史和生活的经验，予以抽象，即上升为"以近知远，以一知万，以微知明"的认识事物的方法。这在荀子的时代，当是最先进的方法了。那些"愚而无说，陋而无度"的众人可以被妄言之人以"千世之传"而欺骗，但圣人不可欺，他们依靠运用上述的认识方法，"以人度人，以情度情，以类度类，以说度功，以道观尽"，即可将"辨莫大于分，分莫大于礼"的历史经验和传统传之后世而千年不衰。

孔子曾说过"子欲无言"。孟子好辩，但他说"予不得已也"。荀子响亮地提出"君子必辩"的口号，指出辩说在认识上的作用和应当合乎逻辑规则的要求，是一个很大的进步。"君子辩，言仁也"；"凡言不合先王，不顺礼义，……虽辩，君子不听"，这表明荀子的辩说是以宣传仁义礼治为目的，带有浓厚的社会政治伦理色彩。基于这个目的，他把辩说分为圣人之辩、君子之辩、小人之辩三类，这主要是政治伦理的划分，并不合乎逻辑的要求。至于对圣人之辩、君子之辩的水平和作用的评价，不免有过誉之辞，而把普通人的辩说与诡辩、奸言完全等同，则不免有偏见，很不公允。当然，荀子所极为贬抑的"小人之辩"，更多的不免有指百家异说，正是它们使儒术不得畅通，王道莫能实行，故而荀子痛恨奸言邪说甚于痛恨盗贼，主张圣人起必先诛灭这类奸雄。荀子把逻辑跟他所维护的儒家伦理以及礼治思想紧紧地捆在一起，让逻辑从属于政治主张，终于未能在他手里将逻辑变成为一门独立的科学，是遗憾的事情。

非十二子篇第六

　　本篇论先秦诸子之说，举十二子归为六类，评述各家学派的思想倾向和学风阙失，主张效法舜、禹、仲尼、子弓，务息十二子所造成的灾害。兼论士君子的仪容德行，以贬斥小人贱儒的鄙陋。通篇充满生动形象的描述，且形成对比映衬，意在突现十二子的奸事、奸心、奸说不合礼法，从而达到推崇仲尼、子弓的目的。所用联绵、重叠字，分类组合，井然有序，色彩鲜明，押韵上口，给各类学术代表人物画像，既可现出各自外在风貌，又能窥见不同的内在心性，极尽白描之妙。将文学手法运用于议论文字中，使抽象的道理深入浅出地表达出来，是荀文的主要特色之一。

　　当今之世，粉饰邪说，美化奸言，以扰乱天下，欺骗蛊惑大众，并用怪异诡诈、卑鄙邪僻的言行，使天下的人混混沌沌，不知是非治乱存在于何处，这样的人有的是。

　　纵情任性，恣肆放荡而无所忌惮，行为如同禽兽，完全不符合礼义，也与平治天下的原则相违背，但是他们的论说还有根有据，有条有理，完全能够欺骗愚人，蛊惑大众。它嚣、魏牟就是这种人。

　　克制性情，深沉孤僻，追求与众不同以示清高，不能和大众合群，不能深明忠孝大义，但是他们的论说还有根有据，有条有理，完全能够欺骗愚人，蛊惑大众。陈仲、史鳅就是这种人。

　　不懂得一统天下和建立国家的礼义法度，却崇尚功利实用，重视俭约而否认名分等级，竟然不能容许区分等级和君臣之间的地位悬殊，但是他们的论说还有根有据，有条有理，完全能够欺骗愚人，蛊惑大众。墨翟、宋钘就是这种人。

　　推崇法制而无视礼法，鄙视修养品行而喜欢自作主张，对上趋听于君主，对下趋听于流俗，整天言必称法典，等到对它反复考察，就会迂阔得不知法典的归宿何在，不能用它来治理国家和确定名分，但是他们的论说还有根有据，有条有理，完全能够欺骗愚人，蛊惑大众。慎到、田骈就是这种人。

不效法古代圣王，不赞同礼义，却喜好研习奇谈怪论，异常苛细但毫无实惠，非常雄辩但毫不实用，做事很多但功效甚少，因而决不能拿它当作治理天下的准绳，但是他们的论说还有根有据，有条有理，完全能够欺骗愚人，蛊惑大众。惠施、邓析就是这种人。

粗略地效法古代圣王，却不知道古代圣王的根本要领，但是还自以为才高志大，见闻丰富广博。根据往古旧事而臆造一种学说，称之为"王道"，很是邪僻而无纲领，隐晦而不明确，艰涩难通而不能自圆其说。但他们又修饰语言，十分恭敬地说："这才是真正的先师孔子的言论啊！"这一学说由子思首唱，孟轲应和，世俗间那些愚昧之人，如同瞎眼的儒生一般，喧嚣附和却不知它的错之所在。于是接受下来并予传播，认为是孔子、子弓创立的学说而被后世所推重。这就是子思、孟轲的罪过了。

至于总括治国的方针策略，统一人们的言论行动，统一治国的纲纪法度，并汇集天下的英雄豪杰，向他们昭示古代圣王的业绩，用治国的至理教育他们，即使在厅堂之内、竹席之上的小天地里，也能使古代圣王的礼乐制度完备地体现出来，使清明治世的风俗勃然兴起。上述六家的学说是不能进入这个讲堂的，那十二个代表人物也不能接近这里。这样的人虽然可能贫困得没有立锥之地，但王公贵族却不能与之抗衡；他们虽然只是处在一个大夫的位置上，但却不是一个诸侯国能够独留的，也不是一个诸侯国能够独用的。他们的盛名比美于诸侯，所以诸侯没有不愿意让他们做臣子的。这是圣人中没有得到权势的人，孔子、子弓就是这样的人。

统一天下，管理万物，养育人民，使全天下的人都能能得到好处，凡人迹所能到达的地方，没有不顺服的。上述六种学说立即止息，那十二个代表人物也都随着转变。这就是圣人中取得权势的人，虞舜、夏禹就是这样的人。

今天的仁人，将做些什么呢？上应该效法舜、禹所立的礼法制度，下应该效法孔子、子弓所倡导的礼法原则，务必制止十二个代表人物的异端邪说。这样，天下的祸害就消除了，仁人的事业就完成了，圣王的业绩就显著了。

相信可信的，是诚实；怀疑可疑的，也是诚实。尊重贤人，是仁；鄙贱不贤的人，也是仁。说话恰当，是智慧；沉默恰当，也是智慧。所以，懂得何时沉默就好像懂得何时说话是一样的。所以，话说得多而有条理，是圣人；话说得少而合于礼法，是君子。无论话说得多还是少都不合礼法且放纵不羁，厚颜无耻地鼓吹，虽然善辩，也是小人。所以辛劳费力地去做并非人民的正当事务，叫做"奸邪之事"；费尽心机而不遵循古代圣王的礼法，叫做"奸邪之心"；辩说比喻敏捷快疾而不遵循礼义，叫做"奸邪之说"。这三种奸邪的东西，是圣王所禁止的。聪明却又阴险，狠毒却难以捉摸，行为奸诈却又巧妙，空话连篇却头头是道，言不合理却分析细密，这是治理国家的大祸害。行为邪僻而能坚决，掩饰错误而颇巧妙，玩弄奸诈而显光润，论说诡辩而违常理，这是古代极力禁止的。聪明而不守礼法，勇猛而无所忌惮，明察善辩而操持邪术，骄淫奢侈而刚愎自用，好搞阴谋而党羽众多，因急于奔走而陷入迷途，谋及虚名而负石沉渊，这是天下人所厌弃的。

使天下人都能心悦诚服的方法是：职位高尚身份尊贵，却不因此傲气凌人；聪明睿智，却不因此而使人陷入困窘；敏捷快疾，却不因此争先于人；刚毅勇敢，却不因此伤害别人。不知道就请教别人，没有能力就学习。虽有才能也一定谦让，这样才算有道德。面对君主就行臣下之礼，面对乡邻就行长幼之礼，面对长辈就行子弟之礼，面对朋友就行礼节谦让之礼，面对身份低、辈分小的就行教导宽容之礼。做到无所不爱，无所不敬，决不与人相争，心胸恢宏广大就像天地能包容万物一样。这样，贤能的人会尊重你，不贤的人也会亲近你。如果做到这些，仍有不佩服的人，那就可以说他是妖怪狡猾的人了。即使在你的子弟中间，使其受到刑罚制裁也是适宜的。《诗经》上说："不是上帝不善良，是纣王抛弃旧典章。虽然没有了老练大臣，还有成法可依循。竟连这些也不听，国家衰败命归阴。"说的就是这个道理。

古代所说做官的人，是忠厚朴实的人，是和百姓打成一片的人，是以道为贵的人，是乐于按等级施予恩惠的人，是远离罪过的人，是追求各种事物道理的人，是以独自富裕为羞耻的人。如今所说做官的人，是行为卑污狡诈的人，是品德败坏而爱捣乱的人，是狂妄凶暴的人，是贪图私利的人，是触犯法纪的人，是没有礼义而一味贪求权势的人。

古代所说的隐士，是道德高尚的人，是能静心养性的人，是行为端正的人，是知道天命的人，是明晓时势的人。如今所说的隐士，是本无才能却自称有才能的人，是本无知识却自称有知识的人，是利欲熏心不知满足却伪装没有欲望的人，是行为阴险肮脏却硬要大言不惭自称谨慎诚实的人，是以不合于世俗常情作为自己的习俗、背离常规而自命清高的人。

士君子所能做到的和不能做到的：君子能成为可贵之人，但不能使人必定尊贵自己；能成为可信之人，但不能使人必定信任自己；能成为可用之才，但不能使人必定任用自己。所以，君子以学业品行不昌明为耻，不以被人污辱诋毁为耻；以自己没有诚信为耻，不以不被人信任为耻；以自己没有才能为耻，不以不被任用为耻。所以，不为荣誉所诱惑，不为诽谤所恐吓，直道而行，自己端端正正，不为人所左右，这才称得上真君子。《诗经》里说："温良恭俭的人啊，您是道德的极致。"说的就是这种人。

士君子的仪容：他帽子高高的，衣服宽宽大大的，面容和蔼可亲，严肃，庄重，安详，洒脱，恢宏大度，气宇轩昂，光明磊落，坦坦荡荡，这是做父兄的仪表面容。他帽子高高的，衣服宽宽大大的，面容诚恳可爱，谦卑，温润，亲和，恭敬，好问，和顺，依依不舍，勤勉不息，这是做子弟的仪表面容。

我告诉你那些学者的猥琐模样：他脱掉帽子，帽带衣襟松弛散乱，倨傲怠慢。他迟钝懒散，忧惧沮丧，冷漠无情，东张西望，惊慌失措，腹内空空，目中无人。在酒食声色中，他贪婪企求，沉溺昏迷。在日常礼节中，他憎恶交往拘束，骂骂咧咧，怨毁不休。在劳累辛苦的事情中，他懒懒散散，似做非做，苟且怯懦，妄想逃避，没有廉耻，若受辱骂，甘愿忍受，这是那些学者的猥琐模样。

歪戴着帽子，说着平淡无味的话，模仿夏禹跛行、虞舜快走，这就是子张氏门下那些低贱儒生的故作姿态。衣冠齐整，面色严肃，嘴里像含有东西一样整天默而不言，这就是子夏氏门下那些低贱儒生的模样。苟且怯懦，胆小怕事，毫无廉耻而贪吃贪喝，还要说什么："君子本来就不用劳动！"这就是子游氏门下那些低贱儒生的模样。那些君子就不是这个样子，他们虽然安逸而不怠惰，虽然劳苦而不弛慢，尊崇礼法为根本原则,同时又能应付各种事变,各方面都做得圆满恰当。像这样,才可以成为圣人。

假今之世,饰邪说、文奸言,以枭乱天下,欺惑愚众,矞宇嵬琐,使天下混然不知是非治乱之所存者,有人矣。

纵情性,安恣睢,禽兽行,不足以合文通治;然而其持之有故,其言之成理,足以欺惑愚众。是它嚣、魏牟也。

忍情性,綦溪利跂,苟以分异人为高,不足以合大众、明大分;然而其持之有故,其言之成理,足以欺惑愚众。是陈仲、史鰌也。

不知一天下,建国家之权称,上功用,大俭约而僈差等,曾不足以容辨异、县君臣;然而其持之有故,其言之成理,足以欺惑愚众。是墨翟、宋钘也。

尚法而无法,下修而好作,上则取听于上,下则取从于俗,终日言成文典,及纠察之,则倜然无所归宿,不可以经国定分;然而其持之有故,其言之成理,足以欺惑愚众。是慎到、田骈也。

不法先王,不是礼义,而好治怪说、玩琦辞,甚察而不惠,辩而无用,多事而寡功,不可以为治纲纪;然而其持之有故,其言之成理,足以欺惑愚众。是惠施、邓析也。

略法先王而不知其统,而犹材剧志大,闻见杂博。案往旧造说,谓之五行,甚僻违而无类,幽隐而无说,闭约而无解。案饰其辞而祗敬之曰:"此真先君子之言也。"子思唱之,孟轲和之。世俗之沟犹瞀儒嚾嚾然不知其所非也,遂受而传之,以为仲尼、子弓为兹厚于后世。是则子思、孟轲之罪也。

以上为第一部分,评述十二子的思想倾向和学风阙失。

枭乱:扰乱。枭,又作"潏";潏通"浇",浇又通"扰";扰,亦乱也。　　欺惑愚众，矞宇嵬琐：本文开篇首见此"欺惑愚众"四字，诸本多无，王天海据宋台本以为，"此四字总冒以下所非十二子之文，必当有"，以是存之。欺惑愚众，即欺愚惑众。矞宇嵬琐，即谲訏委琐。矞读jué，同"谲"，欺诈；宇，通"訏"，读xū，诡诈；嵬、委音近互借。　　它嚣：史籍无可考，或以为"范睢"之讹。范睢，战国时魏国人，字叔。以游说秦昭王成功，任秦相，主张远交近攻，歼灭敌国主力。因妒忌名将白起之功，迫其自杀。　　魏牟：即魏公子牟，因封于中山，亦称中山公子牟。与公孙龙交好，同为战国著名舌辩之士。　　綦溪利跂：綦，通"极"，荀文多有此用法；"溪"之为"极"，深也；綦溪，犹言极深。利，同"离"；跂，踮起脚跟；利跂，犹言离开大地，离世独立。　　分异人：犹"分于人，异于人"。　　陈仲、史䲡：与下文之墨翟、慎到、惠施、邓析等注并见《不苟篇》。　　宋钘(jiān)：又称宋荣子，战国时宋国人，主张"禁攻"，认为人的本性是少欲的。　　纵察：即巡查。纵，通"巡"。　　田骈：亦称陈骈，战国时齐国人，与彭蒙、慎到为同一学派人物。　　案往旧造说，谓之五行：据王天海注："案往旧"，据古往旧事。造说，自造其说。五行，当为"王道"之误也。王、五，形近致误。行，道也。《易·复》："反复其道，七日来复，天行也。"《尔雅》："行，道也。"《礼记·缁衣》："《诗》曰：人之好我，示我周道。"郑注："行，道也。"此上承"案往旧造说"，当与"五行"之说无涉；下文云"此真先君子之言"，"先君子"为孔子，孔子亦不言五行；子思、孟子未言五行，唱和者，王道也。故知此"王行"必为王道之义。《说文》："行，人之趋也。"故"行"之本义即为道，王行，即王道也。又王天海所引日人桃源藏已持此说，而今传子思、孟子书"绝无言五行者"（梁启超语），故"五行"为"王道"之讹可从。　　子思：孔子之孙，名伋，鲁国人。儒家思孟学派的代表人物之一，有"述圣"之称。　　孟轲：即孟子，战国时思想家、政治家、教育家，字子舆，邹（今山东邹县东南）人。受业于子思的门人，为思孟学派代表人物之一，也是继孔子之后最有影响的儒家代表人物，有"亚圣"之称。所著《孟子》一书为儒家经典之一。　　沟犹瞀儒：据王天海引傅山曰："儒"字，《荀子》屡见，皆与"偷儒"连言，而此则"瞀儒"。若"儒"如本音读，则谓之瞎儒也，儒真多瞎子。"沟犹"如本音读，则犹如在沟渎之中而讲谋猷。是卷儒之大概也。　　嚾嚾然：喧嚣的样子。

若夫总方略，齐言行，壹统类，而群天下之英杰，而告之以大古，教之以至顺，奥窔之间，簟席之上，敛然圣王之文章具焉，佛然平世之俗起焉，六说者不能入也，十二子者不能亲也。无置锥之地，而王公不能与之争；名在一大夫之位，则一君不能独畜，一国不能独容。成名况乎诸侯，莫不愿以为臣。是圣人之不得势者也，仲尼、子弓是也。

一天下，财万物，长养人民，兼利天下，通达之属莫不从服。六说者立息，十二子者迁化，则圣人之得势者，舜、禹是也。

今夫仁人也，将何务哉？上则法舜、禹之制，下则法仲尼、子弓之义，以务息十二子之说。如是，则天下之害除，仁人之事毕，圣王之迹著矣。

信信，信也；疑疑，亦信也。贵贤，仁也；贱不肖，亦仁也。言而当，知也；默而当，亦知也。故知默犹知言也。故多言而类，圣人也；少言而法，君子也。多少无法而流，湎然虽辩，小人也。故劳力而不当民务，谓之奸事；劳知而不律先王，谓之奸心；辩说譬喻、齐给便利而不顺礼义，谓之奸说。此三奸者，圣王之所禁也。知而险，贼而神，为诈而巧，言无用而辩，辩不惠而察，治之大殃也。行辟而坚，饰非而好，玩奸而泽，言辩而逆，古之大禁也。知而无法，勇而无惮，察辩而操僻，淫大而用之，好奸而与众，利足而迷，负石而坠，是天下之所弃也。

兼服天下之心：高上尊贵，不以骄人；聪明圣知，不以穷人；齐给速通，不争先人；刚毅勇敢，不以伤人。不知则问，不能则学；虽能必让，然后为德。遇君则修臣下之义，遇乡则修长幼之义，遇长则修子弟之义，遇友则修礼节辞让之义，遇贱而少者则修告导宽容之义。无不爱也，无不敬也，无与人争也，恢然如天地之苞万物。如是则贤者贵之，不肖者亲之。如是而不服者，则可谓訞怪狡猾之人矣；虽则子弟之中，刑及之而宜。《诗》云："匪上帝不时，殷不用旧。虽无老成人，尚有典刑。曾是莫听，大命以倾。"此之谓也。

以上为第二部分，论述统一学术思想的主张，要求以舜、禹、仲尼、子弓为法，遵行礼义法度，力戒奸事、奸心、奸说。

大古：即太古、远古、上古也。　至顺：犹言"至理"，最高的治国理念。　奥窔（yào）：古人住室西南隅叫"奥"，东南隅曰"窔"。敛然：犹"俨然"。敛，通"俨"。　佛然：勃然兴起的样子。　涵然：厚颜无耻的样子。涵，疑为"靦"之讹。　淫大：淫太。淫，过分，放荡；太，通"泰"、"汰"，过分，骄奢。　恢然：广大的样子。"匪上帝不时"云云：引自《诗经·大雅·荡》。老成人，指商汤时伊尹之类人物。

　　古之所谓仕士者，厚敦者也，合群者也，乐富贵者也，乐分施者也，远罪过者也，务事理者也，羞独富者也。今之所谓仕士者，污漫者也，贼乱者也，恣睢者也，贪利者也，触抵者也，无礼义而唯权势之嗜者也。

　　古之所谓处士者，德盛者也，能静者也，修正者也，知命者也，箸是者也。今之所谓处士者，无能而云能者也，无知而云知者也，利心无足而佯无欲者也，行伪险秽而强高言谨悫者也，以不俗为俗，离纵而跂訾者也。

　　士君子之所能不能为：君子能为可贵，不能使人必贵己；能为可信，不能使人必信己；能为可用，不能使人必用己。故君子耻不修，不耻见污；耻不信，不耻不见信；耻不能，不耻不见用。是以不诱于誉，不恐于诽，率道而行，端然正己，不为物倾侧，夫是之谓诚君子。《诗》云："温温恭人，维德之基。"此之谓也。

士君子之容：其冠进，其衣逢，其容良；俨然，壮然，祺然，蕼然，恢恢然，广广然，昭昭然，荡荡然，是父兄之容也。其冠进，其衣逢，其容悫；俭然，侈然，辅然，端然，訾然，洞然，缀缀然，瞀瞀然，是子弟之容也。

吾语汝学者之嵬容：其冠绕，其缨禁缓，其容简连；填填然，狄狄然，莫莫然，瞡瞡然，瞿瞿然，尽尽然，盱盱然。酒食声色之中，则瞒瞒然，瞑瞑然；礼节之中，则疾疾然，訾訾然；劳苦事业之中，则儢儢然，离离然，偷儒而罔，无廉耻而忍謑诟，是学者之嵬也。

弟佗其冠，衶禫其辞，禹行而舜趋，是子张氏之贱儒也。正其衣冠，齐其颜色，嗛然而终日不言，是子夏氏之贱儒也。偷儒惮事，无廉耻而耆饮食，必曰"君子固不用力"，是子游氏之贱儒也。彼君子则不然，佚而不惰，劳而不僈，宗原应变，曲得其宜。如是，然后圣人也。

以上为第三部分，申明士君子的仪容德行，贬斥小人贱儒的鄙陋。

箸是：犹言"明时"。箸，通"著"，明；是，通"时"。　**离纵**：纵，通"踪"。谓离常人之踪迹。　**跂訾**：跂，通"歧"；訾，通"跐"。歧跐，谓异行，特立独行。　**"温温恭人"云云**：解在《不苟篇》。　**冠进**：进，读为"峻"，进、峻音近而通；峻，高也，言其冠高。　**俨然、壮然**：整肃、庄敬的样子。　**祺然、蕼**（sì）**然**：祥和、宽舒的样子。　**恢恢然、广广然**：恢宏、轩昂的样子。　**昭昭然、荡荡然**：光明坦荡的样子。　**俭然、侈**（chǐ）**然**：面对长辈谦卑依顺的样子。　**辅然、端然**：见长辈时俯身恭敬的样子。　**訾然、洞然**：向长辈请教时恭顺的样子。訾，或作"咨"，二字同声通假。　**缀缀然**：依恋不舍的样子。　**瞀瞀然**：勤勉的样子。瞀，读mào，疑通"懋"。　**填填然**：重迟懒散的样子。　**狄狄然**：忧惧沮丧的样子。狄狄，又作"惕惕"。　**莫莫然**：犹"漠漠然"，冷漠的样子。　**冠绕**：绕，读miǎn，同"冕"。　　瞡瞡然：偷看的样子。瞡，通"窥"。　　瞿瞿然：惊慌失措的样子。　　尽尽然：犹"空空然"，腹内空空的样子。　　盱盱然：瞪着眼睛、目中无人的样子。　　瞒瞒然、瞑瞑然：贪恋、沉迷的样子。疾疾然：憎恶的样子。　　訾訾然：骂骂咧咧的样子。　　僶僶然：不情愿、懈怠的样子。　　离离然：若即若离的样子。　　偷儒：即"偷懦"。　　谡诟（xǐ gòu）：受辱，诟骂。　　弟佗：读为"颓堕"，形容其冠倾斜欲坠的样子。　　神襢（chōng dàn）：同"冲淡"，平淡无味。禹行而舜趋：传说禹治水时，腿瘸了，只能跐着脚走路；舜在父母面前总是低头而趋（小步快走），以表示尊敬。这里是讽刺子张氏之贱儒仿效禹、舜走路的样子，故作圣人之态。　　子张氏：姓颛孙，名师，字子张，春秋时陈国人，孔子弟子。　　嗛然：口中含着东西而默不作声的样子。　　子夏氏：姓卜名商，字子夏，春秋时卫国人，孔子弟子，长于文学。　　子游氏：姓言名偃，字子游，春秋时吴国人，孔子弟子，长于文学，仕鲁，尝为武城宰。

本文开篇即将诸子争鸣定性为："饰邪说，文奸言，以枭乱天下，欺惑愚众，矞宇嵬琐，使天下混然不知是非治乱之所存者。"这个评语，总冒所非十二子之文，是荀子意在统一天下学术思想的总纲。荀子认为，十二子言行诡谲卑邪，在天下制造混乱，致使人们不辨是非治乱。所谓是非治乱，是指用王道统一天下而言。因而，凡不利于统一天下的学术流派及其思想主张，均被视为异端，在挞伐之列。

据学者考订，"它嚣"当为"范睢"之形误。荀子首先斥范睢、魏牟，二人皆战国著名舌辩之士。荀子认为他们"纵情性，安恣睢"，是禽兽之行，不合礼义、不通治理，故遭痛批。

在天下即将统一之际，能和大众合群、深明忠孝大义，显得愈加重要，然而陈仲、史鳅却自命清高，超世离俗，这种隐忍情性而走极端的行为是欺世盗名，被荀子视为奸人。

荀子将礼义法度比喻为"一天下，建国家"的"权称"，即今人所谓生命线；而墨翟、宋钘所宣扬的尚功利、重节俭、无等差的政治主张，是对礼义法度的否定，荀子就毫不留情地指出它的消极作用。

慎到、田骈当时以崇法名世，自好立法创说，荀子说他们"好作"

即指此言。但他们讲的是法家所主张的"法治",和荀子倡导的"礼法"不是一回事儿。所以荀子才指责他们推崇法制却无视礼法,盲从法典而鄙视修为,和荀子以礼为法、以礼治国大相径庭,完全不能用来"经国定分"。学者过去对"尚法而无法,下修而好作"的旧解多为不确,不明白二"法"字并非同义,前者当训法家之"法治",后者当训儒家之"礼法";"修"即"修为";"好作"与"尚法"对文,即"好自作为"。这里,荀子是着意批评法家推崇法制而背弃了老祖宗的礼法传统。

《不苟篇》批邓析、惠施时,重在举出他们的名辩命题,并以"非礼义之中"一句论其实质,而本篇则突现其"怪"、"奇"、"察"、"辩"、"多事"几大特点,指出其用于治国理政会有"不惠"、"无用"、"寡功"的危害,又因其"不法先王,不是礼义"而判定其"不可以为治纲纪"。

对于子思、孟轲学派的批判,荀子特别重视的是揭露他们"略法先王,而不知其统"对后世所造成的误传误导。荀子所言先王之"统",当指尧、舜留给后世的传统,故释为"纪纲"欠妥。孟荀二人在何为"先王之统"上各是其是,有根本性分歧。孟子本尧、舜仁教而贵义,荀子本尧、舜仁教而隆礼,认为礼法才是古代圣王用于治国理政的传统,孟子压根儿不明乎此,所以屡遭荀子严厉批评。孟荀二人都鼓吹"王道",但内涵却大为不同。孟子以"仁政"灌注"王道",希望君主张扬善性,扩充爱心,施发仁政,重视社会的道德建设,并在此基础上实现大治;荀子则以"礼治"引导"王道",将礼变成约束和强制全民的规范,进而上升为化性起伪的教化工具和明分使民的政治统治工具,由"隆礼"、"重法"而达到称王天下的目的。孟荀二人都喊"法先王",然而是以仁政为传统,还是以礼治为传统?荀子的答案是后者。二人都喊"王道",然而是以仁义道德治国,还是以礼义法度治国?荀子的答案也是后者。荀子认为,以仁政而不是以礼治为先王传统的思孟王道学说,本是"僻违而无类,幽隐而无说,闭约而无解"的荒谬主张、空洞说教,却要装扮成孔子、子弓的真传,岂不是误国误民吗!可见,孟荀在"法先王"、"法后王"上的歧见很大,并不一致,否则荀子不会愤愤然斥责孟子。思孟不曾言及五行,所唱和的是王道。文中"案往旧造说,谓之五行",为后人传抄时误将"王行"误写为"五行";

又，"行"本义为"道"，故"王行"即"王道"。荀子认为思孟的王道学说是根据古往旧事而臆造出来的伪学，故而予以批驳，不遗余力。

荀子所非的十二子，他们的思想学说都自有其学术价值，有的甚至享有崇高的学术地位，却无一例外地被判了死刑。这就难怪后世有人说荀子"苛酷可恶"。可是在这个问题上，荀子所关注的不是学术的理论价值，而是学术的政治倾向。在荀子看来，当时天下趋向统一，学术上的百家争鸣局面如若继续下去，必然妨碍王道统一，只有结束这种纷争，才能给统一天下做好思想与舆论的准备。为了制止十二子的异端邪说，使天下的思想学术统一，仁人志士就必须奉行"圣王之制"和"圣人之义"。制，是指舜、禹所立的礼法制度；义，是指仲尼、子弓所倡导的遵行礼法应守的原则。礼法制度用于治国理政，遵行礼法应守的原则则起思想与理论上的引导与促进作用，二者相辅相成。所以，奉行舜、禹之制与仲尼、子弓之义，是统一天下思想与学术的总体要求和基本原则，以之为标准来衡量诸子百家的言与行，可定"三奸"："劳力不当民务"为奸事，"劳知不律先王"为奸心，"辩说不顺礼义"为奸说。具体的表现有：知而险，贼而神，为诈而巧，言无用而辩，辩不惠而察；行僻而坚，饰非而好，玩奸而泽，言辩而逆；知而无法，勇而无惮，察辩而操僻，淫太而用之，好奸而与众，利足而速，负石而坠。形形色色的奸事、奸心、奸说，总括起来看，一是不合乎"类"，即失去条理；二是不合乎"法"，即违背礼法。失去条理和违背礼法都和儒家之道背向而驰，必然成为"治之大殃"，"圣王之所禁也"，"天下之所弃也"，只能扔进历史的垃圾堆了。荀子要求从逻辑规律和礼义道德两个方面来规范诸子的思想与学术，而更注重礼法价值和政治倾向，这从他所检视过的圣人和小人各自的言行就可以证实。本篇后半不厌其烦地描写士君子的仪容德行，着重分析了古今仕士的为官之德、古今处士的隐士之德，并非游离篇外的文字，而是紧扣诸子百家的言和行，必须以舜、禹、仲尼、子弓为法这一主旨做补充论证，符合荀子的初衷：统一天下的思想与学术，要表现在诸子百家的全部言行举止、声音、笑貌之中。所以说，《非十二子》的字里行间充满着荀子借助圣人圣王之名，用强制性的力量以结束百家争鸣的急切心情。荀子之论表明了思想宣传、学术争鸣在政治上具有先声引导的作用，但也启发了后世的极端的文化专制主义思想。

仲尼篇第七

本篇主论崇王黜霸的思想，同时也论述了为臣的固宠保身之术和立身处世之道。篇名取自篇首二字，与所论内容无甚关涉。而为臣的立身修为及君臣关系等，总与君王的信任、与治国理政都有联系，故所论三方面内容，似杂而不乱，且可前后贯通而同篇合制，并无游离零乱之笔。论述王霸，先用设问句释疑，得出答案后再以反诘句给予强化；又在否定中肯定，肯定后再行否定，如此跌宕反复，将观点申述得极为清晰而鲜明，读者自会对崇扬王道、废黜霸道的思想表示认同或佩服。阐述固宠保身、立身处世的方法，多用正反对比、排比陈述、假言论证、因果推导等形式，说得头头是道，娓娓动听，颇有纵横家的游说之风。

　　仲尼的门人，即使五尺高的童子，言谈中也以称道齐桓公、晋文公、楚庄王、吴王阖闾、越王勾践五霸为羞耻，这是为什么呢？回答说：是的，他们的确有使人耻于称道的地方。齐桓公是五霸中最负盛名的，从称霸之前看，他是杀死了自己的哥哥，才夺取国家政权的；从家庭内的行为看，姑姑、姐姐、妹妹中没有出嫁的有七个，在宫廷之内，他纵情淫乐，极尽奢侈，用齐国赋税的一半供奉他还不够；从对外事务看，他欺诈邾国、袭击莒国，吞并小国三十五个。他的所作所为是这样阴险卑污、淫荡奢侈，又怎么够得上被大君子的门下所称道呢！像齐桓公这样，齐国不但没有灭亡，反而称霸诸侯，为什么呢？回答说：啊！因为齐桓公掌握了占有天下的重要原则，谁还能灭亡他？他敏锐地发现了管仲的才能，完全可以把国家托付给这个人，这是天下的大智慧啊！他忘记了对管仲的愤怒，忘却了管仲的一箭之仇，最终把管仲尊称为仲父，内外亲族没有谁敢嫉妒的；给管仲高氏、国氏那样上卿的职位，朝廷里的大臣没有谁敢忌恨的；给管仲入册的人口土地三百社，富裕人家没有谁敢抗拒的。无论高贵的、卑贱的、年长的、年轻的，都秩序井然，没有谁不顺从桓公而尊敬管仲的。这是统治天下的大节啊。诸侯只要掌握了其中一节，就没有人能灭亡他；桓公把以上数节都占全了，又怎么可能被人灭亡呢？他称霸诸侯，是理所当然的啊！这不是侥幸，是有一定道理的。

但是仲尼的门人，即使五尺高的童子，言谈中也以称道五霸为羞耻，这是为什么呢？回答说：是的，因为五霸没有把政治教化作为立国的根本，没有把礼推崇到最高的地位，没有完善礼仪制度，没有使人心悦诚服。他们仅仅注重方法策略，强调劳逸适度，积蓄财富，加强战备，因而能打倒自己的敌人。他们是使用诡诈心术取胜的，是以谦让来掩饰争斗，借用仁义的名义来谋取实利的人，是小人中的杰出者。因而他们怎么够得上被大君子的门下称道呢！

那些称王于天下的人就不是这样。他们极为贤能，而又能帮助不贤的人；他们极为强大，而又能宽待弱者。一旦开战就必定挫败敌国，却以和对方争斗为羞耻。周详地制成礼义文典，用来昭示天下，因而残暴之国就会自动接受教化；如果还有人制造祸害与混乱，这才消灭他。所以圣王行使诛灭是极少的。文王伐灭了四个国家，武王诛杀了两个人，周公终于完成了统一天下的大业，到成王时就天下安定而没有杀伐了。所以，圣王的礼义之道难道可以不实行吗？文王施行礼义之道，虽然仅有方圆百里之地的国土，却使天下统一了；桀、纣舍弃了礼义之道，虽然国土广大，掌握了统治天下的权势，却不能像平民百姓那样活到老死。所以，善于利用礼义之道，那么即使方圆只有百里之地的小国，也完全可以独立于世；不善于利用礼义之道，那么就像楚国一样拥有方圆六千里的国土，还是会被强敌所役使。所以，君主不致力于获取礼义之道，只求扩大国土，拥有更大的权势，这就是他的危险所在。

保持尊宠，安居官职，终身不为人所厌弃的方法是：君主尊敬重视你，你就应恭敬而谦卑；君主信任爱护你，你就应谨慎而谦虚；君主有特别事务委任你，你就应谨严自守而细心操办；君主疏远你，你就应全心全意而不背叛；君主贬损罢免你，你就应恐惧而不怨恨。地位尊贵时不炫耀，受到信任时不忘谦虚，担负重任时不独断专行，财利来临时则首先言明自己功业远不足以得如此奖赏，必待尽到辞让之礼后才能接受。福事来临时就安和地顺受它，祸事来临时就冷静地对待它。自己富裕了，就广为施舍；自己贫穷了，就节约费用。可以尊贵，可以卑贱；可以富裕，可以贫穷；可以杀身，但不可以受驱使去做奸邪之事。这些都是保持尊宠，安居官职，终身不为人所厌弃的方法。即使人在贫穷困厄和独处的地位，也要像上面所说的去做，这就可以称为吉祥的人。《诗经》上说："爱戴这么一个人，因为他遵循祖宗的德行。永远想着要孝敬，光明正大祖业永存。"说的就是这个道理。

寻求妥善保持大权重位，顺任重大事务，能够在万乘之国得到君主专宠，而绝不会发生后患的方法：没有比喜好上同心于君主、下同心于民众，荐引贤能，广施恩惠，消除一切旧怨，也不去妨害别人更好的了。自己的才能若可胜任重大事务，就顺行同心于君主、同心于民众的方法；自己的才能若不能胜任重大事务，又怕因此而失宠，那就没有比尽早地上同心于君主、下同心于民众，举荐贤者，让位能人，并且乐于跟随贤者能人之后更好的了。这样做了，受到君主宠幸就必定会荣耀，失去君主宠幸就必定不会有罪过，这就是侍奉君主的法宝，而且是必定没有后患的方法。

所以，聪明人在办大事时，圆满时就想到谦虚，平坦时就想到艰险，安定时就想到危亡，再三预谋，还担心身受祸害，所以办上百件大事也不会陷入困境。孔子说："机智而喜好遵循法度，必定能节制自己的行动；勇敢而喜好与人同心，必定能胜利在握；聪敏而喜好谦虚，必定能成为德才兼备的人。"说的就是这个道理。愚蠢的人与此相反。他们身处要职独揽大权时，就喜欢独自处事而又妒贤嫉能，压抑有功者并陷之于罪，内心骄傲自满而轻慢有旧怨的人。处在上位，由于吝啬而不实行施惠之道；处在下位，又因身处要职而独揽大权，并以此妨害别人。这种人虽然想没有危险，可能吗？所以，他们的官位尊贵就必然会有危险，职责重大就必然会被罢免，受到君主专宠就必然会遭受耻辱。这种情景稍立片刻就能等到，只需一顿饭的工夫就可以了。这是为什么呢？是因为毁害他的人多而扶持他的人少。

走遍天下处处行得通的方法是：用它侍奉君主就必然通达，用它推行仁义就必然圣明，用它树立侍奉君主、推行仁义的崇高地位就必然专一不变。然后对这一原则以端庄礼貌引导它，以忠实诚信贯穿它，以小心谨慎践行它，以正直诚恳保护它，在困顿窘迫的时候就顺从它，极力强调它、重视它。君主虽然不了解自己，也没有怨恨之心；功劳即使再大，也没有自夸的神色。少有所求而多立功劳，爱敬君主而不知厌倦。

像这样,那就不会经常碰到不顺利的事。用这种方法来侍奉君主就必然通达,用这种方法来推行仁义就必然圣明,这就叫做全天下处处行得通的方法。

年轻的侍奉年长的,卑贱的侍奉高贵的,不贤的侍奉贤能的,这是天下普遍的原则。有的人地位不在别人上面,却羞于处在人下,这是奸邪之人的心思。思想上没有免除邪念,行动上没有免除邪道,却想求取君子、圣人的名声,这就如同伏在地上想舔天,救上吊自缢的人却去拉他的脚,是必定行不通的,越是用力就距离目标越远。所以君子要随着时势的变迁,当屈则屈,当伸则伸。

仲尼之门,五尺之竖子,言羞称乎五伯。是何也?曰:然,彼诚可羞称也。齐桓,五伯之盛者也,前事则杀兄而争国;内行则姑姊妹之不嫁者七人,闺门之内,般乐奢汰,以齐之分奉之而不足;外事则诈邾袭莒,并国三十五。其事行也若是,其险污淫汰也如彼,固曷足称乎大君子之门哉!若是而不亡,乃霸,何也?曰:於乎!夫齐桓公有天下之大节焉,夫孰能亡之!倓然见管仲之能足以托国也,是天下之大知也。安忘其怒,出忘其仇,遂立为仲父,是天下之大决也。立以为仲父,而贵戚莫之敢妒也;与之高、国之位,而本朝之臣莫之敢恶也;与之书社三百,而富人莫之敢距也。贵贱长少秩秩焉,莫不从桓公而贵敬之,是天下之大节也。诸侯有一节如是,则莫之能亡也;桓公兼此数节者而尽有之,夫又何可亡也?其霸也,宜哉!非幸也,数也。

然而仲尼之门,五尺之竖子,言羞称乎五伯,是何也?曰:然,彼非本政教也,非致隆高也,非綦文理也,非服人之心也。乡方略,审劳佚,畜积修斗,而能颠倒其敌者也。诈心以胜矣,彼以让饰争,依乎仁而蹈利者也,小人之杰也。彼固曷足称乎大君子之门哉!

彼王者则不然。致贤而能以救不肖,致强而能以宽弱;战必能殆之，而羞与之斗；委然成文，以示之天下，而暴国安自化矣，有灾缪者，然后诛之。故圣王之诛也，綦省矣。文王诛四，武王诛二，周公卒业，至于成王则安以无诛矣。故道岂不行矣哉！文王载百里地而天下一，桀、纣舍之，厚于有天下之势，而不得以匹夫老。故善用之，则百里之国足以独立矣；不善用之，则楚六千里而为仇人役。故人主不务得道而广有其势，是其所以危也！

以上为第一部分，论述崇王黜霸的思想。

五伯：即"五霸"。伯，本字；霸，假字。　齐桓：齐桓公，姜姓，名小白，齐襄公之弟。襄公末年，国将乱，管仲、召忽奉公子纠（亦为襄公之弟）出奔鲁国，鲍叔牙奉公子小白出奔莒国，襄公旋被杀。次年，小白先返齐国立为桓公，随即大败鲁军，并命令鲁国杀死其兄公子纠。后桓公从鲍叔牙之荐，任用管仲为相，实行改革，使齐国国富兵强，从而"九合诸侯，一匡天下"，成为春秋时期第一个霸主。　般乐：盛大之乐。般，亦乐名。　邾：古国名，即邹国。　於乎：犹"呜呼"。　伣然：安然不疑的样子。　管仲：名夷吾，字仲，颍上（颍水之滨）人，春秋初期著名政治家。管仲开始侍奉公子纠，纠被杀后，桓公不计前嫌任以为相，最终辅佐桓公成就霸王，桓公尊之为"仲父"。　忘其仇：指管仲在公子纠与小白的争斗中，曾用箭射中小白的衣带钩，小白假死而得以逃脱。后小白立为桓公而不记此仇。　高、国：高氏、郭氏，当时齐国的两大贵族，世为上卿，地位十分尊显。　书社：古制以二十五家为一社，将社内人口登录在册，谓之书社。　秩秩：秩序井然的样子。　乡方略：乡，通"向"。　委然：形容周详、详备。　文王诛四：约指周文王讨伐、诛灭翟、密、崇、昆夷四个小诸侯国一事。　武王诛二：指武王灭商诛纣王与妲己，或以为指武王诛纣及伐奄，其说不一。　周公：周公旦。姬姓，名旦，亦称叔旦。周文王之子，武王之弟，因采邑在周（今陕西岐山北），称为周公。曾助武王灭商。武王死后，成王年幼，周公辅佐成王，摄行政事，其兄弟管叔、蔡叔、霍叔（即所谓"三监"）不服，联合商纣王之子武庚（武王灭商，封武庚于殷以统管殷之遗民)和东方夷族发动叛乱。周公出师东征,平定叛乱,遂大规模分封诸侯,并营建洛邑(今河南洛阳),迁殷遗民以实之,作为东都。后成王长大,遂归政。相传周公制礼作乐,建立典章制度,对巩固周王朝,对中国传统文化的形成和发展,均作出了极为重要的贡献。　　成王:周武王之子,姓姬,名诵。　　载百里地:犹言行道百里地。载,行,施行。

持宠处位,终身不厌之术:主尊贵之,则恭敬而僔;主信爱之,则谨慎而嗛;主专任之,则拘守而详;主安近之,则慎比而不邪;主疏远之,则全一而不倍;主损绌之,则恐惧而不怨。贵而不为夸,信而不忘处谦,任重而不敢专,财利至则言"善而不及"也,必将尽辞让之义然后受。福事至则和而理,祸事至则静而理。富则施广,贫则用节。可贵可贱也,可富可贫也,可杀而不可使为奸也。是持宠处位,终身不厌之术也。虽在贫穷徒处之势,亦取象于是矣,夫是之谓吉人。《诗》云:"媚兹一人,应侯顺德。永言孝思,昭哉嗣服。"此之谓也。

求善处大重,理任大事,擅宠于万乘之国,必无后患之术。莫若好同之,援贤、博施、除怨,而无妨害人。能耐任之,则慎行此道也;能而不耐任,且恐失宠,则莫若早同之,推贤让能而安随其后。如是,有宠则必荣,失宠则必无罪,是事君者之宝,而必无后患之术也。

故知者之举事也,满则虑嗛,平则虑险,安则虑危,曲重其豫,犹恐及其祸,是以百举而不陷也。孔子曰:"巧而好度必节,勇而好同必胜,知而好谦必贤。"此之谓也。愚者反是。处重擅权,则好专事而妒贤能,抑有功而挤有罪,志骄盈而轻旧怨。以吝啬而不行施道乎上,为重招权于下,以妨害人,虽欲无危,得乎哉!是以位尊则必危,任重则必废,擅宠则必辱。可立而待也,可炊而傹也。是何也?则堕之者众而持之者寡矣。

天下之行术：以事君则必通，以为仁则必圣，立隆而勿贰也。然后恭敬以先之，忠信以统之，慎谨以行之，端悫以守之，顿穷则从之，疾力以申重之。君虽不知，无怨疾之心；功虽甚大，无伐德之色。省求多功，爱敬不倦，如是则常无不顺矣。以事君则必通，以为仁则必圣，夫是之谓天下之行术。

以上为第二部分，论述固宠保身之术。

傅：通"搏"，搏节，谦抑。　嗛：同"谦"。　信而不忘处谦：据王天海注：宋浙本、韩本皆有"忘"字，而诸本无。上文"不为夸"，下文"不敢专"，皆三字，疑此当为"不忘谦"，衍"处"字。且上文云"主信爱之，则谨慎而嗛"，此云"信而不忘谦"，正相呼应。　取象：取之以为榜样。　吉人：善人、贤人。　"媚兹一人"云云：引自《诗经·大雅·下武》。媚，爱；应，当，引申为因为；侯，语助；顺德，美德；昭，昭明；嗣，继承；服，事，事业。　俍：通"竟"。　堕：读huī，同"隳"，毁。

少事长，贱事贵，不肖事贤，是天下之通义也。有人也，势不在人上而羞为人下，是奸人之心也。志不免乎奸心，行不免乎奸道，而求有君子、圣人之名，辟之是犹伏而咶天、救经而引其足也！说必不行矣，俞务而俞远。故君子时诎则诎，时伸则伸也。

以上为第三部分，论述立身处世之道。

辟之是犹伏地咶天：辟通"譬"，譬喻；咶（shì），通"舐"。　俞：通"愈"。　诎：通"屈"。

在王霸问题上，荀子所持的基本立场和孔孟是一致的。孔子有"远人不服，则修文德以来之"（《论语·季氏》）的主张；孟子说过"春秋无义战"（《孟子·尽心下》）、"以力假仁者霸"（《孟子·公孙丑上》）

之类的话。这些表明孔孟具有崇王黜霸的价值取向。荀子申言仲尼之门羞称五霸，并且极力崇扬王道、贬抑霸道，说明他继承了儒家的基本立场。所不同的是，荀子对王霸问题所做的系统而深入的理论研究是前辈所不及的；他对前辈关于王霸的思想进行了理性的修正，更是前辈预想不到的。

  春秋之时，五霸相继而立，形成争雄之势。转入战国之世，诸侯国间的兼并战争更趋激烈，而有军事实力者最终成为最强大的战胜国。终于，由后起的秦国以其威震四海的武力屡挫诸侯各国，将要以霸道称王天下。面对这样的形势，荀子连篇累牍地呼唤王道，在《仲尼》、《王制》、《富国》、《王霸》、《议兵》、《强国》、《正论》、《君子》等多篇都有论及。他揭示王道的基本内容是：本政教，致隆高，綦文理，服人心。对于礼义之道，是"载之"还是"舍之"，即施行还是舍弃；是"善用"还是"不善用"，其结果截然相反。周文王施行礼义之道并且善于利用它，仅凭方圆百里的国土统一了天下；夏桀、商纣舍弃礼义之道，虽然厚有天下之权势，却不能如平民百姓而善终；不善于利用礼义之道的楚国，虽然拥有方圆六千里的国土，最终却被秦国所役使。《仲尼篇》的这一主旨，成为论及王霸的相关篇章的基本观点。荀子如此顽强地坚持儒道立场而不入流俗，是对孔子精神的承传，"知其不可而为之"。但与孔孟不同，荀子看出了由诸侯争霸最终走向天下统一的历史必然，于是对王霸问题有了新的思考。在纷争不息的战国乱世，还侈谈孔子的"修文德"，而战胜于朝廷即可称王天下，是幻想。当今只能转而对战争和实力重新审视，对它们文饰之改造之，甚至可以将其与王道融汇，而不再像孔孟那样，将战争和实力视作王道的对立面，二者水火不相容。所以，荀子对霸道的态度趋于理性，在情感上表现出无可奈何的宽容，在理论上则陷入矛盾和困惑之中。诚然，荀子在认识上并没有否定王霸有本质性的区别，他明确地指出霸道对王道持相反的做法，"非本政教也，非致隆高也，非綦文理也，非服人心也。"既然从根本上丧失礼义，所以其行仁是为了蹈利，持让是为了饰争，一味地以诈心即权谋来取胜。而且，实行霸道的君主其行为阴险卑污、淫荡奢侈，私德充满了瑕疵，如齐桓公者流。虽然如此，荀子仍能换一个视角看问题，找到齐桓公的"大节"：一是"倓然见"，即敏锐地发现贤能之才；二是

"安忘其怒，出忘其仇"，即举贤不避仇；三是重视方略，审慎劳逸，积蓄财富，修整战备，扩充战胜敌国的实力。其大知、大决，足以安国家定社稷，所以称之为"有天下之大节也"。通观《荀子》全书，《仲尼篇》所称颂的桓公大节，如尚贤使能、注重实力等，皆与王道相通而一致；理念上有了这个重大变化，就使荀子比孔孟向前跨了一大步，将"崇王黜霸"引向了"王霸杂用"。

有论术嗜好的荀子，在《仲尼篇》里先说固宠保身之术，用了两个不同的名词，前者曰"持宠处位，终身不厌之术"，后者曰"求善处大重，理任大事，擅宠于万乘之国，必无后患之术"。文字稍异，含义相同，都是教导为臣如何与君主相处，秘诀是唯君主意志为上。因为君臣关系是双向的，为了固宠保身，臣子就可以主动邀宠而终身保住官位，所以荀子悉心研究这种永不为人厌弃的为官之术，强调的是臣子应对君主时的心机和技巧，说得十分周全。诸如恭敬谦卑以赢取"尊贵"，谨慎谦虚以赢取"信爱"，谨守妥办以赢取"专任"，柔顺不邪以赢取"亲近"，忠贞不渝以应对"疏远"，恐惧无怨以应对"绌之"，等等。除了同心于君主之外，还要同心于民众，荐贤让能，广施恩惠。做到了这些，福事临而能安和顺受，祸事至而能冷静顺受，得宠时而能荣耀，失宠时而能无罪。荀子视此为"事君者之宝而必无后患之术"。但这些却与孔子的遗训恰相违背，《论语·先进》记载孔子的话说："所谓大臣者，以道事君，不可则止。"儒家出仕是以行道为目的，道不行则藏。事君与行道毕竟是两回事，有时难免互相抵触，那么就要维护先道后君的原则，可是，荀子却以"事君必通"与"为仁必圣"二者必然等同，便将潜心修为做君子圣人的儒道，改变成了对君主曲意逢迎的市侩哲学。后人怀疑：一向恪守礼义的荀子，在传授为臣的固宠保身之术和立身处世之道时，竟然降低儒家格调，弄出鄙夫之谈，难道这会是他所说的话吗！

儒效篇第八

　　本篇专论儒的功效及其征验，兼及圣人、君子、小人的区别。论述"执神而固"、"神固之谓圣人"一节，极写圣人崇高的精神境界，即荀子理想中的人格形象。这一节以辞赋手法写出对圣人的颂歌，是全篇核心所在。论证儒的功效及其征验，举周公、孔子的事迹予以详说，这是典型例证论证的方法；孙卿子与秦昭王对话用于论证"儒有益于人之国"，主客对话用于论证"周公其盛乎"，这是采用对话形式进行论证的方法；论"执神而固"而将劲士、君子、圣人加以区别，论"善调一天下者"而将俗人、俗儒、雅儒、大儒加以区别，论"人论"而将众人、小儒、大儒加以区别，这是对比论证的方法。援引孔子做司寇的故事，隐含儒士执政可以美政美俗的道理；又援引造父善驭车马和后羿善射箭的故事，从正反两方面设比，通过类比推导，形象地说明大儒是"善调一天下者"。另外，还在论述中运用了设问、反问、排比、比喻等修辞格，以强化议论的效果。

　　大儒之考证。周武王去世时，周成王还年幼，周公旦蔽护成王而继承武王来统治天下，因为担心天下人会背叛周王朝。他登上天子之位，治理天下的政事，仿佛本来就拥有王位一样，然而天下人却不认为他贪婪；他诛杀管叔，将殷国遗民迁往洛邑，使朝歌变为废墟，然而天下人却不认为他残暴；他统治天下，分封了七十一个诸侯国，其中姬姓宗族独占五十三个，然而天下人却不认为他偏私。他教诲开导成王，使他明白礼义之道，能够踏着文王、武王的足迹前进。后来周公把周朝的天下归还给成王，把王位也还给了他，而天下的人并没有停止臣事周朝，周公本人也面北朝拜成王，回到了臣属的位置。

　　天子这个位置，不可以让年幼的人担当，也不可以由别人代理行使。有能力担当这个重任的，天下的人就会归顺他；没能力担当这个重任的，天下的人就会背离他。所以，周公庇护成王而继承武王来统治天下，是担心天下人背离周朝。成王举行了加冠之礼，已经成人，周公便把周朝的天下和王位都返还给他，以表明自己不断绝只有天子才是天下之主的道义。于是周公就没有统治天下的权力了！他往昔拥有天下，今天没有了天下，这不是禅让；成王原来没有天下，今天有了天下，这也不是篡夺；君权变更的先后顺序有时候会是这样的。

所以，周公以文王庶子的身份代理文王长孙、武王长子成王掌管天下，并不是僭越；以弟弟的身份诛杀叛乱的哥哥管叔，也不算是残暴；君臣临时变更了位置也不算名不顺。周公凭借天下安定和谐的局势，完成了文王、武王未竟的事业，彰明了庶子与长房之间不可越礼的道义，虽然有了这样的变化，但天下安安稳稳地始终如一。除了圣人，没有谁能够做到，这就叫做大儒的征验。

秦昭王问孙卿子说："儒士对人们的国家没有什么用处吗？"孙卿子回答说："儒士们效法古代圣王，尊崇礼义，严守做臣子的本分，并能极为尊重在上位的君主。君主如果任用他，他就安于朝廷内的职位，并认为是适宜的；如果不任用他，他就退而编入百姓户籍，保持朴实、谨慎，必定是一个恭顺的臣民。即使处境穷困、受冻挨饿，必定不会以歪门邪道去求取温饱；即使没有立锥之地，却也能深明维护国家的大义。他大声疾呼地倡导虽然没有人响应，但他通晓管理万物、抚养百姓的法度。如果地位在人之上，他们是天子诸侯一类的人物；如果地位在人之下，他们也是国家的良臣、国君的宝贝。他们虽然隐居在穷巷陋室，也没有人不尊重他们，因为他们身上确实保持着可贵之道。孔子将要做鲁国的司寇了，听到这个消息的沈犹氏再也不敢早晨把羊喂饱饮足，拉到市场上去欺骗买主了；公慎氏把淫乱而管不住的妻子休掉了，平时奢侈浪费、践踏公法的慎溃氏离境逃走了。鲁国那些贩卖牛马的人再也不敢欺价，因为孔子必定会严肃法令等待做买卖的人。孔子在阙党居住的时候，阙党子弟分配捕获的鱼兽，有父母的人就会多得，因为孔子用孝悌之道教化了他们。儒士们在朝廷做官，就能美化当朝之政；在地方任职，就会美化当地风俗。儒士地位在他人之下的情况就是如此。"

秦昭王说："那么儒士地位在他人之上的又如何呢？"孙卿回答说："儒士地位在他人之上，他们的作用是很广大的！他们的内心有坚定的志向、心愿，用礼节美化朝廷，用礼法制度整顿官府，使忠、信、爱、利的美德在百姓身上得到表现。行一件不义的事，杀一个无辜的人，从而能得到天下，像这样的事儒士是不会做的。如此，君主的大义取信于人民，传播于四海，全天下的人就齐声响应，这是什么原因呢？因为尊贵的名声显耀于世，就会天下太平。所以，君主周围的人就会歌颂而喜爱他，远方的人就会不辞劳苦地来归附他。四海之内就像一家人，凡是舟车所至、人迹所达到的地方，没有人不服从他的，这就叫做人的师表。《诗经》上说：'从西到东，从南到北，没有不想顺服的。'说的就是这个意思。儒士地位在他人之下的情形如上所述，地位在他人之上的情形就是这样，怎么能说他们对国家没有什么用处呢？"秦昭王说："说得好。"

　　古代圣王的治理之道，为人们所崇奉，是依照中正之道实行的。什么叫做中正之道呢？回答说：礼义就是中正之道。道，不是指讲天的那个道，也不是指讲地的那个道，而是指导人们所奉行的道，君子所倡导的道。君子所说的贤能，并不是说他能做到人们所能做到的一切；君子所说的智慧，并不是说他能知道人们所能知道的一切；君子所说的明辩，并不是说他能辩明人们所能辩明的一切；君子所说的明察，并不是说他能明察人们所能明察的一切；君子的知识和能力是有一定限度的。比较地势的高低，识别田地的肥瘠，安排五谷的种植，君子不如农民；流通各种物资，比较货物的好坏，辨别货物的贵贱，君子不如商人；使用测量方圆的规矩，弹画墨线，治理各类器皿用具，君子不如工匠；不顾是非和对错的实情，相互又踩又蹬，相互羞辱不已，君子不如惠施、邓析。假若比较各人的德行而确定等级次序，衡量各人的才能以授予官职，使贤与不贤的人各得其位，有才与无才的人各得其官，万物各得其宜，各种事物的变化都能恰当应对，关于这些，慎到、墨翟不能拿出他们的见解，惠施、邓析也不敢掺杂他们的诡辩，说话必定符合道理，办事必定符合要求，这些才是君子所擅长的。

　　凡做什么事，有益于治理的就去做，无益于治理的就不做，这就叫做当办之事。凡主张学说，有益于治理的就创立，无益于治理的就废除，这就叫做当务之说。做事失去正当，就叫做"奸事"；主张学说失去正当，就叫做"邪说"。奸事、邪说是太平盛世所抛弃而混乱社会所依从的。至于天地间盈虚的相互转化，"坚白"、"同异"的分辨，这是耳朵灵敏的人也不能听懂的，是眼睛明亮的人也不能看清的，是能言善辩的人也不能说明的。即使有圣人的智慧，也不能一一说个明白。

对于奸事邪说，不知道它，不妨害为君子；知道它，不妨碍为小人。工匠不知道它，不妨害掌握技巧；君子不知道它，不妨害治理国家。天子诸侯喜好它，就会乱了法度；百官喜好它，就会坏了官府职事。但是，狂妄糊涂、愚笨浅陋的人竟然带领他们的众多门徒，辩论那些奇谈怪论，阐明其中的譬喻引证，直到自身已衰老，儿子已长大，还不知道放弃。这就叫做极端的愚蠢，竟不如喜好给鸡狗看相人还可以成名呢！《诗经》上说："你是鬼蜮害人精，心术深而不可测。靦着脸儿不知羞，让人很难看得透。作此好歌送给你，戳穿你的反复不正直。"说的就是这种人。

我想由卑贱变成高贵，由愚昧变成智慧，由贫穷变成富有，可以吗？回答道：那就只有学习了。那学习之事，只要你实行，就叫士；能够勤勉不倦的，就叫君子；能够通晓所学的，就叫圣人。最高可以成为圣人，至少也是士、君子，谁能够禁止我这样去做呢？从前和路上行人没有什么区别，顷刻间就可与唐尧、夏禹相比，难道不是由卑贱变成高贵了吗？从前连院子的大门和内室的单门的区别都搞不明白，顷刻间就能推究仁义的本源，区分是非，谋划将天下运转于手掌之中就如同辨别黑白那样容易，难道不是由愚昧变成智慧了吗？从前是一个一无所有的人，顷刻间治理天下的才能全都有了，难道不是由贫穷变成富有了吗？今天假若有一个人在这里，收藏的千金之宝灿然在列，虽然靠行乞为生，人们还是说他富有。他那些珍宝，想穿不能当衣穿，想吃不能当饭吃，想卖又不能很快出售；但是人们还是说他富有，为什么呢？难道不是千金之宝确确实实就在他这里吗？这样看来，勤学而充裕自得的就是富人了，难道不就是由贫穷而变成富有了吗？

所以，君子无官位也尊贵，无俸禄也富有，不用言语也能取信于人，不用发怒也很威严，处境困窘也能荣耀，独自居住也能快乐，这些最尊贵、最富有、最庄重、最威严的东西难道不是全都聚集到学习中了吗？因此说：美的名声不可能用结党营私的手段而争得，不可能用虚夸不实的语言而拥有，不可能凭权力地位的优势而逼来，必须精诚专一地学习，这才能获得。如要争夺，就会失去；如要谦让，就会得到；谦恭退让就能保持美名，虚夸不实就会失去美名。所以，君子必须在内心加强修养并在行为上谦让待人，必须在自身积聚美德并能以谦让自处。像这样，那么美名就好比日月升起，天下人的响应就如同雷霆轰响。因此说：君子即便隐居也会显赫，即便卑微也会荣耀，谦恭退让也会胜过别人。《诗经》上说："仙鹤在沼泽深处鸣叫，声音却响彻天空。"说的就是这种情况。鄙陋的人与此相反：结党营私，而赞成他们的人越来越少；卑鄙争夺，而名声越来越臭；劳神费力以求取安逸和利益，而自身却更加危险。《诗经》上说："有些人很不善良，不知自责怨对方。谋取爵位不相让，终究自己遭灭亡。"说的就是这种人。

所以，才能小却想担当大任，就好像力气小的人要挑重担一样，除了碎骨折腰没有别的出路；自己不贤却冒充贤能的人，就好像驼背的人总想挺直身子而能变得高一些一样，指着他的脑袋笑话的人就会更多。所以，英明的君主比较各人的德行来安排官职，以此达到不乱加任用的目的；忠臣确实有才能，这才敢接受官职，以此达到不陷入困境的目的。君主安排臣子的名分等级不混乱，臣子依照才能大小而受职不陷入困境，这是治理国家的最高境界了。《诗经》上说："治理有序，左右逢源；君命威严，众皆乐从。"说的正是君臣上下各守本分而都不相乱。

以随从风俗为美善，以钱币财物为宝贝，以治生业养家为自己的最高准则，这就是民众的道德。遵行法度极为坚定，不因个人的欲望扰乱所学，像这样，就可以称作刚强正直之士了。遵行法度极为坚定，喜欢修正自己所学，以此来整饬自己的本性，言语多半是恰当的，只是不能表明所说的意义；行为多半是恰当的，只是不能完全安然而行；思考的问题多半是恰当的，只是不能尽善；对上能尊崇自己所推重的人，对下能开导不如自己的人。像这样，就可以称作诚实厚道的君子了。遵循历代君王的法度，就如同区分白与黑那样清楚；顺应当今社会的变化，就如同数一、二之类数字那样容易；躬行礼法，注重礼节，习惯而为，就如同人身上有四肢那样自然；注重时机，建功立业，就如同上天宣告四季那样恰当；公平正直，亲和万民，团结亿万民众，就如同一个人那样紧密。像这样，就可以称作圣人了。

井井有条啊，端正整齐；庄重威严啊，严于律己；文质彬彬啊，始终如一；安娴和悦，长久不息；乐而不懈啊，坚守道义；明明白白啊，充满智慧；整饬修齐啊，贯通礼义；舒缓安泰啊，文采风流；温和欢喜啊，悦人向善；忧忧戚戚啊，恐人失误。像这样，就可以称作圣人了。这是因为他的道德品质来自于专一。

什么叫做专一？回答道：持守神明而能坚固。什么叫做神明？回答道：全面完备的美善、全面完备的治理就叫做神明，任何事物都不能使它颠倒倾覆就叫做坚固。全面完备的美善、全面完备的治理，并且任何事物都不能使它颠倒倾覆的人，就叫做圣人。圣人嘛，是道的关键。天下之道的关键在此，历代君王的道也都在此，所以《诗》、《书》、《礼》、《乐》都归于此。《诗》是表达圣人的情志的，《书》是记载圣人的事迹的，《礼》是反映圣人的行为的，《乐》是表现圣人的祥和的，《春秋》是表达圣人的奥妙精深的道理的。所以《国风》之所以是不淫荡的作品，因为它依据圣人之道来加以节制。《小雅》之所以成为小雅，因为它依据圣人之道来加以文饰的；《大雅》之所以成为大雅，因为它依据圣人之道来推广的；《颂》之所以成为道德的顶点，因为它是依据圣人之道来贯通的。天下的道全都在这里了。归向于它的，就是善；违背于它的，就会灭亡。归向于它的如不善，违背于它的如不灭亡，从古到今，还不曾有过。

有朋友说：“孔子曾说：周公的品德多么高尚啊！他身份高贵而举止却更加恭敬有礼，家庭富有而行为却更加节俭约束，战胜了敌人而自己却更加警惕戒备。”回答说：“这大概不是周公的为人，也不是孔子说的话。周武王去世，成王年幼，周公蔽护成王而继承武王的事业，登上了天子的职位，背靠屏风而站立，诸侯朝见往来于堂下。在这个时候，他又对谁恭敬有礼了呢？他统治天下，设立了七十一个诸侯国，其中姬姓是惟独占有五十三个国的宗族。周王室的子孙，假若不是狂妄昏乱的人，没有不是天下显贵的诸侯，谁又能说周公行为是检束的呢？武王诛灭纣王时，发兵的那一天恰逢兵家所忌之日，兵指东方冲犯了太岁星，兵到汜水而汜水泛滥，兵到怀城而怀城崩塌，兵到共头山而共头山崩坠。武王的弟弟霍叔害怕地说：'出兵三天就遇上了五次灾祸，莫非不应当出兵讨伐吗？'周公回答说：'纣王剖开比干的心脏，囚禁了箕子，让奸臣飞廉、恶来掌权，有什么不应当讨伐的呢？'于是他精选车马而进军，在戚吃过早饭，晚上就到百泉宿营，拂晓时逼近牧野，一击鼓进攻，纣王的兵士就掉转方向，倒戈起义，于是利用殷人之手杀死了纣王。其实诛杀纣王的不是周朝的军队，靠的是殷王自己的士兵啊。所以，周军并没有敌军被斩的首级和俘虏，也没有将士冲锋陷阵的奖赏。武王克商返回后便立即停息兵革，统一天下，设置音乐。于是奏起了周朝的音乐《武》、《象》，废止了从前的音乐《韶》、《护》。四海之内，没有谁不改变思想并接受教化而顺从周朝的。所以，周朝的国门从未关闭，它跨越天下，疆土无边。在这个时候，还需要为谁去警惕戒备呢？"

　　造父这个人，是天下最善于驾驭车马的人，但如果没有车马，就无法显现他的技能；后羿这个人，是天下最善于射箭的人，但如果没有弓箭，就无法显现他的技巧；大儒，是善于协调并统一天下的人，但如果没有方圆百里的国土，就无法显现他的功绩。虽然车子坚固马也精良，却不能用它到达远方，日行千里，那就不是造父了；虽然弓弦调顺箭镞笔直，却不能用它射向远处，命中细微之物，那就不是后羿了；虽然拥有方圆百里的国土，却不能用它协调并统一天下，那就不是大儒了。

　　那些大儒，即使隐居在穷巷陋室，没有立锥之地，但是王公贵族也不能同他争夺名望；即使名列一个大夫的位置，但不是一个诸侯国能够独留的，也不是一个诸侯国能够独用的，他的盛名美于诸侯，所以诸侯没有不愿意让他们为臣子的；即使只拥有方圆百里的国土，但是统辖方圆千里的大国没有能跟他争强的；征伐暴虐的国家，治理统一天下，没有谁能倾覆他的，这就是大儒的特征。他的言论符合事理，他的行为符合礼义，他做事没有后悔的，他扶持危局、应付事变都能随机曲成而恰当；他顺应时代的变化而变化，随着社会的发展而俯仰应对，纵有千件大事，万般变化，他所坚持的道却是专一的。这就是大儒的最高境界。他困厄失意之时，庸俗的儒士讥笑他；他通达得志之时，英雄豪杰归顺他，奸险诡诈之人逃避他，鼓吹邪说的人害怕他，民众因愧悔恨过去曾有非难而愧对他。他通达得志就统一天下，他困厄失意就树立美名。天和地都不能埋没他的美名，夏桀、盗跖的时代也不能玷污他的名声。不是大儒，没有谁能如此屹立于世，孔子、子弓就是这样的大儒。

　　所以，有庸俗的人，有庸俗的儒，有雅正的儒，有大儒。没有学问，不讲正义，以财富和利益为重，这是庸俗的人。衣带宽松随便，帽带松懈欲脱；粗略地效法古代圣王，因而足可以扰乱世道；学说虽很荒谬，却一味杂用，不知道效法后世贤王而统一制度，不知道推崇礼义记诵《诗》、《书》；他的穿戴和行为已经同于世俗之人了，但是却又知道厌恶；他的言谈议论已经没有不同于墨子的地方了，但是智慧却不能加以区别；他称引古代圣王来欺骗愚昧的人求取衣食，得到别人扔给他的东西到足够糊口，就会得意洋洋；跟随君侯显贵的长子，侍奉君侯显贵身边宠信之人，吹捧他们的座上客，心安理得好像终身奴仆而不敢有其他的志愿，这是庸俗的儒。

效法后世贤王，统一制度，推崇礼义而看轻记诵《诗》、《书》，他的言论行为已经符合基本规范，但是智慧却不能有以济之；法度教化所未能涉及的，视听所未能达到的，就是他的智慧还不能触类旁通的；知道就说知道，不知道就说不知道，内不自欺，外不欺人。用这些来尊重贤人、敬畏法令而不敢懈怠傲慢，这是雅正的儒。

效法古代圣王，以礼义为纲，统一制度，以浅近事理推求博裕之理，以古代圣王之道把握当今之变，以齐一制度统驭万物之情；假如是符合仁义的事理，即便存在于鸟兽中间，也像辨别黑白那样很容易辨别出来；一些奇特的事物和怪异的变化，尽管是从未听见过的，从未看到过的，突然在什么地方发生，也能够按照礼义纲常应对自如，不会因疑惑不解而愧怍，所以他援引礼法来测试各种事物及其变化，就如同符节的两半能暗然相合一样，这就是大儒了。

所以，君主如果任用庸俗的人，即使是拥有万辆兵车的国家也会灭亡；如果任用庸俗的儒，那么拥有万辆兵车的国家也是仅存而已；如果任用雅正的儒，即使只有千辆兵车的国家也能安定；如果任用大儒，即使是仅有方圆百里之地的国家也能长久，再过三年，就可以统一天下，使诸侯称臣；如果拥有万辆兵车的国家任用了大儒，那么举手投足之间就可以平定天下，朝夕之间就能成就霸业。

没有听到不如听到，听到不如见到，见到不如了解，了解不如行动，学习到了行动就是尽头了。行动，就能明于事理；明于事理，就能成为圣人。圣人，以仁义为根本，能判断是非，能言行一致，不差毫厘，这没有别的窍门，只在于把学到的东西落实在行动罢了。所以，听到而没有见到，虽然所见都记住了，其中必有虚妄；了解而不行动，虽然学习勤勉，其中必有困惑。没有听到也没有见到，那么即使偶然做对了，其中必有不合仁道的地方，这种方法做一百次就会失败一百次。

所以，人要是没老师教导，又没有礼法约束，却又有智慧，就必然成为盗；有勇敢，就必然成为贼；有才能，就必然会捣乱；有详察之力，就必然行动诡异；有辩说之才，就必然狂言诡辩。人要是有老师教导，又有礼法约束，还有智慧，就会很快通达得志；有勇敢，就会很快威风起来；有才能，就会很快取得成功；有详察之力，就会很快知晓事理；有辩说之力，就会很快作出判断。所以，有师教，守礼法，是人的最大财宝；没师教，不守礼法，是人的最大灾祸。人要是没有师教又不守礼法，就会注重情欲；有师教又守礼法，就会注重人的本能。而师教和礼法，是由人的情欲存在而产生的，并非从人的先天本性得来的，师教和礼法是不可能离开人的情欲、本性而完成的。人的本性不是自己所能决定的，但是可以通过教化而改变。人的情欲不是自己所固有的，然而可以由自己来决定。举措和习俗，能够靠它来改变人的本性；专心致志而不三心二意，能够靠它养成人的性情。习俗能够改变人的情性，安守的时间长了就会改变人的本质。专心致志而不三心二意，就可以通于神灵，与天地并列为三了。

所以，堆积泥土能成为高山，汇积流水能形成大海，一朝一夕积累起来就叫做年，最高的地方就叫做天，最低的地方就叫做地，宇宙中东西南北上下六个方向延伸到最后就叫做极。从路上行走的普通人到众官吏，能够积累善行而达到全善尽美境界的，就叫做圣人。这些，只有努力追求然后才能获得，努力去做然后才能成功，不断积累然后才能崇高，彻底完美然后才能成为圣人。所以圣人嘛，其实是普通人长期积累善行的结果。人们积累耕耘的本领而成为农夫，积累斫削的技术而成为工匠，积累贩卖的经验而成为商贾，积累合乎礼义的品行而成为君子。工匠的儿子没有不继承家业的，京城的居民也都安心从事自己的职业。居住在楚国的就像楚国人一样生活，居住在越国的就像越国人一样生活，居住在中原的就像中原各国人一样生活，这并不是天生的本性，而是逐渐习染才变成这样的。所以，人如果懂得要谨慎地做出举措，小心地对待习俗，注重良好习惯的积累，这就会成为君子；如果放纵情性又不重视学习，那就会成为小人。成为君子，就会经常得到安宁和荣誉；成为小人，就会经常遇到危险和耻辱。大凡人没有不想得到安宁、荣誉而厌恶危险、耻辱的，但只有君子才能得到他所喜好的，小人却天天招致他所厌恶的。《诗经》上说："这些善良的君子呀，不倖进，不奢求；那些狠毒的小人呀，求眷顾，求庇护。人民贪于祸乱，难道自为荼毒？"说的就是这个意思。

人的等级类别。思想上没有去掉偏私邪恶，却希望别人认为他无私公正；行为上没有免除污秽龌龊，却希望别人认为他美好善良；极其愚昧无知，却希望别人认为他聪敏睿智：这就是普通的人。思想上克制了私欲，然后才能公正；行为上克制了情欲，然后才能有修养；聪明而又勤学好问，然后才能遇事有决断：公正、有修养并能决断，可以称为小儒了。思想上安于公正无私，行为上习惯于美好善良，智慧能精通礼义的大纲与细目，像这样就可以称为大儒了。若是大儒，能担任天子和三公；若是小儒，可以担任诸侯、大夫和士；若是普通人，只能是工匠、农夫、商人了。礼，就是君主用来鉴别群臣的长短优劣的标准，有如寸、尺、寻、丈这些检验法式所起的作用。这样，人的等级类别都由礼来区分了。

君子的言论有一定的界限，行为有一定的准绳，治理之道有专一的尊崇。如有人来求教政治问题，就以不外乎安定国家的道理告诉他；如有人来求教志向心愿问题，就以不外乎做士的道理告诉他；如有人来求教伦理教化问题，就以不外乎后世贤王的道理告诉他。讲治理之道，超过了夏商周这三代的，叫做渺茫难信；讲礼法制度，背离后世贤王文王、武王的，叫做邪而不正。无论高下巨细，都超不出这些方面。这是君子能实现志向心愿的界限和规范啊。所以，诸侯问及政治方面的问题，如果不围绕怎样使国家安定，那就不告诉他；平民求学，如果不围绕怎样做士，那就不教他；百家杂说，如果不围绕后世贤王，那就不听。这样才叫做君子言论有一定的界限，行为有一定的准绳。

大儒之效。武王崩，成王幼，周公屏成王而及武王以属天下，恶天下之倍周也。履天子之籍，听天下之断，偃然如固有之，而天下不称贪焉；杀管叔，虚殷国，而天下不称戾焉；兼制天下，立七十一国，姬姓独居五十三人，而天下不称偏焉。教诲开导成王，使谕于道，而能揜迹于文武。周公归周，反籍

周公屏成王而及武王以属天下

于成王，而天下不辍事周，然而周公北面而朝之。

天子也者，不可以少当也，不可以假摄为也。能则天下归之，不能则天下去之。是以周公屏成王而及武王以属天下，恶天下之离周也。成王冠，成人，周公归周反籍焉，明不灭主之义也。周公无天下矣。乡有天下，今无天下，非擅也。成王乡无天下，今有天下，非夺也，变势次序节然也。

故以枝代主而非越也，以弟诛兄而非暴也，君臣易位而非不顺也。因天下之和，遂文武之业，明主枝之义，抑亦变化矣，天下厌然犹一也，非圣人莫之能为。夫是之谓大儒之效。

秦昭王问孙卿子曰："儒无益于人之国？"孙卿子曰："儒者，法先王，隆礼义，谨乎臣子，而致贵其上者也。人主用之，则势在本朝而宜；不用，则退编百姓而悫，必为顺下矣。虽穷困冻馁，必不以邪道为贪；无置锥之地，而明于持社稷之大义。鸣呼而莫之能应，然而通乎财万物、养百姓之经纪。势在人上，则王公之材也；在人下，则社稷之臣，国君之宝也。虽隐于穷阎漏屋，人莫不贵之，道诚存也。仲尼将为司寇，沈犹氏不敢朝饮其羊，公慎氏出其妻，慎溃氏逾境而徙。鲁之粥牛马者不豫贾，必蚤正以待之也。居于阙党，阙党之子弟罔不分，有亲者取多，孝弟以化之也。儒者在本朝则美政，在下位则美俗。儒之为人下如是矣。"

王曰："然则其为人上何如？"孙卿曰："其为人上也，广大矣！志意定乎内，礼节修乎朝，法则度量正乎官，忠信爱利形乎下。行一不义，杀一无罪，而得天下，不为也。此君义信乎人矣，通于四海，则天下应之如欢，是何也？则贵名白而天下治也。故近者歌讴而乐之，远者竭蹶而趋之。四海之内若一家，通达之属莫不从服，夫是之谓人师。《诗》曰：'自西自东，自南自北，无思不服。'此之谓也。夫其为人下也如彼，其为人上也如此，何谓其无益于人之国也！"昭王曰："善！"

以上为第一部分，先举周公"屏成王而及武王以属天下"最终"归周反籍"为例，再举孔子"为人上"、"为人下"皆能"有益于人国"为例，反复论证大儒的功效及其征验。

周公屏成王而及武王以属天下：周公、成王、武王，解见《仲尼篇》；屏，蔽，蔽护；及，继；属，统属。　　履天子之籍：籍，席，位。　　偃然：犹"俨然"，好像真的。　　虚殷国：虚，通"墟"，此处用作动词，即使殷故都朝歌变为废墟。　　揜迹：犹言跟踪。揜，通"掩"，盖也；迹，足迹。　　非擅也：擅，通"禅"，禅让。　　以枝代主：古代家族伦理，长房为"干"，他房为"枝"，是一种形象的说法。此处枝相对于"主"而言，犹如说"枝"与"干"。　　厌然：犹"安然"。　　秦昭王：亦称秦昭襄王。战国时秦国国君，名稷。公元前306~前251年在位。在位期间，先后战胜三晋、齐、楚等国，取得魏和楚的大片土地（包括楚都郢），并在长平大胜赵军，坑杀赵降卒四十万人，为此后秦统一中国奠定了基础。　　孙卿子：即荀子。　　呜呼：自王念孙《读书杂志》以来，诸本多有以"呜"为"嚘"字之误而改之者，以"嚘"与"叫"同，并引刘向《新序·杂事篇》"叫呼而莫之能应"为证；王天海则径直以为"当从《新序》作'叫呼'，犹疾呼唱导也"，宜从之。　　财万物：财，通"裁"，制裁，节制。　　司寇：春秋、战国时官名，掌刑狱、纠察等事。孔子任鲁国司寇时，摄行相事。　　粥：读yù，同"鬻"，卖。　　豫贾：犹"欺价"，价格欺诈。豫，犹"诳"，欺；贾，读jià，通"价"。　　必蚤正以待之：据王天海引龙宇纯曰：疑此本作"夙正以待之"，夙与肃通，正与政同，夙正即肃政。盖"夙"字恒义为"早"，浅人误据恒义读之，遂为"蚤正以待之"矣。"必"字误衍，在"夙"误"蚤"之后。译文从此解。　　阙党之子弟罔不分：阙党，即阙里，孔子居住之地。罔不，罔通"网"，捕鱼网；不通"罘"，猎兽网。这里引申指网罘捕猎所得。　　"自西自东"云云：引自《诗经·大雅·文王有声》。

先王之道，仁之隆也，比中而行之。曷谓中？曰：礼义是也。道者，非天之道，非地之道，人之所以道也，君子之所道也。君子之所谓贤者，非能遍能人之所能之谓也；君子之所谓知者，非能遍知人之所知之谓也；君子之所谓辩者，非能遍辩人之所辩之谓也；君子之所谓察者，非能遍察人之所察之谓也；有所止矣。相高下，视墝肥，序五种，君子不如农人；通货财，相美恶，辩贵贱，君子不如贾人；设规矩，陈绳墨，便备用，君子不如工人；不恤是非，然不然之情，以相荐撙，以相耻怍，君子不若惠施、邓析。若夫谪德而定次，量能而授官，使贤不肖皆得其位，能不能皆得其官，万物得其宜，事变得其应，慎、墨不得进其谈，惠施、邓析不敢窜其察，言必当理，事必当务，是然后君子之所长也！

凡行事，有益于理者立之，无益于理者废之，夫是之谓中事。凡知说，有益于理者为之，无益于理者舍之，夫是之谓中说。行事失中谓之奸事，知说失中谓之奸道。奸事、奸道，治世之所弃而乱世之所从服也。若夫充虚之相施易也，"坚白"、"同异"之分隔也，是聪耳之所不能听也，明目之所不能见也，辩士之所不能言也。虽有圣人之知，未能偻指也。

不知，无害为君子；知之，无损为小人。工匠不知，无害为巧；君子不知，无害为治。王公好之则乱法，百姓好之则乱事。而狂惑戆陋之人，乃始率其群徒，辩其谈说，明其辟称，老身长子，不知恶也。夫是之谓上愚，曾不如好相鸡狗之可以为名也。《诗》曰："为鬼为蜮，则不可得。有靦面目，视人罔极。作此好歌，以极反侧。"此之谓也。

以上为第二部分，论证儒士治国要奉行"君子之道"，也就是先王"隆礼义"的中正之道，做到确定等级名分，量能授官，使贤不肖得其位，万物得其宜，还要禁止奸事邪说，以免妨害国家的治理。

荐撙：王天海以为当为"践蹳"之误。荐，同"践"；撙，必先由"蹲"误，而"蹲"与"蹳"音近，故由"蹳"先讹为蹲，再讹而为撙。践蹳者，又踩又蹳也"。宜从之。　墝肥：指田地之肥瘠。墝，同"硗"

(qiāo)土壤坚硬而脊薄。　　謪德：謪，同"商"，商量、度量之义。謪，诸本多讹为"謫"，于文不顺；后《王霸》、《君道》诸篇皆作"论德"，可证取商度之义为是。　　偻指：屈指而数。一说，犹言疾速指陈；偻，疾速。　　百姓：古时尝指百官。　　"为鬼为蜮"云云：引自《诗经·小雅·何人斯》。蜮，古代相传为一种能含沙射人，致人于病的怪物；觍：不知惭的形状。

我欲贱而贵，愚而智，贫而富，可乎？曰：其唯学乎！彼学者：行之，曰士也；敦慕焉，君子也；知之，圣人也。上为圣人，下为士、君子，孰禁我哉！乡也，混然涂之人也，俄而并乎尧、禹，岂不贱而贵矣哉？乡也，效门室之辨，混然曾不能决也，俄而原仁义，分是非，图回天下于掌上而辨白黑，岂不愚而知矣哉？乡也，胥靡之人，俄而治天下之大器举在此，岂不贫而富矣哉！今有人于此，屑然藏千溢之宝，虽行贷而食，人谓之富矣。彼宝也者，衣之不可衣也，食之不可食也，卖之不可偻售也；然而人谓之富，何也？岂不大富之器诚在此也？是杅杅亦富人已，岂不贫而富矣哉！

故君子无爵而贵，无禄而富，不言而信，不怒而威，穷处而荣，独居而乐，岂不至尊、至富、至重、至严之情举积此哉！故曰：贵名不可以比周争也，不可以夸诞有也，不可以势重胁也，必将诚此然后就也。争之则失，让之则至；遵道则积，夸诞则虚。故君子务修其内而让之于外，务积德于身而处之以遵道。如是，则贵名起如日月，天下应之如雷霆。故曰：君子隐而显，微而明，辞让而胜。《诗》曰："鹤鸣于九皋，声闻于天。"此之谓也。鄙夫反是。比周而誉俞少，鄙争而名俞辱，烦劳以求安利其身俞危。《诗》曰："民之无良，相怨一方。受爵不让，至于己斯亡。"此之谓也。

故能小而事大，辟之是犹力之少而任重也，舍粹折无适也；身不肖而诬贤，是犹伛身而好升高也，指其顶者愈众。故

鹤鸣于九皋，声闻于天

明主谲德而序位，所以为不乱也；忠臣诚能然后敢受职，所以为不穷也。分不乱于上，能不穷于下，治辩之极也。《诗》曰："平平左右，亦是率从。"是言上下之交不相乱也。

以从俗为善，以货财为宝，以养生为己至道，是民德也。行法至坚，不以私欲乱所闻。如是，则可谓劲士矣。行法至坚，好修正其所闻，以桥饰其情性，其言多当矣，而未谕也；其行多当矣，而未安也；其知虑多当矣，而未周密也；上则能大其所隆，下则能开道不己若者。如是，则可谓笃厚君子矣。修百王之法，若辨白黑；应当时之变，若数一二；行礼要节而安之，若生四枝；要时立功之巧，若诏四时；平正和民之善，亿万之众而抟若一人。如是，则可谓圣人矣。

井井兮其有理也，严严兮其能敬己也，分分兮其有终始也，猒猒兮其能长久也，乐乐兮其执道不殆也，炤炤兮其用知之明也，修修兮其用统类之行也，绥绥兮其有文章也，熙熙兮其乐人之臧也，隐隐兮其恐人之不当也。如是，则可谓圣人矣！此其道出乎一。

曷谓一？曰：执神而固。曷谓神？曰：尽善挟治之谓神，万物莫足以倾之之谓固。神固之谓圣人。圣人也者，道之管也。天下之道管是矣，百王之道一是矣，故《诗》、《书》、《礼》、《乐》之道归是矣。《诗》言是其志也，《书》言是其事也，《礼》言是其行也，《乐》言是其和也，《春秋》言是其微也。故《风》之所以为不逐者，取是以节之也。《小雅》之所以为小者，取是而文之也；《大雅》之所以为大者，取是而光之也；《颂》之所以为至者，取是而通之也。天下之道毕是矣！乡是者臧，倍是者亡。乡是如不臧，倍是如不亡者，自古及今，未尝有也。

以上为第三部分，论证只有学习礼义、修为品行，才能变贱为贵、变愚为智、变贫为富，成为君子圣人；只有"执神而固"，才能达到圣人治国的美善境界。

混然：混同，不能分辨。　效门室之辨：效，考；门室，犹言"门户"，古时双扇为门，为进院之大门，单扇为户，为内室之门；辨，区别。　肩然藏千溢之宝：肩然犹"佾（yì）然"；佾，列，行列。　溢通"镒"。　行贷：行乞。贷，读tè，求乞。　杆杆：通"裕裕"，充足自得的样子。　"鹤鸣于九皋"云云：引自《诗经·小雅·鹤鸣》。九，约数，极言其多；皋，泽；九皋，曲折深远的沼泽。　"民之无良"云云：引自《诗经·小雅·角弓》。　伛身而好升高：升高，升当系"伸"之误；伸高，谓伛身（驼背）之人欲挺身而为高。　"平平左右"云云：引自《诗经·小雅·采菽》。　桥饰：即"矫饰"，犹言整饬。桥，"矫"之讹；饰，读为"饬"，正也。　抟若一人：抟，读tuán，把泥土捏聚成团，引申指人的团结。　井井兮：井井有条的样子。　严严兮：庄重威严的样子。　分分兮：文质彬彬的样子。分分，即"份份"，读为"彬彬"。　猒猒兮：安然自在的样子。猒，饱。　乐乐兮：乐意开心的样子。　炤炤兮：明明白白的样子。炤，同"昭"。　修修兮：整齐的样子。　绥绥兮：舒绥安泰的样子。　熙熙兮：温和欢喜的样子。　隐隐兮：忧虑担心的样子。

客有道曰："孔子曰：周公其盛乎！身贵而愈恭，家富而愈俭，胜敌而愈戒。"应之曰："是殆非周公之行、非孔子之言也。武王崩，成王幼，周公屏成王而及武王，履天子之籍，负扆而立，诸侯趋走堂下。当是时也，夫又谁为恭矣哉？兼制天下，立七十一国，姬姓独居五十三人焉。周之子孙，苟不狂惑者，莫不为天下之显诸侯，孰谓周公俭哉？武王之诛纣也，行之日以兵忌，东面而迎太岁，至汜而泛，至怀而坏，至共头而山隧。霍叔惧曰：'出三日而五灾至，无乃不可乎？'周公曰：'刳比干而囚箕子，飞廉、恶来知政，夫又恶有不可焉？'遂选马而进，朝食于戚，暮宿于百泉，旦厌于牧之野，鼓之而纣卒易乡，遂乘殷人而诛纣。盖杀者非周人，因殷人也。故无首虏之获，无蹈难之赏。反而定三革，偃五兵，合天下，立声乐。于是《武》、《象》起而《韶》、《护》废矣！四海之内，莫不变心易虑以化顺之。故外阖不闭，跨天下而无蕲。当是时也，夫又谁为戒矣哉！"

造父者，天下之善御者也，无舆马则无所见其能；羿者，天下之善射者也，无弓矢则无所见其巧；大儒者，善调一天下者也，无百里之地则无所见其功。舆固马选矣，而不能以至远一日而千里，则非造父也；弓调矢直矣，而不能射远中微，则非羿也；用百里之地，而不能以调一天下，制强暴，则非大儒也。

彼大儒者，虽隐于穷阎漏屋，无置锥之地，而王公不能与之争名；在一大夫之位，则一君不能独畜，一国不能独容，成名况乎诸侯，莫不愿得以为臣；用百里之地，而千里之国莫能与之争胜，笞棰暴国，齐一天下，而莫能倾也；是大儒之征也。其言有类，其行有礼，其举事无悔，其持险应变曲当，与时迁徙，与世偃仰，千举万变，其道一也。是大儒之稽也。其穷也，俗儒笑之；其通也，英杰化之，嵬琐逃之，邪说畏之，众人愧之。通则一天下，穷则独立贵名。天不能死，地不能埋，桀、跖之世不能污，非大儒莫之能立，仲尼、子弓是也。

故有俗人者，有俗儒者，有雅儒者，有大儒者。不学问，无正义，以富利为隆，是俗人者也。逢衣浅带，解果其冠，略法先王而足乱世术；缪学杂举，不知法后王而一制度，不知隆礼义而杀《诗》、《书》；其衣冠行伪已同于世俗矣，然而不知恶，其言议谈说已无所以异于墨子矣，然而明不能别；呼先王以欺愚者而求衣食焉，得委积足以揜其口，则扬扬如也；随其长子，事其便辟，举其上客，億然若终身之虏而不敢有他志，是俗儒者也。

法后王，一制度，隆礼义而杀《诗》《书》，其言行已有大法矣，然而明不能齐；法教之所不及，闻见之所未至，则知不能类也；知之曰知之，不知曰不知，内不自以诬外，外不自以欺内；以是尊贤畏法而不敢怠傲，是雅儒者也。

法先王，统礼义，一制度，以浅持博，以古持今，以一持万，苟仁义之类也，虽在鸟兽之中，若别白黑；倚物怪变，所未尝闻也，所未尝见也，卒然起一方，则举统类而应之，无所儗㤿，张法而度之，则晻然若合符节，是大儒者也。

故人主用俗人则万乘之国亡，用俗儒则万乘之国存，用雅儒则千乘之国安，用大儒则百里之地久，而后三年，天下为一，诸侯为臣；用万乘之国则举错而定，一朝而伯。

以上为第四部分，评述俗儒、雅儒、大儒不同的治国方略及其功效，盛赞大儒"法先王，统礼义，一制度，以浅持博，以古持今，以一持万"，仅凭方圆百里的国土而能统一天下。

负扆：古时天子临朝，背屏而立，故曰负扆。负，背；扆，户牖之间的画斧屏风。　太岁：即木星。又称"苍龙"、"太阴"，旧时星相学中与岁星相对应的星名，方士术家乃至民间认为太岁是凶神，其所在为凶方，民间许多禁忌便由此而生。　汜：汜水，河名，在今河南荥阳县境，北流入黄河。　怀：古地名，约在今河南孟津之东。　共头：山名，在今河南境内，具体方位待考。　比干：殷纣王之贤臣，因强谏纣，纣怒曰："吾闻圣人心有七窍。"遂剖比干，以观其心。　箕子：纣王的诸父，官居太师，封于箕（今山西太谷东北），因谏纣而被囚禁。　飞廉、恶来：皆纣之嬖臣，飞廉善走，恶来有力。　知政：即"执政"。　戚：地名，春秋时卫邑，在今河南濮阳北。　百泉：地名，在今河南辉县西北苏门山，又名百门泉。　牧：地名，亦称牧野，在今河南淇县南，武王大败纣军于此。　扬扬如：得意洋洋的样子。　㥁然：㥁疑为"亿"之讹；亿然，安然。　解果其冠：据王天海注：解果，当读为"懈堕"。解，通懈，松懈也；果、堕一声之转。懈堕其冠，犹言冠缨不系，其冠松懈欲脱之状。　儗㤿：即"疑怍"，疑惑不解而愧怍也。儗，读为"疑"；㤿，同"怍"。　举错：犹"举措"，谓举手投足之间，极言其容易。

不闻不若闻之，闻之不若见之，见之不若知之，知之不若行之，学至于行之而止矣。行之，明也；明之，为圣人。圣人也者，本仁义，当是非，齐言行，不失豪厘，无他道焉，已乎行之矣。故闻之而不见，虽博必谬；见之而不知，虽识必妄；知之而不行，虽敦必困。不闻不见则虽当，非仁也，其道百举而百陷也。

故人无师无法而知，则必为盗，勇则必为贼，云能则必为乱，察则必为怪，辩则必为诞。人有师有法而知，则速通，勇则速威，云能则速成，察则速尽，辩则速论。故有师法者，人之大宝也；无师法者，人之大殃也。人无师法则隆情矣，有师法则隆性矣。而师法者，所得乎情，非所受乎性，不足以独立而治。性也者，吾所不能为也，然而可化也；情也者，非吾所有也，然而可为也。注错习俗，所以化性也；并一而不二，所以成积也。习俗移志，安久移质。并一而不二，则通于神明，参于天地矣。

故积土而为山，积水而为海，旦暮积谓之岁。至高谓之天，至下谓之地，宇中六指谓之极。涂之人百姓，积善而全尽谓之圣人。彼求之而后得，为之而后成，积之而后高，尽之而后圣。故圣人也者，人之所积也。人积耨耕而为农夫，积斫削而为工匠，积反货而为商贾，积礼义而为君子。工匠之子莫不继事，而都国之民安习其服。居楚而楚，居越而越，居夏而夏，是非天性也，积靡使然也。故人知谨注错，慎习俗，大积靡，则为君子矣；纵情性而不足问学，则为小人矣。为君子则常安荣矣，为小人则常危辱矣！凡人莫不欲安荣而恶危辱，故唯君子为能得其所好，小人则日徼其所恶。《诗》曰："维此良人，弗求弗迪；唯彼忍心，是顾是复。民之贪乱，宁为荼毒。"此之谓也。

人论。志不免于曲私，而冀人之以己为公也；行不免于污漫，而冀人之以己为修也；甚愚陋沟瞀，而冀人之以己为知也：是众人也。志忍私，然后能公；行忍情性，然后能修；知而好问，然后能才：公修而才，可谓小儒矣。志安公，行安修，知通统类：如是，则可谓大儒矣。大儒者，天子、三公也；小儒者，诸侯、大夫、士也；众人者，工、农、商、贾也。礼者，人主之所以为群臣寸、尺、寻、丈检式也。人伦尽矣。

君子言有坛宇，行有防表，道有一隆。言政治之求不下于安存，言志意之求不下于士，言道德之求不二后王。道过三代谓之荡，法二后王谓之不雅。高之下之，小之巨之，不外是矣。是君子之所以骋志意于坛宇宫廷也。故诸侯问政不及安存，则不告也；匹夫问学不及为士，则不教也；百家之说不及后王，则不听也。夫是之谓君子言有坛宇，行有防表也。

以上为第五部分，提出"习俗移志，安久移质"的观点，阐明化性起伪、求之师法、践行礼义的不同情况，使人们成为众人（工农商贾）、小儒（诸侯大夫）、大儒（天子三公）。最后，强调君子言有界限、行有准绳、道有专崇，以总结全文。

云能：即"有能"。云，有。　注错：犹"举措"，注、举二字楚音相近而讹。　六指：犹言"六合"，天地（上下）与东南西北四方。
反货：犹"贩货"。反，读为"贩"。　"维此良人"云云：引自《诗经·大雅·桑柔》。良人，指君子；忍心，指小人；迪，进。引诗原意是："如此善良的君子，你不去访求不进用；那么狠毒的小人，你却反复照顾和呵护。百姓就要反抗了，怎么能忍受荼毒。"此处断章取义，故译文不必求与原意合。　坛宇：即庭院，引申指一定的场合、界限。
防表：堤防、标尺，喻限度、准则。　一隆：专隆、专崇。

本篇围绕儒的功效问题，着重阐述了几个治国理政的重要观点。
儒士的"明枝主之义"。枝，指周公为周武王之弟，称枝子；主，指周成王。周公是臣，成王是君，然而因周公处"势"优越而使二人具有特殊的君臣关系。周公辅佐成王，为后世树立了一个典范。他代天子行政而"不称贪"，为成王平定反叛而"不称戾"，为姬姓分邦建国而"不称偏"，教诲成王使之以礼义"掉迹于文武"，返政于成王以臣属"北面而朝之"。周公做了这些大事，他把握着三个原则：一是帮助幼王完成了先辈未竟的事业，为周朝平定天下；二是谕道于幼王，始终以礼义治理天下；三是表明君臣道义不可断绝，只有天子才是天下之主。一言以蔽之，摄政当须有为而不可僭越。

儒士的"美政美俗"。如孔子一类大儒，有一个处"势"问题（此"势"非"权势"，当训"位"）。其地位在人之上，即可做天子诸侯；在人之下，也是国家的良臣、君主的宝贝。如此大才，必有大为。所以"为人上"时，他们不行不义，不杀无罪，并修礼节、定法则、正度量，使国家得治，又以忠、信、爱、利教化民众而能化俗，这是重申汤武以王道仁义取天下、治天下的宗旨。"为人下"时，他们进可为官，退可为民，处境甚至"无置锥之地"、"隐于穷阎漏屋"、"穷困冻餒"，但决不会"以邪道为食"，且能"明于持社稷之大义"，"道诚存也"，就是说，他们的道德和人格不因环境恶劣而发生异化。无论是否为官任职，他们"在本朝则美政，在下位则美俗"。孔子任司寇和闲居阙党时都能以仁义孝悌教化民众，即是明证。儒士益国益民，是以"法先王，隆礼义，谨乎臣子，而致贵其上者也"为信条的。其中前三者是手段，极其尊重在上位的君主，亦即维护君权统治，这才是儒士的最高原则和最终目的。

儒士的"君子之道"。荀子言道有三，即天道、地道、人道。天、地，指天地自然之道；人道，指"人之所以道也"，其"道"训"行"，意即人所奉行的。人道又称"君子之道"，其"君子"可理解为君主，其"道"训"导"，意即君主所倡导的。然而人所奉行的，君主所倡导的，必然是"先王之道"，即先王所行之道。荀子以"比中而行"、"礼义"来界定"先王之道"，具体的内涵是："谪德而定次，量能而授官，使贤不肖皆得其位，能不能皆得其位，万物得其宜，事变得其应，……言必当治，事必当务"。经过反复演绎，"君子之道"就成了儒士用以治国平天下的礼义之道，或称先王的中正之道。由于奸事"行事失中"，妖道"知说失中"，所以都如"坚白"、"同异"等名辨之说"无益于理"，是连相鸡相狗都不如的货色，是废之舍之的对象。

儒士的"法先王"、"法后王"。儒士治国平天下的中正之道，或说君子之道，到哪里寻求呢？回答是：法先王，法后王。《非相篇》重在说法后王的理由，本篇则主论先王、后王的礼义传统是一脉相承、完全一致的。从文字上看，本篇将"统礼义，一制度"先后三次规定为"法先王"的内容，先后两次规定为"法后王"的内容，由此可知礼义法度是从先王到后王沿用不变的传统。在这个意义上，"法先王"、"法后王"二者并非相对词语，其含义是一致的。而当批评俗儒"略法先王而足乱世术，谬学杂举，不知法后王而一制度，不知隆礼义而杀《诗》、《书》，……呼先王以欺愚者，而求衣食焉"时，所用"法先王"、"法后王"二词的含义就不相同了，前者指尧、舜、禹，后者指周文王、周武王。俗儒之错，不在法先王，而在法先王而不从法后王开始，法先王而不知一制度、隆礼义。但丢了礼义法度的传统而粗略地法先王，不啻于舍本求末。在荀子看来，孟子并不以礼义法度为先王的传统，所以他们二人在"法先王"的内容上是有区别的，因而立场并不一致，这才每逢机会都要指摘孟子。

儒士的"百里之地而天下为一"。大儒统一天下，是靠实力完成的。土地、人民、军队和人才，都是基本的国力条件。荀子重实际而不尚空谈，很重视基本国力的形成和组合。他对国力所发挥的作用有辩证的认识。舆马是造父"见其能"的条件，但不能致远千里，就不再是"善御"的造父；弓矢是羿"见其巧"的条件，但不能射远中微，就不再是"善射"的羿；大儒亦然，百里之地是"见其功"的条件，但不能调一天下、遏制强暴，就不再是大儒。凭百里之地而统一天下，是荀子重要的政治理想之一，故而反复申述之。

儒士的"举统类以应之"。其"统"训"纲纪"，"统类"训"纲纪法则"。《非十二子篇》批评孟子"略法先王而不知其统"，是说孟子忘记了老祖宗的传统。两相对照，可知荀子以礼义为治国的纲领法则，这是历"三代"而"二后王"传承下来的，故又可称之为传统。抓住了礼义法度，即握纲在手，举重若轻，治国理政岂不"无所儗㦲"、"若合符节"了吗！荀子把这种理性思维和科学方法，称之为"以浅持博，以古持今，以一持万"，以之可收"虽在鸟兽之中，若别白黑"那样的奇效，能进入礼义治国的最高境界。

儒士的道德学问。自古以来治国用贤才，而荀子所说的贤才仅限于儒者，并且很注重区分儒士的品级及其能力。本篇中第一次是以"学"为中心，区分出涂之人（胥靡之人）、士、君子、圣人。只要实行学习，路上行人，哪怕是一无所有的人，都能"贱而贵，愚而智，贫而富"，社会地位、才情素质、处境权势都会发生变化，最终可能会成为君子圣人，故曰"至尊至富至严之情"全都取决于学习。第二次是以"行法"为中心，区分出民德、劲士、笃厚君子、圣人。只要遵行礼法而坚定不乱，修正所学，整饬本性，尽善立功，公正亲民，其道德品级即可提升。第三次是以对法先王、法后王而统一天下的态度为中心，区分出俗人、俗儒、雅儒、大儒。这里，能否"一制度，隆礼义而杀《诗》、《书》"是关键。因为只有雅儒、大儒才懂得推崇礼义法度，并以实际行动践履，对统一天下有实效；而俗儒与之相反，将记诵《诗》、《书》放在首位，注重内省求仁而忽视功用，甚至沦为"求衣食焉"，"若终身之虏而不敢有他志"。第四次是以"礼"，即礼制为中心，区分出众人、小儒、大儒，作为人的等级名分。三个不同等级的人，因其志、行、知品级差异，社会身份的定位便有工农商贾、诸侯大夫、天子三公的区别。综上所述，荀子对人的多角度观察和区分，是以道德与学问的水准，以对待治国平天下关注的程度与所具备的能力为标准的。可以说，这是政治考察，道德评判，人才分析。当然，做圣人的最高境界，是荀子论述的中心问题。圣人的最高境界，包括统一天下和掌管天下两个方面，这是"非圣人莫之能为"的能力。仅凭"百里之地""而后三年，天下为一，诸侯称臣"，这种"调一天下，制强暴"，"千里之国莫能与之争胜"的局面，惟有圣人（大儒）方能促成。掌管天下的能力，首先指"平正和民"，"君义信乎人矣"，使天下和谐太平；其次指"通乎财万物养百姓之经纪"，这是"社稷之大义"，即经世济民或曰国计民生的大事；再次指"举统类而应之"，即"法先王，统礼义，一制度，以浅持博，以古持今，以一持万"，这是以礼法为纲的治国方法；最后指"与时迁徙，与世偃仰，千举万变，其道一也"，这是不断地革新应变的精神。从统一天下到掌管天下，都能"其道出乎一"，"执神而固"，即全面完备的美善、全面完备的治理而能永远立于不败之地，就叫做圣人的最高境界。

儒士的言、行、道的统一。荀子要求儒士言有界限、行有准绳、道有专崇，指的是治国理政。本篇两处"言道德之求"，据杨倞考，前者为言政治，后者为言教化。文中说，政治之求要系于百姓"安存"，志意之求要关乎为"士"，道德之求要"不二后王"，十足的礼法治国理念，将"言有坛宇"、"行有防表"、"道有一隆"化成一个统一体。这是对儒士的志意、言论、行动的严格限制和规范。

儒士的"涂之人也，俄而并乎尧、禹"的奥秘。荀子一面极力维护等级名分制度，一面又顺应阶级地位和社会结构的重新组合这一时代潮流，主张普通人可以冲破社会身份的限制，进入到社会上层成为统治者。由路途行人，甚至一无所有的人，俄而变成和尧、禹并列其名的人，关于这个问题的道理，本篇是以"性恶论"为理论基础来论证的。"以从俗为善，以货财为宝，以养生为己至道"，"纵性情而不足问学"，"无正义，以富利为隆"，是俗人；"本仁义，当是非，齐言行，不失豪厘"，是圣人。将之对照，他们是人性上的差异，俗人是人之性恶本性未除，而圣人则已尽善全美了。然而由俗人变为圣人是可以实现的，其奥秘是："涂之人百姓积善而全尽谓之圣人。"这实际是一个人性由恶变善的过程，并非神秘莫测。首先要"学"：从前"门室之辨，混然曾不能决也"，现在"图回天下于掌上而辨白黑"，"治天下之大器举在此"，原来是学到了"原仁义，分是非"，即所谓"知而好问，然后能才"。至于说学习《诗》、《书》、《礼》、《乐》、《春秋》，不是以记诵其辞句为主，而是要从中学到圣人之道，学到圣人的志、事、行、和、微，并对性、情加以节之、文之、光之、贯之，从而与礼义融为一体，进入"执神而固"、"通于神明，参与天地"的境界。本篇"隆礼义而杀《诗》、《书》"的命题，和《劝学篇》"其数则始乎诵经，终乎读礼"、"故学至乎《礼》而止矣"等命题互相印证，充分揭示了荀子"唯学乎"的真谛。其次要"行"："学至于行而止矣"与"学至乎《礼》而止矣"这两个命题的组合，是一个关于学习礼义、践行礼义的完整思想。所说学，其内容是礼义，但并非记诵辞句而已，其目的是实行。所以对"行之"的解释是"明也，明之为圣人"，这是"行之"的最高目标。这里由闻不如见、见不如知、知不如行，连锁地推导出行高于知，即学做圣人高于一切。再次是"积"：农工商贾和君子皆为"积"成，"是非天性也，积靡使然也"。君子、小人并非先天本性所决定，而是逐渐习染而成，并且小人通过学习和践行礼义还有望成为君子圣人，这是荀子基于"习俗移志，安久移质"的思想而提出来的论断。本篇将"情"与"性"相对地区别开来，"情"指人之欲，"性"指人之本。情欲因外界刺激、环境影响而产生，故非自己所固有，却可以由自己决定；本性是自己所不能决定的，但可以通过教化而改变。所以，如用师教礼法这种外界最好且有力的影响，来主导"注错习俗"，节制"情性"，加之以"大积靡"的功夫，志质即可变移，于是小人因"化性"而"俄而"成为君子圣人。诚然，这是荀子理想主义版本的"化性起伪说"。

王制篇第九

本篇论述荀子理想中的君主制度，从王者为政的原则和方法，王、霸、安存、危殆、灭亡的情况和王者、霸者、强者的区分，一直到圣王实行的各种经济与政治制度，都有详备的说明。据此可见荀子政治思想的全部轮廓。全文围绕王者之政、王霸之辨问题，突现爱民、隆礼、尚贤是圣王治国之大节的核心思想，故以《王制》名篇。荀子虽然和孔孟同样推崇王道，但他有自己独特的理解，而且采用平列分述、比较论列的方法，把问题说得具体详尽，一改孔孟空洞概略的论述风格，更以词采丰茂、文势矫劲取胜。《荀子》全书中专论政治问题的论文共约八篇，而以此篇最佳。

请问怎样治理国家？回答是：对德才兼备的人，不必论资历次序而可破格提拔；对无德无能的人，不必等待时间而要立刻罢免；对首恶元凶，不必先行教育而应立即杀掉；对平常百姓，不必等到实施刑赏就进行教化。等级名分尚未确定时，可像宗庙里有昭有穆那样来排列、区分上下的次序。即令是王公士大夫的子孙，如果不能合于礼义的规范，就把他归入平常百姓；即令是平常百姓的子孙，如果文献典籍知识丰富，身心修养端正，能够合于礼义的规范，就把他归入卿相士大夫。所以，对那些奸邪的言论、邪恶的学说、邪恶的事情、奸诈的才能以及流窜逃亡、反复无常的人，就强制劳役并加以教育，给予时间令其改过。用奖赏来鼓励他们自新，用刑罚来惩治他们的罪过，安心劳役的就收留下来，不安心劳役的就放逐远方。对于各种残疾的人，官府要收养他们，因材使用，为他们提供住宿与衣食，全部加以照顾而不遗漏一人。对以才能和行动反对当局的人，要坚决处死，决不赦免。这就叫做上天广覆万物之德，这是王者的政治。

处理政事的要领是：对怀有善意而来的人以礼相待，对不怀善意而来的人以刑罚相待。这两者划分清楚，那么贤能的人与不贤的人就不会混杂，是非就不会淆乱。贤能的人与不贤的人不会混杂，英雄豪杰就会归顺；是非不会淆乱不清，国家就会太平。如果这样，名声就会一天天传扬开去，天下人就会倾慕不已，就会有令必行，有禁必止，那么成就王业的事就完成了。凡是处理政事，如果威严凌厉而不善于宽容诱导人，那么臣下就会因害怕恐惧而不敢亲近你，就会不讲真话并且不尽心竭力。如果这样，那么大事就将废弛，小事也将败坏。如果凡事都随和通融，喜欢宽容，一点儿也不加约束，那么奸邪的言论就会纷至沓来，试探性的话语也会蜂拥而至。如果这样，那么处理的事务就会过多而烦杂，这又会伤害政事。

所以，制定了法而不加以议论，那么法所未涉及的事情必定废弛；职责确定了却不互相沟通，那么职责所未涉及的事情必定败坏。所以，制定了法度而加以议论，确定了职责而互相沟通，大家都不隐藏其智谋，并能竭尽其才力，就会一切事情都不出差错，这些不是君子是不可能做到的。所以，公平合理是处理政事的尺度，中正平和是处理政事的准绳。有法规定的，就依法办理；没有法规定的，就将类似的情况加以比照，以类相推而处理，处理政事的方法全在这里了。偏袒一方而不讲原则，这是处理政事的邪僻之道。所以，虽有好法而世道仍然混乱的情况是有的；但有君子执政而世道混乱的，从古到今还没有听说过。古书上说："天下太平来源于君子，世道混乱产生于小人。"说的就是这个意思。

名分相当，就不易辨别；权势相同，就不易集中；众人平等，就谁也使不动谁。有了天有了地，才有上下的区别；英明的君王一当政，就有了治国的等级制度。两个同样尊贵的人不能相互侍奉，两个同样卑贱的人不能相互役使，这是上天的安排。权势地位相等，而欲望又相同，但财物又不能满足供给，就必然相争，相争就必然引起混乱，混乱就会使政事陷入困境。古代圣王厌恶这种混乱，所以制定礼义来区分等级，使人们有了贫富、贵贱的差别，彼此之间足以相互包容，这是治理天下的根本原则。《尚书》上说："要做到整齐就必须不齐。"说的就是这个道理。

马在驾车时受惊吓，君子就不能安坐在车中；老百姓受政事惊扰，国君就不能安坐于君位。马驾车而受惊吓，就没有比使马安静下来更好的了；老百姓受政事惊扰，就没有比给他们以仁爱更好的了。选用贤能善良的人，推举忠实恭敬的人，提倡孝顺父母敬爱兄长，收养孤寡，救助贫穷，如果这样做了，老百姓就会顺从治理，然后国君才能安坐于君位。古书上说："君主好比船，民众好比水。水能浮起船，也能掀翻船。"说的就是这个道理。所以，统治人民的君主要想安定，就没有比实行平和简易的政事和仁爱民众更好的了；要想荣耀，就没有比尊崇礼义、敬重士人更好的了；要想建立功名，就没有比尊重贤者、任用能人更好的了。这是君主治理国家的关键。这三件事做得妥当，那么其余的事就没有什么不妥当的；这三件事做得不妥当，那么其余的事即使委曲地做妥当了，也仍然是毫无用处的。孔子说："大节做对了，小节也做对了，这是上等的君主；大节做对了，小节做错了，大者得小者失，这是中等的君主；大节做错了，小节虽然对了，我也不用看其他的了。"

卫成侯、卫嗣公，都是搜刮民财、精通计算的国君，没有做到笼络民众；郑国子产做到了笼络民众，却没有管好政事；管仲是善理政事的人，却没有做到推行礼义。所以，能够推行礼义的就能统一天下，善理政事的就能使国家强大，能够笼络民众的就能使国家安定，只会搜刮民财的必然灭亡。所以，以礼义称王天下的使民众富足，称霸诸侯的使武士富足，勉强生存的国家使大夫富足，濒临灭亡的国家就只能富了君王的筐篓箱柜，塞满了朝廷的仓库。筐篓箱柜富足了，朝廷仓库塞满了，老百姓却一贫如洗，这就叫做上溢满下漏空；这样的国家，内不能守卫国土，外不能抵御强敌，倾覆灭亡就指日可待了。所以，自己聚敛财物而导致灭亡，敌人得了这些财物而富强。聚敛财物，是招引强盗、养肥敌人、灭亡国家、危害自身的道路，所以贤明的君主是不走这条路的。

称王天下者致力于征服人心，称霸诸侯者致力于争取盟国，以武力强国者致力于争夺土地。致力于征服人心，就会使诸侯称臣；致力于争取盟国，就会同诸侯交友；致力于争夺土地，就会与诸侯为敌。使诸侯称臣可以王天下，与诸侯为友可以称霸天下，使诸侯为敌就危险了。凭武力征服别国，对方就有的人坚持守城，有的人出战拼杀，而我方却用武力打败它，那么伤害别国人民必然严重。伤害别国人民严重，别国人民就特别痛恨我方。别国人民特别痛恨我方，就天天想和我方打仗。别国人民有的坚持守城，有的出战拼杀，而我军却用武力打败它，那么伤害我国人民也必然严重。伤害我国人民严重，我国人民也就特别痛恨我方。我国人民特别痛恨我方，就天天不愿替我方打仗。别国人民天天想和我方打仗，我国人民天天不愿替我方打仗，这就是强者反而变弱的原因。获得了土地，却失去了人民，忧伤劳苦多了，而功绩少了，虽然守卫的土地增加了，而守土地的人却减少了，这就是大国反而变小的原因。各诸侯国没有不想与原来友好的国家更加友好、与原来结怨的国家重新结盟的，他们不会忘记抢夺本国土地的强敌，而要窥伺强国大国的破绽，乘着强国大国有疲弊的时候去进攻。知道了强国大国的疲弊之所在，这是强国大国危险的时候到了。

懂得强国之道的君主不致力于以武力强国，而是考虑借用天子之命来保全自己的实力，凝聚自己的道德声望。国力保全了，其他诸侯国就不能使它削弱；道德声望巩固了，其他诸侯国也不能使它削弱。如果此时天下没有称王称霸的君主，那么自己就能常胜不败了。这是懂得强国之道的君主。

那些实行霸道的君主不是这样。他开辟土地，充实粮仓，治办兵革器械，这才谨慎地招募、挑选、重用才力技艺高强的人，然后实行奖赏作为倡导，严格刑罚加以督察，保存已经灭亡的国家，接续亡国已经中断的世系，扶持弱小的国家，制止暴虐的国家，但没有吞并他国的用心，这样各诸侯国就来亲附了。实行与相互匹敌的国家友好的政策，用恭敬的态度接待诸侯，这样各诸侯国就悦服了。诸侯国之所以亲附你，这是因为你并不吞并它；兼并之心一旦显现，诸侯国就会疏远你。诸侯国之所以悦服你，是因为你实行了与相互匹敌的国家友好的政策；让诸侯称臣之心一旦显现，诸侯国就会远离你。所以，表明自己没有兼并诸侯的举动，诚守与相互匹敌的国家友好的政策，如果此时天下没有成就王业的君主，那么自己就能常胜不败。这是懂得称霸之道的君主。

齐闵王被燕、秦、赵、韩、魏五国联军打败，齐桓公被鲁庄公的臣子劫持，没有别的原因，是他们实行的不是王者之道而竟想称王天下。

那些实行王道的君主不是这样，其仁德高于天下，其义行高于天下，其威严高于天下。其仁德高于天下，所以天下没有不亲附他的；其义行高于天下，所以天下没有不尊重他的；其威严高于天下，所以天下没有敢与他为敌的。以无敌的威望，来辅助使人心服的仁义之道，所以不用作战就会胜利，不用攻打就可获胜，不用劳师动众就使天下顺从。

这是懂得王道的君主。只有懂得了上述强国之道、霸者之道、王者之道的君主，才可以想称王天下的就称王，想称霸诸侯的就称霸，想成为强国的就成为强国。

王者的为人：以礼义整饬自己的行为，以事理处理决断政事，眼睛能察毫末细微，举动措置皆能随机应变而不陷于困境。这就叫做掌握了政事的根本，这就是王者的为人。

王者的制度：讲治理之道，不能超过夏、商、周三代；讲礼法制度，不能背离周文王、周武王。治理之道若超过三代，就叫做荒诞；礼法制度背离了文、武，就叫做不正。衣服有一定的规制，居室有一定的标准，侍从有一定的数量，丧葬祭祀的器物用具都与等级相当。音乐，凡不合于正声雅乐的全部废除；色彩，凡不合于古代礼制所规定的彩绘文饰的全部禁止；器物用具，凡不合于古代礼制所规定而制作的全部毁掉。这就叫做恢复三代的礼制习俗，这就是王者所奉行的制度。

王者对臣民的论量赏罚：有德者没有不被尊贵的，有才者没有不授官职的，有功者没有不受奖赏的，有罪者没有不受处罚的。朝廷里没有侥幸的职位，百姓中没有苟且偷生的人。尊重贤者，任用能人，所给予的等级地位相称而不错乱；制裁狡黠，禁止凶悍，所施加的刑罚相当而无过失。百姓十分明白，在家里做好事也能在朝廷取得奖赏，在暗地里干坏事也会在众人面前受到处罚。这就叫做确定不变的论量赏罚的方针，这就是王者对臣民的论量赏罚。

王者的法度：均平赋税，征调力役，制裁万物，这都是用来养育民众的。按田亩征收十分之一的税，在关卡集市只稽查而不征税；对山林湖泽均按时封禁或开放，但不收税。比较土地的好坏而划分征税的等级，计算道路的远近来征纳贡物。流通财物和粮食，避免积压，使它们相互转运调剂，四海之内就像一家人。所以，近处的人不隐藏自己的才能，远处的人不以劳累为苦。即使偏远无名的小国，没有不归附而感到平安快乐的。这就叫做人民的师表，这就是王者所施行的法度。

北方出产善跑的马和善叫的狗，可是中原地区却能把它们弄来畜养和使用；南方出产羽毛、象牙、犀牛皮、铜精、丹砂，可是中原地区却能把它们弄来当作财宝；东方出产粗细葛布、鱼和盐，可是中原地区却能把它们弄来做衣服或食物；西方出产皮革和染有文彩的牛毛牛尾，可

道不过三代，法不二后王

是中原地区却能把它们弄来使用。所以，住在湖边的人有足够的木材，住在山上的人有足够的鱼；农夫不用砍削木材，不用烧窑、打铁，就有足用的器械用具，工匠商人不用耕田，就有足够的粮食。虎豹虽然凶猛，可是君子能剥它的皮肉使用。所以天所覆盖的，地所负载的，世间万物没有不能让君子竭尽其美、极尽其用的。上可以美饰贤良之人，下可以养育百姓并使他们平安快乐。这就叫做天下大治。《诗经》上说："天生成高大的岐山，太王开辟了它；太王创立了基业，文王安守了它。"说的就是这个意思。

　　以礼义为总纲统驭杂事，以礼义为准则统驭万物；由始而终，由终而始，好比圆环没有始终。舍弃了以礼义统驭杂事万物，那么天下将会衰败。天地是万物生存的根本，礼义是治理国家的根本，君主是礼义的根本，制定礼义、学习礼义、反复推行礼义、极其喜好礼义，这是君主的根本。所以天地生养君主，君主治理天地。君主，是与天地并列为三的，是万物的总管，是百姓的父母。没有君主，那么天地就得不到治理，礼义就失去了根本。在上没有君主和臣属，在下没有父子和丈夫，这就叫做大乱。君臣，父子，兄弟，夫妇，由始而终，由终而始，和天地同一个道理，和万世同样的长久，这就叫做最大的根本。所以丧葬祭祀、朝见天子与诸侯问候、军队上下间的事务，一概同属于礼义；贵与贱，生与死，给予与剥夺，一概同属于礼义；君尽君之道，父尽父之道，子尽子之道，兄尽兄之道，弟尽弟之道，同属于礼义；农夫尽农夫之道，士人尽士人之道，工匠尽工匠之道，商贾尽商贾之道，一概同属于礼义。

　　水火有气但没有生命，草木有生命但没有感知，禽兽有感知但没有礼义。人有气，有生命，有感知，而且还有礼义，所以是天下万物中最尊贵的了。人的力气不如牛，奔跑不如马，而牛马却为人所用，这是为什么？回答是："人能结成群体，而牛马不能结成群体。"人为什么能结成群体？回答是："人有等级名分。"等级名分为什么能实行呢？回答是："因为有礼义。"所以，根据礼义来确定名分，人们就能和谐相处，和谐了就能齐心，齐心了就力量大，力量大了就能强盛，强盛就能战胜外物。所以，人们才能在房屋中安居，才能依照春夏秋冬的时序，节制利用万物，使天下都得到利益，这没有其他原因，就是因为人有等级名分和礼义存在啊！

所以，人要生存就不能没有群体，有了群体却没有等级名分的区别，就会发生争斗，争斗就会产生动乱，动乱就会造成离散，离散就会削弱力量，力量削弱了就没有能力战胜外物。所以人们就不能在房屋中安居了，这是片刻也不能舍弃礼义的验证。能用礼义侍奉父母的叫做孝，能用礼义侍奉兄长的叫做悌，能用礼义侍奉君王的叫做顺，能用礼义役使臣下的叫做君主。所谓君，就是善于把人聚合成群的意思。合群之道若能恰当，万物就各得其宜，六畜都得以生长，众生都得其寿命。所以，生育饲养适时，六畜就能兴旺；砍伐种植适时，草木就能茂盛；政策法令适时，百姓就能统一行动，贤良的人就会顺服。

圣王的制度：草木开花结果的季节，刀斧不允许进入山林，不允许夭折草木的生命，不允许妨害草木的生长；鼋鼍鱼鳖鳅鳝怀孕产卵的季节，鱼网和毒药不允许投入水泽，不允许夭折各种鱼类的寿命，不允许妨害各种鱼类的生长。春天耕种，夏天除草，秋天收获，冬天储藏，这四件事都不错过季节，就会五谷连年丰收，而百姓家家有余粮；池塘河泽，严守在规定的季节禁渔的制度，鱼鳖就会丰盛，而百姓也会食用有余；砍伐和生育不错过季节，山林就不会光秃秃的，而百姓也会用材有余。

圣王的践行：上审察于天，下施行于地，充满在天地之间，作用于万物之上，奥秘而又显明，短促而又深长，狭小而又广大，全面完备的美善、全面完备的治理而宽广无边，且又极为简要。所以说：以礼义施行于同心和一的百姓，如此治理人民的人，就叫做圣人。

叙定官的职责：宰爵主管接待宾客、祭祀、宴会以及牺牲品的种类、头数；司徒主管王室各家族的世系人口、内城外廓的规模设置和礼器的数量；司马主管军队、武器和车马的数量。

修定历法，审查诗歌乐章，禁止淫邪的音乐，按时整理修饰，使蛮夷的风俗和邪僻的音乐不敢扰乱纯正的雅乐，这是太师的职责。

修筑堤坝桥梁，疏通沟渠以引水排涝，疏通河道以引水除灾，修固水库以蓄水防洪，按时开放和关闭沟渠水库和河道，即使遭受旱涝灾害、荒年歉收，使百姓也能耕种收获。这是司空的职责。

比较地势的高下，视察土地的肥瘦，安排各种农作物的播种，检查农夫的功效，谨慎地储备粮食，按时整理修饰，使农夫能朴实勤力而减少疲劳。这是司田的职责。

制订用火的政令，保护山林、水泽、草木、鱼鳖以及各种蔬菜，按时禁入或开放山林、水泽、池塘，使国家有足够的财物使用而不致匮乏。这是虞师的职责。

调治城乡，确定城乡居民的住宅和用地，饲养六畜，学习种植果木、菜蔬，勉励百姓听从教化，督促百姓严守孝悌，按时整理修饰，使百姓服从教令，安居乐业。这是乡师的职责。

评定各类手艺工匠，审察不同时节所要做的事，分辨产品的精良和粗劣，重视产品的坚固适用，治办各类器械工具，使用雕刻绘画，不敢由家庭私造。这是工师的职责。

观察阴阳，预测阴阳相侵的不祥征兆；钻龟甲、列卦象以测吉凶；主管禳灾免祸的祭祀，用五占兆形择取吉事，明白吉凶妖祥。这是驼背女巫、跛腿男觋的职责。

修治公厕，平整道路，严防盗贼，平抑物价，按时整理修饰，使商旅乐业而财货流通。这是治市的职责。

制裁狡黠，禁止凶悍，防止淫乱，清除邪恶，用刺字、割鼻、断脚、阉割、砍头等五种刑罚惩治，使那些暴虐凶悍的人变好，奸邪的事不再发生。这是司寇的职责。

以政治教化为根本，修正法令制度，多方听取意见，经常加以考查，衡量功绩，评定奖赏，按时整理修饰，使百官勤勉尽职，百姓不偷懒懈怠。这是冢宰的职责。

讲究礼乐，端正举止行为，推广教化，美化风俗，普遍地养育百姓并使他们协调和一。这是诸侯的职责。

使道德完备无缺，把礼义提到崇高的地位，使礼法制度极为完善。统一天下，使微小的事物都振作起来，使天下的人没有不归顺、不亲近和不服从的。这是天子的职责。

所以，政事混乱，就是冢宰的罪过；国家风俗败坏，就是诸侯的过错；天下不统一，诸侯想叛乱，那就是天子不是理想之人了。

具备了王者的条件就可以称王天下，具备了霸者的条件就可以称霸诸侯，具备了生存的条件国家就可以安存，具备了灭亡的条件国家就可能灭亡。治理拥有万辆兵车的大国的君主，他的威武强大的地位因而确立，他的名声因而美好，他的敌人因而屈服。国家的安危和好坏，把握全在于自己，而不在于别人；称王天下，称霸诸侯，国家的安危和好坏，把握全在于自己，而不在于别人。威武强大还不足以使相邻的敌国陷入危险，名声还不足以如日月一样显赫于天下，那么这个国家就不能以独特的姿态傲立于天下，它又岂能免除祸患呢？天下都胁从于暴虐的国家，倘若我又不想接受这种胁从，虽然天天都与夏桀一样的暴君共事同行，并不妨害自己成为唐尧一样的圣人，但这已不是功名已经成就，也不是国家存亡的安危可以跟随自己的意愿而来了。功名之所以成就，国家存亡安危之所以跟随自己的意愿而来，必定在于当你为国家的兴盛而高兴时一颗赤心专注在什么地方。假如想把自己的国家作为实行王者之道的场所，就一定能称王天下；假如把自己的国家变成实行危险、灭亡之道的场所，就一定会危险、灭亡。

　　国家兴盛之时，要注意保持中立，不偏袒任何一方，不参与合纵连横的活动，静静地按兵不动，以坐观那些暴虐的国家相互冲突。要确定政治教化的首要地位，明确礼义制度，磨炼百姓，完成这些时候，就是自己的军队独步天下而最为强劲了；还要修行仁义，推崇礼义，修正法令制度，选拔贤人任用良才，抚养百姓，完成这些时候，就是自己的名声独领天下而最为美好了。权势使其举足轻重，军队使其强劲有力，名声使其美好无比。唐尧、虞舜是统一天下的圣王，但他们也不能在这些方面再增加分毫了。

　　玩弄权术计谋、善于颠倒反复的人一旦废除，那么贤能智慧品德高尚之士自然会被任用。刑罚政令公正无私，百姓同心和一，国家的风俗节俭，那么军力就强劲，城防就坚固，敌国自然就屈服了。致力农业生产，积蓄财物，不随意遗弃糟蹋，这样使群臣百姓都遵照制度行事，那么就能做到积蓄财物，国家就自然富足了。这三件事都能按照以上所说的去做，天下就会归顺，残暴之国的君主自然没有能力用兵相侵了。什么原因呢？因为他没有相随前来侵犯的人了。那些相随前来侵犯的人，一定是他的民众。而他的民众亲近我就像欢迎父母，喜爱我就像沉醉于芝兰。而回头看自己的君主，就像看到皮肤被火烧伤、脸上被用刀刻字的囚犯，就像见到仇敌一样。那些人的本性即使跟夏桀、盗跖相同，又岂肯为他所憎恶的人去残害他所喜欢的人呢？他们已被我争取过来了。所以，古代人有仅凭一国而夺取天下的，并不是他辛苦劳累夺过来的，而是修正自己的所作所为，就没有人不倾慕的，像这样做了，就可以诛灭暴国、制止凶悍的人了。因此，周公出征南方，北方的国家就埋怨说："为什么独独不来我们这里呢？"出征东方，西方的国家就埋怨说："为什么独独把我们放在后边呢？"有谁能与周公这样的人争斗呢？能以王者的要求来治理国家的，就能称王天下。

　　国家兴盛之时，要停止用兵，使人民休养生息，爱护百姓，开辟土地，充实粮仓，治办兵革器械，这才谨慎地招募、挑选、重用才力技艺高强的人，然后实行奖赏作为倡导，严格刑罚加以防范，挑选士人中能执掌政事的人，使他们遵循和实行治国的原则和要求，以此来满足积蓄和修造的需要，使财物粮食和兵革器械得以充足。那些兵革器械，别国会一天天丢弃损坏在旷野里，而我们现在将它们修理好，爱护好，保存在国家的仓库里；那些财物粮食，别国会一天天抛撒糟蹋在旷野里，而我们现在将它们积蓄堆放在国家的仓库里。那些才高得力的大臣和勇猛强壮的武士，别国会一天天打击他们，并拱手送给自己的敌人，而我们现在邀请、接纳他们，挑选出优秀者，放在朝廷里磨炼使用。像这样，别国就一天比一天衰败，我们则一天比一天巩固；别国就一天比一天贫穷，我们则一天比一天富足；别国就一天比一天劳苦，我们则一天比一天安逸。在君臣上下之间，别国将相互危害而一天比一天相互疏远，我们则将相互宽容而一天比一天相互亲近，用这样的方法来等待别国的衰败。能用这样的要求来治理其国家的人，就能称霸诸侯。

　　做人能随从平常的习俗，行事能遵循平常的惯例，被任用而显贵的全都推举平常的士人，用来对待普通百姓的又总是宽厚、恩惠，像这样的君主，就能安全生存。做人则轻浮粗疏，做事则迟疑不决，被任用而显贵的全都推举善于阿谀取悦的士人，用来对待普通百姓的只是喜欢聚敛、掠夺，像这样的君主，就有危险了。做人骄横暴躁，行事颠倒反复，被任用而显贵的全都推举狡诈多变的士人，用来对待普通百姓的就喜欢让他们拼死卖命，却又轻视他们的功劳，喜欢向他们征收田税，却忘了他们的农业生产这个根本，像这样的君主，就要灭亡了。

　　以上五种做人行事，不可不好好选择。称王天下、称霸诸侯、使国家案存、使国家危险、使国家灭亡这五种类型，善于选择的就可以制服别国，不善于选择的就会被别国制服，善于选择的就能称王天下，不善于选择的就会灭亡。那么称王天下和被灭亡，制服别国和被别国制服，这两者的差别就太远了。

请问为政？曰：贤能不待次而举，罢不能不待须而废，元恶不待教而诛，中庸民不待政而化。分未定也，则有昭缪。虽王公士大夫之子孙也，不能属于礼义，则归之庶人；虽庶人之子孙也，积文学，正身行，能属于礼义，则归之卿相士大夫。故奸言、奸说、奸事、奸能、遁逃、反侧之民，职而教之，须而待之。勉之以庆赏，惩之以刑罚。安职则畜，不安职则弃。五疾，上收而养之，材而事之，官施而衣食之，兼覆无遗。才行反时者，死无赦。夫是之谓天德，是王者之政也。

听政之大分：以善至者待之以礼，以不善至者待之以刑。两者分别，则贤不肖不杂，是非不乱。贤不肖不杂，则英杰至；是非不乱，则国家治。若是，名声日闻，天下愿；令行禁止，王者之事毕矣。凡听，威严猛厉而不好假道人，则下畏恐而不亲，周闭而不竭。若是，则大事殆乎弛，小事殆乎遂。和解调通，好假道人而无所凝止之，则奸言并至，尝试之说锋起。若是，则听大事烦，是又伤之也。

故法而不议，则法之所不至者必废；职而不通，则职之所不及者必队。故法而议，职而通，无隐谋，无遗善，而百事无过，非君子莫能。故公平者，职之衡也；中和者，听之绳也。其有法者以法行，无法者以类举，听之尽也；偏党而不经，听之辟也。故有良法而乱者，有之矣；有君子而乱者，自故及今，未尝闻也。传曰："治生乎君子，乱生乎小人。"此之谓也。

分均则不偏，势齐则不壹，众齐则不使。有天有地，而上下有差；明王始立，而处国有制。夫两贵之不能相事，两贱之不能相使，是天数也。势位齐而欲恶同，物不能澹则必争。争则必乱，乱则穷矣。先王恶其乱也，故制礼义以分之，使有贫富贵贱之等，足以相兼临者，是养天下之本也。《书》曰："维齐非齐。"此之谓也。

马骇舆，则君子不安舆；庶人骇政，则君子不安位。马骇舆，则莫若静之；庶人骇政，则莫若惠之。选贤良，举笃敬，兴孝弟，收孤寡，补贫穷，如是，则庶人安政矣。庶人安政，然后君子安位。传曰："君者，舟也；庶人者，水也。水则载舟，水则覆舟。"此之谓也。故君人者，欲安，则莫若平政爱民矣；欲荣，则莫若隆礼敬士矣；欲立功名，则莫若尚贤使能矣。是人君之大节也。三节者当，则其余莫不当矣；三节者不当，则其余虽曲当，犹将无益也。孔子曰："大节是也，小节是也，上君也；大节是也，小节一出焉，一入焉，中君也；大节非也，小节虽是也，吾无观其余矣。"

成侯、嗣公，聚敛计数之君也，未及取民也；子产取民者也，未及为政也；管仲为政者也，未及修礼也。故修礼者王，为政者强，取民者安，聚敛者亡。故王者富民，霸者富士，仅存之国富大夫，亡国富筐箧，实府库。筐箧已富，府库已实，而百姓贫，夫是之谓上溢而下漏；入不可以守，出不可以战，则倾覆灭亡可立而待也。故我聚之以亡，敌得之以强。聚敛者，召寇、肥敌、亡国、危身之道也，故明君不蹈也。

以上为第一部分，论述王者之政以平政爱民、隆礼敬士、尚贤使能为最基本的原则，同时要掌握处理大节与小节的各种恰当的听政方法。

中庸民不待政而化：中庸民，中等平常之人。王念孙以为"元恶"、"中庸"对文，"中庸"下不当独有"民"字，此涉注文"中庸民"而衍，《韩诗外传》无"民"字。政，政令，此指刑赏之政。　　昭缪：即"昭穆"。古代宗法制度，宗庙或墓地的排列次序，以始祖居中，第二、四、六世居左，称"昭"；第三、五、七世居右，称"穆"。此以昭穆喻尊卑上下之序。缪，通"穆"。　　五疾：约指聋、哑、瘸腿、断肢、侏儒五种残疾。　　**小事殆乎遂**：遂，读为"坠"，坠失，引申为败坏。　　**凝止**：停止，定止。　　**锋起**：即"蜂起"。锋，"蜂"之借字。　　**职所不及者必队**：必队，即"必坠"。队，同"坠"，失落，失误。　　**分均则不偏**：偏，当读为"辨"。《礼经》中偏、辨二字多通用。　　**物不能澹**：澹，通"赡"，丰赡，赡给。　　**"维齐非齐"**：引自《尚书·吕刑》。原意是刑罚用来齐治非齐。此处断章取义，以喻等差不一方能为齐。已非原文之义。　　**曲当**：谓委曲而当。　　**成侯、嗣公**：成侯，姬姓，名遬，战国时卫国国君，本为公，因国势衰微，贬号为侯，公元前361年至前331年在位。嗣公，成侯孙，立五年，秦贬其号为"君"，且其父祖已贬号为侯，故此处"公"当为"君"之误；公元前324年至前282年在位。　　**子产**：即公子侨，字子产，又字子美。春秋时政治家，郑国贵族，郑简公时执政，在郑国实行改革，整顿田地疆界，推行了很多惠民政策。

王夺之人，霸夺之与，强夺之地。夺之人者臣诸侯，夺之与者友诸侯，夺之地者敌诸侯。臣诸侯者王，友诸侯者霸，敌诸侯者危。用强者，人之城守，人之出战，而我以力胜之也，则伤人之民必甚矣。伤人之民甚，则人之民恶我必甚矣。人之民恶我甚，则日欲与我斗。人之城守，人之出战，而我以力胜之，则伤吾民必甚矣。伤吾民甚，则吾民之恶我必甚矣。吾民之恶我甚，则日不欲为我斗。人之民日欲与我斗，吾民日不欲为我斗，是强者之所以反弱也。地来而民去，累多而功少，虽守者益，所以守者损，是以大者之所以反削也。诸侯莫不怀交接怨而不忘其敌，伺强大之间，承强大之敝，此强大之殆时也。

知强大者不务强也，虑以王命，全其力，凝其德。力全则诸侯不能弱也，德凝则诸侯不能削也，天下无王霸主，则常胜矣。是知强道者也。

彼霸者不然。辟田野，实仓廪，便备用，案谨募选阅材伎之士，然后渐庆赏以先之，严刑罚以纠之，存亡继绝，卫弱禁暴，而无兼并之心，则诸侯亲之矣。修友敌之道，以敬接诸侯，则诸侯说之矣。所以亲之者，以不并也；并之见，则诸侯疏矣。所以说之者，以友敌也；臣之见，则诸侯离矣。故明其不并之行，信其友敌之道，天下无王霸主，则常胜矣。是知霸道者也。

闵王毁于五国，桓公劫于鲁庄，无它故焉，非其道而虑之以王也。

彼王者不然，仁眇天下，义眇天下，威眇天下。仁眇天下，故天下莫不亲也；义眇天下，故天下莫不贵也；威眇天下，故天下莫敢敌也。以不敌之威，辅服人之道，故不战而胜，不攻而得，甲兵不劳而天下服。是知王道者也。知此三具者，欲王而王，欲霸而霸，欲强而强矣。

王者之人：饰动以礼义，听断以类，明振毫末，举措应变而不穷。夫是之谓有原，是王者之人也。

王者之制：道不过三代，法不二后王。道过三代谓之荡，法二后王谓之不雅。衣服有制，宫室有度，人徒有数，丧祭械用皆有等宜。声则非雅声者举废，色则凡非旧文者举息，械用则凡非旧器者举毁。夫是之谓复古，是王者之制也。

王者之论：无德不贵，无能不官，无功不赏，无罪不罚。朝无幸位，民无幸生。尚贤使能而等位不遗，析愿禁悍而刑罚不过。百姓晓然皆知夫为善于家而取赏于朝也，为不善于幽而蒙刑于显也。夫是之谓定论，是王者之论也。

王者之法：等赋、政事、财万物，所以养万民也。田野什一，关市几而不征；山林泽梁，以时禁发而不税。相地而衰政，理道之远近而致贡。通流财物、粟米，无有滞留，使相归移也，四海之内若一家。故近者不隐其能，远者不疾其劳；无幽闲隐僻之国，莫不趋使而安乐之。夫是之为人师，是王者之

等赋、政事、财万物，所以养万民也

法也。

北海则有走马吠犬焉，然而中国得而畜使之；南海则有羽翮、齿革、曾青、丹干焉，然而中国得而财之；东海则有紫紶、鱼盐焉，然而中国得而衣食之；西海则有皮革、文旄焉，然而中国得而用之。故泽人足乎木，山人足乎鱼；农夫不斫削、不陶冶而足械用，工贾不耕田而足菽粟。故虎豹为猛矣，然君子剥而用之。故天之所覆，地之所载，莫不尽其美，致其用。上以饰贤良，下以养百姓而安乐之。夫是之谓大神。《诗》曰："天作高山，大王荒之。彼作矣，文王康之。"此之谓也。

以类行杂，以一行万，始则终，终则始，若环之无端也。舍是，而天下以衰矣。天地者，生之始也；礼义者，治之始也；君子者，礼义之始也；为之，贯之，积重之，致好之者，君子之始也。故天地生君子，君子理天地。君子者，天地之参也，万物之总也，民之父母也。无君子则天地不理，礼义无统。上无君师，下无父子、夫，是之谓至乱。君臣、父子、兄弟、夫妇，始则终，终则始，与天地同理，与万世同久，夫是之谓大本。故丧祭、朝聘、师旅，一也；贵贱、杀生、与夺，一也；君君、臣臣、父父、子子、兄兄、弟弟，一也；农农、士士、工工、商商，一也。

水火有气而无生，草木有生而无知，禽兽有知而无义；人有气、有生、有知，亦且有义，故最为天下贵也。力不若牛，走不若马，而牛马为用，何也？曰："人能群，彼不能群也。"人何以能群？曰："分。"分何以能行？曰："义。"故义以分则和，和则一，一则多力，多力则强，强则胜物。故宫室可得而居也。故序四时，裁万物，兼利天下，无它故焉，得之分义也。

故人生不能无群，群而无分则争，争则乱，乱则离，离则弱，弱则不能胜物。故宫室不可得而居也，不可少顷舍礼义之谓也。能以事亲谓之孝，能以事兄谓之弟，能以事上谓之顺，能以使下谓之君。君者，善群也。群道当，则万物皆得其宜，六畜皆得其长，群生皆得其命。故养长时则六畜育，杀生时则草木殖，政令时则百姓一，贤良服。

圣王之制也，草木荣华滋硕之时，则斧斤不入山林，不夭其生，不绝其长也；鼋鼍鱼鳖鳅鳝孕别之时，罔罟、毒药不入泽，不夭其生，不绝其长也。春耕夏耘，秋收冬藏，四者不失时，故五谷不绝，而百姓有余食也；污池渊沼川泽，谨其时禁，故鱼鳖优多，而百姓有余用也；斩伐养长不失其时，故山林不童，而百姓有余材也。

圣王之用也，上察于天，下错于地，塞备天地之间，加施万物之上，微而明，短而长，狭而广，神明博大以至约。故曰：一与一，是为人者，谓之圣人。

序官：宰爵知宾客、祭祀、飨食、牺牲之牢数；司徒知百宗、城郭、立器之数；司马知师旅、甲兵、乘白之数。

修宪命，审诗商，禁淫声，以时顺修，使夷俗邪音不敢乱雅，大师之事也。

修堤梁，通沟浍，行水潦，安水臧，以时决塞，岁虽凶败、水旱，使民有所耘艾，司空之事也。

相高下，视肥墝，序五种，省农功，谨蓄藏，以时顺修，使农夫朴力而寡能，治田之事也。

修火宪，养山林、薮泽、草木、鱼鳖、百索，以时禁发，使国家足用而财物不屈，虞师之事也。

顺州里，定廛宅，养六畜，闲树艺，劝教化，趋孝弟，以时顺修，使百姓顺命，安乐处乡，乡师之事也。

论百工，审时事，辨功苦，尚完利，便备用，使雕琢文采不敢专造于家，工师之事也。

谨其时禁，故鱼鳖优多

相阴阳，占祲兆，钻龟陈卦，主攘择五卜，知其吉凶妖祥，伛巫跛击之事也。

修采清，易道路，谨盗贼，平室律，以时顺修，使宾旅安而货财通，治市之事也。

抃急禁悍，防淫除邪，戮之以五刑，使暴悍以变，奸邪不作，司寇之事也。

本政教，正法则，兼听而时稽之，度其功劳，论其庆赏，以时慎修，使百吏免尽而众庶不偷，冢宰之事也。

论礼乐，正身行，广教化，美风俗，兼覆而调一之，辟公之事也。

全道德，致隆高，綦文理，一天下，振毫末，使天下莫不顺比从服，天王之事也。

故政事乱，则冢宰之罪也；国家失俗，则辟公之过也；天下不一，诸侯俗反，则天王非其人也。

具具而王，具具而霸，具具而存，具具而亡。用万乘之国者，威强之所以立也，名声之所以美也，敌人之所以屈也，国之所以安危臧否也，制与在此，亡乎人；王、霸、安存、危殆、灭亡，制与在我，亡乎人。夫威强未足以殆邻敌也，名声未足以县天下也，则是国未能独立也，岂渠得免夫累乎！天下胁于暴国，而党为吾所不欲于是者，日与桀同事同行，无害为尧。是非功名之所就也，非存亡安危之所堕也。功名之所就，存亡安危之所堕，必将于愉殷赤心之所。诚以其国为王者之所，亦王；以其国为危殆灭亡之所，亦危殆灭亡。

以上是第二部分，论述治国有王、霸、安存、危殆、灭亡的情况和王者、霸者、强者的区分，说明圣王的各种经济制度和政治制度。

便备用：此语《荀子》一书凡五见，"便"读为"办"，有治办、置办、备办之义；便备用，即治办器用。　　**案谨募选阅材伎之士**：案，即"安"，发语词"乃"也；阅，容纳；材，通"才"；伎，通

"枝"。　　　渐庆赏：渐，进；引申为加大、加重。　　　闵王：齐闵王，又作齐湣王、齐愍王，战国时齐国国君，田氏，名地，齐宣王之子，公元前323年至前284年在位。在位期间，齐国一度强盛，与秦昭王并称东西帝。前284年，燕、秦、韩、魏、赵五国联军攻齐，燕将乐毅攻入齐都临淄，闵王逃至莒城。后楚国派将军卓齿率兵救齐，闵王为卓齿所杀。　　　鲁庄：鲁庄公，春秋时鲁国国君，姬姓，名同。公元前693年至前662年在位。公元前681年，齐桓公与鲁庄公在柯（齐邑，在今山东阳谷县东北）订立盟约，庄公之臣曹沫以匕首胁迫桓公归还鲁被齐所侵占的领土汶阳之田，桓公被迫允诺。后人多以此事为战国人杜撰。　　　眇：通"杪"，高。　　　析愿禁悍：析愿，据王念孙说当作"折原"。折，制；原，黠；折原，意即制裁狡黠者。如此，则"析愿禁悍"正与上文"尚贤使能"相对应。　　　不过：即"无过"，犹言适当。　　　等赋、政事、财万物：等赋，等别田赋，平赋税也；政事，政读为"征"，征事，指征调力役之事；财万物，财，通"裁"，制裁，裁制。　　　关市几而不征：几，通"讥"，稽查，检查。　　　衰政：指划分等级征税。衰，等差，这里用作动词；政，通"征"。　　　"天作高山"云云：引自《诗经·周颂·天作》。大（dài）王，又作"太王"，即周文王之祖父古公亶父，传说为后稷第十二代孙，古代周族领袖，原居豳，后迁岐山，建都、置官、开拓，使周族强盛，周人追尊为太王。　　　鼋（yuán）：大鳖，俗称癞头鼋。　　　鼍（tuó）：扬子鳄，俗称猪婆龙。　　　一与一，是为人者，谓之圣人：此句"一与一"注者纷纭，不得要领。据王天海注曰：上"一"即"以一行万"之"一"，此一当为礼义。与，用也，行也。下"一"即上言"和则一"、"百姓一"之"一"，此一当为齐一之民。"一与一"者，即以礼义行于齐一之民。故下文云"是为人者，谓之圣人"。是为人者，犹此治人者。"为"训为"治"。此节言圣王之用，故"与"必训为"用"方安，且以一（礼义）行一（齐一之民），以此治人，正圣人之用也。　　　宰爵：即主爵，官名。下文司徒、司马、司空等皆为官名。　　　耘艾：耕耘收获。艾，同"刈"，割。　　　占祲兆：占，测；祲，古人谓阴阳二气相侵所形成的征象不祥的云气；兆，征兆。　　　钻龟：古占卜法，钻龟里甲使薄，然后用荆焯烧灼钻处，使兆坼现于甲表面，凭之以测吉凶。　　　攘择：

通"禳释",古代消灾免祸的祭祀。　　抏急禁悍:与前文"析愿禁悍"略同,即抏急为"折愿"之讹。　　冢宰:周官名,亦称太宰,即后世宰相、丞相,为百官之首。　　辟公:以文意度之,当指诸侯。　　天王:春秋时,以楚、吴、徐、越皆僭称王,故称周天子为天王以别之。　　具具:犹言"具备"。前"具"为名词,指条件;后"具"为动词,具备。　　岂渠:二音复词,渠同"讵",讵同"岂",岂渠犹"岂",何也。　　党:通"傥",倘若。　　愉殷赤心之所:此处疑有脱误,注者纷纭错出,要皆牵强难通,以王先谦及日人朝川鼎二说较为可取。王氏曰:愉殷者,当殷盛之时而愉乐。赤心者,本心不杂贰。朝氏曰:赤心即丹心,谓中心之诚也。即上文"为吾所不欲于是者"之反。言吾心不欲于是,而日与桀同事同行,是非赤心之所在也。而强为之者,不知具具之道也,必赤心为之。此功名之所就,存亡安危之所堕也。　　存亡安危之所堕:堕,当为"随",因形近而误。

殷之日,案以中立,无有所偏,而为纵横之事,偃然案兵无动,以观夫暴国之相卒也。案平政教,审节奏,砥砺百姓,为是之日,而兵剸天下劲矣;案然修仁义,伉隆高,正法则,选贤良,养百姓,为是之日,而名声剸天下之美矣。权者重之,兵者劲之,名声者美之。夫尧、舜者一天下也,不能加毫末于是矣。

权谋倾覆之人退,则贤良知圣之士案自进矣。刑政平,百姓和,国俗节,则兵劲城固,敌国案自诎矣。务本事,积财物,而勿忘栖迟薛越也,是使群臣百姓皆以制度行,则财物积,国家案自富矣。三者体此而天下服,暴国之君案自不能用其兵矣。何则?彼无与至也。彼其所与至者,必其民也。其民之亲我,欢若父母;好我,芳如芝兰。反顾其上,则若灼黥,若仇雠。彼人之情性也,虽桀、跖,岂有肯为其所恶,贼其所好者哉!彼以夺矣。故古之人有以一国取天下者,非往行之也,修政其所,天下莫不愿,如是而可以诛暴禁悍矣。故周公南征而北国怨，曰："何独不来也！"东征而西国怨，曰："何独后我也！"孰能有与是斗者与？安以其国为是者王。

殷之日，安以静兵息民，慈爱百姓，辟田野，实仓廪，便备用，安谨募选阅材伎之士；然后渐赏庆以先之，严刑罚以防之，择士之知事者，使相率贯也，是以厌然畜积修饰而物用之足也。兵革器械者，彼将日日暴露毁折之中原，我将修饰之，拊循之，掩盖之于府库。货财粟米者，彼将日日栖迟薛越之中野，我今将畜积并聚之于仓廪。材伎股肱、健勇爪牙之士，彼将日日挫顿竭之于仇敌，我今将来致之，并阅之，砥砺之于朝廷。如是，则彼日积敝，我日积完；彼日积贫，我日积富；彼日积劳，我日积佚。君臣上下之间者，彼将厉厉焉日日相离疾也，我将顿顿焉日日相亲爱也，以是待其敝。安以其国为是者霸。

立身则从佣俗，事行则遵佣故，进退、贵贱则举佣士，之所以接下之人百姓者，则庸宽惠；如是者，则安存。立身则轻楛，事行则蠲疑，进退、贵贱则举佞俛，之所以接下之人百姓者，则好取侵夺；如是者，危殆。立身则憍暴，事行则倾覆，进退、贵贱则举幽险诈故，之所以接下之人百姓者，则好用其死力矣，而慢其功劳，好用其籍敛矣，而忘其本务；如是者，灭亡。

此五等者，不可不善择也。王、霸、安存、危殆、灭亡之具也，善择者制人，不善择者人制之。善择之者王，不善择之者亡。夫王者之与亡者，制人之与人制之也，是其为相县也亦远矣。

以上为第三部分，论述国家兴盛之时，如能中立无偏、平政教修仁义和正法选贤养民，做到自进、自诎、自富，即可称王天下；并强调君主的行事、待民、用人皆与国家安危有密切关系。

殷：盛，殷盛，兴盛。　　案以中立：案以，下文作"安以"，"案"同"安"。《荀子》一书多以"安"、"案"为语助词，近乎"乃"。唯下文"案兵"之"案"同"按"，取抑、止义。　　纵横：纵指合纵，南北为纵。战国时苏秦主张齐、楚、燕、韩、赵、魏六国结盟抗秦，由于六国在地理位置上呈南北向，故称"合纵"。秦国为了对付合纵，采纳张仪的主张，与六国分别结盟，以便各个击破，由于秦在六国的西面，东西联合，故称"连横"。苏秦、张仪皆为当时著名的纵横家。　　相卒：相冲突，相争。卒，通"捽"。　　案然修仁义："然"字系衍文。　　刬：同"专"，独占。　　勿忘栖迟薛越：忘，犹"妄"；栖迟，犹言"弃置"；薛越，同"屑越"，狼藉而抛弃之。　　拊循：抚摸，安抚。引申为爱惜、爱护。　　佣俗：即庸俗。下文"佣故"、"佣士"之"佣"同此。庸，平常。"庸宽惠"之"庸"则义同"用"。

　　本篇历论王者之为政、王者之听政、王者之人、王者之制、王者之论、王者之法、王者之用、王者之序官，都是荀子理想中的君主制度的具体内容。如若将它们归总整理，撮其要点，那就是：

　　君主制度的产生根源。由人类的起源到社会组织的起源，再到君主制度的起源，这就是荀子的群学思想。梁启超将荀子《王制》说成"论社会原理"，严复译斯宾塞《社会学原理》为《群学肄言》，即借用荀子"群"之概念。荀子认为，人"最为天下贵"的道理，在于人既有气又有生命知觉而且有礼义，从而和无机物、有机物、植物、动物区别开来，做了天地人"三才"的中心。这个天地之心是以"群"而立足的。"群"即今言社会组织。荀子认为，人之所以能结群而居，是由于"分"。原来人类面临着一种不可回避的矛盾：一方面"物不能澹"，另一方面"势位齐而欲恶同"，有限的资源满足不了所有人的欲望、需求，于是人们互相争斗，"争则必乱，乱则穷矣"。为了止争弥乱，解决"分均则不偏，势齐则不壹，众齐则不使"的问题，圣人"制礼义以分之"，使"贫富贵贱之等"，各按其经济地位、政治身份来分配经济与社会资源，天下就会太平。这就是说，"群"中包含着"分"，即由礼义区分出来的等级名分，它是群居的人类须臾不可分离的纲纪。然而，礼义区分的"贫富贵贱之等"最终被历史所抛弃，人类并没有因此而散乱。这说明，由礼义制定出来的社会经济制度和政治制度，并不必然是"养天下之本也"。荀子从社会和经济的角度来观察人类社会的形成，分析社会纷争的产生，表现出了他的睿智。但他倒果为因，把统治阶级用以保持和扩大其既得利益的等级名分制度，说成是人类社会维系的法宝，企图使"义以分则和，和则一"神圣化，就坠入了历史唯心论。以家族为基本构成单位的中国古代封建社会，其国家政权掌握在君主手里，他就是社会人群的最高首领和支配者。"君者，善群也。"这个定义赋予君主以至高无上的权力。荀子先后以"三始"、"圣王之用"、"序官"来解释至高无上的君权。先说用"三始"表述：天地"生之始"，礼义"治之始"，君子（此处指君主）"礼义之始"，故君主是"三始"之首，可称"天地之参也，万物之总也，民之父母也"。在天地、礼义、君主这三个根本中，君主是"大本"，其地位与作用到了极致。所以，对礼义的"为之贯之积重之致好之者"，是君主的根本职责。再说用"圣王之用"表述：圣王以礼义践行于天地万物，实行的是"神明博大以至约"的治理，因而百姓同心和一，可谓"一与一"，即以礼义（一）使人民齐一（一）。最后说用"序官"表述：天王的职责是"全道德，致隆高，綦文理，一天下，振毫末，使天下莫不顺比从服"，强调的仍然是推崇礼法，用它统一天下，使人民亲附。至于用无端之环比喻"群道当"，是对君权的总结性表述，说它"以类行杂，以一行万，始则终，终则始"。前两句话互文见义，类、一均指统类礼义，意在说明君主手握一个以礼法贯串始终而没有开头的圆环，天下之万物杂事无不统驭其中，君主运用其至高无上的权力使治理进入到全面完备的美善境界。

王者之道的核心问题。荀子引用孔子"大节是也，小节是也，上君也"的观点，来论证自己的王道思想。所谓"大节"，指的是使君主安的"平政爱民"，使君主荣的"隆礼敬士"，使君主立功名的"尚贤使能"。这三节是从"君舟民水"的民本主义思想引申出来的，故而以民为中心，以礼为根本，以法为准绳，以才为实用，合体而行，即为称王天下奠定坚实基础。鉴于此，荀子极力倡导"修礼者王"、"王者富民"，反对"聚敛计算之君"卫成侯、卫嗣公，因为他们实行的是"上溢而下漏"、"召寇肥敌"的政策，走的是"亡国危身"的道路。荀子认为，最重要的是要做到"庶人安政"，这是"君子安位"的充分且必要的条件。正像以"静"而弥"马骇舆"一样，要以"惠"而除"庶人骇政"。此"惠"不训"恩惠"，当指对人民实行仁爱的政策措施，即："选贤良，举笃敬，兴孝悌，收孤寡，补贫穷，如是则庶人安政矣。"这是在政治、教化、经济、社会福利诸方面的全面完备的"平政爱民"。下文"王者之法"、"圣王之制"等相关的论述，又说到赋税、农林渔牧、工商物流及政事等各种经济与社会政策，都要求安民让利而不是扰民夺利。"平政爱民"是以"有良法"和"有君子"为保障的。所谓"良法"，指的是"是非不乱"，"令行禁止"，庆赏刑罚得当而无过，这是能够"安政"、"富民"的"王者之法"。在执行"王者之法"的过程中，要由君子即君主掌控，经常"议法"，以检查执法有无差错，做到"以善至者待之以礼，以不善至者待之以刑"，如是才能"贤不肖不杂，是非不乱"，从而收到"英杰至"和"国家治"的效果；还要做到"职之衡"而能"公平"，"听之绳"而能"中和"，"听之尽"而须"有法者以法行，无法者以类举"。这些都说明，荀子是礼法并举和君主发挥主导作用的倡导者。"不可少顷舍礼义"这一提法，充分表达了荀子"隆礼敬士"的思想。在本篇，荀子逐一讲到：以礼义行法听政，以礼义区分贫富贵贱之等，以礼义消除社会纷争，以礼义选拔贤能，以礼义教化各类民众，以礼义安政惠民，以礼义强国富民，以礼义善待他国之民，以礼义执行赏罚，以礼义整饬王者言行，以礼义约束君臣父子兄弟夫妇，以礼义规定宫室、衣服、祭祀、音乐、朝聘，以礼义处理四时节令、农林渔牧、动植万物，以礼义称王天下，总之，礼义是"养天下之本也"。荀子的"尚贤使能"思想，着力在打破用人的旧制度。由于"贤能不待次而举"，用人论资排辈的陈规就被冲破；由于"罢不能不待须而废"，企图靠资历和身份升迁的人就不再有指望；由于王公子孙可降为庶人，庶人子孙可升为卿相士大夫，父昭子穆一样的分别就不再由尊卑贵贱的祖先来决定。荀子所处的战国时期，社会阶级结构发生巨大变化，大批有军功的平民出身的将士被破格提升到官僚机构，表明新兴的封建制度正在形成，旧贵族世袭制度开始退出历史舞台。荀子与时俱进，大胆地对"礼"作出新的解释，以更加开放的观点来适应天下统一前夕人才竞争的需要，这是对孔子尚贤思想的重要发展。

王霸兼用的统一天下思想。本篇继《仲尼篇》之后，进一步论述霸王杂用可以统一天下。荀子认为"强国之道"有其可取之处：虽然国力强大，却"不务强"，而以"以王命全其力，凝其德"，这叫做除"强大之弊"，因而不会削弱。而且，"天下无王霸主，则常胜矣"，即可以长期维持自我强大的地位。"霸主之道"有其可取之处：一是在土地、粮食、兵革器械以及人才等方面能够扩充国家实力；二是选贤任能，赏罚得当，治理有方；三是不存兼并之心，不以诸侯为臣，反而以存亡继绝、卫弱禁暴的友好政策与诸侯结盟，使其悦服、亲附。假如具备了这些条件，"天下无王霸主，则常胜矣"，即可以长期维持九合诸侯一匡天下的霸主地位，使天下稳定不乱。对于"王者之道"，其可取之处则是仁、义、威三者兼有，同时形成，在仁、义之外，还要凭借国家实力，"以不敌之威，辅服人之道"，虽不战不攻不劳甲兵而使天下亲附和尊重，从而实现天下统一。荀子视强道、霸道、王道均有所长，认为"知此三具者，欲王而王，欲霸而霸，欲强而强矣"。这就是说，强、霸、王三个品级中，王道为上，霸道次之，强道又次之，所以不能王则霸，不能霸则强，但决不做危殆、灭亡之国。荀子生当战国之末群雄争霸的情势，看出天下统一必将由诸霸凭借实力决出雌雄而完成，故而冷眼旁观，理智地面对现实，指出对强、霸、王道应有不同程度的吸纳和肯定，首先得安存，方可谈得上称霸天下、称王天下。他甚至认为，在当今单凭仁义而取天下是不现实的了，所以强调以"威"补仁义，以"威"辅仁义，行王道而不可，退而求其次——霸道亦可行也。这和认为"春秋无义战"，对霸道完全否定的孟轲，恰成鲜明对照。

富国篇第十

本篇专论荀子以政治经济办法富国的思想，指出富国之道在于"节用裕民"、"明分使群"和"儒术诚行"，并对儒、墨的富国思想做比较分析，尖锐地批驳了墨子"忧不足"的理论。其次，申述持国难易的道理，强调保持独立自强对于国家的生存发展极为重要。作者善于深入问题的本质，进行透辟分析，如先设定一种情况作为条件，往下推导出令人信服的结果，就完成了对"节用裕民"、"明分使群"、"儒术诚行"等观点的论证，这是将假言推论、因果推论综合运用的功效；或将几种不同的思想或措施加以比较对照，陈述其利弊得失，让人认同优者摒弃劣者，就简捷有力地论证了各家学派的富国思想和治理之道；或采用下定义释概念的方法对疑难问题反复剖析，给出详明的答案，如对礼、分和本末、源流的说明，即是范例。全篇文辞渊雅繁富，情意沉至亲切，气魄劲直宏大。

万物同处宇宙之内而形体各异，虽然没有固定的适宜性，但都可以为人类所利用，这是自然的道理。人们合群相处，有相同的需求，但实现需求的方法不同；有相同的欲望，但满足欲望的智慧不同，这是人的本性。凡人都会有所追求，这一点智者和愚者是相同的；但追求又有所不同，这一点又把智者和愚者区别开了。如果地位相同而智慧不同，各谋私利而没有灾祸，各纵贪欲而没有止境，那么民心竞相争夺于私利贪欲之中就无法解脱了。像这样，智者就得不到治国的机会；智者得不到治国的机会，就不能成就功业与名望；不能成就功业与名望，人群大众就没有等级差别；人群大众没有等级差别，君臣的关系就不能确立。没有君主管理大臣，没有朝廷统治人民，那么天下的祸害就会从各纵其贪欲而产生。人们的欲望和厌恶是相同的，欲望多而财物少，财物少就必然相争。一个人的生活所需，要由各行各业制成的物品来提供。而一个人不可能兼精多种技能，一个人也不可能兼任多种职业。离群而独居，却不互相信赖，就会陷入困境；结群而居，却没有等级名分，又会发生争斗。陷入困境是祸患，相互争斗是灾难，要想解除祸患、消除灾难，没有比明确等级职分，使民众结群相处而互助会更好的了。强者威胁弱者，智者吓唬愚者，百姓违背君主，年少的欺负年长的，不以礼义道德来处理政事，如果这样，年老体弱的人就有失去供养的忧虑，而身强力壮的人就有互相争夺利益的祸患。劳役之事是人们所厌恶的，功利是人们所喜好的，而官职没有等级职守，四民没有职业分工，如果这样，人们就会有建树不起事业的忧虑，并且会产生争夺功名的祸患了。男女的婚配，夫妇的区别，结婚联姻、定亲纳礼、送女迎娶都不守礼制，如果这样，人们就会有失去婚配的忧虑，并且会产生争夺女色的祸患了。所以智者为人们规定了等级名分制度。

使国家富足的办法在于节约用度，使人民富裕，并妥善贮藏多余的粮食和财物。节约用度要按照礼义的规定，使人民富裕要靠政策措施。节约用度才会有剩余，实行裕民政策才会使人民富足；人民富足了才会使土地得以治理而肥沃，土地肥沃就会生产出百倍的粮食来。君主按照法令规定收税，民众按照礼义的要求节约用度，那么多余的粮食就会堆积成山，以致要不时烧掉一些，否则就会多得无处贮藏。君子哪里用得着担忧没有剩余呢！所以，懂得节约用度，使人民富裕，就必定会获得仁义贤良的美名，而且会拥有堆积如山的财富。这没有别的原因，就在于节约用度，使人民富裕。不懂得节约用度，使人民富裕，人民就会贫穷；人民贫穷了，田地就会贫瘠而荒芜；田地贫瘠而荒芜，粮食产量就达不到正常年景的一半。这样，君主即使喜欢聚敛、掠夺，也还是所得甚少。如果又不按照礼义的要求节约用度，就必定会落得个贪戾暴敛的恶名，而且会导致国库空虚人民贫穷的结果。这没有别的原因，就是因为不懂得节约用度，使人民富裕。《尚书·康诰》上说："天那样宏大，覆盖万物，你若按'德'的标准行事，则自身必定富裕。"说的就是这个道理。

所谓礼，就是贵贱有等级，长幼有差别，贫富尊卑都有与之相当的规定。所以，天子穿朱红色龙服戴礼帽，诸侯穿黑色礼服戴礼帽，大夫穿裨服戴礼帽，士人戴白鹿皮帽穿白色礼服。德行必定和其职位相当，职位必定和其俸禄相当，俸禄必定和其职任相当。对士以上的官吏必须用礼乐来调节他们，对民众百姓就必须用法度来制约他们。根据土地的大小来划分诸侯国，根据地利的产出来养育人民，根据人力的多少来分派职业，使人民能胜任各自的职业，而所从事的职业又必须有所收益，收益又足够养育人民，使他们的衣食及其他费用收支相互平衡，然后适时贮藏剩余的财物，这就叫做合于法度。所以从天子到老百姓，事情无论大小、无论多少，都依此类推。所以说："朝廷里没有侥幸得到的职位，百姓中没有侥幸偷生的人。"说的就是这个道理。

减轻田地的赋税，使关卡集市的征税公平，减少经商人的数量，少兴劳役，不占农时：如果这样，国家就富足了。这就叫做用政策来使人民富裕。

人要生存就不能没有群体，有群体却没有等级名分的区别，就会发生争斗；争斗就会造成混乱，混乱就会陷入困境。所以，没有等级名分，是人类最大的祸害；有了等级名分，是天下根本的利益。而君主就是掌管名分等级的关键人物。所以，赞美君主，就是赞美天下的根本；维护君主，就是维护天下的根本；尊崇国君，就是尊崇天下的根本。古代的圣王把人们划分开来并使他们有等级差别，所以使贵者居室、衣服美好，贱者居室、衣服粗劣；使贵者俸禄丰厚，贱者待遇微薄；使贵者安逸快乐，贱者辛勤劳苦，这并非仅仅要造成奢华壮丽的声势，而是要彰明仁的礼乐制度，通达仁的等级秩序。所以，在各种器物上雕刻花纹图形，在衣物服饰上绣制彩绘，只是为了使人们能够区别出贵贱罢了，并不是为了观赏；制作钟鼓、管磬、琴瑟、竽笙等各种乐器，只是为了使人们能够辨别吉凶、彼此欢乐和谐罢了，并不是要追求其他功用。建造宫室、台榭，只是为了使人们能够防寒避暑、涵养德性、区别尊卑罢了，并不是要追求外观之美。《诗经》上说："雕刻文彩，金玉为质。我王勤勉，统领四方。"说的就是这个道理。

至于让君王穿上颜色华美的衣服，吃上味道鲜美的佳肴，拥有丰富的财物，将整个天下都交由他掌管，这并非是特意制造荒淫骄纵的生活方式，而是人们认为，统治天下，应付各种事变，利用万物，养育人民，使天下普遍得到利益的人，没有比仁君更好的了。所以，仁君的智谋足以治理天下，仁君的仁爱足以安抚天下，仁君的美德声望足以教化天下，得到他天下就会太平，失去他天下就会混乱。百姓真诚地信赖他的智慧，所以争相为之辛苦劳作以求使他安逸，以保养他的智慧；百姓真诚地赞美他的厚道，所以为他出生入死以保护他，以保养他的厚道；百姓真诚地赞美他的仁德，所以为他在各种器物上雕刻花纹图形，在衣物服饰上绣制彩绘，以盛大地装饰他，以保养他的仁德。所以，仁人居于君主之位的时候，百姓尊崇他如同天帝，亲爱他如同父母，为他出生入死也甘心乐意，这没有别的原因，正是因为仁君所主张的政策确实美好，仁君所取得的成就确实伟大，仁君所给予百姓的实惠确实很多。《诗经》上说："我们挑担，我们推辇，我们驾车，我们牵牛，我们行装已整好，何不归附仁君去！"说的就是这个意思。

所以说：君子靠德，小人靠力。力是受德役使的。百姓的力气，靠君主的德化才能成功；百姓的群体，靠君主的德化才会和一；百姓的财物，靠君主的德化才能聚集；百姓的处境，靠君主的德化才能安定；百姓的寿命，靠君主的德化才能长久。没有君主的德化，父子之间就不会相互亲爱，兄弟之间就不会相互和睦，夫妇之间就不会相互欢悦。年轻人靠君主的德化才能健康成长，老年人靠君主的德化才能颐养天年。所以说："天地生育了百姓，圣人使百姓成长。"说的就是这个意思。

现在的世道却不是这样：加重对钱财的聚敛以掠夺百姓的财物，加重田亩的赋税以攫取百姓的粮食，加重关卡集市的税金以阻碍货物的流通。不仅如此，还处处掣肘胁迫，伺机欺诈，玩弄阴谋权术，打击陷害，颠倒是非，败坏社会风气，百姓都清楚地知道君主的卑污、狡诈、残暴、淫乱的行为将给国家带来极大的危险和灾难。所以，有的臣下杀死他的君主，有的下属杀死他的上司，出卖城池，变节投降，而不肯为君主的事业卖命，这没有别的原因，正是君主自作自受。《诗经》上说："你没有言语，小民不会回应；你没有恩德，小民不会报答。"说的就是这个意思。

使天下的人都富足的办法，在于明确等级职分。翻耕土地，分出田界，清除杂草，种植谷物，多施粪肥，肥沃田地，这是农夫百姓的职责。遵守农时，使人民尽力，推进农事，提高收益，使百姓和睦齐心，使人们不懈怠，这是将帅的职责。使高地不受干旱，洼地不遭水涝，寒暑和调有节，五谷按时成熟，这是上天的职责。至于普遍地庇护百姓，普遍地爱护百姓，普遍地使他们得到利益，即使遇上涝旱荒歉的年景，也能使他们免受冻饿的苦难，这就是圣君贤相的职责了。

墨子的言论，明显是为天下担忧财物不足。其实，财物不足并不是天下的公患，不过是墨子个人过虑罢了。现在土地生长五谷，如果人们好好耕种，每亩地可以生产几盆粮食，一年可收获两季。然后还有瓜、桃、枣、李，每一棵树的果实都可以用盆或鼓来计量；还有各种蔬菜得用池泽来计量；还有六畜禽兽，养好了每一种都能把运载的车子压垮；鼋、鼍、鱼、鳖、鳅、鳝让它们按时怀孕产卵，每一种都可以繁衍成群；还有飞鸟、野鸭和大雁等，多得像烟海一样；还有昆虫等各种生物生长其间，可以供人们食用的东西真是不可胜数啊。天地生长万物原本就有富余，完全可以供人们食用；麻葛、茧丝、鸟兽的羽毛、牙齿皮革原本就有富余，完全可以供人们穿戴。本来是有余的，财物不足并不是天下的公患，只是墨子个人过虑罢了。

天下的公患，是由混乱而伤害了民生。为什么不尝试共同探究一下是谁造成混乱的呢？我认为墨子主张"非乐"，就造成了天下的混乱；墨子主张"节用"，就造成了天下的贫困。这并不是有意诋毁墨子，而是墨子的学说不可避免导致的结论。如果让墨子大到治理天下，小到治理一个诸侯国，他必将局促不安地穿着粗布衣服，吃着恶劣食物，忧郁悲伤而反对音乐。像这样，就会供养菲薄，供养菲薄就不能满足人们的欲求，欲求不能满足，论功行赏就废弃了。如果让墨子大到治理天下，小到治理一个诸侯国，必将减少仆从，削减官职，崇尚劳作辛苦，和老百姓做同等的事情，付出同样的辛劳。像这样，就会没有威严，没有威严就会使赏罚废弃。不能实行奖赏，贤能的人就不可能得到任用；惩罚不能实行，不贤能的人就不可能被辞退。贤能的不能被任用，不贤能的人不能被辞退，那么有能力的人和没能力的人都无法适当地任用。像这样，万物就得不到合理利用，事情发生变化就得不到恰当处理，上失天时，下失地利，中失人和，全天下的人都受煎熬，像被火烧火烤一样难受。墨子尽管自己穿粗布衣服，系粗麻绳，吃粗粮，喝白水，又怎么能使老百姓富足呢？既然已经砍断了树的根本，断绝了水的源泉，那就只能使天下变成一片焦土了。

所以，先王和圣人治理天下就不这样做。他们知道做君主的人，不美化不修饰就不足以统一民众，不富有、不丰厚就不足以驾驭臣下，不威严不强大就不足以禁止强暴、战胜凶悍。所以他一定要撞击大钟，敲打响鼓，吹奏笙竽，弹奏琴瑟，来满足自己的耳福；一定要在各种器物上雕刻花纹图形，在衣物服饰上绣制彩绘，来满足自己的眼福；一定要吃肉食细粮，调以五味芬芳，来满足自己的口福；还要仆从众多，官职齐备，奖赏丰厚，惩罚严厉，来儆戒人心。使天下的人民，都知道自己所希望得到的全都在这里了，所以君主的奖赏就能实行；都知道自己所畏惧的全都在这里了，所以君主的惩罚就能威慑人心。奖赏得以实行，惩罚得以威慑人心，那么贤能的人就能得到任用，不贤能的人就会被斥退，有能力的人和没有能力的人都能得到任用。像这样，万物就能得到合理的利用，事情发生变化就能得到恰当处理，上得天时，下得地利，中得人和，于是财货就像泉源一样滚滚而来，像江河大海一样浩浩荡荡，像山丘一样突起高大，虽然不时地焚烧，仍然多得无处收藏，天下之人又怎么会担忧财货不足呢？所以儒家学说果真得以实行，那么天下就会平安而富足，役使人民而有功效，撞钟击鼓一片和乐景象。《诗经》上说："钟鼓相和声喧喧，管磬合奏音锵锵。天赐福禄多又多，天赐福禄大又大，威仪庄严又堂皇。酒已醉，饭已饱，福禄永葆久且长。"说的就是这个意思。所以墨家学说果真得以实行，那么天下就会崇尚俭朴而更加贫穷，反对争斗却天天争斗，劳苦困顿憔悴却更加没有功效，忧愁悲伤反对音乐却天天不和睦。《诗经》上说："上天连降瘟疫，死亡离乱太多。人民不再赞许，丝毫也不警惧。"说的就是这种情况。

不抓大事而以小惠养民，安抚他们，哄着他们，冬天给他们稠粥，夏天给他们瓠菜麦粥，用来骗取短暂的声誉，这是一种偷巧苟且的做法。这样做虽然可以暂时得到奸民的称誉，却不是长久的办法；事业必定不能成就，功名必定不能建立，这是不正当的治国方法。吆喝着限期驱赶人民去服劳役，以求建立自己的功业，忽视人民的毁誉，而安于丧失民心。这样做事业虽有进展，而百姓却产生了怨恨；因为这些本来是不可以苟且偏激而为的事情，只会让事业毁坏堕落，必然反而没有功利。所以，放下事业沽名钓誉不可行，为完成功业而忘记人民也不可行，这些都是违背礼义的统治方法。

所以，古代的君主不这样做。他们役使人民的时候，夏天不让他们受热中暑，冬天不让他们受寒挨冻，紧急时不损伤民力，和缓时不耽误农时，结果事业成就了，功名建立了，国家和人民都富裕了。而百姓都爱戴他们的君主，人们归顺他就像流水一样，亲爱他就像父母一样，为他出生入死而心甘乐意，这没有别的原因，就是因为君主在忠信、亲和、公平几个方面做得太好了。所以，做国君为民之长的人，要想顺应时势成就功业，用调和平正的办法，反倒比用急迫突击的办法见效更快些；用忠信、均平的办法，反倒比实行奖赏更受人欢迎；用先改正自己的错误，然后再慢慢地指教别人的办法，反倒比施以刑罚更要有威力。这三种品德在君主身上确实体现出来，那么臣下百姓就会如影随形、如响应声一样地顺从，这时君主即令不想显赫通达，可能吗？《尚书》上说："君主圣明地对待人民，人民就会勤勉效力，既和谐，又迅速。"说的就是这个道理。

所以，不先进行教育就惩罚，就会刑罚繁多，邪恶也难以制服；只教育而没有刑罚，奸邪的人就得不到惩罚；只惩罚而没有奖赏，勤勉的人就得不到鼓励；奖赏惩罚若不恰当，那么臣下就会大生疑惧，萌发侥幸获赏或免罪之心，而百姓也不会齐心。所以，先王申明礼义制度来统一百姓，表达忠信来爱护百姓，尊崇贤者、使用能人来安排他们的职位，用爵位服饰和奖赏来不断鞭策他们；根据季节时令安排他们的活动，减轻他们的负担，来调剂他们；以最大的恩泽普惠他们，哺育他们成长，就像养护初生的婴儿一样。像这样，奸邪就不会发生，盗贼就不会兴起，而改过向善的人也得到鼓励了。这是为什么呢？是因为先王治国的方法简易可行，遏制邪恶篱笆坚固，政策法令统一，礼义的标准明确。"上面专一不变，下面就专一不变；上面三心二意，下面就三心二意。就好比草木，枝叶必然随着它的根本一起荣枯。"说的就是这个意思。

不给人民利益却要从他们身上索取利益，不如先给人民利益再从他们身上得到利益更为有利；不爱护人民却要使用人民，不如爱护他们再使用他们更有功效。给予人民利益再向他们索取利益，不如给予他们利益而不向他们索取利益更为有利；爱护人民再使用他们，不如爱护他们而不使用他们更有功效。给予人民利益而不从他们身上索取利益，爱护人民而不使用他们，这是夺取天下的做法；给予人民利益再向他们索取利益，爱护人民再使用他们，这是保有国家的做法；不给人民利益却从他们身上索取利益，不爱护人民却要使用人民，这是危害国家的做法。

观察一个国家的治乱好坏，到它的边界就可以看出头绪了。他的哨兵到处巡逻，边境关卡的政令极为烦苛，这是混乱的国家了。进入境内，田地荒芜，城池破败，这是贪婪的君主了。观察他的朝廷，地位尊贵的人却不贤明；观察他的官吏，行使权力的人却没有才能；观察他的身边近臣，虽受宠信却不忠诚，这是昏愦的君主了。君主、宰相、大臣以及大小官吏，对于财物出入的计算能够精熟细察，而对于礼义制度却废止不用而又怠慢粗疏，这是受凌辱的国家了。农人乐于种田，战士甘愿赴难，大小官吏喜好法令，朝廷推崇礼义，卿相又能协调众议，这是治理有序的国家了。观察他的朝廷，地位尊贵的人贤明；观察他的官吏，行使权力的人有才能；观察他的身边近臣，虽受宠信却又忠实，这是英明的君主了。大凡君主、宰相、大臣以及大小官吏，对于财物出入的计算以宽让待之，手续简便易行，而对于礼义制度却能严谨明察，一丝不苟，这是繁荣昌盛的国家了。凡德行相等，那么有宗亲关系的人就先显贵；才能相等同，那么有故旧关系的人就先授予官职，他的大臣百官经过教化，卑污的都变得廉洁了，凶悍的都变得良善了，骄狂的都变得忠实了，这是英明君主的功绩了！

观察一个国家的强弱贫富是有征兆验证的：君主不崇尚礼义，军队就弱；君主不爱护百姓，军队就弱；奖赏不丰厚，军队就弱；将帅不贤能，军队就弱。君主贪图功名，国家就贫穷；君主贪图财利，国家就贫穷；官吏人数太多，国家就贫穷；工匠商贾人数众多，国家就贫穷；使用财物没有规制限度，国家就贫穷。百姓贫穷君主就贫穷，百姓富裕君主就富裕。所以，田野乡村是财富的根本，官府的谷仓米库是财富的末端。百姓按照四时节令安排生产，耕种收藏有序进行，这是财富的源泉；按照等差征收赋税并藏于府库，这是财富的支流。所以，英明的君主一定要谨慎地使财富的本源与支流协调，节制其支流，开发其本源，时时对二者加以斟酌调整，使天下财富就像大水涌来一样多而有余，君主也就不用担忧不富足了。像这样，君主和百姓都富裕，上下财富都多得无处收藏，这是懂得了治国大计的表现。所以，大禹遭遇十年水灾，商汤遭遇七年旱灾，而天下百姓并没有饥饿的脸色，十年之后，庄稼又获丰收，而陈粮蓄积还有剩余。这没有别的缘故，只是因为君主明白本与末、源与流的关系啊。所以，田野荒芜而粮仓充实，百姓贫乏而国库溢满，这叫做国家的灾难。砍伐生财的根本，枯竭生财的源泉，又把现有财富都聚敛到国库里来，可是君主宰相还不知道事情有多危险，那么国家的灭亡就指日可待了。以全国的财力侍奉他，还没有能够保全他的性命，这叫做最大的贪婪，是愚蠢到极点的君主。本想追求富裕反而丧失了国家，本想追求财利反而危害了自身。古时候有上万个国家，现在只剩下十几个国家了。这没有别的解释，他们丧失国家的原因是相同的。做君主的人，也应该觉醒了！

方圆百里的小国，也完全可以独立存在。凡是进攻别国的，不是为了追求讨伐残暴的美名，就是为了追求财物土地的实利，再不然就是仇恨对方。仁人治理国家，就一定要培养自己的志气心愿，端正自己的修养品行，推崇礼义，极尽忠信，严守法度。一个身着布衣、脚穿麻鞋的士人果真做到这些，那么即使他还住在陋巷破屋里，但王侯公卿也不能同他争夺美名；如果把一个国家交给他治理，那么天下也没有人能盖过他的声望。如果能够这样，那些为了捞取美名的人就不会来进攻了。他将开垦田地，充实仓库，治办军备，上下一心，三军协力，以这样的小国进行远征急战是不可能的，但是若能在国内对城堡防御进行整修加固，在条件许可时迎击敌军，俘获敌军的将士，就如同拨打蒲草一样容易。入侵的敌军纵有所得，还不够用来医治自己的创伤、弥补自己的损失，而且他们也爱惜自己的官兵，畏惧自己的仇敌。像这样，那些贪求财利的国家就不会来攻打小国了。仁人治理的国家，能够正确对待以小事大、以弱事强的礼节，持守遵从这一礼节，礼节又文雅，珪璧又很大，财物又丰厚，所派出的游说使者又是巧慧善辩的君子，那么对方假若还通情达理，怎么会对你仇恨呢？像这样，那么为了发泄仇恨的国家就不会来攻打了。为了追求美名的国家不来攻打了，为了追求财利的国家不来攻打了，为了发泄仇恨的国家不来攻打了，那么小国也会像磐石一样安稳，像天上的箕宿、翼宿一样长久。别国都混乱了，惟独我国太平；别国都危险了，惟独我国安全；别国都损失衰败了，惟独我国正在兴起而能胜过他国。所以，仁人治理国家，不仅是能单独保存自己的国家而已，还将要胜过别的国家。《诗经》上说："善良的君子啊，他的威仪无差错；他的威仪无差错，可以端正四方诸国。"说的就是这个意思。

保持国家的难易是：侍奉强暴的国家难，让强暴的国家侍奉我容易。用财货珍宝去侍奉敌国，财货珍宝用光也就不能结交了；靠订立盟约来维系邦交，约定之后不定哪一天就毁约了；割让少许国土来贿赂敌国，割地之后他的胃口更大了。侍奉敌国越多，敌国入侵就越厉害，一定要到财货珍宝用光了，把整个国家都送给他才肯罢休。即使身边有尧舜一样的贤人来帮助治国，也没有能用这种办法免除灾难的呀！这就好比一个闺中少女，脖子上系着宝珠，身上佩带着宝玉，背负着黄金，遇到了山中强盗。她即令对强盗媚眼相视，弯腰屈膝，就像人家屋里的婢妾一样，却仍然不能免于劫难。所以，假若没有君主之道，只靠花言巧语相请求，以畏惧的心情侍奉敌国，就不能持守国家，保全自身。所以英明君主是不会这样做的。他一定会修行礼义以整顿朝政，修正法令以整肃百官，修明政治以统一百姓，然后朝廷上下节奏严明，百官各司其职，百姓同心和一。这样，邻近的国家就会争相亲近，远方的国家就会表示倾慕，全国上下一心，三军协力，名声就能像暴日烈火般威慑天下，威猛足以造成打击，拱手握拳就能发号施令，而那些强暴的国家没有哪一个敢不受驱使的，就好比大力士乌获和小矮个焦侥搏斗一样。"侍奉强暴的国家难，让强暴的国家侍奉我容易。"说的就是这个意思。

　　万物同宇而异体，无宜而有用为人，数也。人伦并处，同求而异道，同欲而异知，生也。皆有可也，知愚同；所可异也，知愚分。势同而知异，行私而无祸，纵欲而不穷，则民心奋而不可说也。如是，则知者未得治也；知者未得治，则功名未成也；功名未成，则群众未县也；群众未县，则君臣未立也。无君以制臣，无上以制下，天下害生纵欲。欲恶同物，欲多而物寡，寡则必争矣。故百技所成，所以养一人也。而能不能兼技，人不能兼官。离居不相待则穷，群居而无分则争。穷者患也，争者祸也，救患除祸，则莫若明分使群矣。强胁弱也，知惧愚也，民下违上，少陵长，不以德为政，如是，则老弱有失养之忧，而壮者有分争之祸矣。事业所恶也，功利所好也，职业无分，如是，则人有树事之患，而有争功之祸矣。男女之合，夫妇之分，婚姻娉内送逆无礼，如是，则人有失合之忧，而有争色之祸矣。故知者为之分也。

足国之道，节用裕民，而善臧其余。节用以礼，裕民以政。彼裕民，故多余。裕民则民富，民富则田肥以易，田肥以易则出实百倍。上以法取焉，而下以礼节用之，余若丘山，不时焚烧，无所臧之。夫君子奚患乎无余？故知节用裕民，则必有仁圣贤良之名，而且有富厚丘山之积矣！此无他故焉，生于节用裕民也。不知节用裕民则民贫，民贫则田瘠以秽，田瘠以秽则出实不半。上虽好取侵夺，犹将寡获也。而或以无礼节用之，则必有贪利纠诉之名，而且有空虚穷乏之实矣。此无他故焉，不知节用裕民也。《康诰》曰："弘覆乎天，若德裕乃身。"此之谓也。

礼者，贵贱有等，长幼有差，贫富轻重皆有称者也。故天子袾裷衣冕，诸侯玄裷衣冕，大夫裨冕，士皮弁服。德必称位，位必称禄，禄必称用。由士以上则必以礼乐节之，众庶百姓则必以法数制之。量地而立国，计利而畜民，度人力而授事，使民必胜事，事必出利，利足以生民。皆使衣食百用，出入相揜，必时臧余，谓之称数。故自天子通于庶人，事无大小多少，由是推之。故曰："朝无幸位，民无幸生。"此之谓也。

轻田野之赋，平关市之征，省商贾之数，罕兴力役，无夺农时；如是，则国富矣。夫是之谓以政裕民。

人之生，不能无群，群而无分则争；争则乱，乱则穷矣。故无分者，人之大害也；有分者，天下之本利也；而人君者，所以管分之枢要也。故美之者，是美天下之本也；安之者，是安天下之本也；贵之者，是贵天下之本也。古者先王分割而等异之也，故使或美或恶，或厚或薄，或佚或乐，或劬或劳，非特以为淫泰夸丽之声，将以明仁之文、通仁之顺也。故为之雕琢刻镂、黼黻文章，使足以辨贵贱而已，不求其观；为之钟鼓、管磬、琴瑟、竽笙，使足以辨吉凶、合欢定和而已，不求其余；为之宫室、台榭，使足以避燥湿、养德、辨轻重而已，不求其外。《诗》曰："雕琢其章，金玉其相。亹亹我王，纲纪四方。"此之谓也。

若夫重色而衣之，重味而食之，重财物而制之，合天下而君之，非特以为淫泰也，固以为主天下、治万变、材万物、养万民，兼制天下者，为莫若仁人之善也夫！故其知虑足以治之，其仁厚足以安之，其德音足以化之，得之则治，失之则乱。百姓诚赖其知也，故相率而为之劳苦以务佚之，以养其知也；诚美其厚也，故为之出死断亡以覆救之，以养其厚也；诚美其德也，故为之雕琢刻镂、黼黻文章以藩饰之，以养其德也。故仁人在上，百姓贵之如帝，亲之如父母，为之出死断亡而愉者，无它故焉，其所是焉诚美，其所得焉诚大，其所利焉诚多。《诗》曰："我任我辇，我车我牛。我行既集，盖云归哉！"此之谓也。

故曰：君子以德，小人以力。力者，德之役也。百姓之力，待之而后功；百姓之群，待之而后和；百姓之财，待之而后聚；百姓之势，待之而后安；百姓之寿，待之而后长。父子不得不亲，兄弟不得不顺，男女不得不欢。少者以长，老者以养。故曰："天地生之，圣人成之。"此之谓也。

今之世而不然：厚刀布之敛以夺之财，重田野之赋以夺之食，苛关市之征以难其事。不然而已矣，有掎挈伺诈，权谋倾覆，以相颠倒，以靡敝之，百姓晓然皆知其污漫暴乱而将大危亡也。是以臣或弑其君，下或杀其上，粥其城，倍其节，而不死其事者，无他故焉，人主自取之。《诗》曰："无言不雠，无德不报。"此之谓也。

兼足天下之道在明分。掩地表亩，刺屮殖谷，多粪肥田，是农夫众庶之事也。守时力民，进事长功，和齐百姓，使人不偷，是将率之事也。高者不旱，下者不水，寒暑和节而五谷以时孰，是天之事也。若夫兼而覆之，兼而爱之，兼而制之，岁虽凶败水旱，使百姓无冻馁之患，则是圣君贤相之事也。

以上为第一部分，论述富国之道在于"节用裕民"和"明分使群"的道理。

无宜而有用为人：宜，适宜，用途；无宜，谓于人无一定之宜，即用处不同；为，读为"于"。　人伦：各类人。伦，类。　民心奋而不可说也：据王天海注，说，读如"脱"。《诗·卫风·氓》："士之耽兮，犹可说也。女之耽兮，不可说也。"郑笺："说，解也。"余冠英曰："说，读为脱，解脱。"此言民心争竞于"行私"、"纵欲"之中，而不可解脱也。　能不能：即"能者不能"。　娉内：犹"聘纳"。娉，通"聘"，通问定亲；内，通"纳"，纳币、下彩礼。　彼裕民，故多余：据梁启雄曰，此处"裕民"二字，当作"节用"，句法才一律。从之。　田肥以易：田地经过整治而变得肥沃。易，治。　纠诶(jiǎo)：搜刮、榨取。纠，通"收"；诶，通"挢"，取。　袾裷衣冕：袾，古"朱"字；裷，同"衮"，指帝王所着画有龙的衣袍；冕，礼帽。　裨(pí)：诸侯以下所着的一种礼服。　相揜：相平，相等。揜，同"掩"。　"雕琢其章"云云：引自《诗经·大雅·棫朴》。相，质；亹亹(wěi wěi)，勤勉的样子。　"我任我辇"云云：引自《诗经·小雅·黍苗》。任，担荷；辇，手推车；行，行装；盖，犹"皆"。　刀布：刀币和布币。中国古代铜币，分别由生产工具和镈（"布"为"镈"的同声假借字）演变而来，故有此称。　"无言不雠"云云，引自《诗经·大雅·抑》。雠(chóu)，应答。　掩地表亩：据王天海注，"疑'表'字系'耒'之形误，掩地耒亩，即以农具耒翻耕土地也。正与下文'刺屮殖谷，多粪肥田'一意相贯，皆农夫众庶耕种之事也。"姑存此一说。　刺屮：除草。刺，刈除，铲除；屮，古"草"字。　将率：将帅。率，通"帅"。　兼而制之：据王天海注，制，疑"利"之形误。上言兼覆兼爱，下称"圣君贤相"，故作"兼而利之"方合文义。其并引钟泰曰："兼爱兼利，语本《墨子》。"

墨子之言，昭昭然为天下忧不足。夫不足，非天下之公患也，特墨子之私忧过计也。今是土之生五谷也，人善治之，则亩数盆，一岁而再获之。然后瓜桃枣李一本数以盆鼓；然后荤菜百疏以泽量；然后六畜禽兽一而剸车；鼋鼍鱼鳖鳅鳣以时别，一而成群；然后飞鸟凫雁若烟海；然后昆虫万物生其间，可以相食养者，不可胜数也。夫天地之生万物也固有余，足以食人矣；麻葛、茧丝、鸟兽之羽毛齿革也固有余，足以衣人矣。夫有余，不足非天下之公患也，特墨子之私忧过计也。

天下之公患，乱伤之也。胡不尝试相与求乱之者谁也？我以墨子之"非乐"也，则使天下乱；墨子之"节用"也，则使天下贫。非将堕之也，说不免焉。墨子大有天下，小有一国，将蹙然衣粗食恶、忧戚而非乐；若是则瘠，瘠则不足欲，不足欲则赏不行。墨子大有天下，小有一国，将少人徒，省官职，上功劳苦，与百姓均事业、齐功劳，若是则不威，不威则罚不行。赏不行，则贤者不可得而进也；罚不行，则不肖者不可得而退也。贤者不可得而进也，不肖者不可得而退也，则能不能不可得而官也。若是，则万物失宜，事变失应，上失天时，下失地利，中失人和，天下敖然，若烧若焦。墨子虽为之衣褐带索，嚽菽饮水，恶能足之乎？既以伐其本，竭其原，而焦天下矣。

故先王圣人为之不然。知夫为人主上者，不美不饰之不足以一民也，不富不厚之不足以管下也，不威不强之不足以禁暴胜悍也。故必将撞大钟，击鸣鼓，吹竽笙，弹琴瑟，以塞其耳；必将雕琢刻镂、黼黻文章，以塞其目；必将刍豢稻粱、五味芬芳，以塞其口；然后众人徒，备官职，渐庆赏，严刑罚，以戒其心。使天下生民之属，皆知己之所愿欲之举在是于也，故其赏行；皆知己之所畏恐之举在是于也，故其罚威。赏行罚威，则贤者可得而进也，不肖者可得而退也，能不能可得而官也。若是，则万物得宜，事变得应，上得天时，下得地利，中得人和，则财货浑浑如泉源，汸汸如河海，暴暴如丘山，不时焚烧，无所臧之，夫天下何患乎不足也？故儒术诚行，则天下大而富，使而功，撞钟击鼓而和。《诗》曰："钟鼓喤喤，管磬玱玱。降福穰穰，降福简简，威仪反反。既醉既饱，福禄来反。"此之谓也。故墨术诚行，则天下尚俭而弥贫，非斗而日争，劳苦顿萃而愈无功，愀然忧戚非乐而日不和。《诗》曰："天方荐瘥，丧乱弘多。民言无嘉，憯莫惩嗟。"此之谓也。

垂事养民，拊循之，呕呕之，冬日则为之饘粥，夏日则为之瓜麮，以偷取少顷之誉焉，是偷道也。可以少顷得奸民之誉，然而非长久之道也；事必不就，功必不立，是奸治者也。儳然要时务民，进事长功，轻非誉而恬失民，事进矣而百姓疾之，是又不可偏者也。徙坏堕落，必反无功。故垂事养誉不可，以遂功而忘民亦不可，皆奸道也。

故古人为之不然。使民夏不宛暍，冬不冻寒，急不伤力，缓不后时，事成功立，上下俱富。而百姓皆爱其上，人归之如流水，亲之欢如父母，为之出死断亡而愉者，无它故焉，忠信调和均辨之至也。故国君长民者，欲趋时遂功，则和调累解，速乎急疾；忠信均辨，说乎庆赏矣；必先修正其在我者，然后徐责其在人者，威乎刑罚。三德者诚乎上，则下应之如景向，虽欲无明达，得乎哉！《书》曰："乃大明服，惟民其力懋，和而有疾。"此之谓也。

故不教而诛，则刑繁而邪不胜；教而不诛，则奸民不惩；诛而不赏，则勤厉之民不劝；诛赏而不类，则下疑俗险而百姓不一。故先王明礼义以壹之，致忠信以爱之，尚贤使能以次之，爵服庆赏以申重之；时其事，轻其任，以调齐之；潢然兼覆之，养长之，如保赤子。若是，故奸邪不作，盗贼不起，而化善者劝勉矣。是何邪？则其道易，其塞固，其政令一，其防表明。故曰："上一则下一矣，上二则下二矣。辟之若中木，枝叶必类本。"此之谓也。

不利而利之，不如利而后利之之利也；不爱而用之，不如爱而后用之之功也；利而后利之，不如利而不利者之利也；爱而后用之，不如爱而不用者之功也。利而不利也，爱而不用也者，取天下者也；利而后利之，爱而后用之者，保社稷者也；不利而利之，不爱而用之者，危国家者也。

观国之治乱臧否，至于疆易而端已见矣。其候徼支缭，其竟关之政尽察：是乱国已。入其境，其田畴秽，都邑露：是贪主已。观其朝廷，则其贵者不贤；观其官职，则其治者不能；观其便嬖，则其信者不悫：是暗主已。凡主相臣下百吏之属，其于货财取与计数也，顺孰尽察；其礼义节奏也，芒轫僈楛：是辱国已。其耕者乐田，其战士安难，其百吏好法，其朝廷隆礼，其卿相调议：是治国已。观其朝廷，则其贵者贤；观其官职，则其治者能；观其便嬖，则其信者悫：是明主已。凡主相臣下百吏之属，其于货财取与计数也，宽饶简易；其于礼义节奏也，陵谨尽察：是荣国已。贤齐则其亲者先贵，能齐则其故者先官，其臣下百吏，污者皆化而修，悍者皆化而愿，躁者皆化而悫：是明主之功已。

以上为第二部分，论述走富民之路，还必须摒弃墨子"忧不足"之论，反对施行小恩小惠以沽名钓誉的偷道和急功近利而丧失民心的奸道，而应使儒家学说畅行，这样天下才能丰泰富足。

天下敖然：天下人受煎熬的样子。敖，通"熬" 嚽：同"啜"，吃。 浑浑：水盛出的样子。 汸汸：水盛大的样子。 暴暴：突起之貌。 大而富：即"泰而富"。大，通"泰"，平安。 "钟鼓喤喤"云云：引自《诗经·周颂·执竞》。喤喤，喻声音大而和谐；玱玱，乐器和合之声；穰穰，众；简简，大；反反，庄重和善之貌；来反，复返。　顿萃：困顿，憔悴。　愀然：悽怆的样子。　"天方荐瘥"云云：引自《诗经·小雅·节南山》。荐，通"洊"，屡次，接连；瘥，病；憯（cǎn），曾；惩，创。　呕（wā）呕：作小儿语声以示慈爱。　垂事养民：诸本多将"垂"解为"下、放下"，即放下大事，专务养民，即所谓"好行小惠"之类，似较切近本义。　宛暍（yē）：犹中暑。宛，通"蕴"，暑气；暍，受热、中暑。　"乃大明服"云云：引自《尚书·康诰》。懋，勤勉；和，顺从；有，通"又"。　溃然：大水涌至之貌。候徼支缭：候，斥候，哨兵；徼，巡逻；支缭，支分缭绕，指往返巡查。　竟关：竟，通"境"；关，关卡，隘口。　顺孰：顺，通"慎"。慎孰，指慎密精熟。　芒轫僈楛：芒，通"茫"，迷茫；轫，懒散；僈，同"慢"，怠慢，轻忽；楛，粗劣，不坚固。　陵谨：严谨。陵，严。

　　观国之强弱贫富有征：上不隆礼则兵弱，上不爱民则兵弱，已诺不信则兵弱，庆赏不渐则兵弱，将率不能则兵弱；上好功则国贫，上好利则国贫，士大夫众则国贫，工商众则国贫，无制数度量则国贫；下贫则上贫，下富则上富。故田野县鄙者，财之本也；垣窌仓廪者，财之末也；百姓时和，事业得叙者，货之源也；等赋府库者，货之流也。故明主必谨养其和，节其流，开其源，而时斟酌焉，潢然使天下必有余，而上不忧不足。如是，则上下俱富，交无所藏之，是知国计之极也。故禹十年水，汤七年旱，而天下无菜色者，十年之后，年谷复熟，而陈积有余。是无它故焉，知本末源流之谓也。故田野荒而仓廪实，百姓虚而府库满，夫是之谓国蹶。伐其本，竭其源，而并之其末，然而主相不知恶也，则其倾覆灭亡可立而待也。以国持之而不足以容其身，夫是之谓至贪，是愚主之极也。将以取富而丧其国，将以取利而危其身，古有万国，今有十数焉。是无它故焉，其所以失之一也。君人者，亦可以觉矣。

　　百里之国，足以独立矣。凡攻人者，非以为名，则案以为利也，不然则忿之也。仁人之用国，将修志意，正身行，伉隆高，致忠信，期文理。布衣紃屦之士诚是，则虽在穷阎漏屋，而王公不能与之争名；以国载之，则天下莫之能隐匿也。若是，则为名者不攻也。将辟田野，实仓廪，便备用，上下一心，三军同力，与之远举极战则不可；境内之聚也保固，视可，午其军，取其将，若拨麷。彼得之，不足以药伤补败；彼爱其爪牙，畏其仇敌。若是，则为利者不攻也。将修大小强弱之义，以持慎之，礼节将甚文，珪璧将甚硕，货赂将甚厚，所以说之者，必将雅文辩慧之君子也。彼苟有人意焉，夫谁能忿之？若是，则忿之者不攻也。为名者否，为利者否，为忿者否，则国安于盘石，寿于旗翼。人皆乱，我独治；人皆危，我独安；人皆丧失之，我按起而治之。故仁人之用国，非特将持其有而已也，又将兼人。《诗》曰："淑人君子，其仪不忒；其仪不忒，正是四国。"此之谓也。

　　持国之难易：事强暴之国难，使强暴之国事我易。事之以货宝，则货宝单而交不结；约信盟誓，则约定而畔无日；割国之锱铢以赂之，则割定而欲无厌。事之弥烦，其侵人愈甚，必至于资单国举然后已。虽左尧而右舜，未有能以此道得免焉者也。譬之是犹使处女婴宝珠，佩宝玉，负戴黄金而遇中山之盗也，虽为之逢蒙视，诎要桡膕，君卢屋妾，由将不足以免也。故非有一人之道也，直将巧繁拜请而畏事之，则不足以持国安身。故明君不道也，必将修礼以齐朝，正法以齐官，平政以齐民，然后节奏齐于朝，百事齐于官，众庶齐于下。如是，则近者竞亲，远方致愿，上下一心，三军同力；名声足以暴炙之，威强足以捶笞之，拱揖指挥，而强暴之国莫不趋使，譬之是犹乌获与焦侥搏也。故曰："事强暴之国难，使强暴之国事我易。"此之谓也。

以上为第三部分，论述国家治乱臧否强弱贫富的表征，以及小国只有独立自强才能生存发展并使强暴之国为我所用的持国方略。

田野县鄙：犹田野乡村。指农业生产之所在。　垣窌仓廪：概指收藏粮食的地方。垣，短墙；窌，地窖。　时和：得四时之和气。谓年成好。　禹十年水，汤七年旱：《贾子新书·无蓄》："禹有十年之蓄，故免九年之水；汤有十年之积，故免七年之旱。"　伉隆高：伉，同"亢"，极；隆高，指礼义。　䋐屦：粗麻绳编的鞋。　䒸(fēng)：蒲草。　珪璧：古代帝王、诸侯朝聘或祭祀时所执的玉器。　旗翼：旗宿与翼宿。皆为二十八宿之一。　"淑人君子"云云：引自《诗经·曹风·尸鸠》。　忒，差错。　逢蒙视：形容女人讨好男性之媚眼。　君卢屋妾：形容畏畏怯怯的样子。君，"若"字之讹；卢，通"庐"。　乌获：传说中的秦国大力士，能力举千钧，曾以勇力事秦武王而致高官。　焦侥：传说中的小矮人，身长只有三尺。

本文是《荀子》全书中论经济问题的名篇，所提出的经济思想和理论，在中国古代经济思想史上具有开创意义，并富有实践价值。

儒家的富国思想和富民政策。"足国之道，节用裕民，而善臧其余。"这是荀子对儒家富国思想总纲的揭示。为了论述这个总纲，他先用"明分使群"的原则来解释"节用裕民"的思想，后用"开源节流"的原则来阐述"善臧其余"的思想。"节用以礼，裕民以政"是"节用裕民"的具体说明。不能笼统而无原则地讲"节用裕民"，因为"天下害生纵欲。欲恶同物，欲多而物寡。寡则必争矣"。解决"物寡"与"纵欲"的矛盾，就只能靠人的等级名分，否则就导致社会纷争和人民贫困。这就是荀子的论断。他十分强调把握贵贱贫富尊卑的界限来分配经济、社会、政治资源。"由士以上则必礼乐节之，众庶百姓则必以法数制之"，无论什么人都要受礼法的约束、节制，这是一条根本原则。分配社会财富，必须按礼法求其在贵贱贫富尊卑上的平衡，但要反对平均主义的一刀切，统治阶级的利益和享受是要绝对保证的。这种分配制度是古已有之、沿用至今的，所谓"古者先王分割而等异之也"，"明仁之文，通仁之顺也"，可以"救患除祸"。所以，荀子讲"节用"，并非一般地说节约用度，而是以"隆礼"和"明分"为前提，来讲社会各阶级阶层对社会财富的占有和使用的问题。他的"以礼节用之"的含义，即在于此。荀子还讲"不以德为政"的危害。"德"，即礼义恩惠。意思是，没有礼义恩惠的施政，会丧失社会伦理，引发社会纷争，诸如老弱失养、壮者夺利、男女夫妇失合以及职业无分、事业无功等等。更有甚者，是造成人民贫困。民贫引起恶性循环：田瘠以秽——出实不半——上将寡获——贪利纠诉之名——空虚穷乏之实；与之相反，民富引起良性循环：田肥以易——出实百倍——上以法而取——仁义圣良之名——富厚丘山之积。荀子警告说，统治者如不实行"节用裕民"，而是荒淫腐败，加重对人民的盘剥和压迫，必将给国家带来"大危亡"，及至发生"臣或弑其君，下或杀其上，粥其城，倍其节，而不死其事者"之类的事件。循着民贫则国贫、民富则国富的思路，荀子提出了"裕民以政"八大政策建议。这八大政策的核心思想是平政爱民，优裕人民，仁爱人民，将"使人民先富起来"当成国家的头等大事。政策之一：重农抑商。荀子认为，"工商众则国贫"。农民是社会财富的创造者，而工商业者则是社会寄生阶层，其人数众多会使农民劳动力减少，农业生产就会下降，国家就会贫困。所以要"省商贾之数"，以确保从事农业劳动生产的人数。政策之二：减少士大夫。"士大夫众则国贫"，是说士大夫阶层也是社会寄生阶层，而且还需要拿出很多税赋才能养活他们，这就会增加人民的负担。若能减少士大夫人数，既能减轻人民负担，又增加了劳动生产者的人数。政策之三：收支平衡，量力而行。"量地而立国，计利而畜民，度人力而授事。"所言皆计划之中的地、利、力的分配与安排，使它们平衡运行，量力发展，而且官民的费用收支、财物贮藏也都井然有序，预计与结果相符合，如此强化管理，便于小农经济的发展。政策之四，轻赋平征。上好利则必然对人民重赋厚敛，使农民陷入贫困，工商业受到损害。此即"上好利则国贫"。荀子要求"轻田野之税，平关市之征"，是反对以聚敛为能事主张保护农民和工商业者的利益，使农业和工商业都能生存发展。荀子实为抑商而不轻商，对不伤害农业的工商业应予公平对待之。政策之五：罕兴力役，无夺农时。"上好功则国贫"之语，是谴责统治者好大喜功，一味地兴土木、战事，大量地征用徭役、兵员，这会无以数计地将农业劳动力转移到土工、战场上，严重地耽误农时，导致"田瘠以秽"、"出实不半"。荀子把兴力役、夺农时当成农业生产的大敌，所以指出，要想不违农时，就必须尽可能少地向农民征用力役。政策之六：开源节流，上下俱富。传统儒学以德为本、以财为末，颠倒了政治与经济的关系；法家以农为本、以工商为末，只着眼于不同生产部门的关系。荀子则以田野县鄙即农业生产为本、源，以垣窌仓廪即财政为末、流；以百姓时和、事业得叙为本、源，以等赋府库为末、流。可见，荀子讲本末，是以耕田种地当家。值得后人称道的是，荀子既看到了田野县鄙、垣窌仓廪这些客观的条件，还看到百姓时和、事业得叙及等赋府库这些主观的条件，看到了物，也看到了人的主观能动性，看到了必须扩大再生产和持续发展从而将"谨养其和"确定为"开源节流"的先决条件，因为假如没有"守时力民，进事长功，和齐百姓，使人不偷"，何来"上得天时，下得地利，中得人和，财货浑浑如泉源，汸汸如河海，暴暴如丘山"！所以说，国库富否取决于民室富否，上下皆富才有充足的财源。荀子养民先养和以培养财源的经济思想，是一个重大的理论发现，使他提出来的"开源节流"原则成为两千多年来封建社会财政的金科玉律。政策之七：依法行政，制数度量。荀子懂得经济的正常运行是有条件的，他指出"修礼以齐朝，正法以齐官，平政以齐民"，就是经济健康发展的最佳条件和环境。这三个条件具备之后，再用礼义为标准，对官民分配资源、使用财物，进行定制限度的管理，这叫做"制数度量"。政策之八：有教有诛，赏罚分明。荀子指出，法制和德教二者不可缺一，"不教而诛"、"教而不诛"、"诛而不赏"、"诛赏而不类"，这四种行政方法均有失于偏，或"刑繁而邪不胜"，或"奸民不惩"，或"勤属之民不劝"，或"下疑俗俭而百姓不一"。因此，荀子主张礼法并重，赏罚分明，而以礼义忠信仁爱贯穿始终，使处于战乱之中的战国末期，能够恢复儒家的社会伦理和正常的社会秩序，达到"奸邪不作，盗贼不起，而化善者劝勉矣"的目的。

荀、墨经济思想的分歧。本篇对墨子节用、非乐等思想的批评，较之其他篇章显得更为全面集中。墨子将统治者过分奢侈豪华的生活斥之为"无用之费"，导致"民财不足"，故提出节用、非乐来抑制侈靡性消费，以减轻对人民的剥削，并可将余财用之于扩大再生产。又主张慢差等，要求缩小社会上下等差，以提高劳动生产者和平民百姓的经济政治地位。墨子反映的是小生产者的利益和愿望。荀子作为新兴封建制度代言人，对墨子做了尖锐批评。荀墨二人都使用"节用"一词，都主张以之为治国之策，可见荀墨二人的分歧并不在要不要"节用"，而是在怎样推行"节用"这个关键问题上。荀子指出，墨子"为天下忧不足"是"私忧过计"，以"节用"、"非乐"来解决"不足"，既解决不了经济问题，又会造成"天下贫"、"天下乱"，经济困难、政治混乱一齐来，尤其动摇了荀子所竭力维护的"天下之本"，更是不可容忍。荀墨的分歧，首先在天下财物"不足"还是"有余"这个问题上。荀子驳墨子"不足"之论说："夫天地之生万物也，固有余以食人矣。"这个理由很充足。为解决不足，使之有余，墨子"将蘧然衣粗食恶忧戚而非乐"，"将少人徒，省官职，上功劳苦，与百姓均事业，齐功劳"，简言之，用的是非乐、节用这种偏于消极的治末之策。荀子则以"然人善治之"的观点，主张"兼足天下之道在明分"，遵循"贵贱有等，长幼有差，贫富轻重皆有称者也"的礼义，按等级有秩序地分配和使用社会财富；主张实行优裕人民、仁爱人民的富民政策，从而提高劳动生产者的积极性，以有利于扩大再生产。简言之，用的是积极的治本之策，荀子称之为"节用以礼，裕民以政"。荀子的这个论证充分而有力。荀墨分歧还在怎样对待人们的欲望这个问题上。墨子主张低水平满足，荀子主张高水平满足，荀子认为人们的欲望假若不予满足，问题可大啦。供养菲薄，忧戚非乐，必将使民贫国贫，使赏罚不兴，暴悍不除，社会纷争，天下大乱，这是"伐本竭源"的蠢事。与之相对应，荀子主张"塞其耳"、"塞其口"、"塞其目"，既满足人民和统治者的物质欲望，也满足他们的精神欲望；还要"渐庆赏，严刑罚，以戒其心"，让人们知道自己的欲和恶都和赏罚相联系，因而勤勉于各自的职分而"进事长功"，于是财源充沛，"天下大而富"。比较而言，荀子用于解决"天下不足"和"不足欲"的政治和经济手段，更符合社会经济学的原理，对后世有更深刻的启示意义。

王霸篇第十一

本篇论述儒家的治国之道，重在表达作者崇尚礼法、贬斥权谋的思想立场。全篇对"义立而王，信立而霸，权谋立而亡"三种治国原则和方法的剖析十分详细，故名以"王霸"。所言义、信、利和王、霸、亡，被置于相互比较、鲜明对照的总体构制之中，运用并列、转折、因果、条件等复句组合，进行演绎、归纳、类比推论，将不同方略的具体措施及其优劣，条分缕析，逐一阐明。这是荀文典型的论述风格，后世多效法其严整构制、逻辑推理和语言特点。

国家，是天下最大的利器；君主，是天下最有权势的地位。用正确的治国之道来管理国家和行使君权，那就会十分安全，十分繁荣，成为积聚美好功名的源泉；不用正确的治国之道来管理国家和行使君权，就会十分危险，十分招祸，有了它还不如没有它，等到发展到极点，君主想要做个平民百姓也不可能了，齐闵王、宋献公就是这样的人。所以，君主虽然占据天下最有权势的地位，却不能自然地使国家安全，要使国家安全就必须实行正确的治国之道。

所以管理国家的人，确立了礼义就可以称王天下，树立了诚信就可以称霸诸侯，玩弄权术谋略就会自取灭亡。这三种治国之道是英明的君主所应谨慎选择的，也是仁人所必须弄明白的。

以提倡礼义来管理国家，而不是用别的东西去伤害它，即使做一件不仁义的事、杀一个无辜的人就能取得天下，仁人也是不会干的。他坚定地用礼义约束自己和治理国家，就像磐石那样坚固。凡是同他一起执政的人，都是奉行礼义的人；凡是国家颁布的刑法，都是符合礼义的法令；他所急迫地率领群臣归向的目标，都是符合礼义的国家意志。像这样，臣民景仰君主都是由于礼义了，这就是立国之基确定了。立国之基确定了，国家就安定；国家安定了，天下也就安定。孔子虽无立锥之地，但是他真诚地将礼义贯彻在思想中，落实在立身行事中，表达在言语中，他成功的那一天，就再不被埋没于天下，而且名声留传于后世。

当今那些天下显赫的诸侯，如果也能真诚地将礼义贯彻在思想中，落实在法律制度中，体现在政事中，又以贵贱死生的赏罚反复申明它，并且使它前后相因相承、始终如一，像这样，那么他的名声就会传播光大于天地之间，岂不就如同日月雷霆一样了吗！所以说：使国家统一于礼义而成功，有一天的工夫名声就会显赫，商汤王、周武王就是这样的。汤王以亳为国都，武王以镐为国都，都不过方圆百里的国土，却使天下统一，诸侯臣服，凡人迹能到达的地方，没有不服从的，这没有其他原因，都是借助礼义成功的。这就是所谓礼义确立了就可以称王天下。

德行虽然还没有达到最完善的境界，道义虽然还没有完全具备，但是治理天下的事理已经大体掌握了，刑罚与奖赏、禁止与承诺都已经取信于天下了，臣民们都明白地知道君主是可以结交的。政令已经颁布，虽然已经看到有利有害的两种可能，也不欺骗他的人民；盟约已经签订，虽然已经看到有利有害的两种可能，也不欺骗他的盟国。像这样，就能兵力强劲，城池坚固，敌国畏惧；国家统一，礼义彰明，盟国信赖他。即使是偏僻狭小的国家，威名也会震动天下，五霸就是这样的。他们虽然没有把政治教化作为立国的根本，没有把礼法推崇到最高地位，没有完全实行礼仪制度，没有使人心悦诚服，但他们注重方法策略，强调劳逸适度，认真积蓄财富，加强战备训练，全国上下相互信任配合如同上下牙齿啮合一样密切，因而天下就没有人敢和它对抗的了。所以，齐桓公、晋文公、楚庄王、吴王阖闾、越王勾践，都处于偏僻狭小的国家，而威名却能震动天下，强盛却能危及中原各国，这没有其他原因，就是因为他们能取信于天下。这就是所谓诚信树立了就可以称霸诸侯。

以提倡功利来治理国家，而不致力于张扬礼义、培植信用，只知追求利益，对内不顾一切地欺诈民众而贪求小利，对外不顾一切地欺诈盟国而贪求大利，内心里不想着好好整治自己现有的土地财富，却时常想着占有别人的土地财富。像这样，那么臣下百姓就没有不用欺诈的心思对待自己的君主了。君主欺诈臣民，臣民欺诈君主，这便是上下离心离德。像这样，那么敌国就会轻视他，盟国就会怀疑他，玩弄权术谋略虽然天天不断变换，然而国家也免不了危险、削弱，达到极点时国家就会灭亡，齐闵王、薛公就是这样的人。他们用来使齐国强大的方法，不是推行礼义，不是把政治教化当作立国的根本，不是凭借它来统一天下，而是连续不断地把结交他国、遣使游说当作要务。所以他们强大时，向南完全能攻破楚国，往西完全能屈服秦国，往北完全能击败燕国，中间完全能攻占宋国。但等到燕国、赵国奋起攻打他们时，就像摇动枯木一样，齐闵王身死国亡，成为天下最大的耻辱，后世谈到这类事情，就必定以他们为例证。这没有其他原因，只是因为他们不遵循礼义而玩弄权术谋略罢了。上述三种治国之道，是英明的君主所应谨慎选择的，也是仁人所必须弄明白的。善于选择的，就能制服别人；不善于选择的，就会被别人制服。

国家，是天下最大的利器，是最重的担子，不能不妥善地为它选择好处所然后安置它，安置到险恶的处所就危险了；不能不妥善地为它选择好道路然后引导它，道路荒芜污秽就会堵塞不通；危险、堵塞不通，国家就会灭亡。所谓国家的安置，并不就是指为它垒土作为疆界，而是看奉行什么样的治国之道，同什么样的人共同来治理。奉行称王天下的治国之道，同奉行王道的人共同来治理，也就能称王天下；奉行称霸诸侯的治国之道，同奉行霸道的人共同来治理，也就能称霸诸侯；奉行使国家灭亡的治国之道，同奉行亡国之道的人共同来治理，也就会亡国。这三种治国之道，是英明的君主所应谨慎选择的，也是仁人所必须弄明白的。

国家，是最重的担子，不用长期积累起来的正确办法来守持它，它就会垮掉。所以，国家虽然随着君主的世代接续而不断更新，但只是新君替代了旧君；替代不是治国之道的改变，只不过是改换佩玉、变换步伐。日子短促得就像一个早晨，人生短暂得就像一天，但是有千年之国安然存在，为什么呢？回答是：这是由于援用了具有千年历史的真实可信的礼法来治理国家，又有千年来都能坚守礼法的真诚之士共同来治理国家。人没有百岁的寿命，却有千年来都能坚守礼法的真诚之士，为什么呢？回答是：这是由于用千年不变的礼法来把握自己的人，就是千年来都能坚守礼法的真诚之士。所以，能同累积礼义的君子共同治理国家，就可以称王天下；能同正直、忠实、守信和道德完美的人士治理国家，就可以称霸诸侯；同玩弄权术谋略、热衷倾轧迫害、反复无常的人一起治理国家，就会使国家灭亡。上述三种治国之道，是英明的君主所应谨慎选择的，也是仁人所必须弄明白的。善于选择的，就能制服别人；不善于选择的，就会被别人制服。

　　那些掌握国家政权的人，一定不能单靠自己一个人干，既然如此，那么国家的强盛稳固、荣耀耻辱关键就在于选任宰相了。君主自己有才能，宰相有才能，这样的国家就可以称王天下；君主自己没有才能，但知道恐惧而去寻找有才能的人，这样的国家国家就可以强大；君主自己没有才能，又不知道恐惧而去寻找有才能的人，只任用阿谀逢迎和身边亲近依附自己的人，这样的国家就会危险、削弱，达到极点时就会灭亡。国家，立足于大处治理它就强大，立足于小处治理它就弱小，强大到极点就可以称王天下，弱小到极点就会灭亡，立足于大小之间治理它就还可以存在。立足于大处治理国家的，先奉行礼义而后图利，任人不顾亲疏，不分贵贱，只寻求真正有才能的人，这就是所谓立足于大处治理国家。立足于小处治理国家的，先图利而后礼义，任人不分是非，不顾曲直，只任用阿谀逢迎和亲近依附自己的人，这就是所谓立足于小处治理国家。立足于大处治理国家的像那样，立足于小处治理国家的像这样，立足于大小之间治理的，一部分像那样一部分像这样。"纯粹立足于大处治理国家的，可以称王天下；立足于大小之间义利杂用的，可以称霸诸侯；一无是处的，就会灭亡。"说的就是这个道理。

　　国家没有礼就得不到治理。礼之所以能够治理国家，就好比秤是衡量轻重的标准，木匠的墨线是测量木材曲直的准绳，规矩是画成方圆的工具一样，轻重、曲直、方圆的标准既已设置，任何人都不能进行欺骗。有首诗说："如霜雪之无情，如日月之光明；奉行礼治就能生存，不奉行礼治就会灭亡。"说的就是这个意思。

　　国家危险就没有快乐的君主，国家安定就没有忧愁的民众。世道混乱，国家就危险；世道太平，国家就安定。今天做君主的人，急于追求享受而放松了治理国家，难道不是错误太大了吗？这就好比喜好音乐美色而又安于没有耳朵和眼睛一样，岂不可悲吗？人的情性是，眼睛想看最美丽的颜色，耳朵想听最悦耳的声音，嘴巴想吃最美的味道，鼻子想闻最好的气味，身体想得到最大的安逸，这五种欲望，是人的情性所必不可避免的。但满足这五种欲望是有条件的，若没有这些条件，那么五种欲望就不可能得到满足了。拥有万辆兵车的国家，可以称得上是辽阔而富裕的了,加上有一套使它得以治理而能强大坚固的办法,像这样,那就会安逸快乐而没有忧患灾难了,而后满足五种欲望的条件也就具备了。所以各种快乐都产生于世道太平的国家,各种忧患都产生于世道混乱的国家。急于追求享乐而放松治理国家的人,并不是懂得快乐的人。所以,明智的君主必定首先治理好国家,然后各种快乐也就从中得到了;昏愦的君主必定热衷于追求快乐而放松治理国家,因此忧就多得数不胜数;必定到了身死国亡时才罢休,岂不可悲吗?本想求得快乐却换来了忧愁,本想求得安定却换来了危险,本想求得幸福却换来了身死国亡,岂不可悲吗?唉!做君主的人,也应该明察以上的话了。

所以,治理国家有一定的方法,君主有一定的职责。至于连续数日才能办理完备周详的政事,或者一日之内就要完全陈列清晰的事务,这些都要委派各级官吏和部门主管去操办,不必因此而妨碍君主的游玩和休息的快乐。至于考评选任一位宰相总理全面事务,使群臣百官没有不安于正道、向往礼义而致力,这才是做君主的职责。如果这样,就能统一天下,名望可与唐尧、夏禹匹配。做君主的人,主管的事极简要而周详,做起来虽然十分安闲却功效极大,他的衣裳随意地下垂着,也不离开竹席,而四海之内的人民没有不希望让他做帝王的。这就叫做极其简约,没有比这更快乐的了。

君主以善于任用人为有能力,普通百姓以自己能干为有能力。君主可以役使别人,普通百姓却不能将自己的事情交给别人去做。百亩田地由一个农夫耕种,耗尽了他毕生的精力,因为他不能把耕种的事情交给别人去做。现在君主以一个人的力量总管天下,反而每天时间有余,所管的事情还不够做,是因为他安排别人去做了。大而治理天下,小而治理一个诸侯国,一定要自己亲自去做每一件事情才行,那么劳苦疲惫憔悴就没有比这更厉害的了;如果这样,那么即便是奴婢也不愿拿自己的职业去交换天子的权势了。君主高高在上,挂怀天下,总领四海,何以一定要亲自去做每一件事情呢?亲自去做每一件事情,是服劳役的人的办法,这是墨子的主张。选拔有道德的人,使用有才能的人,委以官职任使他们,这是圣明帝王的办法,是儒家所谨慎遵守的。古书上说:农夫分领田地去耕种,商人分领货物去贩卖,各类工匠分习技能去勤力制作,士大夫分任官职去处理政事,诸侯国君主分茅裂土去守卫,三公总领邦国大计和议论政事，那么天子只需拱手端坐等待天下大治就行了。无论对内对外都是如此，那么天下没有不平均，没有不治理得很好的，这是历代君主所共同遵守的治理原则，也是礼法的大纲。

凭借方圆百里的国土就可以取得天下，这并非虚言。困难在于君主是否懂得小国怎样才能取得天下的道理。所谓取得天下，并非要别的国家背负他们的土地来跟从我，而是你的治国之道完全能够统一天下人的心而已。如果别国的人民已经和我同心和一了，那么他们的土地怎么会离开我而到别的国家去呢？因此，方圆百里的国土，那里的等级爵位官阶服饰，足以容纳天下有贤德的人；那里的官吏职位职业，足以容纳天下有才艺的人。遵循原有的法制，选择其中好的部分明令实施，足以使追求实利的人民顺服。贤德的人归心于我，有才能的人被我任用，追求实利的人顺服于我，这三个方面具备了，天下的人就尽在其中了，此外也就没有什么人了。所以，凭借方圆百里的国土，足以取得天下全部的权势；严守忠信，彰明仁义，赢得天下全部的人心。这两者结合起来，也就取得了天下，后归附的诸侯就先有危险了。《诗经》上说："从西到东，从南到北，没有人不顺服的。"说的就是天子啊。

后羿、逄蒙，是善于射箭而能使人心服的人；王良、造父，是善于驾车而能使人心服的人；聪明君子，是善于使所有人心服的人。能使人心服权势就从属于他，不能使人心服权势就离开他，所以称王天下的君主做到使人归心就可以了。所以，君主想得到善于射箭的人，用箭射向远处，命中细微之物，那就没有比得上后羿、逄蒙的；想得到善于驾车的人，追得上最快的车子又能跑得很远，那就没有比得上王良、造父的；想得到协调天下、统一天下的人，制服秦、楚，那就没有比得上聪明君子的。聪明君子所用的智慧十分简单，所做的事不用费力，而获取的功名很大，很容易地处理各种事情而又极其轻松愉快。所以，明智的君主都把聪明君子当作宝贝，愚昧的君主却把任用聪明君子当作灾难。

高贵到身为天子，富裕到拥有天下，名声大到称为圣王，能制服天下所有的人，别人却不能制服他，这是人的情性所共有的欲望，而只有称王天下的人才能兼有这些。穿着颜色华美的衣服，吃上味道鲜美的佳肴，丰富的财物由他支配，整个天下由他掌管；饮食十分丰富，音乐十分宏大，台榭十分崇高，园囿十分宽广，把诸侯当作臣子役使，统一天下，这又是人的情性所共有的欲望，而只有天子的礼仪制度才会如此。制度已经颁布，政令已经完善，百官违背政令要约就处死，公爵侯爵违反礼仪制度就囚禁，四方诸侯国有分裂叛离行为就一定消灭；名声如同日月一样显耀，功绩如同天地一样伟大，天下人如影随形、如响应声一样地跟随他，这又是人的情性所共有的欲望，而只有称王天下的人才能兼有这些。所以人的本性是：嘴巴喜欢吃美味的食物，而香味却没有王者吃到的更醇美；眼睛喜欢看美色，而色彩却没有王者看到的更丰富、美女也没有王者看到的众多；身体喜欢安逸，而安稳闲静却没有王者享受的更快乐；内心喜欢利益，而俸禄却没有王者得到的更丰厚；综合天下人的共同愿望并且兼而有之，把天下当作一个牢笼来控制，就如同控制子孙一样。人要不是疯狂、惑乱、愚笨、鄙陋的，还有谁能看到这些而不欢喜呢？想得到这些的君主比肩接踵，能帮助君主实行这些的贤士代代都有，但千年来这样的君主和这样的贤士却未能遇合过，这是为什么呢？回答是：做君主的不公正，做臣子的不忠诚。君主排斥贤能之士而任用自己偏爱的人，臣子争夺职位而嫉妒贤能之士，这就是上述君主和贤士不能遇合的原因。做君主的为什么不能开阔心胸，做到不顾及亲疏，不偏心贵贱，只寻求确有才能的人呢？如果这样，那么臣子就会轻视职位而把它让给贤能的人，甘愿跟随在他们后边；如果这样，那么像舜、禹一样的君主就会很快出现，称王天下的大业就会很快兴起。功绩大到统一天下，名声能和舜、禹相配，人还有如此美好而值得欢喜的吗？唉！做君主的人也应该明察以上的话了。杨朱在十字路口哭泣说："这就是若错走半步就会体悟到差失千里的地方啊！"于是悲伤哭泣。是否寻求确有才能的人，也就是荣辱、安危、存亡的十字路口，如有差失，会比在十字路口走错路的悲剧更大。唉！可悲呀！做君主的人，千年以来就有的这个道理竟然还没有觉悟到。

没有一个国家没有治国之法，没有一个国家没有乱国之法；没有一个国家没有贤能的士子，没有一个国家没有不贤的士子；没有一个国家没有谨慎诚实的民众，没有一个国家没有凶暴强横的民众；没有一个国家没有淳美的风俗，没有一个国家没有恶劣的风俗。两种情况同时存在的，国家还能存在；上一种情况偏多的，国家就安定；下一种情况偏多的，国家就危险；前一种情况全部具备的，就可以称王天下；后一种情况全部具备的，就会招致灭亡。因此，国家的法制完善，辅佐的臣子贤能，民众谨慎诚实，风俗淳美，这四者齐全，那就叫做前一种情况全部具备。像这样，那么就能做到不战而胜，不攻而得，不用劳累军队天下就顺服了。所以商汤王以亳为国都，周武王以镐为国都，都不过方圆百里的国土，却使天下统一，诸侯臣服，凡人迹能到达的地方，没有不服从的，这没有其他原因，是因为四者都具备了。夏桀、商纣尽管实力雄厚掌握了统治天下的权势，最后想要做一个平民百姓也不可能，这没有其他原因，是因为四者都丧失了。所以，历代君主治国的方法虽不同，但归结起来的道理只有这么一个。

君主没有不爱护他的臣民的，并以礼法来约束他们。君主对于臣民，就如同保育婴儿一样。政令制度是用来对待下层人民的，若有不利的东西，哪怕像毫毛末梢一样细小，那么即使孤独鳏寡之人，也必定不会加在他们的身上。所以臣民亲近君主，就像喜欢自己的父母一样，宁可被杀，也不能使他们不顺从君主。君主、臣子、上司、下属、高贵、卑贱、年长、年幼，直到平民百姓，没有不把礼法当作最高准则的。然后都从内心自省并谨守本分，这就是历代君王共同遵守的治国原则，也是礼法的要领。做到了这些，然后农夫负责耕种田地，商人负责贩卖货物，各类工匠艺人负责勤力制作，士大夫负责处理政事，诸侯国的君主守卫各自的疆土，三公总领邦国大计和议论政事，那么天子只要拱手端坐等待天下大治就行了。无论对内对外都是如此，那么天下没有不平均，没有不治理得很好的，这是历代君主所共同遵守的治国原则，也是礼法的大纲。

至于日复一日地把政事处理得妥当有序，权衡事物的性质、特点以便使它们适用，使等级地位身份不同的人所穿的衣服有一定的规格，住的宫室有一定的标准，侍从有一定的数量，丧葬祭祀的器具都有等级之差，并把这种做法普遍运用于万物之上，诸如尺寸丈寻之类的标准，无一不是遵循了礼法制度然后一一施行，这些都是政府官员和主管人员的事务，不值得在君主面前陈述。所以，做君主的如果为本朝所确立的最高准则正确无误，所任用的总领各种政事的人是真正的仁人，那么他就可以身心安逸而国家安定，功绩伟大而名声美好，上可以称王天下，下可以称霸诸侯；如果为本朝所确立的最高准则不正确，所任用的总领各种政事的人不是仁人，那么他就会身心劳顿而国家混乱，功绩废弛而名声耻辱，国家必然危险。这是做君主的关键所在。所以，用对了一个人就可以取得天下，用错了一个人就会危及国家。不能恰当地任用一个人而能恰当地任用一千人、一百人，这种说法是不成立的。既然能够用对一个人，那么君主自身又做些什么呢？只需穿上君主的衣裳坐着就可以使天下安定了。所以汤王任用了伊尹，文王任用了吕尚，武王任用了召公，成王任用了周公。再说下一等的五霸，齐桓公在后宫之内悬挂着各种乐器，奢侈放纵，游玩的器具十分完备，却不被天下人认为是羞丑。相反他还九次召集诸侯盟会，匡正了天下大事，成为五霸之首，这也没有其他原因，是因为他懂得把政事交由管仲统一管理，这是做君主的应该遵循的重要原则。聪明的君主很容易为做到这一点而努力，从而使国家获得极大的功业和名望，除此之外还有什么值得去做呢？所以古代的人，凡是有伟大功业和名望的，必然是遵行了这一点的；凡是丧失了国家、危及自身的，必然是违反了这一点的。所以孔子说："聪明人的知识本来就很多，又懂得把事情简化到尽量少，他能不明察吗？愚昧人的知识本来就很少，又把自己管的事情搞得很多，他能不狂乱吗？"说的就是这个道理。

治理国家的人的职分已经确定，那么君主、宰相、大臣和各级官吏都要各自谨慎地对待所应听取的政事，不要去打听所不应听取的政事；都要各自谨慎地对待所应察看的政事，不要去察看所不应察看的政事。对所应听取、察看的政事，确已按照职责分工整齐一致了，那么即使在幽远闭塞地方的百姓，也没有谁敢不谨守本分、不安于国家制度，并按照礼义随从君主的。这就是治理得好的国家的标志。

君主的治理国家的方法是：治理近处，不治理远处；治理明显的事，不治理暗昧的事；治理一两件根本大事，不理会其他烦杂庶事。君主能治理好近处，那么远处的事就会得到治理；君主能治理好明显的事，那么暗昧的事就会得到治理；君主能治理好一两件根本大事，那么所有的事情都会得到正确治理。君主总管天下，反而每天时间有余，要管的事情还不够做，能像这样，就是治理国家的最高境界了。既能治理近处，又务求治理远处的事；既能治理明显，又务求察看暗昧不清的事；既能治理一两件根本大事，又务求管好所有的事：这是过分的做法，过分了

文王用吕尚，武王用召公

就达不到目的，就好像树立笔直的木杆却要求它的影子弯曲一样。不能治理近处，又务求治理远处；不能明察明显的事，又务求察看暗昧的事；不能治理一两件根本大事，又务求管好所有的事：这是背离常理的做法，就好像树立弯曲的木杆却要求它的影子笔直一样。所以，贤明的君主喜欢简要，昏愦的君主却喜欢烦杂。君主喜欢简要，那么各种事务都能做到周详；君主喜欢烦杂，那么各种事务都会荒废。做君主的，是要选择一位贤相，颁布一套法规，申明一个宗旨，如同上天广覆大地，如同日光照耀天下，然后坐观自己的成功。做宰相的，是要选择任用朝廷各官署的长官，总管各种政事的处理，整饬朝廷、大臣和各级官吏的职责本分，考量他们的功劳，评定他们的奖赏，年终把他们的成绩功劳呈报给君主。称职的就留任和奖赏，不称职的就免除官职。所以君主只劳累于寻找一位好宰相，而任用宰相之后就安逸了。

　　治理国家的君主，得到百姓尽力耕种的就富裕，得到百姓拼死作战的就强大，得到百姓赞赏的就荣耀。上述三者都具备了，天下人就会归顺他；这三者都没有具备，天下人就会背弃他。天下人都归顺他就叫做王天下，天下人都背弃他就叫做亡国。商汤王、周武王遵循正确的用国之道，奉行道义，兴办对天下人都有利的事，废除对天下人都有害的事，于是天下人都归顺他。所以，重视美德声誉为天下作楷模，明确礼义制度来引导人民，表达忠信来爱护人民，尊崇贤者使用能人，根据贤能来安排他们的职位，用爵位、服饰和奖赏来不断鞭策他们，根据季节时令来安排他们的任务，减轻他们的负担，以调剂他们，普遍地保护他们，哺养他们成长，就像保护婴儿一样。养育民众极其宽厚，役使民众极其合理，制定政令制度是用来对待下层人民的，若有不利的事情，即令如同毫毛末梢一样细小，那么就是孤独鳏寡之人，也必定不会加在他们的身上。所以，百姓尊重君主如同尊重上帝一样，亲近君主如同亲近父母一样，为他出生入死也丝毫不苟且，这没有其他原因，是因为君主的道德确实贤明，恩泽确实深厚。乱世不是这样：以卑污狡诈、蒙骗抢夺来引导百姓，以权术计谋、倾轧迫害来惑乱百姓，放任倡优、侏儒、妇女私谒来干扰朝政；让愚蠢的人去教导聪明的人，让不贤的人去领导贤能的人；养活人民的衣食则极其贫乏，役使民众则极其劳苦。因此百姓鄙视君主如同骗子，厌恶君主如同鬼怪，每天都想寻找机会共同痛打践踏他、抛弃驱逐他。突然发生了敌人入侵的事件，君主又指望百姓为自己拼死战斗，是不可能的，这在道理上就站不住脚。孔子说："审视我如何对待别人，别人也会以同样的态度对待我。"说的就是这个道理。

危害国家指的是什么呢？回答是：让小人骑在人民头上耍威风，巧立名目，向人民非法掠取利益，这是危害国家的大灾祸。做大国的君主，却喜爱贪图小利，这是危害国家；对于美色、音乐、台榭、园囿等，愈是满足而愈爱好新奇，这是危害国家；不喜欢整治自己现在的土地财富，贪婪地想占有别人的土地财富，这是危害国家。胸中有上述三种不正确的想法，又喜欢任用那些玩弄权术阴谋和热衷倾轧迫害手段的人对外决断政事，像这样，就会使君主权力削减、名声受辱，国家必然危险，这是危害国家的做法。做大国的君主，却不崇尚礼义，不谨守古代圣王制定的法制，而喜欢欺诈，像这样，那么朝廷、群臣就会随之养成不崇尚礼义而喜欢倾轧迫害的恶习。朝廷、群臣的风气如此恶劣，那么广大百姓也就随之养成不崇尚礼义而喜欢贪图利益的风气。君主、臣子和广大百姓的风气无不如此恶劣，那么土地虽然广大，权力必将削减；人民虽然众多，兵力必然虚弱；刑罚虽然繁杂，政令却不能畅通，这叫做危险的国家。这些就是危害国家的做法。

儒家就不是这样，必定会周全治理。朝廷必定会推崇礼义、明辨贵贱职分，像这样，士大夫就没有不重视名节，愿为礼制而殉身的。各级官吏就会整饬法令制度，重视官爵俸禄，像这样，各级官吏就没有不畏惧法制而严格遵守了。关卡集市只查问情况而不征税，保护合同，禁止违法，做到公正执法，像这样，商人就没有不忠厚诚实的，因而没有欺诈行为了。各类工匠要按时节砍伐树木，并宽缓他们制作的期限，有利于他们发挥技巧，像这样，各类工匠就没有不忠诚可信的，因而就没有粗制滥造的了。对农村减轻田地赋税，减少钱财的聚敛，尽可能少地分派劳役，不侵占农时，像这样，农民就没有不勤力务农而很少服劳役了。士大夫重视名节，愿为礼制而殉身，这样兵力才会强壮。各级官吏畏惧法制而严格遵守它，这样国家的典章制度才不会混乱。商人忠厚诚实，没有欺诈行为，那么经商的人就能办置货物，使财物流通，因而国家的需求就能得到供应。各类工匠忠诚可信而不粗制滥造，那么器物用具就会轻巧便利，钱财也不缺乏了。农民勤力务农而很少服劳役，那么就能上不失天时，下不失地利，而中得人和，所有事业都能兴旺。这就叫做政令畅通，风俗淳美。依靠这些，守卫国土而使国家坚固，出征作战而使兵力强大，安处而能名声美好，举动而能功绩伟大，这就是儒家所谓的周全治理国家的方法。

国者，天下之制利用也；人主者，天下之利势也。得道以持之，则大安也，大荣也，积美之源也；不得道以持之，则大危也，大累也，有之不如无之。及其綦也，索为匹夫不可得也，齐湣、宋献是也。故人主，天下之利势也，然而不能自安也，安之者必将道也。

故用国者，义立而王，信立而霸，权谋立而亡。三者，明主之所谨择也，仁人之所务白也。

挈国以呼礼义，而无以害之，行一不义、杀一无罪而得天下，仁者不为也。㧖然扶持心国，且若是其固也。之所与为之者之人，则举义士也；之所以为布陈于国家刑法者，则举义法也；主之所极然帅群臣而首乡之者，则举义志也。如是，则下仰上以义矣，是綦定也。綦定而国定，国定而天下定。仲尼无置锥之地，诚义乎志意，加义乎身行，箸之言语，济之日不隐乎天下，名垂乎后世。今亦以天下之显诸侯，诚义乎志意，加义乎法则度量，箸之以政事，案申重之以贵贱杀生，使袭然终始犹一也。如是，则夫名声之部发于天地之间也，岂不如日月雷霆然矣哉！故曰：以国齐义，一日而白，汤、武是也。汤以亳，武王以鄗，皆百里之地也，天下为一，诸侯为臣，通达之属，莫不从服，无它故焉，以济义矣。是所谓义立而王也。

德虽未至也，义虽未济也，然而天下之理略奏矣，刑赏、已诺信乎天下矣，臣下晓然皆知其可要也。政令已陈，虽睹利败，不欺其民；约结已定，虽睹利败，不欺其与。如是，则兵劲城固，敌国畏之；国一綦明，与国信之。虽在僻陋之国，威动天下，五伯是也。非本政教也，非致隆高也，非綦文理也，非服人之心也；乡方略，审劳佚，谨畜积，修战备，龁然上下相信，而天下莫之敢当。故齐桓、晋文、楚庄、吴阖闾、越勾践，是皆僻陋之国也，威动天下，强殆中国，无它故焉，略信也。是所谓信立而霸也。

挈国以呼功利，不务张其义、齐其信，唯利之求，内则不惮诈其民而求小利焉，外则不惮诈其与而求大利焉，内不修正其所以有，然常欲人之有。如是，则臣下百姓莫不以诈心待其上矣。上诈其下，下诈其上，则是上下析也。如是，则敌国轻之，与国疑之，权谋日行而国不免危削，綦之而亡，齐闵、薛公是也。故用强齐，非以修礼义也，非以本政教也，非以一天下也，绵绵常以结引驰外为务。故强，南足以破楚，西足以诎秦，北足以败燕，中足以举宋。及以燕、赵起而攻之，若振槁然，而身死国亡，为天下大戮，后世言恶则必稽焉。是无它故焉，唯其不由礼义而由权谋也。三者，明主之所以谨择也，而仁人之所以务白也。善择者制人，不善择者人制之。

　　以上为第一部分，说明国家是天下最有利的工具，为使国家"大安"、"大荣"而避免"大危"、"大累"，就必须慎重选择治国之道；并指出"义立"、"信立"、"权谋立"三种治国方略所导致的"王"、"霸"、"亡"的结局。

　　天下之制利用也：据杨倞注，"制"为衍字；利用，利器。　　綦：极，穷极，穷尽。　　齐潛：即齐闵王。潛，同"闵"。解见《王制篇》。　　宋献：即宋康王，名偃。公元前329年攻其兄宋君剔成而自立为王，曾称霸一时，骄横无度。前286年齐潛王灭宋，逃亡而死。　　挈国：挈，提，领。领国，犹治国。　　拆然：拆，读为"砾"，小石；砾然，坚固之貌。　　心国：据王天海引久保爱曰，当作"身国"。　　若是其固：据王天海注引龙宇纯曰："是"字原当为"石"。因"石"、"是"双声又涉"若是"之恒语而误。　　之所与为之者之人："之人"二字为衍文。　　之所以为布陈于国家刑法者：据王天海注，

"刑法"二字当在"布陈"上。布陈，颁布。　极然：犹"亟然"，急迫的样子。极，通"亟"。　袭然：重重叠叠的样子。谓前后相因相承。　部发：分部发扬。部，通"剖"，分也。　亳：地名，商汤之国都，故址在今河南商丘市北。　鄗：同"镐"，即镐京，武王灭商后定都于此。故地在今陕西西安市西南。　齰然：如牙齿上下相向的样子。晋文：晋文公。姬姓，名重耳，公元前636~前628年在位。　楚庄：楚庄王。芈姓，熊氏，名旅（一作吕，侣），公元前613~前591年在位。阖闾：又作"阖庐"，姬姓，名光，春秋末吴国君主，公元前514~前496年在位。　勾践：又作"句践"。春秋末越国君主，公元前496~前465年在位。　薛公：疑即战国四公子之一孟尝君。齐国贵族，姓田，名文，号孟尝君，因袭其父田婴的封爵而封于薛（今山东藤县南），故称薛公。曾相齐闵王。后奔魏，任魏昭王相，合秦、赵、燕之兵共伐齐。一说，此处当指田文之父田婴，以孟尝君虽未至仁贤，亦当时之闻人，荀卿不当有此言也。　结引驰外：谓派遣使者东奔西走，结交游说各国诸侯。结引，结交牵引；驰外，奔走各国。

　　国者，天下之大器也，重任也，不可不善为择所而后错之，错险则危；不可不善为择道然后道之，涂藏则塞；危塞则亡。彼国错者，非封焉之谓也，何法之道，谁子之与也。故道王者之法，与王者之人为之则亦王；道霸者之法，与霸者之人为之则亦霸；道亡国之法，与亡国之人为之则亦亡。三者，明主之所以谨择也，而仁人之所以务白也。

　　故国者，重任也，不以积持之则不立。故国者，世所以新者也，是惮；惮非变也，改玉改行也。故一朝之日也，一日之人也，然而厌焉有千岁之国，何也？曰：援夫千岁之信法以持之也，安与夫千岁之信士为之也。人无百岁之寿，而有千岁之信士，何也？曰：以夫千岁之法自持者，是乃千岁之信士矣。故与积礼义之君子为之则王，与端诚信全之士为之则霸，与权谋倾覆之人为之则亡。三者，明主之所以谨择也，仁人之所以务白也。善择之者制人，不善择之者人制之。

彼持国者，必不可以独也，然则强固荣辱在于取相矣。身能、相能，如是者王；身不能，知恐惧而求能者，如是者强；身不能，不知恐惧而求能者，安唯便僻左右亲比己者之用，如是者危削，綦之而亡。国者，巨用之则大，小用之则小，綦大而王，綦小而亡，小巨分流者存。巨用之者，先义而后利，安不恤亲疏，不恤贵贱，唯诚能之求，夫是之谓巨用之。小用之者，先利而后义，安不恤是非，不治曲直，唯便僻亲比己者之用，夫是之谓小用之。巨用之者若彼，小用之者若此，小巨分流者亦一若彼一若此也。故曰："粹而王，驳而霸，无一焉而亡。"此之谓也。

国无礼则不正。礼之所以正国也，譬之犹衡之于轻重也，犹绳墨之于曲直也，犹规矩之于方圆也，既错之而人莫之能诬也。《诗》云："如霜雪之将将，如日月之光明；为之则存，不为则亡。"此之谓也。

国危则无乐君，国安则无忧民；乱则国危，治则国安。今君人者，急逐乐而缓治国，岂不过甚矣哉！譬之是由好声色而恬无耳目也，岂不哀哉！夫人之情，目欲綦色，耳欲綦声，口欲綦味，鼻欲綦臭，心欲綦佚，此五綦者，人情之所必不免也。养五綦者有具，无其具，则五綦者不可得而致也。万乘之国可谓广大富厚矣，加有治辨强固之道焉，若是，则恬愉无患难矣，然后养五綦之具具也。故百乐者生于治国者也，忧患者生于乱国者也。急逐乐而缓治国者，非知乐者也。故明君者，必将先治其国，然后百乐得其中。暗君者，必将急逐乐而缓治国，故忧患不可胜校也，必至于身死国亡然后止也，岂不哀哉！将以为乐，乃得忧焉；将以为安，乃得危焉；将以为福，乃得死亡焉。岂不哀哉！於乎！君人者，亦可以察若言矣。

故治国有道，人主有职。若夫贯日而治详，一日而曲列之，是所使夫百吏官人为也，不足以是伤游玩安燕之乐。若夫论一相以兼率之，使臣下百吏莫不宿道乡方而务，是夫人主之职也。若是则一天下，名配尧、禹。人主者，守至约而详，事至佚而功，垂衣裳不下簟席之上，而海内之人莫不愿得以为帝王。夫是之谓至约，乐莫大焉！

人主者，以官人为能者也；匹夫者，以自能为能者也。人主得使人为之，匹夫则无所移之。百亩一守，事业穷，无所移之也。今以一人兼听天下，日有余而治不足者，使人为之也。大有天下，小有一国，必自为之然后可，则劳苦耗瘁莫甚焉；如是，则虽臧获不肯与天子易势业。以是县天下，一四海，何故必自为之？为之者，役夫之道也，墨子之说也。论德使能而官施之者，圣王之道也，儒之所谨守也。传曰：农分田而耕，贾分货而贩，百工分事而劝，士大夫分职而听，建国诸侯之君分土而守，三公总方而议，则天子共己而已矣。出若入若，天下莫不平均，莫不治辨。是百王之所同也，而礼法之大分也。

百里之地可以取天下，是不虚。其难者，在人主之知之也。取天下者，非负其土地而从之之谓也，道足以壹人而已矣。彼其人苟壹，则其土地奚去我而适它？故百里之地，其等位爵服，足以容天下之贤士矣；其官职事业，足以容天下之能士矣。循其旧法，择其善者而明用之，足以顺服好利之人矣。贤士一焉，能士官焉，好利之人服焉，三者具而天下尽，无有是其外矣。故百里之地足以竭势矣。致忠信，箸仁义，足以竭人矣。两者合而天下取，诸侯后同者先危。《诗》曰："自西自东，自南自北，无思不服。"一人之谓也。

羿、蜂门者，善服射者也；王良、造父者，善服驭者也；聪明君子者，善服人者也。人服而势从之，人不服而势去之，故王者已于服人矣。故人主欲得善射，射远中微，则莫若羿、蜂门矣；欲得善驭，及速致远，则莫若王良、造父矣；欲得调壹天下，制秦、楚，则莫若聪明君子矣。其用知甚简，其为事不劳，而功名致大，甚易处而极可乐也。故明君以为宝，而愚者以为难。

夫贵为天子，富有天下，名为圣王，兼制人，人莫得而制也，是人情之所同欲也，而王者兼而有是者也。重色而衣之，重味而食之，重财物而制之，合天下而君之；饮食甚厚，声乐甚大，台谢甚高，园囿甚广，臣使诸侯，一天下；是又人情之所同欲也，而天子之礼制如是者也。制度以陈，政令以挟，官人失要则死，公侯失礼则幽，四方之国有侈离之德则必灭；名声若日月，功绩如天地，天下之人应之如景向；是又人情之所同欲也，而王者兼而有是者也。故人之情，口好味而臭味莫美焉，耳好声而声乐莫大焉，目好色而文章致繁、妇女莫众焉，形体好佚而安重闲静莫愉焉，心好利而谷禄莫厚焉，合天下之所同愿兼而有之，睪牢天下而制之，若制子孙。人苟不狂惑戆陋者，其谁能睹是而不乐也哉？欲是之主并肩而存，能建是之士不世绝，千岁而不合，何也？曰：人主不公，人臣不忠也。人主则外贤而偏举，人臣则争职而妒贤，是其所以不合之故也。人主胡不广焉，无恤亲疏，无偏贵贱，惟诚能之求？若是，则人臣轻职业、让贤而，安随其后；如是，则舜、禹还至，王业还起。功壹天下，名配舜、禹，物由有可乐如是其美焉者乎？呜呼！君人者，亦可以察若言矣。杨朱哭衢涂，曰："此夫过举蹞步，而觉跌千里者夫！"哀哭之。此亦荣辱、安危、存亡之衢已，此其为可哀甚于衢涂。呜呼哀哉！君人者，千岁而不觉也！

无国而不有治法，无国而不有乱法；无国而不有贤士，无国而不有罢士；无国而不有愿民，无国而不有悍民；无国而不有美俗，无国而不有恶俗；两者并行而国在，上偏而国安，下偏而国危；上一而王，下一而亡。故其法治，其佐贤，其民愿，其俗美，而四者齐，夫是之谓上一。如是，则不战而胜，不攻而得，甲兵不劳而天下服。故汤以亳、武王以鄗，皆百里之地也，天下为一，诸侯为臣，通达之属莫不从服，无它故焉，四者齐也。桀纣即厚有天下之势，索为匹夫而不可得也，是无它故焉，四者并亡也。故百王之法不同，若是所归者一也。

上莫不致爱其下而制之以礼。上之于下，如保赤子。政令制度，所以接下之人百姓，有不理者如豪末，则虽孤独鳏寡，必不加焉。故下之亲上，欢如父母，可杀而不可使不顺。君臣上下，贵贱长幼，至于庶人，莫不以是为隆正。然后皆内自省以谨于分，是百王之所同也，而礼法之枢要也。然后农分田而耕，贾分货而贩，百工分事而劝，士大夫分职而听，建国诸侯之君分土而守，三公总方而议，则天子共己而止矣。出若入若，天下莫不均平，莫不治辨，是百王之所同而礼法之大分也。

若夫贯日而治平，权物而称用，使衣服有制，宫室有度，人徒有数，丧祭械用皆有等宜，以是用挟于万物，尺寸寻丈，莫得不循乎制度数量然后行，则是官人使吏之事也，不足数于大君子之前。故君人者，立隆政本朝而当，所使要百事者诚仁人也，则身佚而国治，功大而名美，上可以王，下可以霸；立隆正本朝而不当，所使要百事者非仁人也，则身劳而国乱，功废而名辱，社稷必危；是人君者之枢机也。故能当一人而天下取，失当一人而社稷危。不能当一人而能当千百人者，说无之有也。既能当一人，则身有何劳而为？垂衣裳而天下定。故汤用伊尹，文王用吕尚，武王用召公，成王用周公。且卑者五伯，齐桓公闺门之内，县乐奢泰、游抏之修，于天下不见谓修。然九合诸侯，一匡天下，为五伯长，是亦无他故焉，知一政于管仲也，是君人者之要守也。知者易为之兴力而功名綦

上莫不致爱其下而制之以礼

大，舍是而孰足为也？故古之人有大功名者，必道是者也；丧其国，危其身者，必反是者也。故孔子曰："知者之知，固以多矣，有以守少，能无察乎！愚者之知，固以少矣，有以守多，能无狂乎！"此之谓也。

治国者分已定，则主、相、臣下、百吏各谨其所闻，不务听其所不闻；各谨其所见，不务视其所不见。所闻所见，诚以齐矣，则虽幽闲隐辟，百姓莫敢不敬分安制，以化其上。是治国之征也。

主道治近不治远，治明不治幽，治一不治二。主能治近则远者理，主能治明则幽者化，主能当一则百事正。夫兼听天下日有余而治不足者，如此也，是治之极也。既能治近，又务治远；既能治明，又务见幽；既能当一，又务正百：是过者也，过犹不及也，辟之是犹立直木而求其影之枉也。不能治近，又务治远；不能察明，又务见幽；不能当一，又务正百：是悖者也，辟之是犹立枉木而求其影之直也。故明主好要而暗主好详。主好要则百事详，主好详则百事荒。君者，论一相，陈一法，明一指，以兼覆之、兼炤之，以观其盛者也。相者，论列百官之长，要百事之听，以饰朝廷、臣下、百吏之分，度其功劳，论其庆赏，岁终奉其成功以效于君。当则可，不当则废。故君人劳于索之，而休于使之。

以上为第二部分，在比较义、信、利三种治国方略及其所导致的必然结局的基础上，重点阐述称王天下者治国的原则和方法所包含的要点。

涂薉：道途荒秽。涂，通"途"；薉，同"秽"。　是悍；悍非变也：两"悍"字皆为"禅"之讹；禅，替代。此言国者因世而新，是新君替代旧君，而非治道之变易。　改玉改行：古代贵族，不同等级的人佩带的玉不同，在举行不同仪式时走路的间距、快慢也有不同的规定。此言只是改变了贵族阶层的等级地位和行为方式，而非根本的治道变革。　厌然：犹"偃然"，安然。厌，通"偃"。　"如霜雪之将将"云云：《诗经》流行本无此数句，或系逸诗。将将，霜雪肃杀无情，似取此义为宜。　鼻欲綦臭：臭，读xiù，气味。此处指美好的气味。　於乎：於，读wū，同"呜呼"。　臧获：概指男女奴婢。　"自西自东"云云：引自《诗经·大雅·文王有声》。　羿：即后羿，又作夷羿。古代善射者。　蜂（páng）门：又作逢蒙、逄蒙、蓬蒙。羿的徒弟，亦古代善射者。　王良：又作王梁、王子于期。即邮无恤，字子良，春秋末赵简子的车夫，善于驾车。　造父：周穆王的车夫，亦古代善御者。　罥牢天下：罥牢，据王天海引王应麟《困学纪闻》曰："《马融传》注作皋牢，犹牢笼也。"　贤而：犹"贤能"。先秦古籍多以"而"为"能"。　杨朱：战国时魏人，主张"为我"、"贵生重己"，反对儒家的"仁义"与墨家的"兼爱"。　吕尚：即姜子牙。姜姓，吕氏，名尚，字子牙，号太公望，俗称姜太公。因辅佐武王灭纣建立周王朝，论功封于齐，为齐国始祖。　召（shào）公：姓姬，名奭（shì），以采邑在召（今陕西岐山西南），称召公。因佐武王灭商，封于燕，为燕国始祖。　游抏之修：抏，同"玩"。修，备，全；下句"天下不见为修"之"修"异此，通"羞"，丑也。

用国者，得百姓之力者富，得百姓之死者强，得百姓之誉者荣。三得者具而天下归之，三得者亡而天下去之。天下归之之谓王，天下去之之谓亡。汤、武者修其道，行其义，兴天下同利，除天下同害，天下归之。故厚德音以先之，明礼义以道之，致忠信以爱之，赏贤使能以次之，爵服赏庆以申重之，时其事、轻其任以调齐之，潢然兼覆之，养长之，如保赤子。生民则致宽，使民则綦理，辩政令制度，所以接天下之人百姓，有非理者如豪末，则虽孤独鳏寡，必不加焉。是故百姓贵之如帝，亲之如父母，为之出死断亡而不愉者，无它故焉，道德诚明，利泽诚厚也。乱世不然：污漫突盗以先之，权谋倾覆以示之，俳优、侏儒、妇女之请谒以悖之；使愚诏知，使不肖临贤；生民则致贫隘，使民则极劳苦。是故百姓贱之如倠，恶之如鬼，日欲司间而相与投藉之、去逐之。卒有寇难之事，又望百姓之为己死，不可得也，说无以取之焉。孔子曰："审吾所以适人，适人之所以来我也。"此之谓也。

伤国者何也？曰：以小人尚民而威，以非所取于民而巧，是伤国之大灾也。大国之主也，而好见小利，是伤国；其于声色、台榭、园囿也，愈厌而好新，是伤国；不好修正其所以有，啖啖常欲人之有，是伤国。三邪者在匈中，而又好以权谋倾覆之人，断事其外，若是则权轻名辱，社稷必危，是伤国者也。大国之主也，不隆本行，不敬旧法，而好诈故，若是则夫朝廷群臣亦从而成俗于不隆礼义而好倾覆也。朝廷群臣之俗若是，则夫众庶百姓亦从而成俗于不隆礼义而好贪利矣。君臣上下之俗莫不若是，则地虽广，权必轻；人虽众，兵必弱；刑罚虽繁，令不下通：夫是之谓危国，是伤国者也。

儒者为之不然，必将曲辨。朝廷必将隆礼义而审贵贱，若是，则士大夫莫不敬节死制者矣。百官则将齐其制度，重其官秩，若是，则百吏莫不畏法而遵绳矣。关市几而不征，质律禁止而不偏，如是，则商贾莫不敦悫而无诈矣。百工将时斩伐，佻其期日而利其巧任，如是，则百工莫不忠信而不楛矣。县鄙则将轻田野之税，省刀布之敛，罕举力役，无夺农时，如是，农夫莫不朴力而寡能矣。士大夫务节死制，然而兵劲。百吏畏法循绳，然后国常不乱。商贾敦悫无诈，则商旅安货通财而国求给矣。百工忠信而不楛，则器用巧便而财不匮矣。农夫朴力而寡能，则上不失天时，下不失地利，中得人和而百事不废。是之谓政令行、风俗美，以守则固，以征则强，居则有名，动则有功，此儒之所谓曲辨也。

以上为第三部分，总结全文，强调欲称王天下，必须得百姓之力、死、誉，力行儒家的周全治理，隆礼、明分和善待百姓，使政令畅通、风俗淳美、国家富强。

赏贤使能以次之：赏，读为尚。次，位次。　　接天下之人百姓："天"为衍字；人，众。谓接下之众百姓也。　　司间：犹"伺间"，伺机。　　百姓贱之如佢：佢，字书无此字。据王天海引傅山曰：佢，骗人钱财曰匡骗，习有此声而无其字，或即此义。《篇海集音·人部》有"佢"字。从之。　　唊唊：形容贪欲，贪食的样子。　　三邪者在匈中：匈，通"胸"。　　佻其期日：佻，读tiáo，通"迢"，远，引申为延长、放宽。谓放宽其期限。

　　荀子生当战国以来诸侯割据的大势，天下统一在望，在显诸侯中，最有实力赢天下者当属强秦。但强秦不行仁义，由它统一天下将难以得到巩固，所以荀子寄望于明主仁人能谨择治国之道，以仁义取天下。本篇在讨论"义立而王，信立而霸，权谋立而亡"三种主张的过程中，反复强调只有儒家隆礼重法的治国之道，才是真正使中国长期统一的良策。

　　义、信、利三种不同的治国之道。"义立而王"的国家，是以礼义为立国之基，其行礼义的标准极高，对礼义绝不伤害，行一不义、杀一无罪而得天下决不为之；其行礼义的态度坚定，落然如石之坚固；其行礼义的功效全面完备，所谓举义士、举义法、举义志，即共谋国政的臣子、颁布天下的法令、君臣希盼的目标，完全符合礼义，并达到美善的境界。商汤王、周武王虽然仅有百里之国，却实现了"天下为一"，原因就在于他们"以国齐义，一日而白"。孔子虽然终生不得势，但他"诚义乎志意，加义乎身行，箸之言语"，立身行事、著书立说都能严格地推行礼义，因而成为王者之师。荀子呼吁诸侯得势者出来效法汤武仲尼，高举礼义大旗，完成天下统一的大任。此言之不久，秦以暴力统一了中国，将荀子"义立而王"的幻想击得粉碎。"信立而霸"的国家，虽然没有以礼义为立国之基，却能立信为上，而守信便意味着守德义，只是其德"未至"、其义"未济"，即德行未完善、道义未完备，而德义精神终归大体上具备了。所谓"天下之理略奏矣"，是指治国的条件基本上形成了，最主要的，一是"刑赏"，二是"已诺"，都能取信于天下，面临利败两可，却能"不欺其民"、"不欺其与"。没有把政治教化作为立国根本，没有把礼法推崇到最高地位，没有完全实行礼仪制度，没有使人心顺服，但治国的方针大体正确，"乡方略，审劳佚，谨畜积，修战备，龂然上下相信，而天下莫之敢当"。这说明，霸道并非全属权谋，而且有强国富民之功。荀子对"信立而霸"多有肯定，对齐桓公能持大节不吝赞辞，原因即在此。"权谋立而亡"的国家，因"不务张其义，齐其义，唯利之求"，便与"义立而王"、"信立而霸"的国家区别开来。"唯利之求"是立国的宗旨，故以权谋对内"诈其民而求小利焉"，对外"诈其与而求大利焉"，内外上下，君臣百姓莫不用其诈心而成为风气。荀子指出，"非以修礼义也，非以本政教也，非以一天下也，绵绵常以结引驰外为务"，这是齐闵王、薛公田婴将强齐引向"身死国亡，为天下大戮"的根本原因。总而言之，荀子论王、霸、亡三种治国之道，始终以它们对待礼义的态度为标准，王道行礼义而极隆之，霸道行德义而未隆之，亡道违礼义而不行之，因此才会有不同的价值结论。孟子也曾论述过王霸问题，他说："以力假仁者霸，霸必有大国；以德行仁者王，王不待大，汤以七十里，文王以百里。"（《孟子·公孙丑章句上》）孟子的仁政是以推行礼义为唯一条件，而荀子则以礼法并重来修正仁政，礼义的推行伴之以用刑赏，"法则度量"、"贵贱杀生"合则为一；孟子只求对人民实行仁义，不必求国家实力强大，而荀子则希望"以守则固，以征则强，居则有名，动则有功"，富、强、荣"三得者具而天下归之"，显见是隆礼义而兼国家实力强大。针对孟子"以力假仁者霸"的论断，荀子提出只要治国方针正确、宰相得力，"上可以王，下可以霸"，即隆礼者不王则可霸，可以求其次，霸并非绝对不可用；又齐桓公因实力强大、讲求信用，故能取民友与，"九合诸侯，一匡天下"，做了霸主，证明力和信是强国的基础，不宜一概否定之。由此可见，荀孟二人的王霸之论、仁政思想其异大于其同。

儒家百里取天下的主要经验。本篇"百里之地取天下"一语凡五次出现，"汤武"一语凡五次出现，表明荀子对用汤武之道、凭百里之地而统一天下的向往之情极深。为总结"道不过三代，法不二后王"的执政经验，荀子做了充分论证。要点是：（一）以礼正国。礼对于治国是基本条件，有如衡量标准的秤、测量曲直的墨线、画成方圆的规矩，缺之不可。所以，应将礼法确立为最高准则，做到修礼义、本政教、綦文理，不仅行一不义、杀一无罪而得天下决不为之，而且立身行事、著书立说合乎礼义,法则度量合乎礼义,政事刑赏合乎礼义,使礼义"袭然终始犹一也"。(二)大处治国。"巨用之者"即立足于大处治国,"小用之者"即立足于小处治国,二者的本质区别在于用人的方针是先义后利还是先利后义,前者"唯诚能之求",后者"唯便僻亲比己者之用",结果以王、亡分流。荀子主张"无恤亲疏,无恤贵贱",突破传统的礼的约束,论德使能,以广开人才之路,这是他对用人制度中义、利关系新的解读。大处治国,则"必不可以独也",不可以"必自为之然后可",假如像这样,荀子贬之为"役夫之道也",必会"劳苦耗瘁莫甚焉",连奴婢也不愿做天子了。因此,取一相总理,才是圣王之道、人主之职。取相并不仅仅为天子代劳,而至关重要的是取一仁人,"能当一人而天下取,失当一人而社稷危",天子取贤相总理百务,"则身有何劳而为,垂衣裳而天下定"。这是用简约而去繁详的高境界。荀子举商汤、周文王、周武王、周成王和齐桓公为例,均因以千年难遇的明君贤相之合为宝而当政或王天下或霸诸侯,即证明这种问政方式关乎国家的生死存亡。(三)保赤子,得人心。荀子认为,百里之地取天下并非虚谈,难在君主是否懂得怎样凭百里之地取天下的道理。总而言之,是"道足以壹人而已矣","壹人"首先得"服人",即容贤、容能和服好利之人,凭百里之地"竭势",行忠信、仁义"竭人","两者合而天下取"。人与势二者以人为中心,"人服而势从之,人不服而势去之,故王者已服人矣。"聪明君子善此道,所以英明君主以之为宝,愚昧君主却以之为灾难,这是国家面临荣辱安危存亡十字路口时的两种截然相反的抉择。为达"竭势"、"竭人"的目的,聪明君子为英明君主制定了"法治"、"佐贤"、"民愿"、"俗美"这"四者齐"的服人措施,取得"不战而胜,不攻而得,甲兵不劳而天下服"的功效。服人当以循礼为原则,"君臣上下,贵贱长幼,至于庶人,莫不以是为隆正",农、贾、百工、士大夫、诸侯、三公、天子各司其职,各守本分,乃"礼法之枢要也"。天子将天下臣民视为赤子,而以得到百姓之尽力、效死和赞誉,为国家富裕、强大和荣耀乃至天下归之而王的关键所在,因此要循道行义、兴利除害,以各种政策鼓励、调剂、庇护、抚养人民。"生民则致宽,使民则綦理,辨政令制度,所以接天下之人百姓,有非理者如豪末,则虽孤独鳏寡,必不加焉"数语,是荀子用于论制定政策的指导思想和原则的,表明所谓得人心主要是得百姓之心,所谓保赤子主要是保百姓切身利益,即如毫毛末梢一样细小的事情,也不可强加给百姓。出之以惠民爱民政策,对待君主则"百姓贵之如帝,亲之如父母,为之出死断亡而愉者";出之以害民夺民政策,对待君主则"百姓贱之如伥,恶之如鬼,日欲司间而投藉之,去逐之"。荀子关于裕民政策在君主与百姓之间的和谐关系中具有重要作用的思想,足可重视。(四)治国为先,逐乐为次。荀子不认为统治者的忧乐纯属个人的私事私德,而是与国家的兴亡密切相关的大事。他严肃指出:"目欲綦色,耳欲綦声,口欲綦味,鼻欲綦臭,心欲綦佚","人情之所必不免也"。然而,满足目、耳、口、鼻、心这五种欲望是以有"治辨强固之道"为条件的,因为百乐"生于治国",忧患"生于乱国",所以先使国治才能得其百乐,如其相反,急逐乐而缓治国,必将忧患重重、身死国亡。鉴于此,明君总是将社稷之安、君臣之福寄托在先使国治之上。(五)治有不治。荀子发挥孔子"过犹不及"的中庸之论,认为做君主的"治之极"是"主道治近不治远,治明不治幽,治一不治二"。这是说,治中有不治,不治而得治,由于"固以多矣,有以守少",治近可理远,治明可化幽,当一可正百事。荀子用"明主好要而暗主好详。主好要则百事详,主好详则百事荒"这句话,来概括明君的治术,确为数千年执政的经验之谈。怎样才能达到"治之极"最高境界呢?具体措施是:"论一相,陈一法,明一指,以兼覆之、兼炤之,以观其盛者也。"(六)周治而不伤国。儒家主张"曲辨",即周全治理。这是荀子的一个重要观点。"隆礼义而审贵贱",是周全治理的基本原则。按照礼法的规定,对社会各阶级从事不同职业的人,上自士大夫、官吏,下至商贾、百工、农夫,用法令制度约束他们的行为,同时给予优厚奖赏,用优惠的经济政策保护他们的利益,勉励他们谨守职分,遵守法制,诚实守信,努力创造社会财富,及至甘愿为礼制殉身,为君主效死,如是即可"政令行、风俗美,以守则固,以征则强,居则有名,动则有功",这就是荀子所谓的儒家"曲辨"。可是,荀子却看到现在那些大国君主贪图蝇头小利、沉迷声色享乐、劫掠别国土地财富,最终伤害的是人民的利益,这是最大的灾祸。其结果，违背了礼义，践踏了古代圣王的法制，朝廷习惯于倾轧迫害，人民也养成欺诈贪利的风气，国家将坠入危险的境地。乱世伤国的现实使荀子周全治理的理想殆将破灭。

君道篇第十二

　　本篇论为君之道在于贤明，其要在于以"君子"治国，严格遵循"隆礼至法"、"尚贤使能"、"爱民好士"的原则。这样可使国家安定富强。篇中关于"人治"与"法治"的得失之论，至为精辟。将设问、反诘、设喻、类比、分述、对照、因果推理、定义解析等各种修辞手法和论证方法加以综合运用，使人治与法治的得失、君主的治国原则、选用人才的方法等问题，得到详细、清晰、透彻而深刻的阐述，收到令人信服的效果。

　　有搞乱国家的君主，没有必然混乱的国家；有善于治国的人才，没有必然使国家治理好的法制。后羿的箭法并没有消亡，但像后羿一样的射手却不是世代都有；夏禹实行的法制依然存在，但夏后氏却不能世代称王。所以，法制不能自动发生作用，事理不能自动得以推行。得到善于治国的人才，法制就发生作用，事理就得以推行；反之，法制就失去作用，事理就不能推行。法制，是治理国家的端绪；君子，是推行法制的本源。所以，有了君子，法制即令简约，也完全能够治理好国家；没有君子，法制即令完备，也会因失去先后施行的次序，不能应付事情的各种变化，而导致国家混乱。不懂得法制必须与事情的变化相适宜来决定立法的数量，即令博于传习，遇事也必定昏乱。所以，英明的君主急于得到善于治国的人才，而昏愦的君主急于取得决断事情的权势。急于得到人才，那么就会身心安逸而国家得以治理，功绩巨大而且名声美好，上等的可以称王天下，次等的也可以称霸诸侯；不急于得到人才而急于取得权势，那么就会身心劳累而国家混乱，功业废弃，名声耻辱，江山必定危险。所以做君主的，在寻求人才时劳累，而在使用人才时就安逸了。《尚书》上说："只有文王谨慎戒惧，要选择一个君子。"说的就是这个意思。

　　验证符节，辨认契券，是为了讲求信用；假若君主喜欢玩弄权术阴谋，那么大臣和各级官吏就会乘机进行欺诈。抽签拈阄是为了表示公正的；假若君主喜欢曲意为私，那么大臣和各级官吏就会乘机结党营私。各种衡器是为了保证公平的；假若君主喜欢倾斜颠倒，那么大臣和各级官吏就会乘机耍弄阴险狡诈的手段。各种量器是为了测量准确的；假若君主喜欢贪利，那么大臣和各级官吏就会乘机变得贪鄙，多拿少给，无限度地搜刮人民。所以，有助于治理的各种器具和方法，是治理国家的支流，不是治理国家的本源；君主才是治理国家的本源。官吏把握方法，君主培养本源；源头清澈，流水就清澈，源头浑浊，流水就浑浊。所以，君主喜爱礼义，崇尚贤者、任用能人，没有贪利之心，那么臣民也会非常谦让，极尽忠实诚信，谨慎地做好一个臣子。像这样，即使在小小百姓之间，也不需验证符节、辨认契券就能做到有信用，不需抽签拈阄就能做到公正，不需衡器称量就能做到公平，不需量器测量就能做到准确。所以，不用奖赏民众就会勤勉，不用刑罚民众就会顺服，官府不用劳累事情就能办好，政令不烦杂风俗就会淳美；百姓没有谁敢不顺服君主的法制，依照君主的意志，勤力做好君主的事情，并且安心快乐。所以，民众纳税时忘记了负担重，为君主做事时忘记了劳累，敌人入侵时能够忘我作战；城墙不用修整就能坚固，兵器不用磨砺就能锐利，敌国不用征伐就会顺服，四海之内的人民不用命令就会行动一致。这就叫做最大的太平。《诗经》上说："我王崇尚诚信充塞天地，远方的徐国已来归顺。"说的就是这种情况。

请问如何做君主？回答："以礼义恰当地治理国家，均匀普遍而不偏私。"请问如何做臣子？回答是："用礼义侍奉君主，忠诚顺从而不懈怠。"请问如何做父亲？回答是："宽厚仁爱而有礼节。"请问如何做儿子？回答是："敬爱父母而极有礼貌。"请问如何做兄长？回答是："慈爱弟弟而表现出友爱之心。"请问如何做弟弟？回答是："恭敬顺从而不马虎。"请问如何做丈夫？回答是："致力功业而不沉湎私情，极力亲近而有所分寸。"请问如何做妻子？回答是："丈夫遵行礼义时，就温柔顺从地侍奉；丈夫不讲礼义时，就担心畏惧而自我警惕。"这些道理，只做到一部分就混乱，全部做到了就会安定，这是已经被充分证实了的。请问全部做到这些该怎么办？回答道："必须弄清楚礼义。"古代圣王明白了礼义并把它普遍地施行于天下，所以行动没有不正确的。所以，君子谦恭而不畏惧，严肃而不固执，贫穷失意而不卑屈，富裕显达而不骄纵，同时面对各种突发的事变，也能应付自如而不无计可施，这都是由于透彻地了解了礼义。

所以，君子对于礼义，敬慎并遵守之；他对于事务，顺从其道理而不失误；他对于别人，很少指责、能宽厚相处而不曲从；他对于自己，谨慎修养而不诡诈；他对于突发事变，迅速敏捷而不惑乱；他对于天地万物，不追求弄清它们形成的原由，而致力于很好地利用其材料；他对于各种官吏及技艺人才，不同他们比能力高下，而致力于很好地利用其成果；他对待君主，忠诚顺从而不懈怠；他役使人民，普遍公平而不偏私；他与人交往，遵循道义而以类相聚；他居住乡下，从容自如而不越轨。所以，君子困厄失意时一定会享有名望，显达得意时一定会建立功绩，仁爱宽厚遍及天下而不费力，聪明智慧通达天地万物，处理万变而不疑惑，他心气平和，志意广大，德行道义充满天地之间，仁爱才智达到了极点。这种人就叫做圣人。他透彻地了解礼义啊。

请问如何治理国家？回答是："只听说君主要修养身心，不曾听说怎样去治理国家。"君主好比测定日影的表柱，表柱正影子就正。君主好比盘子，盘子是圆形的，装在盘子里的水就是圆形的。君主好比盂，盂是方形的，装在盂里的水就是方形的。君主爱射箭，臣子就会经常戴着扳指。楚庄王喜欢细腰的人，所以朝廷里多有忍饥挨饿努力使腰变细的人。所以说，只听说君主要修养身心，不曾听说怎样去治理国家。

君主，是人民的本源，源头清澈，流水就清澈；源头浑浊，流水就浑浊。所以掌握国家政权的人若不能爱护人民，不能为人民谋利，却要求人民亲近爱戴自己，那是不可能的。人民不亲近不爱戴自己，却要求人民为自己所用，为自己而死，那也是不可能的。人民不为自己所用，不为自己而死，却要求兵力强大、城防坚固，那也是不可能的。兵力不强大、城防不坚固，却要求敌人不来侵犯，那也是不可能的。敌人来侵犯了，却要求国家不危险、不削弱、不灭亡，那也是不可能的。危险、削弱以至灭亡的情况全都聚积在这里了，却还要求安逸快乐，这就是狂妄的人。狂妄的人，不需多少时间就会凋落。

所以，君主想强盛稳固、安逸快乐，就不如回头来依靠人民；想要臣子归附，人民同心和一，就不如回头来做好政事；想要做好政事、美化风俗，就不如回头来寻求治国的人才。那些有德有才的人有时很多，而能够被君主发现任用的也世世代代都有。这些人，生在当今的社会而有志于施行古代的治国之道。虽然当今各国君主都不爱好古代的治国之道，但是这种人却偏偏爱好它；虽然天下的人民都不想遵行古代的治国之道，但是这种人却偏偏要遵行它；爱好古代治国之道的人贫困，遵守古代治国之道的人穷苦，然而这种人仍然坚持要去实行，并不因此而有片刻停顿。惟独这种人清楚地知道，古代君王为什么会取得政权，为什么会失去政权，知道国家的安与危、好与坏，就像辨别黑白一样清楚。这种人如果得到君主重用，那么天下就会统一，诸侯就会臣服；如果只是一般地任用，那么威势也会影响到邻邦和敌国；纵然不被任用，只要使他不离开国土，那么在他活着的时候国家也不会有大的变故。所以，君主爱护人民就会安宁，喜好士人就会荣耀，这两者都不具备的就会灭亡。《诗经》上说："贤人是天下的藩篱，大众是天下的围墙。"说的就是这个道理。

　　道是什么呢？回答是：道是君主所遵行的原则。君主是什么呢？回答是：是能把人结合成群体的人。能把人结合成群体又是什么呢？回答是：善于提供衣食养活人，善于区别等级名分治理人，善于把贤能者安置在显要地位，善于用各种文饰区别人的等级名分。善于提供衣食养活人的，人们就亲近他；善于区别等级名分治理人的，人们就顺从他；善于把贤能者安置在显要地位的，人们就满意他；善于用各种文饰区别人的等级名分的，人们就赞美他。这四个要领全都具备了，天下人就会归顺他，这就叫做能把人结合成群体的君主。不能提供衣食养活人的，人们就不亲近他；不能区别等级名分治理人的，人们就不顺从他；不能把贤能者安置在显要地位的，人们就不满意他；不能用各种文饰区别人的等级名分的，人们就不赞美他。这四个要领全都不具备，天下人就会背离他，这就叫做平常人。所以说：掌握了治国之道，国家就存在；丧失了治国之道，国家就灭亡。使工匠、商人的人数减少，使农夫人数增多，禁止盗贼，铲除奸邪，这就是善于提供衣食养活人的办法。天子任用司马、司空、司徒三公，诸侯国配备一个相，大夫专掌某一官职，士人谨守自己的职位，无不遵循法度而秉公办事，这就是善于区别等级名分治理人的办法。比较各人的德行而确定等级次序，衡量各人的才能以授予官职，使每个人都能担任自己的政事而能各得其宜，上等贤才让他们担任三公，次等贤才让他们做诸侯，下等贤才让他们做大夫，这就是善于把贤能者安置在显要地位的办法。修饰帽子衣裳，在衣物服饰上绣制彩绘，在各种器物上雕刻花纹图形，都有等级差别，这就是善于用各种文饰区别人的等级名分的办法。

所以，从天子直到普通百姓，没有不施展自己的才能，实现自己的志愿，安心快意地从事自己的事业，这是每个人所相同的愿望。穿着暖和而又食物充裕，居住安适而又游玩快乐，做事适时，制度明确，生活用品充足，这是每个人所相同的愿望。至于用各种颜色绘制衣物服饰上的彩绘，汇集各种食物烹制成珍馐美味，这是显示富足。古代圣王掌握富余的财物以区别等级名分的差异，对上用来修饰贤者能者以表明地位的高低，对下用来修饰长辈幼辈以表明亲疏的区别；上自王公朝廷，下至百姓家庭，天下人都清楚地知道圣王之所行为不是要搞什么特殊，而是要用明确名分、谋求治理的方法来保持国家永远太平。所以，天子诸侯没有奢侈的用度，士大夫没有放荡不拘的行为，各级官吏没有怠慢政事的表现，民众百姓没有奸诈怪异的习俗，没有偷盗抢劫的罪行，这样就能够称得上道义普及了。"国家太平，财富富余会惠及百姓；国家混乱，财物贫乏会殃及王公。"说的就是这个道理。

最高的治国之道的大致体现。推崇礼义，严守法制，那么国家就会有纲常；尊重贤才，任用能人，那么人民就会明方向；汇集众议，明察是非，那么人民就不会怀疑；奖赏勤勉，惩罚懒惰，那么人民就不会懈怠；听取各方面人的意见，所有的人都明晓，那么天下人就会归顺。然后明确名分职位，安排各种职业的次序，有技术的人发挥其技艺，有才能的人授予其官职，国家没有什么得不到治理的，那么公道通达而私门堵塞，公理正义昌明而谋求私利的事就止息了。像这样，那么高尚的人就得到任用，而阿谀取悦的人就受到抑制，贪图财利的人就被黜退，而廉洁的人就得到提拔。《尚书》上说："先于王命下达前行动的，杀而不赦；在王命下达后迟迟不行动的，杀而不赦。"人们因为熟悉自己的职事而固守不变，对自己所从事的职事，如同耳朵、眼睛、鼻子、嘴巴不可相互替代一样。所以，职事划分之后，民众就不再谋求他职；等级确定之后，秩序就不会混乱；听取各方面的意见，明察所有的情况，那么各种事情都不会积压。像这样，从朝廷大臣、各级官吏直到普通百姓，没有不先修养自己然后才敢安守职业，确实有才能然后才敢接受官职。百姓改变了习俗，小人改变了心性，奸邪怪僻的人没有不返回诚实的，这就叫做政治教化的最高境界。所以天子不用眼看就能发现问题，不用耳听就能了解真相，不用思虑就能知道事理，不用行动就能成就功业。他安然独坐而能使天下人顺从，就如同他支配自己的身体一样，如同四肢受心的支配一样。这就叫做最高的治国之道的大致体现。《诗经》上说："温良恭俭的人啊，您是道德的极致。"说的就是这种人。

做君主的，没有不想国家强盛而厌恶衰弱的，没有不想国家安定而厌恶危险的，没有不想国家荣耀而厌恶耻辱的，这是圣王夏禹和暴君夏桀所相同的。要实现上述三种欲望，避免上述三种厌恶，究竟采取什么办法最便利？回答是：在于慎重地选取宰相，没有比这种办法更便捷的了。所以所选取的宰相，有才智而不仁爱的，不可以；仁爱而无才智的，不可以；既有才智又仁爱的，是君主的宝贝，是称王天下、称霸诸侯的辅佐。如果不急于得到贤相，那是不明智；得到了而又不使用，那是不仁爱。没有这样的贤相而奢望取得称王称霸的功业，没有比这更愚蠢的了。

当今君主最大的毛病是：让贤能的人处理政事，却同不贤的人去纠正他；让有才智的人出谋划策，却同愚昧的人去批判他；让品行高尚的人执行公务，却同卑污邪恶的人去怀疑他。如此，虽然想成就功业，能办得到吗？打个比方，这就好像树立笔直的木杆却担心它的影子弯曲一样，再没有比这更糊涂的了。谚语说："美女的姿色，是丑人的冤孽；公正的贤士，是一般人的痈疮。"遵循道义的，卑污邪恶的人看作是祸害。现在让卑污邪恶的人去评判他所怨恨的人却要求不偏邪，能办得到吗？打个比方，这就好像树立弯曲的木杆却要求它的影子笔直一样，再没有比这更昏乱的了。

所以古代的人就不这样做。他选取人有一定的原则，任用人有一定的法度。选取人的原则，是用礼义作为验证的标准；任用人的法度，是用等级职分来约束人。对他们的品行、道义和举动，用礼义加以验证；对他们的才智、谋略和取舍，用成败加以考察；对他们日积月累的事务，用功绩加以测定。所以，卑贱者不能凌驾于尊贵者之上，权轻者不能用来评判权重之人，愚昧者不能算计聪明人，因此一切举措就都不会有过错。所以，用礼义加以考核，观察他是否安守而戒慎；把他安置在变动不定的环境里，观察他能否应付裕如；把他安置在安逸舒适的环境里，观察他会不会放荡怠惰；给予音乐美色、权势财利、怨恨愤怒、祸患艰险的考验，观察他会不会背离道义。那些确实有德行的人和确实无德行的人就像黑白一样判然分明，哪里还歪曲得了呢？所以，伯乐不可能用马的优劣来欺骗他，君子不可能用人的好坏来欺骗他，这些就是贤明君主的治国之道。

　　君主想得到善于射箭，既能射得远又能命中细微之物的人，就悬挂告示以尊贵爵位和厚重奖赏来招引他们。对内不能偏袒自己的子弟，对外不能埋没和自己疏远的人，凡是达到"既能射得远又能命中细微之物"标准的人就录取他，这岂不就是得到善于射箭的人的方法吗？即使是圣人也不能改变它。君主想得到善于驾车，既能跑得最快又能跑得很远的人，就悬挂告示以尊贵爵位和厚重奖赏来招引他们。对内不能偏袒自己的子弟，对外不能埋没和自己疏远的人，凡是达到"既能最快又能跑得很远"标准的人就录取他，这岂不就是得到善于驾车的人的方法吗？即使是圣人也不能改变它。君主想要治理好国家，统领好人民，调整上下各方面关系使之统一行动，那么就要对内固守诚信，对外抵御侵略；国家太平，就能制服别人，而不为别人所制服；国家动乱，那么危险、耻辱、灭亡的情况也能马上应付。但是，君主在寻求卿相辅佐时却偏偏不像这样公正，只任用阿谀逢迎和亲近依附自己的人，这难道不是大错特错吗？所以，掌握国家政权的人，没有不希望国家强盛的，但很快就衰弱了；没有不希望国家安定的，但很快就危险了；没有不希望国家长存的，但很快就灭亡了。古时候有上万个国家，现在只有十几个了。这没有其他原因，没有不失误在用人不公正上的。

　　所以，明智的君主有以馈送金石珠玉私爱人的，没有以馈送官职政事私爱人的，这是什么原因呢？回答是：以馈送官职政事私爱人，本来就不利于所私爱的人。那些人没有才能而君主却使用他，这是君主昏愦；臣子没有才能却冒充有才能，这是臣子欺诈。君主昏愦在上，臣子欺诈在下，国家灭亡就没有几天了，这是对于国家和个人两害的做法。周文王并不是没有皇亲国戚，并不是没有儿子兄弟，并不是没有宠臣亲信，但他却超然地在乡野之人中选用了姜太公，难道是偏爱他吗！认为他是亲族吗？但周族姓姬，而他姓姜。认为他是故交老友吗？但他们不曾相识。认为周文王爱漂亮吗？但姜太公年届七十二岁，嘴里空落落地连牙齿都掉了。然而文王还是选用了他，因为文王想要树立宝贵的治道，想要显扬美好的名声，以便使天下的人都受到恩惠，而这是不能由君主自己一个人独裁的。不用姜太公，就没有人足以举用，所以就选拔了这个人并重用他。于是，宝贵的治道果真树立了，美好的名声果真显扬了，周王室统一了天下，建立了七十一个诸侯国，其中姬姓占了五十三个，周王室子孙只要不是疯狂惑乱的人，没有不成为显贵诸侯的。像这样，才称得上是能爱人的人啊。所以，实行了天下的大道，建立了天下的大功，然后再荫庇自己所疼所爱的人，他们最差的也能够成为天下显贵的诸侯。所以说："只有明智的君主才能爱他所爱的人，昏愦的君主必定危害他所爱的人。"说的就是这个道理。

　　墙的外面，眼睛看不见；里门之前，耳朵听不见；然而君主所管辖的范围，远的遍及天下，近的在国境内，不能不大略知道发生了什么情况。天下的变化，国内的事情，有的已经变动纷乱了，而君主却无从知道，这就是受控制受胁迫受蒙蔽的开端了。他的眼睛所能察看的，是如此狭窄；他所能管辖的，却是那样广阔；他对于这种广阔与狭窄的情况不能不知道，像这样的话是多么危险啊。既然这样，那么做君主的要靠什么来知道各种情况呢？回答是：君主的亲信和侍从，是君主用来窥察远方、监督各级官吏的耳目，不能不及早配备。所以君主必须有足可信赖的亲信和侍从，然后才行；他们的智慧思虑足以使众人行为规范，他们的正直诚实足以使众人安定，然后才行；这些人就叫做治国的工具。君主不能没有游览观光、安逸快乐的时候，也不可能没有生病死亡的变故。在这种时候，国家的事务就会如源泉一般涌现，只要一件事情没处理好，就会成为混乱的开端。所以说：君主不可以独裁。有卿相辅佐，是君主的几杖，不能不及早配备。所以君主必须有足可任用的卿相辅佐，然后才行；他们的道德声望足以安定百姓，他们的智慧思虑足以应付各种事变，然后才行；这些人就叫做治国的工具。四邻的诸侯国边境相连，不可能不相互交往，但是不一定都是亲善的。所以君主必须有足以出使远方传达谕旨、解决疑难的人，然后才行；他们的辩说足可以消除烦苦，他们的智慧思虑足可以解决疑难，他们的决断足可以排除危难，他们不是为了谋取官位俸禄，也不会反叛君主，但足以应付紧急事变、抵御祸患，保住国家，然后才行。这些人就叫做治国的工具。所以，君主没有足可信赖的亲信和侍从就叫做昏愦，没有足可任用的卿相辅佐就叫做独裁，所派遣出使四邻诸侯国的不是称职的人就叫做孤立，孤立、独裁而昏愦就叫做危险。国家虽然好像还存在，但按古代人的标准它已经灭亡了。《诗经》上说："人才众多贤能济济，文王因此得安宁。"说的就是这个道理。

因材用人的原则：诚实勤勉，细小的事情也要精心计算而不敢遗漏，这是做一般官吏和差役的材料。修养身心，端正品行，尊崇礼法，重视名分，没有偏邪反复之心，恪守职责，遵循典章，不敢有所增删，使之世代相传而不被侵夺，这是做士大夫和官长的材料。懂得推崇礼义是为了使君主尊贵，懂得喜欢士人是为了使名声美好，懂得爱护人民是为了使国家安定，懂得具备稳定不变的纲纪是为了统一风俗，懂得尊重贤德使用能人是为了增长功业，懂得重视农业限制工商业是为了增加财富，懂得不和人民争夺小利是为了有利于做大事，懂得彰明制度、衡量事物使之合用是为了不拘泥常规，这是担任卿相辅佐君主的材料，还没有懂得为君之道。能够评定任用这三种人才而安排又不失次序，这才是为君之道。如果这样，那么君主就会身心安逸而国家太平，功业巨大而名声美好；上一等的可以称王天下，下一等的可以称霸诸侯，这是君主的主要职守。做君主的如果不能评定任用这三种人才，不懂得遵循这些原则，却只是卑身亲劳，摒弃声色之乐，而亲自夜以继日苛细地处理政事，一切都包揽给自己并周全办妥，总是考虑要同臣子在细小的方面比聪明，极力表现某一方面的才能，自古至今，还没有像这样而国家不混乱的。所谓"去看那些不能看见的，去听那些不能听到的，去做那些不能成功的"，说的就是这个道理。

有乱君，无乱国；有治人，无治法。羿之法非亡也，而羿不世中；禹之法犹存，而夏不世王。故法不能独立，类不能自行。得其人则存，失其人则亡。法者，治之端也；君子者，法之原也。故有君子，则法虽省，足以遍矣；无君子，则法虽具，失先后之施，不能应事之变，足以乱矣。不知法之义而正法之数者，虽博传，临事必乱。故明主急得其人，而暗主急得其势。急得其人，则身佚而国治，功大而名美，上可以王，下可以霸；不急得其人，而急得其势，则身劳而国乱，功废而名辱，社稷必危。故君人者，劳于索之，而休于使之。《书》曰："惟文王敬忌，一人以择。"此之谓也。

合符节，别契券者，所以为信也；上好权谋，则臣下百吏诞诈之人乘是而后欺。探筹投钩者，所以为公也；上好曲私，则臣下百吏乘是而后偏。衡石称县者，所以为平也；上好覆倾，则臣下百吏乘是而后险。斗斛敦概者，所以为啧也；上好贪利，则臣下百吏乘是而后鄙，丰取刻与，以无度取于民。故械数者，治之流也，非治之原也；君子者，治之原也。官人守数，君子养原；原清则流清，原浊则流浊。故上好礼义，尚贤使能，无贪利之心，则下亦将綦辞让、致忠信而谨于臣子矣。如是，则虽在小民，不待合符节，别契券而信，不待探筹投钩而公，不待冲石称县而平，不待斗斛敦概而啧。故赏不用而民劝，罚不用而民服，有司不劳而事治，政令不烦而俗美；百姓莫敢不顺上之法，象上之志，而劝上之事，而安乐之矣。故藉敛忘费，事业忘劳，寇难忘死；城郭不待饰而固，兵刃不待陵而劲，敌国不待服而诎，四海之民不待令而一。夫是之谓至平。《诗》曰："王犹允塞，徐方既来。"此之谓也。

请问为人君？曰："以礼分施，均遍而不偏。"请问为人臣？曰："以礼侍君，忠顺而不懈。"请问为人父？曰："宽惠而有礼。"请问为人子？曰："敬爱而致文。"请问为人兄？曰："慈爱而见友。"请问为人弟？曰："敬诎而不苟。"请问为人夫？曰："致功而不流，致临而有辨。"请问为人妻？曰："夫有礼，则柔从听侍；夫无礼，则恐惧而自竦也。"此道也，偏立而乱，俱立而治，其足以稽矣。请问兼能之奈何？曰：

"审之礼也。"古者先王审礼以方皇周浃于天下，动无不当也。故君子恭而不难，敬而不巩，贫穷而不约，富贵而不骄，并遇变应而不穷，审之礼也。

故君子之于礼，敬而安之；其于事也，径而不失；其于人也，寡怨宽裕而无阿；其为身也，谨修饰而不危；其应变故也，齐给便捷而不惑；其于天地万物也，不务说其所以然，而致善用其材；其于百官之事、伎艺之人也，不与之争能，而致善用其功；其待上也，忠顺而不懈；其使下也，均遍而不偏；其交游也，缘类而有义；其居乡里也，容而不乱。是故穷则必有名，达则必有功，仁厚兼覆天下而不闵，明达用天地、理万变而不疑，血气和平，志意广大，行义塞于天地之间，仁智之极也，夫是之谓圣人。审之礼也。

请问为国？曰："闻修身，未尝闻为国也。"君者仪也，仪正而景正。君者，盘也，盘圆而水圆。君者盂也，盂方而水方。君射则臣决。楚庄王好细腰，故朝有饿人。故曰：闻修身，未尝闻为国也。

君者，民之原也，原清则流清，原浊则流浊。故有社稷者，而不能爱民，不能利民，而求民之亲爱己，不可得也。民不亲不爱，而求为己用，为己死，不可得也。民不为己用，不为己死，而求兵之劲、城之固，不可得也。兵不劲、城不固，而求敌之不至，不可得也。敌至而求无危削、不灭亡，不可得也。危削灭亡之情举积此矣，而求安乐，是狂生者也。狂生者，不胥时而乐。

故人主欲强固安乐，则莫若反之民；欲附下一民，则莫若反之政；欲修政美俗，则莫若求其人。彼或蓄积而得之者不世绝。彼其人者，生乎今之世而志乎古之道。以天下之王公莫好之也，然而是子独好之；以天下之民莫为之也，然而是子独为之；好之者贫，为之者穷，然而是子犹将为之也，不为少顷辍焉。晓然独明于先王之所以得之，所以失之，知国之安危、臧否，若别白黑。是其人也，大用之则天下为一，诸侯为臣；小用之则威行邻敌；纵不能用，使无去其疆域，则国终身无故。故君人者，爱民而安，好士而荣，两者无一焉而亡。《诗》曰："介人维藩，大师为垣。"此之谓也。

以上为第一部分，以"原清则流清，原浊则流浊"为哲学依据，提出"法者，治之端也；君子者，法之原也"和"君者，民之原也"的论断，论证人治、法治的得失和爱好礼义、尚贤使能、爱民好士的重要。这是全文的总论部分。

"惟文王敬忌"二句：引自《尚书·康诰篇》。文字与今本《尚书》有异。　符节：古代朝廷用作凭证的信物。用竹木或金玉为之，上书（或镌刻）文字而剖为二，各存其半，验证时相合为信。　臣下百吏诞诈之人：据王文海引杨柳桥曰，"诞诈之人"或古注混入。　衡石称县者：概指衡器。衡，秤；石，百二十斤为石，十斗亦为石；称县，指秤砣以绳悬于秤杆。　斗斛敦概者：概指量器。十升为斗，十斗为斛，一斗二升为敦。敦，读dui，形状似盂；概，量粮米时刮平斗斛的木板。　所以为嘖：嘖，音通"则"，整齐，划一，引申为统一标准。一说，当取"准"之意，亦近是。　"王犹允塞"云云：引自《诗经·大雅·常武》。犹，尚；允，信；徐方，古徐国。　方皇周浃：方皇，方读为páng，犹旁皇，广大也；周浃，普遍，周到。　君者仪也：仪，指日晷（guǐ），利用日影来测定时刻的仪器。一般是在刻有时刻线的盘（晷面）的中央立一根垂直的标杆（晷针，也称"表"），根据标杆投出的日影方向和长度来确定时刻。仪即指此标杆而言。　君射则臣决：决，古代射箭时套在右手大拇指上用来勾弦的象骨套子，俗称"扳指"。此句犹言君好射则臣效之。　楚庄王好细腰：楚王好细腰故事屡见于先秦典籍，但多云楚灵王，唯荀书及《尹文子》云为楚庄王，盖传闻之误耳。　不胥时而乐：胥，须也；不胥时，不须时，不待时。乐，草木脱落凋零也。据王天海引《尔雅·释诂》："毗刘，暴乐也。"郭注："谓树木叶缺落，荫疏。"郝疏："木枝叶稀疏不均为暴乐，然暴乐之为言，犹剥落也。"今本《荀子》"乐"多作"落"，音近而误也。　　"介人维藩"云云：引自《诗经·大雅·板》。介人，指大德之人；藩，屏藩；大师，指大众。

　　道者何也？曰：君之所道也。君者何也？曰：能群也。能群也者何也？曰：善生养人者也，善班治人者也，善显设人者也，善藩饰人者也。善生养人者人亲之，善班治人者人安之，善显设人者人乐之，善藩饰人者人荣之。四统者俱而天下归之，夫是之谓能群。不能生养人者，人不亲也；不能班治人者，人不安也；不能显设人者，人不乐也；不能藩饰人者，人不荣也。四统者亡而天下去之，夫是之谓匹夫。故曰：道存则国存，道亡则国亡。省工贾，众农夫，禁盗贼，除奸邪，是所以生养之也。天子三公，诸侯一相，大夫擅官，士保职，莫不法度而公，是所以班治之也。论德而定次，量能而授官，皆使人载其事而各得其所宜，上贤使之为三公，次贤使之为诸侯，下贤使之为士大夫，是所以显设之也。修冠弁衣裳，黼黻文章，雕琢刻镂皆有等差，是所以藩饰之也。

　　故由天子至于庶人也，莫不骋其能、得其志，安乐其事，是所同也。衣暖而食充，居安而游乐，事时制明而用足，是又所同也。若夫重色而成文章，重味而成珍备，是所衍也。圣王财衍以明辨异，上以饰贤良而明贵贱，下以饰长幼而明亲疏；上在王公之朝，下在百姓之家，天下晓然皆知其所非以为异也，将以明分达治而保万世也。故天子诸侯无靡费之用，士大夫无流淫之行，百吏官人无怠慢之事，众庶百姓无奸怪之俗、无盗贼之罪，其能以称义遍矣。故曰："治则衍及百姓，乱则不足及王公。"此之谓也。

　　至道大形。隆礼至法则国有常，尚贤使能则民知方，纂论公察则民不疑，赏克罚偷则民不怠，兼听齐明则天下归之。然后明分职、序事业、材技官能，莫不治理，则公道达而私门塞矣，公义明而私事息矣。如是，则德厚者进而佞说者止，贪利者退而廉节者起。《书》曰："先时者杀无赦，不逮时者杀无赦。"人习其事而固，人之百事如耳目鼻口之不可以相借官也。故职分而民不探，次定而序不乱，兼听齐明而百事不留。如是，则臣下百吏至于庶人，莫不修己而后敢安止，诚能而后敢受职。百姓易俗，小人变心，奸怪之属莫不反悫，夫是之谓政教之极。故天子不视而见，不听而聪，不虑而知，不动而功，块然独坐而天下从之如一体，如四支之从心。夫是之谓大形。《诗》曰："温温恭人，维德之基。"此之谓也。

以上为第二部分，阐述君主领导国家、治理社会所遵行的各项原则，并剖析君主最高的治国之道，即隆礼至法、尚贤使能、纂论公察、赏免罚偷、兼听其听等对于治国理政具有特别重要的意义。

班治：分等级而治。班，列，分列。　显设：设显位而置之，或曰置人于显要之位。　藩饰：犹"繁饰"，即以下文所言冠帽衣裳、彩绘文饰、雕琢刻镂等区别人之等级名分。藩，通"繁"；饰，文饰。　纂论：谓汇集君臣议论民事。纂，收集，汇集。　"先时者杀无赦"二句：引自《尚书·胤征篇》。先时，谓王命之前；不逮时，不及时；谓王命之后。　四支之从心：今本《荀子》"支"多作"胑"。支、胑，并同"肢"。　"温温恭人"云云：引自《诗经·大雅·抑》。解在《不苟篇》。

为人主者，莫不欲强而恶弱，欲安而恶危，欲荣而恶辱，是禹、桀之所同也。要此三欲，辟此三恶，果何道而便？曰：在慎取相，道莫径是矣。故知而不仁，不可；仁而不知，不可；既知且仁，是人主之宝也，王霸之佐也。不急得，不知；得而不用，不仁。无其人而幸有其功，愚莫大焉。

今人主有大患：使贤者为之，则与不肖者规之；使知者虑之，则与愚者论之；使修士行之，则与污邪之人疑之；虽欲成功，得乎哉！譬之是犹立直木而恐其景之枉也，惑莫大焉。语曰："好女之色，恶者之孽也；公正之士，众人之痤也。"修道之人，污邪之贼也。今使污邪之人论其怨贼而求其无偏，得乎哉！譬之是犹立枉木而求其景之直也，乱莫大焉。

故古之人为之不然。其取人有道，其用人有法。取人之道，参之以礼；用人之法，禁之以等。行义动静，度之以礼；知虑取舍，稽之以成；日月积久，校之以功。故卑不得以临尊，轻不得以县重，愚不得以谋知，是以万举而不过也。故校之以礼，而观其能安敬也；与之举措迁移，而观其能应变也；与之安燕，而观其能无流愒也；接之以声色、权利、忿怒、患险，而观其能无离守也。彼诚有之者，与诚无之者若白黑，然可诎邪哉？故伯乐不可欺以马，而君子不可欺以人，此明王之道也！

人主欲得善射，射远中微者，县贵爵重赏以招致之。内不可以阿子弟，外不可以隐远人，能中是者取之，是岂不必得之之道也哉！虽圣人不能易也。欲得善驭，及速致远者，一日而千里，县贵爵重赏以招致之，内不可以阿子弟，外不可以隐远人，能致是者取之，是岂不必得之之道也哉！虽圣人不能易也。欲治国驭民，调壹上下，将内以固城，外以拒难；治则制人，人不能制也；乱则危辱灭亡，可立而待也。然而求卿相辅佐，则独不若是其公也，案唯便嬖亲比己者之用也，岂不过甚矣哉！故有社稷者，莫不欲强，俄则弱矣；莫不欲安，俄则危矣；莫不欲存，俄则亡矣。古有万国，今有十数焉，是无他故，莫不失之是也。

故明主有私人以金石珠玉，无私人以官职事业，是何也？曰：本不利于所私也。彼不能而主使之，则是主暗也；臣不能而诬能，则是臣诈也。主暗于上，臣诈于下，灭亡无日，俱害之道也。夫文王非无贵戚也，非无子弟也，非无便嬖也，倜然乃举太公于州人而用之，岂私之也哉！以为亲邪？则周姬姓也，而彼姜姓也。以为故邪？则未尝相识也。以为好丽邪？则夫人行年七十有二，齳然而齿堕矣。然而用之者，夫文王欲立贵道，欲白贵名，以惠天下，而不可以独也。非于是子莫足以举之，故举是子而用之，于是乎贵道果立，贵名果白，兼制天下，立七十一国姬姓独居五十三人，周之子孙苟非狂惑者，莫不为天下之显诸侯。如是者，能爱人也。故举天下之大道，立天下之大功，然后隐其所怜所爱，其下犹足以为天下之显诸侯。故曰："唯明主为能爱其所爱，暗主则必危其所爱。"此之谓也。

　　墙之外，目不见也；里之前，耳不闻也；而人主之守司，远者天下，近者境内，不可不略知也。天下之变，境内之事，有弛易齵差者矣，而人主无由知之，则是拘胁蔽塞之端也。耳目之明，如是其狭也；人主之守司，如是其广也；其中不可以不知也，如是其危也。然则人主将何以知之？曰：便嬖左右者，人主之所以窥远收众之门户牖向也，不可不早具也。故人主必将有便嬖左右足信者然后可；其知惠足使规物，其端诚足使定物然后可：夫是之谓国具。人主不能不有游观安燕之时，则不得不有疾病物故之变焉。如是，国者，事物之至也如泉原，一物不应，乱之端也。故曰：人主不可以独也。卿相辅佐，人主之基杖也，不可不早具也。故人主必将有卿相辅佐足任者然后可，其德音足以镇抚百姓、其知虑足以应待万变然后可，夫是之谓国具。四邻诸侯之相与，不可以不相接也，然而不必相亲也。故人主必将有足使喻志决疑于远方者然后可；其辩说足以解烦，其知虑足以决疑，其齐断足以距难，不还秩、不反君，然而应薄扞患足以持社稷然后可；夫是之谓国具。故人主无便嬖左右足信者谓之暗，无卿相辅佐足任使者谓之独，所使于四邻诸侯者非其人谓之孤，孤独而晻谓之危。国虽若存，古之人曰亡矣。《诗》曰："济济多士，文王以宁。"此之谓也。

材人。愿悫拘录，计数纤啬而无敢遗丧，是官人使吏之材也。修饬端正，尊法敬分而无倾侧之心，守职修业不敢损益，可传世也而不可使侵夺，是士大夫官师之材也。知隆礼义之为尊君也，知好士之为美名也，知爱民之为安国也，知有常法之为一俗也，知尚贤使能之为长功也，知务本禁末之为多材也，知无与下争小利之为便于事也，知明制度、权物称用之为不泥也，是卿相辅佐之材也，未及君道也。能论官此三材者而无失其次，是谓人主之道也。若是，则身佚而国治，功大而名美，上可以王，下可以霸，是人主之要守也。人主不能论此三材者，不知道此道，安值将卑势出劳，并耳目之乐，而亲自贯日而治详，一内而曲辨之，虑与臣下争小察而綦偏能，自古及今，未有如此而不乱者也。是所谓"视乎不可见，听乎不可闻，为乎不可成"。此之谓也。

以上为第三部分，论述要想使国家强盛、安定、荣耀，只有慎取宰相，以大贤大才来治理。并说明选拔、考核官吏的各种方法。

要此三欲，辟此三恶：要，取，引申为实现；辟，通"避"，规避。　　幸有其功：幸，侥幸，引申为奢望。　　好女之色，恶者之孽：此处"恶者"当指"恶女"。《说苑·尊贤篇》："夫美女者，丑妇之仇也。"又《史记·外戚世家》："谚曰：美女入室，恶女之仇。"好女，即美女；恶者，丑女也，非通常所谓恶人；孽，仇人，冤孽。　　流慆：流，放荡，放纵；慆，怠慢，偷惰。　　龁（kǔn）然：无齿之貌。　　弛易齵差：弛易，犹移易，变动；齵差，参差不齐。　　齐断：即裁断。齐，有剪义；剪，裁也。　　应薄扞患：即应急御患。薄，迫，急迫；扞，同"捍"。　　"济济多士"云云：引自《诗经·大雅·文王》。济济，众多的样子。　　拘录：犹"劬碌"。劳苦，劳碌。此处谓勤勉尽力。　　安值将：犹"乃只以"，语词，《荀子》一书多用之。　　卑势出劳：谓卑其所执持，自出力以就劳疲之事。　　一内而曲辨之：王先谦据《王霸篇》有"一日而曲辨之"，认为"内"盖"日"之误。王天海认为，"一内"，一纳也，内与纳通；一纳，犹全揽于已也。曲辨，周治；辨，通"办"。

荀子认为国家的政治好坏取决于君主的贤明或昏暗，而主要表现在对人才的任用是否得当上。所以《君道篇》论治国之道，自始至终都着眼于这个主旨，阐述为君之道的各种方略。

人治、法治的得失之辨。人治是儒家的一种政治思想，法治是法家以法治国的政治主张。从《非十二子篇》、《解蔽篇》及本篇对慎到、田骈、申不害等人重法、术、势而不尚贤，且强调人治对治国理政的重大作用来看，荀子是儒家人治思想理论的忠实信徒和热情鼓吹者。《论语·颜渊》说："政者，正也，子帅以正，孰敢不正？"《礼记·中庸》说："文武之政，布在方册，其人存，则其政举，其人亡，则其政息。"荀子批评法家和宣扬儒家人治思想，原本立足于"人存政举，人亡政息"这个基本观点上。"禹之法犹存，而夏不世王"的历史经验说明，法制是否正确实行，要看掌握法制的人是否君子："有君子，则法虽省，足以遍矣；无君子，则法虽具，失先后之施，不能应事之变，足以乱矣"。据此，荀子认为在人与法的关系上，起到决定作用的不是法而是人，是贤人执政，所以他得出结论说："有治人，无治法"；"法不能独立，类不能自行。得其人则存，失其人则亡。法者，治之端也；君子者，法之原也"。然而以法、术、势统一为理论的法家提倡以法治国，把术和势视作法实施之条件，且以势为决定因素。荀子批评法家说，"蔽于法而不知贤"、"蔽于势而不知知"（《解蔽篇》），"尚法而无法，下修而好作；上则取听于上，下则取从于俗；终日言成文典，及紃察之，则倜然无所归宿，不可经国定分（《非十二子篇》）"。意思是说，法家虽然以法制为上，却不知道礼义所确定的贵贱贫富之等级名分即为法；又迷信法治主义，却不知道法制并不能离开人而独立发生作用；又只看到权势足以箝制天下，却不知道权势必须依靠才智方能使国家得到治理。荀子关于人治、法治得失之辨为隆礼重法的儒家治国路线提供了理论基础，它和隆法得势的法家思想是有本质区别的，不可混为一谈。

儒家治国之道。本篇分别有"请问为人君"、"请问为国"、"道者，何也"和"至道大形"几个设问，是从不同角度谈论治国之道，内容上是分述，合而言之则互相联系互相补充，大体包括以下几个问题：（一）君主的职责。《王制篇》、《富国篇》等均对君主在国家和社会中的地位作用有论述，本篇则更为集中详明。文中之"道"和"君之所道"字义有不同，前者为名词，指用以治国的道；后者为动词，训为"行"。这里是说君主能群之道，有四个要领，其一"善生养人"，即"省工贾，众农夫，禁盗贼，除奸邪"。减少工商人口、增加农业人口以利于衣食之生产，禁盗贼扰民、除奸邪剥民可使人民安居乐业，这是提供衣食养活人最好的办法。其二"善班治人"，即"天子三公，诸侯一相，大夫擅官，士保职，莫不法度而公"。"班"不读"辨"，不训"治"，"班治"当为天子三公诸侯丞相、士大夫、士分等级名分而治理，按礼义各尽职分，以公道执行法度，给予人民最大的安宁。其三"善显设人"，即"论德而定次，量能而授官，皆使其人载其事而各得其所宜，上贤使之为三公，次贤使之为诸侯，下贤使之为士大夫"。以德和能为标准，来定次授官以胜任其政事，可以从士大夫做到诸侯、三公，居于显要位置，这是一种开放的用人制度，是打破出身资格限制的结果。其四"善藩饰人"，即"修冠弁衣裳，黼黻文章，雕琢刻镂皆有等差"。这是在区别尊卑贵贱的前提下，用礼节仪式来文饰衣服、器物、居室，以标示名分之等差。君主的职责总的说来是对人的管理，不外乎"隆礼至法"、"尚贤使能"、"爱民好士"这几个方面，而这正是荀子所要论述的君主治国之道的基本内容。（二）君主治国之道的最高显现。首先，治国的纲常以礼法并重。所谓"隆礼至法则国有常"，礼以仁义为主，法以赏刑为主，二者合为纲常。其次，隆礼重法与尚贤使能并举，礼法予民以纲常，而贤能导民以方向，二者并为治国理政的决定因素。再次，爱民好士是使国家强盛的社会基础。荀子提出"君者，民之源也"的论断，是为了说明君主与人民的关系会有什么变化，取决于君主的态度，从而形成"原清则流清，原浊则流浊"的双向互动状态。国家的"强固安乐"取决于"兵劲城固"，而"兵劲城固"取决于人民对君主的亲、爱、用、死，又人民对君主的亲、爱、用、死取决于君主的爱民、利民。如此推论，就把"强固安乐"的根源追溯到君主所推行的政策上来了。所以，"反之民"、"反之政"、"求其人"，即用爱民好士政策是使国家强盛的最佳选择。最后，是导民为国效力和促进社会公平正义、稳定有序的机制，主要有：汇众议，明是非；赏勤勉，罚偷惰；广开言路，兼听而明；明分尽职，有技术者尽其技艺，有才能者授其官职，循此机制做去，招揽天下英才，凝聚天下人心，公道通达，私门堵塞，正义昌明，谋求私事之徒无所施其技。治国的政治纲领、社会基础、人才储备、政治运作机制等，一应具备，且能进入"政教之极"，使天子身心安逸而天下大治，所谓"块然独坐而天下从之如一体，如四支之从心"，不就达到了君主治国之道的最高状态吗！（三）君主的修养。荀子对"请问为国"的回答是"闻修身，未尝闻为国也"，这个激励之语强调作为一国之主的君主，其修养高于其治国之术，其修养绝非个人私德，而是影响于天下臣民言行举措的楷模。所谓"仪正而景正"、"盘圆而水圆"、"盂方而水方"、"君射则臣决"、"楚庄王好细腰，故朝有饿人"，讲的就是君主的道德情操是治国之道的一个重要部分。上行下效，君主"好礼义，尚贤使能，无贪利之心"，那么臣民就会非常谦让，极其忠实诚信，谨为臣子，即如小民也会讲信用、公正、公平、均等；君主首先为公，那么为臣则忠，为父则慈，为子则孝，为兄则友，为弟则敬，为夫则尽力功业而不流湎私情、极为亲近而有所区别，为妻则温柔顺从、自我警惕。由于治国依靠君子，所以君子的修养就显得极为重要，他们对于礼义的恪守和践履应有严格而全面的要求，无论对于事务还是对于别人，无论对待百姓还是对待君主，都要符合圣人的规范、达到最高境界。君主、君子修养能否成功，关键在于能否"审之礼也"，即透彻地了解礼义。他对于礼义的"偏立"（部分做到）则国家乱，如"俱立"则国家治。这表明，君主、君子的修养具有国家兴衰存亡的本体论意义，切不可等闲视之。（四）君主选拔、考核官吏的方法。荀子指出，要使国家强而去弱、安而去危、荣而去辱，有一个"果何道而便"的问题，说的是"立贵道"、"立贵名"，即树立高尚的用人之道、昭明高尚的爱贤之名。由于失贵道、失贵名，"古有万国，今有数十焉"；相反，周文王废弃纣王的个人独裁之道，毅然立贵道、立贵名，终于"兼制天下，立七十一国，姬姓独居五十三人，周之子孙苟不狂惑者莫不为天下之显诸侯"。荀子根据历史上的经验教训，建议统治者"其取人有道，其用人有法"，其总的原则是"取人之道，参之以礼，用人之法，禁之以等"。参之以礼，是指对人才的品行、道义、举动要用礼义加以验证，是选人重德；禁之以等，是指对人才的言行要用等级职分加以约束，强调用人有礼义规范。禁，训"约束"，使官吏谨言慎行，不僭越尊卑贵贱之职分。等，指人才各自的等级职分，并非才能的大小等级。从取人到用人，礼义一以贯之，始终是衡量的标准，这是儒家传统的人才管理方法。具体的做法是：用礼义观察其行为修养，用成败评判其才智取舍，用功绩测定其常年的事务。观察其对各自的等级职分能否安守戒慎，用各种不同的环境来考核："举措迁移"，用以观其应付各种事变的能力；"与之安燕"，用以观其是否放荡怠惰；"接之以声色、权利、忿怒、患险"，用以观其是否背离道义。这些积极的动态考核方法，将贤与不肖如同白黑那样判然分明，确为行之有效。在选拔、考核官吏的过程中，还有一个掌握标准要客观公正的问题，一是对待特殊人才，即"射远中微者"、"及速致远者"，就用"县贵爵重赏"的方法，委之以重任；二是"内不可以阿子弟，外不可以隐远人"，打破任人唯亲的世袭制度，让德才兼备的贤才得到任用；三是反对买官卖官，明主有以馈送"金石珠玉"表示爱人的，没有以馈送"官职事业"表示爱人的。以上三种措施可以倡公道、公义，堵私门、私事。荀子论明主用人之道，还十分重视君主身边得有两种人：一是要有贤相，他必须是"既知且仁"的大贤大才，堪为"人主之宝"、"王霸之佐"，而不能让"便嬖亲比己者"担任卿相。对于贤相，君主急得而用，因为他是关乎国家强、安、荣的大贤才、特殊人才，要秉公慎取，最主要的标准是："彼其人者，生乎今之世而志乎古之道。"所谓"古道"，即荀子常说的"三代之道"、"二后王之法"，这个标准极为苛刻而明确。二是要有"便嬖左右足信者"，他们的"知惠"、"端诚"足可做君主的耳目，破除君主墙、里之"拘胁蔽塞"。荀子无疑反对"唯便嬖亲比己者之用"，但这里以"足信者"一词来限制概念，强调他们并非奸佞，而是"不可不早具"的"国具"，仅有信息渠道意义，是用"术"而已。

臣道篇第十三

　　本篇论述为臣之道，说明态臣、篡臣、功臣、圣臣等各类臣子的特征及对国家命运的不同影响，并对臣子的德行才能加以规范，指出对待不同的君主应持不同的原则和方法。为便于论述各类臣子的特征、作用和影响，作者列出对立或矛盾概念，先作出定义，以精审的语言进行解析，然后举典型例子予以印证。所不同的是，有时先出现被定义概念，后作解析；有时先进行说明，后用概念以示概括，如此，行文就显得灵活而有变化。

　　大臣的类别：有奸佞的臣子，有篡逆的臣子，有建功的臣子，有圣哲的臣子。对内不能够统一人民，对外不能够排除危难，百姓不亲近他，诸侯不信任他，但他却巧言善辩、取悦于君主，这是奸佞的臣子。对上不忠心于君主，对下却善于在人民中博取名誉；不顾公正道义，拉帮结派相互勾结，以迷惑君主图谋私利为目的，这是篡逆的臣子。对内能够统一人民，对外能够抵御敌人入侵；人民亲近他，士人信任他；对上忠心于君主，对下爱护百姓而不倦怠，这是建功的臣子。对上能够尊重君主，对下能够爱护人民；颁行政令教化规范人民，人民效法如同影之随形；应对突发事变迅速敏捷，如同响之应声；依据事理进行推断，从容应对变化无常的事物，处处都能符合规章制度，这是圣哲的臣子。因此，任用圣哲的臣子就可以称王天下，任用建功的臣子就可以强大，任用篡逆的臣子必定危险，任用奸佞的臣子必定灭亡。奸佞的臣子得到重用，君主一定会丧命；篡逆的臣子得到重用，君主一定会受辱；建功的臣子得到重用，君主一定会荣耀；圣哲的臣子得到重用，君主一定会尊贵。所以，齐国的苏秦、楚国的州侯、秦国的张仪，可以说是奸佞的臣子。韩国的张去疾、赵国的奉阳君、齐国的孟尝君，可以说是篡逆的臣子。齐国的管仲、晋国的咎犯、楚国的孙叔敖，可以说是建功的臣子。商朝的伊尹、周朝的姜太公，可以说是圣哲的臣子。这就是臣子的类别，它是衡量国家吉凶、君主贤与不贤的标准。君主一定要牢记这四

吉凶贤不肖之极也

种标准，并亲自慎重地选择任用臣子，因为这些是完全可以作为借鉴的。

听从君主的命令而有利于君主叫做恭顺，听从君主的命令而不利于君主叫做谄媚；违背君主命令而有利于君主叫做忠诚，违背君主的命令而不利于君主叫做篡逆。不顾君主的荣辱，不顾国家的安危，一味地苟且迎合君主以求容身，保住自己的俸禄来豢养和结交宾客，这种人叫做国贼。君主有了错误的谋划和错误的举动，将造成危害国家、毁灭社稷的可怕后果，大臣、父子、兄弟中有人敢向君主进言，如果被采纳就留下，不被采纳就离去，这叫做规谏；如果有人敢向君主进言，如果被采纳就留下，不被采纳就以死相争，这叫做诤谏；如果有人敢联合有见识的人同心协力，率领群臣百官一起强制君主、纠正君主，君主虽然不高兴，却不得不听从，于是消解了国家的大忧患，去除了国家的大祸害，最终使君主尊贵、国家安定，这叫做辅佐；如果有人敢抗拒君主的命令，借用君主的权势，反对君主的错误行为，而使国家转危为安，消除君主的耻辱，其功绩足以成就国家的最大利益，这叫做弼违。所以，敢于规谏、诤谏、辅佐、弼违的人，是维护国家政权的功臣，是国君的宝贵财富，是英明君主所尊重优待的，但昏庸糊涂的君主却把他们视作自己的敌人。所以英明君主所赏赐的人，却是昏庸君主所责罚的对象；昏庸君主所奖赏的人，却是英明君主所杀戮的对象。伊尹、箕子可以说是规谏之臣了；比干、伍子胥可以说是诤谏之臣了；平原君对于赵国来说，可以说是辅佐之臣了；信陵君对于魏国来说，可以说是弼违之臣了。古书上说："遵从道义而不盲从国君。"说的就是这个道理。

所以，正义的臣子得到任用，那么朝廷就不会偏邪；敢于规谏、诤谏、辅佐、弼违的人得到信任，那么君主的错误就不会发展严重；勇猛的武士得到任用，那么仇敌就不敢发难；边境上有得力的大臣驻守，那么疆土就不会丧失。所以英明的君主喜欢与人共商国是，而昏庸的君主喜欢个人独裁。英明的君主崇尚贤德、使用有才能的人而享有他们的成功，昏庸的君主嫉妒贤德、畏惧有才能的人而磨灭他们的功劳。责罚忠臣，奖赏奸贼，这叫做极其昏庸，这也是夏桀、商纣灭亡的原因。

侍奉圣明君主的臣子，只有听从而没有谏诤；侍奉普通君主的臣子，只有谏诤而没有谄谀；侍奉暴虐君主的臣子，只有弥补阙漏、消除过失而没有犯颜直谏，强行纠正。受胁迫生活在混乱时代，困居在暴君统治的国家而无处逃避，那就只有推崇这个国家的美好，宣扬它的善行，回避它的丑恶，隐讳它的失败，称说它的所长，不讲它的所短，把这些当成既定的习俗。《诗》中说："国家将有大变故，不能告诉别人，以防害及自身。"说的就是这种情况。

　　端庄礼貌而谦逊，听从命令而敏捷，不敢根据一己之私来决断和选择，不敢根据一己之私来获取和给予，以顺从君主为志向，这是侍奉圣明君主的原则。忠实诚信而不阿谀，规劝诤谏而不谄媚，刚强直斥君主的过错，心意正直而不偏邪反复，是就说是，非就说非，这是侍奉普通君主的原则。调和而不随波逐流，柔顺而不苟且屈从，宽容而不妄意乱为，以治国的大道晓谕君主，就没有不协调顺和的，因而能改变君主的心意，不失时机地和他沟通，让他采纳意见，这是侍奉暴虐君主的原则。这就像驾驭未经调教的马，像养育婴儿，像喂饥饿人食物一样，所以要趁他畏惧时使他改正过错，趁他忧虑时使他弃旧从新，趁他高兴时使他步入正道，趁他愤怒时使他去除积怨，如此就迂曲周全地达到了你的目的。《尚书》上说："服从命令而不违逆，微词讽谏而不倦怠；做君主要明智，做臣子要谦逊。"说的就是这种情况。

　　侍奉君主而不训诲他，是不尽力；尽力而不训诲，是不恭敬；恭敬而不训诲，是不忠诚；忠诚而不训诲，是没有功绩；有功绩而不训诲，是没有德行。所以，把没有德行作为一种原则去奉行，就会挫伤努力、毁掉功绩、埋没勤苦，所以君子是不这么做的。

　　有大忠的臣子，有次忠的臣子，有下忠的臣子，有被称为国贼的臣子。以道德教诲君主而感化他，这是大忠；以道德调理君主而辅佐他，这是次忠；以正确的去批评错误的而使君主发怒的，这是下忠；不顾君主的荣辱，不顾国家的安危，一味地苟且迎合君主以求容身，保住自己的俸禄来豢养结交宾客，这种人是国贼。像周公对于成王，可以说是大忠；像管仲对于齐桓公，可以说是次忠；像伍子胥对于吴王夫差，可以说是下忠；像曹触龙对于殷纣王，可以说是国贼了。

　　仁德的人必定尊重别人。大凡人不是贤能的，就是没有德才的人。别人贤能却不去尊重他，那就等于是禽兽；别人没有德才而不去尊重他，那就等于是在戏弄老虎。人如禽兽就会没有章法，戏弄老虎就会十分危险，灾祸就会降落在自己身上。《诗经》上说："不敢空手打虎，不敢徒步渡河。人知其一胆小，不知这是小心。战战兢兢前行，如同面临深渊，如同脚踩薄冰。"说的就是这个道理。

所以，仁德的人必定尊重别人，而尊重别人有一定的原则。对于贤能的人就用仰慕的态度尊重他，对于没有德才的人就用畏惧的态度尊重他；对于贤能的人就用亲切的方式尊重他，对于没有德才的人就用疏远的方式尊重他；外表尊重是一样的，实际情况却不同。至于说忠厚诚信、正直诚实而不伤害别人，那是无论同什么人交往都要这样的，这是仁德的人的本质。以忠厚诚信为本质，以正直诚实为纲领，以礼义为规范，以等级名分为秩序，即使言语行动有急有缓都可以成为人们学习的典范。《诗经》上说："没有过错不为害，很少不被人效法。"说的就是这个意思。

端庄礼貌，是礼节的本质；协调和谐，是音乐的本质；谨慎小心，是利益的由来；争斗怨恨，是祸害的由来。所以君子安守礼节、喜好音乐，以谨慎小心为准则，而不争斗怨恨，所以各种举措都不会有过错。小人正好相反。

打开忠诚之路而归于顺利，衡定危险之局而归于治平，祸乱总是由奸佞小人随声附和而来，这三种情况不是英明君主是不会明白的。向君主谏诤然后才能使之向善；违逆君主意愿然后才能使之建立功业，出生入死而无私心，极尽忠诚而能公正，这就叫做"打开忠诚之路而归于顺利"，信陵君就像这样的人。夺取君权然后才能实行义，杀死昏君然后才能成就仁，君臣易位然后才能归于正道，功业与天地相匹配，恩泽普遍施予人民，这就叫做"衡定危险之局而归于治平"，汤王、武王就是这样的人。君主有过错还与他同心相处，一味顺从而不能坚守道义，不顾是非，不辨曲直，苟且迎合，以求容身，迷惑昏乱，醉生梦死，这就叫做"祸乱总是由奸佞小人随声附和而来"，纣臣飞廉、恶来就是这样的人。古书上说："不齐才有齐，不顺才有顺，不同才有统一。"《诗经》上说："接受各诸侯国所贡大小球玉，连缀在天子冠冕上做个表率。"说的就是这种情况。

人臣之论：有态臣者，有篡臣者，有功臣者，有圣臣者。

内不足使一民，外不足使距难，百姓不亲，诸侯不信；然而巧敏佞说，善取宠乎上，是态臣者也。上不忠乎君，下善取誉乎民，不恤公道通义，朋党比周，以环主图私为务，是篡臣者也。内足使以一民，外足使以距难，民亲之，士信之，上忠乎君，下爱百姓而不倦，是功臣者也。上则能尊君，下则能爱民，政令教化，刑下如影，应卒遇变，齐给如响，推类接誉，以待无方，曲成制象，是圣臣者也。故用圣臣者王，用功臣者强，用篡臣者危，用态臣者亡。态臣用则必死，篡臣用则必危，功臣用则必荣，圣臣用则必尊。故齐之苏秦，楚之州侯，秦之张仪，可谓态臣者也。韩之张去疾，赵之奉阳，齐之孟尝，可谓篡臣也。齐之管仲，晋之咎犯，楚之孙叔敖，可谓功臣矣。殷之伊尹，周之太公，可谓圣臣矣。是人臣之论也，吉凶、贤不肖之极也。必谨志之而慎自为择取焉，足以稽矣。

以上为第一部分，论述态臣、篡臣、功臣、圣臣的特征及对国家命运的不同影响。

人臣之论：犹"人臣之伦"。论，通"伦"。　　苏秦：战国时期纵横家。东周洛阳乘轩里人。初相赵，后仕燕，终死于齐，故有"齐之苏秦"一说。　　州侯：战国时楚之佞臣，楚宣王时曾为相。　　张仪：战国时纵横家，魏国人。秦惠文王时任秦相，以连横策略破苏秦合纵之策，瓦解齐楚联盟，多有斩获。后入魏为相，不久死。　　张去疾：不详。或曰为汉初张良之祖，张氏曾五世相韩。　　奉阳：战国赵肃侯之弟有奉阳君，尝为相，反对苏秦合纵之策，专权用事。　　咎犯：春秋时晋文公之舅狐偃，字子犯，又称舅犯、咎犯。曾随晋公子重耳流亡在外十九年，周游各国，并助重耳回国即位，是为文公。咎犯任上军之佐，辅佐文公改革内政，以"尊王"为号召，平定周王室内乱，后在城濮战胜楚军，使文公成为春秋五霸之一。　　孙叔敖：春秋时楚国人。芈氏，名敖，字孙叔。任楚庄王令尹，邲之战，辅佐庄王指挥楚军，大败晋军，将庄王推上霸主地位。对内兴修水利，发展农业，颇多善政。

从命而利君谓之顺，从命而不利君谓之谄；逆命而利君谓之忠，逆命而不利君谓之篡。不恤君之荣辱，不恤国之臧否，偷合苟容以持禄养交而已耳，谓之国贼。君有过谋、过事，将危国家、陨社稷之惧也，大臣、父子、兄弟，有能进言于君，用则可，不用则去，谓之谏。有能进言于君，用则可，不用则死，谓之争。有能比知同力，率群臣百吏而相与强君挢君，君虽不安，不能不听，遂以解国之大患，除国之大害，成于尊君安国，谓之辅。有能抗君之命，窃君之重，反君之事，以安国之危，除君之辱，功伐足以成国之大利，谓之拂。故谏、争、辅、拂之人，社稷之臣也，国君之宝也，明君之所尊厚也，而暗主惑君以为己贼也。故明君之所赏，暗君之所罚也；暗君之所赏，明君之所杀也。伊尹、箕子，可谓谏矣；比干、子胥，可谓争矣；平原君之于赵，可谓辅矣；信陵君之于魏，可谓拂矣。传曰："从道不从君。"此之谓也。

故正义之臣设，则朝廷不颇；谏、争、辅、拂之人信，则君过不远；爪牙之士施，则仇雠不作；边境之臣处，则疆垂不丧。故明主好同而暗主好独。明主尚贤使能而飨其盛，暗主妒贤畏能而灭其功。罚其忠，赏其贼，夫是之谓至暗，桀、纣所以灭也。

事圣君者，有听从无谏争；事中君者，有谏争无谄谀；事暴君者，有补削无挢拂。迫胁于乱时，穷居于暴国而无所避之，则崇其美，扬其善，违其恶，隐其败，言其所长，不称其所短，以为成俗。《诗》曰："国有大命，不可以告人，妨其躬身。"此之谓也。

恭敬而逊，听从而敏，不敢有以私决择也，不敢有以私取与也，以顺上为志，是事圣君之义也。忠信而不谀，谏争而不谄，挢然刚折，端志而无倾侧之心，是案曰是，非案曰非，是事中君之义也。调而不流，柔而不屈，宽容而不乱，晓然以至

恭敬而逊，听从而敏

道而无不调和也，而能化易，时关内之，是事暴君之义也。若驭朴马，若养赤子，若食馁人，故因其惧也而改其过，因其忧也而辨其故，因其喜也而入其道，因其怒也，而除其怨，曲得所谓焉。《书》曰："从命而不拂，微谏而不倦；为上则明，为下则逊。"此之谓也。

事人而不顺者，不疾者也；疾而不顺者，不敬者也；敬而不顺者，不忠者也；忠而不顺者，无功者也；有功而不顺者，无德者也。故无德之为道也，伤疾、堕功、灭苦，故君子不为也。

有大忠者，有次忠者，有下忠者，有国贼者。以德复君而化之，大忠也；以德调君而辅之，次忠也；以是谏非而怒之，下忠也；不恤君之荣辱，不恤国之臧否，偷合苟容，以持禄养交而已耳，国贼也。若周公之于成王也，可谓大忠矣；若管仲之于桓公，可谓次忠矣；若子胥之于夫差，可谓下忠矣；若曹触龙之于纣者，可谓国贼矣。

以上为第二部分，论述人臣对君主有大忠、次忠、下忠、国贼四个等级，人臣应根据君主不同的情况进行谏、争、辅、拂，对待圣君、中君、暴君的原则和方法各不相同。

持禄养交：指古代入仕者分其俸禄以养宾客。养交，即养客；交，交游。　　挢君：匡正君之失。挢，通"矫"，匡正，纠正。

功伐足以成国之大利，谓之拂：功伐，功绩；伐，战功。拂，据杨倞注，读为"弼"。弼，所谓辅正弓弩者也。又王天海注，拂通"弼"，直言极谏以矫正之。故知此处拂当解为"弼违"，纠正过失而匡救之也。　　子胥：伍子胥，名员，字子胥，楚大夫伍奢次子。楚平王七年（公元前522年），伍奢被杀，他历经宋、郑等国入吴，帮助公子阖闾刺杀吴王僚，夺取王位，并致吴国力强盛。不久他率军攻入楚都，以功封于申，故又称申胥。吴王夫差时，因力谏夫差拒越求和并停止伐齐，渐被疏远。后为奸臣构陷，吴王赐剑命其自杀。　　平原君：即战国四公子之一赵胜，赵惠文王之弟，号平原君。任赵相，有食客数千人。赵孝成王七年（公元前249年），秦军围困赵都邯郸，他组织力量坚持三年之久。后向魏、楚求得救援，击败秦军，保存了赵国。　　信陵君：即战国四公子之一魏无忌，魏安釐王之弟，号信陵君。门下有食客三千。安釐王二十年（公元前257年），为救赵，计窃兵符，击杀将军晋鄙，夺取兵权，破秦军解邯郸之围。后十年，任上将军，联合五国军队击退秦军进攻。　　疆垂：犹"疆陲"。垂，同"陲"，边疆、边陲。　　挢拂：挢，通"矫"；拂，违、逆。谓违逆上意而进行纠正。无挢拂，似指对暴君犯颜强谏易遭杀身之祸，而又于事无补，故不可行。　　"国有大命"云云：传世《诗经》无此诗，三百首之外逸诗也。大命，当指国家重大变故。　　挢然：坚强之貌。　　晓然以至道："然"字衍。晓以至道，即以至道晓之。　　餧人：饿人。餧，同"馁"，饿。　　"从命而不拂"数句：《尚书》逸文。拂，逆。　　事人而不顺者：顺，读为"训"，训诲。训、顺二字古多通用。　　曹触龙：纣臣，余不详。《议兵篇》亦提及此人。　　以德复君：据俞樾曰，复当作"覆"。覆，遮盖、掩蔽。联系下文周公之于成王例，当可引申为教育、教诲。

　　仁者必敬人。凡人非贤则案不肖也。人贤而不敬，则是禽兽也；人不肖而不敬，则是狎虎也。禽兽则乱，狎虎则危，灾及其身矣。《诗》曰："不敢暴虎，不敢冯河。人知其一，莫知其它。战战兢兢，如临深渊，如履薄冰。"此之谓也。

　　故仁者必敬人，敬人有道。贤者则贵而敬之，不肖者则畏而敬之；贤者则亲而敬之，不肖者则疏而敬之；其敬一也，其情二也。若夫忠信端悫而不害伤，则无接而不然，是仁人之质也。忠信以为质，端悫以为统，礼义以为文，伦类以为理，喘而言，臑而动，而一可以为法则。《诗》曰："不僭不贼，鲜不为则。"此之谓也。

　　恭敬，礼也；调和，乐也；谨慎，利也；斗怒，害也。故君子安礼乐，利谨慎，而无斗怒，是以百举而不过也。小人反是。

通忠之顺，权险之平，祸乱之从声，三者非明主莫之能知也。争然后善，戾然后功，出死无私，致忠而公，夫是之谓通忠之顺，信陵君似之矣。夺然后义，杀然后仁，上下易位然后贞，功参天地，泽被生民，夫是之谓权险之平，汤、武是也。过而通情，和而无经，不恤是非，不论曲宜，偷合苟容，迷乱狂生，夫是之谓祸乱之从声，飞廉、恶来是也。传曰："斩而齐，枉而顺，不同而一。"《诗》曰："受小球大球，为下国缀旒。"此之谓也。

以上为第三部分，论述人臣有仁者和小人的区别，他们在德行才能上有不同的表现。

案不肖：案，语词，犹"乃"。　　"不敢暴虎"云云：引自《诗经·小雅·小旻》。暴，搏；暴虎，谓徒手搏虎。冯，通"凭"；冯河，谓徒步涉河。　　䗪而动：犹"蠕而动"，缓缓而动。䗪，"蠕"之讹。　　"不僭不贼"云云：引自《诗经·大雅·抑》。僭，本义为以下儗上，引申之为过差。　　"受小球大球"云云：引自《诗经·商颂·长发》。据杨倞注：球，玉也。郑玄云："缀，犹结也。旒，旌旗之垂者。言汤既为天所命，则受小玉，谓尺二寸圭也；受大玉，谓珽也，长三尺。执圭搢珽，以与诸侯会同，结定其心，如旌旗之旒縿著焉。"引此以明汤、武取天下，权险之平，为救下国者也。而王天海以为，受小球大球，言接受下国所贡献之大小珠玉也。缀，连缀之；旒，天子之冕旒，即王冠前后所悬垂之玉串。

在战国乱世，为争雄称霸，各国诸侯王急于功利，多用佞媚变诈之人担任臣子。而权臣的举动措置，实乃国家命运攸关的大事。荀子论人臣善恶，要做人主的务必明察优劣，慎取而用之。

乱世之臣的鉴别。荀子指出，是否遵行公道正义，是否注重政令教化，是否尊君亲民，是否取信诸侯，有无使民和拒难的才能，有无应付突发事变的能力，有无依据事理推断事物曲成制度规章的能力，由这些即可分辨出谁是态臣、篡臣、功臣、圣臣。这是儒家道德和儒家从政理念综合而成的鉴别标准，符合与否，可见态臣、篡臣、功臣、圣臣的区别，即忠臣、奸臣的区别；是否全部符合，分出功臣、圣臣的品级。在这个标准中，一以贯之的是荀子崇仁义王道而黜权谋霸道的思想立场。苏秦、州侯、张仪、张去疾、奉阳君、孟尝君耍弄权谋而误国，故贬之，斥为态臣、篡臣；管仲、咎犯、孙叔敖尊王攘夷、忠君爱国，故褒之，推为成就霸业的功臣；伊尹、太公辅佐人主统一天下、成就王业，因而尊为圣臣。

　　从道不从君的选择。荀子将君臣关系放在是否有利于君上国家利益的前提下来考察，如此评判顺命或逆命，就有客观正确的标准可以把握。顺命而利于君上国家，则为名实相副的顺命；顺命而不利于君上国家，则为谄媚；逆命利于君上国家，则为忠诚；逆命不利于君上国家，则为篡夺。至于置君主荣辱、国家利益得失于度外，为保持俸禄、豢养食客而苟合君主，则为国贼。因此，国贼的"顺命"最为可怕，危害极大。由上述，可见从君和从道并非完全一致，有时是对立的，从君从道是否正确，皆以是否有利于君上国家利益为标准，每当从道与从君发生矛盾时，则舍从君而从道。故荀子援引经传"从道不从君"来发挥孔子"以道事君"的思想，对人臣以谏、争、辅、拂的方法，矫正君主过失，拯救国家社稷，表示由衷赞扬。伊尹谏太甲、箕子谏纣，比干争纣、子胥争吴王夫差，平原君辅惠文王、孝成王，信陵君拂魏王，这些都是逆命救国的社稷之臣，可谓"从道不从君"的楷模。若论以德覆君、以德调君、以是谏非，即从对君主行事所产生的影响大小来看，又可区分为大忠、次忠、下忠，再加上国贼，是四种臣子。周公为大忠，管仲为次忠，子胥为下忠，而纣臣曹触龙因助君为虐是国贼。从道者必为忠臣，而从君者则忠奸不定，谄媚、篡夺、国贼之人虽然貌似顺命，却会误导君主过谋、过事，必将危国家、陨社稷，是奸臣。荀子"从道不从君"之论，为君为臣者皆当深戒之。

　　仁者为臣的尽忠之道。荀子提出"仁者必敬人，敬人有道"的命题，是为论证仁者为臣的尽忠之道设置一个普遍性的前提。自古以来为臣者不易，他可能面临的或为圣君或为中君或为暴君，所以为臣尽忠各有其道，总的原则是"曲得所谓焉"。曲得，即尽得；谓，训"为"。此句是说，为臣者无论侍奉什么样的君主，均以周全的方法达到所想做的目的为原则。为臣者如是仁者而非小人,"必敬人"就是他用以和君主沟通的桥梁,向君主尽忠的方式。事圣君之义、事中君之义、事暴君之义的运用过程,是为臣者敬君尽忠的过程。圣君、中君必为"人贤",为臣者对他们不敬,便无异"禽兽";暴君必为"不肖",为臣者对他不敬,便如同"狎虎"。但是仁者为人臣,无论对贤君明主还是对昏君暗主,不分贤、不肖,一律以敬人的心态对待之。这里没有半点虚情假意,而是"忠信以为质,端悫以为统,礼义以为文,伦理以为理,喘而言,臑而动,而一可以为法则。"信陵君"通忠之顺",商汤王、周武王"权险之平",飞廉、恶来"祸乱之从声"。前二者是仁者为臣,他们做到了"贤者则贵而敬之,不肖者则畏而敬之;贤者则亲而敬之,不肖者则疏而敬之",终于"曲得所谓焉"。后者是小人为臣,与"仁者必敬人,敬人有道"背离而为,可以用"迷乱狂生"斥之。

致士篇第十四

本篇论招致贤士的方法，认为贤士君子对于国家治乱安危具有重要意义和作用，君主如能"刑政平"、"礼义备"、"明其德"，天下贤士君子就会归顺。只有进贤退奸、教诛赏刑并用，才能使治国获得显著功效。为使论证生动深刻，篇中大量运用排比和对照，论君子衡听、显幽、重明、退奸、进良之术一节最为突出。又将排比、对照同类比结合起来运用，如用"川渊深而鱼鳖归之"，"山林茂而禽兽归之"的设喻，进行类比推理，论证"刑政平而百姓归之"、"礼义备而君子归之"、"君子也者，道法之总要也，不可少旷也"的道理；用"明火耀蝉"的设喻，论证"今人主有其能明其德，则天下归之"的道理；用"程以定数"的设喻，论证"礼以定伦"的道理。篇中警句甚多，尤其"得众动天，美意延年；诚信如神，夸诞逐魂"四句韵语插入论述之中，抑扬讽咏，使儒家尚贤使能的情意更显诚挚，安邦治国的气魄更显宏大。

广泛地听取意见，发现并起用隐居的贤士，使名声显扬的贤士进一步显扬，使奸邪退却，使忠良进用的方法是：对结党营私的互相吹捧，君子不听从；对残害、加罪的诬陷，君子不采纳；对嫉妒、压制贤能的人，君子不亲近；对用财物请谒的行为，君子不准许。对没有根据的言论、没有根据的学说、没有根据的事情、没有根据的计谋、没有根据的名誉、没有根据的诉说等等不是通过正当途径而道听途说来的东西，君子要慎重对待；君子听到了就要公开地列举出来，判断它们恰当还是不恰当，然后做出给予惩罚或者奖赏的决定并且立即施行。像这样，那么欺诈虚伪的言论、欺诈虚伪的学说、欺诈虚伪的事情、欺诈虚伪的计谋、欺诈虚伪的名誉、欺诈虚伪的投诉，就没有敢来试探的了；美好善良的言论、美好善良的学说、美好善良的事情、美好善良的计谋、美好善良的名誉、美好善良的投诉，就没有不显明通达的了，并普遍兴起而以极尽美好善良为风尚。这就是所谓"广泛地听取意见，发现并起用隐居的贤士，使名声显扬的贤士进一步显扬，使奸邪退却，使忠良进用的方法"。

江河湖泊水流很深，鱼鳖就归向那里；山中森林很茂密，禽兽就归向那里；刑罚政令公正平和，百姓就归向那里；礼义制度完备，君子就归向那里。所以，用礼法约束自身，人的品行就端正；用道义治理国家，政治就清明。如果能够普遍施行礼义，高尚的名声就会显扬，天下的人就会仰慕，有令必行，有禁必止，称王天下的条件就具备了。《诗经》上说："惠爱王畿人民，进而安抚四方。"说的就是这个道理。江河湖泊，是龙和鱼居住的地方；山中森林，是鸟兽居住的地方；国家，是士子、民众居住的地方。江河湖泊干涸了，龙和鱼就会离开它；山中森林光秃了，鸟兽就会离开它；国家政治混乱，士子、民众也会离开它。

没有国土，人民就不能安居；没有人民，国土就不能守卫；没有礼义法制，人民就不会归附；没有君子，礼义就不能实行。所以，国土和人民、礼义和法制，是国家的源头。君子，是礼义法制的总管，不可片刻空缺。得到君子，国家就太平；失去君子，国家就混乱。得到君子，国家就安定；失去君子，国家就危险。得到君子，国家就存在；失去君子，国家就灭亡。所以，有好的法制而国家混乱的情况是有的，有君子而世道混乱的，从古到今，未曾听说过。古书上说："国家安定来源于君子，世道混乱产生于小人。"说的就是这个道理。

得到了民众就能感动上天，心情愉快就能益寿延年；诚实守信就能神奇有力，虚夸妄诞就会丧魂失魄。

做君主的忧患，不在于不谈论任用贤人，而在于不能真心实意地任用贤人。谈论任用贤人，是口头上说的；拒绝任用贤人，是行动上做的。口头上说的和行动上做的完全相反，却想让贤人到来，不贤的人退去，不是很难吗？那些夜晚用火光照耀来捕蝉的人，务必做到使火光很明亮、使树身摇动才行，火光不明亮，即使树身摇动了，也没有用。现在君主中如果有人能显明其德行，那么天下人归附他就会像蝉投向明亮的火光一样了。

处理政事、接待人民要根据礼义来灵活应对，要宽宏豁达而广泛包容。用恭敬的态度来引导他们，这是处理政事的开端；然后用中正平和地观察判断来作为辅助，这是处理政事的中间阶段；然后实行进用、斥退、惩罚、奖赏的办法来管理他们，这是处理政事的终结。所以第一年用开端的环节,第三年用终结的环节。如果把终结作为开端,那么政令就不能实行,而官民上下互相怨恨,国家的混乱就这么自己弄出来了。《尚书》上说:"就是适宜的刑罚适宜的诛杀,也不要用来遂自己的意愿,只能说是'我自己未能谨慎地处理好政事'。"这就是说应该先进行教育。

程,是测量物品的标准;礼,是制度法规的标准。根据程来确定物品的数量,根据礼来确定人的等级次序,根据德行来区别尊卑地位,根据能来授予官职。凡礼义制度要严峻,而养育人民要宽容。礼义制度严峻就会有条理,养育人民宽容人民就安乐。上面有条理,下面能安乐,这就是功业名望的最高境界,不可能再有所增加了。

君主,是国家最高贵的人;父亲,是家庭最高贵的人。最高贵的人只有一个,就太平;如果有两个,就混乱。从古到今,没有两个最高贵的人因争夺权力而能长久的。

成为老师的条件有四个,而博学不在其内。尊严而使人敬畏,可以成为老师;年高而有威信,可以成为老师;诵读解说经典并且在行动上不超越、不违犯,可以成为老师;懂得精微的道理而又能加以论说,可以成为老师。所以说成为老师的条件有四个,而博学不在其内。水深了就会有漩涡,树叶落了则会养肥树根,学生通达顺利时就会思念老师。《诗经》上说:"没有出言无反应,没有施德无回报。"说的就是这个道理。

奖赏不可过分,刑罚不能滥用。奖赏过分,就会便宜了小人;刑罚滥用,就会伤害到君子。如果不幸发生失误,宁愿奖赏过分也不要滥用刑罚;与其伤害好人,倒不如便宜了恶人。

衡听、显幽、重明、退奸、进良之术:朋党比周之誉,君子不听;残贼加累之谮,君子不用;隐忌雍蔽之人,君子不近;货财禽犊之请,君子不许。凡流言、流说、流事、流谋、流誉、流愬,不官而衡至者,君子慎之;闻听而明誉之,定其当而当,然后士其刑赏而还与之。如是,则奸言、奸说、奸事、奸谋、奸誉、奸愬,莫之试也;忠言、忠说、忠事、忠谋、忠誉、忠愬，莫不明通，方起以尚尽矣。夫是之谓衡听、显幽、重明、退奸、进良之术。

川渊深而鱼鳖归之，山林茂而禽兽归之，刑政平而百姓归之，礼义备而君子归之。故礼及身而行修，义及国而政明。能以礼挟而贵名白、天下愿，令行禁止，王者之事毕矣。《诗》曰："惠此中国，以绥四方。"此之谓也。川渊者，龙鱼之居也；山林者，鸟兽之居也；国家者，士民之居也。川渊枯则龙鱼去之，山林险则鸟兽去之，国家失政则士民去之。

无土则人不安居，无人则土不守，无道法则人不至，无君子则道不举。故土之与人也，道之与法也者，国家之本作也。君子也者，道法之总要也，不可少顷旷也。得之则治，失之则乱；得之则安，失之则危；得之则存，失之则亡。故有良法而乱者有之矣，有君子而乱者，自古及今，未尝闻也。传曰："治生乎君子，乱生于小人。"此之谓也。

得众动天，美意延年；诚信如神，夸诞逐魂。

人主之害，不在乎不言用贤，而在乎诚必用贤。夫言用贤者，口也；却贤者，行也。口行相反而欲贤者之至，不肖者之退也，不亦难乎？夫耀蝉者务在明其火，振其树而已，火不明，虽振其树，无益也。今人主有能明其德者，则天下归之，若蝉之归明火也。

以上为第一部分，论述招致贤士的方法是采用衡听、显幽、重明、退奸、进良之术，做到"刑政平"、"礼义备"、"明其德"，如此天下贤士归顺。

衡听：衡，通"横"；横听，广听，遍听。亦即取《荀子·修身篇》"体恭顺而心忠信，术礼义而情爱人，横行天下，虽困四夷，人莫不贵"之"横"义。一说，衡取平义，衡听即不偏听，或曰平衡其听闻，亦可通。　　流愬：愬，通"诉"，诉说。　　衡至：犹"横至"，不循正道、意外而至。　　"惠此中国"云云：引自《诗经·大雅·民劳》。中国，指京畿地区。　　耀蝉：一种夜间捕蝉的方法。

临事接民而以义变应，宽裕而多容，恭敬以先之，政之始也；然后中和察断以辅之，政之隆也；然后进退诛赏之，政之终也。故一年与之始，三年与之终。用其终为始，则政令不行，而上下怨疾，乱所以自作也。《书》曰："义刑义杀，勿庸以即女，惟曰：未有顺事。"言先教也。

程者，物之准也；礼者，节之准也。程以立数，礼以定伦，德以叙位，能以授官。凡节奏欲陵，而生民欲宽。节奏陵而文，生民宽而安。上文下安，功名之极也，不可以加矣。

君者，国之隆也；父者，家之隆也。隆一而治，二而乱。自古及今，未有二隆争重而能长久者。

师术有四，而博习不与焉。尊严而惮，可以为师；耆艾而信，可以为师；诵说而不陵不犯，可以为师；知微而论，可以为师。故师术有四，而博习不与焉。水深而回，树落则粪本，弟子通利则思师。《诗》曰："无言不雠，无德不报。"此之谓也。

赏不欲僭，刑不欲滥。赏僭则利及小人，刑滥则害及君子。若不幸而过，宁僭勿滥；与其害善，不若利淫。

以上为第二部分，论述治事待民的要领是以礼义为标准，应付事变要宽裕多容，引导人民要教诛并行，执行赏刑不过不滥，始终坚持中正平和、明察公断的方法，如此治国获得显著功效。

"义刑义杀"数句：引自《尚书·康诰》，文字与今通行本《尚书》大异。义，宜；庸，用；即女，犹"就汝"，女通"汝"；顺，慎。

程：度量衡之总名。　　节：制度，法度。　　粪本：粪，名词转化为动词，即粪其本，养肥其本。本，树根。"无言不雠"云云：引自《诗经·大雅·抑》。

本篇论退奸进良之术，新意颇多。战国时期，日益壮大的士阶层在政治、经济、军事乃至学术领域十分活跃，其能量之大，不可小觑。各诸侯国君主为图生存发展而竞相争夺人才，吸引、收买人才的方法和压抑、摧残人才的技巧，五花八门，花样翻新。为了毁灭贤才，使用的手段有"朋党比周之誉"、"残贼加累之谮"、"隐忌雍蔽之人"、"货财禽犊之请"等。各类人才鱼龙混杂，不肖者"流言、流说、流事、流谋、流誉、流愬，不官而横至者"，用以误主害国，屡见不鲜；贤者之"忠言、忠说、忠事、忠谋、忠誉、忠愬"，却难以"明通"，不得"尚尽"。荀子献衡听、显幽、重明、退奸、进良之术，其意在于抢救人才，为贤德之人尽忠效力于君上国家而铺设道路。所阐述的措施极为周详。第一，"不听"、"不用"、"不近"、"不许"和"慎之"，即对毁灭贤才的舆论和行为，采取一概排斥的政策。第二，"莫之试也"，即不给毁灭贤才的舆论和行为留生存空间，凡冒出苗头来试探的，坚决打击。第三，"闻听而明誉之，定其当而当，然后士其刑赏而还与之。""定其当而当"之"而"系"不"字讹写。即明白列举毁灭贤才的舆论和行为，揭露其"奸"之实质，凡摧残贤才者以刑处罚之，而对贤德之才则奖赏之。第四，营造一个"礼及身而行修，义及国而政明"的环境，让贤才脱颖而出。荀子用"刑政平"、"礼义备"、"明其德"来概括这个美善的环境。荀子认为，人治优于法治，君子是礼法的关键，"不可少顷旷也"，治乱安危存亡在于有无君子。"故有良法而乱者有之矣，有君子而乱者，自古及今，未尝闻也"。所以，刑政平、礼义备有赖于贤人执政。然而如今的君主多为口用贤、行却贤，其忧虑"不在乎不言用贤，而在乎诚必用贤"（"必"系"不"之讹）。只要纠正其"口行相反"的错误，"能明其德"，使自己的德行显著起来，那么"天下归之，若蝉之归明火也"。如此说来，礼义法度的完备之外，还须加上君主的德行高尚，这才够得上使贤才由隐没到显明、由显明到重用的美善环境。荀子发出感慨说："得众动天，美意延年；诚信如神，夸诞逐魂。"以韵语言得众人之意可以感天心，尚贤使能在于凭诚信之神力。荀子要求用儒家思想扭转战国乱世在用人上浮躁的社会风气。第五，治事接民以礼义为标准，要宽裕多容，教诛并行，赏不过分、刑不滥用，切勿失误伤及贤士君子，因为他们才是国之人师。综前述，荀子论招致贤士，要求统治者注意用术，更须重视用德。

议兵篇第十五

　　本篇是荀卿与临武君、陈嚣、李斯等人辩论军事的实录，表达了荀子的军事哲学思想。全文集中论述君主用兵之道，核心思想是以仁义壹民、附民，以礼法治军，注重政治策略，讲求战略战术。此篇皆对话，又以"孙卿子"称谓荀卿，可证为其弟子所追记。其论辩善于抓住问题的本质，立驳兼融，剖析理论周密透彻，解答疑难果决有力。荀卿立意在陈王道，所急在教化，故而力排论敌以用兵之末设陷，转而将辩论中心确定在用兵本末的辨析上，有了明确和一致的论题，进而广说汤、武、王霸及战国诸侯之事，即可得出深刻认识和正确答案。荀卿词锋犀利，凌厉雄辩，在这一篇中表现最突出。

　　临武君和孙卿子在赵孝成王面前谈论用兵之道。赵孝成王说："请问什么是用兵的要领？"临武君回答说："上取得天文上有利于攻战的物候条件，下取得地理上有利于攻战的形势，观察好敌人的变化动静，比敌人后出动，却比敌人先到达，这就是用兵的要领。"孙卿子说："不对。我所听说的古代的用兵方法，大凡用兵攻战的根本，在于使人民团结一致。弓和箭不般配，那么后羿就不能射中细微之物；驾车用的六匹马不协调，那么造父就不能靠它们到达远方；士人和民众不亲近顺从，那么商汤王、周武王就不可能必定取胜。所以善于使人民归附的人，这才是善于用兵的人。所以用兵的要领在于使人民归附罢了。"
　　临武君说："不对。兵家所重视的，是有利的形势；所实行的，是机变诡诈。善于用兵的人，神秘莫测，深藏不露，没有人知道他从哪里发起攻击，孙武、吴起用了这种方法，所以无敌于天下，难道一定要等待人民归附吗？"
　　孙卿子说："不对。我所说的是仁人的军队，是王者的事业。您所重视的是权术计谋、形势便利，所实行的是攻取掠夺、机变诡诈，这是称霸诸侯的事业。仁人的军队，是不可能被欺诈的。可以被欺诈的是那些懈怠散漫的军队、落伍势单的军队、君臣上下之间涣散而离心离德的军队。所以用夏桀的方法欺诈像夏桀一样的人，还有以巧对拙而侥幸取胜的；用夏桀的方法欺诈唐尧一样的人，就好比是拿鸡蛋去碰石头、用手指去搅沸水，就像是以身投于水火，一进去就会被烧焦、淹没啊。所以，仁人的军队，上下之间、将军之间团结一心，三军共同努力，臣子对君主、下属对上司，就如同儿子侍奉父亲、弟弟侍奉兄长，如同手臂捍卫头和眼睛、保护胸膛腹部，对这样的军队用欺诈的手段突然袭击，与先惊动对方然后再袭击它，结果是一样的。况且仁人治理方圆十里的国家，就可以了解方圆百里的情况；治理方圆百里的国家，就可以了解方圆千里的情况；治理方圆千里的国家，就可以了解到天下的情况；他们的军队一定是耳聪目明，警惕戒备，亲和团聚，如同一体。所以仁人的军队，聚集就成为卒伍，散开便成为行列；伸展开来像莫邪剑的长刃，碰上它就会被截断；向前冲锋就像莫邪剑的刀锋，抵挡它就会被击溃；环形布阵而安营扎寨，就像磐石一样坚固，触犯它就会被摧毁，从而偃旗息鼓，丢盔卸甲，溃不成军。再说那些暴国的君主，有谁会跟随他来侵犯呢？那些跟随他来侵犯的人，一定是他的民众。而他的民众亲近我就像见到父母一样高兴，喜欢我就像喜欢椒兰一样沉醉。而回头看他们的君主，就像见到脸上被烧灼刺字的囚徒，像见到自己的仇敌。这些人的本性即使跟夏桀、盗跖一样，又难道肯为他所憎恶的君主去残害他所喜欢的人吗？这就像让人家的子孙杀害自己的父母一样，他就必定会先告诉父母，这又怎么可以被欺诈呢？所以，仁人当政，国家就会日益昌盛，诸侯先来归顺的就平安，后来归顺的就危险，想同他作对的就会削弱，想反叛他的就会灭亡。《诗经》上说：'商汤王建旗出发，虔诚地手持大斧，气势如熊熊烈火，没有谁敢来阻挡。'说的就是这个意思。"

孝成王、临武君说："说得好。请问称王天下者的军队采用什么方法、如何施行才对？"

孙卿子说："用兵之道都由大王决定，将帅只处理次要的事情。请让我详细说明称王天下、称霸诸侯者的强盛与衰弱、存在与灭亡的征验，以及安全与危险的形势。君主贤能的，他的国家就安定；君主无能的，他的国家就混乱。君主崇尚礼法、重视道义的，他的国家就安定；君主怠慢礼法、轻视道义的，他的国家就混乱。安定的国家就强盛，混乱的国家就衰弱，这是强盛与衰弱的本源。君主能够为臣民所仰赖，那么臣民就能为他所役使；君主不能为臣民所仰赖，那么臣民就不能为他所役使。臣民能为君主所役使，国家就强盛；臣民不能为君主所役使，国家就衰弱：这是强盛与衰弱的常理。崇尚礼法，考核战功，是上策；优厚俸禄，重视操守，是中策；注重战功，轻视操守，是下策：这是强盛与衰弱的常理。君主喜爱战士的国家强盛，不喜爱战士的国家衰弱；爱护人民的国家强盛，不爱护人民的国家衰弱；政令讲信用的国家强盛，政令不讲信用的国家衰弱；人民齐心协力的国家强盛，人民不齐心协力的国家衰弱；奖赏丰厚的国家强盛，奖赏微薄的国家衰弱；刑罚威严的国家强盛，刑罚轻慢的国家衰弱；器械、用具、兵器、盔甲精制坚固而便于使用的国家强盛，器械、用具、兵器、盔甲粗制滥造、不坚固又不便于使用的国家衰弱；慎重用兵的国家强盛，轻率用兵的国家衰弱；权力高度集中的国家强盛，权力分散的国家衰弱。这是强盛与衰弱的常理。

"齐国人推崇技击，它的做法是：斩取敌人一个首级的，就赏赐八两黄金来赎买，而没有战胜者应有的固定的奖赏。这种办法，战役小、敌人弱的则还勉强可用，战役大、敌人强，就会使军心涣散、士兵逃离，就像逃命的鸟四下乱飞，倾覆灭亡就没有多少时日了。这是使国家灭亡的军队，没有比这更弱的军队了，这同拿钱雇取佣工让他们去作战也差不多了。魏国的武卒，是按一定程式录取的，让他们身穿三重连缀在一起的铠甲，手操十二石拉力的弓弩，背负可装五十枝箭的箭袋，再把戈矛置于箭袋之上，戴着头盔，佩着宝剑，带上三天干粮，半天要跑一百里。考核选中的，就免除他家的赋税，增加他家的田地房宅，这样几年之后，就是这个人体力衰弱了也不剥夺他享受的权利，重新挑选武卒后也不改变对他原先的周济。所以魏国国土虽大，但所收取的赋税必定很少，这是使国家陷于危机的军队。秦国养育人民的生计狭隘，但役使百姓却十分残酷惨烈，用权势胁持他们，用峻法限制他们，用奖赏诱惑他们，用刑罚逼迫他们，使天下的人民向君主求取利禄的办法，除了作战再没有出路了。使人民生计狭隘了再役使他们，仗打赢了再给他们记功，战功与奖赏相互促进，取得五个敌人首级的就可以役使乡里五户人家，这样就使秦国兵力最多、战斗力最强，国力长久不衰，有很多土地足够征税。所以秦国连续四代都有战胜别国的记录，并不是侥幸得来的，是必然的结果。所以，齐国的技击不可以用来抵挡魏国的武卒，魏国的武卒不可以用来抵挡秦国的锐士，秦国的锐士不可以用来抵挡齐桓公、晋文公纪律严明的军队，齐桓公、晋文公纪律严明的军队不可以用来抵挡商汤王、周武王的仁义之师。如果有前者遭遇了后者，就会像用经烧烤后易碎的东西投掷石头一样。综合齐、魏、秦几个国家的情况看，都是些求赏趋利的军队，用的都是雇佣人出卖气力的办法，并不懂尊贵君主、安守制度、极尽忠义的道理。诸侯如果有能用仁义精微巧妙地训练军队，那么就可以起来兼并并打败这些国家。

"所以，用雇佣的方式招募、挑选士兵，崇尚权势、诡诈，重视功绩、利禄，这是欺骗士兵的方法；推行礼义教化，这是使人民团结一致的方法。所以用欺诈对付欺诈，还有巧妙和笨拙的区别；用欺诈对付团结一致，就好比要用小刀损毁泰山一样，如果不是天底下的蠢人，是没有谁敢尝试的。所以王者的军队是没有人敢尝试为敌的。商汤王、周武王讨伐夏桀、商纣，就像拱手作揖那样从容指挥、安闲若定，那些强暴的诸侯国没有不奔走前来效力的，诛杀夏桀、商纣，就如同诛杀孤立无援的一个人。所以《尚书》中说'独夫纣'，说的就是这种情况。

"所以，军队高度团结一致的，就可以制服天下；比较团结的，也可以制服邻近的敌国。至于那些用雇佣的方式招募、挑选士兵，崇尚权势、诡诈，重视功绩、利禄的军队，那就胜与不胜没有定准，时弱时强，时存时亡，互有胜负罢了。这就叫做强盗军队，君子是不用这种军队的。所以齐国的田单，楚国的庄蹻，秦国的卫鞅，燕国的缪虮，这些都是世俗所说的善于用兵的人，他们彼此的巧拙强弱并不相似，而所遵循的原则却是完全相同的，没有达到使士兵亲和同心，而是抓住敌人的弱点，牵制胁迫，伺机欺诈，玩弄权术、阴谋，颠覆打倒他，所以这仍不免是强盗军队。齐桓公、晋文公、楚庄王、吴王阖闾、越王勾践，他们都是士兵亲和同心的军队，可以说是进入礼义教化的地域了，但还没有具备以仁义为本的根本传统，所以只可以称霸诸侯而不可能称王天下。这就是国家强盛与衰弱的效验。"

孝成王、临武君说："好。请问怎样成为一个将军？"

孙卿子回答道："智慧没有比放弃有疑虑的计谋更高的了，行动没有比不犯错更好的了，做事没有比不反悔更妥当的了。做事到了不反悔的地步就可以了，不必要求一定成功。所以军队的制度、号令、政令，要严厉而有威势；奖赏刑罚，要坚决而有信用；修筑营垒、收藏财物，要周密而又牢固；转移、行动、进攻、撤退，要安全而稳重，敏捷而迅速；侦探敌情，观察变化，要隐蔽而深入，多方比较而反复斟酌；同敌人决战，必须依据我方所明了的情况行动，不要按照自己尚有疑虑的情况行动：这叫做作战的六种战术。不要只想当将帅而怕被撤职，不要急于取胜而忘记可能会失败，不要只求对内的威信而轻视外敌，不要见到有利的方面就不顾及它的危害，凡事要深思熟虑而动用财物进行奖赏要大方，这叫做五种权衡。将帅可以不接受君主命令的原因有三种：宁可被杀也不可使军队防守的地方不安全，宁可被杀也不让军队去打不能取胜的仗，宁可被杀也不可让军队去欺侮百姓，这叫做三项最高的原则。凡是从君主那里接受了命令而带领三军出征，三军部署妥当，军中各级官吏各当其任，各种事务都已步入正轨，那么君主的嘉奖不能使他沾沾自喜，敌人的诡诈不能使他激怒不已，这叫做好的将领。战事之前必须思考周密反复提醒自己戒惧有备，慎重地对待终结如同慎重地对待开始，始终如一，这叫做大吉。凡是各种事情的成功必定是由于戒慎，失败必定是由于怠慢。所以戒慎胜过怠慢就会吉利，怠慢胜过戒慎就会灭亡；道义胜过贪欲就会顺利，贪欲胜过道义就会凶险。攻战如同防守一样不能轻率进击，行军如同攻战一样不能麻痹松懈，有了战功如同侥幸得来一样不能居功自傲。谨慎谋划而不可疏忽，谨慎作战而不可疏忽，谨慎对待终结而不可疏忽，谨慎对待士兵而不可疏忽，谨慎对待敌人而不可疏忽，这叫做五种不可疏忽。谨慎地应用这六种战术、五种权衡、三项原则，并且用恭敬而不疏忽的态度处理事情，这就叫做天下无敌的将领，他用起兵来就能如通神明了。"

临武君说："好。请问王者的军令制度是怎样的？"

孙卿子回答道："主将击鼓进军，奋战到死也不后退；战车驭手直到战死在战车上，也不丢掉马缰；各级军官至死不离开职守；军士至死不离开队列。听见击鼓声就进攻，听见鸣钲声就撤退，听从命令是第一，取得战功是其次。军令不许进攻而进攻，如同不许撤退而撤退一样，两者的罪过是相等的。不杀年老体弱的，不践踏庄稼，对不战自退的敌人不追杀，对抵抗的敌人不放过，对前来投降的敌人不抓起来当俘虏。凡诛杀，不是诛杀敌方的百姓，而是诛杀敌方祸乱百姓的人。百姓中如有保护那乱贼的，那他也就是乱贼了。因此，顺着我们刀刃转身逃命的就让他活命，迎着我们刀刃进行抵抗的就把他杀死，前来投降的就给予赏赐。微子启归顺周朝被封于宋国，曹触龙负隅顽抗被斩首军阵，殷朝归顺的民众生活待遇，没有不同于周人的。所以，近处的百姓歌颂和欢迎周朝，远处的百姓不辞劳累地趋附周朝，即使偏远无名的小国，没有不归附而平安快乐的。四海之内就像一家人，凡是舟车所至、人迹所到的地方，没有人不顺服的，这就叫做仁义之师。《诗经》上说：'从西到东，从南到北，没有不想顺服的。'说的就是这个意思。称王天下的君主有诛讨不义而没有攻战，敌人困守的城池不攻打，敌军疲惫不堪时不攻打，而敌军上下骄佚嬉笑时正易攻取，我方就应当庆贺。不毁坏敌人城池，不暗中偷袭敌人，不杀戮敌国百姓，用兵不误农时。所以混乱国家的百姓都乐见这些政策，而不满意自己的国君，盼望称王天下的君主早日到来。"临武君说："说得好！"

陈嚣问孙卿子说："先生谈论用兵的方法，常把仁义当做根本。仁就是爱人，义就是遵循道理，既然如此，那又为什么还要用兵呢？大凡靠用兵处理事情的，都是为了争斗掠夺啊。"

孙卿子回答道："并不是你所知道的那样。仁就是爱人，正因为爱人，所以才憎恶那些祸害别人的人；义就是遵循道理，正因为遵循道理，所以才憎恶那些搞乱社会的人。他之所以用兵，是为了禁止暴虐消除祸害，这不是争斗掠夺。所以，仁者的军队所驻守的地方就如有神灵，所经过的地方就使人民归顺感化。就像降下及时雨，那里的人民没有不欢喜的。所以，唐尧讨伐驩兜，虞舜讨伐有苗，夏禹讨伐共工，商汤王讨伐夏桀，周文王讨伐崇国，周武王讨伐殷纣，这两帝四王，都是用仁义的军队驰骋于天下的。所以，近处的人都喜爱他们的善良，远处的人都仰慕他们的仁义，军队用不着流血打仗，而远近的人民没有不来归服的。德行修养到如此境界，影响遍及四方极远的地方。《诗经》上说：'善良的君子啊，施行仁义无差错；施行仁义无差错，可以端正四方各国。'说的就是这个意思。"

李斯问孙卿子说："秦国四代都有战胜别国的记录，军队是四海之内最强的，威望在诸侯之中传播，但这并不是由推行仁义而取得的，只不过是根据便利的原则做事罢了。"

孙卿子回答道："不是你所知道的那样。你所说的便利，是一种并不便利的便利。我所说的仁义，才是极其便利的便利。那些推行仁义的人，是为了修美政事；政事修美了，人民就会亲近他们的君主，喜爱他们的君主，而不在乎为他们的君主去死。所以说：'一切军事行动都由大王决定，将帅只处理次要的事务。'秦国四代都有战胜别国的记录，却提心吊胆地经常害怕天下各国联合起来倾覆自己。这就叫做乱世的用兵，没有以仁义为本的传统。所以商汤王驱逐夏桀，并不是鸣条一战才算驱逐的时间；周武王诛杀殷纣，并不是甲子日牧野之战后才算战胜的时间；都是先前一向修行仁义的结果。这就叫做仁义的军队。现在你不从根本上却从末节上探索问题，这就是世道之所以混乱的原因啊。

"礼，是治理国家的最高标准，是使国家强大坚固的根本，是威望传播的途径，是成就功名的关键。天子、诸侯遵循它，因此而得到天下；违背它，因此而毁掉江山。所以，武器锐利，未必能取得胜利；城高池深，未必能固若金汤；政令严峻、刑罚繁苛，未必能威慑四方。只有遵循礼义之道才能成功，不遵循礼义之道就会失败。楚国人用鲨鱼、犀牛的皮革制成铠甲，如同金石一样坚固；宛地出产的大铁矛，刺人如同蜂、蝎螫一样狠毒；楚国士兵的行动矫健敏捷，如同突发的旋风；然而他们却兵败垂沙，楚将唐蔑身死，庄蹻起兵叛乱，楚国分裂成了三四块。这难道是没有锐利的武器吗？楚国之所以被兼并，是因为没有遵循礼义之道的缘故啊。楚国以汝水、颍水为天然险要，以长江、汉水为天然城池，以邓林的森林为天然屏障，环绕方城修筑城墙以防御敌国入侵，然而当秦军入侵楚国时，楚国的国都鄢、郢却先后被占领了，如同摇动枯木一样容易。这难道是没有坚固的关塞和险峻的地势吗？楚国之所以被兼并，是因为没有遵循礼义之道的缘故啊。殷纣王将比干剖腹剜心，囚禁箕子，制作了炮烙的酷刑，轻易杀戮，随心所欲，臣下胆战心惊，不知能否保全性命。然而当周武王的军队到来时，纣王的命令就不再被下面的人执行，不能再役使人民来保卫自己。这难道是因为没有严峻的政令、繁苛的刑罚吗？是因为他统治国家没有遵循礼义之道的缘故啊。

"古代的兵器，不过是戈、矛、弓、箭这几种罢了，然而不等使用这些武器，敌国就屈服了。他的城郭不整修，护城河不挖掘，坚固的关塞不修建，机关网罗不设置，但是他的国家安稳强盛而不怕外敌入侵，这没有其他原因，只是能彰明仁义之道，做到分配公平，按季节役使民力，真诚地爱护他们，臣民附和君主就如同影之随形、响之应声一样，如果有不服从命令的，就依照刑罚的规定予以惩罚。所以惩罚一个人，天下的人都会顺服，有罪过的人也不怨恨君主，知道罪过在于自身。所以刑罚使用少而威慑力传布很广，这没有其他原因，是遵循了礼义之道的缘故。古时候帝尧治理天下，只杀了一个人，惩罚了两个人，天下就太平了。古书上说：'威严凌厉而不使用，刑罚设置而不施行。'说的就是这个意思。

"大凡人们的行动，若是由于想得到奖赏才去做的，那么看到有损自己的事就会停下来不干了。所以奖赏、刑罚、权势、诡诈，并不能使人们竭尽全部力量，使人们甘愿献出生命。作为人民的君主，他们拿来对待百姓的，不用礼义忠信，却大多只是使用奖赏、刑罚、权势、诡诈来控制他们，以获取功利实用罢了。如果大敌当前，让他们守卫孤立无援的城池，就必定叛变；遇敌交战，就必定败退；担任劳累辛苦、烦杂卑贱的差役，就必定逃跑，迅速地一哄而散，如此君主反而受制于臣下百姓了。所以奖赏、刑罚、权势、诡诈这些方法，等于是受雇佣人员出卖力气的方法，不可能使人民大众同心和一，把国家治理好，所以古代的圣王认为这种方法可耻而不采用它。所以，他们把推广德政的声望放在首要地位，彰明礼义制度来引导人民，极尽忠诚信用来爱护人民，尊崇贤良使用能人来安排他们的职位，不断地用爵位服饰来奖赏他们；按照季节安排事务，减轻人民的劳役，以此来调剂人民，养育人民，如同保养婴儿一样；政令已经确定，风俗已经统一，如果有背离风俗而不顺从君主的，那么百姓没有不指责厌恶他的，没有不把他视为祸害而痛恨的，像要除掉不祥之物似的。然后刑罚就从这里产生了。这种重刑加在这些人身上，还有比这更大的耻辱吗？认为会对自己有利吗？然而重刑已经加在自己身上了。假若不是疯子、傻子，谁能看到受刑的耻辱而不改正呢？这样做了以后，百姓就会清楚地知道要遵循君主的法令，依照君主的意志并以此为乐。于是有些人就能够弃旧从新、修养身心、端正品行、积累礼义、尊崇道德了，百姓也就没有不尊重和恭敬他们的，没有不亲近顺服他们的。然后奖赏就从这里产生了。这样高官厚禄加在这些人身上，还有比这更大的荣耀吗？会认为对自己有害吗？而用高官厚禄保养着，凡是人，谁不羡慕呢？明明白白地把高官重赏放在前面，把严刑大辱放在后面，即使人们不愿向好的方面变化，可能吗？所以人民归顺君主就如同百川归向大海，于是那里也仿佛有了神力，得到了君主的教化。那些凶暴强悍、恃勇逞强的人，因为受到教化而变得老实了；那些淫邪不正、曲意谋私的人，因为受到教化而变得公正了；那些性情暴躁、不讲道理的人，因为受到教化而变得平和了：这就叫做广大深入的教化使天下归一了。《诗经》上说：'我王崇尚诚信充塞天地，远方的徐国已来归顺。'说的就是这个情况。

"大凡兼并别国，有三种方式：有用德行兼并别国的，有用武力兼并别国的，有用财富兼并别国的。那些被兼并的国家，尊重我的名声，赞美我的德行，想成为我的人民，所以打开城门、清扫道路而欢迎我们进入他们的国家。我们顺随他们的习俗，不改变他们的居处，因而百姓都能安宁地生活，对我们制定的法规和颁行的政令没有人不顺从的。所以得到了别国的土地而权势更大，容纳了别国的人民而兵力更强，这是用道德兼并别国。那些被兼并的国家，并不是尊重我的名声，也不是赞美我的德行，只是畏惧我的威力，被我的权势所胁迫，所以尽管百姓有逃离的心思，却不敢有背叛的念头。像这样，那么兵员就会更多，给养俸禄就更烦费。所以得到了别国的土地而权势更轻，容纳了别国的人民而兵力更弱，这是用武力兼并别国。那些被兼并的国家，并不是尊重我的名声，也不是赞美我的德行，只是因为贫穷而追求富有，因为饥饿而追求饱食，于是饿着肚子、张着嘴巴来向我求食。像这样，就必须打开仓库地窖发放粮食来供养他们，送给钱财使他们富足，设置温和的官员来接待他们，等过了三年以后，归顺的人民才可以信任。所以得到了别国的土地而权势更轻，容纳了别国的人民而国家更贫穷，这是用财富兼并别国。所以说：靠德行兼并别国的可以称王天下，靠武力兼并别国的会走向衰弱，靠财富兼并别国的会走向贫穷，从古到今都是这样。

"兼并别国容易办到，而巩固凝聚它就难了。齐国能兼并宋国，却没有能力凝聚它，所以魏国又夺了过去；燕国能兼并齐国，却没有能力凝聚它，所以田单又夺了回去；韩国的上党方圆数百里，城邑完整，国库充盈，去归降赵国，但赵国没有能力凝聚，所以秦国又夺了过去。所以说，能兼并别国却没有能力凝聚它，就必然被别人夺走；没有能力兼并别国又没有能力保持自己的土地和人民，就必然被别人灭亡。有能力凝聚别国就必然能兼并它。得到了别国并凝聚它，兼并之道没有比这更强的了。古时候商汤王所凭借的亳地、周武王所凭借的镐地，都不过是方圆百里的小地方，但他们却统一了天下，使诸侯称臣，这没有其他原因，是有能力凝聚的缘故。所以凝聚士人要靠礼义，凝聚人民要靠政事；礼义完备，士人就顺服，政事平和，人民就安定。士人顺服，人民安定，这就叫做最大的凝聚。依靠这一点，守卫国土就能坚固，征讨敌国就强大无比，有令必行，有禁必止，称王天下的事业就完成了。"

临武君与孙卿子议兵于赵孝成王前。王曰："请问兵要？"临武君对曰："上得天时，下得地利，观敌之变动，后之发，先之至，此用兵之要术也。"孙卿子曰："不然。臣所闻古之道，凡用兵攻战之本在乎壹民。弓矢不调，则羿不能以中微；六马不和，则造父不能以致远；士民不亲附，则汤、武不能以必胜也。故善附民者，是乃善用兵者也。故兵要在乎善附民而已。"

临武君曰："不然。兵之所贵者，势利也；所行者，变诈也。善用兵者，感忽悠暗，莫知其所从出，孙吴用之，无敌于天下，岂必待附民哉！"

孙卿子曰："不然。臣之所道，仁人之兵，王者之志也。君之所贵，权谋势利也；所行，攻夺变诈也；诸侯之事也。仁人之兵，不可诈也。彼可诈者，怠慢者也，路亶者也，君臣上下之间涣然有离德者也。故以桀诈桀，犹巧拙有幸焉；以桀诈尧，譬之若以卵投石，以指挠沸，若赴水火，入焉焦没耳。故仁人上下，百将一心，三军同力；臣之于君也，下之于上也，若子之事父、弟之事兄，若手臂之扞头目而覆胸腹也；诈而袭之，与先惊而后击之，一也。且仁人用十里之国，则将有百里之听；用百里之国，则将有千里之听；用千里之国，则将有四海之听；必将聪明警戒，和传而一。故仁人之兵，聚则成卒，散则成列；延则若莫邪之长刃，婴之者断；兑则若莫邪之利锋，当之者溃；圜居而方止，则若盘石然，触之者角摧；案角鹿埵、陇种、东笼而退耳。且夫暴国之君，将谁与至哉？彼其所与至者，必其民也。而其民之亲我，欢若父母；其好我，芬若椒兰；彼反顾其上，则若灼黥，若雠仇；人之情，虽桀、跖，岂又肯为其所恶贼其所好者哉？是犹使人之子孙自贼其父母也，彼必将来告之，夫又何可诈也？故仁人用，国日明，诸侯先顺者安，后顺者危，虑敌之者削，反之者亡。《诗》曰：'武王载发，有虔秉钺。如火烈烈，则莫我敢遏。'此之谓也。"

孝成王、临武君曰："善！请问王者之兵设何道、何行而可？"

孙卿子曰："凡在大王，将率末事也。臣请遂道王者、诸侯强弱存亡之效，安危之势。君贤者其国治，君不能者其国乱；隆礼贵义者其国治，简礼贱义者其国乱。治者强，乱者弱，是强弱之本也。上足卬则下可用也，上不卬则下不可用也。下可用则强，下不可用则弱，是强弱之常也。隆礼效功，上也；重禄贵节，次也；上功贱节，下也：是强弱之凡也。好士者强，不好士者弱；爱民者强，不爱民者弱；政令信者强，政令不信者弱；民齐者强，民不齐者弱；赏重者强，赏轻者弱；刑威者强，刑侮者弱；械用、兵革攻完便利者强，械用、兵革窳楛不便利者弱；重用兵者强，轻用兵者弱；权出一者强，权出二者弱：是强弱之常也。

"齐人隆技击，其技也，得一首者则赐赎锱金，无本赏矣。是事小敌毳则偷可用也，事大敌坚则涣然离耳，若飞鸟然，倾侧反复无日。是亡国之兵也，兵莫弱是矣，是其去赁市佣而战之几矣。魏氏之武卒，以度取之，衣三属之甲，操十二石之弩，负服矢五十个，置戈其上，冠胄带剑，赢三日之粮，日中而趋百里。中试则复其户，利其田宅，是数年而衰而未可夺也，改造则不易周也。是故地虽大其税必寡，是危国之兵也。秦人其生民陿阸，其使民也酷烈，劫之以势，隐之以阸，忸之以庆赏，酋之以刑罚，使天下之民所以要利于上者，非斗无由也。阸而用之，得而后功之，功赏相长也，五甲首而隶五家，是最为众强长久，多地以正。故四世有胜，非幸也，数也。故齐之技击，不可以遇魏氏之武卒；魏氏之武卒，不可以遇秦之锐士；秦之锐士，不可以当桓、文之节制；桓、文之节制，不可以敌汤、武之仁义。有遇之者，若以焦熬投石焉。兼是数国者，皆干赏蹈利之兵也，佣徒鬻卖之道也，未有贵上、安制、綦节之理也。诸侯有能微妙之以节，则作而兼殆之耳。

"故招近募选，隆势诈、尚功利，是渐之也；礼义教化，是齐之也。故以诈遇诈，犹有巧拙焉；以诈遇齐，辟之犹以锥刀堕太山也；非天下之愚人莫敢试，故王者之兵不试。汤、武之诛桀、纣也，拱挹指麾，而强暴之国莫不趋使，诛桀、纣若诛独夫。故《泰誓》曰：'独夫纣。'此之谓也。

"故兵大齐则制天下，小齐则治邻敌。若夫招近募选，隆势诈，尚功利之兵，则胜不胜无常，代翕代张，代存代亡，相为雌雄耳矣。夫是之谓盗兵，君子不由也。故齐之田单，楚之庄蹻，秦之卫鞅，燕之缪虮，是皆世俗所谓善用兵者也，是其巧拙强弱，则未有以相君也，若其道一也，未及和齐也，掎契司诈，权谋倾覆，未免盗兵也。齐桓、晋文、楚庄、吴阖闾、越勾践，是皆和齐之兵也，可谓入其域矣，然而未有本统也，故可以霸而不可以王。是强弱之效也。"

以上为第一部分，论述用兵攻战之本在乎壹民、善附民，做到隆礼、贵义、好士、爱民、赏重、刑威、政令信、权出一。　　**临武君**：据《战国策》，当为楚国将领，姓名不详，当时应在赵国。　　**孙卿子**：即荀况。　　**赵孝成王**：赵国国君，赵简子十世孙，名丹，公元前265~前245年在位。　　**孙吴**：古代著名军事家孙子（孙武）和吴起。孙武，春秋时齐国人，曾以兵法十三篇（即传世之《孙子兵法》）游说吴王阖闾，被任为将，率吴军西破强楚，北威齐、晋，成就阖闾一番霸业。吴起，战国初期卫国左氏（今山东曹县北）人，初任鲁将，继任魏将，屡建战功，曾被魏文侯任为西河守。吴起所著兵法早已亡佚，现存《吴子》六篇，是后人伪托而作。　　**仁人之兵，王者之志也**：据王天海注，"志"当作"事"，志、事音近而讹。　　**路亶**：《新序》作"落单"。落单，零落单薄，指脱离大军而势单力薄的小股军队。　　**"仁人之兵，聚者成卒"及其后数句**：卒，卒伍，队伍；延，伸展开来，指与敌两军对垒之阵势；婴，通"撄"，接触，触犯；兑，同"锐"，指楔入敌军纵深之冲锋阵势；方止，指安营扎寨；案角鹿埵、陇种、东笼而退：据王天海引郝懿行曰："此等皆古方俗之言，不必强解。"可信。迄今各注皆臆断之辞，不足据。大抵言军队溃败之势耳。　　**"武王载发"云云**：引自《诗经·殷颂·长发》。武王，此处指商汤王；发，读为"旆"（pèi），泛指旌旗。　　**窳楛**（yǔ gǔ）：不坚固，粗劣。　　**锱**（zī）：古代重量单位，其说不一，此指八两。　　**毳**：通"脆"，脆弱。　　**三属**（zhǔ）**之甲**：三种依次相连的铠甲。一种穿在上身如上衣，一种穿在胯骨上似围裙，一种穿在小腿上似绑腿。　　**田单**：战国时齐将。临淄（今山东淄博东北）人。初为市吏。燕将乐毅破齐时，他坚守即墨。齐襄王五年（公元前279年），他施反间计使燕惠王改用骑劫为将，并用火牛阵击败燕军，一举收复七十余城，被任为相国，封安平君。齐王建元年（公元前264年）入赵为将，曾率军攻燕韩，后任相国，封平都君。　　**庄蹻**：战国时楚将。楚顷襄王时率军通过黔中向西南进攻，越过且兰、夜郎，直至滇（今云南滇池附近）。后因黔中被秦攻占，与楚交通断绝，遂在滇称王，号庄王。又有一庄蹻，亦楚人，曾在楚怀王时起兵反楚，致楚分崩离析。后世因常以蹻与跖相提并论。以下文"庄蹻起，楚分而为三四"度之，本文之"庄蹻"当指后者。　　**卫鞅**：即商鞅。战国时著名政治家。卫国人，公孙氏，名鞅，初为魏相公孙痤家臣。后入秦，以说服秦孝公变法图强，使秦国走向强盛而闻名于后世。商鞅于秦初任左庶长，旋升大良造（当时秦最高官职，掌军政大权，同时亦为秦爵第十六级），后又以战功封于（今河南内乡东）、商（今陕西商县东南）十五邑，号商君，因有商鞅之称。秦孝公死后，被贵族诬陷，车裂而死。　缪虮：或疑"乐毅"音近而讹。乐毅，战国时燕将。燕昭王时任亚卿，率军攻破齐国，先后攻下七十余城，因功封于昌国（今山东淄博东南），号昌国君。燕惠王即位，中齐反间计，改用骑劫为将，他出奔赵国，被封于观津（今河北武邑东南），号望诸君。后死于赵国。

　　孝成王、临武君曰："善！请问为将？"
　　孙卿子曰："知莫大乎弃疑，行莫大乎无过，事莫大乎无悔。事至无悔而止矣，成不可必也。故制号政令，欲严以威；庆赏刑罚，欲必以信；处舍收藏，欲周以固；徙举进退，欲安以重，欲疾以速；窥敌观变，欲潜以深，欲伍以参；遇敌决战，必道吾所明，无道吾所疑：夫是之谓六术。无欲将而恶废，无急胜而忘败，无威内而轻外，无见利而不顾其害，凡虑事欲孰而用财欲泰，夫是之谓五权。所以不受命于主有三：可杀而不可使处不完，可杀而不可使击不胜，可杀而不可使欺百姓，夫是之谓三至。凡受命于主而行三军，三军既定，百官得序，群物皆正，则主不能喜，敌不能怒，夫是之谓至臣。虑必先事而申之以敬，慎终如始，终始如一，夫是之谓大吉。凡百事之成也，必在敬之；其败也，必在慢之。故敬胜怠则吉，怠胜敬则灭；计胜欲则从，欲胜计则凶。战如守，行如战，有功如幸。敬谋无圹，敬事无圹，敬吏无圹，敬众无圹，敬敌无圹，夫是之谓五无圹。谨行此六术、五权、三至，而处之以恭敬无圹，夫是之谓天下之将，则通于神明矣！"
　　临武君曰："善！请问王者之军制？"
　　孙卿子曰："将死鼓，御死辔，百吏死职，士大夫死行列。闻鼓声而进，闻金声而退，顺命为上，有功次之。令不进而进，犹令不退而退也，其罪惟均。不杀老弱，不猎禾稼；服者不禽，格者不舍，奔命者不获。凡诛，非诛其百姓也，诛其乱百姓者也。百姓有扞其贼，则是亦贼也。以故，顺刃者生，苏刃者死，奔命者贡。微子开封于宋，曹触龙断于军，殷之服民所以养生之者也，无异周人。故近者歌讴而乐之，远者竭蹷而趋之，无幽闲辟陋之国，莫不趋使而安乐之。四海之内若一家，通达之属莫不从服，夫是之谓人师。《诗》曰：'自西自东，自南自北，无思不服。'此之谓也。王者有诛而无战，城守不攻，兵格不击，上下相喜则庆之。不屠城，不潜军，不留众，师不越时。故乱者乐其政，不安其上，欲其至也。"临武君曰："善！"

以上为第二部分，论述做将军的原则包括六术、五权、三至、五无圹，同时说明王者之师的军令制度。

伍以参：伍，五；参，三。"或三或五，以相结合"，意谓错综其数，反复斟酌。　　无圹：即"无旷"。旷，旷废，松懈。　　微子开：微子，商纣王之庶兄，名启，此处云"开"，以刘向避汉景帝刘启之讳而改。周武王封微子于宋，是为宋国始祖。　　曹触龙断于军：曹触龙，诸注阙如，或有一二条，皆不可据。断，斩。　　"自西自东"云云：引自《诗经·大雅·文王有声》。　　上下相喜则庆之：喜通"嘻"、"嬉"。相喜，骄佚嬉笑、漫不经心之义。

陈嚣问孙卿子曰："先生议兵常以仁义为本。仁者爱人，义者循理，然则又何以兵为？凡所为有兵者，为争夺也。"

孙卿子曰："非汝所知也。彼仁者爱人，爱人故恶人之害之也；义者循理，循理故恶人之乱之也。彼兵者，所以禁暴除害也，非争夺也。故仁者之兵所存者神，所过者化，若时雨之降，莫不说喜。是以尧伐驩兜，舜伐有苗，禹伐共工，汤伐有夏，文王伐崇，武王伐纣，此四帝两王，皆以仁义之兵行于天下也。故近者亲其善，远方慕其德，兵不血刃，远迩来服。德盛于此，施及四极。《诗》曰：'淑人君子，其仪不忒；其仪不忒，正是四国。'此之谓也。"

李斯问孙卿子曰："秦四世有胜，兵强海内，威行诸侯，非以仁义为之也，以便从事而已。"

孙卿子曰："非汝所知也！汝所谓便者，不便之便也。吾所谓仁义者，大便之便也。彼仁义者，所以修政者也。政修则民亲其上、乐其君，而轻为之死。故曰：'凡在于军，将率末事也。'秦四世有胜，諰諰然常恐天下之一合而轧己也。此所谓末世之兵，未有本统也。故汤之放桀也，非其逐之鸣条之时也；武王之诛纣也，非以甲子之朝而后胜之也：皆前行素修也。所谓仁义之兵也。今女不求之于本而索之于末，此世之所以乱也。

"礼者，治辨之极也，强固之本也，威行之道也，功名之总也。王公由之，所以得天下也；不由，所以陨社稷也。故坚甲利兵，不足以为胜；高城深池，不足以为固；严令繁刑，不足以为威。由其道则行，不由其道则废。楚人鲛革犀兕以为甲，鞈如金石；宛巨铁釶，惨如蜂虿；轻利僄遫，卒如飘风；然而兵殆于垂沙，唐蔑死，庄蹻起，楚分而为三四。是岂无坚甲利兵也哉？其所以统之者，非其道故也。汝、颍以为险，江、汉以为池，限之以邓林，缘之以方城，然而秦师至而鄢、郢举，若振槁然。是岂无固塞隘阻也哉？其所以统之者，非其道故也。纣刳比干，囚箕子，为炮烙刑，杀戮无时，臣下懔然，莫必其命。然而周师至而令不行乎下，不能用其民。是岂令不严、刑不繁也哉？其所以统之者非其道故也。

"古之兵，戈、矛、弓、矢而已矣，然而敌国不待试而诎。城郭不辨，沟池不抇，固塞不树，机变不张，然而国晏然不畏外而明内者，无它故焉，明道而钧分之，时使而诚爱之，下之和上也如影响，有不由令者，然后俟之以刑。故刑一人而天下服，罪人不邮其上，知罪之在己也。是故刑罚省而威流，无它故焉，由其道故也。古者帝尧之治天下也，盖杀一人，刑二人而天下治。传曰：'威厉而不试，刑错而不用。'此之谓也。

"凡人之动也，为赏庆为之，则见害伤焉止矣。故赏庆、刑罚、势诈，不足以尽人之力，致人之死。为人主上者也，其所以接下之百姓者，无礼义忠信，焉虑率用赏庆、刑罚、势诈除厄其下，获其功用而已矣。大寇则至，使之持危城则必畔，遇敌处战则必北，劳苦烦辱则必奔，霍焉离耳，下反制其上。故赏庆、刑罚、势诈之为道者，佣徒粥卖之道也，不足以合大众，美国家，故古之人羞而不道也。故厚德音以先之，明礼义以道之，致忠信以爱之，尚贤使能以次之，爵服庆赏以申之；时其事，轻其任，以调齐之，长养之，如保赤子。政令以定，风俗以一，有离俗不顺其上，则百姓莫不敦恶，莫不毒孽，若祓不祥；然后刑于是起矣。是大刑之所加也，辱孰大焉？将以为利邪？则大刑加焉。身苟不狂惑戆陋，谁睹是而不改也哉？然后百姓晓然皆知循上之法，像上之志而安乐之。于是有能化善、修身、正行、积礼义、尊道德，百姓莫不贵敬，莫不亲誉；然后赏于是起矣。是高爵丰禄之所加也，荣孰大焉？将以为害邪？则高爵丰禄以持养之，生民之属，孰不愿也？雕雕焉县贵爵重赏于其前，县明刑大辱于其后，虽欲无化，能乎哉？故民归之如流水，所存者神，所为者化。而顺暴悍勇力之属，为之化而愿；旁辟曲私之属，为之化而公；矜纠收缭之属，为之化而调：夫是之谓大化至一。诗曰：'王犹允塞，徐方既来。'此之谓也。

以上为第三部分，论述王者以仁义为本又为何用兵的道理，指出禁暴除害，使仁义通行天下，并且用礼义治国、治军，才能使武器、城池、教令、刑赏发挥应有的作用。　　陈嚣：荀子弟子。以下为荀子与诸弟子议兵。　　驩兜：古代部落名，此指尧时该部落首领，传说他被尧流放于崇山。　　有苗：也称"三苗"，古代部落名，此亦指其部落首领，传说他被流放到三危。　　共工：古代部落名，据古书记载，从颛顼至周代都有共工的踪迹。此当指舜、禹时该部落首领，相传他被流放于幽州。　　有夏：即夏朝，此指夏朝末代君主桀。　　崇：商代诸侯国，在今河南嵩县北。到崇侯虎时为周文王所灭。　　"淑人君子"云云：引自《诗经·曹风·尸鸠》。　　李斯：秦代政治家。楚国上蔡（今河南上蔡西南）人，曾从荀卿求学，战国末入秦，初为吕不韦舍人，后被秦王政（秦始皇）先后任为客卿、廷尉，为秦统一六国起了较大作用。秦统一六国后任丞相。秦二世即位后，为赵高所忌，被杀。　　误误然：恐惧的样子。　　鸣条：古地名，又名高侯原，即成汤败夏桀之处。其地所在，众说纷纭，难以确指，通行的说法认为在今山西运城安邑镇北。　　治辨：治理。辨，亦治也。　　犀兕：即犀牛。兕（sì），雌性犀牛。　　鞈（gé）：坚。　　宛：楚国地名，在今河南南阳。　　鉇（shī）：矛。　　僄遫（piào sù）：矫健敏捷。僄，疾，矫捷；遫，通"速"。　　唐蔑：疑为唐昧，楚怀王时将军，死于秦齐韩魏联军攻楚。　　邓林：春秋时邓国灭于楚，因而成为楚之北境。邓林，即邓地之山林，在今湖北襄樊市境内。　　方城：春秋战国时楚国北界所筑长城，以不断展筑，最终形成北起今河南方城北，西向循伏牛山脉，折南循白河、湍河间分水至今邓州北，楚恃以守卫其北境。　　憬然：惊惧之貌。　　必其命：犹"全其命"。必，通"毕"，全也。　　除厄其下：诸说多以"除"当为"险"，似可；厄，逼迫，又解作困穷。险厄其下，即置之险地而逼迫之，引申为控制。　　霍焉：犹"霍然"，迅疾之貌。　　粥卖：即"鬻卖"。粥，通"鬻"。　　雕雕焉：彰明之貌。雕雕，犹"昭昭"。　　"王犹允塞"云云：引自《诗经·大雅·常武》。

　　"凡兼人者有三术：有以德兼人者，有以力兼人者，有以富兼人者。彼贵我名声，美我德行，欲为我民，故辟门除涂以迎吾人。因其民，袭其处，而百姓皆安，立法施令莫不顺比。是故得地而权弥重，兼人而兵俞强，是以德兼人者也。非贵我名声也，非美我德行也，彼畏我威、劫我势，故民虽有离心，不敢有畔虑。若是，则戎甲俞众，奉养必费。是故得地而权弥轻，兼人而兵俞弱，是以力兼人者也。非贵我名声也，非美我德行也，用贫求富，用饥求饱，虚腹张口来归我食。若是，则必发夫掌窌之粟以食之，委之财货以富之，立良有司以接之，已期三年，然后民可信也。是故得地而权弥轻，兼人而国俞贫，是以富兼人者也。故曰：以德兼人者王，以力兼人者弱，以富兼人者贫，古今一也。

"兼并易能也，唯坚凝之难焉。齐能并宋，而不能凝也，故魏夺之；燕能并齐，而不能凝也，故田单夺之；韩之上地，方数百里，完全富足而趋赵，赵不能凝也，故秦夺之。故能并之而不能凝，则必夺；不能并之又不能凝其有，则必亡。能凝之则必能并之矣。得之则凝，兼并无强。古者汤以薄，武王以滈，皆百里之地也，天下为一，诸侯为臣，无他故焉，能凝之也。故凝士以礼，凝民以政；礼修而士服，政平而民安；士服民安，夫是之谓大凝。以守则固，以征则强，令行禁止，王者之事毕矣。"

以上为第四部分，论述兼并之道，有用道德兼并别国的，有用武力兼并别国的，有用财富兼并别国的，强调只有用道德兼并别国的，才能凝聚士人、团结人民，使称王天下的事业完备。

坚凝：坚，坚固，巩固；凝，凝聚，团结。　　上地：上党之地。赵孝成王六年（公元前260年），秦攻韩国上党，韩不能救，上党守冯亭以其地降赵。赵中秦反间计，用赵括代廉颇为将拒秦，秦将白起于长平大破赵军，赵括被射死，赵军四十万降卒尽被白起坑杀，秦尽占上党之地。　　汤之薄：即商汤之都亳。薄，通"亳"。　　武王以滈：即周武王之都镐京。滈（hào），通"镐"。

荀子在本篇所论君主用兵之道，实质上是封建统治阶级的一套军事思想，以现代的观点看，它已经相当陈腐，但所述以仁义统率军事、讲求政治策略、注重战略战术的儒家主张，又能以乱世人民的苦难为念，着眼于长远思考天下统一的思想，都是值得后人研究和借鉴的。

用兵之道的选择。赵孝成王以"兵要"请问，荀子指出有两种截然不同的答案，一是"王者之志"，一是"诸侯之事"。用兵本身并非目的，其目的在于称霸诸侯，还是称王天下，结束长期战乱的局面，使中国得到统一。讲天时地利，这仅是用兵条件；讲后之发先之至，这又是诱敌深入而歼灭之的战术；讲势利变诈，感忽悠暗，莫之其所出，仍是作战的形势、机会和对策。总之，用兵之根本不在作战的条件和战术，而在于争取民心，即所谓壹民。应当像调弓矢以中微、和六马以致远一样地善附民，达到"其民之亲我欢若父母，其好我芬若椒兰"的目的，这才是"善用兵"。荀子面临着强秦灭六国而统一天下的形势，为之深忧，担心"末世之兵，未有本统"的秦国即使取得天下也不能巩固；还有陈嚣、李斯弃本索末，为霸道鼓噪，将会贻误天下大事，于是他急切地希望避免权谋势利、攻夺变诈的诸侯之事，呼唤仁人之兵王者之志出现，完成统一天下的大业。

礼法治军。荀子对他心目中的仁人之兵赞赏有加："故仁人上下，百将一心，三军同力。臣之于君也，下之于上也，若子之事父，弟之事兄，若手臂之扞头目而覆胸腹也。""必将聪明警戒，和传而一。"这是说具有上下相爱、亲和团聚的特点，因此兄弟、父子、臣下捍卫君主就如同手臂保护头颅、眼睛、胸膛腹部一样。"故仁人之兵，聚则成卒，散则成列；延则若莫邪之长刃，婴之者断；兑则若莫邪之利锋，当之者溃"。这是说，具有士气旺盛、训练有素、所向无敌的特点，因此来犯者必将溃败，狼狈而逃。"王者有诛而无战，城守不攻，兵格不击，上下相喜则庆之。不屠城，不潜军，不留众，师不越时。""彼兵者，所以禁暴除害也，非争夺也。故仁人之兵所存者神，所过者化，若时雨之降，莫不说喜。""皆以仁义之兵行于天下也。故近者亲其善，远方慕其德，兵不血刃，远迩来服。德盛于此，施及四极。""故民归之如流水，所存者神，所为者化。而顺暴悍勇力之属，为之化而愿；旁辟曲私之属，为之化而公；矜纠收缭之属，为之化而调：夫是之谓大化至一。"这是说，具有禁暴除害、以仁义教化施行仁爱于天下百姓的特点，因此能使暴悍勇力之民化而为愿、使旁辟曲私之民化而为公、使矜纠收缭之民化而为调，而且兵不血刃，即可像百川归大海那样，让天下人民顺服。如此理想化的仁人之兵，是礼法治军的结果，那就是做到了：隆礼，贵义，好士，爱民，赏重，刑威，政令信，权出一。具备这些条件，就能造就仁人之兵，成为国家强盛进而称王天下的基础。和仁人之兵相反的军队，有齐国的"扑击"，"是亡国之兵也"；魏国的"武卒"，"是危国之兵也"；秦国的"锐士"，"此所谓末世之兵"。这些战国军队，"皆干赏蹈利之兵也，佣徒粥卖之道也，未有贵上、安制、綦节之理也"。由于他们崇尚权谋势诈，只能以利诱招募兵员，以单纯军功行庆赏，缺乏正确的指导思想，相互攻伐，"以诈遇诈"，其实质完全一样，是没有礼义节制的雇佣之兵，可以称之为"盗兵"。至于春秋五霸齐桓、晋文、楚庄、吴阖闾、越勾践，固然可以称之为"和齐之兵"，因其在军事上已有信义可循，进入礼义教化之域，却未能臻于完善，没有将礼义置于"本统"地位，距王道尚远，仅为霸道，仅有强弱之效，不足以承担以仁义王道统一天下的大业。而凭军功武略的强秦虽然极有可能灭六国而一取天下，但由于其为"末世之兵，未有本统也"，故而"諰諰然常恐天下之一合而轧己也"，这证明其本质的虚弱和非正义性。荀子之唯有仁义王道才可以统一天下的理论，最终为秦王朝祚命以葬的历史事实所印证。关于如何以礼法治军、治国，荀子着重讲了三个方法：一是"凡在大王，将率末事也"。意即君主掌握用兵之道及其施行，将帅服从君命，执行决策，只处理次要的事情。所以，隆礼、贵义、好士、爱民、赏重、刑威、政令行、权出一，是君主的职责，这是军政权力集中于君主，君主制定大政方针的原则。二是以六术、五权、三至、五无圹为内容的将兵之道以及称王天下的军令制度。六种有效的战术、五种机智的权谋、三项不受君令的原则、五种严肃而不疏忽的态度，以及称王天下的军令制度，还包括处理将士与武器、城防、政令、刑赏之间的关系，均在战略战术、政治策略范围之内，宣扬的是尊王、黜霸、崇仁义贬势诈的儒家传统思想，与简礼贱义、单纯隆势诈尚功利而重攻虞的兵家有本质上的不同。言谈中，荀子对兵家权威孙膑、吴起和战国名将田单、庄𫏋、卫鞅、缪虮贬词甚多，讥其兵术用以对付仁人之兵，是以桀诈尧，不过以卵击石，以指挠沸，必将惨败；用以对付行霸道权谋之兵，是以桀诈桀，或可巧拙有幸，相为雌雄罢了。这说明，只有以礼法治军、治国，才能"通于神明"，无敌于天下。三是兼并别国的方法，"以德兼人者"，"是故得地而权弥重，兼人而兵俞强"；"以力兼人者"，"是故得地而权弥轻，兼人而兵俞弱"；"以富兼人者"，"是故得地而权弥轻，兼人而国俞贫"。荀子将战国齐燕韩赵等的争夺与汤武的百里取天下做了对比，得出结论："兼并易能也，唯坚凝之难焉。"其"凝"训"聚"、"结"，此句强调：凝聚别国比兼并他更难办。将别国土地人民得而复失，甚至连本国土地人民都保不住，是因为"能并之而不能凝"。由此，荀子提出一个"凝"高于"并"的原则："能凝之则必能并之矣。得之则凝，兼兵无强。"其"无"与"莫"同义，是说兼并之师以对别国得而能凝为最强大。相反，如果得而不能凝，甚至不能得又不能凝，那就会走上使国家危亡的道路。从"凝"的内涵主要是"凝士"、"凝民"、"大凝"来看，荀子要求兼并之主，要重在对别国因其民、顺其民、袭其处（沿袭其居处），使别国百姓一切皆安。这里充满了尊重和爱护的礼义精神。"故凝士以礼，凝民以政；礼修而士服，政平而民安；士服民安，夫是之谓大凝。"以礼凝士，即礼义致贤，以政凝民，即裕政爱民。"礼修而士服"，即"礼备而士服"，礼义制度完备士人就归顺；"政平而民安"，即刑罚政令公正平和百姓就归顺。可见荀子所说的"大凝"，是以礼义使士服民安而征服天下，先统一民心后统一天下。

中华传统文化经典有说

荀子解说

（下）

张法祥　柯美成　编著

华夏出版社

强国篇第十六

　　本篇论述强国之道，指出强盛的关键不在"处胜人之势"，而在"行胜人之道"，故申明"隆礼尊贤，重法爱民"是使国家强盛的必由之路。运用形象明理与抽象论证相结合的方法，将观点阐述得格外生动、深刻，是本文的一大特色。首先是用比喻阐述道理，例如以剑须砥砺论证强国之初也必用礼义教诲、调一；以伏地舔天、救自缢而引足，论证治国荒谬悖理却求汤武功名，必然行不通；以想长寿却自杀，论证"人知贵生乐安而弃礼义"的愚蠢无比；以大车陷入坑中而求通畅便利，论证为臣行为无德只求利益是仁人羞而不为的事；以猝炸惊雷、墙垣骤塌，论证暴虐苛察的威势。其次，如用"县"状巨楚雄踞眼前，用"鳅"状大燕胁迫背后，用"钩"状劲魏藏右偷袭，用"绳"状西境纷扰不绝，用"临"状楚以两地东面压境，这些拟人、比喻与极富表现力的动词综合运用，使强齐沉迷用"势"而不知用"道"的道理变得明晓易懂。论述楚令尹子发为将有功而不谐尊贤罚罪的治国之本，强秦四世有胜而缺乏儒道治国，用的都是先扬后抑的方法，颇可发人深省。围绕"处胜人之势，行胜人之道"这一全篇主旨，或假设问答，或反诘揭旨，或正反对比，逐层推进，反复剥笋，将下列思想发明以尽：求仁厚明通之君子而托王；隆在信矣；隆在修政矣；力术止，义术行。

　　铸剑的模具端正，铸剑用的铜、锡精良，铸剑工匠的技术高超，冶炼的火候与铸造的工艺配合得当，打开模具宝剑莫邪就铸成了。但是，如果不剥离模具，不把剑打磨锋利，那就连绳子也不可能割断；如果剥离模具，把剑打磨锋利了，那么割盘盂，宰牛羊，也只是一挥而就的事。一个强国之初，如同刚从模具里剥离出来的剑，也就是只具备了强国的基础，假若不对人民进行教诲引导，不协调一致，那么对内就不能保卫国土，对外就不能作战御敌；如果对人民进行教诲引导，协调一致，那么就会兵力强大、城邑坚固，敌国就不敢来侵犯。一个国家也像铸剑一样需要磨砺，这就是要推行礼义制度。所以人的命运决定于天意，而国家的命运决定于礼义。君主如能推崇礼义尊重贤能，就能够称王天下；如能重视法制爱护人民，就能够称霸诸侯；如果贪图利益诡诈多端，国家就会危险；如果玩弄权术阴谋，反复无常，阴险难测，国家就会灭亡。

有三种威势：道德的威势，暴虐苛察的威势，狂乱妄行的威势。这三种威势，君主不可不仔细考察。礼乐制度完备，等级职分明确，各种举措顺应时节，爱人利民之心表现在行动上，如果这样，百姓就会像尊敬古代圣明帝王一样尊敬君主，像崇拜上天一样崇拜君主，像亲近父母一样亲近君主，像敬畏神灵一样敬畏君主。所以，不用奖赏而人民就会勤奋努力，不用刑罚而威势就能流行天下，这叫做道德的威势。礼乐制度不完备，等级职分不明确，各种举措不能顺应时节，爱人利民之心没有表现在行动上，但是禁止暴行却能明察，诛杀不顺服的人也很审慎，刑罚重而有令必行，诛杀死罪犯人猛烈而果断，就像猝然而来的雷电轰击，像墙垣突然倒塌，如果这样，百姓受胁迫时就会畏惧，宽松时就会傲视君主，被拘管时就会抱团，得到空隙时就会逃散，用持中平和的态度对待他们又会失去威势。所以，不用权势来胁迫，不用诛杀来威慑，那么就无法统治人民，这叫做暴虐苛察的威势。没有爱人之心，没有做利人之事，却整天干些扰民的勾当，百姓叫呼，君主就把他们抓起来，以严厉的刑罚对待他们，而不能协调民心，如果这样，人们就会愤而群起逃散以背离君主，国家的倾覆灭亡马上就会到来了，这叫做狂乱妄行的威势。这三种威势，君主不可不仔细考察。道德的威势成就国家的强盛，暴虐苛察的威势导致国家的危险衰弱，狂乱妄行的威势以国家灭亡为终结。

公孙子说："楚国令尹子发率领军队西征讨伐高蔡国，攻克了高蔡，俘虏了蔡圣侯，回国向楚王复命说：'蔡侯奉献其社稷给我楚国，我已经托付同行的几个人留在那里治理蔡国。'然后，楚王给子发颁奖，子发辞谢说：'发布告示、命令而使敌人退却，这是君主您的威望所致；调动军队发兵攻打而使敌人退却，这是将帅的威风所致；全力交战而使敌人退却，这是广大士兵的威力所致。我不能凭借广大士兵的威力而受赏。'有人评论这件事说：'子发复命的态度谦恭，而辞谢奖赏的态度却矫情不恭。推崇贤良，任用能人，奖赏有功的人，惩罚有罪的人，并非只是君主一个人需要做的事情。这是古代圣王治国的原则，是统一人民的根本，是善有其善、恶有其恶的报应，治理国家必须遵行这一点，古往今来是一样的。古代贤明的君主兴办大事业、建立大功绩，当大事业已经完成，大功绩已经建立时，君主就享受其成果，群臣享受其功名，士大夫晋升爵位，各级官吏增加俸禄，士兵增加军饷。因此做好事的人就得到勉励，没有做好事的人就感到沮丧，上下一心，三军协力，因而一切事业都能成功并且功名显赫。现在子发却偏偏不是这样，他违反古代圣王治国的原则，扰乱了楚国的法制，挫伤了立功的臣子，使领受奖赏的人感到羞愧，这不仅侮辱了他们的亲族，也压抑了他们的后裔，然而子发却独独认为这只是他个人的廉洁，岂不是太过分了吗？'所以说：子发复命的态度谦恭，而辞谢奖赏的态度却矫情不恭。"

　　荀卿劝齐相说："拥有制服别人的权势，讲究制服别人的方法，天下人都没有怨恨，商汤王、周武王就是这样的人；拥有制服别人的权势，不讲究制服别人的方法，虽然拥有雄厚的统治天下的权势，但最后连想做一个普通百姓都办不到，夏桀、殷纣就是这样的人。由此看来，虽然得到制服别人的权势，却远不如讲究制服别人的方法。君主和宰相都是用权势制服别人的，是就是是，非就是非，有才能就是有才能，没才能就是没才能，抛却个人的私欲，做任何事情都一定遵行公道正义可以兼容的原则，这就是讲究制服别人的方法。现在相国您上得到君主的完全信任，下得以专擅国家的权力，对于制服别人的权势来说，您确实拥有了。既然如此，您为什么不利用这个制服别人的权势，讲究制服别人的方法，寻求仁德宽厚、通晓事理的君子，把称王天下的事业托付给他们，和他们一起参与国家大政、判定是非呢？像这样，那么国家又有谁敢不遵行礼义？君臣上下、贵贱长少，直到普通百姓，没有人不遵行礼义，那么天下又有谁不想使行为合于礼义呢？"贤良的人都想到相国的朝廷里做事，有才能的人都想在相国的手下做官，喜好利益的人民没有不愿意归顺齐国的，这就可以一统天下了。可是相国却不讲究制服别人的方法，只是喜好世俗制服别人的权势，那么君主的后妃就会作乱于宫廷，奸诈的臣子就会作乱于朝廷，贪官污吏就会作乱于官府，民众百姓都会以贪图私利、争斗掠夺为习俗，难道像这样能够治理好国家吗？现在巨大的楚国雄踞在我们面前，强大的燕国箝制在我们背后，劲敌魏国钩连在我们右面，西境和魏国接壤的地带就像是有一根欲断未断的绳子一样悬着，而楚国还有襄贲、开阳两城窥伺在我们东面。这其中有一国图谋，那么这三个国家就必然一起兴兵侵犯我们。如果这样，那么齐国就必定四分五裂，国家就如同别国的寄城了，这肯定会被天下人大大地耻笑。怎么会是这个样子呢？讲究和不讲究制服别人的方法这两者哪一种可行呢？

"夏桀、殷纣都是圣王的后世子孙，是拥有天下者的后代，他们掌握着权势王位，是天下的宗主。土地之广大，封疆之内方圆千里；人口之众多，数以十万计；然而顷刻之间，天下人都决然地背离桀、纣而奔向汤、武，反过来都憎恶桀、纣而尊贵汤、武，这是为什么呢？桀、纣失败在哪里，而汤、武又成功在哪里呢？回答是：这没有其他原因，是桀、纣喜欢做人们都憎恶的事情，而汤、武喜欢做人们都喜爱的事情。人们所憎恶的是什么呢？回答是：卑污邪僻、争斗掠夺、贪图私利。人们所喜爱的是什么呢？回答是：尊崇礼义、讲求辞让、奉守忠信。现在的君主，总是把自己比作汤王、武王，但若说到用来统治人民的纲领，却和譬喻比方桀、纣没有什么两样，这样的人想要得到汤、武那样的功名，可能吗？所以凡是取得胜利的君主，必然要得到人民的拥护；凡是得到人民拥护的人，必然要讲究使人民拥护的方法。使人民拥护的方法是什么呢？回答是：尊崇礼义，讲求辞让，奉行忠信。所以，拥有四五万以上人口的国家就能够强大常胜，并不是靠人多力量大，而是推重一个'信'字；拥有方圆数百里以上土地的国家就能够安定稳固，并不是靠幅员广大，而是推重修美政事。

现在已经拥有数万人口的国家，还要靠诽谤夸诞、拉帮结派去争取盟国；已经拥有方圆数百里土地的国家，还要靠卑污邪僻、欺诈掠夺去争夺土地。这样就是抛弃使自己能够安定强大的优势，而去争取使自己陷于危险衰弱的处境；减损自己原本不足的方面，而去增加自己本来已经有余的东西。像这样荒谬悖理，却要追求像汤、武那样的功名，可能吗？打个比方，这就如同趴在地上想舔天，救上吊的人却去拉他的脚，是必定行不通的，越是用力就距离目标越远。做臣子的，不顾自己的行为无德，只要求得利益就行，这就等于用攻城的大战车去攻击一个小洞穴，这是仁人所感到羞愧而不会去做的。所以人没有比生命更宝贵的，没有比安定更快乐的，而能够保养生命使自己安定快乐，没有比讲礼义更重要的了。人既然知道宝贵生命使自己安定快乐，却抛弃礼义，这就如同想长寿却去自杀一样，没有比这更愚蠢的了。所以，做君主的，爱护人民就能使国家安定，喜爱士人就能获得荣耀，二者丢掉一样就会灭亡。《诗经》上说：'德才兼备的人是藩篱，大众百姓是围墙。'说的就是这个道理。"

强兵的方法应当终止，仁义的方法应当施行。这说的是什么呢？回答道：说的是秦国。秦国的威势强大超过商汤王、周武王，国土的广大超过虞舜、夏禹，但是它的忧患却多得不可胜数，终日恐惧地担心各诸侯国联合起来颠覆自己，这就是所谓强兵的方法应当终止。什么叫做威势强大超过汤、武呢？说到汤、武嘛，他们只能使拥护自己的人伺奉自己罢了。现在楚顷襄王的父亲楚怀王客死在秦国，楚国国都被秦军攻克，襄王背离楚国三代君主的宗庙而逃避到原陈、蔡两国之间，观察可乘之机，等待可利用的空隙，就要抬起他的脚去踹秦国人的肚子。然而秦国叫他向左他就向左，叫他向右他就向右，这就是秦国能让仇恨自己的人为自己所役使。这就是所谓威势强大超过汤、武。什么叫做国土广大超过舜、禹呢？回答道：古时候历代君王统一天下，使诸侯臣服，没有封疆超过方圆千里的。现在的秦国，南边攻占楚地沙羡与楚国共为边界，这是长江以南了；北边与胡、貊相邻；西边据有巴、戎两地。东边所占领的楚国土地，与齐国边界相接；所占领的韩国土地，越过恒山便到了临虑；所占领的魏国土地，其圉津离魏国国都大梁仅一百二十里；所占领的赵国土地达到苓地，赵国种有松柏的边境已成为秦国的边塞。秦国背靠西海而以恒山为屏障，这就是国土的广大遍及天下了。这也就是所谓国土广大超过舜、禹。秦国的威势震动四海之内，强大危及中原各国，然而它的忧患却多得不可胜数，终日恐惧地担心各诸侯国联合起来颠覆自己。那么该怎么办呢？回答道：控制威势，返归礼义，然后任用正直诚实、忠贞守信和道德完美的君子治理天下。于是就同他们一起参与国家大政，端正是非，辨别曲直，在国都咸阳治政，顺从秦国的就不讨伐他，不顺从秦国的就诛杀他。像这样，即使军队不再出关外征战也能使政令推行于全天下了；像这样，即使在关外修筑明堂称帝也差不多能使各国诸侯来朝拜了。当今时代，致力于增加土地还不如致力于增加信用更急迫啊。

应侯范雎问孙卿子说："到秦国来看到了什么？"孙卿子说："秦国的城堡关塞险要，地理形势有利，山林河谷美丽，天然物产丰富，这是地理形势优越。进入秦国境内，观察它的民风习俗，百姓朴实，音乐不淫荡污秽，人们的服装不轻佻，特别惧怕官府并且顺服，这跟古代的人民一样。到了城镇官府，其所有的官吏都尽职尽责，没有不是恭敬、俭朴、敦厚、谨慎、忠实、守信的，而且没有滥竽充数的，这跟古代的官吏一样。进入国内，观察它的士大夫，走出家门即进入官府，走出官府即返回家门，没有干私事的；他们不相互勾结，不组成宗派，没有人不是明白通达而公正无私的，跟古代的官吏一样。观察它的朝廷，所有公务都能娴熟办妥，没有拖拉积压的，安闲得好像没有事情可处理了，这跟古代的朝廷一样。所以秦国连续四代都有战胜别国的记录，这并不是侥幸得到的，而是必然的结果。这就是我所看到的。所以说：安逸而能使国家太平，简要而能使政事周全，不烦劳而能使功绩巨大，这是治理国家的最好状况。秦国就类似这样了。尽管如此，秦国还是有其可担忧的。上述治理国家的三个方面秦国全部具备了，但是用王者的功名来衡量，它又差得很远啊。这是为什么呢？它大概没有大儒吧。所以说：用纯粹的儒道治理国家就可以称王天下，杂用各家学说的就可以称霸诸侯，哪家学说都不用的就会灭亡。不用儒道治国正是秦国的缺憾啊！"

积累细微事功的办法，按月积累不如按日积累，按季积累不如按月积累，按年积累不如按季积累。大凡人总是轻视小事，只在大事到来后才连忙努力去办。像这样，那就往往不如那些勤勉于治理小事的人。这是为什么呢？因为小事来得频繁，而办理小事耗费的时日就多，那么积累起来数量就大了。大事来得稀少，而办理大事需要的时日就少，那么积累起来的数量就小了。所以善于利用每一天的君主就可以称王天下，善于利用每一季的君主就可以称霸诸侯，只是抽空弥补缺漏的君主就会危险，过分荒废时日的君主就会灭亡。所以，称王天下的君主每一天都不急慢，称霸诸侯的君主每一季都不急慢，勉强存在的国家有了危险才开始忧虑，将要灭亡的国家等到已经灭亡才知道亡国了，等到死亡临近才知道要死亡。国家的灾祸和失败，是悔不胜悔的；称霸诸侯的君主所做的好事显明可见，是可以按季度来记录的；称王天下的君主所建立的功业显明可见，是用尽每一天都不可能记完的。财物货宝以大为贵重，政治教化、功业名声与之相反，能够积累细微的事情才会很快成功。《诗经》上说："德行看似轻如鸿毛，可是很少有人能够举起它。"说的就是这个意思。

凡是奸邪的人能兴起，都是因为君主不贵重义、不讲求信。所谓义，是用来限制、禁止人们做坏事、做奸邪之事的。现在君主不贵重义、不讲求信，如果这样，那么在下面的百姓都会产生抛弃义的志向而有趋向奸邪的念头了。这就是奸邪小人能够兴起的原因。况且，君主是臣下百姓的老师。臣下百姓附和君主，就如同响之应声、影之随形一样。所以做君主的不能不谨慎啊。所谓义，对内可以节制于人而对外可以节制于万物，对上可以调节君主而对下可以调节人民。对内对外、对上对下都能节制、调节，这就是义的实情。由此看来，那么凡是治理天下的关键，那就应当以义为根本，而信在其次了。古时候禹、汤以义为本而讲求信，因而使天下太平；桀、纣抛弃义而背离信，因而使天下混乱。所以做君主的，必须慎行礼义、讲求忠信，然后才可能使天下安定。这是统治人民的根本原则。

厅堂不扫除，那么就顾不上去看郊野的草是荒着还是锄了；明亮的刀刃已刺向胸口，那么眼睛就顾不上去看飞来的箭；人家把戟已架在头上，那就顾不上十指会被切断而要用手去挡住它。并不是郊野的草、飞来的箭和十个指头不重要，而是事情的痛痒缓急都有个先后的区别。

刑范正，金锡美，工冶巧，火齐得，剖刑而莫邪已。然而不剥脱、不砥厉，则不可以断绳；剥脱之，砥厉之，则劙盘盂、刎牛马，忽然耳。彼国者，亦强国之剖刑已。然而不教诲、不调一，则入不可以守，出不可以战；教诲之，调一之，则兵劲城固，敌国不敢婴也。彼国者亦有砥厉，礼义节奏是也。故人之命在天，国之命在礼。人君者，隆礼尊贤而王，重法爱民而霸，好利多诈而危，权谋倾覆幽险而亡。

威有三：有道德之威者，有暴察之威者，有狂妄之威者。

此三威者，不可不孰察也。礼义则修，分义则明，举错则时，爱利则形，如是，百姓贵之如帝，高之如天，亲之如父母，畏之如神明。故赏不用而民劝，罚不用而威行，夫是之谓道德之威。礼乐则不修，分义则不明，举错则不时，爱利则不形，然而其禁暴也察，其诛不服也审，其刑罚重而信，其诛杀猛而必，黭然而雷击之，如墙厌之，如是，百姓劫则致畏，嬴则敖上，执拘则最，得间则散，敌中则夺，非劫之以形势，非振之以诛杀，则无以有其下，夫是之谓暴察之威。无爱人之心，无利人之事，而日为乱人之道，百姓讙敖，则从而执缚之，刑灼之，不和人心，如是，下比周贲溃以离上矣，倾覆灭亡可立而待也！夫是之谓狂妄之威。此三威者，不可不孰察也。道德之威成乎安强，暴察之威成乎危弱，狂妄之威成乎灭亡也！

公孙子曰："子发将西伐蔡，克蔡，获蔡侯，归致命曰：'蔡侯奉其社稷而归之楚，舍属二三子而治其地。'既，楚发其赏，子发辞曰：'发诚布令而敌退，是主威也；徙举相攻而敌退，是将威也；合战用力而敌退，是众威也。臣舍不宜以众威受赏。'讥之曰：'子发之致命也恭，其辞赏也固。夫尚贤使能，赏有功，罚有罪，非独一人为之也，彼先王之道也，一人之本也，善善、恶恶之应也，治必由之，古今一也。古者明主之举大事、立大功也，大事已博，大功已立，则君享其成，群臣享其功，士大夫益爵，官人益秩，庶人益禄。是以为善者劝，为不善者沮，上下一心，三军同力，是以百事成而功名大也。今子发独不然，反先王之道，乱楚国之法，堕兴功之臣，耻受赏之属，无僇乎族党而抑卑其后世，案独以为私廉，岂不过甚矣哉！'故曰：子发之致命也恭，其辞赏也固。"

以上为第一部分，提出"故人之命在天，国之命在礼"的论断，说明君主要想使国家强盛必须凭借道德之威，隆礼尊贤，重法爱民。

刑范：铸剑之模具。刑，通"型"，模具。下文"剖刑"之"刑"

同此；范，亦指模具。　劙(lí)：割。　忽然：锋利快捷的样子。　黡(yǎn)然：猝然而至之貌。黡，通"奄"，忽，乍。　如墙厌之：厌，读为"压"。　赢则敖上：赢，同"嬴"，有余，引申为宽松；敖，同"傲"。　执拘则最：最，聚。　敌中则夺：据王文海注，敌，主也；敌中，即主中；主中，犹持中也。此"持中"紧承上文，谓持中之度则失暴察之威。　謧敖：謧，喧哗；敖，读为"嗷"，谓叫呼之声嗷嗷然。　贲溃：愤而溃散。贲，读为"愤"，愤然。　公孙子：齐相，余不详。或疑公孙子为"孙卿子"之误。　子发将西伐蔡：子发，战国时楚大司马景舍，受楚宣王命吞灭蔡，俘蔡圣侯以归，而不自居其功。蔡，指高蔡，楚国西南之小诸侯国，约在今湖北、湖南之交，非今河南上蔡之蔡也。　致命：返命，复命。　辞赏也固：固，拘执，偏执，引申为矫情；又"固"与上句"致命也恭"之"恭"字为对文，故亦含不恭之义。　无僇：即侮辱。无，通"侮"；僇(lù)，辱，侮辱。

荀卿子说齐相曰："处胜人之势，行胜人之道，天下莫忿，汤、武是也；处胜人之势，不以胜人之道，厚于有天下之势，索为匹夫不可得也，桀、纣是也。然则得胜人之势者，其不如胜人之道远矣。夫主相者，胜人以势也；是为是，非为非，能为能，不能为不能，并己之私欲，必以道夫公道通义之可以相兼容者，是胜人之道也。今相国，上则得专主，下则得专国，相国之于胜人之势，亶有之矣。然则胡不驱此胜人之势赴胜人之道，求仁厚明通之君子而托王焉，与之参国政、正是非？如是，则国孰敢不为义矣？君臣上下，贵贱长少，至于庶人，莫不为义，则天下孰不欲合义矣？贤士愿相国之朝，能士愿相国之官，好利之民莫不愿以齐为归，是一天下也。相国舍是而不为，案直为是世俗之所以为，则女主乱之宫，诈臣乱之朝，贪吏乱之官，众庶百姓皆以贪利争夺为俗，曷若是而可以持国乎？今巨楚县吾前，大燕鳅吾后，劲魏钩吾右，西壤之不绝若绳，楚人则乃有襄贲、开阳以临吾左，是一国作谋，则三国必起而乘我。如是，则齐必断而为四，三国若假城然耳，必为天下大笑。曷若？两者孰足为也？

"夫桀、纣，圣王之后子孙也，有天下者之世也，势籍之所存，天下之宗室也。土地之大，封内千里；人之众，数以亿万；俄而天下倜然举去桀、纣而奔汤、武，反然举恶桀、纣而贵汤、武，是何也？夫桀、纣何失，而汤、武何得也？曰：是无它故焉，桀、纣者善为人所恶也，而汤、武者善为人所好也。人之所恶何也？曰：污漫争夺贪利是也。人之所好者何也？曰：礼义辞让忠信是也。今君人者，辟称比方则欲自并乎汤、武，若其所以统之，则无以异于桀、纣，而求有汤、武之功名，可乎？故凡得胜者，必与人也；凡得人者，必与道也。道也者何也？礼义辞让忠信是也。故自四五万而往者强胜，非众之力也，隆在信矣；自数百里而往者安固，非大之力也，隆在修政矣。今已有数万之众者也，陶诞比周以争与；已有数百里之国者也，污漫突盗以争地。然则是弃己之所安强，而争己之所以危弱也；损己之所不足，以重己之所有余。若是其悖缪也，而求有汤、武之功名，可乎？辟之是犹伏而咶天，救经而引其足也，说必不行矣，愈务而愈远。为人臣者，不恤己行之不行，苟得利而已矣，是渠冲入穴而求利也，是仁人之所羞而不为也。故人莫贵乎生，莫乐乎安，所以养生安乐者，莫大乎礼义。人知贵生乐安而弃礼义，辟之是犹欲寿而刭颈也，愚莫大焉。故君人者，爱民而安，好士而荣，两者无一焉而亡。《诗》曰：'价人维藩，大师维垣。'此之谓也。"

以上为第二部分，记述荀子说服齐国丞相的话，论述虽然"处胜人之势"却不"行胜人之道"必将亡国的道理，着重说明"行胜人之道"表现在善于用人，用人无私，"求仁厚明通之君子而托王"，"隆信"，"修政"等方面。

胜人以势："以"当为"之"之误，当作"胜人之势"。　　行胜人之道：行，实行，引申为讲究；道，方法，办法。　　并己之私欲：并，读为"屏"，屏弃，抛弃。　　亶有之矣：亶（dǎn），诚然，信然。　　鳍：通"道"，迫蹙，引申为钳制。　　倜然：超然远离的样子。　　反然：犹"翻然"。迅速改变的样子。　　辟称：比喻自称。辟，通"譬"。　　渠冲：据杨倞注，渠，大也；渠冲，攻城之大车。又据日人久保爱注，渠，渠答，守城之器；冲，蒙冲，攻城之器。　　殂：同"例"。　　"价人维藩"云云：引自《诗经·大雅·板》。价，又作"介"。

力术止，义术行。曷谓也？曰：秦之谓也。威强乎汤、武，广大乎舜、禹，然而忧患不可胜校也，諰諰然常恐天下之一合而轧己也，此所谓力术止也。曷谓乎威强乎汤、武？汤、武也者，乃能使说己者使耳。今楚父死焉，国举焉，负三王之庙而辟于陈蔡之间，视可，司间，案欲剡其胫而以蹈秦之腹。然而秦使左案左，使右案右，是乃使雠人役也。此所谓威强乎汤、武也。曷谓广大乎舜、禹也？曰：古者百王之一天下、臣诸侯也，未有过封内千里者也。今秦，南乃有沙羡与俱，是乃江南也；北与胡、貉为邻，西有巴、戎；东在楚者乃界于齐，在韩者逾常山乃有临虑；在魏者乃据圉津，即去大梁百有二十里耳；其在赵者剡然有苓而据松柏之塞，负西海而固常山：是地遍天下也。此所谓广大乎舜、禹也。威动海内，强殆中国，然而忧患不可胜校也，諰諰然常恐天下之一合而轧己也。然则奈何？曰：节威反文，案用夫端诚信全之君子治天下焉。因与之参国政，正是非，治曲直，听咸阳，顺者错之，不顺者而后诛之。若是，则兵不复出于塞外而令行于天下矣；若是，则虽为之筑明堂于塞外而朝诸侯殆可矣。假今之世，益地不如益信之务也。

应侯问孙卿子曰："入秦何见？"孙卿子曰："其固塞险，

形势便，山林川谷美，天材之利多，是形胜也。入境观其风俗，其百姓朴，其声乐不流污，其服不佻，甚畏有司而顺，古之民也。及都邑官府，其百吏肃然，莫不恭俭敦敬忠信而不楛，古之吏也。入其国，观其士大夫出于其门，入于公门，出于公门，归于其家，无有私事也；不比周，不朋党，倜然莫不明通而公也，古之士大夫也。观其朝廷，其闲听决百事不留，恬然如无治者，古之朝也。故四世有胜，非幸也，数也。是所见也。故曰：佚而治，约而详，不烦而功，治之至也。秦类之矣。虽然，则有其諰矣。兼是数具者而尽有之，然而县之以王者之功名，则倜倜然其不及远矣。是何也？则其殆无儒邪。故曰：粹而王，驳而霸，无一焉而亡。此亦秦之所短也！"

以上为第三部分，记述荀子与李斯、范雎的谈话，论述强秦虽然威强广大超过古代圣王舜禹汤武，但终究不能建立"王者之功名"；相反，其忧患不可胜数，原因在于没有"节威反文"任用儒者治国。因此，必须做到"端诚信全之君子治天下"，"力术止，义术行"，才能完成霸业王功。

諰諰然：恐惧之貌。　　三王之庙：指楚宣王、威王、怀王之庙。　　司间：犹"伺间"。司，通"伺"；间，间隙，引申为机会。　　案欲：犹"乃欲"。案，乃也。下文"使左案左，使右案右"之"案"，当作"则"。　　沙羡：古地名，在今武汉市江夏区境内。　　常山：即恒山，避汉文帝讳而改"恒"为"常"。　　西海：即今青海。　　塞外：犹言关外，指潼关以外。　　此所谓广大乎舜、禹也：此句今本《荀子》多"諰諰然常恐天下之一合而轧已也"之后，据俞樾、王天海注移此。　　倜然：特出、不同于众的样子。　　其闲听决：谓娴熟于听决。闲，通"娴"。　　倜倜然：超然疏远的样子。

积微：月不胜日，时不胜月，岁不胜时。凡人好敖慢小事，大事至，然后兴之务之。如是，则常不胜夫敦比于小事者矣。是何也？则小事之至也数，其县日也博，其为积也大。大事之至也希，其县日也浅，其为积也小。故善日者王，善时者霸，补漏者危，大荒者亡。故王者敬日，霸者敬时，仅存之国危而后戚之，亡国至亡而后知亡，至死而后知死。亡国之祸败，不可胜悔也；霸者之善箸焉，可以时托也；王者之功名，不可胜日志也。财物货宝以大为重，政教功名反是，能积微者速成。《诗》曰："德輶如毛，民鲜克举之。"此之谓也。

凡奸人之所以起者，以上之不贵义、不敬义也。夫义者，所以限禁人之为恶与奸者也。今上不贵义、不敬义，如是则天下之人百姓，皆有弃义之志而有趋奸之心矣。此奸人之所以起也。且上者，下之师也。夫下之和上，辟之犹响之应声，影之像形也。故为人上者，不可不顺也。夫义者，内节于人而外节于万物者也，上安于主而下调于民者也。内外上下节者，义之情也。然则凡为天下之要，义为本而信次之。古者禹、汤本义务信而天下治，桀、纣弃义倍信而天下乱。故为人上者，必将慎礼义、务忠信，然后可。此君人者之大本也。

堂上不粪，则郊草不瞻旷芸；白刃扞乎胸，则目不见流矢；拔戟加乎首，则十指不辞断。非不以此为务也，疾养缓急之有相先者也。

以上为第四部分，论述政教功名"能积微者速成"的道理，强调慎礼义、务忠信是君人治国的根本原则。

"德輶如毛"云云：引自《诗经·大雅·烝民》。輶（yóu），古代一种轻便车子，引申为轻。　　不贵义、不敬义：据王天海引陶鸿庆曰：此下之"敬义"皆当作"务信"，因"務"（"务"之繁体）字作"敄"，遂误为"敬"；"义"字涉上下文而误耳。下文"义为本而信次之"、"本义务信而天下治"、"弃义倍信而天下乱"、"慎礼义务忠信"，皆承此言，故知其误。译文从之。　　不可不顺：顺，通"慎"。　　堂上不粪，则郊草不瞻旷芸：据杨倞注，谓堂上未粪除，则不暇瞻视郊野之有无也。言近者未理，不暇及远。鲁连子谓田巴曰："堂上不粪者，郊草不芸也。"王天海按：《史记·鲁仲连传》正义引田巴曰："臣闻堂上不奋，郊草不芸；白刃交前，不救流失；急不暇缓也。"与杨注所引略异。粪，扫除。

荀子曾周游燕、齐、楚、赵、秦等国进行社会和政治考察，对当权者提出规劝，建议他们以王道统一天下。《儒效篇》、《议兵篇》、《强国篇》均有记述。《儒效篇》以一个片断穿插在全文论述中，引述荀子答秦昭王问；《议兵篇》记述荀子分别与赵孝成王、临武君、陈嚣、李斯等人谈话内容，以用兵之本为中心，反映双方论战全貌；《强国篇》首尾数节合文章常规，是正面论述，中间大量篇幅记述荀子与齐相、秦相谈话要点，类似谏言，直陈其失，大论其短，并给予救治方法。荀子总结历史的经验教训，念念不忘以治国之本告诫统治者。他指出，战国末年群雄沉溺于纷争，诸侯国知王道者无，崇霸道者众，等而下之者王霸皆不用。诸侯国由弱变强，由强变弱，相互吞并，不断更迭，竟无定数。统观历史上那些身死国亡者，无一不是"亡国至亡而后知亡，至死而后知死，亡国之祸败，不可胜悔也"。荀子发现，王、霸、存、亡的变数是由"势"与"道"这一对矛盾的对立统一所决定的。例如汤、武之所以"天下莫忿"，是由于处理得当，"势"、"道"统一，即所谓"处胜人之势，行胜人之道"；而桀、纣与之相反，处理失当，"势"、"道"尖锐对立，即所谓"处胜人之势，不以胜人之道"，因而"厚于有天下之势，索为匹夫而不可得也"。治国之道，在《荀子》一书本为通常之论，而本篇紧扣势与道的关系，以"强国如何胜人"为主旨，推出新意：若能以道驭势，则势弱变势强，即可"处胜人之势"；若行"胜人之道"以驭"胜人之势"，则上可以王，下可以霸。反之，若未行"胜人之道"，纵有"胜人之势"，也会势强变势弱，以致危殆灭亡。那么，何谓"胜人之势"？有两个含义，一是指君主、国相拥有的制服人民的权势："夫主相者，胜人以势也"。又，"今相国上则得专主，下则得专国，相国之于胜人之势，亶有之矣"。二是指国家的实力："土地之大，封内千里；人之众，数以亿万"，"威强乎汤、武，广大乎舜、禹"，何谓"胜人之道"？其含义是："礼义辞让忠信是也"，"必以道夫公道通义之可以兼容者"。荀子得出结论："得胜人之势者，其不如胜人之道远矣。"他解剖齐、秦两个"麻雀"来印证这个道理。春秋姜齐桓公用管仲为相，励精图治，发展经济，国力富强，终以诚信成为霸主而九合诸侯。战国田齐威王用邹忌为相，田忌为将，孙膑为军师，因致力于政治改革和社会与经济发展，使国势盛而不衰，与秦长期东西对峙。传至齐闵王，任田文（号称孟尝君）为相，玩弄权谋，近交远攻，兴兵火，侵诸侯，损耗国力，积怨邻国。闵王十七年（前284年），燕、韩、赵、魏、秦合纵攻齐，临淄被陷，闵王被杀。当年，由田单设计大败燕军，迎襄王返临淄，襄王以田单为相。齐国数百年由崇道用信到崇势用诈的兴衰史，正是荀子说齐相田单的背景。他尖锐地指出，齐国"今已数万之众者也，陶诞、比周以争与；已有数百里之国者也，污漫、突盗以争地；然则是弃己之所以安疆，而争己之所以危弱也；损己之所以不足，以重己之所以有余"。如此败国之道必失胜人之势，故而以"若是其悖缪也"概括之，意思是政治荒谬，治国悖理，不可取。荀子说齐相，重在做批评、说教训，令其从"如是，则齐必断而为四，三国若假城然耳，必为天下大笑"的眼前险势中省悟过来，将"胜人之道"置于"胜人之势"之上，"隆在信矣"，"隆在修政矣"。荀子说秦相，则重在做规劝、提建议。秦昭王即位初，由其母宣太后当权，任魏冉为相，任白起为将，疯狂用武，大肆虐杀诸侯各国兵民，被称为"人屠"。先后战胜三晋、齐、楚等国，侵占魏的河东、南阳和楚的黔中和郢都。改用范雎为相，又在长平大胜赵军，从此奠定了秦取得统一战争胜利的基础。荀子看出此时的秦国臣诸侯之势已经形成，其形势便，天材多；风俗美，百姓朴；官吏忠信明通，朝廷"佚而治，约而详，不烦而功"。但是其"威强乎汤、武"和"广大乎舜、禹"，具有危险性。因为，"秦使左案左，使右案右，是乃使雠人役也"，这是暴虐专制，与汤武的仁义精神相悖；至于"地遍天下"，则是掠杀并国而来，与齐桓公的诚信原则不合。秦国走到古代圣王贤君的反面。"威动海内，强殆中国，然而忧患不可胜校也，諰諰然常恐天下之一合而轧己也。"所以，秦国必须解除其忧患，"力术止，义术行"。如是，下可以霸，走齐桓公的道路："节威反文，案用夫端诚信全之君子治天下焉，因与之参国政，正是非，治曲直，听咸阳，顺者错之，不顺者而后诛之。若是，则兵不复出于塞外，而令行于天下矣；若是，则虽为之筑明堂于塞外而朝诸侯殆可矣。"上可以效法汤、武、舜、禹，走"粹而王"的道路。但是，"县之以王者之功名，则倜倜然其不及远矣。是何也？则其殆无儒邪。"只益地不益信，用力术不用义术，是战国各诸侯国的通病，而以秦为最烈。所以，荀子的心情极为矛盾而复杂。眼前，秦统一天下的前景好比郊野的草、飞来的箭和十个指头，固然重要，"非不以此为务"，但是秦所短在于"无儒"，不具有"慎礼义、务忠信"、"君人者之大本"，假若不分"疾养缓急之有相先者"，天下统一则福祸难料，还是先顾及"堂上不粪"、"白刃扞乎胸"、"拔戟加乎首"吧。荀子此番感慨意味深长，他对秦将统一天下，与其说兴奋，不如说忧患更多。

天论篇第十七

　　本篇为荀子论述唯物主义天人观的代表作，中心思想是明天人之分，制天命而用之，官天地、役万物。通篇运用归纳法、演绎法论述社会治乱由人事、自然怪异不可怕，又辅之以设问答疑，正反对比，进而推论顺天道、尽人事的道理。运用分类法明析概念，由天情、天官、天君、天养、天政、天功，而论及为与不为，得出知天的含义。文词精严矫健，句法骈散兼施，用以说天行，道灾异，论制天，使述说分明，析理晓畅，气势充沛。结构上由浅入深，逐步推进，首尾照应，一体严谨。所谓"学者之文"，本篇堪称极则。

　　天（大自然）的运行有永恒不变的规律，不因为尧是圣王而存在，不因为桀是暴君而消失。用合理的行为适应它就吉祥，用不合理的行为对待它就凶险。加强农业生产而节约用度，那么天也不能使人贫穷；养生齐备而运动适时，那么天也不能使人多病；遵循规律而不出差错，那么天也不能使人遭受灾祸。所以水涝干旱也不能使人饥饿，寒冷暑热也不能使人生病，怪异反常现象也不能使人遭受凶险。农业荒废而用度奢侈，那么天也不能使人富裕；养生不足而怠惰少动，那么天也不能使人健康；违背规律而肆意妄为，那么天也不能使人吉利。所以水涝干旱没有来到就挨饿了，寒冷暑热没有迫近就生病了，怪异反常现象没有出现就遭遇凶险了。混乱之世接受的天时与太平之世是相同的，而其所遭遇的祸害是太平之世没有的，这不可以怨天，是因为它所采取的治理方法与太平之世不同。所以，明白了天和人各自的职分，就可以称得上至人了。

　　不用去做而自然成就，不用去求而自然得到，这就叫做天的职分。像这样，即使天道深奥，至人也用不着增加一点儿思虑去钻研；即使天道广大，至人也用不着增加一点儿智能去干预；即使天道精微，至人也用不着增加一点儿明察去体悟。这就叫做不与天争职分。天有其四时的变化，地有其丰富的资源，人有其利用天时地利的办法，这就叫做人与天地相配合并列为三才。人如果舍弃与天地相配合并列为三才的道理，而只求与天地相并列为三才的结果，那就太糊涂了。

天上众星相随旋转，太阳月亮交替照耀，春夏秋冬依次变更，寒来暑往变化无穷，风雨普遍地施及万物，万物各因天时的调和而生长，各因风雨的滋养而成熟，看不到天时风雨的劳作，只看到万物生长的功效，这就叫做"神"。人们都知道万物能够生长，却不知道生成万物者的形迹，这就叫做"天"。唯有圣人不致力于知道天。

天的职分已经确定，天的功效已经成就，人的形体也就具备而精神随之产生。好、恶、喜、怒、哀、乐都蕴藏在形体之中，这种天赋的情感叫做天情；耳、目、鼻、口、身各有自己的功能而与外物接触，但不能互相替代功能，这种天赋的器官叫做天官；心居于胸腔内的中间，用来管理五官，这种形体的天然统治者叫做天君；自然界的其他资源和人类相异，却用来养育人类，这种天赐的奉养叫做天养；顺适人类的需要而养育叫做福，违反人类的需要而养育叫做祸，这种天赐的祸福叫做天政。使神志昏迷而蒙蔽天君，使声、色、嗅、味与辛劳不相宜而扰乱天官，暴殄天物而放弃天养，养育方法逆天而违反天政，好恶、喜怒、哀乐未能调和而背弃天情，这样就丧失了天的功效，这就叫做大凶。圣人使天君澄清宁静，调正天官对外物的接触，完备天养对自然资源的利用，顺从天政以适应人类的需要，持养天情而使好恶、喜怒、哀乐得以调和，这样就完成了天的功效。像这样，那么就知道自己该做什么，知道自己不该做什么，那么就会天与地各尽其职分而万物为人类所役使了。人的行为周到合理，保养全面适宜，身体不会受到伤害，这就叫做"知天"。

所以，最能干的人就在于他不去做那些不能做和不该做的事，最聪明的人就在于他不去考虑那些考虑不了和不该考虑的事。最能干最聪明的人对于天的认识，只是根据其已经显现的天象来预测未来的变化；对于地的认识，只是根据其已经显现的地理条件来繁衍、生长万物；对于四季的认识，只是根据其已经显现的循环往复的时序变化来安排耕耘收藏活动；对于阴阳的认识，只是根据其已经显现的调和变化的规律来处理人事。任人以官职来掌管天道，而自己则谨守人道就是了。

社会的安定或混乱，是由天意所决定的吗？回答道：日月星辰和历象,这在禹和桀的时代都是相同的,而禹使天下安定,桀使天下混乱,现安定或混乱并非由天意所决定。那么是由四时所决定的吗?回答道:农作物在春天萌芽,在夏天生长,在秋天收获,在冬天储藏,这在禹和桀的时代都是相同的,而禹使天下安定,桀使天下混乱,现安定或混乱并非由四时所决定。那么是由大地所决定的吗?回答道:万物得到土地就生长,离开土地就死亡,这在禹和桀的时代是相同的,而禹使天下安定,桀使天下混乱,现安定或混乱并非由大地所决定。《诗经》上说:"上天生成了高大的岐山,是太王开辟了它;太王创下了基业,是文王保有了它。"说的就是这个道理。

天不因为人们惧怕寒冷而取消冬天,地不因为人们厌恶遥远而不再广大,君子不因为小人的乱嚷嚷而停止作为。天有一定的规律,地有一定的法则,君子有一定的行为准则。君子遵行这些行为准则,而小人只计较一时的功利。《诗经》上说:"既然在礼义上没有差错,又何必顾虑别人的闲话呢?"说的就是这个道理。

楚王扈从的车子上千辆,并不是因为他才智过人;君子吃粗粮饮白水,并不是因为他愚笨:这是命运所使然。至于使志向端正,使品行敦厚,使心智聪明,生在今天而向往于前贤往哲,这些就在于自己的努力了。所以,君子敬慎地对待那些自己可以做的事情,而不寄希望于天赐;小人舍弃那些自己可以做的事情,而寄希望于天赐。君子严肃地对待自己可以做的事情,而不寄希望于天赐,所以一天比一天进步。小人舍弃自己可以做的事情,而寄希望于天赐,所以一天比一天退步。所以君子之所以天天进步、小人之所以天天退步,道理是一样的。君子、小人之所以相差悬殊,原因也就在这一点上。

流星下坠,树木发出声响,普通人都感到恐惧。请问:这是怎么回事?回答道:这没有什么。这是天地的变化,阴阳的相互作用,事物中少见的现象,觉得它奇怪可以,而惧怕它就错了。日蚀、月蚀的发生,刮风下雨不合时节,怪星的偶尔出现,这是没有哪个时代不曾有过的。君主贤明而政治清平,那么即使这些怪异现象同时发生,也毫无妨害;君主昏愦而政治险恶,那么即使这些怪异现象一样都不发生,也毫无益处。流星下坠,树木发出声响,这是天地的变化,阴阳的相互作用,事物中少见的现象,觉得它奇怪可以,而惧怕它就错了。在历史上已经发生过的事物，人事中的怪异现象才是最可怕的。粗放耕作会伤害庄稼，草率耘田会影响收成，政治险恶会失掉民心。田地荒芜庄稼就长不好，米价昂贵人民就会挨饿，道路上就会有饿死的人，这就叫做人为的怪异现象；政策法令不清明，各种举措不及时，农业生产不好好抓，役使民力使民力违背农时，牛马就会互生怪胎，六畜就会作怪；这就叫做人为的怪异现象；礼义不加整顿，内外没有区别，男女淫乱无度，父子相互猜疑，君臣相互背离，外患内乱同时并起，这就叫做人为的怪异现象。人为的怪异现象是从国家混乱中产生的，如果上述三种情况交错出现，那么国家就没有安宁了。人为的怪异现象要比自然界中的怪异现象在道理上更浅近易解，但它所造成的灾害却更惨重。这是可怕的，但没有什么好奇怪的。古书上说："万物中的怪异现象，如实记载而不加以论说。"不切实用的论辩，无关紧要的明察，应当抛弃不理。至于君臣之间的道义，父子之间的亲情，夫妇之间的界限，那是应该天天研讨而不可放弃的。

　　祈神求雨就下雨了，这是怎么回事？回答是：这没有什么，就像不祈神求雨也下了雨一样。发生了日蚀、月蚀时，人们就要敲盆敲碗救它们，遇到天旱就祈神求雨，占卜求卦之后才决定大事，古人并非认为能有求必应，只是作为政事的文饰罢了。所以君子认为这是一种礼仪，而百姓却认为是神灵；把它看作礼仪就能吉祥，把它看作神灵就危险了。

　　在天上的，没有比日月更明亮的了；在地上的，没有比水火更明亮的了；在万物中，没有比珠玉更明亮的了；在人世间，没有比礼义更明亮的了。所以，日月不高悬天空，光辉就不显明；水火不积聚充足，映照、滋润就不广博；珠玉的光彩不显现在外，王公贵人就不把它当作珍宝看待；礼义不在国家施行，功业名声就不会显赫。所以，人的生命是由天赋予的，国家的生命是由礼义赋予的。君主推崇礼义，尊重贤能，就会称王天下；重视法制，爱护人民，就会称霸诸侯；贪图财利，诡诈多端，国家就会危险；玩弄权术阴谋，反复无常而又阴险难测，国家就会灭亡。

　　尊崇天而仰慕它，哪里比得上畜养它所生成的万物并加以掌握控制呢？顺从天而颂扬它，哪里比得上掌握控制天道并加以利用呢？盼望天时而等待它的赐与，哪里比得上适应时令节候的变化而加以利用呢？任随万物自然增多，哪里比得上施展人的才能而使它由少变多呢？思想万物而要占有贮藏它，哪里比得上管理好万物而不丧失呢？仰慕万物生长繁殖的奥秘，哪里比得上致力于帮助万物更好地生长呢？所以，放弃人为的努力而指望天的恩赐，那就违背万物的情性了。

历代君王都没有改变的纲纪，完全可以作为道统。朝代的兴衰变化，都要靠道统来接续它，凡顺从道统的，国家就不会混乱。如果不懂得这个道统，那就不懂得如何应付各种变化。这个道统的主体从来就不曾丢失过。天下的混乱产生于这个道统的实行出了偏差，天下的太平是因为这个道统的实行极为精详。所以，依据道的优良传统，中正适当的就遵从，邪僻不当的就不实行，隐匿不现的就会使人惑乱。在水中行走的人，依靠标志知道水的深浅，标志不明，就会误入深水淹死；统治人民的君主，依靠道统作为标准，标准不明，就会导致国家混乱。礼就是治理国家的标准，违背了礼，就是昏暗的世道；昏暗的世道，就会大乱。所以道统没有不显明的，对于外事内政的处理又有不同标准，隐蔽与公开的事也都有常规，这样人民就可以避免灾祸了。

万物是道的一部分，一物是万物的一部分，愚昧的人只看到一物的一部分，就自认为知道了道，这是无知。慎子只看到事物完成后的情形，而没有看到事物形成之前的情形；老子只看到事物屈可求全的一面，而没有看到事物伸张进取的一面；墨子只看到齐一平等的一面，而没有看到等级差异的一面；宋子只看到人寡欲的一面，而没有看到人多欲的一面。如果只看到事物完成后的情形，而没有看到事物形成之前的情形，那么人们就没有门径可入；如果只看到事物屈可求全的一面，而没有看到事物伸张进取的一面，那么贵贱就无法区分；如果只看到齐一平等的一面，而没有看到等级差异的一面，那么政令就无法推行；如果只看到人寡欲的一面，而没有看到人多欲的一面，那么人们就得不到教化。《尚书》上说："不要有所偏好，要遵循圣王之道；不要有所偏恶，要遵循圣王之路。"说的就是这个道理。

天行有常，不为尧存，不为桀亡。应之以治则吉，应之以乱则凶。强本而节用，则天不能贫；养备而动时，则天不能

天行有常，不为尧存，不为桀亡

病；修道而不贰，则天不能祸。故水旱不能使之饥，寒暑不能使之疾，祅怪不能使之凶。本荒而用侈，则天不能使之富；养略而动罕，则天不能使之全；倍道而妄行，则天不能使之吉。故水旱未至而饥，寒暑未薄而疾，祅怪未至而凶。受时与治世同，而殃祸与治世异，不可以怨天，其道然也。故明于天人之分，则可谓至人矣。

不为而成，不求而得，夫是之谓天职。如是者，虽深，其人不加虑焉；虽大，不加能焉；虽精，不加察焉：夫是之谓不与天争职。天有其时，地有其财，人有其治，夫是之谓能参。舍其所以参而愿其所参，则惑矣！

列星随旋，日月递炤，四时代御，阴阳大化，风雨博施，万物各得其和以生，各得其养以成，不见其事，而见其功，夫是之谓神。皆知其所以成，莫知其无形，夫是之谓天。唯圣人为不求知天。

天职既立，天功既成，形具而神生。好恶喜怒哀乐臧焉，夫是之谓天情；耳目鼻口形能各有接，而不相能也，夫是之谓天官；心居中虚以治五官，夫是之谓天君；财非其类以养其类，夫是之谓天养；顺其类者谓之福，逆其类者谓之祸，夫是之谓天政。暗其天君，乱其天官，弃其天养，逆其天政，背其天情，以丧天功，夫是之谓大凶。圣人清其天君，正其天官，备其天养，顺其天政，养其天情，以全其天功。如是，则知其所为，知其所不为矣，则天地官而万物役矣。其行曲治，其养曲适，其生不伤，夫是之谓知天。

故大巧在所不为，大智在所不虑。所志于天者，已其见象之可以期者矣；所志于地者，已其见宜之可以息者矣；所志于四时者，已其见数之可以事者矣；所志于阴阳者，已其见和之可以治者矣。官人守天，而自为守道也。

以上为第一部分，论述明于天人之分，不与天争职，知其所为所不为，可以使万物为人类所利用。

修道而不贰：据王念孙曰："修"为"循"之误，"贰"为"忒"之误。循，顺；忒，差。谓所行所为皆顺乎道而不差。　　祆怪：即妖怪。祆，同"妖"。　　至人：据王天海引章诗同曰，指最明事理的人。　　夫是之谓能参：参，读sān，同"叁（三）"。谓人道不干天地，则人道隆盛，可与天地相并列而成其为"三才"。

　　治乱天邪？曰：日月星辰瑞历，是禹、桀之所同也，禹以治，桀以乱，治乱非天也。时邪？曰：繁启蕃长于春夏，畜积收臧于秋冬，是禹、桀之所同也，禹以治，桀以乱，治乱非时也。地邪？曰：得地则生，失地则死，是又禹桀之所同也，禹以治，桀以乱，治乱非地也。《诗》曰："天作高山，大王荒之；彼作矣，文王康之。"此之谓也。

　　天不为人之恶寒也辍冬，地不为人之恶辽远也辍广，君子不为小人之匈匈也辍行。天有常道矣，地有常数矣，君子有常体矣。君子道其常，而小人计其功。《诗》曰："礼义之不愆，何恤人之言兮！"此之谓也。

　　楚王后车千乘，非知也；君子啜菽饮水，非愚也：是节然也。若夫志意修，德行厚，知虑明，生于今而志乎古，则是其在我者也。故君子敬其在己者，而不慕其在天者；小人错其在己者，而慕其在天者。君子敬其在己者，而不慕其在天者，是以日进也；小人错其在己者，而慕其在天者，是以日退也。故君子之所以日进与小人之所以日退，一也。君子、小人之所以相县者，在此耳。

　　星队木鸣，国人皆恐。曰：是何也？曰：无何也。是天地之变，阴阳之化，物之罕至者也。怪之可也，而畏之非也。夫日月之有蚀，风雨之不时，怪星之党见，是无世而不常有之。上明而政平，则是虽并世起，无伤也；上暗而政险，则是虽无

星队木鸣,国人皆恐

一至者，无益也。夫星之队，木之鸣，是天地之变，阴阳之化，物之罕至者也。怪之可也，而畏之非也。

物之已至者，人祅则可畏也。耘耕伤稼，耘耨失岁，政险失民。田薉稼恶，籴贵民饥，道路有死人，夫是之谓人祅；政令不明，举错不时，本事不理，勉力不时，则牛马相生，六畜作祅；夫是之谓人祅；礼义不修，内外无别，男女淫乱，则父子相疑，上下乖离，寇难并至，夫是之谓人祅。祅是生于乱，三者错，无安国。其说甚尔，其灾甚惨。可畏也，而不可怪也。传曰："万物之怪，书不说。"无用之辩，不急之察，弃而不治。若夫君臣之义，父子之亲，夫妇之别，则日切瑳而不舍也。

雩而雨，何也？曰：无何也，犹不雩而雨也。日月食而救之，天旱而雩，卜筮然后决大事，非以为得求也，以文之也。故君子以为文，而百姓以为神；以为文则吉，以为神则凶也。

以上为第二部分，论述社会治乱的形成皆由人事，而自然灾异与人事无涉，因此君子应勉力尽人事而不慕天施为。

"天作高山"云云：引自《诗经·周颂·天作》。大王，太王，周文王姬昌的祖父，周族之始祖；荒，开垦，开辟；康，安定。　"礼义之不愆"云云：传世《诗经》不载此诗，盖佚诗也。愆，过，过错。　节然：节遇使然，即命运使然。节，当指节遇。据后之《正名篇》："节遇谓之命。"　星队木鸣：队，"坠"的本字；木鸣，树干出声。木本不能鸣，或因风而鸣，或传言欺也。　无世而不常有之：常，通"尝"。　楛：粗劣，粗放。　薉：同"秽"。　切瑳：即"切磋"。瑳，"磋"的本字。　勉力不时，则牛马相生，六畜作祅：此三句十三字，宋本置于"礼义不修"之上，王念孙亦认同之。而通行诸本皆依杨倞注置于"其灾甚惨"句后。今据王先《集解》之意移置此。据王先谦曰："政令不明，举错不时，本事不理，夫是之谓人祅，"此"人祅"句当在下文"六畜作祅"之下，乃总上之词，今倒在"勉力不时"之上，则文义不顺。"政令不明，举错不时，本事不理，勉力不时"四句相连，"牛马相生"二句则总承此二句而言，非专承勉力不时而言。牛马相生，六畜作祅，则政乱之所致，所谓人祅也。王氏并引《韩诗外传》文以证之，曰：《荀子》原文本作"政令不明，举措不时，本事不理，勉力不时，则牛马相生，六畜作祅，夫是之人祅"明矣。　　雩(yú)：古代求雨的祭祀。　　日月食而救之：楚俗，民间将日蚀、月蚀认为是天狗吃太阳、天狗吃月亮，每当发生日月蚀时就会敲盆敲碗弄出很大响声，以便吓走天狗，救出日、月。食，通"蚀"，亏缺。

在天者，莫明于日月；在地者，莫明于水火；在物者，莫明于珠玉；在人者，莫明于礼义。故日月不高，则光明不赫；水火不积，则晖润不博；珠玉不睹乎外，则王公不以为宝；礼义不加于国家，则功名不白。故人之命在天，国之命在礼。君人者，隆礼尊贤而王，重法爱民而霸，好利多诈而危，权谋倾覆幽险而亡矣！

大天而思之，孰与物畜而制之？从天而颂之，孰与制天命而用之？望时而待之，孰与应时而使之？因物而多之，孰与骋能而化之？思物而物之，孰与理物而勿失之也？愿于物之所以生，孰与有物之所以成？故错人而思天，则失万物之情。

百王之无变，足以为道贯。一废一起，应之以贯，理贯不乱。不知贯，不知应变。贯之大体未尝亡也。乱生其差，治尽其详。故道之所善，中则可从，畸则不可为，匿则大惑。水行者表深，表不明则陷；治民者表道，表不明则乱。礼者，表也。非礼，昏世也；昏世，大乱也。故道无不明，外内异表，隐显有常，民陷乃去。

万物为道一偏，一物为万物一偏，愚者为一物一偏，而自以为知道，无知也。慎子有见于后，无见于先；老子有见于诎，无见于信；墨子有见于齐，无见于畸；宋子有见于少，无见于多。有后而无先，则群众无门；有诎而无信，则贵贱不分；有齐而无畸，则政令不施；有少而无多，则群众不化。《书》曰："无有作好，遵王之道。无有作恶，遵王之路。"此之谓也。

以上为第三部分，论述真正的知天明道，应以礼义为本，制天命而用之，达到官天地役万物的目的。

物畜：犹言畜物，谓以天为物而畜养之。此处宜用引申义，指畜养天所生之万物。　天命：即天道。　思物而物之：后"物"作动词，有占有、贮藏之义。全句即杨倞所谓"思得万物以为己物"也。　有物之所以成：犹"佑物之所以成"。有，通"佑"。　错人：即前文"错其在己者"之义，言放弃人为的努力。　道贯：道统。贯，统。　老子有见于诎，无见于信：诎，通"屈"；信，读为"伸"。《老子》一书，多主张"以屈为伸"。老子之屈，乃求大伸，非"无见于伸"，此乃荀卿误解老子。　宋子：即宋钘，宋人，与孟子同时。梁启超认为，宋子仅见寡欲的一面，而不见欲多的一面。　"无有作好"数句：引自《尚书·洪范》篇。句意喻偏好则非遵王道也。

本篇所论天人观是先秦哲学史上最具独创性的学说，它使儒学分出唯心论、唯物论两个哲学营垒，对后世儒学的发展具有深远的影响。"明于天人之分"、"制天命而用之"，构成了荀子学说的理论基础，是最光辉的思想。

道的普遍规律性。荀子说："万物为道一偏，一物为万物一偏，愚者为一物一偏，而自以为知道，无知也。"梁启雄解此"道"指大自然，骆瑞鹤以梁说为谬，认为指参天地之道，亦圣人之道。梁谓道为客观的物质世界，骆谓道为精神的意识形态，二解殊为对立。考全篇之论，"天行有常，不为尧存，不为桀亡"，文意明显，是论自然规律永恒不变，故下文言及水旱、寒暑、妖怪、列星、日月、四时、阴阳、风雨等变化，言及万物的和生、养成。又说："天有其时，地有其财，人有其治，夫是之谓能参。"天、地、人三才各异其道，互不相干预。所以，本篇所谓"道"，是指作为主观认识的对象和源泉的客观世界万物，既有自然现象也有社会现象，既有物质的世界也有精神的世界，都是作用于主观认识的客观现象，讲的是道的普遍规律性。诚然，和老子的本体道有区别："有物混成，先天地生，……可以为天下母。吾不知其名，字之曰道。"（《老子》）这是指宇宙万物的本源、本体。荀子则不然，他是从认识论的最高层次来讨论道，研究天人关系，希望以和来协调天、地、人三道，顺天地之变，尽人事之力，为人类造福避祸。

明于天人之分。荀子"明于天人之分"，是指天与人各有职分，虽然不同，但可以相参。荀子以"天行有常，不为尧存，不为桀亡。应之以治则吉，应之以乱则凶"这一总论断来说明这个道理。首先，自然界的规律不以人的意志为转移，尧、桀贤不肖殊异，可是谁也不能改变它，而它也不干预人事。"列星随旋，日月递炤，四时代御，阴阳大化，风雨博施，万物各得其和以生，各得其养以成"，人的意念对它们毫无影响。天时、地财对于治世、乱世一视同仁，水旱、寒暑、妖怪对于治世、乱世皆无回避，自然与人事互不关涉。其次，天、人各守其职分，人不与天争职分。所以，尽其时是天道，尽其财是地道，尽其治是人道，知其异而不干天地，唯务人道之隆盛，即可以参天地。天职"不为而成，不求而得"，"如是者虽深，其人不加虑焉；虽大，不加能焉；虽精，不加察焉"。虽深、虽大、虽精，皆谓天道的特质，并非指人的识见。即令明至理之人，也不会对深、大、精之天道施以虑、能、察，因为他懂得"不与天争职"，应当"知其所为，知其所不为"。是否与天争职，是荀子区别君子小人的标准："君子敬其在己者，而不慕其在天者；小人错其在己者，而慕其在天者。"再次，人守职尽治有道。"受时与治世同，而祸殃与治世异，不可以怨天，其道然也。"此句"道"非谓天道，乃指治世乱世所行治国之道。虽遭天时完全相同，但由于治国之道各异，治世天下太平，乱世祸乱不已，这是因为治世以治的方法应之，乱世以乱的方法应之，结果有吉凶的不同。

制天命而用之。这里的"天命"，指天道；"制"，即掌握控制；"用"，即利用。该命题是说：掌握控制天道并加以利用，以为人类服务。荀子提出的这个伟大思想，是人类图生存发展的宝训。人类生存发展的前提条件是：处理好天人关系，善待天地和人类自己，使天地人三才各尽职分而相参。恪守"天有常道矣，地有常数矣，君子有常体矣"

的原则，又是处理好天人关系的关键。天、地、君子各有其常，各自的规律和性质不会改变，君子的职责是引导人民协调天之常道、地之常数、人之常体三者使之归于和顺。"圣人清其天君，正其天官，备其天养，顺其天政，养其天情，以全其天功。如是，则知其所为，知其所不为矣，则天地官而万物役矣。其行曲治，其养曲适，其生不伤，夫是之谓知天。"这就是知天命，知其所当为不当为，才谈得上"制天命而用之"。所以，维护三常和顺，先知天后制天，就有利于人类生存发展；违背三常和顺，不知天而制天，就有害于人类生存发展。"制天命而用之"还有巧、智之要必须掌握，这就是圣人不务知天，却要学会取法于天象之可以期，地宜之可以息，四时之数之可以事，阴阳之和之可以治，而圣人则"自为守道也"，即自我修为，坚守礼义之道来治理天下。换言之，所谓巧、智之要，有顺其天道和极尽人事两个方面。关于顺其天道，荀子进而又用排偶反诘句做更深层次的表述，强调物畜而制之，制天命而用之，应时而使之，骋能而化之，理物而勿失之。如是，便将发挥人的主观能动性以充分利用自然造福人类的意义，加以升华和完整化了。关于极尽人事，荀子提出"人之命在天，国之命在礼"的命题，作为理论依据进行阐述。人的生命由天赋予，国家的生命则由礼义所决定，所以治道之要，是用礼义来协调天人关系，协调人际关系，为人类谋求最好的生存环境。日月、风雨、怪星的怪异现象"无世不常有也"，不过是天地阴阳的变化罢了，可怪不可畏；而三"人祅"则是人为造孽，有失农桑之本，疏于政事管理，伤害礼义伦常，可畏不可怪，"祅是生于乱，三者错，无安国。""错"字形容三"人祅"的惨毒。因此，尽人事就必除三"人祅"，而使人民富裕，身体康健，远离灾祸。采取的措施是"强本而节用"、"养备而动时"、"修道而不贰"，而始终坚持的则是以礼义作为道统，加于国家，隆礼尊贤、重法爱民，完成王霸之业。

　　《天论篇》宣扬天道的客观规律性，彰显人的主观能动性，强调天人和谐，明于天人之分，制天命而用之，从而在我国思想史上首次树起了人定胜天光辉思想的旗帜。如此既继承和发展了儒家知天命、尽人事而有为的思想，又走出了孔孟主宰之天和君权天授的误区；既吸收了道家自然主义精华，又克服了老庄消极无为的宿命思想，是先秦哲学集大成的杰作。

正论篇第十八

本篇采用驳论形式，对当时诸家世俗之论予以批评和矫正，集中论述了荀子隆礼重法的思想，提出了以尧舜王制为最高理想的政治主张。驳难胜在辩术，且君子必辩，所以本篇力求反驳形式的丰富多变和克敌制胜的机智敏锐。第一，驳"主道利周"，先设立"主道利明"命题与之针锋相对，再运用正反对比两组因果推论，详析主道周则危国、主道明则益国，即将反面论题驳倒；驳"人之情，欲寡"，也是先设反命题"人之情为欲多而不欲寡"，再以由欲寡之主张导致乱、由欲多之主张带来治做对比，进行有力的反驳。第二，驳"汤武篡位"，则着力辨析何谓"篡夺"这一概念的含义，说明国可以窃夺、天下不可以窃夺，"天下归之之谓王，天下去之之谓亡"，汤武革命具有历史必然性、正义性，不可以谓之窃夺；驳"治古无肉刑"，也是先辨析何谓"治古"之概念含义，说明治古之"人固莫独罪，非独不用肉刑，亦不用象刑矣"，如此抓住问题要害，由破而立。第三，驳"汤武不能禁令"、"尧舜不能教化"，则驳论敌所举事实，进行论据分析，澄清问题性质，收到不攻自破的效果。第四，驳"尧舜擅让"、"死而擅之"、"老衰而擅"、"老者不堪其劳而休也"，是与论敌做逐步深入的论辩，除论题上鲜明对立外，主要说明圣王之制不改变，即令人事变化也不存在禅让，这也是重在概念剖析，揭穿论敌的虚妄、肤浅、鄙陋的实质。第五，指出宋子"恶而不辱也"，是自相矛盾；既承认"五綦"，而主张欲寡，也是不分是非，前后矛盾。还有，以"薄葬"为"太古不掘"之因、"厚葬"为"乱今掘"之因，又以"明见侮之不辱"为"使人不斗"之因，是停留在事物表面看问题，而荀子透过现象看本质，指出：有无"治道"是掘墓与否的真正原因，与厚薄之葬无关；斗与不斗乃在于是否憎恶对方，并不在于是否感到耻辱。运用同一律、矛盾律和和探求因果联系的最终理由律，就找到了问题的本质，将敌论彻底驳倒。

世俗有一种说法是："君主治理国家，利于隐蔽真情，不让下面的人知道。"这个说法是不对的。君主是民众的倡导者,是臣下的榜样。臣民听从倡导而响应,看见榜样而行动。倡导者沉默,民众就无法响应;榜样隐秘,臣下就无法行动;不响应,不行动,那么君主和臣民就不能互相依靠了。像这样,就和没有君主一样了,祸患没有比这更大的了。所以君主是臣民的根本。君主坦白开明,臣民就会明确治理的方向;君主端正诚恳,臣民就会忠厚老实;君主公正无私,臣民就会平易正直。臣民明确治理的方向,就容易统一;臣民忠厚老实,就容易役使;臣民平易正直,就容易了解。臣民容易统一,国家就强盛;臣民容易役使,君主就能建立功业;臣民容易了解,君主就能知晓实情,这些就是使国家得到治理的原因。君主治国隐蔽真情,臣民就会怀疑迷茫;君主阴暗险恶,臣民就会奸猾欺诈;君主偏私不公,臣民就会结党营私。臣民怀疑迷茫就难以统一,臣民奸猾欺诈就难以役使,臣民结党营私就难以了解真情。臣民难以统一,国家就不会强大;臣民难以役使,国家就不能建立功业;真情难以了解,君主就不能明断,这些就是国家出现混乱的根源。所以,君主治国利于清明而不宜于幽暗,利于坦诚而不宜于隐蔽。所以,君主治道清明,臣民就安宁;君主治道幽暗,臣民就危惧。臣民安宁,就会尊重君主;臣民危惧,就会轻视君主。所以君主的政令容易了解,臣民就亲近君主;君主的政令不易了解,臣民就惧怕君主。臣民亲近君主,君主的地位就安稳;臣民惧怕君主,君主的地位就危险。所以,君主的治道没有比使他的政令不易了解更坏的了,没有比使臣民惧怕自己更危险的了。古书上说:"憎恶你的人多了,你就危险了。"《尚书》上说:"君王能够宣明好的德行。"《诗经》上说:"文王、武王施明德于天下。"所以古代圣王宣明美德,难道只是靠空喊来眩惑人心吗?

世俗有一种说法是:"桀王、纣王占有天下,汤王、武王篡夺了他们的王位。"这个说法是不对的。认为桀、纣曾经占有天子的职位是对的,认为他们本身就拥有天子的职位是不对的,认为天下就属于他们也是不对的。古时候天子有上千个官吏,诸侯有上百个官吏。靠这上千个官吏,将政令推行到中原各国,就叫做天子;靠这上百个官吏,将政令推行到本国境内,国家虽不安宁,还不至于废弛灭亡,就叫做诸侯国的国君。圣王的子孙,是天子的继承人,帝王的权势地位非他莫属,是天下的宗主。然而如果他不成材、不贤德，那么内则百姓憎恶他，外则诸侯背叛他，近者境内人民不同心和一，远者诸侯国不听命令，政令不能在辖境内通行，更为严重的是还有诸侯国来侵犯、蚕食、攻打、讨伐它；像这样，虽然还没有灭亡，我说他已经没有天下了。圣王离开人世了，有权势地位的人无德无能而不能衡平天下，天下没有君主，而诸侯中有德才兼备、威望显著的人，四海之内的人民没有不希望让他做君主的。暴虐的君主已成为孤家寡人而又奢侈放纵，于是便只得杀掉他，同时必定不会伤害没有过错的人民，杀掉暴君就像杀掉一个孤立无援的人；像这样，就可以称作主宰天下了。能主宰天下的就叫做王，汤王、武王并不是篡夺天下，是因为他们整顿礼法，实行仁义，兴办天下共同的利益，除掉天下共同的祸害，因而天下人都归顺他们了。桀、纣并不是离弃了天下，而是因为他们违背了禹王、汤王的美德，扰乱了礼义的名分，行为如同禽兽，做尽了坏事，恶贯满盈，因而天下人抛弃了他们。天下人都归顺他叫做"王"，天下人都抛弃他叫做"亡"。所以桀、纣本来就没有天下，而汤、武也不是臣子谋杀君王，由此可以验证了。汤、武是百姓的父母，桀、纣是百姓的仇敌。现在世俗有一种说法，把桀、纣看作君王，而认为汤、武是臣子谋杀君王，那么这就等于是杀害了百姓的父母，而把百姓的仇敌当作君主，祸患没有比这更大的了。如果认为天下人心所归向的人就是君王，那么天下人心就从来没有归向过桀、纣。由此看来，那种认为汤、武是臣子谋杀君王，是天下从来不能成立的说法，只不过是诋毁罢了！所以，能不能做天子，唯有看他本人的德行。治理天下责任至重，不是最强有力的人是不能担当的；治理天下所管辖的范围至大，不是最有察辨能力的人是不能区分有序的；治理天下拥有的民众至多，不是最英明的人是不能使人民同心合一的：这三种最杰出的才干，不是圣人就不能完全具备。所以不是圣人就不能称王天下。圣人是掌握了治理谋略而又道德完美的人，是控制天下权柄的人。至于桀、纣，他们的心智思虑极为险恶，他们的志气心愿极为卑下，他们的行为极为淫乱；亲人疏远他们，贤人鄙视他们，人民怨恨他们，他们虽是禹、汤的后代，却得不到一个人的帮助；纣王剖杀比干，囚禁箕子，最后自己身死国亡，成为天下最大的耻辱，后世每当说到坏人，就一定要举他们为例；他们的作为是连妻子儿女都保全不了的。所以最贤能的人能保全四海，汤、武就是这样的人；最无能的人不能保全妻子儿女，桀、纣就是这样的人。

现在世俗有一种说法，认为桀、纣拥有天下而汤、武是他们的臣子，这岂不是大错特错吗？打个比方，这就好像驼背的女巫、跛腿的男觋自以为十分聪明一样。所以，可以靠强力夺取别人的诸侯国，不可以靠强力夺取别人的天下；可以借不正当手段窃取诸侯国，不可以借不正当手段窃取天下。靠强力夺取的，只可以占有一个诸侯国，而不可以拥有整个天下；借诡诈窃取的，只可以得到一个诸侯国，不可以得到整个天下。这是什么原因呢？回答是：诸侯国只是个小器具，可以被小人所占有，可以用权术获得，也可以靠较小的力量来把握；天下则是大器具，不可以被小人所占有，不可以用权术获得，也不可以靠较小的力量来把握。诸侯国小人可以占有，但未必不会灭亡；天下是最为广大的，不是圣人就不能拥有啊！

世俗有一种说法是："治理得好的古代社会没有肉刑，而只有象征性的刑罚：用黑墨涂面代替黥刑，用头系草绳代替劓刑，用截去腰间之绂代替宫刑，用穿麻鞋代替剕刑，用穿无领的赭衣代替斩首。治理得好的古代社会就是这样。"这个说法是不对的。认为治世就应该这样吗？那时候人们本来就没有犯罪，不只是不用肉刑，也不用象征性的刑罚。如果认为有人犯罪，而可以径直减轻刑罚，这样就会使杀人者不处死，伤人者不受刑了。罪行极重而刑罚极轻，平常人就不知道什么叫罪恶了，混乱没有比这么做更大的了。凡是用刑罚惩治犯人的目的，在于禁止暴行，反对作恶，而且惩前毖后，防患未然。如果对杀人者不处死，对伤人者不施刑，这叫做给凶暴者以恩惠而对盗贼宽恕，这就不是反对作恶了。所以象征性的刑罚，恐怕不是产生于古代的治世，而是兴起于当今的乱世。古代的治世不是这样，凡是爵位、官职、奖赏、刑罚，都是恰当的，善恶、优劣各依其类而相称。只要有一件处置失当，就会成为祸乱的开始。德行与地位不相称，能力与官职不相称，奖赏与功绩不相称，惩罚与罪行不相称，祸害没有比这更大的了。从前武王讨伐殷商，杀死纣王，砍下他的头，悬挂在红色的旗子上。征讨残暴，诛杀凶悍，本是大治时代的盛事。杀人者处死，伤人者受刑，这是历代君王所相同的，并没有人知道它的来源。刑罚与罪行相称，社会就安定；

凡刑人之本，禁暴恶恶

刑罚与罪行不相称，社会就混乱。所以治世刑罚就重，乱世刑罚就轻。在治世犯罪，刑罚必然重；在乱世犯罪，刑罚必然轻。《尚书》上说："刑罚有的时代轻，有的时代重。"说的就是这个道理。

世俗有一种说法是："汤王、武王也不能使天下人都服从他们的命令。"这是怎么回事呢？有人说："因为楚国、越国不接受他们的统辖制约。"这个说法是不对的。汤王、武王是天下最善于使人们服从命令的人。汤王居住在亳邑，武王居住在镐京，都是方圆百里的小地方，却能使天下统一，诸侯臣服，凡是人迹可以到达的地方，没有不为他所震动而服从、接受教化而归顺的，怎么能说唯独楚国、越国不接受他们的统辖制约呢？像汤王、武王这样称王天下的人的制度，是根据地理环境的不同而制作器械用具，计算路程的远近而区别进贡的等级的，难道必须一样吗？所以，鲁国人用碗、卫国人用盂、齐国人用皮袋子盛放贡品，各个地区的环境风俗不同，器械用具和各种装饰品也应该有所差异。所以，中原各诸侯国对天子有相同的服饰职事，相同的制度；蛮、夷、戎、狄各诸侯国有相同的服饰职事，制度却不同。京城周围方圆五百里之内叫甸服，甸服之外方圆五里之内叫侯服，侯服之外的侯圻、甸圻、男圻、采圻、卫圻叫宾服，宾服之外的蛮夷地区叫要服，要服之外的戎狄地区叫荒服。甸服地区供给天子每天的祭品，叫日祭；侯服地区供给天子每月的祭品，叫月祀；宾服地区供给天子每季度的祭品，叫时享；要服地区供给天子每年的贡品，叫岁贡；荒服地区每逢新王继位时进贡一次，叫崇王。日祭、月祀、时享、岁贡、崇王，这些就叫做根据地理环境的不同而制作器械用具，计算里程的远近而区别进贡的等级，这是称王天下的天子的制度。楚国、越国是属于时享、岁贡、崇王一类的国家，难道一定要使它们与属于日祭、月祀一类的国家完全一致，才能算是接受天子的统辖制约吗？这是胡乱揣测的说法，散发出沟壑中腐臭的气味，持这种说法的人没有资格参与谈论天子的制度。俗话说："浅的器皿不能用来测量深水，愚蠢的人不能同他谋划计策，废井里的蛤蟆不能同他谈论东海的乐趣。"说的就是这个道理。

世俗有一种说法是："尧、舜禅让天下给别人。"这个说法是不对的。作为天子，权势地位最尊贵，天下没有谁能和他相匹敌，又有谁值得相让呢！道德纯粹完备，智慧十分显明，面南而坐决断天下事，全体人民没有不为他震动而服从、接受教化而归顺的。天下没有隐逸的贤士，没有遗漏的人才，和天子一致的就是正确的，与天子背离的就是错误的，又为什么要禅让天下呢！有人说："尧、舜死了就让位了。"这个说法又是不对的。圣王居于上位，比较各人的德行以确定等级次序，衡量各人的才能以授予官职，使人民都能担负自己的职事而能各得其宜；如果不能以礼义约束私利，不能用人为的努力去改造本性，那就都只能成为普通人。圣王已经死了，如果天下没有继起的圣王，那么本来就没有人能够接受禅让。如果天下有继起的圣王，并且是圣王的儿子，那么天下人就不会离心，朝廷就不会更换祖宗灵位，国家就不会改变制度，天下平平安安，和从前没有什么两样。这是以尧一样的圣王来继承尧，又有什么改变可言呢！如果继起的圣王不是先圣王的儿子，而是三公，那么就会天下人心归向，仍是复兴前代圣王的事业，天下平平安安，和从前没有什么两样。这是以尧一样的圣王来继承尧，又有什么改变可言呢！只有更换朝廷改变制度是困难的。所以天子活着，天下人就尊崇专一，人民极为顺从，社会极为安定，根据各人的德行而确定等级次序；天子死了，能够担任天子职位的人必然会出现。礼义的名分既然已经完美，哪里用得着禅让呢！还有人说："天子年老体衰了，所以就让位了。"这个说法又是不对的。天子血气精力可能会衰退，至于智慧思虑和分辨事物的能力是不会衰退的。还有人说："天子年岁大了，受不了劳累而需要休息了。"这又是惧怕劳累的人发出的议论。作为天子，权势极其重大而身体极其安逸，心情极其愉快而意志不受阻碍，所以身体不会劳累，保持尊贵而至高无上。天子穿的衣服五彩缤纷，各种颜色相互搭配，又绣上华美的花纹，还装饰着珠宝玉器；天子的饮食是牛羊猪肉俱全，山珍海味齐备，各种美味应有尽有，侍者们列队送上食物，天子在鼓乐声中进膳，食毕再演奏《雍》乐，撤去酒宴；天子祭祀句芒、祝融、蓐收、玄冥、后土五官神，有上百个进奉祭品的人在西厢房侍候；天子临朝听政，就设立仪仗，背靠屏风而坐，诸侯在殿堂碎步小跑向前朝见；天子出宫门会有女巫男觋现行占卜之事，天子出都门会有大宗伯为他祭行神；天子乘大车登蒲席，用此来养护身体；天子身旁总是放置香草，用来养护嗅觉；天子车辕前的横木上雕镂着涂彩的图案花纹，用此来养护视觉；天子每当升车马动时就会鸾铃鸣、和铃应，慢行

和鸾之声，步中《武》、《象》

时与武王的《武》乐和《象》舞的节拍相合，急趋时与舜帝的《韶》乐和汤王的《护》乐的节拍相合，用此来满足听觉；天子车前有三公陪驾，为他扶缰牵马，诸侯们有的在两旁扶着车轮、有的充当左右护卫、有的在马前引导，大国公侯跟在车驾后面，大夫跟在大国公侯后面，小国侯伯和士又跟在大夫后面，军士穿戴甲胄列于道路两侧护卫，百姓隐匿躲避，不敢张望天子。天子坐着如同尊神，行动仿佛天帝，他保养着自己因年老而衰弱的身体，还有比这更好的吗？年老需要休息，而休息还有比天子更安逸和乐舒适愉快的吗？所以说：诸侯有告老退休的时候，天子却无此一说。有诸侯禅让封国的事，没有天子禅让天下的事，从古到今都是这样的。说尧、舜禅让帝位，是虚妄之言，是肤浅者的谣传、鄙陋者的胡说；他们不懂得以尊让卑谓之逆、相匹敌而让谓之顺这个道理，不懂得诸侯之小与天下之大，天子至尊、至佚、至愉与诸侯不至尊、不至佚、不至愉的不同，所以没法同他们谈论天下的大道理。

世俗有一种说法是："尧、舜不能使人都受到教化。为什么这样说呢？回答是：尧的儿子丹朱和舜的异母弟象就没有受到教化。"这个说法是不对的。尧、舜是天下最善于教化人的人，他们面南而坐，处理天下大事，人民没有不震动而服从、接受教化而归顺的。然而偏偏丹朱和象不接受教化，这不是尧、舜的过错，而是丹朱和象的罪过。尧、舜是天下最优秀的人；丹朱和象是天下最险诈、当世最卑鄙的人。现在世俗有一种说法，不责怪丹朱和象，却要非难尧、舜岂不是大错特错吗？这就叫做邪说。后羿、逄门是天下最善于射箭的人，也不能用破败的弓、弯曲的箭射中微小的目标；王良、造父是天下最善于驾驭车马的人，也不能靠跛脚的马、破败的车到达很远的地方；尧、舜是天下最善于教化人的人，也不能使天下最险诈、当世最卑鄙的人受到教化。哪个朝代没有险诈之徒？什么时候没有卑鄙小人？自上古的太皞、燧人氏以来，就没有哪个时代没有这种人啊！所以编造这种邪说的人居心险恶，听信这种邪说的人就受了祸害，而反对这种邪说的人值得庆幸。《诗经》上说："黎民百姓遭灾殃，并非来自上天降。当面谈笑背地恨，竞相作恶有其人。"说的就是这个道理。

世俗有一种说法是："远古时候实行薄葬，棺材板只有三寸厚，衣服被褥只有三套，平葬在田里不妨碍耕种，所以没有人盗墓。当今的乱世实行厚葬,注重装饰棺椁,所以有人盗墓。"这是不懂得治国之道,又不明白盗墓与不盗墓原因的人的说法。大凡盗墓,必定是为了一定的目的,不是为了补充自己的不足,就是为了增加自己的财物而使之有余。圣王养育百姓,使他们都富足宽裕而知足,并不追求有余过度。所以小偷不盗窃,强盗不劫财杀人,粮食多得连猪狗都不愿意吃了,农民商人都能互相推让财物。风俗淳美,男女不私自在路上聚会,而百姓都以拾取别人遗弃的财物为羞耻。所以孔子说:"天下治理有方,盗贼就会首先变好了!"即使死者浑身都是珍珠宝玉,内棺装满了绣花的绸缎,外椁装满了黄金,再用丹砂、曾青等颜料粉饰棺椁,用犀牛角和象牙做成树状,用琅玕、龙兹、华觐等各种珠玉做成果实,但是人们还是不会去盗墓。这是为什么呢?是因为人们求利的欲望少了,而害怕触犯等级名分的羞耻心增大了。而当今的乱世与此相反。君主不按照法令役使人民,人民不根据制度行事;有智慧的人不能谋划国事,有才干的人不能管理政事,有贤德的人不能得到任用。像这样,就会上失天时,下失地利,中失人和。所以百事荒废,财物短缺,而祸乱四起。王公贵族在上面担忧财物不足,平民百姓却在下面受冻挨饿、贫病交加。于是乎,桀、纣一类的人聚集起来,而盗贼到处抢劫掠夺财物,危害君主的统治了。他们一定是像禽兽一样横行,如虎狼一般贪婪,以致杀害成人做成肉干、捉来婴儿烤着吃的事情都发生了。像这样,那又何必怨恨盗掘坟墓、从死人口中抠出珠玉而贪求财利的人呢!即使赤身裸体埋下去,仍将必遭盗掘,哪里谈得上什么埋葬呢!他们还将吃死人肉、啃死人骨呢!所以,所谓"远古时候实行薄葬,所以没有人盗墓;当今乱世实行厚葬,所以有人盗墓",这只是奸邪之人故意制造谬论来迷惑愚蠢的人,使他们陷入泥坑以便从中谋取私利。这就叫做大奸。古书上说:"危害别人来保全自己,伤害他人而使自己得利。"说的就是这种人。

　　宋钘说:"明白了被侮辱并非耻辱的道理,人们就不会发生争斗了。人们都以受到侮辱为耻辱,所以才会发生争斗;知道了被侮辱并非耻辱,就不会争斗了。"我回应他说:"如此说来,那么可以认为人的本性是不憎恶受侮辱的了?"他回答道:"虽然憎恶侮辱,却不认为是耻辱。"我说:如果这样,那就必定不能达到你宋钘所追求的不发生争斗的目标了。大凡人们相互争斗,必定是以憎恶对方为理由,而不是因为感到耻辱的缘故。现在那些艺人、侏儒、狎客，受到责骂、侮辱却不起来争斗，这难道是因为他们知道受到侮辱并非耻辱的道理吗？然而受到侮辱却不争斗，是因为他们并不憎恶侮辱的缘故。假如现在有人从排水沟爬进别人家里偷走了猪仔，那么主人就会拿着剑戟去追赶偷猪仔的人，而不顾自己会有死伤，这难道是因为丢了猪仔而感到耻辱吗！然而不感到耻辱而还是不怕争斗，是因为憎恶对方的缘故。即使认为受到侮辱是耻辱，但如果不憎恶对方就不会争斗；即使知道受侮辱不是耻辱，但如果憎恶对方就必然会争斗。由此看来，争斗与不争斗，并不在于感到耻辱或不耻辱，而在于憎恶或不憎恶对方。现在宋子不能解除人们对侮辱的憎恶，而极力劝说人们在受到侮辱时不要认为是耻辱，这难道不是极其错误的吗？宋钘即使舌利如金，说破了嘴巴，也是没有用处的。如果他不知道这是没有用的，就是不明智；如果知道这没用还要拿来欺骗人，就是不仁道。发表议论而不仁道、不明智，耻辱就没有比这更大的了。自以为有益于人，实际对人没一点好处，最终就只能遭到奇耻大辱才罢休，主张学说没有比这更有害的了。

宋钘说："受到侮辱并不是耻辱。"我回应他说：凡是立论，一定要确定一个崇高而正确的标准，这才能进行。没有一个崇高而正确的标准，那么是与非就不能区分，辩论与争讼就无法决断。所以听人说过："天下最高的目标，是与非的界限，等级职事的区别，万事万象的命名，一切归于王制。"所以，凡是立言立论、约定名称、发布政令，其是非都要以圣王为师法，而圣王区分荣辱的标准，就在这里了。而荣与辱各有两个方面。有道义上的荣耀，有权势上的荣耀；有道义上的耻辱，有权势上的耻辱。思想美好，德行敦厚，智虑英明，这种荣耀是从内心产生的，这就叫做道义上的荣。爵位尊贵，俸禄优厚，权势显赫，在上为天子诸侯，在下是卿相士大夫，这种荣耀是身外获得的，这就叫做权势上的荣耀。邪恶放荡，卑污下贱，冒犯名分，扰乱事理，骄横凶暴，贪图私利，这种耻辱是从内心产生的，这就叫做道义上的耻辱。受到责骂、揪发撕打、杖击鞭打、剜膝断脚、砍头暴尸、车裂碎尸、捆绑戴枷、游街示众，这种辱是由身外产生的，这就叫做权势上的耻辱。以上是荣辱的两个方面。所以，君子可以遭受权势上的耻辱，而不可以有道义上的耻辱；小人可以获得权势上的荣耀，而不可以有道义上的荣耀。

遭受权势上的耻辱也不妨碍成为尧一样的圣人，拥有权势上的荣耀也不妨碍成为桀一样的恶人。道义上的荣耀和权势上的荣耀，唯有君子能够兼而有之；道义上的耻辱和权势上的耻辱，唯有小人才会兼而有之。这就是荣辱的区别。圣王把它当成法规，士大夫把它当成正道，官吏把它当成准则，百姓把它当成习俗，这是永远不会改变的。

现在宋钘却不是这样，偏偏委屈自己甘心受辱，想在某一天就能改变圣人关于荣辱的准则，他的学说必然行不通。打个比方，就像用抟砖的泥去堵塞江海，让矮人去背负泰山一样，顷刻之间就会跌倒粉碎了。那几个喜好宋子学说的人，倒不如停止宣扬他的观点，否则或许会伤害到自身了。

宋钘说："人的本性是少欲的，而现在人们都认为自己的本性是多欲的，这是错误的。"所以他率领着一群门徒，论证自己的学说，阐明其中的譬喻和引证，想使别人知道人的性情是少欲的。我说：如此说来，那么宋子也可以认为人的性情是眼睛不想看到最美丽的颜色，耳朵不想听到最美妙的声音，嘴巴不想吃到最美味的食物，鼻子不想嗅到最香的气味，身体不想得到最大的安逸。这五种最大的享受，难道也是人的性情不企求的吗？宋钘说："这正是人的本性所要求的。"我说：如果这样，那么宋子的学说必然行不通了。认为人的性情是有这五种欲望，却又说人是少欲的，这就好比说人的性情希望殷富却不要财物，喜好美色却厌恶西施一样。古时候的人不是这样：他们认为人的性情是多欲而不是少欲，所以就用丰厚的财物来表示奖赏，用降等减禄来表示惩罚。这是历代君王一致的做法。所以，上等的贤才就享有天下为俸禄，次等的贤才就享有一国为俸禄，下等的贤才就享有所封的田邑为俸禄，忠厚老实的百姓就供给足够的衣食。现在宋子认为人的性情是少欲而不是多欲，那么古代的君王难道是用人们所不想要的东西做奖赏，而用人们所想要的东西做惩罚吗？混乱没有比这更大的了。现在宋子一副庄重的样子，到处宣扬这种学说，聚集门徒，设置学校，撰写文章，然而他的学说不可避免地将大治当成大乱，难道不是极其错误的吗！

世俗之为说者曰："主道利周。"是不然。主者，民之唱也；上者，下之仪也。彼将听唱而应，视仪而动。唱默，则民无应也；仪隐，则下无动也；不应不动，则上下无以相有也。若是，则与无上同也，不祥莫大焉。故上者，下之本也。上宣明则下治辨矣，上端诚则下愿悫矣，上公正则下易直矣。治辨则易一，愿悫则易使，易直则易知。易一则强，易使则功，易知则明，是治之所由生也。上周密，则下疑玄矣；上幽险，则下渐诈矣；上偏曲，则下比周矣。疑玄则难一，渐诈则难使，比周则难知。难一则不强，难使则不功，难知则不明，是乱之所由作也。故主道利明不利幽，利宣不利周。故主道明则下安，主道幽则下危。故下安则贵上，下危则贱上。故上易知则下亲上矣，上难知则下畏上矣。下亲上则上安，下畏上则上危。故主道莫恶乎难知，莫危乎使下畏己。传曰："恶之者众则危。"《书》曰："克明明德。"《诗》曰："明明在下。"故先王明之，岂特玄之耳哉！

以上为第一部分，通过驳"主道利周"，论述君主为民表率的作用，强调君主为政宣明、为人端诚，才能使人民乐于为君上国家效力，把国家治理好。

主道利周：周，密，周密。引申指治国之道，宜于隐匿真情，不使下达。 唱：同"倡"，倡导。 仪：准则。引申为表率、榜样。 相有：犹"相佑"。有，通"佑"。 疑玄：犹"疑眩"。玄，同"眩"，惑也。 "克明明德"：《尚书·尧典》有"克明俊德"句，又《康诰》有"克明德慎罚"句，引文当出于此而字略有异。 "明明在下"：引自《诗经·大雅·大明》。郑笺云："明明者，文王、武王施明德于天下。" 故先王明之，岂特玄之耳哉：此处"玄"亦当作"眩"，而非"炫"。所谓"主者，民之唱也；上者，下之仪也"，本句之前又专引《书》、《诗》，说明古代圣王之"明明在下"，即开篇所谓为"唱"为"仪"，那么此句的意思就应解为：先王施明德于天下，是靠以身作则，难道是靠空洞的说教以眩人耳目、眩惑人心吗！

世俗之为说者曰："桀、纣有天下，汤、武篡而夺之。"是不然。以桀、纣为常有天下之籍则然，亲有天下之籍则不然，天下谓在桀、纣则不然。古者天子千官，诸侯百官。以是千官也，令行于诸夏之国，谓之王；以是百官也，令行于境内，国虽不安，不至于废易遂亡，谓之君。圣王之子也，有天下之后也，势籍之所在也，天下之宗室也。然而不材不中，内则百姓疾之，外则诸侯叛之，近者境内不一，遥者诸侯不听，令不行于境内，甚者诸侯侵削之，攻伐之；若是，则虽未亡，吾谓之无天下矣！圣王没，有势籍者罢不足以县天下，天下无君，诸侯有能德明威积，海内之民莫不愿得以为君师。然而暴国独侈，安能诛之，必不伤害无罪之民，诛暴国之君若诛独夫；若是，则可谓能用天下矣！能用天下之谓王，汤、武非取天下也，修其道，行其义，兴天下之同利，除天下之同害，而天下归之也。桀、纣非去天下也，反禹、汤之德，乱礼义之分，禽兽之行，积其凶，全其恶，而天下去之也。天下归之之谓王，天下去之之谓亡。故桀、纣无天下，汤、武不弑君，由此效之也。汤、武者，民之父母也；桀、纣者，民之怨贼也。今世俗之为说者，以桀、纣为君，而以汤、武为弑，然则是诛民之父母而师民之怨贼也，不祥莫大焉。以天下之合为君，则天下未尝合于桀、纣也。然则以汤、武为弑，则天下未尝有说也，直堕之耳！故天子唯其人。天下者，至重也，非至强莫之能任；至大也，非至辨莫之能分；至众也，非至明莫之能和；此三至者，非圣人莫之能尽。故非圣人莫之能王。圣人，备道全美者也，是县天下之权称也。桀、纣者，其志虑至险也，其志意至暗也，其行为至乱也；亲者疏之，贤者贱之，生民怨之，禹、汤之后也，而不得一人之与；刳比干，囚箕子，身死国亡，为天下之大僇，后世之言恶者，必稽焉；是不容妻子之数也。故至贤畴四海，汤、武是也；至罢不能容妻子，桀、纣是也。

天下归之之谓王

今世俗之为说者，以桀、纣为有天下而臣汤、武，岂不过甚矣哉！譬之是犹伛巫跛匡，大自以为有知也。故可以有夺人国，不可以有夺人天下；可以有窃国，不可以有窃天下也；可以夺之者可以有国，而不可以有天下。窃，可以得国，而不可以得天下，是何也？曰：国，小具也，可以小人有也，可以小道得也，可以小力持也；天下者，大具也，不可以小人有也，不可以小道得也，不可以小力持也。国者，小人可以有之，然而未必不亡也；天下者，至大也，非圣人莫之能有也。

以上为第二部分，通过驳"汤武篡夺"，论述汤武革命的历史必然性和正义性，说明整顿礼法，实行仁义，为天下兴同利除同害，就能得到人民的拥戴，称王于天下。

常有天下之籍：常，通"尝"；尝有，曾有。籍，通"祚"，皇位。下文"势籍"，即势位。　遂亡：遂，通"坠"。　罢不能以县天下：罢，通"疲"，无能之谓；县，衡也，此言衡平天下。　君师：即君也。师，长；长，亦君也。　暴国独侅，安能诛之：据王天海注，安，犹"于是"也，说见《经传释词》；能，犹"得"也，说见《古书虚字集释》。　僇：侮辱，耻辱。　伛巫跛匡："伛巫""跛匡"互文，即"伛巫跛匡"。匡，"尫"之讹，亦巫也。

世俗之为说者曰："治古无肉刑而有象刑：墨黥；慅婴；共，艾毕；菲，对屦；杀，赭衣而不纯。治古如是。"是不然。以为治邪？则人固莫触罪，非独不用肉刑，亦不用象刑矣。以为人或触罪矣，而直轻其刑，然则是杀人者不死，伤人者不刑也。罪至重而刑至轻，庸人不知恶矣，乱莫大焉。凡刑人之本，禁暴恶恶，且惩其未也。杀人者不死，而伤人者不刑，是谓惠暴而宽贼也，非恶恶也。故象刑殆非生于治古，并起于乱今也。治古不然。凡爵列、官职、赏庆、刑罚，皆报也，以类相从者也。一物失称，乱之端也。夫德不称位，能不称官，赏不当功，罚不当罪，不祥莫大焉。昔者武王伐有商，诛纣，断其首，县之赤旆。夫征暴诛悍，治之盛也。杀人者死，伤人者刑，是百王之所同也，未有知其所由来者也。刑称罪则治，不称罪则乱。故治则刑重，乱则刑轻。犯治之罪固重，犯乱之罪固轻也。《书》曰："刑罚世轻世重。"此之谓也。

世俗之为说者曰："汤、武不善禁令。"是何也？曰："楚、越不受制。"是不然。汤、武者，至天下之善禁令者也。汤居亳，武王居鄗，皆百里之地也，天下为一，诸侯为臣，通达之属莫不振动从服，以化顺之，曷为楚、越独不受制也？彼王者之制也，视形势而制械用，称远迩而等贡献，岂必齐哉！故鲁人以榶，卫人用柯，齐人用一革，土地形制不同者，械用备饰不可不异也。故诸夏之国同服同仪，蛮、夷、戎、狄之国同服不同制。封内甸服，封外侯服，侯卫宾服，蛮夷要服，戎狄荒服。甸服者祭，侯服者祀，宾服者享，要服者贡，荒服者终王。日祭月祀，时享岁贡，终王，夫是之谓视形势而制械用，称远近而等贡献，是王者之制也。彼楚、越者，且时享、岁贡、终王之属也，必齐之日祭、月祀之属，然后曰"受制"邪，是规磨之说也，沟中之瘠也，则未足与及王者之制也。语曰："浅不足与测深，愚不足与谋智，坎井之蛙不可与语东海之乐。"此之谓也。

以上为第三部分，通过驳"治古无肉刑"，论述庆赏刑罚依类相从，无不恰当，才会有天下大治。并说明善施禁令和维护崇王制度的重要。

肉刑：指墨刑、劓刑、刖刑、宫刑、杀刑五种刑罚。墨刑，又称黥刑，在犯人面部刺刻后涂以墨的一种刑罚，为五刑中最轻的一种；劓(yì)刑，割掉犯人鼻子的刑罚；刖(yuè)刑，亦称剕(fēi)刑，截断犯人之足的刑罚；宫刑，割掉男子生殖器、闭塞女性生殖器（一说将妇女紧闭于宫中）的刑罚；杀，即处死犯人，五刑中最重的一种刑罚。关于五刑，其说不一，这是其中之一说。　　象刑：即象征性刑罚，通过异化其外观及穿着服饰以使其形象受到侮辱、耻辱。　　慅婴：即"草缨"。慅，通"草"；婴，通"缨"。又据王念孙引《慎子》言"草缨当剕"以为，"慅婴"上盖脱"剕"字。　　共，艾毕：共，通"宫"，宫刑；艾，通"刈"，割；毕，同"韠"，古代作朝服的蔽膝，即系在腰间的绂。　　菲，对屦：菲，通"剕"，剕刑。对屦，麻鞋。对，当为"绑"（bǎng）之讹。绑，枲也，即麻。　　不纯：纯，缘也；不缘，即无领，谓去其衣领以代死刑。　　"刑罚世轻世重"：引自《尚书·吕刑》。　　形制：据王天海注，据上下文例，"形制"当作"形势"，制、势音近致误。

世俗之为说者曰："尧舜擅让。"是不然。天子者，势位至尊，无敌于天下，夫有谁与让矣！道德纯备，智惠甚明，南面而听天下，生民之属，莫不震动从服以化顺之。天下无隐士，无遗善，同焉者是也，异焉者非也，夫有恶擅天下矣！曰："死而擅之。"是又不然。圣王在上，决德而定次，量能而授官，皆使民载其事而各得其宜；不能以义制利，不能以伪饰性，则兼以为民。圣王已没，天下无圣则固莫足以擅天下矣。天下有圣而在后子者，则天下不离，朝不易位，国不更制，天下厌然与乡，无以异也。以尧继尧，夫又何变之有矣！圣不在后子而在三公，则天下如归，犹复而振之矣，天下厌然与乡，无以异也。以尧继尧，夫又何变之有矣！唯其徙朝改制为难。故天子生则天下一隆，致顺而治，论德而定次；死则能任天下者，必有之矣。夫礼义之分尽矣，擅让恶用矣哉！曰："老衰而擅。"是又不然。血气筋力则有衰，若夫智虑取舍则无衰。曰："老者不堪其劳而休也。"是又畏事者之议也！天子者，势至重而形至佚，心至愉而志无所诎，而形不为劳，尊无上矣。衣被则服五采、杂间色、重文绣，加饰之以珠玉；食饮则重大牢而备珍怪、期臭味，曼而馈，伐皋而食，《雍》而彻；五祀，执荐者百余人侍西房；居则设张容，负依而坐，诸

决德而定次，量能而授官

侯趋走乎堂下；出户而巫觋有事，出门而宗祀有事；乘大路趋越席以养安，侧载睪芷以养鼻；前有错衡以养目；和鸾之声，步中《武》、《象》，趋中《韶》、《护》以养耳；三公奉轭持纳，诸侯持轮挟舆先马，大侯编后，大夫次之，小侯、元士次之，庶士介而夹道，庶人隐窜，莫敢视望。居如大神，动如天帝，持老养衰，犹有善于是者与？不老者休也，休犹有安乐恬愉如是者乎？故曰：诸侯有老，天子无老。有擅国，无擅天下，古今一也。夫曰"尧、舜擅让"，是虚言也，是浅者之传、陋者之说也；不知逆顺之理，小大、至不至之变者也，未可与及天下之大理者也。

以上为第四部分，通过驳"尧舜擅让"，论述礼义名分完美，按德行确定等级次序，依才能授予官职，人民各守职事，各得其宜，虽有朝廷人事变动，也不失为圣王治世。

擅让：即"禅让"。擅，同"禅"。　　夫有恶擅天下：有，同"又"；恶，同"乌"。下文"恶用"之"恶"义同此。　　期臭味：期，极；臭(xiù)味，气味，此处指各种美味。　　曼而馈：曼，通"万"，一种列队舞蹈；馈，进献食品。　　伐皋：一种大鼓。　　《雍》而彻：《雍》，《诗经·周颂》乐章名；彻，通"撤"。　　张容：犹言"仪仗"。张，通"仗"，器仗；容，仪也。　　负依：背靠屏风。依，通"扆"，户牖之间画有斧形的屏风。　　宗祀：祀当为"祝"；宗祝，主持祭祀之官。　　大路：犹"大辂"，天子之车总名。　　越席：结蒲草为席。　　睪芷(zé zhǐ)：一种香草。　　奉轭持纳：轭，俗称轭头，车前驾于马颈之曲木；纳，同"靷"，骖马内侧之缰绳。　　不老者休也：不，当为"夫"之讹。"夫"提起下文，结"老"字之义。

世俗之为说者曰："尧、舜不能教化。是何也？曰：朱、象不化。"是不然也。尧、舜，至天下之善教化者也，南面而听天下，生民之属，莫不振动从服以化顺之。然而朱、象独不化，是非尧、舜之过，朱、象之罪也。尧、舜者，天下之英也；朱、象者，天下之嵬、一时之琐也。今世俗之为说者，不怪朱、象，而非尧、舜，岂不过甚矣哉！夫是之谓嵬说。羿、蠭门者，天下之善射者也，不能以拨弓、曲矢中微；王梁、造父者，天下之善驭者也，不能以辟马毁、舆致远；尧、舜者，天下之善教化者也，不能使嵬琐化。何世而无嵬，何时而无琐，自太皞、燧人莫不有也！故作者不祥，学者受其殃，非者有庆。《诗》曰："下民之孽，匪降自天；噂沓背憎，职竞由人。"此之谓也。

世俗之为说者曰："大古薄葬，棺厚三寸，衣衾三领，葬田不妨田，故不掘也。乱今厚葬饰棺，故抇也。"是不及知治道，而不察于抇不抇者之所言也。凡人之盗也，必以有为，不以备不足，则以重有余也。而圣王之生民也，皆使富厚优犹知足，而不得以有余过度。故盗不窃，贼不刺，狗豕吐菽粟，而农贾皆能以货财让。风俗之美，男女自不取于涂，而百姓羞拾遗。故孔子曰："天下有道，盗其先变乎！"虽珠玉满体，文绣充棺，黄金充椁，加之以丹矸，重之以曾青，犀、象以为树，琅玕、龙兹、华觐以为实，人犹莫之抇也。是何故也？则求利之诡缓，而犯分之羞大也。夫乱今然后反是。上以无法使，下以无度行；知者不得虑，能者不得治，贤者不得使。若是，则上失天性，下失地利，中失人和。故百事废，财物诎，而祸乱起。王公则病不足于上，庶人则冻饿羸瘠于下。于是焉，桀、纣群居，而盗贼击夺以危上矣。必禽兽行，虎狼贪，故脯巨人而炙婴儿矣。若是，则有何尤抇人之墓，抉人之口而求利矣哉！虽此裸而薶之，犹且必抇也，安得葬薶哉！彼乃将食其肉而龁其骨也！夫曰："大古薄葬，故不抇也。乱今厚葬，故抇也。"是特奸人之误於乱说以欺愚者，而淖陷之以偷取利焉。夫是之谓大奸。传曰："危人而自安，害人而自利。"此之谓也。

以上为第五部分，通过驳"尧舜不能教化"和"大古薄葬故不掘，乱今厚葬故扣"，论述实行治道以礼法役使人民，让智者与谋、能者与政、贤德者重用，就会使社会风气端正，人们求利欲望减少，害怕触犯等级名分的羞耻心增大，祸乱消除。

朱、象不化：朱，丹朱，帝尧之子，不肖，尧乃禅位于舜；象，舜之异母弟，为人险诈，日与其母谋划杀舜。　　辟马：即躄马，瘸腿马。　　太皞：即三皇之首伏羲氏，中国神话中人类的始祖。　　燧人：传说中钻木取火的发明者。　　"下民之孽"云云：引自《诗经·小雅·十月之交》。噂沓，犹噂噂沓沓，相对谈语。　　大古：太古。大，通太。　　扣（hú）：通"揘"。　　薶：同"埋"。诸本多作"埋"。　　奸人误於乱说：据梁启雄引《经传释词》曰："误，缪也。於，为也。"

子宋子曰："明见侮之不辱，使人不斗。人皆以见侮为辱，故斗也；知见侮之为不辱，则不斗矣。"应之曰："然则以人之情为不恶侮乎？"曰："恶而不辱也。"曰：若是，则必不得所求焉。凡人之斗也，必以其恶之为说，非以其辱之为故也。今俳优、侏儒、狎徒，詈侮而不斗者，是岂钜知见侮之为不辱哉？然而不斗者，不恶故也。今人或入其央渎，窃其猪彘，则援剑戟而逐之，不避死伤，是岂以丧猪为辱也哉？然而不惮斗者，恶之故也。虽以见侮为辱也，不恶则不斗；虽知见侮为不辱，恶之则必斗。然则斗与不斗邪，亡于辱之与不辱也，乃在于恶与不恶也。夫今子宋子不能解人之恶侮，而务说人以勿辱也，岂不过甚矣哉？金舌弊口，犹将无益也。不知其无益则不知；知其无益也，直以欺人则不仁；不仁不知，辱莫大焉。将以为有益于人，则与无益于人也，则得大辱而退耳，说莫病是矣！

子宋子曰："见侮不辱。"应之曰：凡议，必先立隆正然后可也。无隆正，则是非不分而辨讼不决。故所闻曰："天下之大隆，是非之封界，分职名象之所起，王制是也。"故凡言议期命是非，以圣王为师，而圣王之分荣辱，是也。是有两端矣：有义荣者，有势荣者；有义辱者，有势辱者。志意修，德行厚，知虑明，是荣之由中出者也，夫是之谓义荣。爵列尊，贡禄厚，形势胜，上为天子诸侯，下为卿相士大夫，是荣之从外至者也，夫是之谓势荣。流淫污僈，犯分乱理，骄暴贪利，是辱之由中出者也，夫是之谓义辱。詈侮捽搏，捶笞膑脚，斩断枯磔，借靡后缚，是辱之由外至者也，夫是之谓势辱。是荣辱之两端也。故君子可以有势辱，而不可以有义辱；小人可以有势荣，而不可以有义荣。有势辱无害为尧，有势荣无害为桀。义荣、势荣，唯君子然后兼有之；义辱、势辱，唯小人然后兼有之。是荣辱之分也，圣王以为法，士大夫以为道，官人以为守，百姓以成俗，万世不能易也。

今子宋子则不然，独诎容为己，虑一朝而改之，说必不行矣。譬之是犹以砖涂塞江海也，以焦侥而戴太山也，蹎跌碎折不待顷矣。二三子之善于子宋子者，殆不若止之，将恐得伤其体也。

子宋子曰："人之情，欲寡，而皆以己之情为欲多，是过也。"故率其群徒，辨其谈说，明其譬称，将使人知情之欲寡也。应之曰：然则亦以人之情欲为目不欲綦色，耳不欲綦声，口不欲綦味，鼻不欲綦臭，形不欲綦佚。此五綦者，亦以人之情为不欲乎？曰："人之情，欲是已。"曰：若是，则说必不行矣。以人之情为欲此五綦者而不欲多，譬之是犹以人之情为欲富贵而不欲货也，好美而恶西施也。古之人为之不然：以人之情为欲多而不欲寡，故赏以富厚而罚以杀损也。是百王之所同也。故上贤禄天下，次贤禄一国，下贤禄田邑，愿悫之民完衣食。今子宋子以是之情为欲寡而不欲多也，然则先王以人之所不欲者赏，而以人之欲者罚邪，乱莫大焉。今子宋子严然而好说，聚人徒，立师学，成文典，然而说不免于以至治为至乱也，岂不过甚矣哉！

以上为第六部分，通过驳宋钘"明见侮之不辱，使人不斗"，论述人们争斗起于憎恶对方而非由侮辱，进而说明依圣王之法，荣与辱可以各分两种：道义之荣、辱和权势之荣、辱，君子可兼两种荣，小人可兼两种辱。通过驳宋钘"人之情，欲寡"，论述实行欲寡的政策导致天下乱、实行欲多的政策造成天下治。

岂钜知：犹"岂知"。钜，亦"岂"也；"岂钜"为复语。　　央渎：沟通人家院内外排水的阳沟。央，"夬"之形误，通"缺"；渎，通"窦"。　　捽：揪扯头发。　　膑脚：当作"膑刖"。膑，去膝盖骨之刑；刖，去腿脚之刑。　　斩断枯磔：斩断，杀头之刑；枯磔，将犯人分裂肢体后悬首张尸示众之刑，乃古代酷刑之一。　　诎容：委屈以求容。　　焦侥：矮人，长三尺者。　　譬称：犹"譬喻"。　　綦：极，甚。　　欲富贵而不欲货：此处"富贵"当作"富厚"，下文"赏以富厚"可证。　　严然：犹"俨然"。

本篇为论诸家世俗乖谬，内容庞杂，系统性较差，但所论推崇尧舜圣王之制，实行礼法并重的治国主张，仍可形成贯穿始终的鲜明主题。

政治清明极端重要。孔子说："其身正，不令而行；其身不正，虽令不从。"（《论语·子路》）孟子说："君正，莫不正，一正君而国定矣。"（《孟子·离娄章句上》）这是说国家政治的好坏取决于君主，贤则政治清明，不肖则政治昏暗。荀子认为，"君正"是对君主的道德要求，还应当有执政方法的规范，所以在孔孟言贤之外，荀子以"主道利明"补充之，既贤且明，才能保证政治清明的全面实现。君主与臣民的关系在于"相有"，"有"即"佑"，是互动相助的运行。主唱臣民应，主仪臣民动；反之，主唱默臣民无应，主仪隐臣民无动。无论唱还是仪，都要求君主"宣明"，臣民的应与动均以君主"宣明"之唱、仪为条件，臣民的"治辨"即完备治理，也以君主"宣明"之唱、仪为条件。这由"上端诚则下愿悫矣，上公正则下易直矣"和"上周密，则下疑玄矣"；而臣民的治辨、愿悫、易直又导致易一、易使、易知的效验，由此而使国家强而又功、明而又治，这都是讲求执政方法注重政治清明的好处。荀子驳"主道利周"而倡"主道利明"，表明他反对法家的神秘幽暗、苛酷寡恩的政治，赞扬儒家的坦诚清明、仁爱多惠的政治。

汤武革命的意义。荀子评价汤武革命的标准是礼义，所谓"修其道，行其义，兴天下之同利，除天下之同害，而天下归之也"。按照这个标准来检验，桀纣由于"反禹、汤之德，乱礼义之分，禽兽之行，积其凶，全其恶，而天下去之也"，因而可以得出结论说："以桀、纣为常有天下之籍则然，亲有天下之籍则不然，天下谓在桀、纣则不然。""亲有"句之"亲"训"自身"，意谓他们并非自身拥有天子职位，而为世袭所致，且因他们违背礼义，失去民心，已将曾经拥有的天子职位丧失，故不再为君矣。此三句文气一贯，否定凡世袭必有正当性的传统观念。按照这个标准再来检验汤、武，他们是至强、至辨、至明的圣人，故能委以至重、至大、至众，可谓"天子唯其人"。这是论其主观条件。再从客观现实看，"天下归之之谓王，天下去之之谓亡"，汤、武"诸侯有能德明威积，海内之民莫不愿得以为君师"，实际上已经"用天下"；然而桀、纣虽为"禹、汤之后"，"而不得一人之与"，"天下未尝合于桀、纣也"，"虽未亡，吾谓之无天下矣"。所以，桀、纣亡者当亡，汤、武王者当王，皆以用礼义抑或违礼义为原由。于是，又可以得出结论说："诛暴国之君若诛独夫"，"而汤、武不弑君"。荀子论汤武非篡夺，是为了彰显汤武革命的历史必然性和正义性，希望战国七雄在争夺天下的时候，思考如何正确对待汤武革命，不能扭曲这一伟大历史事件，视汤武诛独夫是"为臣弑君"，窃国夺天下，而把它当成兼并战争的榜样，为诸侯间的非正义争斗涂脂抹粉。荀子直斥"汤武篡夺"之论为"直堕之耳"，即妄言诋毁。荀子认为，汤武革命与战国末世的兼并，其性质与结果不同。诸侯国与天下，是大、小具之别，只能以大、小道分别得之，小人以小道得小具或为可能，而用大道得大具"则非圣人莫之能有也"。小道，非正道；大道，礼义也。战国七雄在荀子心目中不过末世之兵、强盗之兵，只能干窃国夺国的勾当，欲学汤武取天下，则非用礼义不可。荀子要战国诸侯王做圣人，实乃痴人说梦。

治古圣王之制。荀子说，治古"凡爵列、官职、赏庆、刑罚，皆报也，以类相从者也"，意谓社会等级、官吏职位及其刑赏，均按依类相从、相当相称的原则建立制度，不会有"德不称位，能不称官，赏不当功，罚不当罪"的现象，而且将"征暴诛悍"列为王道宗旨，治世盛举。"杀人者死，伤人者刑"，治世刑重，百王之所同，自古而皆然。因为刑重有益于求治，刑轻而不称罪，必将引起祸乱而沦为乱世。荀子将治古的礼义传统理解为礼法并重，刑赏并举，刑重是天下大治的根本之策，这就从理论上完成了他对"法后王"的全面论述，使他跟法家接近起来。尊重中央权威，施行天子禁令，让诸侯臣服，全天下接受教化，也是治古圣王之制的重要内容，尽管有"形势"、"远近"的不同，无论甸、侯、宾、要，还是荒服，都以崇王为基本制度。关于上古部落联盟的领袖推选制度，荀子和孟子一样，也有一家论。孟子之天授民授论，以与贤、与子不论，但须历年久、施泽民、德若舜禹及天子荐，而以继位必贤为基本条件。荀子否定禅让之说，着力发挥孟子"贤"的思想，以礼法制度不变，即不"徙朝改制"，来界定"贤"的内涵，使之具体化、明确化、法制化。所以，孟子继位之论崇道德之贤，荀子继位之论隆礼法之制，后者较之前者在政治上更为成熟和先进。和孟子相同的是，荀子也要求继位圣王"道德纯备，智惠甚明，南面而听天下，生民之属，莫不振动从服以化顺之"。这是传统的儒家治国理念，以自身的道德完美教化人民。荀子更强调礼法制度的一贯性和传承延续。首先，要以礼法治国，"圣王在上，图德而定次，量能而授官，皆使民载其事而各得其宜；不能以义制利，不能以伪饰性，则兼以为民。"毫无疑问，是以礼法治国理政的实际才干来衡量圣王，否则只能做普通民众，不可与圣王匹配。其次，要维护礼法制度，生死不渝，"朝不易位，国不更制，天下厌然与乡，无以异也。"只要做到了以上两点，无论后子还是三公继位，都是"以尧继尧"，何须以"禅让"之名来论之呢！只要维护、延续礼法制度"以尧继尧"，即谓之顺、大、至，否则谓之逆、小、不至。"有擅国，无擅天下，古今一也。"荀子认为，诸侯禅让封国有之，而天子禅让天下绝无，因为有天下必有礼义，有礼义必有天下，岂有禅让之理！这是勿庸置疑的。总之，荀子把治古部落联盟推选领袖的民主制度纳入了礼治的范畴。

宋子之论无益于治有助于乱。荀子驳宋钘，见于《非十二子篇》、

《天论篇》、《解蔽篇》和本篇，而以本篇资料翔实最为可贵。将学术争论引入政治斗争，为治国理政服务，是荀子与人争论的宗旨。而他用以判断学术是非的标准，则又是"王制"。宋子认为，俳优、侏儒、狎徒受到侮辱詈骂而不反抗，是他们不以侮为辱；而荀子持相反观点，指出他们不以侮为恶。"不辱不斗"和"不恶不斗"，这两种理论不同，但目的却都是为了消除战国末世的社会争斗。宋子在现象上找原因，企图用人们精神上的隐忍退让来平息纷争。荀子显然进入事物的本质，说明争斗是人们憎恶之情感的表现和结果，所以他才进而研究荣辱的种类及性质。他指出，君子有势辱无义辱，小人有势荣无义荣，君子兼义势两荣，小人兼义势两辱，君子虽有势辱无害为尧，小人虽有势荣无害为桀。对荣辱的区分，"圣王以为法，士大夫以为道，官人以为守，百姓以成俗，万世不能易也"。由此可见，荣辱可以成为社会和人们言行的总纲，假若如宋子"见侮不辱"，非但不能偃兵息斗，反而会造成是非颠倒、荣辱不分的混乱。荀子与宋子在人之本性是欲多、欲寡上有相反的看法，他揭露宋子的自相矛盾："以人之情为欲此五綦者而不欲多，譬之是犹以人之情为欲富贵而不欲货也，好美而恶西施也。""先王以人之所不欲者赏，而以人之所欲者罚邪，乱莫大焉。"宋子解决社会矛盾与社会分配的办法，必然导致赏罚不当，违背人之常情。荀子以治古圣王之制，是"赏以富厚，而罚以杀损也"，应做到"上贤禄天下，次贤禄一国，下贤禄田邑，愿悫之民完食"。这是用"礼义之分"来调节、疏导不同等级职分的人应有的合理欲求，更有利于社会的稳定和社会生产力的进步。荀、宋对"人之情"的处理方法各以求至治与求至乱相为区别。

礼论篇第十九

　　本篇论述我国古代礼制的产生、目的、内容及作用。礼论为荀子所最重之论，故自为荀书重要篇章，而以浓墨重彩，对先秦礼制做最为系统全面的阐述，成为后人认识和了解古代礼制的重要文献。全篇宣讲有关古代礼制的起源、发展及逐渐完备的过程，说明礼制的内容及各种规范，特别注意知识的传授，重视对观点做深入浅出的论证。所用的方法丰富而有效，主要是：一、定义。例如对礼之养、别，礼之用、文、异、要，礼之治生死，礼之别吉凶不相厌，礼之断长续短，礼之葬，礼之祭等等，均用定义解说清楚，剖释明白。二、分类。例如对礼之生本、类本、治本，礼之隆、杀、中流，祭之郊、社、路，棺椁天子七重、诸侯五重、大夫三重、士两重，丧之斩衰、齐衰、大功、小功、缌麻等等，均用分类区别说明，使条理清晰。三、描述。例如对天子、诸侯、大夫、修士、庶人及刑余罪人之丧的描述，对人将死察气息之绝的描述，对卒礼之以生者饰死者及送葬入土的描述等等，均为传神如画，蕴藉遥深。四、论证。关于礼之起源，主要用演绎法、因果推论法得出；关于礼之养与别的目的，主要用归纳法阐述；关于礼乃"人道之极"，用绳、衡、规矩的作用进行类比推导；关于不同等级的丧期等等，则采用设问答疑的方式加以论述；关于礼对于人性其功之大，则将演绎、归纳、因果等各种方法综合运用而予以证明。总之，本篇理论联系实际，具有切近实用的价值，其议论精深入微，语言明朗通畅，情意绵厚动人。

　　礼起源于什么呢？回答道：人天生就有欲望，欲望而不能得到，就不能没有追求；追求而没有限度，就不能不发生争斗；争斗就会引起混乱，混乱就会使社会陷入困境。古代君王厌恶这种混乱，所以制定礼义来划分等级界限，以此来调节人们的欲望，供给人们的需求，使人们的需求一定不因为财物缺乏而不能供给，使财物一定不要因为人们的欲望过度而用尽，使这两个方面相互制约而协调增长，这就是礼的起源。

所以，礼就是调养。牛羊猪狗、稻粮谷物、五味调和，是用来调养人的嘴巴的欲求的；椒树兰草的芬芳气味，是用来调养人的鼻子的欲求的；在各种器物上雕刻花纹图形，在衣物服饰上绣制彩绘，是用来调养人的眼睛的欲求的；制作钟鼓、管磬、琴瑟、竽笙等各种乐器，是用来调养人的耳朵的欲求的；通明的房屋，深邃的殿堂，柔软的蒲席，舒适的床铺和几垫，是用来调养人的身体的欲求的。所以说，礼是用来调养人的欲求的。君子得到调养以后，又喜欢有等级区别。什么叫做等级区别？回答道：贵贱有等级，长幼有差别，贫穷与富裕、位尊与位卑能各得其宜。所以天子乘坐大辂车，脚踏着精细的蒲席，是为了调养他的身体；天子身旁总是放置香草，是为了调养他的鼻子；天子车前的横木上雕镂着花纹，是为了调养他的眼睛；天子每当升车策马时就会鸾铃鸣、和铃应，缓行时合着《武》乐和《象》舞的节拍，急趋时合着《韶》乐和《护》乐的节拍，是为了调养他的耳朵；天子车上的龙旗缀着九条飘带，是为了涵养他的信用；天子车轮上画着卧兕踞虎，马腹上系着鲨鱼皮的肚带，车上挂着丝织的车帘，金厢饰的车耳上刻着龙，是为了涵养他的威严；天子大辂车的马必须调教得极其训良，然后才能乘坐，是为了涵养他的安全。审知啊，知出生入死、坚守节操，正是为了护养生命；审知啊，免去民众的费用，正是为了涵养财源；审知啊，庄重戒慎而又谦让，正是为了安守职分；深知遵守礼义仪式，正是为了涵养性情。所以，只知道生命为重而不能出生入死、坚守节操，这样就一定会死亡；只知道利益为重而不能免去民众的费用，这样就一定会遭受损害；只知道以懈怠、懒惰、懦弱为安而不庄重戒慎和谦让，这样就一定会有危险；只知道以恣情欢悦为乐而不能遵守礼义仪式，这样就一定会灭亡。所以，如果人专一于遵行礼义，那么礼义和性情就会两全；如果人专一于放纵性情，那么礼义和性情就会两失。所以儒者是要使人礼义和性情两全，墨者是要使人礼义和性情两失，这就是儒家和墨家的区别。

礼有三个本源：天地，是生命的本源；先祖，是族类的本源；君主，是治国的本源。没有天地，生命从何而来？没有先祖，族类从何而来？没有君主，天下太平从何而来？这三者如果都不存在，那么人的安宁也就没有了。所以，礼就是对上事奉天，对下事奉地，尊敬祖先而尊崇君主，这是礼的三个本源。所以王者将开创国家的始祖当作天来祭祀，诸侯不敢废始祖的庙，一直到大夫和士，所有天子、诸侯的嫡长子以外的别宗，也都以始祖为百世不变的祖宗，而大宗和小宗又有各自所尊奉的始祖相区别。尊奉各自的始祖，这是道德的本源。只有天子才能举行祭天的郊祀，诸侯以上才能祭地神，士大夫以上才能祭路神。依靠这些来区别尊贵者事奉尊贵者，卑贱者事奉卑贱者；以天子嫡系长房为系统的大宗，其祭祀是全面而规格盛大的，以庶子为系统的小宗，其祭祀是差等而小规格的。所以拥有天下的天子，设立宗庙祭祀七世祖先；拥有一国的诸侯，设立宗庙祭祀五世祖先；拥有方圆五十里封地的大夫，设立宗庙祭祀三世祖先；拥有方圆三十里封地的嫡士，设立宗庙祭祀两世祖先；靠双手劳动维持生活的百姓，不能设立宗庙祭祀祖先。以此来区别功德的大小，功德大的，流传给后代人的恩泽就广大；功德小的，流传给后代人的恩泽就狭小。

大飨，即在太祖庙中由天子、诸侯合祭祖先，供上盛有清水的酒杯，在小肉盘里盛放生鱼，先献上不加作料的肉羹，这是尊重人类饮食的本源。飨，即四季举行享礼祭祀祖庙，供上盛有清水的酒杯，再献上甘甜的酒酿，并依照食礼先敬呈五谷杂粮，再进奉熟米饭。祭，又称月祭，每月举行，供上不加作料的肉羹和各种精美的食品，这是尊重饮食的本源，而且切近实用。尊重饮食的本源是礼的规范，切近实用是遵行礼而得其所宜，两者结合起来就成为完备的礼制，从而能够重现太古时的情形，这就叫做最隆重的礼。所以酒杯里盛上清水，小肉盘里放置生鱼，食器里盛上不加作料的肉羹，这和太古时是一样的；规劝死者进祭食的人称作利者，代表死者受祭的人称作尸者，尸者并不把杯中的酒饮尽，祭祀完毕也不尝肉盘里的生鱼，虽经利者三次劝食他也不吃祭食，这和太古时是一样的。举行大婚还未进入迎亲的时候，祭祀太庙而尸者还未进入的时候，人刚死还未给尸体穿衣服入棺的时候，这三个时候都和太古时是一样的。天子大辂车上挂着遮挡风尘的白色丝织帷帘，郊外祭天时候用的麻布帽，穿丧服要系上麻布腰带，这三者都和太古时是一样的。三年服丧哭声直号不曲；演唱《清庙》之歌，一人唱而三人应和；乐器只悬一口钟，而崇尚拍打瓦器作乐，将红色的丝弦穿入瑟的底孔而使发音低沉迟缓，这三者都和太古时是一样的。

大凡礼，在开始时简略，逐渐发展而臻完备，最终能够愉悦人情。所以，礼达到完备的程度，就能把丧主哀、祭主敬等礼的意义和礼的威仪完美地表达出来。次一等的是，或者礼的意义超过礼的威仪，或者礼的威仪超过礼的意义；再次一等的是，回到本性而重复太古时的情形。天地因礼而和谐，日月因礼而光明，四季因礼而成序，星辰因礼而运行，江河因礼而奔流，万物因礼而昌盛，人的好恶因礼而节制，喜怒因礼而得当。礼用在下就能使人民顺从，用在上就能使君主明智，经历千变万化而不会混乱，违背了礼就会丧失一切。礼难道不是最高的准则吗！建立完备的礼制，将礼推崇为最高的准则，那么天下就没有什么能够使它有所增减的了。礼的根本原则和具体规范有一定秩序，礼的初始和终结互相呼应，完备的礼制能使贵贱尊卑有严格的区别，详明的规范能使是非判断有明确的标准。天下遵行礼制的就能太平，违背礼制的就会混乱；遵行礼制的就能安定，违背礼制的就会危险；遵行礼制的就能存在，违背礼制的就会灭亡。小人是不能深刻理解这些道理的。

礼的道理实在精深，那些"离坚白"、"合同异"的辩说，经由礼的检验就站不住脚了；礼的道理实在博大，那些擅自编造的典章制度以及邪僻浅陋的学说，经由礼的检验就消亡了；礼的道理实在高明，那些凶暴狂妄、肆意横行、轻视民众而自以为高人一等的人，经由礼的检验就坠落了。所以，假若真正把绳墨这个测量标准放在那里，就不可能因混淆曲直而受骗；真正把秤这个衡量标准放在那里，就不可能因混淆轻重而受骗；真正把圆规曲尺这个校正标准放在那里，就不可能因混淆方圆而受骗；君子确实是以礼为最高准则，就不可能被奸诈虚伪所欺骗。所以，准绳是测量曲直的最高标准；秤是衡量轻重的最高标准，圆规曲尺是校正方圆的最高标准；礼是为人治国的最高准则。如此说来，那么不遵照礼，不重视礼，叫做没有法度的人；遵照礼，重视礼，叫做有法度的士。行为合于礼而又思考其中的道理，叫做能思虑；合于礼而又始终不变移，叫做能坚定。能思虑，又能坚定，加上衷心喜好礼，并能达到完美的境界，这就是圣人了！所以天是高的极点，地是低的极点，无穷尽是广阔的极点，圣人是道德的极点。所以学习的人本来就是要学习成为圣人，并不是要学习成为没有法度的人。

礼，是用贡献财物作为行礼的费用，用车服旗饰作为贵贱的标志，用礼的多少作为区分尊卑的差别，用礼的厚薄来显示行礼的重要。文饰仪式繁多，而实用之物简省，这是隆重的礼仪；文饰仪式简省，而实用之物繁多，这是降等的礼仪；礼的文饰仪式规格与实用之物互为内外表里，并行而兼用，这是适中的礼仪。所以君子对大礼极力隆重，对小礼必定降等，而对等级相当的礼那就以适中处之。君子言行之缓急、竞争、奋求，都不超出礼的规范，这是君子言行的范围和界限。人能在礼的范围内活动，就是士君子；超出这个界限，就是无知的愚民。在礼的范围内活动，并且将自己符合礼的言行尽可能地放大、普遍，无论怎么做都合于礼的秩序，这就是圣人了。所以道德的深厚，是积累礼的结果；道德的广大，是推广礼的结果；道德的高尚，是崇尚礼的结果；道德的显明，是完全实行礼的结果。《诗经》上说："礼仪完全合法度，笑语尽可得时宜。"说的就是这个道理。

　　礼，要严肃地对待生死的问题。生，是人生的开始；死，是人生的终结。从始至终都很完善，人生之道就完全具备了。所以君子恭敬地对待开始，谨慎地对待终结。始终如一，这是君子的行为准则，也是礼义的制度。人活着的时候很受重视，一死就很轻视，这是重视活人的有知觉而怠慢死人的无知觉，这是奸人的行为准则，违背了人之常情。君子用违背人之常情的态度对待奴婢，尚且感到羞耻，何况是对待所尊崇的君主和所亲爱的父母呢！所以人死这件事，人生只有一次而不能有两次，臣下极其尊崇君主的态度，子女极其敬重父母的态度，在对待君主和父母的死这件事上完全表现出来了。所以，事奉生者不忠心笃厚，不恭敬讲礼仪，就叫做粗野；葬送死者不忠心笃厚，不恭敬讲礼仪，就叫做轻薄。君子鄙视粗野而以轻薄为羞耻。所以天子的棺椁有七重，诸侯的棺椁有五重，大夫的棺椁有三重，士的棺椁有两重，然后依照等级而有不同数目的衣服和不同厚薄的被子，棺柩上有不同的饰物以及花纹图案，用这些来慎重地文饰葬礼，使养生送死始终如一。生死如一，人的愿望就都可以满足了，这是古代圣王的行为准则，也是忠臣孝子的最高标准。天子的丧事使天下悲恸，各国诸侯前来聚会，参加悼念；诸侯的丧事使盟国悲恸，各位大夫前来聚会吊唁；大夫的丧事使全国悲恸，各位列士前来聚会吊唁；列士的丧事使一乡悲恸，所有交好之人前来聚会吊唁；平民百姓的丧事使宗族乡党聚会吊唁，惊动乡里。犯法而受过刑责的罪人的丧事，不能聚会宗族乡党，只能让妻子儿女行丧礼。他们的棺椁只有三寸厚，殓尸的包被只有三件，不能修饰棺椁，不能在白昼送葬，只能在黄昏时候避开大路绕道去掩埋，返回的路上不能哭泣，不能穿戴孝服，至亲外戚都没有守丧的规定，各自都很快恢复日常状态，葬后就好像没有死人一样，这就叫做最大的耻辱。

礼，要严肃地对待吉凶，使二者不相互侵掩。将新棉絮置于临死者的口鼻上，观察他的气息是否已断的时候，忠臣孝子也就知道他快不行了，然而此时殡葬入殓的器具物品还不能准备；忠臣孝子流着眼泪害怕他死去，而且希望他侥幸活下来的念头并未断绝，维持他生存之事也未停止；直到他生命终止，这才开始治办殡殓的器具物品。所以，虽然对丧事早有预备的人家，也必定隔几天才会进入殡殓，三天后才穿戴孝服。此后外出报丧的人出发了，预备殡殓器具物品的人也开始治办了。所以殡殓之日，最长的不超过七十天，最短的不少于五十天。这是为什么呢？回答是：为了使远道来奔丧的人能够赶到，一切该准备的殡殓器具物品都齐全了，所有有关丧礼的事务都安排妥当了，臣子对君主的忠诚已经尽到，儿女对父母的孝节已经充分表达，丧礼的器具物品及仪式规格都很完备了。在白昼卜卦选择葬期，在夜晚卜卦选择墓地，此后举行葬礼。当这个时候，按照礼的规定，应予停止的事项，谁又能强行办理呢？应予进行的事项，谁又能阻挡不办呢？所以停殡三个月以后下葬，像当初他活着的时候一样装饰这位死者，并非是为了留下死者来安慰活人，而是为了对死者表达极其尊重的思念敬仰之情。

丧礼的概要是：人死后殡殓需要整饰，生者哀恸而远送他，时间久了人们悲痛的心情逐渐平复。所以，料理死者的方法，对死者的尸体不加整饰就会变得丑陋，尸体丑陋了就表明生者没有哀痛之情，过于接近死者就会产生轻忽的态度，有了轻忽的态度就会产生厌烦的心情，有了厌烦的心情又会变得怠慢，怠慢就是不恭敬了。一旦君主、父母死了，为他们送葬的人不哀恸不恭敬，那就是近于禽兽了，君子以此为羞耻。所以对死者的尸体加以整饰，是靠它消丑；生者哀恸而远送他，是借以表现对死者的恭敬；时间久了人们悲痛的心情逐渐平复，是为了重视活着的人。

礼，要做到取长补短，减少有余，弥补不足，既表现出爱慕、崇敬礼仪，又培养成就了美好的品行道义。所以礼仪上的修饰与粗疏、音乐与哭泣、安详愉快与忧伤悲戚，这些虽是相反的，然而在礼仪上却可以随其时宜兼而使用或变换使用。所以修饰、音乐、安详愉快的礼仪，是用来维持、事奉平安吉庆的；粗疏、哭泣、忧伤悲戚的礼仪，是用来维持、事奉危险凶恶的。所以，设置修饰的礼仪，做到不至于妖艳；设置粗疏的礼仪，做到不至于穷乏；设置音乐、安详愉快的礼仪，做到不至于放荡轻慢；设置哭泣、忧伤悲戚的礼仪，做到不至于过分悲哀而伤害身体：这些都是礼的适中之道。所以人们情感脸色的变化，能够区别吉祥凶险、辨别尊贵卑贱、亲近疏远的差异，就可以了。如果不是这样，就是奸人，尽管做起来很难，君子也鄙视他。所以，限制食量而尽量少吃东西，限制腰身而勒紧腰带，竞相博取高名而毁伤自己的身体，这是奸邪小人的行径，并不是礼义所要求的规范，也不是孝子的真实情感，恐怕是另有所图。所以，喜悦欢乐、面容润泽，忧伤悲戚、面容憔悴丑陋，这是由于吉祥凶险、忧伤愉快而产生的情感在脸色上的表现。歌唱戏谑哭泣啼号，这是由于吉祥凶险、忧伤愉快而产生的情感在声音上的表现。家畜牺牲、稻粱米饭、醇酒、稠粥、鱼肉、豆羹、水浆，这是由于吉祥凶险、忧伤愉快而产生的情感在饮食上的表现。开始发丧所戴的礼帽、绣花的礼服、彩画的锦帛，粗布制作的丧服、以麻布贴胸而麻绳系头、菲薄稀疏细布做的丧服、菅草编的丧鞋，这是由于吉祥凶险、忧伤愉快而产生的情感在衣服上的表现。守丧时的宽敞的房屋、精细的蒲席、舒适的床铺、舒适的几垫，结草为顶的房屋、一边着地的木屋、以苦草为席、以土块为枕，这是由于吉祥凶险、忧伤愉快而产生的情感在居住上的表现。吉祥与凶险、忧伤与愉快这两种不同的情感，是人的本性就具有的萌芽。至于去长续短，使之博大或使之浅显，增益之或减损之，规范之而尽力办好之，盛大之赞美之，使礼的原则与规范、开始与终结没有不协调完善的，完全可以成为万世不变的法则，那么这就是礼。假若不是对礼十分谨慎精熟并且努力修为的君子，是不能弄懂这个道理的。

所以说：本性是人天生的自然的材质，修为是人后天的文饰的增加和完美。没有本性，文饰的增加和完美就没有对象；没有修为，天生的材质就不能得到改造而自行完美。本性与修为相融合，然后才能成就圣人的名声，统一天下的功业就这样完成了。所以说：天地配合一而万物生成，阴阳交替而变化兴起，本性与修为融合而天下治理。天能生成万物，但不能治理万物；地能养育人类，但不能治理人类；宇宙中的万物和人类，必须依靠圣人制定礼法，然后才能区别等级而各安其位。《诗经》上说："祭祀安抚众神，以及黄河泰山。"说的就是这个道理。

　　丧礼，是按死者活着的时候那样来装饰他，隆重地装饰出他生前的模样来为他送葬。所以，对待死者如同他活着的时候，用对待他生时的态度来对待他的亡故，人生的终结和开始一样。人刚死，给他洗头洗身，束发，把米粒或贝放在他口里，装饰成活着时的模样。假若不洗头，就要用沾湿的梳篦握发顺捋三次才行；假若不洗身，就要用沾湿的毛巾擦拭三次才行。用玉、石、象牙或棉絮塞耳朵，用生谷米代饭，拿洁白的贝壳含在口中，这和活着的时候做法相反。给死者放三件内衣，再加三件外套，系插笏的腰带但不用带钩。用白色绢帛包裹死者头部，覆盖面目收结于颈项之下，虽然束发却男不戴帽女不插簪。铭旌之上写有死者姓名，将铭旌树立在暂代神主牌的重之前，所以别处不见死者姓名，仅在灵柩之前出现。陈设的陪葬器物，有兜鍪帽但没有包头发的黑纱网巾，陶制的器皿里空着不放东西，苇席铺着却没有床垫，陶器不用于盛物，木器、竹苇之器都是粗具其形而非成品，竽笙皆有却不和乐，琴瑟打开却无韵律，载柩之车随葬而马返回不埋，这都表示不使用。将死者生前所用器物送往坟墓，装饰成搬迁一样，器物简略而不完备，形似而无功用，驱车埋入坟墓而用作陪葬，而铜制辔头、革制皮套缰绳却不陪葬，表明不使用，这都是借以寄托极大的悲哀的。所以死者生前所用器物只取礼仪作用而不实用，随葬于墓中器物也是形似而不实用。总括礼的作用：事奉生者，用来修饰欢乐；送别死者，用来修饰悲哀；祭神祀祖，用来修饰恭敬；组建军队，用来修饰威力。这是历代君王共同的做法，是从古到今一致的做法，只是不知道它的由来罢了。所以，坟墓用来象征房屋；棺椁的外形用来象征车子，外椁有如车两旁反出如耳的车轭，棺椁盖有如车之上的车盖，棺椁前后的饰物有如车前后的车蔽；盖在尸身上的单被、盖在棺材上的棉被、丝织麻织的各种遮蔽物、出殡用的有柄掌扇等，有如用于障蔽的门户、帷、帐、纱网之类；在棺木之上的抗木、折床，有如用瓦刀涂抹成的茅草屋盖和篱笆墙之类。所

趨輿而藏之

以丧礼并没有别的意思，只是为了彰明生死的意义，用哀痛恭敬的心情送别死者而最终密而藏之。所以埋葬就是恭敬地收藏死者的形体，祭祀就是恭敬地事奉死者的灵魂，为死者撰写铭文、诔词、谱牒是为了恭敬地传扬他的名声。奉养生者，是为了修饰人生的开始；送别死者，是为了修饰人生的终结。人生的开始与终结都完美了，那么做孝子应尽的职责就算完成了，成为圣人的条件也就具备了。

刻薄地对待死亡而丰厚地对待生存，叫做昏昧；刻薄地对待生存而丰厚地对待死亡，叫做惑乱；用活人为死者陪葬，叫做残害。隆重地装饰出死者生前的模样来为他送葬，使人的生存与死亡、开始与终结没有不两相得宜和美善的，这是礼义的法则仪式，儒家就是这样做的。

做儿子的要给死去的父母服丧三年，这是为什么呢？回答是：根据哀情的轻重而制定丧礼的规定，借以区别族党与个人、亲近与疏远、尊贵与卑贱的礼节，不能有所增加和减少。所以说：这是无论何时何都不能改变的原则。创伤大的恢复的时间就长，悲痛深的恢复的速度就慢。三年的服丧，正是根据哀情的轻重而制定的丧礼的规定，是借以表达巨大的哀痛达到了顶点。穿上用粗麻布做成的丧服，手执粗糙的竹杖，住在守丧的小茅屋，喝稀粥，睡在薪柴上，以土块为枕，借此作为巨大哀痛的装饰。三年的服丧，二十五个月即可举行大祥祭祀而尽哀除服了，但是哀痛没有尽头，思念敬仰之情没有忘怀，可是却按照礼的规定脱掉了丧服，难道不是因为送别死者总有个结束，恢复往常的生活是受制度规定的吗？凡是生存在天地之间有血有气之物都必定有知觉，而有知觉的生命之物就没有不爱他的同类的。现在那些形体大的鸟兽每当失群掉队或走失配偶，过了一段时间就一定会返回巡视，经过原先住过的地方，就必定会徘徊、啼叫，犹疑不进，难以舍弃，然后才离开那里。小小的这些燕雀尚且要悲悲切切地鸣叫一阵子，然后才肯离去。所以有血性的生命之物没有比人更有智慧的了，人对于自己父母的感情，到死也不会穷尽。怎么能听信那些愚蠢、浅陋、惑乱、邪恶的人呢？那些人早晨死了亲人，晚上就忘记了，如果听任他们这么去做，那岂不是连禽兽都不如了吗？这种人怎么能和大家友好相处而不闹乱子呢？又如何使人们都能修养成为遵循礼的君子呢？那么三年的服丧，二十五个月后就脱掉丧服，时间之快就像快马跨越空隙飞跑过去一样，然而假若依随了哀痛之情没有尽头的心愿去做，那么服丧就没有结束的一天了。所以古代君王、圣人就为人们制定了适当的服丧时限，一旦达到了礼的规定，就可以脱掉丧服了。

既然如此，那么为什么又区分为五个不同等级的丧期呢？回答是：即使是至亲也要按照规定的期限在三年或一年后脱掉丧服。这是为什么呢？因为周年之后，天地就已改变，四季就已轮流一遍，天地之间的万物没有不更新的，所以古代圣王才取法这种变化而确定不同的服丧期限。那么为什么一定要三年？回答是：为使丧礼更加隆重、丰厚，就由一年加倍，增加了两年。服丧期限又有从九个月以下减等的，这是为什么呢？回答是：为了使丧礼不如父母的丧礼隆重。所以服丧三年是最隆重的丧礼，叫做斩衰；服丧三个月的缌麻和五个月的小功是末等的丧礼；服丧一年的齐衰和九个月的大功是中等的丧礼。礼是上取法于天，下取法于地，中取法于人。人类能够结群而居、同心和一的道理全都在这里了。所以服丧三年，是人与人之间亲疏、长幼、尊卑的人伦关系中最高的礼仪。这叫做最隆重的礼，这是历代君王共同的做法，从古到今一致的做法。

君主的丧期定为三年，这是为什么呢？回答是：君主是治理天下的主宰，是礼义的根本，是忠诚和恭敬的完美体现，人们竞相而极为隆重地为他服丧，不也是应当的吗？《诗经》上说："和乐平易的君主，是人民的父母。"那样的君主，本来就有做人民父母的理由。做父亲的虽能给儿女以生命，却不能哺养他；做母亲的虽能哺养儿女，却不能教诲他；而君主既能哺养人民，又善于教诲人民，为他服丧三年就完毕了吗？乳母是喂食保育自己的人，应当为她服缌麻丧礼三个月；慈母是抚养自己的养母，应当为她服大功丧礼九个月；而君主是周备地养育人民的人，为他服丧三年就完毕了吗？做到了为君主服丧三年，国家就能治理好；没有做到为君主服丧三年，国家就会混乱，这是礼法制度最完美的体现。做到了为君主服丧三年，国家就能安定，没有做到为君主服丧三年，国家就会危险，这是对君主感情最完美的体现。最完美的礼法制度、最完美的感情两者都具备了，那么为君主服丧三年还嫌不够，但也没有理由增加丧期了。所以社祭是祭土地神的，稷祭是祭谷神的，而郊祭则是将历代帝王和上天相配来祭祀。

入殓后停柩三月才埋葬，这是为什么？回答是：为了表示对丧礼的重视和尊重，表达对死者的崇敬和亲近；举办丧礼要有准备，要搬迁灵柩，离开宫室而归葬丘陵，古代君主担心仓猝行事而礼节未尽，这才延长治丧之期，使准备丧礼的时间充足。所以天子的治丧期是七个月，诸侯是五个月，大夫是三个月，使人们都有足够的时间办理丧事，能够从容地完成具体事宜，能够从容地履行各项礼仪，各项礼仪都能做得十分完备。周到从容地备齐祭葬的物品，这就叫做尽到了人事。

祭祀，是心愿和思念之情的表达形式。人都会有感动、愤懑之情，但并非随时而来。所以人们在欢欣团聚的时候，忠臣孝子也会因有所感触而产生思念哀伤之情。这种思念哀伤之情一旦到来，就会极其强烈，如若闭结不宣，那么思念之情就会表现为怏怏不乐，他们在礼节方面就会显得欠缺而不完美。所以古代圣王就为此设立礼节仪式，尊崇君主、孝敬父母的礼义就表达出来了。所以说：祭祀，是心愿和思念之情的表达形式，是忠、信、爱、敬之礼的普遍推行，是礼节仪式的最高规格，如果不是圣人，是不可能明白的。圣人清楚地知道祭祀的意义，士君子严格地奉行祭礼，主管祭祀的官员以此为职守，百姓把祭祀当作传统的风俗习惯。君子把它当作人伦关系的准则，百姓把它当作敬奉鬼神的事宜。所以钟、鼓、管、磬、琴、瑟、竽、笙等乐器和《韶》、《夏》、《护》、《武》、《酌》、《桓》、《箾》、《象》等乐曲，这些都是君子在受感动而表达喜乐之情时所采用的礼仪形式；穿用最粗的麻布做成的斩衰丧服，手执粗糙的竹杖，住在守丧的小茅屋，喝稀粥，睡在柴草上，以土块为枕，这些都是君子在受感动而表达哀痛之情时所采用的礼仪形式。军队有制度，刑法有轻重等级，没有罚不当其罪的，这些都是君子在受感动而表达憎恶之情时所采用的礼仪形式。卜卦看日子的吉凶，斋戒扫除，在祭桌上供献牺牲黍稷，举行告祝仪式，好像真的有神灵来享用一样；各种祭祀物品全都备齐，好像真的有神灵正在享用一样；不请劝受祭者进食的利者举杯敬酒，而由主人亲自献酒给受祭者请他来饮，就像真的有神灵正在饮酒一样；宾客离去，主人拜送，返回后脱去祭服，换上丧服，回到位置上痛哭，好像真的有神灵离去了一样。悲哀啊！恭敬啊！对待死者就像他活着的时候一样，对待亡故的人如同对待活着的人一样，所祭祀者虽然类似无形，但生者的景仰之情却成就了一种礼仪制度。

　　礼起于何也？曰：人生而有欲，欲而不得，则不能无求；求而无度量分界，则不能不争；争则乱，乱则穷。先王恶其乱也，故制礼义以分之，以养人之欲，给人之求，使欲必不穷乎物，物必不屈于欲，两者相持而长，是礼之所以起也。

　　故礼者，养也。刍豢稻粱，五味调香，所以养口也；椒兰芬苾，所以养鼻也；雕琢刻镂，黼黻文章，所以养目也；钟鼓管磬，琴瑟竽笙，所以养耳也；疏房檖䫉，越席床第几筵，所以养体也。故礼者，养也。君子既得其养，又好其别。曷谓别？曰：贵贱有等，长幼有差，贫富轻重皆有称者也。故天子大路越席，所以养体也；侧载睪芷，所以养鼻也；前有错衡，所以养目也；和鸾之声，步中《武》、《象》，趋中《韶》、《护》，所以养耳也；龙旗九斿，所以养信也；寝兕、持虎、蛟韅、丝末、弥龙，所以养威也；故大路之马必信至教顺，然后乘之，所以养安也。孰知夫出死要节之所以养生也；孰知夫出费用之所以养财也；孰知夫恭敬辞让之所以养安也；孰知夫礼义文理之所以养情也。故人苟生之为见，若者必死；苟利之为见，若者必害；苟怠惰偷懦之为安，若者必危；苟情说之为乐，若者必灭。故人一之于礼义，则两得之矣；一之于情性，则两丧之矣。故儒者将使人两得之者也，墨者将使人两丧之者也：是儒墨之分也。

　　以上为第一部分，论述礼产生于先王"养人之欲，给人之求"，用礼义调节情性，使礼义与情性同时获得。

　　刍豢：吃草料的牛羊之类为刍，吃粮食的猪狗之类为豢。此处泛指畜禽肉食。　　五味调香：香，据王念孙曰：香，臭（嗅）也，非味也，与"五味调"三字不相属。是香以养鼻，非以养口也。香，当为"盉"之误；盉，今通作"和"。　　苾（bì）：芳香。　　檖䫉：檖，通

大飨,尚玄尊,俎生鱼

"邈",深远；䫉，古"貌"字，借作"庙"，指王宫的前殿、朝堂。越席：编结蒲草而制成的席子。这种席子柔软、舒适，可用作车上垫席。　笫(zǐ)：竹编的床席。　几筵：古人席地而坐，放在座位边供依靠的小桌子叫几，竹制的垫席叫筵。　轻重：指卑尊。　大路：大车。路，通"辂"。　斿(liú)：通"旒"，古代旌旗下边悬挂的饰物。寝兕、持虎：画在天子车上的图案。　蛟韅(xián)：蛟，通"鲛"，鲨鱼；韅，马腹革带，上系于鞍。　䩸(mì)：通"幦"，车前挡风尘的帷帘。　弥(mǐ)：车耳，车前横木前端的曲钩，形似人耳。　文理：区别等级的礼仪制度。

　　礼有三本：天地者，生之本也；先祖者，类之本也；君师者，治之本也。无天地，恶生？无先祖，恶出？无君师，恶治？三者偏亡，焉无安人。故礼，上事天，下事地，尊先祖而隆君师，是礼之三本也。故王者天太祖，诸侯不敢坏，大夫、士有常宗，所以别贵始。贵始，得之本也。郊止乎天子，而社止于诸侯，道及士、大夫。所以别尊者事尊，卑者事卑；宜大者巨，宜小者小也。故有天下者，事七世；有一国者，事五世；有五乘之地者，事三世；有三乘之地者，事二世；持手而食者，不得立宗庙。所以别积厚，积厚者流泽广，积薄者流泽狭也。

　　大飨，尚玄尊，俎生鱼，先大羹，贵食饮之本也。飨，尚玄尊而用酒醴，先黍稷而饭稻粱。祭，齐大羹而饱庶羞，贵本而亲用也。贵本之谓文，亲用之谓理，两者合而成文，以归大一，夫是之谓大隆。故尊之尚玄酒也，俎之尚生鱼也，豆之先大羹也，一也。利爵之不醮也，成事之俎不尝也，三侑之不食也，一也。大昏之未发齐也，太庙之未入尸也，始卒之未小敛也，一也。大路之素末也，郊之麻绖也，丧服之先散麻也，一也。三年之丧，哭之不文也；《清庙》之歌，一倡而三叹也；县一钟，尚拊之膈，朱弦而通越也，一也。

凡礼，始乎梲，成乎文，终乎悦校。故至备，情文俱尽；其次，情文代胜；其下，复情以归大一也。天地以合，日月以明，四时以序，星辰以行，江河以流，万物以昌，好恶以节，喜怒以当。以为下则顺，以为上则明，万变不乱，贰之则丧也。礼岂不至矣哉！立隆以为极，而天下莫之能损益也。本末相顺，终始相应，至文以有别，至察以有说。天下从之者治，不从者乱；从之者安，不从者危；从之者存，不从者亡。小人不能测也。

礼之理诚深矣，"坚白"、"同异"之察，入焉而溺；其理诚大矣，擅作典制、辟陋之说，入焉而丧；其理诚高矣，暴慢、恣睢、轻俗以为高之属，入焉而队。故绳墨诚陈矣，则不可欺以曲直；衡诚县矣，则不可欺以轻重；规矩诚设矣，则不可欺以方圆；君子审于礼，则不可欺以诈伪。故绳者，直之至；衡者，平之至；规矩者，方圆之至；礼者，人道之极也。然而不法礼，不足礼，谓之无方之民；法礼、足礼，谓之有方之士。礼之中焉能思索，谓之能虑；礼之中焉能勿易，谓之能固。能虑、能固，加好者焉，斯圣人矣！故天者，高之极也；地者，下之极也；无穷者，广之极也；圣人者，道之极也。故学者固学为圣人也，非特学为无方之民也。

礼者，以财物为用，以贵贱为文，以多少为异，以隆杀为要。文理繁，情用省，是礼之隆也；文理省，情用繁，是礼之杀也。文理、情用相为内外表里，并行而杂，是礼之中流也。故君子上致其隆，下尽其杀，而中处其中。步骤、驰骋、厉骛，不外是矣，是君子之坛宇、宫廷也。人有是，士君子也；外是，民也；于是其中焉，方皇周挟，曲得其次序，是圣人也。故厚者，礼之积也；大者，礼之广也；高者，礼之隆也；明者，礼之尽也。《诗》曰："礼仪卒度，笑语卒获。"此之谓也。

礼者，谨于治生死者也。生，人之始也；死，人之终也。终始俱善，人道毕矣。故君子敬始而慎终。终始如一，是君子之道，礼义之文也。夫厚其生而薄其死，是敬其有知而慢其无知也，是奸人之道而倍叛之心也。君子以倍叛之心接臧谷，犹且羞之，而况以事其所隆亲乎！故死之为道也，一而不可得再复也，臣之所以致重其君，子之所以致重其亲，于是尽矣。故事生不忠厚、不敬文，谓之野；送死不忠厚、不敬文，谓之瘠。君子贱野而羞瘠。故天子棺椁七重，诸侯五重，大夫三重，士再重，然后皆有衣衾多少、厚薄之数，皆有翣菨文章之等以敬饰之，使生死终始若一；一足以为人愿，是先王之道，忠臣孝子之极也。天子之丧动四海，属诸侯；诸侯之丧动通国，属大夫；大夫之丧动一国，属修士；修士之丧动一乡，属朋友；庶人之丧合族党，动州里。刑余罪人之丧不得合族党，独属妻子。棺椁三寸，衣衾三领，不得饰棺，不得昼行，以昏殣，凡缘而往埋之，反无哭泣之节，无衰麻之服，无亲疏月数之等，各反其平，各复其始，已葬埋，若无丧者而止，夫是之谓至辱。

礼者，谨于吉凶不相厌者也。往纩听息之时，则夫忠臣孝子亦知其闵已，然而殡敛之具未有求也；垂涕恐惧，然而幸生之心未已，持生之事未辍也；卒矣，然后作具之。故虽备家，必逾日然后能殡，三日而成服。然后告远者出矣，备物者作矣。故殡，久不过七十日，速不损五十日。是何也？曰：远者可以至矣，百求可以得矣，百事可以成矣；其忠至矣，其节大矣，其文备矣。然后月朝卜日，月夕卜宅，然后葬也。当是时也，其义止，谁得行之？其义行，谁得止之？故三月之葬，其貌以生设饰死者也，殆非直留死者以安生也，是致隆思慕之义也。

丧礼之凡：变而饰，动而远，久而平。故死之为道也，不饰则恶，恶则不哀；尔则玩，玩则厌，厌则忘，忘则不敬。一朝而丧其严亲，而所以送葬之者不哀不敬，则嫌于禽兽矣，君子耻之。故变而饰，所以灭恶也；动而远，所以遂敬也；久而平，所以优生也。

礼者，断长续短，损有余，益不足，达爱敬之文，而滋成行义之美者也。故文饰、粗恶，声乐、哭泣，恬愉、忧戚，是反也，然而礼兼而用之，时举而代御。故文饰、声乐、恬愉，所以持平奉吉也；粗衰、哭泣、忧戚，所以持险奉凶也。故其立文饰也，不至于窕冶；其立粗衰也，不至于瘠弃；其立声乐、恬愉也，不至于流淫惰慢；其立哭泣、哀戚也，不至于隘慑伤生：是礼之中流也。

故情貌之变，足以别吉凶，明贵贱亲疏之节，期止矣。外是，奸也。虽难，君子贱之。故量食而食之，量要而带之，相高以毁瘠，是奸人之道也，非礼义之文也，非孝子之情也，将以有为者也。故说豫娩泽，忧戚萃恶，是吉凶忧愉之情发于颜色者也。歌谣謸笑，哭泣谛号，是吉凶忧愉之情发于声音者也。刍豢、稻粱、酒醴、飦鬻、鱼肉、菽藿、酒浆，是吉凶忧愉之情发于食饮者也。卑絻、黼黻、文织，资粗、衰绖、菲繐、菅屦，是吉凶忧愉之情发于衣服者也。疏房、檖䫉、越席、床笫、几筵，属茨、倚庐、席薪、枕块，是吉凶忧愉之情发于居处者也。两情者，人生固有端焉。若夫断之继之，博之浅之，益之损之，类之尽之，盛之美之，使本末终始莫不顺比纯备，足以为万世则，则是礼也。非顺孰修为之君子，莫之能知也。

故曰：性者，本始材朴也；伪者，文理隆盛也。无性则伪之无所加，无伪则性不能自美。性伪合，然后成圣人之名，一天下之功于是就也。故曰：天地合而万物生，阴阳接而变化起，性伪合而天下治。天能生物，不能辨物也；地能载人，不能治人也；宇中万物，生人之属，待圣人然后分也。《诗》

丧礼者，以生者饰死者也

曰："怀柔百神，及河乔岳。"此之谓也。

丧礼者，以生者饰死者也，大象其生以送其死也。故如死如生，如亡如存，终始一也。始卒，沐浴、鬠体、饭唅，象生执也。不沐则濡栉三律而止，不浴则濡巾三式而止。充耳而设瑱，饭以生稻，唅以槁骨，反生术矣。设亵衣，袭三称，缙绅而无钩带矣。设掩面儇目，鬠而不冠笄矣。书其名，置于其重，则名不见而柩独明矣。荐器则冠有鍪而毋縰，瓮、庑虚而不实，有簟席而无床第，木器不成斫，陶器不成物，薄器不成内，笙竽具而不和，琴瑟张而不均，舆藏而马反，告不用也。具生器以适墓，象徙道也，略而不尽，貌而不功，趋舆而藏之，金革辔靷而不入，明不用也。象徙道，又明不用也，是皆所以重哀也。故生器文而不功，明器貌而不用。凡礼：事生，饰欢也；送死，饰哀也；祭祀，饰敬也；师旅，饰威也。是百王之所同，古今之所一也，未有知其所由来者也。故圹垄，其貌象室屋也；棺椁，其貌象版、盖、斯象、拂也；无、帾、丝歶、缕翣，其貌以象菲、帷、帱、尉也；抗折，其貌以象槾茨、番、阏也。故丧礼者，无他焉，明死生之义，送以哀敬而终周藏也。故葬埋，敬藏其形也；祭祀，敬事其神也；其铭、诔、系世，敬传其名也。事生，饰始也；送死，饰终也。终始具，而孝子之事毕，圣人之道备矣。

刻死而附生，谓之墨；刻生而附死，谓之惑；杀生而送死，谓之贼。大象其生以送其死，使死生终始莫不称宜而好善，是礼义之法式也，儒者是矣。

以上为第二部分，论述礼可归为天地、先祖、君师三个本源，据之而引申出祭礼、行礼、丧礼的具体内容及规范。

焉无安人：焉，则；安人，指人的安宁。　　常宗：合于宗法制度而经常为大宗所祭祀的祖宗。　　积厚：积，通"绩"，功业。　　齐大羹：齐，当为"跻"，升也。　　大一：即"太一"，太古之道。　　《清庙》：

《诗经·周颂》中周人祭文王的颂歌。　　拊之膈：拊，拍击；之，衍文；膈，"鬲"之形误，丧礼上一种打击为乐的瓦器。　　通越：疏通瑟底的孔。越，豁口，孔洞。　　凡礼，始乎梲（tuō）：梲，通"脱"，疏略。悦校：校，通"恔"（xiào），快意、高兴、满意。　　坚白：指石头的坚硬与白的颜色两种属性。以名家公孙龙为代表，持"离坚白"的观点，认为"坚"和"白"两种属性是互相分离、各自独立的，因为眼睛看到"白"而看不出"坚"，手摸到"坚"而不能感知"白"。后期墨家则主张"坚白相盈"，认为"坚""白"不能离开具体的石头而独立存在。　　同异：战国名家惠施的论题。他认为事物的同异是相对的，具体事物之间有"小同"、"小异"，而从宇宙的整体来看，万物又莫不"毕同"、"毕异"。　　入焉而队：队，古"坠"字，堕也。　　人有是士君子也：有，通"域"；人有是，即限定在某范围之内。　　方皇周挟：挟，通"浃"，广大周遍。　　"礼仪卒度"云云：引自《诗经·小雅·楚茨》。　　臧谷：即"臧获"，指奴婢。解见前。　　翣（shà）萋：当为"萋翣"之讹。遮蔽棺材之饰物。萋，通"柳"，古代遮蔽衬垫棺材的饰物统称"柳"。翣，形似团扇，以木条制成框，蒙以画有图案（即"文章"）的布，在灵车行进时让人拿着遮蔽之，埋葬时便插在墓穴中。昏殣：殣，通"瑾"，掩埋。　　衰麻：古代丧服之一，为一种披在胸前的麻布条。衰，读cuī，通"缞"。　　紸纩（zhù kuàng）：又作"属纩"。古丧礼，人将死，以新棉絮置口鼻上，以观察其气息之绝否。　　"月朝卜日，月夕卜宅"：据刘师培曰：句中"月朝"之"月"当作"日"，盖葬期（即"卜日"之"日"）之卜必以日朝。月夕卜宅者，盖古人葬亲必以夕故；卜宅，言择墓地也。句中二"卜"义稍有别。　　变而饰：变，指死丧。王天海引《礼记·礼运》曰："大夫死宗庙谓之变。"　　粗衰：当从上文作"粗恶"。"衰"，"恶"之讹。　　窕冶：妖美。窕，通"姚"。　　临慢：据王天海注，当为"噎塞"之误；噎塞，气不通利也。期止矣：期，当为"斯"之误，就也。　　说豫娩泽：说，读为"悦"；豫，乐也；娩，读wǎn，温和，美好；泽，光泽，润泽。　　萃恶：萃，通"顇"（cuì），憔悴；恶，颜色难看。　　飦鬻：稠粥。飦（zhān），同"饘"；鬻，古"粥"字。　　卑绖：犹"禅冕"。禅、冕皆为穿礼服时戴的礼帽。常礼用禅，吉礼用冕。　　资粗：资，丧服之一种，即齐衰，以粗布做成。　　菲繐(suì)：薄而稀的麻布，此处用指繐衰，一种服丧五个月的丧服。　　"怀柔百神"云云：引自《诗经·周颂·时迈》。乔，高；乔岳，指东岳泰山。　　髺(kuò)：同"鬠"，束发。此指丧髺。饭唅：即饭玉、含玉。古丧礼，以米或贝纳于死者口中，为士丧之礼。天子有含玉之礼，大夫有饭玉之礼。饭玉，以碎玉杂米纳死者之口也。　　象生执也：执，当为"势"之误。　　偃(xuān)目：用丝带扎在死者眼上的黑色方巾。　　荐器：进献器物。　　毋纚：毋，无；纚(shǐ)，包裹头发的网巾。　　薄器不成内：内，当为"用"之误。　　斯象：当为"轼蒙"之误，车轼上的皮革遮蔽物。　　无、偖、丝鬠、缕翣：皆为遮蔽在尸身或棺材上的棉麻丝织物。无，通"幠"。　　菲、帷、帱、尉：菲，通"扉"，门扉；帷、帱，帷帐；尉，通"熨"(wèi)，网状的帷帐。　　槾茨：用柯器在茅屋顶涂抹泥浆以加固之。槾，泥工工具杇也。番阏：犹言篱垣。番，通"藩"，篱也；阏，借为"垣"。　　系世：记载帝王、诸侯氏族世系的谱牒。

　　三年之丧何也？曰：称情而立文，因以饰群别、亲疏、贵贱之节，而不可益损也。故曰：无适不易之术也。创巨者其日久，痛甚者其愈迟，三年之丧，称情而立文，所以为至痛极也。齐衰、苴杖、居庐、食粥、席薪、枕块，所以为至痛饰也。三年之丧，二十五月而毕，哀痛未尽，思慕未忘，然而礼以是断之者，岂不以送死有已，复生有节也哉！凡生天地之间者，有血气之属必有知，有知之属莫不爱其类。今夫大鸟兽则失亡其群匹，越月逾时，则必反铅，过故乡则必徘徊焉，鸣号焉，踯躅焉，踟蹰焉，然后能去之也。小者是燕爵犹有啁噍之顷焉，然后能去之。故有血气之属莫知于人，故人之于其亲也，至死无穷。将由夫愚陋淫邪之人与？则彼朝死而夕忘之，然而纵之，则是曾鸟兽之不若也，彼安能相与群居而无乱乎？将由夫修饰之君子与？则三年之丧，二十五月而毕，若驷之过隙，然而遂之，则是无穷也。故先王圣人安为之立中制节，一使足以成文理，则舍之矣。

然则何以分之？曰：至亲以期断。是何也？曰：天地则已易矣，四时则已遍矣，其在宇中者，莫不更始矣，故先王案以此象之也。然则三年何也？曰：加隆焉，案使倍之，故再期也。由九月以下何也？曰：案使不及也。故三年以为隆，缌麻、小功以为杀，期、九月以为间。上取象于天，下取象于地，中取则于人。人所以群居和一之理尽矣。故三年之丧，人道之至文者也。夫是之谓至隆，是百王之所同也，古今之所一也。

君之丧所以取三年，何也？曰：君者，治辨之主也，文理之原也，情貌之尽也，相率而致隆之，不亦可乎？《诗》曰："恺悌君子，民之父母。"彼君子者，固有为民父母之说焉。父能生之，不能养之；母能食之，不能教诲之；君者，已能食之矣，又善教诲之者也，三年毕矣哉？乳母，饮食之者也，而三月；慈母，衣被之者也，而九月；君，曲备之者也，三年毕乎哉？得之则治，失之则乱，文之至也。得之则安，失之则危，情之至也。两至者俱积焉，以三年事之犹未足也，直无由进之耳。故社，祭社也；稷，祭稷也；郊者，并百王于上天而祭祀之也。

三月之殡何也？曰：大之也，重之也，所致隆也，所致亲也。将举措之，迁徙之，离宫室而归丘陵也，先王恐其不文也，是以繇其期，足之日也。故天子七月，诸侯五月，大夫三月，皆使其须足以容事，事足以容成，成足以容文，文足以容备。曲容备物之谓道矣。

祭者，志意思慕之情也。愅诡唈僾，而不能无时至焉。故人之欢欣和合之时，则夫忠臣孝子亦愅诡而有所至矣。彼其所至者甚大动也，案屈然已，则其于志意之情者惆然不嗛，其于礼节者阙然不具。故先王案为之立文，尊尊、亲亲之义至矣。

故曰：祭者，志意思慕之情也，忠信爱敬之至矣，礼节文貌之盛矣，苟非圣人，莫之能知也。圣人明知之，士君子安行之，官人以为守，百姓以成俗。其在君子，以为人道也；其在百姓，以为鬼事也。故钟鼓、管磬、琴瑟、竽笙，《韶》、《夏》、《护》、《武》、《汋》、《桓》、《箾》、简、《象》，是君子之所以为愅诡其所喜乐之文也。齐衰、苴杖、居庐、食粥、席薪、枕块，是君子之所以为愅诡其所哀痛之文也。师旅有制，刑法有等，莫不称罪，是君子之所以为愅诡其所敦恶之文也。卜筮视日，斋戒修涂，几筵馈荐告祝，如或飨之；物取而皆祭之，如或尝之；毋利举爵，主人有尊，如或觞之；宾出，主人拜送，反易服，即位而哭，如或去之。哀夫！敬夫！事死如事生，事亡如事存，状乎无形，影然而成文。

以上为第三部分，论述丧期之不同等级及三年之丧的意义。

齐衰（zī cuī）：据杨惊注以为当作"斩衰"。丧礼五服中最重的一种。用极粗生麻布制成，不缝边，以示无饰。　苴杖：用粗劣的竹子做成的竹杖，即哭丧杖。苴，通"粗"。　反铅：反，通"返"；铅，通"沿"。顺流而下曰"沿"，此指随大流、合群。　燕爵：即燕雀。　啁噍（zhōu jiū）：犹"啁啾"，鸟鸣之声。　缌麻、小功：为不同规格的丧服。　"恺悌君子"云云：引自《诗经·大雅·泂酌》。　慈母：古代称父妾受父命育己为子者曰慈母，即庶母。亦称有养育之恩的保姆。　繇其期：繇，通"遥"。　愅（gé）诡：双声词，变异感动的意思。　唈僾（yì ài）：双声词，心中抑郁而呼吸困难的意思。　惆然不嗛：惆然，惆怅伤感的样子；嗛（qiè），满足。　《韶》：虞舜时的乐曲名。　《夏》：夏禹时的舞曲名。　《护》：商汤时的乐曲名。《武》：周公所作歌颂武王克商之功的乐曲名。　《汋》：歌颂武王能酌取先祖之道以养天下之民的乐章。　《桓》：祭祀武王的乐章。　《箾》（shuò）：歌颂文王的舞曲名。　简：衍文。　《象》：歌颂武王伐纣的乐曲。　修涂：通"修除"，指整修、清理祠庙。　毋利举爵：利，在祭祀时把祭品端给死者的人。　有尊：劝酒。有，通"侑"；尊，通"樽"，酒器。　觯：盛有酒的杯曰"觯"，拿着觯劝酒或自己喝酒也称"觯"。影然而成文：影，当为"景"之误；影然，犹景然，景仰、仰慕之貌。

荀子终生隆礼，礼是其社会政治思想的核心内容。本篇深入探讨礼的起源和本质，阐述礼的内容和规范，为封建社会实行礼治提供了理论依据。

礼的起源与礼的三本。荀子从物与欲的矛盾入手，以探究礼的起源与本质。"人生而有欲，欲而不得，则不能无求"，这是生理需求所使然。但"求而无度量分界，则不能不争"，争不起于求，而起于无序之求。原来人们的贵贱有等级，长幼有差别，贫穷富裕以及所得物之价值也都应各得其宜，这就是"度量分界"。打破它，就会引起纷争；维护它，就能止争弥乱。荀子认为，先王制定的等级名分制度，就是使人们有序求欲的"度量分界"。按照这个"度量分界"，可养不同等级名分之人所欲，可给不同等级名分之人所求，"养人之欲，给人之求"，既养之且别之，人们都能得到和自己经济地位、政治身份相称的经济与社会资源，物与欲的矛盾就会得到解决。由此荀子得出结论说："使欲必不穷于物，物必不屈于欲，两者相持而长，是礼之所起也。"不仅物与欲的矛盾必须"制礼义以分之"而得以解决，而且情与礼的矛盾也必须"一之于礼义"而得以解决。因为欲如失去节制会导致争、乱、穷，情如失去节制也会导致灾难，所谓"苟生之为见"必死，"苟利之为见"必害，"尚怠惰偷懦之为安居"必危，"苟情说之为乐"必灭。所以，情也应以礼义为"度量分界"加以节制，所谓"出死要节"可以养生，"出费用"可以养财，"恭敬辞让"可以养安，"礼义文理"可以养情。由此又得出结论说："故人一之于礼义，则两得之矣；一之于情性，则两丧之矣。"综上述，荀子认为欲望与情性有无序膨胀的特质，是导致天下混乱的根源。先王制定礼义，用以节制欲望，可使欲望与物质两者互相制约，互相增长，促进社会生产力的提高；用以节制情性，可使情性与礼义两者和谐美善，有利于人的良性发展。这就是礼义的起源之论。为了促使社会和人自身的发展，荀子又提出"礼有三本"的社会管理方法，来完善他的以礼治国的学说。天地乃人类生命之本，先祖乃人类族类之本，君师乃治国之本。依此，则上事天、下事地、尊先祖而隆君师的祭祀之礼成立，随之行赠、丧葬之礼亦成立，以至后来将天、地、君、亲、师等列为封建社会众多礼义节文而臻于完备，概由礼之三本发源。但是"礼有三本"也同样有"度量分界"的规范，以约束不同等级名分的人，天子、诸侯、大夫、修士各有其祭祖祭庙、行赠、丧葬的规定，而"持手而食者"皆不能与大夫以上的统治者享受同样的礼仪。因此，可以说荀子将礼义节文制度化、神圣化，甚至带有宗教色彩，目的是用这种封建的政治与道德规范，来养欲役民、导情人治，最终为巩固封建制度服务。

礼的高尚品格。荀子之礼，可以上于天下于地中于人，自然界和社会，无所不包，无所不治，既能使天地和谐、日月昌明、四季轮回、星辰运行、江河流动、万物昌盛，又能使人好恶节制、喜怒得当，上使君主明智、下使人民顺从，千变万化而不混乱，天下治乱安危存亡全系于之。所以说，"礼岂不至矣哉！立隆以为极，而天下莫之能损益。本末相顺，终始相应，至文以有别，至察以有说。"这是从现实生活、社会制度、国家管理的层面，来论证礼义是最高准则，因为它具有"至文"的品格，能使贵贱尊卑有别；具有"至察"的品格，能使是非判断分明。其次，再从精神和真理的层面，来论证礼义是最高准则，因为它具有"诚深"、"诚大"、"诚高"的义理，凡经这些品格的检验，以混淆、曲直、轻重、方圆而行欺诈的奸人邪说，如"坚白"、"同异"的辩说，擅自编造典制以混淆礼者，暴慢狂放轻视民众者，都将宣告失败。所谓"礼者，人道之极也。然而不法礼，不足礼，谓之无方之民；法礼，足礼，谓之有方之士"。法且足，即遵照并重视礼，以礼为至高无上的真理，才够得上法度之士。最后，则从最完美的道德层面，来论证礼义是最高准则，这无疑是对圣人而言。"礼之中焉能思索，谓之能虑；礼之中焉能勿易，谓之能固。能虑、能固，加好者焉，斯圣人矣！"总共有四个条件，是合取关系。首先是行为符合于礼，入于礼之规范，进而思虑其中义理，且坚守不移，始终如一，然此仅为法礼、足礼的法度之士。只有好之于礼方可成为圣人，与天"高之极"、地"下之极"、无穷"广之极"并列，称为"道之极"，这才进入最高的道德境界。这就是说，当法度之士一旦对最高准则礼义有了完美无缺的认识和践履，他就能由普通人变为圣人。荀子经过上述三个层面的论证和提升，终于完成了对礼义的神圣化打造，它似乎成了绝对真理、绝对精神，上于天下于地中于人，无论社会还是自然界，都能发生神奇的作用。这是执着的隆礼顽疾给荀子理论带来的自身矛盾。

礼的情文俱尽。荀子认为，礼有情、文两个方面，情即礼之意，文即礼之威仪。二者处于对立统一的关系之中，若能情文俱尽，即为礼之至备；若未能至备，即为情文代胜，或情胜于文，或文胜于情；更次，即为复情于本性的礼之初始。"凡礼，始乎梲，成乎文，终乎悦校"，说的是礼文至备的过程和条件。礼之初始以疏略为特征，只有臻于威仪完善之制，方能愉悦人情，其时情文俱尽，故为礼文至备。可见，威仪完善与愉悦人情，是合二为一的完美结合。荀子反复强调礼之至文、礼之至备，就在于礼以别贵贱尊卑之名分为实质。吉凶忧愉之情，如发于颜色，则为"说豫娩泽，忧戚萃恶"；发于声音，则为"歌谣謸笑，哭泣谛号"；发于食饮，则为"刍豢、稻粱、酒醴、餰鬻、鱼肉、菽藿、酒浆"；发于衣服，则为"卑绋、黼黻、文织、资粗、衰绖、菲繐、菅履"；发于居处，则为"疏房、檖貌、越席、床笫、几筵、属茨、倚庐、席薪、枕块"。如此"称情而立文"，就形成了"是百王之所同，古今之所一也，未有知其所由来者也"的礼仪制度，即"事生，饰欢也；送死，饰哀也；祭祀，饰敬也；师旅，饰威也"。但是礼仪古制是可以逐步加以完善的，所以圣人对之"断之继之，博之浅之，益之损之，类之尽之，盛之美之，使本末终始莫不顺比纯备，足以为万世则，则是礼也"。圣人制定并完善礼义及其制度，对人的素朴之性施以化性起伪的功夫，使之由恶变善，其功效之大，可以与"天地合而万物生，阴阳接而变化起"相提并论，并为天地所难以媲美。

乐论篇第二十

　　本篇是先秦时期系统论述古典音乐的专论，旨在阐述音乐之起源及社会作用，驳斥墨子的非乐主张。其礼乐、刑法并重之思想，标志儒家王道理论的重要发展。本篇与《礼记·乐记》之文大同小异，而《乐记》则更详尽；又见载于《史记·乐书》、《孔子家语》，故可互参。后世学者疑《乐记》为汉儒取之《荀子》而增益结撰载于《礼记》。全文运用因果推论方法，探析音乐之产生，畅说音乐具有强大的感人力量；又辅之以比喻，形象地说明音乐的神奇作用。运用正反对比方法，论证先王制定正音雅乐、制止邪声淫音的目的，是"善民心"。又将并列分述与比喻论证相结合，阐述声乐的种类及意义，说明乡人饮酒各有礼仪。本篇立论精审，阐述清晰，声情并茂，有如动人心弦之乐章，历来被推为古代音乐美学开山之作。

　　音乐，是人的快乐之情的表现形式，是人的情感所必不可缺少的。所以人不可能没有快乐，有了快乐就必然从声音中流露出来，在一动一静中表现出来，而人的作为——声音、举止和思想的变化都包含在快乐之情中。所以人不可能没有欢乐，有了快乐就不能不表现出来，快乐之情的表现如果不加以引导，就不可能不产生混乱。古代圣王憎恶这种混乱，所以制作了雅乐、颂乐加以引导，使乐声足以表达快乐的情感而不放纵，使乐章足以清晰表达而不窒塞，使声音的婉转或平缓、繁复或简略、刚或柔，以及轻重缓急都完全能够感动人的善良之心，使那些邪恶污秽之气没有途径与人们接触。这就是古代圣王创立音乐的原则。但是墨子却反对音乐，有什么办法呢！

　　所以，音乐在宗庙之中，君臣上下一起聆听，就没有不和睦相敬的；音乐在家门之内，父子兄弟一起聆听，就没有不和睦相亲的；音乐在乡里族党中，男女老少一起聆听，就没有不和睦安顺的。所以，音乐是先审定一个主音再确定其他和音的，是配合各种乐器来调整节奏的，是一起演奏来组成众音和谐的乐章的；它足以用来统率同心和一的原则，足以用来应对千变万化。这就是古代圣王创立音乐的方法。但是墨子却反对音乐，有什么办法呢？

所以，人们听了雅、颂的乐声，心胸志向更加宽广了；手执盾牌、斧头，演练俯仰、屈伸等舞蹈动作，容貌更加庄重了；行走脚步都在规定的位置，掌握着快慢疾徐，队列就能方正整齐了，进退就能协调一致了。所以，音乐对外能用以征战诛伐，对内能用以谦退礼让；征战诛伐、谦退礼让，表现出来的音乐意义是一样的。音乐对外能征战诛伐，那么就没有不听从的；对内能谦退礼让，那么就没有不服从的。所以音乐是齐一天下的工具，是中正平和的纲纪，是人的情感必不可少的东西。这就是古代圣王创立音乐的方法。但是墨子却反对音乐，有什么办法呢！

并且，音乐是古代圣王用以表现喜悦情感的，军队和刑杀是古代圣王用来表现愤怒情感的；通过音乐、军队、刑杀的运用，古代圣王的喜悦和愤怒的情感都能得到调和。所以，圣王喜悦了，天下人便附和他；圣王愤怒了，暴乱之人便畏惧他。在古代圣王的政治原则中，礼与乐正是其中最重要的，但墨子却反对它。所以说：墨子对于正确的政治原则，就像瞎子看不出颜色的黑白、聋子听不出声音的清浊，就像想到南方的楚国却往北方去寻找一样。

音乐对于人的影响是很深的，对于人的感化是很快的，所以古代圣王严谨地制定乐章。音乐中正平和，那么人民就和谐而不放纵；音乐严肃庄重，那么人民就齐心而不混乱。人民和谐、齐心，那么就兵力强劲、城池坚固，敌国就不敢来侵犯了。像这样，那么百姓就没有不安居乐业、留恋乡土，而极其拥戴君主的了。然后，君主的名声于是就显赫，光辉于是就广大，四海之内的人民就没有不想得到他做君主的。这是称王天下的开始。如果音乐妖冶轻浮而邪恶，那么人民就会沉溺不振、庸俗卑污。人民沉溺不振，国家就会混乱；人民庸俗卑污，他们就会争斗。国家混乱、人民争斗，就会使军队衰弱、城池颓坏，敌国就会来侵犯了。像这样，那么百姓就不会安居乐业、留恋乡土，而极其拥戴君主了。所以，礼乐被废弃而淫靡之音兴起，这是国家危殆削弱并遭受侮辱的根源。所以古代圣王尊重礼乐而鄙贱淫靡之音。他在《序官》中说："修订法令文告，审查诗歌乐章，禁止淫靡之音，随时修订整饬，使落后的风俗和淫靡之音不敢扰乱雅乐,这是乐官太师的职责。"

墨子说:"音乐,是圣明帝王所反对的,而儒家提倡它,这是错误的。"君子认为不是这样。音乐,是圣人所喜欢的,它可以使民心善良,它感人很深,很容易移风易俗,所以古代圣王用礼乐来引导人民而人民就和睦相处。人民如果只有爱憎喜怒之情而没有音乐与之相应,就会产生混乱。古代圣王憎恶这种混乱,所以就修养德行,订正音乐,天下就得到治理了。所以,穿粗麻布做成的丧服,发出哭泣的声音,使人心悲恸;穿铠甲、戴头盔,在行伍中歌唱,使人心悲壮;妖艳的容貌,郑、卫两国的音乐,使人心邪僻;腰系大带,身穿礼服,头戴礼帽,在《韶》乐、《武》乐声中且歌且舞,使人心庄重。所以君子耳不听淫荡的乐声,眼不看邪僻的颜色,口不出恶毒的话语。这三件事,君子要慎重地对待它。

凡是淫邪的音乐感动了人,歪风邪气就会与它相应;歪风邪气形于歌舞,混乱的情况就会发生。中正的音乐感动了人,和顺的风气就会与它相应;和顺的风气形于歌舞,国家就会得到治理。一唱一和前后呼应,善和恶也会各自形成风气,所以君子慎重他们的取舍。

君子用钟鼓引导人们的志向,用琴瑟娱悦人们的性情;用盾牌和斧头起舞,用野鸡毛和牦牛尾做舞具,用箫和管做伴奏。所以乐声像天空一样清明,像大地一样广大,俯仰旋转的舞姿有似春夏秋冬四季的变换。所以,音乐流行人们的志向就会高洁,礼仪修备人们的德行就能养成,人们耳聪目明,感情中正平和,移风易俗,天下安宁,美和善相得而乐。所以说,音乐就是快乐的意思。君子快乐是因为获得了礼义,小人快乐是因为满足了私欲。用礼义制约私欲,就会快乐而不混乱;放纵私欲而忘却礼义,就会迷惑而不快乐。所以,音乐是用来引导快乐的;钟、磬、琴瑟、管箫等乐器,是用来表现音乐的;音乐流行开来,人民就向往礼义了。所以,音乐是治理成功的体现,但是墨子却反对音乐。

并且,音乐协调人情的主旨是不可改变的,礼仪治理国家的主旨是不可更易的。音乐使人们和谐一致,同心同德;礼仪使人们区分等级,承认差异。礼和乐这一纲纪,管束着人们的思想感情。探究人的性情的本源,并加以完全的改变,是音乐的实质;积累真诚,去掉虚伪,是礼仪的原则;墨子反对它们,近乎犯罪了。英明的圣王已经死了,没有人能纠正墨子的错误；愚蠢的人向墨子学习，就会危害自身。君子彰明音乐的实质，乃是他的德行。混乱的世道厌恶善良，就听不进这类提倡音乐的话。呜呼，可悲呀！音乐快不成其为音乐了。弟子们勤勉学习吧，不要因墨子的反对而有所迷惑啊！

音乐的象征是：鼓声与天相匹俪，钟声洪亮而浑厚，磬声清越而明晰，竽、笙、箫、和、筦、籥之声威武奋发，埙、篪之声重浊深沉，瑟声平易良善，琴声柔美婉转，歌声清明至极，舞蹈的意象有如天象。鼓是主导乐声和谐的君主啊！所以鼓像天一样，钟像地一样，磬像水一样，竽、笙、箫、和、籥像日月星辰一样，鞉、柷、拊、鼙、椌、楬像有兴衰的万物一样。何以知道舞蹈的意象呢？回答是：跳舞的人眼睛不看自己的身体，耳朵不听自己的声音，然而协调舞蹈中俯仰、弯曲、伸展、进退、快慢的动作，没有不干净利落、明白清晰的。集中全身的精力来把握钟鼓所传达的音乐的节奏而没有违背的，正是因为这些舞蹈者积贮全部情志，已痴迷于乐舞之中啊！

我看到乡人饮酒的礼仪，便知道古代圣王的治国之道的和乐平易。主人亲自去召请主宾和陪宾，而一般客人都跟随着他们；来到门外，主人拜见主宾和陪宾，而一般客人都跟随进来，贵者先、贱者后，接待的礼仪也就明显地区别开来了。主人经过三次揖让，主宾才走上厅堂台阶，再经过三次揖让，宾客才登上厅堂，然后行拜礼欢迎，主宾之间行献、酢、酬的礼仪，辞让的礼节十分繁多，而对陪宾的礼节就简省多了。至于一般客人，登堂接受敬酒，坐着醉酒祭神，站着饮酒但不必回敬，主宾、陪宾和一般客人的礼仪差别是很清楚的了。乐工进来，登上厅堂，演唱《鹿鸣》、《四牡》、《皇皇者华》三首歌曲各一遍，主人献酒给乐工；吹笙者进来，吹奏《南陔》、《白华》、《华黍》三首乐曲各一遍，主人献酒给吹笙者；接着间隔轮流，乐工演唱《鱼丽》一遍，吹笙者吹奏《由庚》一遍，乐工再演唱《南有嘉鱼》，吹笙者再吹奏《崇丘》，乐工再演唱《南山有台》，吹笙者再吹奏《由仪》，最后由乐工演唱《关雎》、《葛覃》、《卷耳》，同时由吹笙者吹奏《鹊巢》、《采蘩》、《采蘋》，这时乐工报告奏乐完毕，便退下去。主人的两个侍从举杯向宾客敬酒，又设立司正为宾主宴会监礼，要他们都能和歌而乐却不失礼。主宾酬谢主人，主人酬谢陪宾，陪宾酬谢一般客人，按照年龄长幼排列次序敬酒酬谢，最后轮到向主人手下盥洗酒器的人酬谢了，要他们都能爱幼敬长而不失礼。从下堂脱鞋，到登堂入座，不断地传杯行酒。乡人饮酒的礼仪是有制度的：早晨饮酒不耽误白天的工作，傍晚饮酒不耽误晚上的事务。宾客离去时，主人要拜送，礼节仪式终归完成，要都能安逸舒服而不乖乱。贵者先贱者后的礼仪分明，礼节的繁多与简省区别清楚，和歌而乐而不流于淫，爱幼敬长而无所遗漏，休闲宴饮而不乖乱。这五个方面都做到了，就完全可以端正自身、安定国家了。国家安定了，天下就安定了。所以说：我看到乡人饮酒的礼仪，便知道古代圣王的治国之道的和乐平易。

混乱世道的象征是：那里的人们服饰奢华，男人打扮得像女人一样妖媚，那里的风俗淫荡，人们的志向唯利是图，人们的行为驳杂卑污，那里的音乐邪恶怪诞，文章内容隐晦而辞藻华丽，人们生时奉养过于奢侈，死时送葬又十分刻薄，轻视礼义而崇尚勇力，贫困时就偷盗，富裕时就残害人。太平之世与此相反啊！

夫乐者，乐也，人情之所必不免也。故人不能无乐，乐则必发于声音，形于动静，而人之道，声音、动静、性术之变尽是矣。故人不能不乐，乐则不能无形，形而不为道，则不能无乱。先王恶其乱也，故制雅、颂之声以道之，使其声足以乐而不流，使其文足以辨而不諰，使其曲直、繁省、廉肉、节奏足以感动人之善心，使夫邪污之气无由得接焉。是先王立乐之方也，而墨子非之，奈何！

故乐在宗庙之中，君臣上下同听之，则莫不和敬；闺门之内，父子兄弟同听之，则莫不和亲；乡里族长之中，长少同听之，则莫不和顺。故乐者，审一以定和者也，比物以饰节者也，合奏以成文者也，足以率一道，足以治万变。是先王立乐之术也，而墨子非之，奈何！

故听其雅、颂之声，而志意得广焉；执其干戚，习其俯仰屈伸，而容貌得庄焉；行其缀兆，要其节奏，而行列得正焉，进退得齐焉。故乐者，出所以征诛也，入所以揖让也；征诛、揖让，其义一也。出所以征诛，则莫不听从；入所以揖让，则莫不从服。故乐者，天下之大齐也，中和之纪也，人情之所必不免也。是先王立乐之术也，而墨子非之，奈何！

以上为第一部分，论述音乐起源于"人情之所必不免也"，先王用音乐疏导人们的情感，使之中正平和，以利于"天下之大齐也"。

乐者，乐也：前"乐"读yuè，指音乐；后"乐"读lè，指喜悦、欢乐。　雅、颂之声：指《诗经》中《雅》、《颂》两类诗歌的曲调、乐声。　不流：流，放纵、淫邪。　不谞：谞（xǐ），通"葸"，难顺；不葸，即不难顺，无窒碍。　墨子非之：指墨子著《非乐》篇，攻击儒家的音乐思想，主张取消音乐。　乡里族长：即乡里族党，古代地方基层行政单位。　审一以定和：古代宫、商、角、徵、羽五音虽没有绝对音高，但有相对音高，只要其中一个音的音高确定了，其他各级的音高也就确定了。和，指五音中除主音以外用来应和主音的其他音。　干戚：盾牌、斧头。概指表演战争内容的舞具。　缀兆：舞蹈者在行列中的位置。缀，行列的标志；兆，行列的地段。　大齐：大一统；完全整齐统一。

且乐者，先王之所以饰喜也；军旅鈇钺者，先王之所以饰怒也；先王喜怒皆得其齐焉。是故喜而天下和之，怒而暴乱畏之。先王之道，礼乐正其盛者也，而墨子非之。故曰：墨子之于道也，犹瞽之于白黑也，犹聋之于清浊也，犹欲之楚而北求之也。

夫声乐之入人也深，其化人也速，故先王谨为之文。乐中平则民和而不流，乐肃庄则民齐而不乱。民和齐则兵劲城固，敌国不敢婴也。如是，则百姓莫不安其处，乐其乡，以至足其上矣。然后名声于是白，光辉于是大，四海之民莫不愿得以为师，是王者之始也。乐姚冶以险，则民流僈鄙贱矣。流僈则乱，鄙贱则争。乱争则兵弱城犯，敌国危之。如是，则百姓不安其处，不乐其乡，不足其上矣。故礼乐废而邪音起者，危削侮辱之本也。故先王贵礼乐而贱邪音。其在"序官"也，曰："修宪命，审诛赏，禁淫声，以时顺修，使夷俗邪音不敢乱雅，太师之事也。"

墨子曰："乐者，圣王之所非也，而儒者为之，过也。"君子以为不然。乐者，圣王之所乐也，而可以善民心，其感人深，其移风易俗，故先王导之以礼乐而民和睦。夫民有好恶之情，而无喜怒之应则乱。先王恶其乱也，故修其行，正其乐，而天下顺焉。故齐衰之服，哭泣之声，使人之心悲；带甲婴轴，歌于行伍，使人之心伤；姚冶之容，郑卫之音，使人之心淫；绅端章甫，舞《韶》歌《武》，使人之心庄。故君子耳不听淫声，目不视女色，口不出恶言。此三者，君子慎之。

凡奸声感人而逆气应之，逆气成象而乱生焉。正声感人而顺气应之，顺气成象而治生焉。唱和有应，善恶相象，故君子慎其所去就也。

君子以钟鼓道志，以琴瑟乐心；动以干戚，饰以羽旄，从以磬管。故其清明象天，其广大象地，其俯仰周旋有似于四时。故乐行而志清，礼修而行成，耳目聪明，血气和平，移风易俗，天下皆宁，美善相乐。故曰：乐者，乐也。君子乐得其道，小人乐得其欲。以道制欲，则乐而不乱；以欲忘道，则惑而不乐。故乐者，所以道乐也；金石丝竹，所以道德也；乐行而民乡方矣。故乐也者，治人之盛者也，而墨子非之。

且乐也者，和之不可变者也；礼也者，理之不可易者也。乐合同，礼别异；礼乐之统，管乎人心矣。穷本极变，乐之情也；著诚去伪，礼之经也。墨子非之，几遇刑也。明王已没，莫之正也。愚者学之，危其身也。君子明乐，乃其德也。乱世恶善，不此听也。於乎哀哉，不得成也。弟子勉学，无所营也。

以上为第二部分，论述礼与乐交互为用而使音乐产生更大的社会功能，发挥"入人也深"、"化人也速"、"移风易俗"的作用。

铁钺：铁（fǔ），斧；钺（yuè），大斧。古代兵器，此处泛指刑杀之具。　　不敢婴：婴，同"撄"，犯也。　　至足其上：至，极；足，拥护，拥戴。　　姚冶：妖美，妖艳。　　兵弱城犯：据王天海注，犯疑为"圮"之形误。圮，毁也。　　"序官"：《礼记·王制》篇之一节。引文中"诛赏"二字当依《王制》篇作"诗商"，"商"读为"章"，诗章也。　　婴軸：婴，系；軸，通"胄"，头盔。　　郑卫之音：春秋战国时郑、卫两国的民间音乐，当时和后世都被视为淫靡之声、乱世之音。　　绅端章甫：绅，古代贵族系在腰间的大带；端，诸侯、大夫、士在祭祀或举行冠礼、婚礼时穿的一种衣服；章甫，商代的一种礼帽，一般在男子行冠礼后才戴。　　金石丝竹，所以道德：据王天海引包遵信曰，此句意不可通，"道德"当作"道乐"。道，导也。　　乐行而民乡方：乡，向；方，道。　　乐也者，治人之盛者也：据王天海注，盛，与成同。《荀书》多以"盛"为"成"。《臣道篇》"明主尚贤使能而享其盛"，《王霸篇》"以观其盛者也"。杨倞注："盛，读为成，观其成功也。"　　无所营：营，通"荧"，惑也。

声乐之象：鼓天丽，钟统实，磬廉制，竽笙箫和、筦籥发猛，埙篪翁博，瑟易良，琴妇好，歌清尽，舞意天道兼。鼓，其乐之君邪！故鼓似天，钟似地，磬似水，竽笙箫和筦籥似星辰日月，鞉、柷、拊、鞷、椌、楬似万物。曷以知舞之意？曰：目不自见，耳不自闻也，然而治俯仰诎信，进退迟速，莫不廉制。尽筋骨之力，以要钟鼓俯会之节，而靡有悖逆者，众积意譚譚乎！

吾观于乡，而知王道之易易也。主人亲速宾及介，而众宾皆从之；至于门外，主人拜宾及介，而众宾皆入，贵贱之义别矣。三揖至于阶，三让以宾升，拜至，献酬，辞让之节繁，及介省矣。至于众宾，升受，坐祭，立饮不酢，而隆杀之义辨矣。工人,升歌三终,主人献之;笙入三终,主人献之;间歌三终,合乐三终,工告乐备,遂出。二人扬觯,乃立司正焉,知其能和乐而不流也。宾酬主人,主人酬介,介酬众宾,少长以齿,终于沃洗者焉,知其能弟长而无遗也。降,脱屦,升坐,修爵无数。饮酒之节,朝不废朝,暮不废夕。宾出,主人拜送,节文终遂焉,知其能安燕而不乱也。贵贱明,隆杀辨,和乐而不流,弟长而无遗,安燕而不乱。此五行者,足以正身安国矣。彼国安而天下安,故曰:吾观于乡,而知王道之易易也。

乱世之征:其服组,其容妇,其俗淫,其志利,其行杂,其声乐险,其文章匿而采,其养生无度,其送死瘠墨,贱礼义而贵勇力,贫则为盗,富则为贼。治世反是也。

以上为第三部分,论述治世之礼乐具有王道和悦平易之风。

鼓天丽:天丽,通行诸本皆作"大丽","天""大"形近致误也;丽,同"俪",并、偕,又作配偶讲,谓鼓与天相匹俪,正与下文"鼓似天"相呼应。　钟统实:统当作"充";充实,谓钟声博而厚也。磬廉制:磬有隅棱曰廉,"制"读为"折";廉折,谓磬声清越而明晰。　竽笙箫和筦籥:六种古管乐器。和,小笙;籥(yuè),排箫。埙(xūn):一种陶制的吹奏乐器。　篪(chí):一种单管吹乐器。　妇好:同"女好",柔婉也。一说,"妇"读为"媚",妩媚也。　鞀(táo):同"鼗",有柄的小鼓,持其柄摇之,旁耳自击,犹今之小儿玩具拨浪鼓。　柷(zhù):古打击乐器,木制,形似方斗。　拊、鬲(gé):疑皆古乐器名,而不详其貌。　椌(qiāng):即柷,或曰柷类古乐器。　楬(qià):又名"敔"(yǔ),古打击乐器,木制,状若伏虎。　众积意諠諠乎:諠諠二字,诸注纷纭,莫衷一是。王先谦集解引郝懿行曰:"此论舞意与众音繁会而应节,如人告语之熟,諠諠然也。"而王天海以为疑读为"痴痴"。諠、痴一声之转,依例可通。众积意痴痴者,言众舞者积意痴迷于乐舞也。　易易:上"易",和悦;下"易",平易。此言王道和悦而平易。　主人亲速宾及介:主人,指乡大夫，即主管乡中政教禁令的人；速，召；宾，介，贤者为宾，其次为介，又其次为众介。宾、介、众宾，即主宾、陪宾和一般客人。　　三终：指将三首歌曲或乐曲的每一首从头到尾都歌唱或演奏一遍。一歌或一曲为一终。文中数处"三终"所指歌曲均出自《诗经》，详见译文。　　觯（zhì）：古代饮酒的圆形酒具。　　司正：监督正确行使礼仪的人。　　服组：组，五彩缤纷，华丽。此指奢华。　　文章匿：匿，读tè，通"慝"，邪恶。

　　荀子继承孔子以提倡雅乐为宗旨的论乐传统，其论仍以诗、乐、舞三位一体，在探究音乐内在本质的同时，着力宣扬礼乐、刑法并重的思想，从而丰富和发展了儒家的王道艺术理论。

　　音乐的起源。从本篇看，荀子将人情界定为喜怒哀乐，指出这些情感必然会有"声音"之发、"动静"之形，呈现出诗、乐、舞联成一体的表现形态，将"人之道，声音、动静、性术之变"生动形象地宣泄出来，这就是音乐。荀子以"夫乐者，乐也，人情之所必不免也"的命题，首次提出了音乐"缘于情"的论断，初步接触到艺术的本质。同时他还论及了音乐的元素如声、文、音响节奏等内部形式的艺术特征。荀子的音乐起源之论，引起了人们对于艺术作品中情感性的内容和形式的注意，认识到情可感人，情可化人，其力量之速、功效之甚，有时非思想理智可比。其后学者关于艺术是情感表现的论述，其源盖出于此。

　　礼乐与王道。音乐是人宣泄情感的工具，不同的情会产生不同的音乐，如雅乐正声与郑卫之音即是。而且，不同的音乐又能使人产生如悲、伤、淫、庄等类心理反应。据《礼记·乐记》载，战国初期的魏文侯曾问于子夏，说他"端冕而听古乐，则唯恐卧；听郑卫之音，则不知倦"。荀子有感于他所见的君子，"听淫声"、"视邪色"、"出恶言"是司空见惯的现象，究其原因，是有了欢乐之情，"形而不为道"，即缺乏疏导而造成了混乱。因此，荀子认为，要使音乐"善民心"、"感人深"、"移风易俗"而致"天下顺"、"治生焉"，除了推行"礼乐"以导情入礼，再也不会有更好的办法。"先王之道，礼乐正其盛者也"，这说明礼乐极为重要，它因礼仪与音乐的融合，是导情入礼最得力的工具，而成为先王重大的行为准则。音乐用于主和，使人民同心同德、和谐一致；礼义用于理国，区分贵贱尊卑的名分而不致淆乱。二者统一而形成的"中和之纪"，以"乐合同，礼别异"为宗旨，究原尽化，贮诚去伪，就可以避免喜怒哀乐之情无节、行为举止背礼，道欲矛盾、礼情对立必然随之解决，进入"美善相乐"的最高境界。导情成功与否，关键在于音乐的品质和内容风格，若是雅颂之声，"乐中平则民和而不流，乐肃庄则民齐而不乱"；若是郑卫之音，"乐姚冶以险，则民流僈鄙贱矣"。而且音乐以"唱和有应，善恶相象"的规律为导向，"凡奸声感人而逆气应之，逆气成象而乱生焉。正声感人而顺气应之，顺气成象而治生焉"。荀子于本篇先后三次用"先王立乐之方"一语，申述"先王贵礼乐而贱邪音"是"王者之始"，足见他对礼乐何其重视。他援引"序官"主张修订法令文告，用于审查诗歌乐章，这是借用刑法以保护礼乐的发展，并不给淫声邪音留有任何生存空间。而包含歌唱男女爱情成分的郑、卫之音，正在所斥的"淫声邪音"之列。荀子继承孔子"放郑声"的思想，以礼义束缚音乐的多样化发展，甚至取缔爱情歌曲，表现出其所谓乐政苛酷的一面。

解蔽篇第二十一

荀子鉴于当时"诸侯异政，百家异说"而使圣人之道受到干扰破坏，生蔽而惑于是非治乱，特立"解蔽"之说，以消除政治谬误，同时兼顾一般认识规律。因而使本篇成为荀子阐述唯物主义认识论的哲学论文，揭示认识上的蔽塞在于主观片面、孤立静止地看待事物，而解除蔽塞的方法是要"治心"，要"知道"，要"虚壹而静"，"导之以理，养之以清"，"壹于道而以赞稽物"，"止诸至足"。篇首"治则复经，两疑则惑矣"是贯穿全文的总纲，围绕这一总纲，由致蔽之因而及解蔽之术，中心突出，脉络清晰，列举有趣的实例，穿插生动的寓言，使析理深入而精辟，旨意隽永而细腻。

大凡人们在认识上的毛病，是被事物的某一片面性所蒙蔽，而不明白全面性的大道理。纠正了片面性的认识就能回到正道，三心二意、迟疑不决就会陷入迷惑。天下没有两个完全对立而都正确的道理，圣人认识正确的道理也没有两种完全对立的观点。当今各诸侯国所采取的治国方略不相同，百家学说也不相同，那么就必定会有的对，有的错，有的能使国家安定、有的会导致国家混乱。造成国家混乱的君主，使自家学说陷于谬误的学者，他们的真心没有不想求取一条正道，并且自以为正在这么做着，但是由于他们实际上背离了正道，而别人也就乘其轻慢懈怠来引诱他们了。偏爱自己所习惯了的东西，就生怕听到别人对它的批评；根据自己的偏见去观察其他的学说，就生怕听到别人对它的赞美。因此与正道背离而驰却仍自以为是，不知停步。这难道不是被事物的片面性所蒙蔽而失去了对正道的追求吗！假若不用心去想，那么即使黑色、白色摆在面前，眼睛也会视而不见；即使雷声鼓声响在身边，耳朵也会听而不闻，更何况那些为偏见所役使的人呢！对获得正道的人，那些造成国家混乱的君主非难于上，使一家学说谬误的学者反对于下，难道还不可悲吗！

何以造成蔽塞：欲望造成蔽塞，憎恶造成蔽塞，仅看到事物的开始造成蔽塞，仅看到事物的终结造成蔽塞，仅看到远处造成蔽塞，仅看到近处造成蔽塞，仅看到广博造成蔽塞，仅看到浅显造成蔽塞，仅看到古代造成蔽塞，仅看到当今造成蔽塞。凡万物都有差异，那么这些差异就没有不互相造成认识上的蔽塞的，这是思想方法上的通病。

　　古代君主中被片面性认识蒙蔽的，夏桀、殷纣这两个人就是。桀被妃子末喜和佞臣斯观所蒙蔽，而不信任谏臣关龙逢，因而使自己心思惑乱、行为荒谬；纣被妃子妲己和佞臣飞廉所蒙蔽，而不信任微子启，因而使自己心思惑乱、行为荒谬。所以群臣都抛弃了忠心而图谋私利，百姓都怨恨咒骂君主而不愿效力，贤良的人都退出朝廷而隐居躲避。这就是他们丧失九州土地，而使建有宗庙的国都变成废墟的原因。桀死在历山，纣的头颅被悬挂在赤旗旗杆上示众，他们自己不能预知这种结果，别人又劝谏不了他们，这就是蔽塞所造成的祸害。

　　商汤王借鉴夏桀的教训，所以凡事在心，不受片面性认识蒙蔽，并谨慎地治理国家，因而能长期任用伊尹而不背离正道，这就是他取代桀而得到九州的原因。周文王借鉴殷纣的教训，所以凡事在心，不受片面性认识蒙蔽，并谨慎地治理国家，因而能长期任用吕望而不背离正道，这就是他取代纣而得到九州的原因。远处的各诸侯国没有不贡献珍品的，所以他们眼睛能看到美的颜色，耳朵能听到美的声音，嘴巴能吃到美的食物，身体能住到美的宫殿，名字能加上美的称号，活着的时候被天下人歌颂，死去的时候四海之内的人民都为他哭泣，这就叫做极其成功。《诗经》上说："凤凰翩翩翱翱，翅膀像盾一样舞动，声音像箫声一样悠扬。凤啊，凰啊，君王心中多欢畅。"这就是不受蔽塞的幸福。

　　古代大臣中被片面性认识蒙蔽的，唐鞅、奚齐这两个人就是。唐鞅被权力的欲望所蒙蔽而驱逐了太宰戴骥，奚齐被篡国的欲望所蒙蔽而加罪于异母兄申生，结果唐鞅在宋国被杀，奚齐在晋国被杀。唐鞅驱逐有德才的贤相而奚齐加罪于孝顺的兄长，而自己又被刑法所杀，但他们不能事先预知这种结果，这就是蔽塞所造成的祸害。所以，因贪婪卑鄙而背离正道争夺权力却又不危险屈辱灭亡的，从古到今，不曾有过。

　　鲍叔、宁戚、隰朋仁德明智而且不受片面性认识所蒙蔽，所以能够扶持管仲治国，因而享有的名、利、福、禄都和管仲一样。召公、吕望仁德明智而且不受片面性认识所蒙蔽，所以能够扶持周公治国，因而享有的名、利、福、禄都和周公一样。古书上说："能识别贤人的叫明，能辅佐贤人的叫做能。在这方面勤勉而努力，他的幸福必定久长。"说的就是这个意思。这是不受蒙蔽带来的幸福。

古代游说之士被片面性认识蒙蔽的，使自家学说陷于谬误的就是。墨子被实际功用所蒙蔽而不懂得礼乐制度，宋子被人有寡欲的一面所蒙蔽而不懂得更有贪得的一面，慎子被只知法治所蒙蔽而不懂得任用贤人，申子被只知权势所蒙蔽而不懂得使用智慧，惠子被语句推论所蒙蔽而不懂得事物的实际情况，庄子被自然无为所蒙蔽而不懂得人为的重要。所以，因追求实际功用而论道，那么道就只能全然为功利了；因人寡欲容易满足而论道，那么道就只能全然为满足了；因追求法治而论道，那么道就只能全然为方法手段了；因追求权势而论道，那么道就只能全然为方便行事了；因语句推论而论道，那么道就只能全然为辩论了；因自然无为而论道，那么道就只能全然为听任自然了。这几种情况，都只是道的一个方面。所谓道，以永恒不变为其自身而又穷尽事物的一切变化，用一个方面是不足以称述它的。知识局限的人只看到道的一个方面，而未能认识道的全体，所以自以为认识很全面并加以粉饰，这就对内扰乱了自己，对外迷惑了别人，在上君主蒙蔽了人民，在下人民蒙蔽了君主，这就是蔽塞所造成的祸害。

孔子仁德明智而且不被片面性认识所蒙蔽，所以能够学习治理天下的方法而足以比美古代圣王。孔子一家学说获得了最大的道，他推许这一最大的道，并按照它去做，不因原有成习而受蔽塞。所以他的德行与周公相等，名望与夏禹、商汤和周文王、武王并列。这就是不受蒙蔽的幸福。

圣人懂得思想方法上的毛病，看到受片面性认识蒙蔽的祸害，所以无论对欲望还是憎恶，无论对开始还是终结，无论对近处还是远处，无论对广博还是浅显，无论对古代还是当今，都能将事物的方方面面都排列起来，并以符合于道的眼光来分析看待它们。这样各种事物的不同方面就不会相互蒙蔽，以致扰乱了事物之间相反相成的道理。

什么是判定事物的标准呢？回答是：道。所以心不可以不了解道，如果不了解道，那么就会不认可道而认可邪道。人在能随心所欲时谁愿意拘守自己所不认可的事，而禁止自己所认可的事呢？以自己不认可道的心来选择人，那么就必定会投合不认可道的人，而不会中意认可道的人；以自己不认可道的心和不认可道的人一起来选择认可道的人，这就是造成祸乱的根源。那么怎么了解认可道的人呢？回答是：心里了解了道然后就能认可道，认可了道然后就能坚守道，并且用来禁止邪道。以自己认可道的心来选择人，那么就会投合认可道的人，而不会中意不认可道的人了。以自己认可道的心和认可道的人一起来治理邪道，这就是治理的关键。又何必担心不能了解认可道的人呢？所以把国家治理好的关键在于了解道。

人何以了解道呢？回答是：靠心。心又何以了解道呢？回答是：虚心、专一而且宁静。心未尝不储藏东西，然而又有所谓虚心；心未尝不同时认识两种以上事物，然而又有所谓专一；心未尝不活动，然而又有所谓宁静。人生来就有知觉，有知觉就会有记忆；所谓记忆，就是储藏。然而又有所谓虚心，不因为心里已有所藏而妨害将要接受的认识，就叫做虚心。心生来就有知觉，知觉就是辨别差异；辨别差异，就同时认知了两种以上事物；同时认知两种以上事物，就叫做两。然而又有所谓专一，不因对彼一事物的认识而妨害对此一事物的认识，就叫做专一。心在人睡觉时就会做梦，在懒散时就会胡思乱想，在用心时就会有所谋划，所以心未尝不活动；然而又有所谓宁静，不因为做梦和胡思乱想而干扰认知，就叫做宁静。对没有认识道而在寻求道的人，告诉他要虚心、专一而宁静。实践起来，那么像渴求道的人那样虚心，就能接受道；像实行道的人那样专一，就能全面了解道；像深入钻研道的人那样宁静，就能明察道。认识道并明察它，认识道并实践它，这才是体会了道的人。做到了虚心、专一而且宁静，就叫做最大的清楚明白。达到了这样的境界，那么万物没有显现了形体而看不见的，没有看见了而不能加以论说的，没有论说了而不恰当的。坐在室内可以看到天下，处在当代可以知道远古；通观万物而能了解它的实际情况，考证社会安定、混乱的道理而能通晓它的法度；规划治理天地而依据万物的所长加以利用，掌握大道而使宇宙得到治理。恢恢广广，谁知他思想的边际！浩浩森森，谁知他德行的高深！沸沸纷纷，谁知他变化的神奇！他的智慧和光明可以与日月相匹配，充满在四面八方，这就是所谓大人。这样的人哪里还蒙蔽得了！

心是身体的支配者，是精神的主宰者，它发出命令而不接受命令。它自主禁止，自主使用，自主裁决，自主接纳，自主行动，自主停止。所以嘴巴可以被迫缄默或说话，身体可以被迫弯曲或伸展，心却不能被迫改变意向。认为对的它就接受，认为错的它就拒绝。所以说：心用来选取的时候是不可以禁止的，必定自主地接纳万物而包罗万象，但它的极度精专是不会三心二意的。《诗经》上说："采呀采呀采卷耳，半天还采不满一浅筐。想念我那心上的人啊，索性把筐放在大路上。"浅筐容易装满，卷耳容易采到，但不可三心二意跑到大路上。所以说，心思分散了就不能学得知识，心思偏邪了就不能精益求精，三心二意就会疑惑不定。精诚专一地考察，万物都是可以被认知的。亲身透彻地了解事理原委是美好的，做任何事情都不可三心二意，所以聪明的人选择一种事就专心一意地去做。

农民精通种田而不能做管理农业的官，商人精通市场贸易而不能做管理市场的官，工匠精通制作器具而不能做管理器具的官。有一种人，虽然没有这三种技能，却可以做管理这三种行业的官，这是因为他精通于道，而不精通于物。精通于某一事物的人可以因此而成名，精通于道的人却可以胜过精通于物而成名的人。所以君子专心于道，并以此来考察事物。专心于道就能心正而不偏斜，以此来考察事物就能详明地知晓，以正直的心奉行道、知晓道、论定道，那么万物就可以利用了。

古时候舜治理天下，不拿具体事情来教导人民，而一切事情都得到治理。他处心专一于道而至于危惧，所以他的身边充满美誉；他涵养专一之心而至于精微，所以虽有美誉并不知觉。所以《道经》上说："人心至于危惧，道心至于精微。"危惧和精微的奥妙，只有圣明的君子才能知道。所以人心好比一盘水，端正地放着而不摇动，那么泥渣脏物就会沉在下面，清澈明静的水就会浮在上面，也就完全能照见人的胡须眉毛，看清皮肤上的纹理了；微风吹过，泥渣脏物就会在下面晃动，清澈明净的水面就被搅乱，也就看不见人的大致面貌的正形了。心也和水一样。所以用道来引导它，用明净来养护它，外物的干扰就不能使它偏斜，那么心也就完全能够判定是非，决断嫌疑了！如果有小的外物牵动它，那么心就会从外部改变正确的状态，而内里的活动也会偏邪不正，就连粗浅的事理也不能判定了！所以喜欢文字的人很多，却只有仓颉一个人能精，这是因为他能用心专一；爱好耕稼的人很多，却只有后稷一个人能精，这是因为他能用心专一；爱好音乐的人很多，却只有夔一个人能精，这是因为他能用心专一；爱好仁义的人很多，却只有舜一个人能精，这是因为他能用心专一。再如倕制造弓，浮游制造箭，而羿却能精于射箭；奚仲制造车，乘杜创造四匹马架车，而造父却能精于驾车。从古到今，未曾有一心二用而能精通事理的人。曾参说："唱歌时看到击节拍的小竹竿，就想到可以用它打老鼠，这样的人怎么能专心和我一起唱歌呢！"

　　石洞之中有个人，他的名字叫觙。他为人的特点，是善于猜谜语而喜爱思考。可是耳朵听到声音，眼睛看到颜色，就会扰乱他的思考；就连听到蚊虫的声音，也会分散他的精力。所以他避开耳目的欲望，远离蚊虫的声音，独居在石洞中静思默想，于是就通达明白了。如果思考仁时也像这样，可以说是达到精微程度了吧！孟子怕损害自己的道德要赶走妻子，可以说是自我勉励，但不能说此事思考得很充分了。有若怕睡着了看不成书，就用火灼烫自己的手掌，可以说是能自我克制了，但不能说已经喜好读书了。避开耳目的欲望，远离蚊虫的声音，可以说是能自我戒惧的人了，但是还不能说认识道已经达到了精微的程度。能够达到精微的程度，就是道德修养极高而忘我的人。既然是道德修养极高而忘我的人，何须自我勉励、自我克制、自我戒惧呢？所以火或日之明映照事物的形影于外，而铜镜或水之明映照事物的形影于内。圣人从心所欲，尽其情性，而一切都节制得合于道理，又何须自我勉励、自我克制、自我戒惧呢？所以仁者奉行道，并不刻意而为；圣人奉行道，并不强行其事。仁者的思考谦恭小心，圣人的思考轻松愉快，这就是治心的方法。

　　凡是观察事物有了疑惑，内心捉摸不定，那么对外界事物就会认识不清；自己思考不清楚，就不能判定是非。在黑夜中行走的人，看到横躺的石头就以为是卧着的老虎，看到树林就以为是站着很多人，这是因为黑夜蒙蔽了他的视觉。喝醉酒的人要越过百步宽的沟渠，还以为是只有半步宽的田间小沟，低着头走出城门，还以为是低矮的小圆门，这是因为酒扰乱了他的神志。用手指按住眼睛看东西，看到一个以为是两个；捂住耳朵听声音，本来没有声响却以为是一片喧嚣，这是因为外力扰乱了他的感官。所以从山上远望山下的牛就像羊一样，可是找羊的人不会下山来牵羊，因为他知道距离远而缩小了牛的高大。从山下远望山上的树木，几丈高的大树就像一根筷子，可是找筷子的人不会上山折木做筷，因为他知道地势高而缩小了树的长度。水晃动时里面的影子也跟着晃动，人们不会以这时水中的影子来判定美丑，因为他们知道水势把影子给弄乱了。盲人抬头也看不见天上的星星，人们不会据此而判定星星的有无，因为盲人的眼睛看不见东西。如果有人在这样的情况下来判定事物，那他就是世上愚蠢的人了。这种愚蠢的人判定事物，用疑惑之心来决断疑似之物，他的决断必然不准确。如果决断不准确，又怎能没有过错呢？

　　夏首的南面有个人，名叫涓蜀梁。他为人的特点，是愚蠢而且胆小多疑。他在有明月的夜间行路，低头看见自己的影子，以为是趴在地上的鬼，仰头看见自己的头发，以为是站着的妖怪；他反身奔跑，等快到家门口时，就因惊恐劳乏而断气死了。这难道不很可悲吗！凡是人认为有鬼，必定是他神志不清、神情恍惚时作出的判断。这正是他以有为无、以无为有的昏惑之时，自己却根据感觉作判断。所以人们得了风湿病就打鼓，以打鼓驱赶病魔，就必然有打破了鼓又杀猪敬神的破费，却没有把病治好的福气。所以，这样的人即使不住在夏首的南面，也和涓蜀梁没有什么两样。

　　凡用以了解人性的方法，可以用来推知物理。用能够了解人性的方法来推求能够被认识的物理，即使一直这样做下去而不停止，那么终其一生也不可能穷尽对所有事物的认识。计算自己所学习到的道理，即便有亿万之多，也不够用来通晓所有事物的变化，终究和愚昧的人没有什么两样。如此学习，直到人老了，儿女长大了，仍同愚昧的人一样，并且还不知道放弃这种做法，这就叫做愚妄之人。所以，所谓学习，本来就应该有个目标。什么是学习的目标呢？回答道："止之于至足。"什么叫做至足？回答是："圣王。"所谓圣，就是通晓人伦事理的人；所谓王，就是通晓治国法度的人。两方面都精通了，就足以为天下人的最高准则了。所以学者以圣王为师，并以圣王的制度为法则，效法圣王的法治并探求其要领，以努力地效法圣王的为人。向着这个目标努力的，就是士；接近这个目标的，就是君子；精通了这个目标的，就是圣人。

所以，虽有智慧却不思考圣王之道，就叫做畏怯；虽有勇力却不维护圣王之道，就叫做损害；虽能详细观察却不辨明是非，就叫做淆乱；虽然多才多能却不用来美饰弘扬圣王之道，就叫做巧诈；虽然能言善辩却不用来论说圣王之道，就叫做饶舌。古书上说："天下的事情有两个方面：一是在'非'当中考察'是'，二是在'是'当中考察'非'。"这就是说，符合圣王的礼法和制度的就是"是"，不符合圣王的礼法和制度的就是"非"。天下假若有不以圣王的礼法和制度为崇高准则的，那么还会有能力分辨是非、判定曲直的人吗？至于不分辨是非，不判定曲直，不区别治乱，不规范人的行为准则，即使有能力也无益于人，没有能力也无损于人；只是为研究怪说，玩弄奇辞，用来互相扰乱罢了；只是强行压制别人而伶牙俐齿，厚着脸面而忍受耻辱，背离正道而恣意妄为，狂妄诡辩而贪求私利，不喜欢辞让，不尊重礼节，却热衷于互相排挤。这就是乱世奸人的学说。那么天下那些创立学说的一班人，多数正是这样。古书上说："辨析辞藻而自以为明察，空谈名物而自以为善辩，君子鄙视这种人；见识广，记忆力强，却不按圣王的礼法制度去做，君子鄙视这种人。"说的就是这种人。

如果做了却无益于事情的成功，追求了却无益于得到实效，忧愁悲伤了却无益于所祈求的，那就远远地把它们抛掉，不让它们妨碍自己，不让它们有片刻时间来侵犯内心。对往事不羡慕，对来事不担忧，没有忧愁怜惜的心，时机合适就行动，问题出了就应对，事情发生了就处理，是治还是乱、是对还是错，就一清二楚了。

隐蔽真情而取得成功，开诚布公而招致失败，明智的君主不会有这样的事。开诚布公而取得成功，隐蔽真情而招致失败，昏暗的君主不会有这样的事。所以做君主的，如果凡事秘而不宣，那么逸言就来了，直言就离去了，小人受亲近而君子却疏远了。《诗经》上说："黑暗却说成光明，狐狸的黄色都说成了青黑色。"这是说君主昏暗而臣下就会阴险。做君王的开诚布公，那么直言就来了，逸言就离去了，君子就来亲近而小人都疏远了。《诗经》上说："光明普照在下，因为有赫赫光辉在上。"这是说君主光明正大，那么臣民就会被感化。

凡人之患，蔽于一曲而暗于大理。治则复经，两疑则惑矣。天下无二道，圣人无两心。今诸侯异政，百家异说，则必或是或非，或治或乱。乱国之君，乱家之人，此其诚心莫不求正而以自为也，妒缪于道而人诱其所迨也。私其所积，唯恐闻其恶也；倚其所私，以观异术，唯恐闻其美也。是以与治虽走而是己不辍也，岂不蔽于一曲而失正求也哉！心不使焉，则白黑在前而目不见，雷鼓在侧而耳不闻，况于使者乎。德道之人，乱国之君非之上，乱家之人非之下，岂不哀哉！

故为蔽：欲为蔽，恶为蔽，始为蔽，终为蔽，远为蔽，近为蔽，博为蔽，浅为蔽，古为蔽，今为蔽。凡万物异则莫不相为蔽，此心术之公患也。

昔人君之蔽者，夏桀、殷纣是也。桀蔽于末喜、斯观，而不知关龙逢，以惑其心而乱其行。纣蔽于妲己、飞廉，而不知微子启，以惑其心而乱其行。故群臣去忠而事私，百姓怨非而不用，贤良退处而隐逃。此其所以丧九牧之地，而虚宗庙之国也。桀死于亭山，纣县于赤斾，身不先知，人又莫之谏，此蔽塞之祸也。

成汤鉴于夏桀，故主其心而慎治之，是以能长用伊尹而身不失道，此其所以代夏王而受九有也。文王鉴于殷纣，故主其心而慎治之，是以能长用吕望而身不失道，此其所以代殷王而受九牧也。远方莫不致其珍，故目视备色，耳听备声，口食备味，形居备宫，名受备号，生则天下歌，死则四海哭，夫是之谓至盛。《诗》曰："凤凰秋秋，其翼若干，其声若箫。有凤有凰，乐帝之心。"此不蔽之福也。

昔人臣之蔽者，唐鞅、奚齐是也。唐鞅蔽于欲权而逐载子，奚齐蔽于欲国而罪申生，唐鞅戮于宋，奚齐戮于晋。逐贤相而罪孝兄，身为刑戮，然而不知，此蔽塞之祸也。故以贪鄙、背叛、争权而不危辱灭亡者，自古及今，未尝有之也。

鲍叔、宁戚、隰朋仁知且不蔽，故能持管仲，而名利福禄与管仲齐。召公、吕望仁知且不蔽，故能持周公，而名利福禄与周公齐。传曰："知贤之为明，辅贤之谓能。勉之强之，其福必长。"此之谓也，此不蔽之福也。

昔宾孟之蔽者，乱家是也。墨子蔽于用而不知文，宋子蔽于欲而不知得，慎子蔽于法而不知贤，申子蔽于势而不知知，惠子蔽于辞而不知实，庄子蔽于天而不知人。故由用谓之道，尽利矣；由俗谓之道，尽嗛矣；由法谓之道，尽数矣；由势谓之道，尽便矣；由辞谓之道，尽论矣；由天谓之道，尽因矣。此数具者，皆道之一隅也。夫道者，体常而尽变，一隅不足以举之。曲知之人，观于道之一隅，而未之能识也，故以为足而饰之，内以自乱，外以惑人，上以蔽下，下以蔽上，此蔽塞之祸也。

孔子仁知且不蔽，故学乱术足以为先王者也。一家得周道，举而用之，不蔽于成积也。故德与周公齐，名与三王并，此不蔽之福也。

圣人知心术之患，见蔽塞之祸，故无欲无恶，无始无终，无近无远，无博无浅，无古无今，兼陈万物而中县衡焉。是故众异不得相蔽，以乱其伦也。

何谓衡？曰：道。故心不可以不知道，心不知道，则不可道而可非道。人孰欲得恣而守其所不可，以禁其所可？以其不可道之心取人，则必合于不道人，而不合于道人；以其不可道之心与不道人论道人，乱之本也。夫何以知？曰：心知道然后可道，可道然后能守道，以禁非道。以其可道之心取人，则合于道人，而不合于不道之人矣。以其可道之心与道人论非道，治之要也。何患不知？故治之要在于知道。

以上为第一部分，提出"凡人之患，蔽于一曲而暗于大理。治则复经，两疑则惑矣"的论断，作为全文总纲。并以人君之蔽、人臣之蔽、诸子之蔽为例，说明"两"与"疑"是人心有蔽塞的主要原因。

妒缪于道：王天海以为"妒缪"不辞，疑"妒"乃"误"之音讹。缪（miù），通"谬"。误缪，犹"谬误"也。　　诱其所迨：迨，通"怠"，懈怠，轻慢。　　德道之人：德，通"得"。　　故为蔽：故，犹"胡"，何。　　末喜：或作"妹喜"、"妹嬉"。姓喜，名妹，有施氏之女，夏桀之宠妃。　　斯观：无考，疑桀之佞臣。　　关龙逢：又作"关龙逄"，桀之贤臣，因极谏桀而被杀。　　九牧：九州之牧（长官），此指代九州。　　虚宗庙：虚，通"墟"，废墟，这里是使动用法。　　亭山：他本多作"鬲山"，"鬲"通"历"，鬲山即历山。　　"凤凰秋秋"云云：此引诗不见于今本《诗经》，当为佚诗。秋秋，犹"跄跄"，飞舞之貌；干，盾，兵器，此指舞者所执之道具。　　唐鞅：战国时宋康王的臣子，为康王所杀。　　奚齐：晋献公宠妃骊姬的儿子。　　载子：即"戴子"，戴驩，宋国太宰，因被唐鞅驱逐而逃往齐国。　　申生：晋献公世子，奚齐的异母兄。　　鲍叔、宁戚、隰朋：均为齐桓公的大臣，且皆有贤名。　　宾孟：宾，客；孟，通"盟"、"氓"，民。宾孟，外来之民，概指往来于诸侯国之间的游说之士。　　申子：即申不害，战国中期郑国人，法家代表人物之一，曾任韩昭侯的宰相。　　由俗谓之道：承上文"宋子蔽于欲"，此处"俗"当为"欲"之误。王天海以为，俗通"足"，俗、足一声之转。宋子之言"有见于少无见于多"，且专以"情欲寡"为教，"见少"、"欲寡"皆为满足也。故宋子因人易满足而为之道，则道尽为满足也。下文"嗛"，通"慊"，亦满足也。　　乱术：犹"治术"。乱，通"治"，治理。

人何以知道？曰：心。心何以知？曰：虚壹而静。心未尝不臧也，然而有所谓虚；心未尝不满也，然而有所谓一；心未尝不动也，然而有所谓静。人生而有知，知而有志；志也者，臧也；然而有所谓虚，不以所已臧害所将受，谓之虚。心生而有知，知而有异；异也者，同时兼知之；同时兼知之，两也；然而有所谓一，不以夫一害此一，谓之壹。心，卧则梦，偷则自行，使之则谋，故心未尝不动也；然而有所谓静，不以梦剧乱知，谓之静。未得道而求道者，谓之虚壹而静。作之，则将须道者之虚则入，将事道者之壹则尽，尽将思道者静则察。知道察，知道行，体道者也。虚壹而静，谓之大清明。万物莫形而不见，莫见而不论，莫论而失位。坐于室而见四海，处于今而论久远；疏观万物而知其情，参稽治乱而通其度；经纬天地而材官万物，制割大理而宇宙里矣。恢恢广广，孰知其极？睪睪广广，孰知其德？涫涫纷纷，孰知其形？明参日月，大满八极，夫是之谓大人。夫恶有蔽矣哉！

心者，形之君也，而神明之主也，出令而无所受令。自禁也，自使也，自夺也，自取也，自行也，自止也。故口可劫而使墨云，形可劫而使诎申，心不可劫而使易意。是之则受，非之则辞。故曰：心容其择也无禁，必自现其物也杂博，其情之至也不贰。《诗》云："采采卷耳，不盈倾筐。嗟我怀人，寘彼周行。"倾筐，易满也；卷耳，易得也；然而不可以贰周行。故曰：心枝则无知，倾则不精，贰则疑惑，以赞稽之，万物可兼知也。身尽其故则美，类不可两也，故知者择一而壹焉。

农精于田而不可以为田师，贾精于市而不可以为市师，工精于器而不可以为器师。有人也，不能此三技，而可使治三官，曰：精于道者也，精于物者也。精于物者以物物，精于道者兼物物。故君子壹于道，而以赞稽物。壹于道则正，以赞稽物则察，以正志行察论，则万物官矣。

昔者舜之治天下也，不以事诏而万物成。处一之危，其荣满侧；养一之微，荣矣而未知。故《道经》曰："人心之危，道心之微。"危、微之几，惟明君子而后能知之。故人心譬如盘水，正错而勿动则湛浊在下而清明在上，则足以见鬚眉而察理矣；微风过之，湛浊动乎下，清明乱于上，则不可以得大形之正也。心亦如是矣。故导之以理，养之以清，物莫之倾，则足以定是非，决嫌疑矣！小物引之，则其正外易，其心内倾，则不足以决粗理矣！故好书者众矣，而仓颉独传者，壹也；好稼者众矣，而后稷独传者，壹也；好乐者众矣，而夔独传者，壹也；好义者众矣，而舜独传者，壹也。倕作弓，浮游作矢，而羿精于射；奚仲作车，乘杜作乘马，而造父精于御。自古及今，未尝有两而能精者也。曾子曰："是其庭可以搏鼠，恶能与我歌矣！"

空石之中有人焉，其名曰觙，其为人也，善射以好思。耳目之欲接，则败其思；蚊虻之声闻，则挫其精。是以辟耳目之欲而远蚊虻之声，闲居静思则通。思仁若是，可谓微乎！孟子恶败而出妻，可谓能自强矣，未及思也。有子恶卧而焠掌，可谓能自忍矣，未及好也。辟耳目之欲，远蚊虻之声，可谓危矣，未可谓微也。夫微者，至人也。至人也，何忍、何强、何危？故浊明外景，清明内景。圣人纵其欲，兼其情，而制焉者理矣，夫何强、何忍、何危？故仁者之行道也，无为也；圣人之行道也，无强也。仁者之思也恭，圣者之思也乐。此治心之道也。

凡观物有疑，中心不定，则外物不清；吾虑不清，未可定然否也。冥冥而行者，见寝石以为伏虎也，见植林以为后人也，冥冥蔽其明也。醉者越百步之沟，以为蹞步之浍也；俯而出城门，以为小之闺也：酒乱其神也。厌目而视者，视一为两；掩耳而听者，听漠漠而以为哅哅：势乱其官也。故从山上望牛者若羊，而求羊者不下牵也，远蔽其大也。从山下望木者，十仞之木若箸，而求箸者不上折也，高蔽其长也。水动而景摇，人不以定美恶，水势玄也。瞽者仰视而不见星，人不以定有无，用精惑也。有人焉以此时定物，则世之愚者也。彼愚者之定物，以疑决疑，决必不当。夫苟不当，安能无过乎？

夏首之南有人焉，曰涓蜀梁。其为人也，愚而善畏。明月而宵行，俯见其影，以为伏鬼也；仰视其发，以为立魅也；背而走，比至其家，失气而死。岂不哀哉！凡人之有鬼也，必以其感忽之间、疑玄之时定之。此人之所以无有而有无之时也，而己以定事。故伤于湿而击鼓，鼓痹，则必有敝鼓丧豚之费矣，而未有俞疾之福也。故虽不在夏首之南，则无以异矣。

凡以知人之性也，可以知物之理也。以可以知人之性，求可以知物之理，而无所疑止之，则没世穷年不能遍也。其所以贯理焉，虽亿万已不足浃万物之变，与愚者若一。学，老身长子而与愚者若一，犹不知错，夫是之谓妄人。故学也者，固学止之也。恶乎止之？曰："止诸至足。"曷谓至足？曰："圣王。"圣也者，尽伦者也；王也者，尽制者也；两尽者，足以为天下极矣。故学者以圣王为师，案以圣王之制为法，法其法以求其统类，以务象效其人。向是而务，士也；类是而几，君子也；知之，圣人也。

以上是第二部分，论述圣人治心知道，虚壹而静，"止诸至足"而解除蔽塞的方法。

心未尝不满也，然而有所谓一：满，当作"两"，义见下文。　不臧：臧，读cáng，通"藏"。　偷则自行：偷，偷惰，苟且。引申为懒散。　梦剧：剧，烦乱，与"梦"对文指白日的胡思乱想。　经纬：使有条理秩序，治理。　材官：量材任官。引申为依据实际情况而加以利用。　宇宙里：里，通"理"，治理。　睾睾(hào hào)：广大的样子。　涫涫(guān guān)：通"滚滚"，水沸腾的样子，形容极其活跃。　故口可劫而使墨云：墨，通"默"。　"采采卷耳"云云：引自《诗经·周南·卷耳》。卷耳，又名苍耳，草木植物，嫩苗可食；寘，置；周行，大路。　心枝：心生枝，谓分心也。　赞稽：犹"参稽"。赞，通"参"。　不以事诏：诏，教，教导。　处一之危：一，专一，专心于道；之，王天海以为与下句"之"皆训"至"；危，戒惧，危惧。　正错：错，通"措"，放置。　湛浊："湛"通"沉"，指沉淀的泥沙。　仓颉独传者：仓颉，亦作苍颉，黄帝时史官，传说中汉字的创造者。据刘师培、王天海注，句中"传"字与下文三"传"字均当作"专"，"独传"即"独专"；专者，精也。　后稷：名弃，姬姓。尧时任稷官，为农官之长，故号"后稷"。　　夔：舜时乐官。《礼记·乐记》称"夔始制乐，以赏诸侯"。　　倕（chuí）：尧舜时的巧匠。　　浮游：疑为"牟夷"之讹。牟夷，黄帝时创造箭的人。　　奚仲：夏禹时善于造车的人。　　乘杜：即相土，商朝祖先契的孙子，发明马拉车的人。　　是其庭可以搏鼠：是，通"视"；庭，通"筳"（tíng），唱歌时用以打拍子的小棍。　　曾子：曾参，孔子的学生。　　空石之中有人焉，其名曰觙：据孙诒让、刘师培注，空石，疑即穷石，古地名。觙，疑为"羿"之异文。《左转·襄四年》云："羿迁穷石。"　　善射：射，当为射策、射覆之"射"，精度也。　　有子：有若，孔子的学生。　　厌目：用手指按着眼睛。厌，通"厣"（yè）。　　漠漠：无声之貌。　　夏首：夏水起源处。夏水故道从今湖北沙市东南分长江水东出，经监利至仙桃入汉江。　　感（hàn）忽：模糊不清，此指神志不清。　　疑玄：怀疑、迷乱。玄，通"眩"。　　求其统类：类，衍文。

　　故有知非以虑是，则谓之惧；有勇非以持是，则谓之贼；察孰非以分是，则谓之篡；多能非以修荡是，则谓之知；辩利非以言是，则谓之讟。传曰："天下有二：非察是，是察非。"谓合王制不合王制也。天下有不以是为隆正也，然而犹有能分是非、治曲直者邪？若夫非分是非，非治曲直，非辨治乱，非治人道，虽能之，无益于人，不能无损于人；案直将治怪说，玩奇辞，以相挠滑也；案强钳而利口，厚颜而忍诟，无正而恣睢，妄辨而几利，不好辞让，不敬礼节，而好相推挤：此乱世奸人之说也。则天下之治说者，方多然矣。传曰："析辞而为察，言物而为辨，君子贱之；博闻强志，不合王制，君子贱之。"此之谓也。

　　为之无益于成也，求之无益于得也，忧戚之无益于几也，则广焉能弃之矣，不以自妨也，不少顷干之胸中。不慕往，不闵来，无邑怜之心，当时则动，物至而应，事起而辨，治乱可否，昭然明矣。

周而成，泄而败，明君无之有也。宣而成，隐而败，暗君无之有也。故人君者，周则逸言至矣，直言反矣，小人迩而君子远矣。《诗》云："墨以为明，狐狸而苍。"此言上幽而下险也。君人者，宣则直言至矣，而逸言反矣，君子迩而小人远矣。《诗》云："明明在下，赫赫在上。"此言上明而下化也。

以上为第三部分，论述应将智慧用于追求圣王的礼法制度，做君主的人光明正大，才能感化臣民，实现天下大治。

修荡：修饰激扬。　　泄（yì）：饶舌多言。　　扰滑：扰乱。滑，音gǔ，乱也。　　妄辨而几利：几，祈也；几利，祈利、求利也。下文"无益于几"之"几"，义同此。　　闵来：闵，通"悯"，忧也。　　邑怜：邑：通"悒"，忧愁不安；怜，怜惜。　　事起而辨：辨，通"办"，治理，解决。　　"墨以为明"云云：此引诗不见于今本《诗经》，或为佚诗。墨，暗；苍，青黑色。　　"明明在下"云云：引自《诗经·大雅·大明》。

荀子的"解蔽"之说在认识论方面着力解决认识的思维规律，论证正确认识事物的方法。首先，他肯定人有认识世界的能力，而且客观事物也是可以被正确认识的。"凡以知人之性，可以知物之理也。以可以知人之性，求可以知物之理，而无所疑止之，则没世穷年不能遍也。"这是说，人对世界的认识是由认识自身到认识外界，逐步具备了把握客观事物并给予正确认识的能力；但是客观现实世界的变化运动永远没有完结，人对于真理的认识也永远没有完结，只是认识了绝对真理的一部分。荀子这一论断，是其唯物主义认识论的基石。其次，他指出对客观事物的认识过程是由感性认识上升到理性认识，感性认识往往带有局限性，必须在感性认识的基础上发挥理性思维的作用，才能形成正确的认识，对客观事物做全面的把握。"凡观物有疑，中心不定，则外物不清；吾虑不清，则未可定然否也。"这说明，认识停留在感性阶段，必然发生错觉，或者仅认识了事物的假象，或者竟是感官失常，如冥行者、醉者、厌目者、掩耳者、望牛者、望木者、摇水者、瞽者等，均是

"愚者之定物，以疑决疑，决必不当"。又如夏首涓蜀梁以为有鬼的悲剧，也是惑于疑似之物而发生错误。这里，荀子强调心定、虑清，即理性思维必须发挥其作用。"心不使焉，则白黑在前而目不见，雷鼓在侧而耳不闻"，"心者，形之君也，而神明之主也，出令而无所受令"。耳、目、鼻、口、形等，被荀子称为"天官"，它们各有所能，不可互相替代借用，能认识各种事物在不同方面的不同属性，但这都只是感觉器官所获取的感性认识。心则不同。心被荀子称为"天君"，是人身体与精神的主宰者、支配者，具有自禁、自使、自夺、自取、自行、自止六种能力，具有自由性、自主性、能动性和判断力，因而能对感性材料进行分析、辨别、验证，最终形成正确认识。荀子在研究心的理性思维规律的基础上，进而探讨获取正确认识的方法：第一，"壹于道，而以赞稽物"，"万物可兼知也"。防止心枝，即心有所分歧；防止心倾，即偏邪不正；防止心贰，即疑惑不定，有此三防，就能用心专一，正心于道，排除疑似，无论多么繁复的事物也都能予以明确认识。更重要的是，要站在道的高度，去认识万物，由认识一个个具体事物，提升到认识事物的一般性质。有人虽不能如农精于田，如贾精于市，如工精于器，但他却担当管理农、贾、工的官职，这就是"精于道者也"，"精于道者兼物物"。第二，"故无欲无恶，无始无终，无近无远，无博无浅，无古无今，兼陈万物而中县衡焉。是故众异不得相蔽，以乱其伦。""衡"训道，"伦"训理。对于万物之众异，知其一而不知其二，及其一而不及其余，就会犯"蔽于一曲，而乱于大理"的错误。所以，将事物不同的属性全体陈列，进而以道这一测定事物的标准予以验证，各种事物的不同特点就不会相互蒙蔽，不会扰乱事物之间相反相成的道理。这是站在道的高度，由认识事物的差异性、特殊性，进而认识事物的普遍性。曲知之人和圣人因认识方法的不同，前者只能识"道之一隅"，后者则能得"周道"，即得道之全。由于把握了"体常而尽变"，所以就不局限于事物的特殊性，不陷入认识上的片面性，并由认识事物的普遍性，全面掌握道之规律，若用以指导行动，就不会因积习而受蔽塞。第三，虚壹而静的治心之道。荀子认为，心之本性是"有知"，即有认识能力，它具有藏、异、动的品质。其所藏者，指陈旧信息、既成看法，会有杂念；其所异者，指事物有区别，会有两个不同方面的认识；其所动者，指心不由自主地运行，会难以驾驭。为了使心能获取正确的认识，其关键在于治心，而治心的方法则是虚壹而静。老庄先提出虚静说，稷下道家宋钘、尹文又继而倡导虚壹而静说，这些都是弃智去欲、无求无藏的精神追求和道德修养的方法。荀子也讲虚壹而静用以"知道"，但他所说的道不是本体论的道，不是精神境界，而是事物的普遍规律，所以他的虚壹而静就是认识论上所指的掌握事物普遍规律的思维活动及方法。虽有所藏，若"不以所已臧害所将受"，即仍能接受新鲜思想，就叫做虚。虽有所异，若"不以夫一害此一"，即仍能进行对另一方面的认识，就叫做壹。虽有动，若"不以梦剧乱知"，即仍能始终把握特定的对象，就叫做静。心能虚空而排拒杂念，专心一意而不旁移，凝神清心而不浮躁，这是虚壹而静的结果，是治心之道对"有知"之藏、异、动诸品质进行节制、修整的结果。"虚则人"、"壹则尽""静则察"和"大清明"，是思维活动和认识能力的理想化状态，故而"万物莫形而不见，莫见而不论，莫论而失位"。

至于荀子所论人君之蔽、人臣之蔽、诸子百家之蔽，以及解除他们之蔽有何方法，这些都是荀子治心之认识论的应用，也是撰写本文的政治目的之所在。人君之蔽在于"惑其心而乱其行"，如夏桀、殷纣者；人君无蔽在于"主其心而慎治之"，如商汤王、周文王者。人臣之蔽在于"贪鄙、背叛、争权"，如唐鞅、奚齐者；人臣无蔽在于"仁知"、"知贤"、"辅贤"，如鲍叔、宁戚、隰朋、召公、吕望者。又，宾孟之蔽如乱家者流，"墨子蔽于用而不知文，宋子蔽于欲而不知得，慎子蔽于法而不知贤，申子蔽于势而不知知，惠子蔽于辞而不知实，庄子蔽于天而不知人"。以上三种人"故为蔽"，"故"训胡，即何以造成蔽塞呢？荀子归纳为欲、恶、始、终、远、近、博、浅、古、今"十蔽"，以"凡万物异则莫不相为蔽，此心术之公患也"一语总说其实质。万事万物互相区别，纷繁复杂，人的认识偏执一端而产生蔽塞，这种片面性、局限性，是认识方法上的通病。治理上述三种政治上的蔽塞，仍然在于"知道"、"知道人"，换而言之，向孔子学习，在道德修养上"仁知且不蔽"，在治国理政上"学乱术足以为先王者也"。"乱"含治、乱二义。《尔雅·释诂》："乱，治也。"《尚书·顾命》："其能而乱四方。"蔡沈集传："而，如；乱，治也。"古称善于治国的能臣为"乱臣"，如《尚书·泰誓》："予有乱臣十人。"后亦称不守臣道之臣为"乱臣"，如《管子·君臣下》："君为倒君，臣为乱臣，国家之衰也，可坐而待之。"而此处乱术谓治术。以治天下之术治国平天下，就是"得周道"，不会因原有成习而蔽塞。

正名篇第二十二

　　本篇上承孔子正名说，又吸纳墨家逻辑学成果，批判、总结当时名家学说，提出自己的正名学理论，从而成为先秦只有《墨辩》可以与之媲美的逻辑学说和体系。唐杨倞"是时，公孙龙、惠施之徒乱名改作，以是为非，故作《正名篇》"之评论，道出荀子撰写本篇动机，极中肯。本篇从概念形成及与实体关系展开，进而论及思维活动形态与思维形式，兼顾对当时名家和其他学派的批评，条理绵密，定义确切，论证精辟，读之益人神智。

　　近代君主是这样确定名称的：刑法名称依从商朝，官爵名称依从周朝，礼仪名称依从《礼》。给其他各种事物所取的名称，则依从中原各国既有的习俗和乡间的约定；边远地区不同风俗的地方，也就沿用这些名称而相互交流沟通。关于人的各种名称是：人生下来就有男女的区别，叫做性。由性之阴阳二气相和而生成人，人的精神与外物接触而产生感应，这种感应并不经过后天的矫饰而自然表现出来，叫做性。性的好恶、喜怒、哀乐，叫做情感。情感如此，而心对它们予以选择，叫做思虑。心加以思虑，而本能作出行动，叫做人为。积累思虑练习本能，而后便成功了，这种勉力造作的结果，叫做人为。确定地为利益而做的，叫做事业。确定地为道义而做的，叫做德行。人本身具有的对事物的感知，叫做知；人的感知与外物相符合，叫做智。人本身具有的能力，叫做潜能；人的潜能与外物相符合，叫做才能。人的天性受到伤害，叫做病。偶然的遭遇，叫做命。这些就是关于人本身的各种名称，是近代君主所确定的名称。

　　所以王者制定名称，是因为名称一确定，实际的事物就辨别开了，于是王道得以推行而人们的志向通达，从而就可以谨慎地带领人民为统一于所制定的名称而行动。所以，离析现成言辞、擅自制作名称来淆乱正确的名称，使人民疑惑不定，引起许多争辩、诉讼，这样的人就叫做大奸，他的罪行如同私造符节凭信和度量衡一样。所以王者的人民，没有敢依托制作奇辞怪名来淆乱正确名称的。他的人民朴实，朴实的人民就容易役使，容易役使就能成就功业。他的人民没有敢依托制作奇辞怪名来淆乱正确名称的，所以就一心一意地奉守法律，谨慎地遵行政令。像这样，那么他的业绩就久长。业绩久长，功名成就，是治理天下的极致，这是严格地坚守用正确的名称来约束人民的功效。如今圣王早就死了，人们对遵守正确名称的事怠慢了，奇辞怪名大量出现，名与实相淆乱，是非界限不明确，那么即使是遵守法令的官吏、讲述典章制度的儒生，也都迷乱了。假若再有王者出现，必定会遵循旧有名称，又创制一些新名称。既然如此，那么对之所以要有名称与制定名称有同有异的依据，以及制定名称的要领，就不能不弄清楚了。

  事物的形状不同，人们的理解各异，并且交相以不同的事物作比喻，弄得名与实纷乱纽结，贵贱不能分明，同异难以区别。像这样，就一定会有思想不能表达的忧患，而事情也一定有遭遇困境废弃的灾祸。所以有智慧的人对现象加以分别，制定名称来指代事物。对上用以彰明贵贱，对下用以区别同异。贵贱彰明了，同异区别了，这样，就没有思想不能表达的忧患，而事情也没有遭遇困境废弃的灾祸了。这就是之所以要有名称的道理。

  那么，依据什么来区别名称的同异呢？回答道：依据人天生的感官。凡是同一类别同一性质的事物，人的感官对它们的认识就会相同，所以对它们加以比喻和描摹，人们就都能理解，这就是人们能够形成共识并制定出省约之名，以便相互交往的原因。事物的形状、颜色、纹理，靠眼睛来区分；音乐的清音与浊音、协调众音的竽笙的乐声等各种不同的声音，靠耳朵来区分；甜、苦、咸、淡、辣、酸等各种不同的味道，靠嘴巴来区分；香气与芬芳之气、腥臊与辛酸之气等各种不同的气味，靠鼻子来区分；痛痒、寒热、滑涩、轻重等，靠身体的感觉来区分；愉悦、痛苦、喜、怒、哀、乐、爱、恶、欲等，靠心的感觉来区分。心能征验而得到认知，但是这种征验认知，要依靠耳朵才能认知声音，依靠眼睛才能认知形状，可见心能征验认知一定要依靠感官直接面对事物，并逼近它们才发生作用。感官逼近事物而发生作用，却不能认知它们，心征验了事物却不能用名称表述出来，那么人们说这实际上是并没有认知事物。这就是依据人的感官认识事物而确定名称的同和异的情况。

然后依据所认知事物的同和异来给它们命名：相同的事物就取相同的名称，不同的事物就取不同的名称；单名能让人明白的就用单名，单名不能让人明白的就用复名；单名与复名的性质不相违背，就用通名，虽然用了通名，对了解事物也没有什么妨害。既然知道实质不同的事物应当具有不同的名称，所以就要使实质不同的事物没有不具有不同名称的，这是不可淆乱的，正如同使实质相同的事物具有相同的名称一样。所以万物虽然众多，有时想把它们全部概括起来，便把它们叫做"物"。"物"这个名称是一个最大的通名，将通名推而广之，在通名之上有更大的通名，一直推到没有最后的通名为止。有时想把它们有限地概括起来，便把它们叫做"鸟兽"。"鸟兽"这个名称是一个最大的别名，将别名推而广之，在别名之下有更小的别名，一直推到没有最后的别名为止。名称没有本来就合适的，是人们共同约定给某个事物取个名，约定变成了习惯，就称之为合适，违反了约定和习惯，就称之为不合适。名称本来没有固定的实际内容，人们共同约定给某个确指的实际内容取个名，约定变成了习惯，就称之为指代实际内容的名称。名称有本来就命得好的，直观易懂而不使人发生误解，就叫做好名称。有的事物形状相同而实质不同，有的事物形状不同而实质相同，这是可以区别的。形状相同而实质不同，虽然可以合用一个名称，却仍是两个不同的事物；形状发生了改变而实际并未异化为另一个东西，这就叫做变化；形状有变化而实质依旧，就仍然是同一个事物。这就是用考察事物的实质来制定众多事物的名称。以上是制定名称的纲要，近代君主给事物确定名称，是不能不弄明白的。

"受到侮辱不是耻辱"、"圣人不爱惜自己"、"杀强盗不是杀人"，这些说法的错误在于用名称的字面异同偷换了名称的实质的异同。只要考察一下名称的由来，再看看这些说法是否行得通，就能禁止这些说法了。"高山和深渊一样平"、"人的本性是情欲少"、"猪牛羊肉的味道并不比一般食物更甜美，大钟的声音并不比一般乐器更使人快乐"，这些说法的错误在于借用个别事实混淆了反映一般性质的名称。只要考察一下为什么名称有同有异，再看看这些说法是否行得通，就能禁止这些说法了。"不相爱为非应更易为兼相爱"、"全是牛"、"马不是马"，这些说法的错误在于用名称的不同混淆了事物的实质。只要用名称约定的原则来检验这些说法，以所能接受的正确的名称反驳所不能接受的错误的名称，就能禁止这些说法了。凡是偏离正道而擅自制造的邪说怪论，没有不和上述三种错误相类似的。所以贤明的君主知道邪说怪论与正道的区别，就不同他们争辩了。

　　人民容易用正道加以统一和引导，但不必与他们共商这些事情，所以贤明的君主用权势来驾驭他们，用正道来引导他们，用正确的名称来启示他们，用道理来教导他们，用刑法来禁止他们。所以人民顺从正道有如神明，哪里还用得着辩说呢！当今圣人早已死去，天下混乱，奸言四起，君子没有权势来驾驭人民，没有刑法来禁止人民，所以只好用辩说了。

　　人们对事物不能明白也说不出来的时候，就给它命个名；命名了还不能明白，就要来个约定；约定了仍不能明白，就要进行辩析；辩析了仍不能明白，就要加以说明。所以命名、判断、辩析、说明，是实际运用中的重要形式，是成就称王天下事业的开始。听到了名称就能知道它代表的实际事物，这就是名称的功用；联属名称而成文章，这是名称的配合运用；名称的功用与运用都掌握了，就叫做懂得名称了。所谓名称，是用来约定众多事物的实际的。所谓辞句，是连缀那些反映不同事物的名称而推知出一个意思的。所谓辩说，是根据名实相符，不使离析相乱的原则，来辨明名反映实的变化规律，以澄清孰是孰非。所谓约定内容和命名，是产生辩说的原由。所谓辩说，是表现人心的向导。所谓人心，是道的主宰。所谓道，是治国的永恒不变的常理。人心符合于道，辩说符合于人心，辞句符合于辩说。运用正确的名称而能恰当，基于实情而易于明晓。辨明事物的差异而不说错，推论同类事物而不违背事理；所使用的名称要合乎约定俗成，进行辩说要把所以然的道理全部讲出来；用正道来辨明奸邪，就像以正道为准绳来把握邪与正一样；因而邪说怪论不能淆乱正确的名称，各家杂说也无法篡改正道了。有全面听取各家意见的明智而没有骄傲自许的态度，有包容万物的厚德而没有自夸美德的神色。学说能够实行，那么天下就走上正道；学说不能实行，那么就宣明自己的正名思想并隐身而退，这就是圣人的辩说。《诗经》上说："体态谦恭，气宇轩昂；品德纯洁，如珪如璋；美好的声誉，美好的名望；和乐平易的君子，天下人民的榜样。"说的就是这样的人。

　　谦让的美德具备了，长幼的礼节顺当了；犯忌讳的话不说，妖言怪论不传播；以仁爱之心去说话，以虚心学习之心去听取他人意见，以公正之心去辨别是非。不为众人的毁誉所动摇，不为观者的耳目而修饰言辞，不为权贵的权势所收买，不以传播邪说怪论而得利。所以才能够坚守正道而不背离，发出议论而不失误，言语流利而不过分，重视公正的言论而鄙视庸俗的争吵。这是士君子的辩说。《诗经》上说："长夜漫漫啊，我久久地反省自己的过错；对古人的教诲没有怠慢，对礼义也没有违反，又何必顾虑别人的议论呢！"说的就是这个意思。

　　君子的言论，浅显而精要，声轻而美善，错落有致而条理一贯。他运用正确的名称，选择恰当的辞句，以努力表明自己的思想。名称和辞句是表达思想的工具，能够用来很好地互相沟通就可以了；故意地搬弄名称和辞句，是奸邪的做法。所以名称足以反映事物的实际，辞句足以表达主旨，就可以了。除此之外，就叫做故作高难，这是君子所抛弃的，而愚蠢的人却拿它当成宝贝。所以愚蠢的人说话，轻率而粗俗，说长道短而无条理，吵吵闹闹而无控制。他们搬弄诱人的名称，炫耀迷人的言辞，却不求其思想的深刻。所以他们玩尽了名称、辞句却没有主旨，非常劳累却没有功效，贪求名望却得不到名望。所以智慧者的言论，思考起来容易理解，实行起来容易妥当，坚持它容易站得住脚，有所成就必然能得到所喜爱的结果，而不会遭遇所厌恶的结果；而愚蠢的人正好相反。《诗经》上说："你是鬼还是蜮，心术之深不可测。俨然有个人面目，虽有愧色难猜透。善意之歌送给你，戳穿反复不正直。"说的就是这种人。

　　凡是谈论治理国家而主张去除人们的欲望的人，是没有办法引导人们的欲望反而被欲望困扰了的人。凡是谈论治理国家而主张减少人们的欲望的人，这是没有办法节制欲望反而被太多欲望困扰了的人。有欲望和没有欲望，这是不同类型的问题，是有生命和无生命的区别，与国家的治和乱没有关系。欲望的多和少，是不同类型的问题，是情欲多和少的区别，与国家的治和乱没有关系。欲望并不是有可能实现才产生的，而追求的人总是从可能实现的方面去努力。欲望并不是有可能实现才产生的，是人们天生就有的，而追求欲望的人总是从可能实现的方向去努力，这是受心支配的。人天生只有单纯的欲望，却受到心的多种需求的制约，所以很难再与天生的单纯欲望相类比。人最希望的是活着，最厌恶的是死去，但是也有人放弃生而就死的，并不是不想活着而想死，而是在某种情境下他的心不许可偷生而只能去死。所以欲望非常强烈而行动却没有跟上，是心制止了行动。心的许可恰好符合道理，那么欲望即使多，又怎么会损害国家的治理呢！欲望不强烈而行动却过度了，这也是心驱使的。心的许可不符合道理，那么欲望即使少，又怎么能制止国家的混乱呢？所以国家的治乱在于心的许可，不在于情的欲望。不从国家治乱的关键所在方面找原因，却在与国家治乱没有关系的欲望上找答案，虽然自以为找到了，实际上是丢失了！

人性，是上天造就的；情，是本性的实质；欲望，是情对外物的感应。认为自己的欲望是可以得到的而去追求它，这是人情所不能避免的；认为自己的欲望是对的而去实现它，这是人的智慧所必然要求的。所以即使是看门的人，也不可能舍弃欲望，这是人的本性所具有的。即使是做了天子，他的欲望也不可能完全满足。欲望虽然不可能完全满足，却可以接近于完全满足；欲望虽然不可能舍弃，却可以对欲望加以节制。所希望得到的虽然不可能完全满足，追求欲望的心却可以接近于完全满足；欲望虽然不可能舍弃，所追求到的又不是原先所想的，是因为心节制了对欲望的追求。按照"道"的要求，条件许可时就尽可能争取使欲望接近于满足；条件不允许时就退而对欲望加以节制，天下没有比这更好的了。

大凡人没有不遵从他所认可的事物而抛弃他所否定的事物的。明白没有比"道"更好的了，却又不遵从"道"，这样的人是没有的。假如有人想往南走，不管其路多远也要去；不想往北走，不管其路多近也不会去。哪能因为南行之路没有尽头，就背离南行方向而往北走呢？现在人们对于所希望得到的不嫌其多，对于所不希望得到的不嫌其少，哪能因为所希望得到的不能完全满足就放弃努力而去追求所不希望得到的东西呢？所以，若是心所认可的道就要遵从它，哪里会因为欲望增多就使国家陷入混乱了呢？若是心所不认可的道就要舍弃它，哪里会因为欲望减少就使国家安定了呢？所以智者只要根据道来论事就可以了，如此那些小派异说所企求的就都会衰亡了。

　　大凡人有所求取，他所希望得到的未必都能得到；人有所抛弃，他所不希望得到的未必都能去掉。所以人无论有何行动，都不能没有一杆衡量的"秤"。秤不合标准，虽然挂上了重物，秤杆反而翘起，使人误以为是轻物；挂上了轻物，秤杆反而低下，使人误以为是重物，这是人对轻重产生迷惑的原因。衡量人行为的"秤"不合标准，祸害就会包含在人的欲望中，而人却认为是幸福；或者幸福包含在他所厌恶的事情中，而人却认为是祸害，这也是人对祸福产生迷惑的原因。所谓道，是从古到今衡量一切事物的最准确的标准，如果背离了道而凭自己内心来选择，就不知道祸与福隐伏在什么地方了。

　　交换物品，用价值为一的东西去交换价值为一的东西，人们会说既无所得又无所失；用价值为一的东西去交换价值为两的东西，人们会说不仅无所失，而且有所得；用价值为两的东西去交换价值为一的东西，人们会说不仅无所得而且有所失。会算计的人希望以少换多，会谋虑的人却遵从自己心所许可的原则去交换。用价值为两的东西去交换价值为一的东西，人们都不愿意这样做，因为明白数量有多与少的道理。假若从正道出发而行事，就像用价值为一的东西去交换价值为两的东西一样，哪里会有损失呢？背离正道而凭自己内心的选择去行事，就像用价值为两的东西去交换价值为一的东西，哪里能得到什么呢！积累多年的愿望，去换取一时的满足，这样的事尚且有人去做，是他不明白数量有多与少的道理呀！

　　我又曾试着深入观察一个隐蔽而不易觉察的道理：凡是内心轻视道而行为上却不看重财物的人，是没有的；行为上看重财物而内心不忧虑的人，是没有的；行为上背离道而不遭遇外来危险的人，是没有的；遭遇外来危险而内心不恐惧的人，是没有的。内心忧虑恐惧，就是嘴里嚼着猪狗牛羊肉，也不会觉得味美；耳朵听到钟鼓之乐，也不会觉得悦耳；眼睛看到花纹图案，也不会觉得美丽；衣被轻暖、竹席平整，也不会觉得身体舒适。所以，享受了万物的好处却不能得到满足，即使暂时满足了，忧虑害怕的心情还是不能排除。所以，享受了万物的好处却忧虑重重，兼得了万物的利益却隐伏着最大的祸害。像这样的人，是想追求财物吗？是想保养生命吗？是想延年益寿吗？本想满足欲望却放纵了

计者取所多，谋者从所可

性情；本想保养生命却危害了身体；本想获取快乐却伤害了内心；本想提高名望却败坏了德行。像这样的人，即使封为诸侯，尊为国君，他和盗贼也没有什么不同；即使乘坐轩车，戴着官帽，他和砍掉双脚的罪人也没有什么不同。这就叫做让外物役使了自己。

　　内心平静愉快，那么看到超乎平常的颜色，也可以养眼；听到超乎平常的声音，也可以悦耳；蔬食菜羹，也可以满足饮食的需要；粗布衣、粗麻鞋，也可以满足身体的需要；用芦苇、稻草搭的窝棚，草蓐当桌凳、垫子，也可以满足居住的需要。所以，虽然没有享受万物之美却可以保持快乐，没有权势地位却可以保持美名。像这样的人，将治理天下的大权交给他，他就会为天下人的利益操劳多，而考虑自己的享乐就少了。这就叫做能尊重自己而役使万物。

　　没有经过检验的言论，没有谁体验过的行为，没有听说谁使用过的计谋，君子都要慎重对待。

　　后王之成名：刑名从商，爵名从周，文名从《礼》。散名之加于万物者，则从诸夏之成俗曲期；远方异俗之乡，则因之而为通。散名之在人者：生之所以然者谓之性。性之和所生，精合感应，不事而自然谓之性。性之好恶、喜怒、哀乐谓之情。情然而心为之择，谓之虑。心虑而能为之动，谓之伪。虑积焉、能习焉而后成，谓之伪。正利而为，谓之事。正义而为，谓之行。所以知之在人者，谓之知；知有所合，谓之智。智所以能之在人者，谓之能；能有所合，谓之能。性伤，谓之病。节遇，谓之命。是散名之在人者也，是后王之成名也。

　　故王者之制名，名定而实辨，道行而志通，则慎率民而一焉。故析辞擅作名以乱正名，使民疑惑，人多辨讼，则谓之大奸，其罪犹为符节度量之罪也。故其民莫敢托为奇辞以乱正名。故其民悫，悫则易使，易使则公。其民莫敢托为奇辞以乱正名，故壹于道法而谨于循令矣。如是，则其迹长矣。迹长功成，治之极也，是谨于守名约之功也。今圣王没，名守慢，奇辞起，名实乱，是非之形不明，则虽守法之吏、诵数之儒，亦皆乱也。若有王者起，必将有循于旧名，有作于新名。然则所为有名与所缘以同异，与制名之枢要，不可不察也。

异形离心，交喻异物，名实玄纽，贵贱不明，同异不别。如是，则志必有不喻之患，而事必有困废之祸。故知者为之分别制名以指实，上以明贵贱，下以辨同异。贵贱明，同异别，如是，则志无不喻之患，事无困废之祸，此所为有名也。

然则何缘而以同异？曰：缘天官。凡同类同情者，其天官之意物也同，故比方之疑似而通，是所以共其约名以相期也。形体色理以目异，声音清浊、调竽奇声以耳异，甘苦咸淡辛酸奇味以口异，香臭芬郁、腥臊洒酸奇臭以鼻异，疾养冷热、滑铍轻重以形体异，说故喜怒哀乐爱恶欲以心异。心有征知，征知则缘耳而知声可也，缘目而知形可也，然而征知必将待天官之当簿其类，然后可也。五官簿之而不知，心征知而无说，则人莫不然，谓之不知。此所缘而以同异也。

然后随而命之：同则同之，异则异之。单足以喻则单，单不足以喻则兼；单与兼无所相避则共，虽共，不为害矣。知异实者之异名也，故使异实者莫不异名也，不可乱也，犹使同实者莫不同名也。故万物虽众，有时而欲遍举之，故谓之物。物也者，大共名也。推而共之，共则有共，至于无共，然后止。有时而欲偏举之，故谓之鸟兽。鸟兽也者，大别名也。推而别之，别则有别，至于无别，然后止。名无固宜，约之以命，约定俗成谓之宜，异于约则谓之不宜。名无固实，约之以命实，约定俗成，谓之实名。名有固善，径易而不拂，谓之善名。物有同状而异所者，有异状而同所者，可别也。状同而为异所者，虽可合，谓之二实。状变而实无别而为异者，谓之化；有化而无别，谓之一实。此事之所以稽实定数也。此制名之枢要也，后王之成名，不可不察也。

同则同之，异则异之

以上为第一部分，论述王者制名与正名的重要意义与作用，提出创作新名的三个主要问题：所为有名；所缘以同异；制名之枢要。

后王：古代典籍称"先王"一般指尧、舜、禹、汤、文、武，迄于周武王，后之王者当皆可以"后王"称之，在荀子之时即为近代之王也。　散名：除刑、爵、文（礼节）之外各种事物的名称。　成俗曲期：犹约定俗成。曲，乡曲；期，要约。　伪：人之作为，即人为。　节遇：机遇。节，时，时节，引申为时机。　道法、循令：上下为互文，"道""循"皆作动词。　名约：犹"约名"，约定之名。　诵数：诵说，诵讲经文。　玄纽：玄，通"眩"，眩惑，错乱；纽，纽结、纠缠。　香臭：香气。臭（xiù)，气味。　洒酸：据王天海注，"洒"古音与"辛"通。辛酸，本为气、味相兼，于口为味，于鼻为气。上句所言"辛酸"，味也；此所言"辛酸"，气也，故以"洒"字以别之。　疾养沧热：疾，痛；养，通"痒"；沧，寒。　滑皱：当为"滑铍"之讹，即滑涩，指皮肤的光滑与粗糙。　说故：说（yuè），悦；故，通"苦"。　薄其类：薄，通"迫"，迫近；类，指上文所言感官所接之类。

"见侮不辱"、"圣人不爱己"、"杀盗非杀人也"，此惑于用名以乱名者也。验之所为有名，而观其孰行，则能禁之矣。"山渊平"、"情欲寡"、"刍豢不加甘，大钟不加乐"，此惑于用实以乱名者也。验之所缘以同异，而观其孰调，则能禁之矣。"非而谒"，"楹有牛"，"马非马也"，此惑于用名以乱实者也。验之名约，以其所受，悖其所辞，则能禁之矣。凡邪说辟言之离正道而擅作者，无不类于三惑者矣。故明君知其分，而不与辨也。

夫民易一以道，而不可与共故。故明君临之以势，道之以道，申之以命，章之以论，禁之以刑。故民之化道也如神，辨说恶用矣哉！今圣王没，天下乱，奸言起，君子无势以临之，无刑以禁之，故辨说也。

实不喻然后命，命不喻然后期，期不喻然后说，说不喻然后辨。故期、命、辨、说也者，用之大文也，而王业之始也。名闻而实喻，名之用也；累而成文，名之丽也；用丽俱得，谓之知名。名也者，所以期累实也。辞也者，兼异实之名以论一意也。辨说也者，不异实名以喻动静之道也。期命也者，辨说之用也。辨说也者，心之象道也。心也者，道之工宰也。道也者，治之经理也。心合于道，说合于心，辞合于说。正名而期，质请而喻。辨异而不过，推类而不悖；听则合文，辨则尽故；以正道而辨奸，犹引绳以持曲直；是故邪说不能乱，百家无所窜。有兼听之明而无矜奋之容，有兼覆之厚而无伐德之色。说行，则天下正；说不行，则白道而冥穷：是圣人之辨说也。《诗》曰："颙颙卬卬，如圭如璋；令闻令望，岂弟君子，四方为纲。"此之谓也。

辞让之节得矣，长少之理顺矣；忌讳不称，袄辞不出；以仁心说，以学心听，以公心辨。不动乎众人之非誉，不治观者之耳目，不赂贵者之权势，不利传辟者之辞。故能处道而不贰，咄而不夺，利而不流，贵公正而贱鄙争。是士君子之辨说也。《诗》曰："长夜漫兮，永思骞兮；大古之不慢兮，礼义之不愆兮，何恤人之言兮。"此之谓也。

君子之言，涉然而精，俯然而类，差差然而齐。彼正其名，当其辞，以务白其志义者也。彼名辞也者，志义之使也，足以相通，则舍之矣。苟之，奸也。故名足以指实，辞足以见极，则舍之矣。外是者谓之𠟎，是君子之所弃，而愚者拾以为己宝。故愚者之言，芴然而粗，啧然而不类，諮諮然而沸。彼诱其名，眩其辞，而无深于其志义者也。故穷借而无极，甚劳而无功，贪而无名。故知者之言也，虑之易知也，行之易安也，持之易立也，成则必得其所好，而不遇其所恶焉；而愚者反是。《诗》曰："为鬼为蜮，则不可得；有靦面目，视人罔极。作此好歌，以极反侧。"此之谓也。

以上为第二部分，论述辩说的重要性和辩说的方法，并对"邪说辟言之离正道而擅作"的"三惑"予以驳斥。

"见侮不辱"三句：据杨倞注，"见侮不辱"，宋子之言也。"圣人不爱己"，未闻其说，似庄子之意。"杀盗非杀人"，亦见《庄子》。又《墨子》亦有"杀盗非杀人"句。 "山渊平"三句：据杨倞注，"山渊平"，即《庄子》"山与泽平"也。"情欲寡"，即宋子云"人之情欲寡"也。"刍豢不加甘，大钟不加乐"，墨子之说也。王天海则认为，"山渊平"乃惠施之说，《庄子·天下篇》引之作"山与泽平"耳。

"非而谒"三句：此三句从梁启雄、王天海断句，而加用两对引号别为三句(梁、王只用了一对引号)。据梁、王引王绍兰曰，此三者皆墨子之说。惟"谒"当作"易"，"易"误为"曷"而加"言"耳。《墨子·兼爱·中篇》云："凡天下祸篡怨恨，其所以起者，以不相爱生也。是以仁者非之，既以非之，何以易之？子墨子言曰：以兼相爱、交相利之法易之。"此谓不相爱为非而易以兼相爱也。是"非而易"之说也。《经说·上篇》云："止，无久之不止。当牛非马，若夫过楹。"是"楹有牛"之说也。又云："有久之不止，当马非马，若人过梁。"是"马非马"之说也。 累而成文，名之丽也：句中"丽"与下句"用丽俱得"之"丽"皆同"俪"。据梁启雄曰，《释名·释言语》："文者……会集众字以成词谊。"此"文"字谓联合两字以上的名词。所以说"名之俪也"。由此可知"丽"指名称的配合运用。"用丽俱得"，功用与运用俱得也。训"丽"为"华丽"为"美"者非。 "颙颙卬卬"云云：引自《诗经·大雅·卷阿》。颙颙，体貌谦恭温顺的样子；卬卬，同"昂昂"；令，好；岂弟，犹"恺悌"，和乐平易。 "长夜漫兮"云云：引诗不见于今本《诗经》。骞，过，过错；大古，太古；慢，怠慢；愆，差错。 涉然：浅显的样子。 俛然：俯首低语的样子。 差差然：参差错落的样子。 苟之：据章诗同曰，当指不合理地故意加以曲说或标新立异。 刃(rèn)：或指不忍之言。 芴然：轻浮的样子。 喷然：喷有烦言的样子。 諮諮然：吵吵闹闹的样子。 "为鬼为蜮"云云：引自《诗经·小雅·何人斯》。解见前。

凡语治而待去欲者，无以道欲而困于有欲者也。凡语治而待寡欲者，无以节欲而困于多欲者也。有欲、无欲，异类也，生死也，非治乱也。欲之多寡，异类也，情之数也，非治乱也。欲不待可得，而求者从所可。欲不待可得，所受乎天也，求者从所可，所受乎心也。所受乎天之一欲，制于所受乎心之多，固难类所受乎天也。人之所欲生甚矣，人之恶死甚矣，然而人有从生成死者，非不欲生而欲死也，不可以生而可以死也。故欲过之而动不及，心止之也。心之所可中理，则欲虽多，奚伤于治！欲不及而动过之，心使之也。心之所可失理，则欲虽寡，奚止于乱？故治乱在于心之所可，亡于情之所欲。不求之其所在，而求之其所亡，虽曰"我得之"，失之矣！

性者，天之就也；情者，性之质也；欲者，情之应也。以所欲为可得而求之，情之所必不免也；以为可而道之，知所必出也。故虽为守门，欲不可去，性之具也。虽为天子，欲不可尽。欲虽不可尽，可以近尽也；欲虽不可去，求可节也。所欲虽不可尽，求者犹近尽；欲虽不可去，所求不得虑者，欲节求也。道者，进则近尽，退则节求，天下莫之若也。

凡人莫不从其所可而去其所不可。知道之莫之若也，而不从道者，无之有也。假之有人而欲南无多，而恶北无寡，岂为夫南之不可尽也，离南行而北走也哉？今人所欲无多，所恶无寡，岂为夫所欲之不可尽也，离得欲之道而取所恶也哉？故可道而从之，奚以损之而乱？不可道而离之，奚以益之而治？故知者论道而已矣，小家珍说之所愿者皆衰矣。

凡人之取也，所欲未尝粹而来也；其去也，所恶未尝粹而往也。故人无动而不可以不与权俱。衡不正，则重县于仰而人以为轻，轻县于俯而人以为重，此人所以惑于轻重也。权不正，则祸托于欲而人以为福，福托于恶而人以为祸，此亦人所

道者，古今之正权也

以惑于祸福也。道者，古今之正权也，离道而内自择，则不知祸福之所托。

易者，以一易一，人曰无得，亦无丧也；以一易两，人曰无丧，而有得也；以两易一，人曰无得，而有丧也。计者取所多，谋者从所可。以两易一，人莫之为，明其数也。从道而出，犹以一易两也，奚丧？离道而内自择，是犹以两易一也，奚得！其累百年之欲，易一时之嫌，然且为之，不明其数也！

有尝试深观其隐而难其察者：志轻理而不重物者，无之有也；外重物而不内忧者，无之有也；行离理而不外危者，无之有也；外危而不内恐者，无之有也。心忧恐则口衔刍豢而不知其味，耳听钟鼓而不知其声，目视黼黻而不知其状，轻暖平簟而体不知其安。故向万物之美而不能嗛也。假而得间而嗛之，则不能离也。故向万物之美而盛忧，兼万物之美而盛害。如此者，其求物也，养生也，粥寿也？故欲养其欲而纵其情，欲养其性而危其形，欲养其乐而攻其心，欲养其名而乱其行。如此者，虽封侯称君，其与夫盗无以异；乘轩戴绖，其与无足无以异。夫是之谓以己为物役矣。

心平愉，则色不及佣而可以养目，声不及佣而可以养耳，蔬食菜羹而可以养口，粗布之衣、粗䌷之履而可以养体，屋室庐庾菲、稿蓐尚机筵而可以养形。故虽无万物之美而可以养乐，无势列之位而可以养名。如是而加天下焉，其为天下多，其和乐少矣。夫是之谓重己役物。

无稽之言，不见之行，不闻之谋，君子慎之。

以上为第三部分，特举"欲"的问题为议题，进行辩说，为儒者之辩树立典范。

天之一欲：一欲指性，谓天生之一性欲也。　从生成死：从，读为"纵"，放纵，引申为放弃。　小家珍说：小派异说。这里是对宋子、墨子等诸子学说的蔑称。　一时之嫌：嫌，通"嗛"，满足。平簟：蒲草席和竹席。　　不能嗛：嗛，足，满足。　　粥寿：养寿。引申为延年益寿。粥，养。　　不仅佣：佣，通"庸"，庸常、平常。　　屋室庐庚荻：庐，农时暂住的棚屋；庚，草；荻，芦苇。　　稿蓐尚机筵：稿，禾秆；蓐，草垫；尚，通"当"；机筵，即几筵。

《荀子》一书站在儒家立场对先秦逻辑予以综合，全面地渗透着儒家伦理思想，其逻辑学说与体系，是以替新兴地主阶级取天下提供理论武器为最终目的的。所以，它以正名为中心，把名、辞、辨说招引到正名的旗帜之下，服务于立隆正、明贵贱、行王制，这是一套完整的正名逻辑体系。《正名篇》是逻辑专著，对名、辞、辨说的探讨全面而系统。后人研读，要透过其伦理内容和思想，细心采撷其宝贵的逻辑学理论和知识。

思维活动形态与思维形式。"实不喻然后命，命不喻然后期，期不喻然后说，说不喻然后辨。"所谓"实"，指客观事物，对它反映可有命、期、辨、说四种思维活动形态，分别是制名的思维活动，下判断的活动，解说、推理的活动，辩析的活动。与此四种思维活动形态相联系，由命而产生名，由期而产生辞，由辨和说而产生辩说，这是三种思维形式。首先说名，定义为"所以期累实也"。期，会通、反映；累，众多。这是说，名是对众多事物的反映。所以，荀子之名相当于概念。荀子肯定名反映实，实在名先，这是对孔子以名正实、名在实先的名实观以修正，做了唯物主义的解释。名反映众多事物，一个名可以指称一类事物，如人、物、鸟兽、性、情、礼义、事、行等，就是对各类不同事物的共性即本质的反映而形成的，这说明名具有抽象性、概括性的特点。名反映的数量和实质也不是一成不变，实不变，名也不变，后世可沿用旧名；实有变，名也随之而变，后世不再沿用旧名而改制新名，这就是"有循于旧名，有作于新名"。名的循旧与创新，都由事物的发展变化和人们的需要来决定，荀子对此仅有朴素的认识，但所包含的唯物且辩证的观点，应予充分肯定。和孔子的"名不正则言不顺，言不顺则事不成，事不成则礼乐不兴，礼乐不兴则刑罚不中，刑罚不中，则无所措手足"这一正名主张相呼应，荀子提出自己的制名正名理论："故王者之制名，名定而实辨，道行而志通，则慎率民而一焉。"孔子因不满于僭越名位，提出正礼义之名，以挽救礼崩乐坏的局面，这是政治考量；荀子则着眼于逻辑为思维的工具，名正是逻辑要求，所谓"制名以指实"，"名闻而实喻"，"名定而实辨"，明显是强调使用概念务须明确的问题。诚然，荀子追随孔子，在正名之义上必有一脉相承之处，但荀子侧重于研究名、实的逻辑规律，论证名正在于名实相符。其次说辞，定义为"兼异实之名以论一意也"。兼，连缀也；论，知也。这是说，辞是连缀不同实之名而推知出一个思想的思维形式，故相当于命题或判断。从结构看，是不同实之名相兼组合，无疑在名的基础上形成语句，即由表示不同事物的名之集合而成。从作用看，不再是名指称事物而已，而是不同实之名相兼论意，推知出一个思想，对事物是否具有某种属性表示出然否的认识。荀子关于辞的定义要比《墨辩》之"辞以抒意"的说法更加明确。荀子还提出"当其辞，以务白其志义者也"的要求，这其实是应能明白、正确地表达思想的逻辑规则。最后说辩说，定义为"不异实名以喻动静之道也。"异，离析；实名，有实之名；动静，名之变化之道。这是说，辩说是根据名实相符，不使离析相乱的原则，来辨明名反映实的变化规律，以澄清孰是孰非的思维形式。辩说或说辩，相当于推理和论证，其逻辑要求是"推类而不悖"，"当是非"。名、辞、辩说这三种思维形式，以名为基础，也以名为根本，归根结底是为了喻实。

　　正名的必要性。"所为有名"，即所以要制名，这是讲正名的必要性。"异形离心，交喻异物，名实玄纽，贵贱不明，同异不别"，当解为事物形态各异，人们互说异物，致使事物之名与实惑乱纽结。为分辨人之贵贱名分，区别事物之同异性质，必须制定统一之名，约定于确定之实，以便人们用同一名指称相同对象，用不同的名认识不同的对象。这就是为什么要有名和为什么要正名的原因和重要性。

　　正名的依据。"所缘有同异"，即制名所依据的是什么，这是讲认识事物的同异，从而形成事物的同异之名，这就是概念形成的过程。"何缘而以同异？曰：缘天官"。《天论篇》以耳、目、鼻、口、形为天官，以心治五官为天君。本篇则具体说明，以目区分"形体色理"，以耳区分"声音清浊、调竽奇声"，以口区分"甘苦咸淡辛酸奇味"，以鼻区分"香臭芬郁、腥臊洒酸奇臭",以形体区分"疾养沧热、滑铍轻重",以心区分"说故喜怨哀乐爱恶欲"。天官耳、目、鼻、口、形簿于物,即感觉器官与客观事物接触,只能产生感性认识,叫做"天官意物"。人们的天官机能完全相同,对同类同性质事物的认识也是相同的,因而可以通过比方之、拟似之而相通识,"是所以共其约名,以相期也"。约名,省约之名,概括之名。期,约也。荀子说,以共识的概括之名相互约定,其初始并不意味着概念的成立,还须天君对天官所获取的感觉材料做思维加工,不断地予以分析、鉴别、验证,去伪存真,去粗取精,让人们最终取得一致认识,确定统一的同异之名。这种"心有征知",即理性认识的发生及作用,是概念最后形成的关键一步。"征知必将待天官之当簿其类,然后可也",是说理性认识要以感性认识为基础,否则是无源之水、无本之木,不真实,不可靠。但理性认识亦极重要。"五官簿之而不知,心征之而无说,则人莫不然,谓之不知",是说天君的征验,即思维加工既存在于理性认识,也存在于感性认识之中,由于其作用发挥不够,故而"五官簿之"而不能认知,"心征之"而不能以名表述。这些说明,心的理性认识能力,是使名实相符和以名指实,即形成概念的最重要的条件。

　　正名的纲要。(一) "同则同之,异则异之"。前之"同"、"异"皆指实,后之"同"、"异"皆指名。同实者同名,异实者异名,制名据实,制名指实,所以名的同异是以实的同异为转移的。这就是说,对同类的事物用同一概念表达,对不同类的事物用不同的概念表达。(二) "单足以喻则单,单不足以喻则兼。"这是讲单名、复名的运用在语词上有不同的形式,单字足以喻实者如马,单字不足以喻实则改用复字如白马,故马为单名、白马为复名。又,天下、足下、君子、小人、先生、将军,还有造次、抑郁、徘徊、逡巡、逍遥、须臾等等,都是兼名或复名。荀子所谓单与兼仅指名之语词形式之单、兼有别,并非认为单与兼必为种属概念关系。(三) 遍举用共名,偏举用别名。"有时而欲遍举之,故谓之物"与"有时而欲偏举之,故谓之鸟兽"二句,遍、偏义不同,前者为普遍概括,后者为有限概括。荀子从概念外延上区别出共名、别名,大共名、大别名一系列概念种类。共名与别名各有系列,所谓"推而共之,共则有共";"推而别之,别则有别",二者分别沿着共的方向与别的方向进行推演，可以求出更大的共名或更大的别名。共，是外延的扩大；别，是外延的缩小。共之"至于无共然后止"，即"无共"，它是最高层次的共名，其外延最大；别之"至于无别然后止"，即"无别"它是最低层次的别名，其外延最小。荀子举"物"为大共名之例，确为最高范畴，甚当；举"鸟兽"为大别名之例，并非为最小的类，此例不妥。共名与别名的对象都是事物的类，绝非指某特定的单一对象。荀子排除单、兼之名中非属种关系的概念，仅就具有属种关系者而言，提出"单与兼无所相避则共，虽共，不为害矣"，相避，相违也。这就是单、兼之名所反映的事物在类属上不相抵触，而外延处于完全包含关系，那么就可以共用其名，可以进行共之、别之，亦即外延扩大或缩小的逻辑推演。(四) "约定俗成"和"径易不拂"。正名，就是寻求一个正确的名。首先，是一个实名。"名无固实，约之命实，约定俗成，谓之实名"。任何一个名，本无固定之实，只是人们相约以命其实，它才成为有实之名，但既经确定，不可由人任意改动。其次，应是一个宜名。名之宜否，也是人们相约成习而为宜，异于约定俗成而为不宜。最后，还应是一个善名。"径易而不拂"，直接平易和不违众约，或者顺口易懂而不发生误解的，就是善名。实、宜、善三者既相互区别又相互联系，三者兼备，就是荀子所谓的正名。(五) "稽实定数"。"物有同状而异所者"，如两只蚕，形状相同而立于不同的地方，它们同用一名，却是不同实体，"谓之二实"。"有异状而同所者"，如蚕之化蛾，形状发生变化，却占有同一个空间而且实体是同一个，"谓之一实"。一实而有多名，二实而共一名，这两种情况是有区别的，不应混淆。所谓"此事之所以稽实定数也"，其事，指各种事物；实，指事物之实体；数，指名称之数量，合而言之是说：通过考察事物的实体有无变化来制定名称的数量。这符合"名以指实"的原则。之六，正名破惑，一民之行。荀子认为，战国"邪说辟言之离正道而擅作"的三惑之论甚嚣尘上，他曾多次予以揭露批驳，本篇则着重从逻辑的角度，对各家异端之说再行正名之辨。第一种是"用名以乱名者"，其代表是宋子的"见侮不辱"，墨子、庄子的"圣人不爱己"、"杀盗非杀人"。荀子的见解是，辱是共名，又有义辱、势辱两个别名。"君子可以有势辱，而不可以有义辱"。因此，宋子以辱之共名混淆了义辱、势辱两个别名的区别,并否定了一切辱。又,人与己、盗是共名与别名的关系,己从属于人,盗从属于人。圣人爱人,就包括了爱己;盗亦人,杀盗即杀人。宋子、墨子都是犯了借用侮、辱、人、己、盗这些语词形式上的区别而偷换概念的错误。第二种是"用实以乱名者",其代表是惠施的"山渊平",宋子的"情欲寡",墨子的"刍豢不加甘,大钟不加乐"。荀子认为,名反映事物的共同的一般的性质,但惠施却以特殊条件下,山出于耳入于口,宋子也以特殊条件下,人的本性是寡欲的;墨子也以特殊条件下,牛羊猪狗的味道不比普通食物甜美,大钟的声音并不使人快乐,他们由一偏之实却得出普遍性结论。他们犯了用个别之实去混淆反映一般性质之名的错误。第三种是"用名以乱实者",其代表是墨子、庄子的"不相爱为非应更易为兼相爱"、"全是牛"、"马不是马"。荀子所举三例之文义难解,但他批评"以名乱实",指斥文字游戏会妨碍对事物一般性质的反映,则在逻辑理论上是有意义的。怎样破斥"三惑"诡辩呢?荀子给出"验之所以为有名,而观其行"、"验之所缘无以同异,而观其孰调"和"验之名约,以其所受,悖其所辞"三种方法,是强调名实相符、制名指实和约定俗成的重要原则,在用名喻实的思维与语言实践中的意义和作用。因为只有坚持名的确定性,人民才能识别各种偷换概念、自相矛盾的诡辩,才能有统一的思想和行动。

论辩的分类和原则,荀子将辩说合而论之,是一种运用论证、推理的思维形式;分而论之,说在于证明,辩在于反驳。本篇则重在探讨辩。首先是辩的产生和意义。荀子认为,有圣王明君治国,他们"临之以势,道之以道,申之以命,章之以论,禁之以刑",人民就能顺于正道,无须再用辩说了。然而,"今圣人没,天下乱,奸言起,君子无势以临之,无刑以禁之,故辨说也。"既然没有行政资源可以利用来阻止奸言邪说的流行,君子以辩为武器,来排拒异端而成就王业,实属不得已而为之。荀子在本篇申明,圣人用辩在于"白道",即宣明正名之道。"道也者,治之经理也",因此,所谓"心合于道,说合于心,辞合于说",就可以理解为:借用逻辑的形式和语言,将对治国理政规律的认识表达出来。这是以名指实,以名喻实的过程,应当完全遵循逻辑规则:"正名而期,质请而喻。辨异而不过,推类而不悖;听则合文,辨则尽故。"圣人之辩无论使用概念、运用判断,还是进行推理论证,达到了名实相符的最高境界，取得了最大的逻辑与语言的效果。由于以名实相符的正道辨奸，因而使邪说不能乱名，百家不敢窜改是非，虽兼听兼覆而不自傲自夸。有如周公，其道行，天下名正言顺；又如孔子，其说不行，宣明正名之道而隐身。君子之辩同样具有高尚的品质。宣扬礼义仁爱是其辩说内容，充满"辞让之节"、"长少之理"，以仁心说话，以学心容人，以公心辨异，不以忌讳之辞伤人，不以怪异之言惑众，这就是君子之辩真善美的风貌。面临"众人之非誉"、"观者之耳目"、"贵者之权势"、"传辟者之辞"这四种诱惑而不为之动、不为之治、不为之赂、不为之利，始终坚持"处道而不贰，吐而不夺，利而不流，贵公正而贱鄙争"的原则，这些都是君子之辩真善美品质在内容和风格上的具体表现。这里，荀子将宣扬礼义仁爱的立场一以贯之，与在逻辑上遵守同一律、坚持名实相符的原则统一起来论述。"君子之言涉然而精，俯然而类，差差然而齐"，这是语言的规范；"彼正其名，当其辞，以务白其志义者也"，则是逻辑要求了。荀子本篇所言"愚者之言"，即如《非相篇》等说的"小人之辩"，所指为百家杂言者，并非普通百姓。"芴然而粗，啧然而不类，诸诸然而沸"，是其粗俗低劣的语言风格；"彼诱其名，眩其辞，而无深于其志义者也"，是其混乱的逻辑，以艰而不解，隐晦其思想。这和君子真善美之辩恰成对立。

性恶篇第二十三

　　本篇为与孟子性善论进行辩论而作。作者认为人性本来是恶的，只有经过后天的师法教化、礼义引导，才能变为善。荀子目睹战国末季各诸侯国君臣上下崇尚诈力，不行礼义，贪残昏暴，竞相侵夺，实乃人性恶之发作，故激愤而著此论，以倡礼治。全篇以驳孟子性善论为主线，立驳相兼，逐层推进，设制陶、矫木为喻以类比，举饥、寒、劳与薄、恶、狭、贫、贱为例以印证，正反对比，反复申说阐释之，由人性本恶、善乃人为，说到途之人可以为尧禹，最终归结到师法之化、礼义之导可通于神明、参于天地。其逻辑严密，论述精悍，堪称传世名篇。

　　人的本性是恶的，善是后天人为的。
　　人的本性，生来就贪图私利，顺从这种本性，就会产生争夺，而谦让的行为就没有了；生来就嫉妒憎恶，顺从这种本性，就会发生残害，而忠信的行为就没有了；生来就有耳目声色的欲望，顺从这种本性，就会发生淫乱，而礼义和制度规范就没有了。既然如此，那么顺从人的本性，顺从人的情欲，就必然会发生争夺，违反等级名分，破坏礼义秩序，从而导致暴乱。所以必须有君师和法度的教化，有礼义的引导，然后才能互相谦让，行为符合礼义秩序，从而使社会安定。由此看来，人的本性恶是明显的了，善是后天人为的。
　　所以，弯曲的木材一定要经过檃栝和蒸烤的矫正才能变直，钝的兵器一定要经过磨石的磨砺才能锋利。人的本性恶，一定要经过君师和法度的教化才能端正，受到礼义的引导才能驯良。人若没有君师和法度的教化，就会偏颇险诈而不端正；没有礼义的引导，就会悖谬混乱而不驯良。古代圣王因为人的本性恶，认为人偏颇险诈而不端正，背谬混乱而不驯良，所以就为他们创设礼义、制定法度，用来整饬人的情性而使其端正，用来驯化人的情性而加以引导。这样，人们的行为就都出自于礼义秩序，合乎圣人之道。现在人们受到君师和法度的教化，学习了六艺等知识和技能，其中能奉行礼义的人，就成为君子；放纵情性，习惯于狂妄凶暴，违背礼义的人，就成了小人。由此看来，人的本性恶是明显的了，善是后天人为的。

孟子说："人能学习，因为人的本性是善的。"回答道：这不对。这是没有能够认识到人的本性，又没有观察到人的本性与后天人为的区别的说法。人的本性是自然造成的，是不可以学到、不可以改变的。礼义是圣人制定的，是人只要学习就能掌握，只要奉行就能成就的。不可以学、不可以改变的，人本身就具有的，叫做本性；学习了就能掌握，奉行了就能成就，这样使人具有的，叫做人为。这是本性与人为的区别。人的本性，是眼睛可以看见，耳朵可以听见；可以看清东西的视觉离不开眼睛，可以听清声音的听觉离不开耳朵，目明而耳聪，不是学习可以获得的，这是很明显的。

孟子说："现在人的性恶，是因为丧失了本性的缘故。"回答道：像这样说就错了。人的本性，如果生下来就脱离了它固有的素质，脱离了它固有的禀赋，就必然丧失本性。由此看来，那么人的本性恶是很明显的了。所谓性善，应该是不脱离它固有的素质而就是美的，不脱离它固有的禀赋而就是好的。禀赋素质与美的关系，思想意志与善的关系，就好像可以看清东西的视觉离不开眼睛，可以听清声音的听觉离不开耳朵一样。所以才会说目明而耳聪啊。人的本性，饿了就想吃饱，冷了就想穿暖，累了就想休息，这是人的情欲本性。现在人如果饿了，看见尊长就不敢先吃，这是有所谦让；如果累了，也不敢要求休息，是因为要代替尊长劳动。儿子对父亲谦让，弟弟对哥哥谦让；儿子代替父亲劳动，弟弟代替哥哥劳动，这两种行为都是违反人的本性而背离人的情欲的。但这却是孝子的行为准则、礼义的规章制度。由此看来，人的本性恶是明显的了，善是后天人为的。

有人问："人的本性是恶的，那么礼义从哪里产生？"回答道：凡是礼义，都是圣人人为造作的，并不是由人的本性产生的。陶工调和粘土揉捶而制成陶器，那么陶器就是陶工人为制作的，并不是由人的本性产生的。木工砍削木材制成木器，那么木器就是木工人为制作的，并不是由人的本性产生的。圣人积累思虑，练习人为，来创造礼义制定法度。可见所谓礼义和法度，这些都产生于圣人的人为造作，并不是由人的本性产生的。至于眼睛爱看美的颜色，耳朵爱听美的音乐，嘴巴爱吃美的食物，内心喜欢得利，身体肌肤喜欢舒适安逸，这些都是来自于人的本性，是感于外物而自然如此，不必依靠人为努力就能产生的。假如感于外物而不能如此，必须依靠人为努力才能产生的，就叫做产生于人为了。这就是本性与人为各自产生的情况和它们不同的征验。所以，圣人改造恶的本性而倡导人为的善，人为的善兴起了就产生了礼义，礼义产生了就制定了法度。可见所谓礼义和法度，这些都是圣人所造作的。所以，圣人和大众相同而没有差别的，就是本性；圣人和大众不同并且超过他们的，就是后天人为。喜好私利并希望得到，这是人的情性。假如兄弟之间有钱财要分，而且都顺从喜好私利又想多得的情性，那么兄弟之间就会互相争夺了；如果都归化于礼义的规范而行事，那么即便是对不相识的人也会谦让了。所以，顺从于情性就会兄弟相争，归化于礼义就连不相识的人都能谦让了。

大凡人想做善事，是因为本性是恶的。薄的想变厚，丑的想变美，窄的想变宽，贫的想变富，卑贱的想变尊贵，假如本身没有想要的东西，必然向外界寻求；所以富有的不想钱财，尊贵的不想权势，假如本身已有想要的东西，必然不会向外界寻求。由此看来，人想做善事，是因为本性是恶的。人的本性，本来没有礼义，所以就勉力学习以求获得礼义；天生就不知道礼义，所以就思虑以求懂得礼义。既然如此，那么就人性本身而言，没有礼义，也不懂礼义。人没有礼义就会混乱，不懂礼义就会荒唐。既然如此，那么就人性本身而言，荒唐混乱就在于自己没有归化于礼义。由此看来，人的本性恶是明显的了，善是后天人为的。

孟子说："人的本性是善的。"我说：这是不对的。大凡古往今来天下人所谓的善，是指合乎礼义法度，遵守社会秩序的行为；所说的恶，是指偏颇、险诈、荒唐、混乱的行为，这就是善恶的区别。果真以为人的本性就是合乎礼义法度，遵守社会秩序的要求吗？那么又要圣王、又要礼义干什么呢！即使有了圣王和礼义，又能在合乎礼义法度、遵守社会秩序的本性上增加些什么呢！事实不是这样，人的本性是恶的。所以古代圣人因为人的本性恶，认为人邪僻险诈而不端正，荒唐混乱而不驯良，就为他们设置君王的权势来统治他们，倡导礼义来教化他们，创立法制来治理他们，加重刑罚来禁止他们，使天下人的一切行为都出自于礼义秩序，符合善的标准。这是圣王治理和礼义教化的结果。假若尝试着去掉君王的权势，不用礼义来教化，去掉法制的治理，不用刑罚来禁止，站在旁边来观看天下人民的相互交往；像这样，那么就会看到强者危害弱者并掠夺他们的财物，人多的欺负人少的并以喧嚣之势压倒对方，天下混乱不堪，各诸侯国相继灭亡，就不用等多少时间了。由此看来，那么人的本性恶是明显的了，善是后天人为的。

所以，喜欢谈论古代事情的，必定要有当今的事情做验证；喜欢谈论天道的，必定要有人事做验证。凡是论说，重要的是要有证明、有根据。所以坐着谈论道，站起来就能安排布置，公布了就能施行。现在孟子说："人的本性是善的。"他没有证明，没有根据，他坐着谈论道，站起来却不能安排布置，公布了却不能施行，难道不是极其错误吗！所以主张性本善就可以不要圣王，取消礼义了；而主张性本恶就会推举圣王，崇尚礼义了。所以，矫改工具的发明，是要矫正弯曲的木头；墨线的制作，是要取直木材；设立君主，倡明礼义，是要改造恶的本性。由此看来，那么人的本性恶是明显的了，善是后天人为的。直木不用檃栝矫改工具而能笔直，是因为它本性是直的；弯木必须靠檃栝蒸烤矫正才能变直，是因为它本性是不直的；人的本性恶，必须靠圣王的治理，礼义的教化，这才能一切行为出自于礼义秩序，符合善的标准。由此看来，人的本性恶是明显的了，善是后天人为的。

有人问："礼义是积累人为习惯的结果，这是人的本性，所以圣人才能创造礼义。"回答道：这是不对的。陶工调和粘土而制成瓦，那么瓦坯难道是陶工的本性吗？木工砍削木头而制成器具，那么制作器具的木材难道是木工的本性吗？圣人对于礼义的关系，就好比陶工调和粘土而制成陶器一样。那么，说礼义是积累人为习惯的结果，难道礼义是人的本性吗？大凡人的本性，尧、舜和桀、跖，他们的本性是一样的；君子和小人，他们的本性也是一样的。现在要将礼义是积累人为习惯的结果认为是人的本性吗？既然如此，那么又何必推重尧、禹，何必推重君子呢！人们之所以要推重尧、禹和君子，是因为他们能改造人的本性而倡明人为的善，人为的善发挥作用就产生了礼义。由此可知，圣人积累人为习惯而制作礼义，就好比陶工调和粘土而制成陶器一样。由此看来，那么礼义就是积累人为习惯的结果，难道会是人的本性吗？人们之所以要鄙视桀、跖和小人，是因为他们放纵本性，顺从情欲，习惯于狂妄凶暴，一切行为出自于贪图私利、互相争夺。所以人的本性恶是明显的了，善是后天人为的。

上天并不偏爱曾参、闵子骞和孝己而嫌弃其他人，然而曾参、闵子骞和孝己却独独注重孝道，并成全了自己的孝子名声，这是为什么呢？这是由于他们极力践行礼义的缘故。上天并不偏爱齐国、鲁国的百姓而嫌弃秦国人，然而秦国人在父子之义、夫妇之别方面，不如齐国、鲁国百姓那样孝道完备、恭敬有礼，这是为什么呢？是因为秦国人放纵性情，习惯于恣意妄为，怠慢于礼义的缘故，哪里是他们的本性与齐、鲁的百姓不相同呢！

"路上行走的普通人都可以成为禹。"这是什么意思？回答道：禹之所以成为禹，是因为他实行仁义法度。那么仁义法度有可以了解可以实行的道理，而路上行走的普通人都具有了解仁义法度的资质，都具有可以践行仁义法度的条件，那么他们就可以成为禹那样的圣人是明显的了。现在难道可以认为仁义法度本来就没有可以了解可以践行的道理吗？如此说来，那么即便是禹也不能了解仁义法度，不能践行仁义法度了。难道路上行走的普通人本来就没有可以了解仁义法度的资质，本来就没有可以践行仁义法度的条件吗？如此说来，那么路上行走的普通人对内不可能了解父子之间的礼义，对外不可能了解君臣之间的法度了。事实并不是这样，路上行走的普通人，对内都能了解父子之间的礼义，对外都能了解君臣之间的法度。如此说来，那么他们可以了解仁义法度的资质，可以践行仁义法度的条件，在他们身上完全具备是很明显的了！假使路上行走的普通人，用他们可以了解仁义法度的资质，可以践行仁义法度的条件，按照仁义法度可以了解可以践行的道理去做，那么他们都可以成为禹那样的圣人是明显的了。假使路上行走的普通人，以坚守道为学习目的，专心致志，精思详察，积时久远，积累善行而不停止，就会与神奇的精神相融汇，与天地相匹配了。所以圣人是普通人积累善行而达到的。

有人问："圣人可以通过积累善行而达到，可是实际上并非人人都可以通过积累善行而达到，这是为什么呢？"回答道：可以成为圣人，但不可强迫他们成为圣人。所以小人可以成为君子，却不肯做君子；君子可以成为小人，却不肯做小人。小人与君子，未必不可以相互调换，然而却没有相互调换，是因为可以调换却不可以强迫他们调换。所以路上行走的普通人可以成为禹，但未必成为禹；虽然没有能成为禹，但并不妨害他们可以成为禹。脚可以走遍天下，然而未尝有能走遍天下的人。工匠、农民、商人，未尝不可以互相对调职业，然而未必有能力调换职业。由此看来，虽然可以做到，却未必能做到；虽然没有能做到，却不妨碍可以做到。如此说来，那么能不能与可以不可以，这两者之间的差别是很大的，它们不能互相混淆是明显的了。

尧问舜说："人情怎么样？"舜回答说："人情很不好，又何必问呢？有了妻子儿女，对父母的孝心就减少了；嗜好欲望满足了，对朋友的诚信就减少了；爵位俸禄丰厚了，对君主的忠心就减少了。人情啊，人情啊！很不好，又何必问呢？"唯有贤者不是这样。

有具备圣人智慧的人，有具备士君子智慧的人，有具备小人智慧的人，有具备仆役之类智慧的人。说话很多，但有文采并合于礼法，整天谈论他有这些主张的理由，说起话来旁征博引，千变万化，但主旨前后一致，这是圣人的智慧。说话不多，但直率而简明，既有条理又合法度，就像用绳墨约制着一样，这是士君子的智慧。说话超越本分，行为违逆，做事反复无常，多所悔改，这是小人的智慧。口齿伶俐而不合于礼法，技能杂多却不适用，口辩纯熟、析理快捷却并非急需，不顾是非，不论曲直，以务必胜过别人为满足，这是仆役之类人的智慧。

有上等的勇，有中等的勇，有下等的勇。天下有正道，敢于挺身去做；古代圣王有治国之道，敢于按照圣王的思想去实行；对上不顺从乱世的君主，对下不附和乱世的民众；仁之所在就无所谓贫穷，丧失了仁就无所谓富贵；天下了解他，就与天下人同苦同乐，天下不了解他，就孑然独立于天地之间而不畏惧：这是上等的勇。礼貌恭敬而内心谦虚，重视忠信而轻视财物；对贤能的人敢于推举提拔，对不贤的人敢于撤换废黜：这是中等的勇。轻视自身而重视财物，安于祸乱而又广自解脱，侥幸免祸；不顾是非，无视正确与否的实情，以务必胜过别人为满足：这是下等的勇。

繁弱、钜黍，是古时候的良弓，然而若不经过排檠矫正的就不会自然取正。齐桓公的葱，姜太公的阙，周文王的录，楚庄王的曶，吴王阖

良马必前有衔辔之制后有鞭策之威

间的干将、莫邪、钜阙、辟闾,这些都是古时候的良剑,然而若不经过磨石的磨砺就不会变得锋利,不依靠人的力量就不能砍断东西。骅骝、骐骥、纤离、绿耳,这些都是古时候的良马,然而必须前有马嚼马缰的控制,后有鞭子的抽打,再加之以造父的驾驭技能,这样才能一日而达到千里之远。人即使有好的资质和聪慧的心智,也一定要访求贤明的老师而事奉他,选择良好朋友而跟他结交。得到贤明的老师而事奉他,自己听到的就是尧、舜、禹、汤的正道;得到良好的朋友而结交他,自己看到的就是忠贞、诚信、恭敬、谦让的行为。每天都能增进仁义而自己还不觉察,这是受到环境熏染才这样的。假若和不好的人相处,听到的就是欺骗、谎话、奸诈、虚伪;看到的就是卑污、狂骗、淫邪、贪利的行为。自己就要遭受刑杀了还不觉察,这也是受到环境熏染才这样的。古书上说:"不了解儿子,看看儿子结交的朋友就知道了;不了解君主,看看君主左右的大臣就知道了。"这就是环境的影响啊!这就是环境的影响啊!

人之性恶,其善者,伪也。

今人之性,生而有好利焉,顺是,故争夺生而辞让亡焉;生而有疾恶焉,顺是,故残贼生而忠信亡焉;生而有耳目之欲,有好声色焉,顺是,故淫乱生而礼义、文理亡焉。然则从人之性,顺人之情,必出于争夺,合于犯分乱理,而归于暴。故必将有师法之化、礼义之道,然后出于辞让,合于文理,而归于治。用此观之,人之性恶明矣,其善者伪也。

故枸木必将待檃栝烝矫然后直,钝金必将待砻厉然后利。今人之性恶,必将待师法然后正,得礼义然后治。今人无师法,则偏险而不正;无礼义,则悖乱而不治。古者圣王以人性恶,以为偏险而不正,悖乱而不治,是以为之起礼义、制法度,以矫饰人之情性而正之,以扰化人之情性而导之也。始皆出于治,合于道者也。今人之化师法,积文学,道礼义者为君子;纵性情,安恣睢,而违礼义者为小人。用此观之,人之性恶明矣，其善者伪也。

以上为第一部分，总说人性之欲本恶，善是师法教化，礼义引导，经过矫饰修治的功夫，才形成的。

伪也：为也，矫也，矫其本性也。在荀书中，凡非天性而人为之者，皆谓之"伪"。　疾恶：嫉恨，憎恶。疾，通"嫉"。　枸木：枸，通"钩"，使之弯曲。　檃栝：又作"隐括"等，矫改竹木原形的工具。　烝矫：以蒸气薰以改变竹木原形。烝，同"蒸"。　钝金：钝兵。金，兵器。　砻厉：磨砺。　矫饰：饰，通"饬"，整治。

孟子曰："今之学者，其性善。"曰：是不然。是不及知人之性，而不察乎人之性伪之分者也。凡性者，天之就也，不可学，不可事。礼义者，圣人之所生也，人之所学而能，所事而成者也。不可学、不可事而在人者，谓之性；可学而能、可事而成之在人者，谓之伪：是性、伪之分也。今人之性，目可以见，耳可以听；夫可以见之明不离目，可以听之聪不离耳，目明而耳聪，不可学明矣。

孟子曰："今人之性善，将皆失丧其性故也。"曰：若是则过矣。今人之性，生而离其朴，离其资，必失而丧之。用此观之，然则人之性恶明矣。所谓性善者，不离其朴而美之，不离其资而利之也。使夫资朴之于美，心意之于善，若夫可以见之明不离目，可以听之聪不离耳。故曰：目明而耳聪也。今人之性，饥而欲饱，寒而欲暖，劳而欲休，此人之情性也。今人饥，见长而不敢先食者，将有所让也；劳而不敢求息者，将有所代也。夫子之让乎父，弟之让乎兄；子之代乎父，弟之代乎兄。此二行者，皆反于性而悖于情也。然而孝子之道、礼义之文理也。故顺情性则不辞让矣，辞让则悖于情性矣。用此观之，人之性恶明矣，其善者伪也。

问者曰："人之性恶，则礼义恶生？"应之曰：凡礼义者，是生于圣人之伪，非故生于人之性也。故陶人埏埴而为器，然则器生于工人之伪，非故生于人之性也。故工人斫木而成器，然则器生于工人之伪，非故生于人之性也。圣人积思虑、习伪故，以生礼义而起法度。然则礼义法度者，是生于圣人之伪，非故生于人之性也。若夫目好色，耳好听，口好味，心好利，骨体肤理好愉佚，是皆生于人之情性者也；感而自然，不待事而后生之者也。夫感而不能然，必且待事而后然者，谓之生于伪。是性伪之所生，其不同之征也。故圣人化性而起伪，伪起而生礼义，礼义生而制法度。然则礼义法度者，是圣人之所生也。故圣人之所以同于众，其不异于众者，性也；所以异而过众者，伪也。夫好利而欲得者，此人之情性也。假之有弟兄资财而分者，且顺情性好利而欲得，若是则兄弟相拂夺矣；且化礼义之文理，若是则让乎国人矣。故顺情性则弟兄争矣，化礼义则让乎国人矣。

　　凡人之欲为善者，为性恶也。夫薄愿厚，恶愿美，狭愿广，贫愿富，贱愿贵，苟无之中者，必求于外；故富而不愿财，贵而不愿势，苟有之中者，必不及于外。用此观之，人之欲为善者，为性恶也。今人之性，固无礼义，故强学而求有之也；性不知礼义，故思虑而求知之也。然则性而已，则人无礼义，不知礼义。人无礼义则乱，不知礼义则悖。然则性而已，则悖乱在己。用此观之，人之性恶明矣，其善者伪也。

　　孟子曰："人之性善。"曰：是不然。凡古今天下之所谓善者，正理平治也；所谓恶者，偏险悖乱也。是善恶之分也已。今诚以人之性固正理平治邪？则有恶用圣王，恶用礼义矣哉！虽有圣王礼义，将曷加于正理平治也哉！今不然，人之性恶。故古者圣人以人之性恶，以为偏险而不正，悖乱而不治，故为之立君上之势以临之，明礼义以化之，起法正以治之，重刑罚以禁之，使天下皆出于治，合于善也。是圣王之治而礼义之化也。今当试去君上之势，无礼义之化，去法正之治，无刑罚之禁，倚而观天下民人之相与也；若是，则夫强者害弱而夺之，众者暴寡而哗之，天下悖乱而相亡，不待顷矣。用此观之，然则人之性恶明矣，其善者伪也。

故善言古者，必有节于今；善言天者，必有征于人。凡论者，贵其有辨合、有符验。故坐而言之，起而可设，张而可施行。今孟子曰："人之性善。"无辨合符验，坐而言之，起而不可设，张而不可施行，岂不过甚矣哉！故性善则去圣王，息礼义矣；性恶则与圣王，贵礼义矣。故檃栝之生，为枸木也；绳墨之起，为不直也；立君上，明礼义，为性恶也。用此观之，然则人之性恶明矣，其善者伪也。直木不待檃栝而直者，其性直也；枸木必将待檃栝烝矫然后直者，以其性不直也；今人之性恶，必将待圣王之治，礼义之化，然后始出于治、合于善也。用此观之，人之性恶明矣，其善者伪也。

以上为第二部分，驳孟子以人性本善的几个主要论点，论述人性由天就，本性为恶；经过师法之化，礼义之导而致善，是后天人为的结果，这只能证明人之性本恶。

孟子曰："今人之性善，将皆失丧其性故也。"：王天海引杨倞及包遵信曰，认为孟子此语中"善"当作"恶"，因上文"性善"而误也。译文从之。　埏埴：埏（shān），揉粘土，亦引申作制陶器的模型。埴（zhí），粘土。　今当试去君上之势：当，通"尝"；当试，犹尝试。　必有节于今：节，符节，验信之物。　辨合、符验：辨者，分别也；辨合，即分合。符节之验，正分而合之也。此以符节之分合验证喻人之论说、妙喻也。

问者曰："礼义积伪者，是人之性，故圣人能生之也。"应之曰：是不然。夫陶人埏埴而生瓦，然则瓦埴岂陶人之性也哉？工人斫木而生器，然则器木岂工人之性也哉？夫圣人之于

立君上，明礼义，为性恶也

礼义也，辟则陶埏而生之也。然则礼义积伪者，岂人之本性也哉？凡人之性者，尧、舜之与桀、跖，其性一也；君子之与小人，其性一也。今将以礼义积伪为人之性邪？然则有曷贵尧、禹，曷贵君子矣哉！凡贵尧、禹、君子者，能化性，能起伪，伪起而生礼义。然则圣人之于礼义积伪也，亦犹陶埏而为之也。用此观之，然则礼义积伪者，岂人之性也哉？所贱于桀、跖、小人者，从其性，顺其情，安恣睢，以出乎贪利争夺。故人之性恶明矣，其善者伪也。

天非私曾、骞、孝己而外众人也，然而曾、骞、孝己独厚于孝之实，而全于孝之名者，何也？以綦于礼义故也。天非私齐、鲁之民而外秦人也，然而于父子之义，夫妇之别，不如齐、鲁之孝具敬文者，何也？以秦人从情性，安恣睢，慢于礼义故也，岂其性异矣哉！

"涂之人可以为禹。"曷谓也？曰：凡禹之所以为禹者，以其为仁义法正也。然则仁义法正有可知可能之理，然而涂之人也，皆有可以知仁义法正之质，皆有可以能仁义法正之具，然则其可以为禹明矣。今以仁义法正为固无可知可能之理邪？然则唯禹不知仁义法正，不能仁义法正也。将使涂之人固无可以知仁义法正之质，而固无可以能仁义法正之具邪？然则涂之人也，且内不可以知父子之义，外不可以知君臣之正。不然，今涂之人者，皆内可以知父子之义，外可以知君臣之正，然则其可以知之质，可以能之具，其在涂之人明矣。今使涂之人者，以其可以知之质，可以能之具，本夫仁义法正之可知可能之理，可能之具，然则其可以为禹明矣。今使涂之人伏术为学，专心一志，思索孰察，加日县久，积善而不息，则通于神明，参于天地矣。故圣人者，人之所积而致矣。

曰："圣可积而致，然而皆不可积，何也？"曰：可以，而不可使也。故小人可以为君子而不肯为君子，君子可以为小人而不肯为小人。小人、君子者，未尝不可以相为也，然而不相为者，可以而不可使也。故涂之人可以为禹，然则涂之人能为禹，则未必然也。虽不能为禹，无害可以为禹。足可以遍行天下，然而未尝有能遍行天下者也。夫工匠农贾，未尝不可以相为事也，然而未尝能相为事也。用此观之，然则可以为，未必能也；虽不能，无害可以为。然则能不能之与可不可，其不同远矣，其不可以相为明矣。

　　以上为第三部分，论述礼义由化性起伪而产生，因而途之人积学日久可以成为圣人，但他们终究未成为圣人，是因其可以为却不肯为和无能为，没有坚持学习罢了。

　　积伪：犹言"习伪"。积，训为"习"。　辟则陶埏：辟，通"譬"。　有曷：有，通"又"。　曾、骞、孝己：曾参、闵子骞皆为孔子弟子，以孝闻名；孝己为殷高宗长子，亦有至孝之行。　伏术：据王天海注：伏者，守也；术者，道也；伏术，即守道。　加日县久：加，积也，累也；加日，累日。"县"通"悬"；县久，久远。　可以，而不可使：以，犹"为"；使，通"事"，引申为治、为。

　　尧问于舜曰："人情何如？"舜对曰："人情甚不美，又何问焉？妻子具而孝衰于亲，嗜欲得而信衰于友，爵禄盈而忠衰于君。人之情乎，人之情乎！甚不美，又何问焉？"唯贤者为不然。

　　有圣人之知者，有士君子之知者，有小人之知者，有役夫之知者。多言则文而类，终日议其所以，言之千举万变，其统类一也，是圣人之知也。少言则径而省，论而法，若佚之以绳，是士君子之知也。其言也谄，其行也悖，其举事多悔，是小人之知也。齐给便敏而无类，杂能旁魄而无用，析速粹孰而不急，不恤是非，不论曲直，以期胜人为意，是役夫之知也。

　　有上勇者，有中勇者，有下勇者。天下有中，敢直其身；

先王有道，敢行其意；上不循于乱世之君，下不俗于乱世之民；仁之所在无贫穷，仁之所亡无富贵；天下知之，则欲与天下同苦乐之，天下不知之，则傀然独立天地之间而不畏：是上勇也。礼恭而意俭，大齐信焉而轻货财，贤者敢推而尚之，不肖者敢援而废之：是中勇也。轻身而重货，恬祸而广解苟免，不恤是非、然不然之情，以期胜人为意：是下勇也。

繁弱、钜黍，古之良弓也，然而不得排檠则不能自正。桓公之葱，太公之阙，文王之录，庄君之曶，阖闾之干将、莫邪、钜阙、辟闾，此皆古之良剑也，然而不加砥厉则不能利，不得人力则不能断。骅骝、騹骥、纤离、绿耳，此皆古之良马也，然而必前有衔辔之制，后有鞭策之威，加之以造父之驭，然后一日而致千里也。夫人虽有性质美而心辩知，必将求贤师而事之，择良友而友之。得贤师而事之，则所闻者尧、舜、禹、汤之道也；得良友而友之，则所见者忠信敬让之行也。身日进于仁义而不自知也者，靡使然也。今与不善人处，则所闻者欺诬、诈伪也；所见者污漫淫邪、贪利之行也；身且加于刑戮而不自知者，靡使然也。传曰："不知其子，视其友；不知其君，视其左右。"靡而已矣，靡而已矣。

以上为第四部分，论述圣人、士君子、小人的智与勇有明显的差别，人欲致性善必得贤师良友和积习才能成功。

论而法：论，通"伦"，条理。　佚之以绳：佚，通"抑"，抑制，约束。　謟(tāo)：僭越，超越本分。　齐给便敏：齐，疾也；给，谓应对之速，如供给者；便敏，便利敏捷。　旁魄：广博。此谓杂多。析速粹孰：析速，谓论事析理快捷；粹孰，犹纯熟。　傀然：傀，通"块"。块然，孑然独立之貌。　恬祸而广解：恬，安然，无动于衷；广，宽也。　排檠(qíng)：矫正弓弩的器具。　靡而已矣：靡，通"摩"，读"磨"，谓相习而同化。一说，"靡"谓积，积靡，积习也。

古之良弓不得排檠则不能自正

性善、性恶的争论反映出孟荀二人在哲学基本问题上的分歧，也来源于他们对现实社会及其规范的不同理解。孟子重天人合一，荀子重天人相分。孟子论天，主要是义理之天、伦理之天，如《孟子·万章章句上》"天不言，以行与事示之而已矣"，即是将天视为客观的道理。所以，人可以通过知性而知天，达到以人合天的目的。荀子以自然之天来验证客观规律的普遍存在，认为人能以主体生存者的理性主义思维，来把握天、支配天。这种天人相分的思想继续延伸，引出主体认识自我，改造自然和化性起伪的理论。盖由性善，故通过主观意识的内省修养，而知性知天；只因性恶，故通过客观现实的人为改造而知天制天。前者从天与人的统一性立论，后者则从天与人不一致性立论，分道扬镳，为儒学两面大旗。

人性之欲本恶，善者化性起伪。"人之性恶，其善者伪也。"这是《性恶篇》之总纲，揭示出人之天赋本性与后天人为之性的区别，以此作为否定孟子性善论的理论依据，也为推行礼治奠定理论基础。性恶即天赋本性，如"生而好利焉"、"生而有疾恶焉"、"生而有耳目之欲，有好声色焉"，均为人之生理需求。而性善则是后天人为之性，如辞让、忠信、礼义、文理等，均属社会道德伦理范畴。天赋人以本性，与生俱来，如目之能见，耳之能听，明不离目，聪不离耳，均为"天之就也，不可学，不可事"，如同未经加工之质朴素材，称之为先天之本性，简言之曰性；而礼义道德则由圣人制作，"可学而能，可事而成"，通过学习，"离其朴，离其资"，使质朴之性得以改造，由恶入善，如曾参、闵子骞和孝己均以孝顺父母著称，并非天性如斯，而是他们"厚于孝之实，而全于孝之名"，由践履而成。又如齐、鲁之邦注重礼义孝道之教化，其民习于父子之义、夫妇之别，而秦国不重视礼义教化，其民纵情任性，安于恣睢。所以，后天人为之性是由教育和环境所养成，可以称之为伪。荀子提出性、伪之分，具有重要意义。荀子所言本性，即天就之性，天生好利、疾恶、好耳目声色，这些实乃人之生理需求，却被界定为性恶。这是离开人的社会存在，单论动物本能而得出的认识，自然地就把人与禽兽混为一谈了。在这个从根本上发生错误的前提下，进而推论后天教育和环境熏陶可使人避争夺而行辞让、避残贼而行忠信、避淫乱而行礼义文理，去恶从善，及至由途之人变为圣人。荀子不懂得人是社会动物，一生下来就在社会当中生活，其善恶皆属伦理道德，是社会产物。离开人的社会性去谈本性为恶为善，是永远也争辩不清楚和分辨不出是非来的。但是性伪之分和性恶之说终归是独具特色的思想。首先它可以持之有故、言之成理地提出新说，先天本性恶后天伪性善，贯彻着"明于天人之分"的唯物主义天人观，使荀子之学成为具有完整科学体系的理论；其次，由先天本性恶之说，可以更为合理地引申出化性起伪、环境教育不可或缺的地位和作用，使其无庸置疑；最后，化性起伪的思想较之孟子心性之论更显先进，启示人立足于"为"，不能局限于精神领域的内省修养，而要更注重外在的实践性努力，将个人融入社会，全面地实现人生价值。

途之人可以为禹。和孟子"人皆可以为尧舜"的论断相呼应，荀子提出"涂之人可以为禹"的命题，二者意义相同，但前者以性善论、后者以性恶论诠释，致思之路并不一致。第一，孟子认为凡人皆有礼义仁智四善端，"岂人所不能哉？所不为也。"若能"为之而已"（《孟子·告子章句下》），保持本然之善，即可成为圣贤。而荀子则认为，众人成为圣贤必须从改造本然性恶起步。"为之立君上之势以临之，明礼义以化之，起法正以治之，重刑罚以禁之，使天下皆出于治，合于善也。"这是礼义、法正、刑罚并行，教化、法制、环境同时发挥作用，造成全社会"正理平治"，于是遇饥则"子之让乎父，弟之让乎兄"，遇劳则"子之代乎父，弟之代乎兄"，人便成为君子了。矫饰、扰化人之恶的情性是变成圣贤的根本原因。第二，在本然性恶这一点上，没有圣、愚之分。"尧、舜之与桀、跖，其性一也；君子与小人，其性一也。"之所以会有圣贤、众人之分，君子、小人之别，并非在于性，而在于伪。礼义积伪由后天学习而得，是圣人君子的可贵之处；对礼义执著追求与践履，是圣人君子成功的奥秘所在。"化师法，积文学，道礼义者为君子；纵性情，安恣睢，而违礼义者为小人。"这是同为本然性恶的人，或成为圣人君子，或成为小人庶民的两条不同的道路，两种人生价值取向。第三，对于众人为什么没有能够成为圣贤的问题，荀子的回答比孟子深刻得多。"尧舜之道，孝弟而已矣。子服尧之服，诵尧之言，行尧之行，是尧而已矣。子服桀之服，诵桀之言，行桀之道，是桀而已矣。"（《孟子·告子章句下》）孟子认为能否成为圣贤，取决于向尧还是向桀学习，取决于向内心挖掘自我精神中的善端还是丧失这种善端。在荀子看来，圣贤之为圣贤并不神秘，众人可以成为圣贤也不神秘，只在于"以其为仁义法正也"。而"可以知仁义法正之质"、"可以能仁义法正之具"这个基本条件，圣贤和众人同样具备。但这只是一种自然的道德潜能，还有待于主体发挥主观能动性，参与礼义法度的群体性实践活动，不断地"学"与"为"，克服天赋本性，最终达到圣贤的崇高精神境界。荀子并不否定孟子所倡导的个体的精神修养，但他更强调以下三点：一是服膺道术，专心致志。因为"圣人者，人之所积而致也"，所以众人"伏术为学，专心一志，思索孰察，加日县久，积善而不息，则通于神明，参于天地矣"。这是积习于学习和实践礼义而成为圣贤。二是拜贤师择良友，潜移默化。"得贤师而事之，则所闻者尧、舜、禹、汤之道也；得良友而友之，则所见者忠信敬让之行也。"个体的精神修养必须融入群体和社会，为自己造就有利于学习和实践礼义的生活圈子，经常受到贤师良友的习染熏陶，所见所闻全然具体生动、切实可行的礼法仁义，自然成效显著，"身日进于仁义而不知也者"，这是在良好的师友环境中积学礼义而成为圣贤。但是众人则往往"与不善人处，则所闻者欺诬、诈伪也；所见者汙漫淫邪，贪利之行也"。他们在道德上缺乏免疫力，不能抗拒精神污染，没有能够完成本然性恶的改造过程，因而"身且加于刑戮而不自知者"，离圣贤更加远了。三是智勇悬绝，圣愚终分。由于在本然性恶上并无圣愚之分，故小人可以为君子，君子可以为小人，但又因后天之为不同，而分出圣人、士君子、小人的智勇悬绝，小人终为小人，圣人终为圣人。"故圣人之所以同于众，其不异于众者，性也；所以异而过于众者，伪也。"这是说，圣人君子对于礼义的追求和践履，具有强烈的愿望和主动积极的精神，这是中等智勇、上等智勇。他们虽然天生不知礼义，却能"思虑而求知之也"，"伪起于性而生礼义"。而小人固守下智下勇，天生不知礼义，却又不思求归化礼义，始终未能将"可以知仁义法正之质"和"可以能仁义法正之具"发挥出来。"然则生而已则悖乱在己"这句话，可以概括说明，途之人对于礼义不知不为，可以为而不能为，因而不能变成圣贤的道理。

君子篇第二十四

　　本篇论人君之事。荀书多以君子称人君,故天子亦可称为君子,因以为篇名,并非传写有误。《君道篇》专论人君为国之道,本篇则专论天子地位、刑赏、任贤诸事,两篇合参互补,可进一步明了荀子"法圣王"之旨要。全篇按天子地位、刑赏、任贤之顺序条分缕析,而以"刑当罪"、"爵当贤"为其要,正反论述,说理简明。

　　天子没有谁能和他地位相等,就是说没有人能和他匹敌。天子在四海之内不用客礼,就是说没有人能和他匹敌。天子脚能走路,却要等待行礼的傧相引导才能前行;天子口能说话,却要通过宣诏官发布命令。天子不用亲自看却能见闻广博,不用亲自听却能听觉灵敏,不用亲口说话却能享有信用,不用冥思苦想却能聪明智慧,不用亲自行动却能收到功效,就是说天子无论什么都极为完备。做天子的,权势最尊贵,身体最安逸,心情最愉快;意志无所屈服,身体无所劳累,尊贵至高无上。《诗经》上说:"普天之下,没有哪里不是天子的土地;四海之内,没有谁不是天子的臣民。"说的就是这个意思。

　　圣王在上,将等级名分及其准则推行于天下,那么士大夫就不会有放肆过分的行为,各级官吏就不会有懈怠疏忽未办的事,广大百姓就没有邪僻怪异的习俗,没有偷盗残害的罪行,没有谁敢触犯天子的禁令。天下的人都清楚地知道偷盗窃取不可能致富,都知道残害别人不可能长寿,都知道触犯天子的禁令不可能安宁。遵循圣王的礼义法制,那么人们就能得到他所喜爱的;不遵循圣王的礼义法制,那么就必然遭遇他所憎恶的。因此,刑罚极其简省,而法制的威力却流布四方,人们清楚地知道违法犯罪的人即使隐藏逃窜,仍不可避免地要遭受制裁,因而没有不服罪而如实交待的。《尚书·康诰》上说:"凡是犯了罪的人都主动认罪。"说的就是这个道理。

　　所以,刑罚与罪行相当就会有威力,刑罚与罪行不相当就会受到轻慢;官位与贤能相当就会受到尊重,官位与贤能不相当就会受到轻视。

古时候刑罚不超过罪行，官位奖赏不超过德行，所以杀了父亲却可能任用他的儿子，杀了哥哥却可能任用他的弟弟。刑罚不超过罪行，官位不超过德行，刑赏各依据其实际情况而严格区分，执行起来十分顺利。所以遵守礼义的人就得到勉励，不遵守礼义的人就受到阻止。刑罚极其简省，而威力的推行却像流水无阻；政令极其明确，而教化的施行有如神助一般。古书上说："一人有德行，万民获利益。"说的就是这个意思。

混乱的世道就不是这样：刑罚超过罪行，官位奖赏超过德行；按亲族来定罪，按家世来任官。所以，一人有罪，那么父族、母族、妻族的人都被诛灭，德行即使如舜一样高尚的人也免不了遭受同样的刑罚，这就是按亲族来定罪。往世祖先曾经贤良，后世子孙必然显达，行为即使像桀、纣一样残暴，等级地位也都世袭如旧，这就是按家世来任官。按亲族来定罪，按家世来任官，尽管不想混乱，能实现吗？《诗经》上说："江河激荡奔腾，山峰突然崩塌。高崖变成深谷，深谷变成丘陵。可悲啊现在一些人，为什么不引以为训！"说的就是这个道理。

考评人和事效法圣王，就知道什么最重要；以礼义裁制政事，就知道什么最有利。考评人和事效法圣王，就知道奉养贤士最重要；以礼义裁制政事，就知道行动要遵从等级名分及其准则。这两方面是判断是非的根本，是得失产生的根源。所以，周成王对于周公，凡是考评人和事没有不听从周公意见的，因为他知道什么最重要；齐桓公对于管仲，凡是国家大事没有不听从管仲的，因为他知道什么最有利。吴国有伍子胥却不能任用，导致国家灭亡，这是因为背离了圣王之道，失去了贤人。所以尊崇圣王之道的君主称王天下，重用贤人的君主称霸诸侯，尊敬贤人的君主可以保存国家，怠慢贤人的君主使国家灭亡，从古到今都是这样的。所以尊崇贤者、任用能人，划分贵贱等级，区别亲疏远近关系，理顺长幼辈分次序，这就是古代圣王的治国之道。所以尊崇贤者、任用能人，就能使君主尊贵、人民安宁；贵贱有等级，就能使政令的推行通畅而不滞留；亲疏关系有区别，就能使恩惠的施受不致混乱；长幼次序理顺了，就能使事业前后相接续而人得以休息。所以讲仁的人，对上述五件事看作亲友一般；讲义的人，对上述五件事注重明辨；讲气节的人，对上述五件事无论生与死都要坚守不变；讲忠贞的人，对上述五件事始终朴实谨慎地实行；仁、义、忠、节全面做到了，就算道德完备了。道德完备了却不自夸于人，这是他自身的愈益完善，叫做圣人。不自夸于人，所以天下没有人同他争能，而他也就能极尽善行用于建立功业。虽有功劳却不自居，所以能成为天下最尊贵的人。《诗经》上说："善良的君子啊，他的威仪无差错；他的威仪无差错，可以端正四方诸国。"说的就是这个道理。

天子无妻，告人无匹也。四海之内无客礼，告无适也。足能行，待相者然后进；口能言，待官人然后诏。不视而见，不听而聪，不言而信，不虑而知，不动而功，告至备也。天子也者，势至重，形至佚，心至愈；志无所诎，形无所劳，尊无上矣。《诗》曰："普天之下，莫非王土；率土之滨，莫非王臣。"此之谓也。

圣王在上，分义行乎下，则士大夫无流淫之行，百吏官人无怠慢之事，众庶百姓无奸怪之俗，无盗贼之罪，莫敢犯大上之禁。天下晓然皆知夫盗窃之不可以为富也，皆知夫贼害之不可以为寿也，皆知夫犯上之禁不可以为安也。由其道，则人得其所好焉；不由其道，则必遇其所恶焉。是故刑罚綦省而威行如流，世晓然皆知夫为奸则，虽隐窜逃亡之，由不足以免也，故莫不服罪而请。《书》云："凡人自得罪。"此之谓也。

以上为第一部分，论述天子的地位至高无上，推行礼义法制而使天下大治。

天子无妻：据杨倞注，妻者，齐也。天子尊无与二，故无匹也。　无适：适，通"敌"，犹"匹"也，匹敌。　"普天之下"云云：引自《诗经·小雅·北山》。率，循也。　犯大上之禁：大上，犹"太上"。据刘师培注，荀子传《谷梁》，以"大上"为"天子"。　《书》云：下之引文出自《尚书·康诰》篇，而与《康诰》原义不同。

故刑当罪则威，不当罪则侮；爵当贤则贵，不当贤则贱。古者刑不过罪，爵不逾德，故杀其父而臣其子，杀其兄而臣其弟。刑罚不怒罪，爵赏不逾德，分然各以其诚通。是以为善者劝，为不善者沮；刑罚綦省而威行如流，政令致明而化易如神。传曰："一人有庆，兆民赖之。"此之谓也。

乱世则不然：刑罚怒罪，爵赏逾德；以族论罪，以世举贤。故一人有罪而三族皆夷，德虽如舜，不免刑均，是以族论罪也。先祖当贤，后子孙必显，行虽如桀、纣，列从必尊，此以世举贤也。以族论罪，以世举贤，虽欲无乱，得乎哉？《诗》曰："百川沸腾，山冢崒崩，高岸为谷，深谷为陵。哀今之人，胡憯莫惩！"此之谓也。

以上为第二部分，论述"刑当罪"、"爵当贤"为治国要领。
不怒罪：即上文"不过罪"。怒，与下文"不逾德"之"逾"，皆"过"也。　　分然：判然，分明的样子。　　致明：致训为"至"；至明，极明也。　　化易：化，教化；易，治也。　　"百川沸腾"云云：引自《诗经·小雅·十月之交》。崒，通"猝"；憯，作语助，犹"曾"、"乃"；惩，戒止。

论法圣王，则知所贵矣；以义制事，则知所利矣。论知所贵，则知所养矣；事知所利，则动知所出矣。二者是非之本，得失之原也。故成王之于周公也，无所往而不听，知所贵也；桓公之于管仲也，国事无所往而不用，知所利也。吴有伍子胥而不能用，国至于亡，倍道失贤。故尊圣者王，贵贤者霸，敬贤者存，慢贤者亡，古今一也。故尚贤使能，等贵贱，分亲疏，序长幼，此先王之道也。故尚贤使能，则主尊下安；贵贱有等，则令行而不流；亲疏有分，则施行而不悖；长幼有序，则事业捷成而有所休。故仁者，仁此者也；义者，分此者也；节者，死生此者也；忠者，惇慎此者也；兼此而能之，备矣。

备而不矜，一自善也，谓之圣。不矜矣，夫故天下不与争能，而致善用其功。有而不有也，夫故为天下贵矣。《诗》曰："淑人君子，其仪不忒；其仪不忒，正是四国。"此之谓也。

以上为第三部分，论述效法圣王，以建立"尚贤使能，等贵贱，分亲疏，序长幼"的礼法制度。

令行而不流：流，"留"的借字；留，滞也。　事业捷成而有所休：据郝懿行注曰：捷者，接也。夫少长有礼，晋人知其可用；洙、泗无断，鲁俗觇其尤美。故知长幼循其序，而后事业有所归。捷与接同，言相接续而成，故人得休息也。　一自善也：据王天海引《老子》高亨注："一，谓身也。"以为"一者，己身之谓"；"一自善也"，谓己身自我完善也。　"淑人君子"云云：引自《诗经·曹风·尸鸠》。解见《富国篇》。

荀书反复申述"法先王"在于得其统、"法后王"在于得其制，以"法后王"之制实现"法先王"之统。本篇通过阐述"论法圣王"，将先王礼义传统与后王礼法制度二者合二为一而得其精要。所谓论，即考核、评定；所谓法，即效法。考评人与事应效法圣王，就是"以义制事"，以等级名分及其准则来治国理政。先王制定礼义，节情导欲，止争弥乱，而使天下大治。后王延续先王这一礼义传统，终使贵贱尊卑的等级名分制度化、完备化，万世传承而不变更。这一礼法制度，就其纲领而言，包括"论知"、"事知"两个方面，"论知"以奉养贤士为贵，"事知"以区别等级名分处理政事为利。二者是治国理政中考量是非、得失的总原则，若能坚守，并做好尚贤、使能、等贵贱、分亲疏、序长幼五件大事，就是履行了"先王之道"，实现了"法先王"、"法后王"合二为一的理想政治。从治国的效果看，因尚贤使能"则主尊下安"，因贵贱有等"则令行而不流"，因亲疏有分"则施行而不悖"，因长幼有序"则事业捷成而有所休"，总之其功大矣；从修身的效果看，因以亲友待此五事而得仁，因以明辨此五事而得义，因以生死坚守此五事而得节，因以朴实谨慎遵行此五事得而得忠，仁、义、节、忠兼备己身而成为圣人，可谓其善大矣。大功极善，是效法圣王所要追求的目标。

"刑当罪"、"爵当贤"，是治世刑赏注重公正、公平的表现，与古代圣王"刑罚不怒罪，爵赏不逾德，分然各以其诚通"的礼法制度一脉相承。"为善者劝，为不善者沮；刑罚綦省而威行如流，政令致明而化易如神。"所谓"化易如神"，是指古代圣王的礼法制度简明而威力无比，其刑赏重在教化，对遵行之为善者予以勉励，对不遵行之为不善者加以阻止，故而施行起来有如神助，通畅无碍。荀子所提倡的是古者圣王之礼法，绝非法家苛酷之刑罚。他还明确反对"一人有罪，而三族皆夷"的"以族论罪"和"先祖当贤，后子孙必显"的"以世举贤"，更赋予儒家礼法以民主和人道的精神。

成相篇第二十五

　　荀子晚年因所投托之楚令尹春申君黄歇死于楚国内讧，恨道不行，发愤著书，以阐述自己的政治理想，为后世留存遗言余教。《成相篇》就是借当时民间流行的曲艺形式，申述君明臣贤以治天下之旨意，着重宣扬了隆礼重法、明德慎罚、贵贱有等、务本节用等思想主张。这篇具有艺术感染力量的政治文学作品，其文学史价值不可低估。

　　请让我献奏一曲相，世间遭祸殃，愚昧昏暗啊昏暗愚昧，竟然毁掉贤能与忠良。君主没有贤相，就像盲人缺个搀扶工一样，无所适从多迷茫。

　　请让我陈述治国根本，务必遵循仁德圣明，愚昧专断事难成。君主妒忌争强在胜人，群臣没谁敢谏诤，灾祸必然会降临。

　　考察臣下的过错，用来反躬自问。臣子应当尊崇君主，安定国家，推举贤能。若是拒绝谏诤，掩饰过错，愚昧顽固，阿谀奉承，国家必将埋下祸根。

　　什么叫做不贤？国家大多奸佞贪私利。臣子结党营私，惑乱、包围君主。君主疏远贤人，亲近谗佞，蔽塞忠臣，最终遭遇大权旁落的命运。

　　什么叫做贤？君臣之道要分明。为臣对上尊崇君主，对下爱抚人民。为君果真采纳贤臣言论，天下统一得安宁，四海宾服皆称臣。

　　君主最大的祸灾，谗佞显达，贤能逃遁，国家颠危社稷倾。愚昧加愚昧，昏暗已透顶，最终做了夏桀亡国之君。

　　世间最大的祸灾是妒忌贤能，飞廉主政任用儿子恶来，诱使纣王志趣卑污，一味扩大园囿，高高筑楼台。

　　周武王因纣王昏暴而发怒，誓师牧野大进军。纣王军队前锋倒戈攻后军，微子启心悦诚服低下了头。武王善待微子启，封于宋地建立宗庙祭先祖。

　　商代衰败，谗佞聚集，比干被剜心，箕子遭囚禁。武王诛杀了昏君逸臣，吕尚指挥殷朝旧民来归顺。

世间最大的祸患是厌恶贤士，伍子胥被夫差所杀，百里奚陪嫁到秦。秦穆公任用了百里奚，国家强盛，跻身五霸，效仿天子设六卿。

世间最大的愚蠢是憎恶大儒，孔子周游列国屡被拒绝。柳下惠三次被罢免，儒术至鲁僖公而废止，国家基业堕坏殆尽。

请让我说说治国之本，贤者若能思考来实行，尧虽在万世之上，其治国之道也能眼见之。逸人无恶不作无止境，诡诈反复竟将尧的治国之道来怀疑。

治国之本要实施，就要辨别贤与不贤。文王、武王的治国之道和伏羲没有差异，顺从此道天下治，背离此道天下乱，还有什么可怀疑？

总括我唱的相曲的大意，也就是识别治国之方，认清治国的最高准则，才能庇覆后世之王。慎到、墨翟、季子、惠施，这类百家杂说真的不祥。

治国之道归于一，实行最高准则才吉利，君子坚守，用心专一而不移。众人若是有二心，逸侫抛弃不执行，以刑问罪追到底。

止水最公平，端正不倾斜，如此的心术像圣人。人既有权有势，又能正直而且待人宽容，这样的品德可配天。

世上如今无圣王，处境困厄难住了贤良，坏人饱食佳肴美味，仁者终日吃糟糠。礼崩乐坏圣人藏，墨家学说正嚣张。

治国有常道，礼义法制要并行，君子以此来修身，百姓因而能安宁。彰明美德慎用刑，国家安定天下得太平。

治国有要领，看轻权势和财富，君子真心喜欢并如此善处。善处如此纯真牢固，铭刻在心，深思远虑不迷误。

思虑能周密，心意就变得丰富，喜爱能专一，就必然通于神灵。精神反复不离散，专一不二，就能成圣人。

治国有善道，日新其美不衰老，君子坚守永姣好。对下用以教诲儿孙，对上拿来孝敬祖考。

相曲唱完意未尽，治国善道不可忘，君子坚守且实行，顺利通达国昌盛。尊奉贤良是第一，还要识别众奸人。

请让我献奏一曲相，表一表圣王，尧、舜崇尚贤人，亲身示范讲辞让。许由、善卷重义轻利，德行光明而高尚。

尧把帝位让贤人，一心为百姓，广施利益兼爱众，恩惠给人民。普遍治理，上下和谐，贵贱有别，君臣分明。

尧把帝位让能人，生逢其时是大舜，崇尚贤者重德行，天下就太平。即使世上有贤圣，命运乖违错时辰，谁知你是什么人？

尧虽德高不自居，舜也当仁而不让，尧嫁二女为舜妻，且将天下托于舜，大权交接有期许。伟丈夫啊，舜！面南称帝，万事万物皆完备。

舜把帝位让给禹，一心为国家，崇尚道德举贤人，井然有秩序。对外举贤不避仇，对内任官不偏亲，凡是贤人都推举。

尧有德行劳心力，干戈未动三苗服。原来虞舜耕田亩，发现其人尧忘忧。天下重任交给舜，休息身心乐悠悠。

舜得后稷播五谷，夔做乐官更奇妙，演奏乐曲鸟兽舞。契做司徒讲孝悌，教化百姓重道德，天下人民都佩服。

大禹治水奇功殊，疏导百川息洪水，为民除害逐共工。决疏九河共三江，打通十二道险阻。

分布土地为九州，治理洪水平天下，事必躬亲身劳苦，一心为民功卓著。伯益、皋陶、横革、直成皆贤人，都来辅佐大禹立功勋。

玄王契的儿子叫昭明，先居砥石后迁商。相传十四代生天乙，名传后世叫成汤。

天乙成汤，考定人事、治理国家都恰当，还一心要让位给卞随和牟光。遵循古圣贤王的治国之道，基业必然一代代扩张。

请让我献奏一段歌词，世道混乱，憎恶贤良，积弊累累不得治。隐讳过恶，嫉害贤良，长用奸诈，岂能无灾殃。

遭受灾难的开始，首先以邪术为计谋，愚者计谋被采纳，便将圣智废弃。已见前车倾覆，后车仍不改辙，觉悟待何时！

不觉悟，不知道在受苦，迷失了方向，上下错位入歧途。忠言不能上达，是因为蒙蔽了耳目，堵塞了贤士进身的门户。

门户被堵塞，君主好糊涂！悖乱昏蒙无准则。是非颠倒，朋比为奸，嫉害正直，君主受欺侮。

正直之士遭嫉害，君主心中无尺度，奸邪不正违常理，迷失了方向道路。不要怨天尤人，自以为美，难道你无辜！

君主不知警戒，必然重蹈覆辙，最是刚愎自用，拒谏饰非不肯悔改。谗佞之人都晋升，是非颠倒，出尔反尔，奸诈从此来。

面临奸诈之人，君主却不知防备，臣下竞相争宠嫉妒贤能，又彼此憎恶猜忌。功臣受猜忌，贤人遭陷害，群小结成党羽，君主受蒙蔽。

君主受蒙蔽，丧失了权势和辅弼，任用谗臣却没法控制。郭公长父招致祸难，周厉王流窜到彘地。

周幽王、厉王之所以失败，不听谏诤规劝，凡是忠臣都遭陷害。可叹我们这些人，偏偏生当乱世不逢时！

想说肺腑之言，而君主不听从，担心成为伍子胥，身遭祸凶；君主不听进谏，伍员用独鹿剑自刎，弃尸在江中。

观察往事历历在目，自我警戒要记住，治乱是非不可忽。寄托喻意在相歌，听我一一来献奏。

请让我献奏一曲相，说一说治国之方，为君之道共五条，简约明白听端详。君主严格遵守它们，臣下平易正直，国家就能昌盛兴旺。

臣下的职责，使全体人民务农而食，致力农耕，节约用度，财物就会无穷极。兴办事业听从君主号令，不得擅自役使民力。

臣民各守其职，百姓丰衣足食，官位俸禄有规定，服饰器用有等级。利益所得皆仰于君上，不能由人擅自给予，谁又敢以私市德呢？

君主法制很明确，考定人才有常规，标准设定了，人民就知道遵循的方向。官吏任免有法制，不以贵贱而进退，谁又会徇私于君王？

君主的法制就是准则，臣民对所禁止的事不敢去做，没有人不悦服君主的教化，没有人不明白法制不能改易。遵循它去做就光荣，违背了它就耻辱，谁还敢以别的为师呢？

刑法具备一定的准则、程式，应当严格遵守它的界限，臣下不滥用刑罚，就能削弱私门势力。惩罚犯罪应当依据法律，不能擅自决定从轻或从重，这样君主的权威就不会分散哩！

请让我陈述治国之本，君主明察才会吉利，喜欢研讨国事必有好的谋虑。五项听政原则要掌握，遵循要领心头记，哪有统治不相继，如此君主的权势才能保持。

听政途径，在于明了实情，反复多次审慎又审慎，再将赏罚来施行。明显的事情要查清，隐蔽的事情要让它显露真情，这样民众就能诚实为人。

说话有征验，才能查实情，真实虚妄要分明，如此才能赏罚确定。臣民不欺骗君主，都显露实情，像太阳一样光明。

　　君主通达不封闭，隐情远情都了解，能将法显示到它所不及的地方，能看到常人所看不到的境地。君主的耳目有如此威力，官吏自会严守法令，没有谁敢随心所欲。

　　君主的教令颁布，臣民的行动就有了依据，官吏谨慎执行之，不敢迟滞不敢轻举。臣下再不敢私下请托，各守本分，舍弃了奸夺巧取。

　　臣民谨慎遵循法度，君主随着情况变化而改革，公正地考察而又善于思考，为君之道便不会混乱。拿这些来治理天下，后世君主代代效法，就能形成治国的规范。

　　　　请成相，世之殃，愚暗愚暗堕贤良。人主无贤，如瞽无相何伥伥！

　　　　请布基，慎圣人，愚而自专事不治。主忌苟胜，群臣莫谏必逢灾。

　　　　论臣过，反其施，尊主安国尚贤义。拒谏饰非，愚而上同国必祸。

　　　　曷谓罢？国多私。比周还主党与施。远贤近谗，忠臣蔽塞主势移。

　　　　曷谓贤？明君臣。上能尊主下爱民。主诚听之，天下为一海内宾。

　　　　主之孽，谗人达，贤能遁逃国乃蹶。愚以重愚，暗以重暗成为桀。

　　　　世之灾，妒贤能，飞廉知政任恶来。卑其志意，大其园囿高其台。

　　　　武王怒，师牧野，纣卒易乡启乃下。武王善之，封之于宋立其祖。

　　　　世之衰，谗人归，比干见刳箕子累。武王诛之，吕尚招麾殷民怀。

尊主安国尚贤义

世之祸，恶贤士，子胥见杀百里徙。穆公任之，强配五伯六卿施。

世之愚，恶大儒，逆斥不通孔子拘。展禽三绌，春申道缀基毕输。

请牧基，贤者思，尧在万世如见之。谗人罔极，险陂倾侧此之疑。

基必施，辨贤罢，文武之道同伏戏。由之者治，不由者乱，何疑为？

以上为第一章（共十三节），论治国之本在于任用贤良，而远贤近谗必遭灾败。

成相：成，奏也；相，本为乐器名，演变而为古代一种说唱文学载体，大体上如诗而俗，为念诵讲唱之词。说详见文后解说。　如瞽无相：据王天海引《论语·季氏》："危而不持，颠而不扶，则将焉用彼相矣？"何晏《集解》："包曰：言辅相人者，当能持危扶颠。若不能，何用相为？"认为此即以盲者无扶持之人以喻人主无贤良扶助。　伥伥：无所适从的样子。　布基：布，陈，陈述；基，基本，根本。　慎圣人：慎，顺也；圣人，即"圣仁"，古"人""仁"字通。　曷谓罢：罢，读pí，通"疲"，软弱无能，引申为不贤。　箕子累：累，读léi，通"缧"，囚执。　展禽三绌：展禽，即柳下惠。鲁大夫无骇之后，名获，字子禽，谥曰"惠"，居于柳下；三绌，谓为士师而三见绌也。　春申道缀基毕输：春申，或以为指楚相春申君黄歇，"言春申为李园所杀，其儒术、政治、道德、基业尽倾覆委地也"。而据刘师培曰："春申"，当作"鲁申"。春、鲁二字篆文相似而讹。《左传》定公四年"晋重鲁申"，鲁申即鲁僖公也。荀传《左氏》，故人名亦多从《左传》之称。此句承上文展禽言，展禽与鲁僖公同时。荀子此意盖言鲁为周公之后，又为儒术之所及，鲁不用展禽，故道缀而基输。缀，当从杨倞训"止"，言儒术至僖公而止也。输，当从郝懿行、王念孙训"堕"，言周公之基业至僖公而竟堕也。　牧基：犹治本。牧，治也。　伏戏：通常写作伏羲，古帝王太昊氏，始画八卦、造书契者。

凡成相，辨法方，至治之极复后王。慎、墨、季、惠，百家之说诚不详。

治复一，修之吉，君子执之心如结。众人贰之，谗夫弃之形是诘。

水至平，端不倾，心术如此象圣人。人而有势，直而用抴必参天。

世无王，穷贤良，暴人刍豢，仁人糟糠。礼乐灭息，圣人隐伏墨术行。

治之经，礼与刑，君子以修百姓宁。明德慎罚，国家既治四海平。

治之志，后势富，君子诚之好以待。处之敦固，有深藏之能远思。

思乃精，志之荣，好而壹之神以成。精神相反，一而不贰为圣人。

治之道，美不老，君子由之佼以好。下以教诲子弟，上以事祖考。

成相竭，辞不蹶，君子道之顺以达。宗其贤良，辨其殃孽。

以上为第二章（共九节），论治道方法：最高准则是文武之道，要坚守不移、日新其美，从政正直、待人宽厚，隆礼重法、明德慎罚，礼义君子为先、权势财富为后，精神反复不离散、深藏远虑不迷误，尊奉贤良、识别奸佞。

复后王：据王天海注，复，通"覆"。复后王，犹言庇覆后王也。本书《臣道篇》"以德复君而化之"，《韩诗外传》"复"作"覆"，俞樾曰："当从之。以德覆君，谓其德甚大。" 慎、墨、季、惠：季，诸说不一，从疑。 不详：即"不祥"。祥、详，古字通。 直而用抴：直，正直；用抴，待从宽容。

请成相，道圣王，尧舜尚贤身辞让。许由善卷，重义轻利行显明。

尧让贤，以为民，泛利兼爱德施均。辨治上下，贵贱有等明君臣。

尧授能，舜遇时，尚贤推德天下治。虽有贤圣，适不遇世孰知之？

尧不德，舜不辞，妻以二女任以事。大人哉舜！南面而立万物备。

舜授禹，以天下，尚得推贤不失序。外不避仇，内不阿亲，贤者予。

禹劳心力，尧有德，干戈不用三苗服。举舜甽亩，任之天下身休息。

得后稷，五谷殖，夔为乐正鸟兽服。契为司徒，民知孝弟尊有德。

禹有功，抑下鸿，辟除民害逐共工。北决九河，通十二渚疏三江。

禹傅土，平天下，躬亲为民行劳苦。得益、皋陶、横革、直成为辅。

契玄王，生昭明，居于砥石迁于商。十有四世，乃有天乙是成汤。

天乙汤，论举当，身让卞随举牟光。道古贤圣基必张。

以上为第三章（共十一节），赞颂古圣贤王推贤让能、建功立业而天下治，暗叹歌者自己生不遇世。

许由、善卷：皆为上古著名隐士。据杨倞引《庄子》曰："尧让天下于许由，许由曰：'予适有幽忧之病，方且治之，未暇治天下也。'遂不受。""舜让天下于善卷，善卷不受，遂入深山，不知其处"也。

尚得推贤：得，当为"德"，二字古时通用。　禹劳心力：据刘师培曰，

禹有功，抑下鸿

此下二章均言尧事，"禹有功"以下二章方言禹事。以句例勘之，此文"禹"字疑衍，或当作"尧有德，劳心力"，与下"禹有功，抑下鸿"对文。天海以为"刘氏所言极是"，从之。　禹傅土：傅，借为"敷"；敷，分也。　契玄王：据王天海引朱熹曰：玄王者，契以母简狄吞玄鸟卵而生，故追号之曰玄王也。　天乙是成汤：据梁启雄曰，汤名乙。《史记·殷纪·索引》引谯周曰："夏、殷之礼，生称王，死称庙，皆以帝名配之。天，亦帝也。殷人尊汤，故曰天乙。"　卞随、牟光：皆为汤时隐士。汤让天下于二人，皆不就，投水而死。

愿陈辞，世乱恶善不此治。隐过疾贤，良由奸诈鲜无灾。

患难哉，阪为先，圣知不用愚者谋。前车已覆，后未知更何觉时！

不觉悟，不知苦，迷惑失指易上下。中不上达，蒙揜耳目塞门户。

门户塞，大迷惑，悖乱昏莫不终极。是非反易，比周欺上恶正直。

正直恶，心无度，邪枉辟回失道途。己无邮人，我独自美岂独无故！

不知戒，后必有，恨后遂过不肯悔。逸夫多进，反复言语生诈态。

人之态，不如备，争宠嫉贤利恶忌。妒功毁贤，下敛党与上蔽匿。

上壅蔽，失辅势，任用逸夫不能制。郭公长父之难，厉王流于彘。

周幽、厉，所以败，不听规谏忠是害。嗟我何人，独不遇时当乱世！

欲衷对，言不从，恐为子胥身离凶。进谏不听，到而独鹿弃之江。

观往事，以自戒，治乱是非亦可识。托于成相以喻意。

以上为第四章（共十一节），痛言昏主是非反易，贤奸倒置而天下乱，以自古忠良多遇害自戒。

良由奸诈：据杨倞注："长用奸诈"。于省吾引《广雅·释诂》："良，长也"，以为杨注"正训良为长"也。　**阪为先**：据梁启雄曰：《广雅·释诂》："阪，邪也。"在此指邪术。　**辟回**：犹"僻违"，邪僻乖违。　**邮人**：邮，通"尤"，怨也。　**岂独无故**：故，通"辜"。　**后必有**：即"必有后"，为协韵而倒置也。　**恨后遂过**：据王念孙曰，此四字义不相属。"恨"同"很"。"后"当为"复"（"后""复"繁体形近）。"复"与"愎"同。言很愎不从谏，以遂其过也。　**不如备**：据杨倞注，"如"当为"知"之形误。　**郭公长父**：据王天海引朱熹、卢文弨曰：郭公长父，周厉王之臣，未详其事。盖古"郭""虢"字通，郭公长父即《吕氏·当染》篇之虢公长父也。　**厉王**：周厉王，名胡，公元前878年继位，公元前842年被流放于彘（今山西霍县境内）。　**幽王**：周幽王，名宫涅，西周亡国之君，公元前781年至前771年在位。　**刭而独鹿**：而，犹"以"；独鹿，子胥自刭之剑名。

请成相，言治方，君论有五约以明。君谨守之，下皆平正国乃昌。

臣下职，莫游食，务本节用财无极。事业听上，莫得相使一民力。

守其职，足衣食，厚薄有等明爵服。利往卬上，莫得擅与孰私得？

君法明，论有常，表仪既设民知方。进退有律，莫得贵贱孰私王？

君法仪，禁不为，莫不说教名不移。修之者荣，离之者辱，孰它师？

刑称陈，守其银，下不得用轻私门。罪祸有律，莫得轻重威不分。

请牧基，明有祺，主好论议必善谋。五听循领，莫不理续主执持。

听之经，明其请，参伍明谨施赏刑。显者必得，隐者复显，民反诚。

言有节，稽其实，信诞以分赏刑必。下不欺上，皆以情言明若日。

上通利，隐远至，观法不法见不视。耳目既显，吏敬法令莫敢恣。

君教出，行有律，吏谨将之无铍滑。下不私请，各以所宜舍巧拙。

臣谨修，君制变，公察善思论不乱。以治天下，后世法之成律贯。

以上为第五章（共十二节），陈述为君之道，以掌握五项听政原则和五种听政途径为主要内容。五项听政原则是：臣下职，守其职，君法明，君法仪，刑称陈。五种听政途径是：明其情，言有节，上通利，行有律，君制度。

"利往印上"二句：据王天海注，句中"往"亦可训"来"。《广雅·释诂》："往，至也"。此言利来皆仰于君上，不得使人擅与，谁又能以私市德也。私得，犹"私德"。　刑称陈：称，当，中；陈，通"程"，程式，准则。　守其银：银，通"垠"，边界，界限。　五听循领：五听，指上文"君论有五"以下五节所言之事。循，诸本作"修"，似以"循"为妥；循领，遵循其要领。　主执持：据陶鸿庆曰，"执"当为"势"之误；主势持，谓主势得以保持也。　无铍滑：据王天海注，此承上句喻吏之行法令无迟滞，无轻滑，即言其顺利也。

《荀子》一书有关政治问题的意见至少用了八篇专文论述，现又以《成相篇》之通俗文学形式抒写人君大道，具有高度的概括性、创造性、文学性。本篇所述的思想与理论已分别见于《王制篇》等，这里就提纲挈领，形成体系，重在探寻规律，总结教训，以达到提耳教诲之目的。

本篇命名《成相》，意含双关。据《礼记·乐记》云："治理以相，讯疾以雅。"《礼记·曲礼》云："邻有丧，舂不相。"《尚书·益稷》云："搏拊琴瑟以咏。"对这些古籍的记载，郑玄、孔颖达等人均有相关解释。综合言之，相、雅均为古乐器名。歌唱时，击相以为歌声之节；舞蹈时，奏雅以为动作之节。相，又称拊，表面是皮革，里面装着糠，其形如小鼓，因搏拊有辅助歌乐使之不紊乱的功能，故称之为相。成，即奏。无论庙堂祭祀或民间劳动舂米等，演奏相，均可以调节歌声、动作之缓急。逐渐演变而推广到民间，即把乐器的名称转移为歌辞的名称了。"舂牍"、"送杵声"等说法，证明"成相辞"已形成古代说唱文学体裁之一了，大体如诗而俗，为念诵讲唱词形式。班固《汉书·艺文志》著录《成相杂辞》十一篇，已失传。但由此可推知，《成相辞》在荀子时代已普遍流行于民间，为群众所喜爱，故引起荀子拟作的兴趣。荀子撰《成相》之篇，说自己"托于成相以喻意"，既指本篇所唱形式为成相歌辞，又指所唱内容为明君贤臣如何完成治理国家的大事，"成"寓成就、"相"寓辅佐治理之意。

荀子《成相篇》被学者称为"后世弹词之祖"。但荀子仅为仿制、借用当时已臻成熟的说唱文体罢了，本篇之撰保留了当时《成相辞》的体制格调和艺术特征。全篇采用三、三、七句式与四、七句式的格式行文，总体协韵。杨倞分为三章，现从张长弓之说分为五章。五章依次分别以"请成相"、"凡成相"、"请成相"、"愿陈辞"、"请成相"一句开场白领起，每章包含若干节，篇中文义转折变换自然而不拘泥。篇中讲述许多历史故事，让听者在接受贤德圣道之时不致失去兴味。现代弹词、鼓词、道情等，其格调与荀子《成相篇》颇为类似，显然是从荀子时代的《成相辞》演变出来的，这可以从唯一保留下来并十分完整的荀子《成相篇》得到证实。所以说，荀子《成相篇》具有很高的文献和艺术史研究价值。

赋篇第二十六

　　本篇和《成相篇》一样，也是采用诗赋形式对《荀子》全书所阐述的政治主张做纲领性概括。全赋共八章，前五为《礼》、《知》、《云》、《蚕》、《箴》小赋；后二为《佹诗》、《小歌》四言诗；末为《遗春申君赋》。此篇与《成相篇》虽然同为韵文，但《成相篇》从俗，此篇尚雅，风格有所不同。《成相篇》将全书有关政治的思想与理论系统化，归结为人君大道，指导明君贤臣如何安邦治国；本篇则用充沛感情赞叹以礼与智为中心的圣人之道、君子之德，塑造圣贤伟大的人格精神，以为后世效法之楷模。两篇旨趣殊异，前者流于政治说教，后者胜于艺术感染。

　　这里有一个庞然大物，它不是丝不是帛，却纵横交错、经纬成章；它不是太阳不是月亮，却给天下带来光明。活着的人遵循它能长寿，死去的人遵照它得安葬；城郭依靠它得以坚固，三军依靠它得以威强。纯粹按照它去做就能称王天下，按照它去做但是驳杂也可称霸诸侯，二者都做不到就只有走向灭亡。臣愚昧无知，斗胆请教大王。大王说：它虽是纵横交错却没有华丽色彩吧？它简单易懂而极有条理吧？它是被君子敬重而被小人轻视的吧？它是人的本性没有得到就如同禽兽，而本性得到它就能端正修治的吧？它是普通人若能尊崇就会成为圣人，诸侯尊崇它就能统一天下吧？它极其明白而简要，非常有条理而易于实行，请把它归属于礼吧。——礼赋。

　　上天降下一种东西，将它施予人民，有的丰厚有的菲薄，常常不一致均等。桀、纣因它而昏乱，汤、武因它而贤明。它静默清澈，美盛通达；遍游四海，还不到一天时间。君子用它来修身，盗跖用它来入室行劫。它虑大能与天相并，虑小则深隐细微不显形。举止仪态因它而端正，事业因它而能成。它可以禁止凶暴使穷变富，百姓靠它然后才能太平安宁。臣愚昧无知，希望听到它的名称。回答道：它是用于宽宏平正就能安定，用于险峻狭隘就会危惧的吧？它是使人修美洁净就受人亲近，使人杂乱卑污就遭人仇视的吧？它是深深隐藏着而对外能战胜敌人的吧？它是效法禹、舜并能追踪其行迹的吧？它是行为举止依靠它然后才能适宜的吧？它是血气的精灵、志意的光华啊。百姓靠它然后才能安宁，天下靠它然后才能太平，它明澈、通达、纯粹而无瑕疵啊。这就叫做君子的智慧。——智赋。

这里有一个奇物，它居处时浓密而静静地垂下，流动时极其高远而巨大。它呈圆形时符合圆规画的形状，呈方形时符合直尺画的模样；它广大无边充满天地，德行敦厚可比尧、禹。它细微时如同毫毛，充盈时塞满宇宙。它飘忽时可达到极远，回旋起来又追逐往返，它气宇轩昂的姿态使天下人为之赞叹。它德行广大覆盖万物而无所舍弃，五彩缤纷能形成美丽的图案。它往来晦昧难测，能与天神相通，它出入急切，却不知道所出在什么地方。天下人失去它就会死亡，得到它就能生存。学生我不聪敏，愿意把这些现象说给先生听。君子善于措辞，请猜测之。回答道：它是巨大而不充塞的吧？它是充盈整个宇宙而不充实，进入隙穴而不逼仄的吧？它是走得很远又快速异常，但却不可托付、传信的吧？它是往来晦冥却又不可停留、阻止的吧？它是可以突然化为暴力而至杀伤万物而从不迟疑、忌讳的吧？它是功盖天下而毫不偏私的吧？它依托大地而翱翔天空，以风为友，以雨为子；冬天化作寒流，夏天举起热浪。它广大而又神奇多变，请把它归结为云吧。——云赋。

这里有一个奇物，没有毛羽赤裸裸的身体，屡屡变化微妙神奇，功德覆盖天下，成为万世锦绣文饰之本。礼乐靠它得以完成，贵贱靠它得以区分；奉养老人抚育幼儿，依靠它才能进行；它的名称并不好听，读音竟与"暴"字为邻。它功业成就而自身被废，事业成功而家庭破败。它的耆老被丢弃，而后代却被保存。它被人所利用，也为飞鸟所伤害。臣愚昧无知，想请天帝占验。天帝占卜说：这是身体如女子一样柔美而头像马头的吧？它是屡屡变化却不长寿的吧？它是青壮年时受优待却不能很好终老的吧？它是有父母却没有雌雄之分的吧？它冬天隐伏不动，夏天孵化生长，吃桑叶吐细丝，先杂乱而后分出条理，生在夏天却厌恶酷暑，喜欢温润却厌恶雨露。它以蛹为母，以蛾为父；它三次睡眠又三次苏醒，事情才得大功告成。这就叫做蚕的义理。——蚕赋。

这里有一个奇物，它出生于山冈，居住在内室厅堂。没有智慧也不灵巧，却善于缝制衣裳。不偷盗也不行窃，却能穿洞而来来往往；用它刺绣而日合夜离，以制成礼仪服装。既能按纵的纹路缝合，又能按横的纹路连缀。下可以供百姓遮掩身体，上可以制成衮冕装饰帝王；功劳业绩虽然博大，却不被人认为贤良。使用时它在人的眼前，不用时就不见它的面庞。臣愚昧无知，斗胆请教大王。大王说：它是初生之时很大，而磨制成功后很小的吧？它是鼻眼拖着长尾巴而头上很尖锐的吧？它是头上尖锐而尾巴缭绕的吧？它穿过来穿过去，先把尾系个结，才开始做活路。它没有羽毛没有翅膀，来回反复十分迅疾。尾巴长在鼻眼上活儿就开始，尾巴盘绕成结时活儿就停止。它以簪为父，以管为母。既用它来缝合衣面，又用它来连缀衣里。这就叫做箴的义理。——箴（针）赋。

　　如今天下不安定，请让我陈说规讽之诗。天地改变了位置，四季错乱了次序。星辰陨落，早晚昏暗不明亮。阴暗的小人登上高位，光明如日月的君子被掩藏。公正无私的人，反被诬蔑为反复无常。盗取公利的人，却能高楼华屋任安享。不以私意加罪于别人，却必须警戒以重刑。道德纯粹而完备，众人谗毁声喧嚷。仁人遭贬而折腰，小人专横逞凶狂。天下昏暗而凶险，恐怕要落入祸殃。螭龙被当作壁虎，鸱鸮却成了凤凰。比干被剜心剖腹，孔子困厄在陈匡。明明亮亮啊，他们的智慧在闪光；违背志向啊，他们遭遇的时运不祥；丰富茂盛啊，他们想把礼义往天下推广；黑暗啊，天下竟如此昏暗不明亮。光明的天气不再来，人们无比忧伤；昏乱千年必返治，这也是古理之常。各位弟子要勤学，上天不会把你忘。圣人拱手而治天下，这样的时机即将到来。我愚昧而有疑问，想听听先生不同的意见。

　　小诗唱道：想那遥远的地方，正道是何其蔽塞？仁人遭贬谪而受屈，残暴之人却放纵凶狂。忠臣危险，谗人高兴啊。

　　美石璇玉和瑶珠，竟然不知去佩戴。麻布锦帛混杂放眼前，竟然不知去分辨。美如闾娵和子都，缺个媒人结良缘。丑似嫫母和力父，竟然受人们喜欢。把眼瞎当作明亮，把耳聋当作聪明，把危险当作安全，把吉利当凶险。哎呀，老天爷呀！这些看法何其相同啊！

爰有大物，非丝非帛，文理成章；非日非月，为天下明。

生者以寿，死者以葬；城郭以固，三军以强。粹而王，驳而伯，无一焉而亡。臣愚不识，敢请之王。王曰：此夫文而不采者与？简然易知而致有理者与？君子所敬而小人所不者与？性不得则若禽兽，性得之则甚雅似者与？匹夫隆之则为圣人，诸侯隆之则一四海者与？致明而约，甚顺而体，请归之礼。——礼。

　　此为《礼赋》，言礼为人之头等大事，其功用甚大，用于治国则城郭固、三军强、一天下、霸诸侯；用于伦理则人性修治而端正，匹夫可变为圣人。

　　"王曰"以下五句末"与"字皆表语气，同"欤"。下文多同此用法。　雅似：据于省吾曰，似，应读作"治"。雅治与上文言禽兽，一虚一实，而适相反为义也。

　　皇天隆物，以示下民，或厚或薄，常不齐均。桀、纣以乱，汤、武以贤。惛惛淑淑，皇皇穆穆；周流四海，曾不崇日。君子以修，跖以穿室。大参乎天，精微而无形。行义以正，事业以成。可以禁暴足穷，百姓待之而后宁泰。臣愚不识，愿问其名。曰：此夫安宽平而危险隘者邪？修洁之为亲而杂污之为狄者邪？甚深藏而外胜敌者邪？法禹、舜而能弇迹者邪？行为动静待之而后适者邪？血气之精也，志意之荣也，百姓待之而后宁也，天下待之而后平也，明达纯粹而无疵也。夫是之谓君子之知。——知。

　　此为《知赋》，言人之智由天赋，厚薄不均，且有圣人之智、小人之智的区别。智若虑大可参天地，虑小则精微无形；智使道义正、事业成、凶暴除、穷变富、百姓宁；用于宽平则安，用于险隘则危；智修洁者人亲之，智杂污者人仇之。

　　隆物：据王天海注，降物也。隆、降，上古韵同冬部，故得通。然此"物"指智也，非指万物。　以示下民：示，通"施"，予也。　常

匹夫隆之则为圣人

不齐均：诸本"常"皆作"帝"，此据王念孙之说径改。 惛惛淑淑，皇皇穆穆：据王天海注，惛惛，静默专一之貌；淑淑，清之貌。连用则互文见义，乃喻智之沉静也。皇皇，通达貌；穆穆，端庄盛美貌。连用以喻美盛通达也。 崇日：犹终日。崇，终也。 杂污之为狄者：狄，据王天海注，或当通"敌"，二字上古声韵同，故可通，且与前"亲"字对文。而下文"外胜敌者邪"之"敌"，与此"狄"变化用字耳。

有物于此，居则周静致下，动则綦高以巨。圆者中规，方者中矩；大参天地，德厚尧、禹。精微乎毫毛，而充盈乎大宇。忽兮其极之远也，攭兮其相逐而反也，卬卬兮天下之咸蹇也。德厚而不捐，五采备而成文。往来惛惫，通于大神，出入甚极，莫知其门。天下失之则灭，得之则存。弟子不敏，此之愿陈。君子设辞，请测意之。曰：此夫大而不塞者与？充盈大宇而不窕，入郄穴而不逼者与？行远疾速而不可托讯者与？往来惛惫而不可为固塞者与？暴至杀伤而不亿忌者与？功被天下而不私置者与？托地而游宇，友风而子雨；冬日作寒，夏日作暑。广大精神，请归之云。——云。

此为《云赋》，描绘云具有充塞天地极其广大的涵量，赞叹天下有云则生，无云则亡，其功覆天下，却不因私而立功。

攭(lì)兮：据王念孙曰，为云气旋转之貌。 卬卬兮：气宇轩昂之貌。卬，读áng，通"昂"。

有物于此，傫傫兮其状，屡化如神，功被天下，为万世文。礼乐以成，贵贱以分；养老长幼，待之而后存。名号不美，与暴为邻。功立而身废，事成而家败。弃其耆老，收其后世。人属所利，飞鸟所害。臣愚不识，请占之五帝。五帝占之曰：此夫身女好而头马首者与？屡化而不寿者与？善壮而拙老者与？有父母而无牝牡者与？冬伏而夏游，食桑而吐丝，前乱而后治，夏生而恶暑，喜湿而恶雨。蛹以为母，蛾以为父；三俯三起，事乃大已。夫是之谓蚕理。——蚕。

此为《蚕赋》描绘蚕"傫傫兮其状，屡化如神"，"三俯三起，事乃大已"，"功立而身废，事成而家败"的生命历程，赞叹蚕"功被天下，为万世文"，饱含成礼乐、分贵贱、养老长幼的义理。

傫傫（luǒ luǒ）：据杨倞注，无毛羽之貌。王天海曰，犹"裸裸"也。　五帝：通行诸本多作"五泰"。王天海以为"五帝"、"五泰"其义皆不可通，疑当作"上帝"；上帝，天帝也。似可。　身女好而头马首者：喻蚕之形状。据杨倞注：女好，柔婉也。其头又类马首。《周礼·马质》"禁原蚕者"，郑玄云："天文辰为马，故《蚕书》曰：'蚕为龙精，月值大火，则浴其种。'是蚕与马同气也。"

有物于此，生于山阜，处于室堂。无知无巧，善治衣裳。不盗不窃，穿窬而行；日夜合离，以成文章。以能合从，又善连衡。下覆百姓，上饰帝王；功业甚博，不见贤良。时用则存，不用则亡。臣愚不识，敢请之王。王曰：此夫始生巨，其成功小者邪？长其尾而锐其剽者邪？头铦达而尾赵缭者邪？一往一来，结尾以为事。无羽无翼，反复甚极。尾生而事起，尾遭而事已。簪以为父，管以为母。既以缝表，又以连里。夫是之谓箴理。——箴。

此为《箴赋》，描绘箴"无知无巧，善治衣裳"，"日夜合离，以成文章"，"时用则存，不用则亡"的朴实风貌，赞叹箴"下覆百姓，上饰帝王；功业甚博，不见贤良"，饱含文饰礼仪的义理。

赵缭：赵，通"绕"；绕缭，缭绕也。

天下不治，请陈佹诗。天地易位，四时易乡。列星殒坠，旦暮晦盲。幽暗登昭，日月下藏。公正无私，见谓从横。志爱公利，重楼疏堂。无私罪人，憼革二兵。道德纯备，谗口将将。仁人绌约，敖暴擅强。天下幽险，恐失世英。螭龙为蝘蜓，鸱枭为凤皇。比干见刳，孔子拘匡。昭昭乎其知之明也，郁郁乎其遇时之不祥也；拂乎其欲礼义之大行也，暗乎天下之晦盲也。皓天不复，忧无疆也；千岁必反，古之常也。弟子勉学，天不忘也。圣人共手，时几将矣。与愚以疑，愿闻反辞。

其小歌曰：念彼远方，何其塞矣？仁人绌约，暴人衍矣。忠臣危殆，谗人服矣。

此为《佹诗》、《小歌》，言楚国政治混浊，礼义不行，天下不治，其原因是仁人怀才不遇，而小人得志猖狂。

佹诗：据王天海注，佹，或通"规"。二字双声音近，故可通。又规诗者，规讽之诗也。　　憃革：据王天海注，憃，《说文》："敬也。"郑玄曰："敬之言警也。"革者，戒也。李善注引《苍颉篇》曰："革，戒也。"是憃革即警戒也。　　二兵：通行诸本"二"皆作"贰"字，然于省吾曰："贰"，本作"二"，乃上古"上"字之讹也。上、尚古字通，尚谓崇尚。尚兵，与憃革对文。王天海亦以为，"二兵"，疑作"上兵"。二，乃古文"上"之讹。兵者，刑也。《国语·鲁语》："刑五而已，大刑用甲兵，其次用斧钺，中刑用刀锯，其次用钻笮，薄刑用鞭扑，以威民也。"故知"上兵"，即上刑也。上刑，重刑也，极刑也。　　将将：犹"锵锵"，此喻谗言交集，众口喧哗的样子。　　世英：据王天海注，英，通"殃"。英、殃，上古同属影母阳部，故通。　　弟子勉学：此乃荀子告弟子语，与《云赋》作者自称"弟子"不可例比。　　与愚以疑：与，通"予"，余也，我也。　　谗人服矣：据王天海引朱熹曰，《九歌》首章"服"亦作"般"，盖通用也。般，乐也。

琁玉瑶珠，不知佩也。杂布与帛，不知异也。闾娵、子奢，莫之媒也。嫫母、力父，是之喜也。以盲为明，以聋为聪，以危为安，以吉为凶。呜呼上天，曷维其同！

此章为《遗春申君书》文后之赋，叹天下到处是非颠倒，何其相同。

闾娵：又作"闾姝"。古之美女。　　子奢：又作"子都"。古之美男子。　　嫫母：古之丑女，传说以有德而为黄帝之妃。　　力父：又作"刁父"、"刀父"，盖古之丑男也。

　　班固《汉书·艺文志》著录《孙卿赋》十篇，居赋二十五家之首。而《礼》《知》、《云》、《蚕》、《箴》及《佹诗》、《小歌》、《遗春申君书》是否在其中，不得而知。又《汉书·艺文志》著录《隐书》十八篇，可知在荀子前后出现隐书一体。荀子留存下来的这些赋，是比隐书更为成熟的一种新文学样式。《汉书·艺文志》称，孙卿和屈原"皆作赋以讽"。屈原的作品无赋名，真正以赋名篇的则起于荀子。屈原的《离骚》、《九辩》皆是抒情的长篇新体诗，而荀子的《赋篇》则在内容和形式两方面另有特点。首先，荀赋不重抒情，不求韵律，而是假物寓意托物讽喻，借咏物进行说理；其次，荀赋没有明显的抒情主人公形象一以贯之，而是借主客问答揭开谜底的体式成篇；再次，荀赋以四言韵语为主，杂有散文句子，句法整齐，语气更接近散文。荀子《赋篇》的这些艺术特点，对汉代辞赋有很大影响。班固曾有以屈原、荀卿为辞赋之祖的说法，这是因为汉赋的形体是源于荀子，辞藻是取于《楚辞》，两人的功劳不可磨灭。

大略篇第二十七

一般认为，《荀子》一书自本篇起，此后六篇均为"弟子杂录"或为"后人附益"（梁启超认为此类情况还包括《君子篇》），非出自荀子本人手笔。本篇以《大略》名篇，是先秦书例概无篇名，唯取篇首之词以命之。从本篇所录内容及形式看，亦显为其弟子杂录《荀子》前数篇之语，而略举其要点，并抄录《曾子》、《大戴礼》相关文字，遂以《大略》概称，故篇名兼有二意。本篇内容庞杂，其文相连而意不相属者，前后相互重复者，多有所见，亦可证其并非专论。但其弟子用意似也不在简单重复，而是以更为凝炼的语言、更为概括的论断、更为精深的阐发，来总结荀子的思想。因而，本篇的基本内容仍较明确，所涉及的是荀子一贯的思想主张，如修身学为、隆礼重法、平政惠民、尚贤使能等问题，开篇"君人者，隆礼尊贤而王，重法爱民而霸，好利多诈而危"一语，大体可以总括全篇主要意思。

自本篇以下，对原文不再划分段落（部分），对确需简要解说的字、词、句，则在适当之处加注。

大旨撮要。

做君主的，推崇礼义、尊重贤人就能称王天下，重视法制、爱护人民就能称霸诸侯，贪爱私利、多行诡诈就有亡国的危险。

"要想接近周围四方，没有比处在中央更方便的了。"所以王者一定是居住在天下的中央，这是礼要求的。

天子在门外设置屏障，诸侯在门内设置屏障，这是礼要求的。设置门外屏障，是不想让院内的人看到院外；设置门内屏障，是不想让院外的人看见院内。

诸侯召唤臣子，臣子等不及驾车，来不及把衣裳穿整齐也要马上跑去，这是礼要求的。《诗经》上说："穿颠倒上衣下裳，是因为君主派人把我召。"天子召唤诸侯，诸侯等不及马到就让人拉着车子去迎马，这是礼要求的。《诗经》上说："我出动我的兵车，奔赴那放牧场，有人从天子那里来，传令我出征边疆。"

天子穿画有山的礼服戴礼帽，诸侯穿黑色礼服戴礼帽，大夫穿裨服戴礼帽，士人戴白鹿皮帽穿白色礼服，这是礼要求的。天子上朝时，手握上方呈锥形而长三尺的大圭作玉笏，诸侯手握上圆下方的玉笏，大夫手握普通玉笏，这是礼要求的。天子使用有雕画的弓，诸侯使用红色的弓，大夫使用黑色的弓，这是礼要求的。

诸侯盟会，由卿担任助宾行礼的人。群臣随同君主出行时，由受过礼宾训练的教士陪同，而让忠厚的仁者留守主管内务。派使者访问友国时用珪玉作符信，向人请教国事时用璧玉作符信，召见臣子时用瑗玉作符信，与臣子决绝时用玦玉表示，召见原先已决绝的臣子时用环玉表示。

君主具备了仁心，智慧就受仁心的役使，而礼是仁心的完美体现。所以君主先有仁心而后才制定礼，这如同上天赐予一样。

《聘礼》记载说："钱多了就损害德，财多了就破坏礼。"礼啊，礼啊！难道仅仅是指那些圭璋束帛之类吗？《诗经》上说："物多美啊，因为它整齐又匀称。"假如不能合时宜，不端庄合规，不讨人喜欢，尽管物很美，也不符合礼的要求。

涉水的人要先标志出水的深浅，使人不致误入深水中淹死；统治人民的君主要标志出国家治乱的界限，使人民不致有失误。礼就是治国的标志，古代圣王用礼来标志天下的治和乱，现在有人竟然废除了礼，这等于废除了治国的标志。所以人民迷惑而陷入了祸患，这就是刑罚繁多的原因。

舜说："我能从心所欲地治理国家。"所以礼的产生是为了约束贤人以至普通百姓的，并不是为了使每个人都成为圣人。虽然如此，它也可以使人成为圣人，而不学习是不能成为圣人的。尧曾向君畴学习，舜曾向务成昭学习，禹曾向西王国学习。

人到了五十岁，若遇父母死亡，不必拘于哭泣的礼节；到了七十岁，若遇父母死亡，只要穿麻制的丧服就行了。

男子娶妻时将到女方去迎亲的礼节是：父亲面向南站立，儿子面向北跪下，由父亲斟酒敬神，并命令说："去迎接你的妻子，成全我们家传宗接代的大事。敬慎地带领新妇孝敬婆母做好继承人，如此才会符合常理。"儿子回答道："好，生怕做不到，岂敢忘记父亲的命令。"

所谓行为，就是施行礼的意思。所谓礼，就是对尊贵者要尊敬，对年老者要孝敬，对年长者要顺从，对年幼者要慈爱，对卑贱者要施予恩惠。

君主对一家人施予赏赐，就如同对国人进行奖赏一样；对臣妾施予刑罚，就如同对万民施用刑罚一样。

君子对于儿子，爱他而不在脸色上表现出来，使唤他而不在言辞上表现出来，用正确的道理引导他而不是强制他。

礼以顺应人心为根本，所以《礼经》所没有记载却又顺乎人心的，也都出于礼的要求。

礼的大要是：事奉生者，用来修饰欢乐；送别死者，用来表达悲哀；军队行军，用来显扬威力。

爱自己的父母，怀念自己的故旧，奖赏有功劳者，称赞有苦劳者，这是仁的等级。尊重地位崇高的人，尊敬道德高尚的人，推崇贤能的人，伺奉年老的人，恭敬年长的人，这是义的伦理。实行仁义而能有所节制，这是礼的秩序。仁，就是爱，所以要亲近。义，就是伦理，所以要实行。礼，就是有节制，所以能成功。仁有屋宇叫义，义有门户叫礼。仁，不是它的屋宇而居住，就不叫做仁；义，不是它的门户而走过，就叫做义。对人施予恩惠而不合事理，就不能成就仁；合于事理却不果敢行动，就不能成就义；明察礼之节制却不懂得和谐，就不能成就礼；和谐却不懂得以音韵宣扬出来，就不能成就乐。所以说，仁、义、礼、乐的目的是一致的。君子以义来处理仁，然后才能成就仁；以礼来实行义，然后才能成就义；制定礼时要把握以仁义为本、礼节为末的原则，然后才能成就礼。仁、义、礼三者相贯通了，然后才算合于"道"了。

送财物帮助别人办丧事叫做赙，送车马帮助别人办丧事叫做赗，给死人赠送衣被叫做襚，给死人赠送他生前所喜好的玩器叫做赠，将珠玉贝壳含在死人口中叫做唅。赙、赗是用来帮助死者家属的，赠、襚是用来送给死者的。送别死者而不走到灵柩跟前对尸体表示悼念，安慰死者家属而不赶到人刚死及其家属结束哭泣啼号之前，就违反了礼仪。所以，为吉事日行五十里去参加，为赴丧事就要日行百里去参加，办理丧事和送别死者等事宜，是重大的礼仪。

礼是从政的指导原则。处理政事若不遵循礼，政事就行不通。

天子登上帝位，上卿献言说："为什么忧虑会这么长远呢！能消除祸患就是幸福，不能消除祸患就是灾害。"他向天子呈上第一策。中卿献言说："德高配天而又拥有国土的君主，应该在事情发生之前就考虑到事情，在祸患到来之前就考虑到祸患。在事情发生之前就考虑到事情叫做敏捷，能敏捷事情就大多能成功。在祸患到来之前就考虑到祸患叫做预见，有预见祸患就不会到来。事情已经发生然后才去考虑叫做滞后，滞后了事情就办不成。祸患已经到来然后才去考虑叫做困窘，困窘了祸患就不可阻挡。"他向天子呈上第二策。下卿献言说："严肃戒慎，毫不懈怠。庆贺的人还在堂上，吊丧的人就已经来到里门。祸与福相毗邻，不知道会从哪里产生。勉力而为！勉力而为！万民都在看着您。"他向天子呈上第三策。

禹看见两个人在一起耕地，他站在车上手扶车前横木，低头表示敬意，路过仅有十户人家的地方也一定下车问候。

祭祀太早，朝会太晚，都不符合礼。不用礼治理人民，行动就会陷入困境。

平衡即将头弯到与腰一样齐的行礼，叫做拜；下衡即叩头触地的拜礼，叫做稽首；至地即跪拜而以额触地的行礼，叫做稽颡。大夫的家臣对大夫只行拜礼而不行稽首礼，这并非提高家臣的地位，而是规避对国君的礼节。

公侯之士与乡邻交往，按年龄长幼排列座次；大夫与同族交往，按年龄长幼排列座次；卿与同族交往，虽有年长七十岁的人，也不敢列座于卿的前面。上大夫、中大夫、下大夫分别指卿、大夫、公侯之士。

吉事官位高者为上座，丧事则突出与死者关系亲近者。

君臣之间没有德行的教化就不会相互尊重，父子之间没有德行的教化就不会相互亲爱，兄弟之间没有德行的教化就不会相互和睦，夫妇之间没有德行的教化就不会相互欢悦。年轻人靠德行的教化而长大成人，老年人靠德行的教化而颐养晚年。所以天地使百姓生存，圣人使百姓成就。

聘，是诸侯之间相互访问。享，是以束帛和璧进献。私觌，是以个人身份用臣礼私下晋见诸侯。

君主言语的美，端庄而堂皇。朝廷的美，威仪而从容。

做臣民的，对君主可以规劝但不能诽谤，可以出走但不能嫉恨，可以自我怨叹但不能愤激发泄。

吉事尚尊,丧事尚亲

君主对于大夫，有病时君主要三次慰问他，死亡时君主要三次亲临吊丧；对于士，只一次慰问他的病情，一次亲临他家吊丧。诸侯对于臣子，假若不是为了慰问病情和吊唁丧事，就不到臣子家中。

已故的父亲安葬完毕，君主和父亲的朋友若让用餐就可以吃，不回避精美的膳食，但若有酒水就应辞谢。

居住的房屋不能超过宗庙，日常穿的衣服不能超过祭服，这是礼的规定。

《周易》的咸卦显现的是夫妇之道。夫妇之间的关系，不能不端正，它是君臣、父子之间关系的根本。咸，是感应的意思，地位高的对地位低的表示谦恭，男的对女的表示谦恭。所以咸卦的兑表示少女，性格柔顺，在上；艮表示少男，性格刚强，在下。

聘请有才德的贤士的礼仪，男子到女方迎亲的礼节，都重视事情的开始。

礼，是人践行的依据。践行失去了依据，必然跌入泥潭。只要在细小之处有所偏离就会造成大的祸乱，这就是礼呀。礼之所以能治理国家，就好比秤是衡量轻重的标准，木匠的墨线是测量木材曲直的准绳。所以做人没有礼就不能生存，做事没有礼就不能办成，国家没有礼就不得安宁。

君子升车策马时就会鸾铃鸣、和铃应，慢行时合着《武》乐和《象》乐，急趋时合着《韶》乐和《护》乐。君子听着音律节奏，练习举止仪表，然后才出行。

霜降时节开始嫁娶，春天河冰解冻后嫁娶之事就稀少了。夫妇行房以十日一次为宜。

儿子面见父亲，坐着要注视他的膝，站着要注视他的脚，应答说话时要注视他的面部表情。臣子面见君主，立视的距离要按六尺的倍数，近则六尺，远则不超过三丈六尺。

文理与情用，互为内外表里，二者相符，是礼之正道。能按照礼的要求思考问题叫做能思虑。

礼，是本末互相顺从，终始互相呼应的。

礼，是用财物作为行礼的费用，用车服旗饰作为区别贵贱的文饰，用车马仪仗的多少来区别尊卑上下。

品德卑下的臣子以财物珍宝事奉君主，品德中等的臣子以生命事奉君主，品德高尚的臣子以仁义事奉君主。

《周易》说："犯了错误但能返于正道，还会有什么过错呢？"《春秋》以秦穆公为贤君，因为他能改正自己的错误。

士如果有善嫉妒的朋友，那么贤友就不来亲近；君主如果有善嫉妒的臣子，那么贤士就不来归附。蒙蔽国君的叫做昏暗，隐蔽贤良的叫做嫉妒，专门从事隐蔽贤良蒙蔽国君的嫉妒昏暗之臣，叫做狡诈。狡诈之人，嫉妒昏暗之臣，是国家的灾害。

嘴巴善说，又能亲身践行，这是国家的宝贵人才。嘴巴虽不善说，却能亲身践行，这是国家可器重的人才。嘴巴善说，却不能亲身践行，这是对国家有用的人才。嘴巴说的是善，行动上做的却是恶行，这是国家的妖孽。治理国家的人要敬重宝贵的人才，爱护可器重的人才，任用有用的人才，而要除掉妖孽。

不使人民富裕就不能满足他们的欲望，不对人民实行教化就不能改造他们的本性。所以一个人家能有五亩的宅基地，一百亩的耕地，使他们致力于农业而不侵占农时，这样就能使他们富裕。设立国学，兴办地方学校，修养冠、婚、丧、祭、乡、相见等六种礼节，彰明父子、兄弟、夫妇、君臣、长幼、朋友、宾客等七种教养，这样就能引导他们走上正道。《诗经》上说："给他们提供饮食，对他们进行教诲。"这样王者的政事就完备了。

周武王开始进入殷商的国都时，在殷朝贤大夫商容的里门竖木立匾以示表彰，释放了被囚禁的箕子，还在被剜心的比干的墓前痛哭，于是天下人都归心向善！

天下和各诸侯国都有俊士，每个时代都有贤人。迷路的人是因为他不问路，溺水的人是因为他不问水之深浅；亡国的人是因为他喜好独断专行。《诗经》上说："我所说的治国大事，你切莫当作笑谈。前人有格言说，遇事要询问草野之人。"这是说要广泛征询各方面的意见。

有法律规定的，就依法办理；没有法律规定的，就将同类情况加以比照，类推处理。由法的根本原则可以推导出它的具体条文，由它的左边可以推导出它的右边，大凡各种事情的道理虽然不同，但根本原则是一样的。

奖赏和刑罚，要符合法律规定百姓才能服从。政令教化与风俗习惯，要互相适应才能实行。

八十岁的人，可以有一个儿子不服劳役；九十岁的人，全家不服劳役；身体残疾没有人奉养就不能生存的，家中可以有一个人不服劳役。为父母服丧，三年不服劳役；服丧一年的齐衰和服丧九个月的大功，这样的人三个月不服劳役；从别的诸侯国迁徙来的和新近有婚娶的人，一年不服劳役。

孔子称鲁国的子家驹是一位办事严谨的大夫，但比不上齐国的晏婴；晏婴是一位讲求实际功用的大臣，但比不上郑国的子产；子产是一位对人民施予恩惠的大臣，但比不上齐国的管仲。管仲的为人，致力于功效而不致力于道义，致力于知识而不致力于仁德，是个缺乏礼义修养的人，不可以做天子的辅佐。

孟子曾三次会见齐宣王却不谈论国家的治理之道。他的门人问："为什么三次会见齐王却不谈论国家的治理之道呢？"孟子说："我要先攻破他只讲功利和霸道的邪僻之心。"

齐国大夫公行子之到燕国去，在途中遇到曾参的儿子曾元，问道："燕国的君主为人怎样？"曾元回答说："志向不远大。志向不远大的人就轻视事业，轻视事业的人就不希望别人帮助。如果不希望别人帮助，怎么会举用贤人呢？他是氐族、羌族那样的野蛮人，他不担心自己的国家灭亡，却担心自己死后不能像氐族、羌族那样火葬。要得到的利益不过秋毫，而祸害至于毁灭国家，但是还要去做，这难道是知道为国家着想吗？"

现在有人丢了一根针，找了一整天也没找到，后来找到了，并不是他的眼睛比以前更明亮，而是不经意间回眸瞥见了。心里思考问题，有时也会这样有心不如无心。

义与利，是人都有的两种欲望。即使尧舜也不能去掉人们的利益之心，但是却能使他们的利欲之心不胜过好义之心。即使桀、纣也不能去掉人们的好义之心，但是却能使他们的好义之心敌不过利欲之心。所以义胜过利，就是天下治理的时代，利胜过义就是天下混乱的社会。君主重视义，那么义就能胜过利；君主重视利，那么利就能胜过义。所以天子不谈论财货的多少，诸侯不谈论财货的利害，大夫不谈论财货的得失，士不谈论财货的经营。拥有国家的君主不养殖牛羊，委身君主的臣子不养殖鸡和猪，上卿不经营钱财布帛，大夫不种植庄稼菜蔬。从士以上都以谋利为羞耻，而不和百姓争夺赢利的职业，乐于施舍恩惠而以积藏为耻辱，这样百姓就不会为财货所困扰，贫困的人也都有事情干了。

周文王曾讨伐了四个国家，周武王只诛杀了两个人，周公旦完成了统一天下的大业，到成王、康王时就天下安定而没有诛伐之事了。

大量积聚财富并且耻笑贫穷，加重人民负担并且诛杀不堪重负的人，这就是产生邪恶行为和刑罚繁多的原因。

君主喜好耻笑贫穷，那么百姓就会假装富有；君主喜好积聚财富，那么百姓就会拼死争夺利益。这两个方面是导致国家混乱的通道。民间有谚语："想致富吗？不顾廉耻呀，倾身玩命呀，和故旧绝交呀，和义背道而行呀。"君主喜好积聚财富，而人民的行为又像民谚说的这样，国家怎么能不混乱呢！

商汤王因大旱而祈祷上天说："是政事不协调吗？是使人民痛苦了吗？为什么不下雨到如此严重的地步！是宫室太华美了吗？是后宫干政太多了吗？为什么不下雨到如此严重的地步！是贿赂盛行吗？是谗人太多吗？为什么不下雨到如此严重的地步呢！"

上天生育民众，不是为了君主；上天设立君主，却是为了民众。所以古时候分封土地建立诸侯国，并不是为了尊贵诸侯而已；设置各种官职，确立爵位、俸禄的等级，并不是为了尊重大夫而已。

君主的职责是任用人才，臣子的职责是主管事务。所以舜治理天下，并不是把每件事都诏告臣民，但所有的事情都办成了。农民精通耕作，却不能担任主管农业的田官，工匠和商人也都如此。

以贤人替换不贤的人，不用卜问就能知道一定吉利；以治理得好的国家去讨伐混乱的国家，不用开战就能知道一定取胜。

齐国人想讨伐鲁国，因为害怕卞邑大夫庄子的勇猛，不敢经过卞邑。晋国人想讨伐卫国，因为畏惧蒲邑宰子路的贤德，不敢路过蒲邑。

不知道古代圣王的治道就去请教尧舜，没有办法了就去求助天子的府库。这里要说的是，古代圣王的治道，也就是尧舜的治道；六经所记载的广博的知识，就收藏在天子的府库里。

君子的学习如同蛇和蝉的蜕皮，翻然而变化。所以他行路在学习，他站立在学习，他坐下在学习，他待人的表情、与人交谈的语气都在学习。他见善就学而不稍待，有疑就问而不等过夜。善于学习的人能穷尽事物的道理，善于实行的人能探究事物的疑难。

　　君子立志向要像处境困厄时那样坚定不移，就是天子、三公询问政事，也能是就说是，非就说非。

　　君子困厄贫穷时也不丧失志向，劳累疲倦时也不苟且处事，面临患难时也不忘平日所立下的誓言。岁月不寒冷，就不能知道松柏的品格；事业不艰难，就不能知道君子的气节。君子没有一天不走在正道上。

　　雨虽小，积少成多，能使汉水变深。尽量容纳小的就能变成大的，积累细微的就能变成显著的；道德完备的人就能普遍地施加恩惠，行为美善的人就能名声远扬。小人不充实自己的内心，反而求之于表面的东西。

　　言谈中不称述老师的叫做叛，受到教授而不称述老师的叫做背。对老师背叛的人，贤明的君主不会接纳他，朝廷士大夫在路上遇到他也不与之交谈。

　　行动欠缺的人，往往爱说过头话；信用欠缺的人，往往说话好似诚恳。所以《春秋》赞美诸侯盟会的互相约定，而《诗经》指斥屡次结盟却不讲信用，这两者的用意是一致的。善于治《诗》的人却不以《诗》立说，善于治《易》的人却不以《易》占卜，善于治《礼》的人却不做傧相，他们的用意是相同的。

　　曾参说："孝子说的话值得听，做的事值得看。说话值得听，所以能使远处的人们悦服；做事值得看，所以能使近处的人们悦服。近处的人们悦服，他们就会亲近孝子；远处的人们悦服，他们就会归附孝子。使近处的人们亲近，使远处的人们归附，这就是孝子之道。"

　　曾参出门远行，晏婴送到城郊，说："我听说，君子用勉励的话赠送人，百姓用财物赠送人。我很穷没有钱财，请允许我借君子的名义赠送您几句话：车轮是用泰山上的木材做成的，把木材放在檃栝上，经过三到五个月的揉烤，就可以制成车轮，即使包裹在车轮上的皮革都破败了，也不会再恢复到它原先的形状。君子对于如同檃栝一样用来正身的礼不能不小心，要积重啊！把兰茝、稿本这样的香草浸泡在甜酒里，佩带一次就要扔掉。正直的君主如果沉浸在如同香酒的甜言蜜语里，就会被谗言所蒙蔽。君子对于环境的习染，不能不慎重对待。"

人们对于礼仪学问，要像玉石要经过反复雕琢打磨那样精益求精。《诗经》上说："像象牙经过了切磋一样，像玉石经过了琢磨一样。"说的就是做学问的道理。楚国人卞和的璧，原来是井里这个地方发掘的一块石头，玉匠发现这是块璞玉，精雕细琢之后就变成了天下的宝贝。子贡、子路这两个孔门弟子，原来是粗鄙无文之人，接受了礼仪学问的熏陶，习染了礼义，就成了天下有名望的士人。

爱好学习而不满足，喜好贤士而不厌倦，这就能丰富得像天子的府库。

君子对有疑惑的事不议论，对未曾请教的事不立言，长期坚持下去就会每日都有所增益。

知道很多却不亲身践行，学问广博却没有确定的方向，贪多务求却没有主见的人，君子不与他交往。

少年时不讽诵《诗》、《书》，壮年时不讲论时事，这样的人即使有好的禀赋，也不会有所成就。

君子专心一意地传授，弟子专心一意地学习，就能迅速成功。

君子做官要能增添君主的美誉，减少百姓的忧虑。没有才能却居于官位，就是欺骗君主；不能对君主有所补益却享受丰厚的俸禄，就是窃取官位。学习的人不一定都去做官，但做官的人一定要学习。

子贡问孔子说："我对学习厌倦了，想停下来去侍奉君主。"孔子说："《诗经》中说：'从早到晚都要温良恭敬，做事要谨慎戒惧。'侍奉君主难啊，侍奉君主哪能停止学习呢！""照这么说，那我就想停止学习而去侍奉父母。"孔子说："《诗经》中说：'孝子的孝心无穷尽，永远传给你族人。'侍奉父母难啊，侍奉父母哪能停止学习呢？""照这么说，那我就想停止学习去侍奉妻子儿女。"孔子说："《诗经》中说：'给他的妻室做榜样，影响所及众兄弟，以此来治理家族和国家。'教养妻子儿女难啊，教养妻子儿女哪能停止学习呢！""照这么说，那我就停止学习去侍奉朋友。"孔子说："《诗经》中说：'朋友都能来助祭，礼节方面大有益。'结交朋友难啊，结交朋友哪能停止学习呢！""照这么说，那我就停止学习去耕种。"孔子说："《诗经》中说：'白天忙着割茅草，晚上熬夜搓绳索，赶紧上房补屋漏，新春伊始又要去播谷。'

耕种难啊，耕种哪能停止学习呢！""照这么说，那我就没有停止学习的时候了？"孔子说："远望那些坟墓，像小山包一样，像起伏的丘陵地一样，像与世隔绝了一样，看到这些就知道在哪里休息了！"子贡说："死的意义，如此重大啊！君子终于休息了，小人叫做死啊！"

《国风》多写男女之情而倾慕美色，古书上说："满足人们的情欲而又不使其举止有过失。歌颂男女之情的精诚可以感动金石，它的歌声可以纳入宗庙之乐。"《小雅》不用于夸饰君主，所以自行退居于下位。由于痛恨当时腐败的政治而怀念古代贤明的帝王，它的语言富有文采，歌声表达了哀伤的情思。

国家将要兴盛，必然尊重老师而重视传授，尊重老师、重视传授，那么法令制度就得以推行。国家将要衰亡，必然轻视老师而忽略传授，轻视老师、忽略传授，那么人的性情就会放纵，人的性情放纵了，法令制度就会受到破坏。

古时候普通百姓到五十岁才能做官。天子和诸侯的儿子十九岁举行加冠礼，加冠以后就可以治理政事，这是他们的教化达到了。

是君子而喜欢他，这也就是君子了；对君子而不施以教育，就会不吉祥。不是君子而喜欢他，这就不一定是君子了；不是君子，却要对他施以教育，就如同送粮食给盗贼，借兵器给敌寇一样。

行为不知自谦的人，必然言过其实，不着边际。古时候的贤人，即使卑贱为布衣之士，贫穷到做普通百姓，吃饭连稠粥也喝不上，穿衣连粗麻布短裤也是破烂不堪，然而对不符合礼的任用不进取，不符合义的俸禄不接受，怎么可能这样做呢？

子夏家境贫寒，穿的衣服破烂不堪。有人问："你为什么不去做官？"他回答道："诸侯当中瞧不起我的，我不做他的臣子；大夫当中瞧不起我的，我不愿再见到他。柳下惠跟为人家看守后门的卑贱者一样穿着破衣，却不被人嫌恶，因为他拥有着非止一日积累的声望。争夺私利如同抓住爪甲而丧失手掌一样，是因小而失大。"

做君主的不能不慎重地选择臣子，普通百姓不能不慎重地选择朋友。朋友，是要互相帮助的。为人处世的原则不同，用什么去互相帮助呢？在铺开的柴草上点火，火总是向干燥面烧去。在平整的地面上倒水，水总是向低湿处流去。同类的事物有相同的性质，这是很明显的。

由他所结交的朋友来观察他，还有什么可怀疑的呢？选择朋友善待他人，是不能不慎重的事情，这是涵养品德之基础。《诗经》上说："不要去推那牛车，会溅你一身尘土。"就是说不要与小人相处。

骄横傲慢而败坏事情，貌似聪明而实际不然；软弱无主见而受人左右，貌似仁者而实际不然；凶暴愚蠢而好与人斗，貌似勇敢而实际不然。

仁、义、礼、善对于人来说，就如同货财钱粮对于家庭必不可少一样，占有多的就会富足，占有少的就会贫穷，一点也不占有的就会困厄无生路。所以在大的方面没有能力做到仁义礼善，而在小的方面又不愿去做，这是亡国灭身的途径。

任何事物的出现都有原因，有因就有果，这是必然的返还。

对流言蜚语应当消灭，对货财美色应当疏远。灾祸产生的根源，往往来自那些细微而难以觉察的地方，所以君子要及早消除它。

说话诚实的人，在于分辨疑似之处。有疑惑的事就不议论，未问明白的事就不立言。

智者明了于事，通达于理，不能不诚实地对待他们。所以说："君子很难取悦，不用正道讨他喜欢，他是不会喜欢的。"

俗话说："滚动的圆球停止在坑穴之中，流言蜚语停止在智者面前。"这就是假言邪说之所以畏惧儒家的道理。当是非不能判断的时候，要用历史上的事来参验，用眼前的事来证实，用公正不偏的态度来考察，这样流言蜚语就止息了，恶言中伤就消失了。

曾参吃鱼有剩余，说："用米泔水把它浸渍起来。"他的门人说："用米泔水浸渍会伤害人的身体，不如腌制好。"曾参流着眼泪说："我哪有恶意呢？"他是感伤听到这个劝告太晚了。

不要用自己的短处去对付别人的长处。所以当受到阻碍而不顺利时，就应当避开自己的短处，改而发挥自己的长处。智慧通达却不符合法度，明察善辨却行为邪僻，勇敢果决却无视礼义，这是君子所憎恶的。

说话多且符合礼义，那是圣人；说话少而符合法度，那是君子；话说得无论多少都不符合法度而放纵不羁，厚颜无耻地鼓吹，虽然善辩，那也只能是小人。

国家法令禁止拾别人遗失的东西，因为厌恶人们习惯于不按照等级名分获取利益。确定了名分等级制度，就能包容天下而使之得到治理，不实行名分等级制度，即使管理一妻一妾，也要出祸乱。

天下的人们虽然各有自己特别在意的事情，但是也会有共同的期许。评论味道，人们会期许齐国名厨易牙；评论音乐，人们会期许晋国乐师师旷；评论治理天下，人们会期许禹、汤、文武三代君王。三代君王既已确立了法度、制定了礼乐流传下来，如果不实行而另搞一套，这和改变易牙的调味方法、变更师旷的音律有什么不同呢？违背三代君王的礼法制度，天下不用多久就会灭亡，国家不用多久就会丧失。

饮水而不吃食物的是蝉，不饮水也不吃食物的是蜉蝣。

虞舜、孝己是孝子，但父母并不爱他们；比干、子胥是忠臣，但国君并不信任他们；孔子、颜渊知识渊博，但他们的处境却非常困窘。一个人如果被胁迫在暴君统治的国家生活而无处逃避，那就只有推崇这个国家的善良，宣扬它的美好，赞扬它的所长，而不述说它的所短。

表面上顺从却最终没有好下场，是因为他私下诽谤别人；知识渊博却最终陷于困窘，是因为他诋毁别人；本想好的名声结果却名声愈坏，是因为他不积口德。

君子能成为可贵之人，但不能使人必定尊贵自己；能成为可用之人，但不能使人必定任用自己。

发布文告誓约在五帝时代是没有的，结盟立誓在三王时代是没有的，以王子或世子交换作人质在五霸时代是没有的。

大略。

君人者，隆礼尊贤而王，重法爱民而霸，好利多诈而危。

"欲近四旁，莫如中央。"故王者必居天下之中，礼也。

天子外屏，诸侯内屏，礼也。外屏，不欲见外也；内屏，不欲见内也。诸侯召其臣，臣不俟驾，颠倒衣裳而走，礼也。《诗》曰："颠之倒之，自公召之。"天子召诸侯，诸侯辇舆就马，礼也。《诗》曰："我出我舆，于彼牧矣。自天子所，谓我来矣。"

天子山冕，诸侯玄冠，大夫裨冕，士韦弁，礼也。天子御珽，诸侯御荼，大夫服笏，礼也。天子雕弓，诸侯彤弓，大夫黑弓，礼也。

诸侯相见，卿为介。以其教士毕行，使仁居守。聘人以圭，问士以璧，召人以瑗，绝人以玦，反绝以环。

人主仁心设焉，知其役也，礼其尽也。故王者先仁而后礼，天施然也。

《聘礼》志曰："币厚则伤德，财侈则殄礼。"礼云礼云，玉帛云乎哉！《诗》曰："物其指矣，唯其偕矣。"不时宜，不敬文，不欢欣，虽指，非礼也。

"颠之倒之"云云：引文出自《诗经·齐风·东方未明》。引文前面的两句是："东方未明，颠倒衣裳。" "我出我舆"云云：引自《诗经·小雅·出车》。该诗写周宣王派大将南仲出征猃狁和西戎并凯旋的始末。 "礼云礼云"二句：此非《聘礼》引文，但这两句话显系由《论语》窜来。 "物其指矣"云云：引自《诗经·小雅·鱼丽》。指，同"旨"，美也；偕，齐也，均也。

水行者表深，使人无陷；治民者表乱，使人无失。礼者，其表也，先王以礼义表天下之乱，今废礼者，是弃表也。故民迷惑而陷祸患，此刑罚之所以繁也。

舜曰："维予从欲而治。"故礼之生，为贤人以下至庶民也，非为成圣也。然而亦所以成圣也，不学不成。尧学于君畴，舜学于务成昭，禹学于西王国。

五十不成丧，七十唯衰存。

亲迎之礼：父南向而立，子北面而跪，醮而命之："往迎尔相，成我宗事。隆率以敬先妣之嗣，若则有常。"子曰："诺，唯恐不能，敢忘命矣。"

夫行也者，行礼之谓也。礼也者，贵者敬焉，老者孝焉，长者弟焉，幼者慈焉，贱者惠焉。

赐予其宫室，犹用庆赏于国家也；忿怒其臣妾，犹用刑罚于万民也。

君子之于子，爱之而勿面，使之而勿貌，导之以道而勿强。

礼以顺人心为本，故亡于《礼经》而顺于人心者，皆礼者也。

礼之大凡：事生，饰欢也；送死，饰哀也；军旅，饰威也。

亲亲、故故、庸庸、劳劳，仁之杀也。贵贵、尊尊、贤贤、老老、长长，义之伦也。行之得其节，礼之序也。仁，爱也，故亲。义，理也，故行。礼，节也，故成。仁有里，义有门。仁非其里而虚之，非仁也；义非其门而由之，非义也。推恩而不理，不成仁；遂理而不敢，不成义；审节而不和，不成礼；和而不发，不成乐。故曰：仁义礼乐，其致一也。君子处仁以义，然后仁也；行义以礼，然后义也；制礼反本成末，然后礼也。三者皆通，然后道也。

货财曰赙，舆马曰赗，衣服曰襚，玩好曰赠，玉贝曰晗。赙、赗所以佐生也，赠、襚所以送死也。送死不及柩尸，吊生不及悲哀，非礼也。故吉行五十，奔丧百里，赗赠及事，礼之大也。

礼者，政之挽也。为政不以礼，政不行矣。

天子即位，上卿进曰："如之何忧之长也！能除患则为福，不能除患则为贼。"授天子一策。中卿进曰："配天而有下土者，先事虑事，先患虑患。先事虑事谓之接，接则事优成。先患虑患谓之豫，豫则祸不生。事至而后虑者谓之后，后则事不举。患至而后虑者谓之困，困则祸不可御。"授天子二策。下卿进曰："敬戒无怠，庆者在堂，吊者在闾。祸与福邻，莫知其门。豫哉！豫哉！万民望之。"授天子三策。

礼者，政之挽也

禹见耕者耦，立而式，过十室之邑必下。

杀大蚤，朝大晚，非礼也。治民不以礼，动斯陷矣。

平衡曰拜，下衡曰稽首，至地曰稽颡。大夫之臣拜不稽首，非尊家臣也，所以辟君也。

一命齿于乡，再命齿于族，三命，族人虽七十，不敢先。上大夫，中大夫，下大夫。

吉事尚尊，丧事尚亲。

君臣不得不尊，父子不得不亲，兄弟不得不顺，夫妇不得不欢。少者以长，老者以养。故天地生之，圣人成之。

聘，问也。享，献也。私觌，私见也。

言语之美，穆穆皇皇。朝廷之美，济济鎗鎗。

为人臣下者，有谏而无讪，有亡而无疾，有怨而无怒。

君于大夫，三问其疾，三临其丧；于士，一问，一临。诸侯非问疾吊丧，不之臣之家。

既葬，君若父之友食之则食矣，不辟粱肉，有酒醴则辞。

寝不逾庙，谦衣不逾祭服，礼也。

仁有里，义有门。仁非其里而虚之，非仁也；义非其门而由之，非义也：据王天海引钟泰曰：仁有里，谓义也。义有门，谓礼也，此曰"仁非其里而处之，非仁也"，下文曰"君子处仁以义，然后仁也"故知"仁有里"之谓义也。此曰"义非其门而由之，非义也"，下文"行礼以义，然后义也"，故知"义有门"之谓礼也。又王念孙曰：虚当为"处"字之误也。　　杀大蚤：杀，疑为"祭"之误。　　一命齿于乡，再命齿于族，三命：一命、再命、三命，分别指公侯之士、大夫、卿；命，爵命；齿，齿列，谓以年之老幼相次而坐立也。

《易》之《咸》，见夫妇。夫妇之道，不可不正也，君臣父子之本也。咸，感也，以高下下，以男下女，柔上而刚下。

聘士之义，亲迎之道，重始也。

礼者，人之所履也。失所履，必颠蹶陷溺。所失微而其为乱大者，礼也。礼之于正国家也，如权衡之于轻重也，如绳墨之于曲直也。故人无礼不生，事无礼不成，国家无礼不宁。

和鸾之声，步中《武》、《象》，趋中《韶》、《护》。君子听律习容而后出。

霜降逆女，冰泮杀内。十日一御。

坐视膝，立视足，应对言语视面。立视前六尺而大之，六六三十六，三丈六尺。

文貌情用，相为内外表里，礼之中焉。能思索谓之能虑。

礼者，本末相顺，终始相应。

礼者，以财物为用，以贵贱为文，以多少为异。

下臣事君以货，中臣事君以身，上臣事君以人。

《易》曰："复自道，何其咎？"《春秋》贤穆公，以为能变也。

士有妒友，则贤交不亲；君有妒臣，则贤人不至。蔽公者谓之昧，隐贤者谓之妒，奉妒昧者谓之交谲。交谲之人，妒昧之臣，国之藏孽也。

口能言之，身能行之，国宝也。口不能言，身能行之，国器也。口能言之，身不能行，国用也。口言善，身行恶，国妖也。治国者敬其宝，爱其器，任其用，除其妖。

不富无以养民情，不教无以理民性。故家五亩宅，百亩田，务其业而勿夺其时，所以富之也。立大学，设庠序，修六礼，明七教，所以道之也。《诗》曰："饮之食之，教之诲之。"王事具矣。

武王始入殷，表商容之闾，释箕子之囚，哭比干之墓，天下乡善矣！

天下国有俊士，世有贤人。迷者不问路，溺者不问遂，亡人好独。《诗》曰："我言维服，勿用为笑。先民有言，询于

士有妒友，则贤交不亲

刍荛。"言博问也。

  冰泮杀内：杀，减也；内，通"纳"。古代以女与人者，谓之纳女；娶女于人者，亦谓之纳。 "复自道"二句：引自《易经·小畜卦·初九》。 "饮之食之"云云：引自《诗经·小雅·绵蛮》。 "我言维服"云云：引自《诗经·大雅·板》。

  有法者以法行，无法者以类举。以其本知其末，以其左知其右，凡百事异理而相守也。
  庆赏刑罚，通类而后应；政教习俗，相顺而后行。
  八十者，一子不事；九十者，举家不事；废疾非人不养者，一人不事。父母之丧，三年不事；齐衰、大功，三月不事；从诸侯来与新有昏，期不事。
  子谓子家驹续然大夫，不如晏子；晏子功用之臣也，不如子产；子产惠人也，不如管仲。管仲之为人，力功不力义，力知不力仁，野人也，不可为天子大夫。
  孟子三见宣王不言事。门人曰："曷为三遇齐王而不言事？"孟子曰："吾先攻其邪心。"
  公行子之之燕，遇曾元于涂，曰："燕君何如？"曾元曰："志卑。志卑者轻物，轻物者不求助。苟不求助，何能举？氐羌之虏也，不忧其系垒也，而忧其不焚也。利夫秋毫，害靡国家，然且为之，几为知计哉！"
  今夫亡箴者，终日求之而不得，其得之也，非目益明也，眸而见之也。心之于虑亦然。
  义与利者，人之所两有也。虽尧舜不能去民之欲利，然而能使其欲利不克其好义也。虽桀纣不能去民之好义，然而能使其好义不胜其欲利也。故义胜利者为治世，利克义者为乱世。上重义则义克利，上重利则利克义。故天子不言多少，诸侯不言利害，大夫不言得丧，士不言通货财。有国之君不息牛羊，错质之臣不息鸡豚；冢卿不修币，大夫不为场园。从士以上皆羞利，而不与民争业，乐分施而耻积臧，然故民不困财，贫窭者有所窜其手。

文王诛四，武王诛二，周公卒业，至成康则案无诛已。

多积财而羞无有，重民任而诛不能，此邪行之所以起，刑罚之所以多也。

上好羞则民暗饰矣，上好富则民死利矣，二者乱之衢也。民语曰："欲富乎？忍耻矣，倾绝矣，绝故旧矣，与义分背矣。"上好富，则人民之行如此，安得不乱！

汤旱而祷曰："政不节与？使民疾与？何以不雨至斯极也！宫室荣与？妇谒盛与？何以不雨至斯之极也！苞苴行与？谗夫兴与？何以不雨至斯极也！"

天之生民，非为君也；天之立君，以为民也。故古者列地建国，非以贵诸侯而已；列官职，差爵禄，非以尊大夫而已。

主道知人，臣道知事。故舜之治天下，不以事诏而万物成。农精于田，而不可以为田师，工贾亦然。

以贤易不肖，不待卜而后知吉；以治伐乱，不待战而后知克。

齐人欲伐鲁，忌卞庄子，不敢过卞。晋人欲伐卫，畏子路，不敢过蒲。

不知而问尧舜，无有而求天府。曰：先王之道，则尧、舜已；六贰之博，则天府已。

子谓子家驹续然大夫：续然，据王天海注，古续、肃二字可通；续然，当读"肃然"，持事恭敬之貌。　"文王诛四"四句，解在本书《仲尼》篇中。　六贰：即"六艺"，六经也。据卢文弨曰：贰当作"艺"，声之误也。

君子之学如蜕，幡然迁之。故其行效，其立效，其坐效，其置颜色、出辞气效。无留善，无宿问。善学者尽其理，善行者究其难。

君子立志如穷，虽天子、三公问正，以是非对。

君子隘穷而不失，劳倦而不苟，临患难而不忘细席之言。岁不寒无以知松柏，事不难无以知君子。无日不在是。

雨小汉故潜。夫尽小者大，积微者著；德至者色泽洽，行尽而声问远。小人不诚于内而求之于外。

言而不称师谓之畔，教而不称师谓之倍。倍畔之人，明君不内，朝士大夫遇诸涂不与言。

不足于行者，说过；不足于信者，诚言。故《春秋》善胥命，而《诗》非屡盟，其心一也。善为《诗》者不说，善为《易》者不占，善为《礼》者不相，其心同也。

曾子曰："孝子言为可闻，行为可见。言为可闻，所以说远也；行为可见，所以说近也。近者说则亲，远者悦则附。亲近而附远，孝子之道也。"

曾子行，晏子从于郊。曰："婴闻之，君子赠人以言，庶人赠人以财。婴贫无财，请假于君子，赠吾子以言：乘舆之轮，太山之木也，示诸檃栝，三月五月，为帱采敝而不反其常。君子之檃栝，不可不谨也，慎之！兰茝、稿本，渐于蜜醴，一佩易之。正君渐于香酒，可谗而得也。君子之所渐，不可不慎也。"

人之于文学也，犹玉之于琢磨也。《诗》曰："如切如磋，如琢如磨。"谓学问也。和之璧，井里之厥也，玉人琢之，为天子宝。子赣、季路故鄙人也，被文学，服礼义，为天下列士。

学问不厌，好士不倦，是天府也。

君子疑则不言，未问则不立，道远日益矣。

多知而无亲，博学而无方，好多而无定者，君子不与。

少不讽诵，壮不论议；虽可，未成也。

君子壹教，弟子壹学，亟成。

君子进则益上之誉，而损下之忧。不能而居之，诬也；无益而厚受之，窃也。学者非必为仕，而仕者必如学。

子贡问于孔子曰："赐倦于学矣，愿息事君。"孔子曰："《诗》云：'温恭朝夕，执事有恪。'事君难，事君焉可息哉！""然则，赐愿息事亲。"孔子曰："《诗》云：'孝子不匮，永锡尔类。'事亲难，事亲焉可息哉！""然则赐愿息于妻子。"孔子曰："《诗》云：'刑于寡妻，至于兄弟，以御于家邦。'妻子难，妻子焉可息哉！""然则赐愿息于朋友。"孔子曰："《诗》云：'朋友攸摄，摄以威仪。'朋友难，朋友焉可息哉！""然则赐愿息耕。"孔子曰："《诗》云：'昼尔于茅，宵尔索绹，亟其乘屋，其始播百谷。'耕难，耕焉可息哉！""然则赐无息者乎？"孔子曰："望其圹，皋如也，颠如也，鬲如也，此则知所息矣！"子贡曰："大哉，死乎！君子息焉，小人休焉！"

"如切如磋"云云：引自《诗经·卫风·淇奥》。　井里之厥：厥，《说文》："厥，发石也。从厂欮，音厥。"段注："发石，故从厂。引申之，凡有撅发皆曰厥。"即所发之石亦称厥。　"温恭朝夕"云云：引自《诗经·商颂·那》。恪，恭敬，谨慎。　"孝子不匮"云云：引自《诗经·大雅·既醉》。　"刑于寡妻"云云：引自《诗经·大雅·思齐》。刑，通"型"，示范；寡妻，正妻，嫡妻。　"朋友攸摄"云云：引自《诗经·大雅·既醉》。攸，则；威仪，指礼节。　"昼尔于茅"云云：引自《诗经·豳风·七月》。于茅，去割茅草；绹，绞也。

《国风》之好色也，传曰："盈其欲而不愆其止。其诚可比于金石，其声可内于宗庙。"《小雅》不以于污上，自引而居下，疾今之政以思往者，其言有文焉，其声有哀焉。

国将兴，必贵师而重傅，贵师而重傅则法度存。国将衰，必贱师而轻傅，贱师而轻傅则人有快，人有快则法度坏。

古者匹夫五十而士。天子、诸侯子十九而冠，冠而听治，其教至也。

君子也者而好之，其人也；其人而不教，不祥。非君子而好之，非其人也；非其人而教之，赍盗粮、借贼兵也。

不自嗛其行者，言滥过。古之贤人，贱为布衣，贫为匹夫，食则饘粥不足，衣则竖褐不完，然而非礼不进，非义不受，安取此？

子夏家贫，衣若县鹑。人曰："子何不仕？"曰："诸侯之骄我者，吾不为臣；大夫之骄我者，吾不复见。柳下惠与后门者同衣而不见疑，非一日之闻也。争利如蚤甲而丧其掌。"

君人者不可以不慎取臣，匹夫不可以不慎取友。友者，所以相有也。道不同，何以相有也？均薪施火，火就燥；平地注水，水流湿。夫类之相从也，如此其着也；以友观人，焉所疑？取友善人，不可不慎，是德之基也。《诗》曰："无将大车，维尘冥冥。"言无与小人处也。

蓝苴路作，似知而非；懦弱易夺，似仁而非；悍戆好斗，似勇而非。

仁义礼善之于人也，辟之若货财粟米之于家也，多有之者富，少有之者贫，至无有者穷。故大者不能，小者不为，是弃国捐身之道也。

凡物有乘而来，乘其出者，是其反者也。

流言灭之，货色远之。祸之所由生也，生自纤纤也，是故君子蚤绝之。

言之信者，在乎区盖之间。疑则不言，未问则不立。

《小雅》不以于污上：据王天海注，污者，夸饰也。污，通"洿"。

《孟子·公孙丑上》"污不至阿其所好"。焦循《正义》："污，本作'洿'。《孟子》盖用为'夸'之假借。夸者，大也。谓言虽大而不至于阿曲。"污上，即夸饰君上也。　　县鹑：县，通"悬"；鹑，鹑衣，鹑衣尾秃，像古时敝衣短结，故用以形容破旧的衣服。　　蚤甲：蚤，同"爪"。　　"无将大车"云云：引自《诗经·小雅·无将大车》。　　蓝苴路作：据刘师培曰，蓝，当作"滥"；苴，当作"狙"；路，当作"略"；作，当作"诈"。　　区盖：据刘师培曰："区""盖"二字不同。区者，决其不然之谓也。盖者，疑其可信之谓也。凡人常闻言不信时，音出于口，在"区""期"二字之间，故象其音以造"区"字。又由"区"而转为丘。凡人当闻言将信时，音发于口在"掩""改"二字之间，故象其音以造"盖"字。此二字音，均象人声以定字声者也。《非十二子》："信信，信也。疑疑，亦信也。"区，即疑疑。盖，即信信。故《荀》言"言之信者，在乎区盖之间"也。

知者明于事，达于数，不可以不诚事也。故曰："君子难说，说之不以道，不说也。"

语曰："流丸止于瓯臾，流言止于知者。"此家言邪说之所以恶儒者也。是非疑则度之以远事，验之以近物，参之以平心，流言止焉，恶言死焉。

曾子食鱼有余，曰："泔之。"门人曰："泔之伤人，不若奥之。"曾子泣涕曰："有异心乎哉！"伤其闻之晚也。

无用吾之所短遇人之所长，故塞而避所短，移而从所仕。疏知而不法，辨察而操僻，勇果而无礼，君子之所憎恶也。

多言而类，圣人也；少言而法，君子也；多少无法而流，喆然，虽辩，小人也。

国法禁拾遗，恶民之串以无分得也。有夫分义则容天下而治，无分义则一妻一妾而乱。

天下之人，唯各特意哉，然而有所共予也。言味者予易牙，言音者予师旷，言治者予三王。三王既以定法度、制礼乐而传之，有不用而改自作，何以异于变易牙之和，更师旷之律？无三王之法，天下不待亡，国不待死。

饮而不食者，蝉也；不饮不食者，浮蝣也。

虞舜、孝己，孝而亲不爱；比干、子胥，忠而君不用；仲尼、颜渊，知而穷于世。劫迫于暴国而无所辟之，则崇其善，扬其美，言其所长，而不称其所短也。

惟惟而亡者，诽也；博而穷者，訾也；清之而俞浊者，口也。

君子能为可贵，不能使人必贵己；能为可用，不能使人必用己。

诰誓不及五帝，盟诅不及三王，交质子不及五伯。

关于礼的内容，可以"贵者敬焉，老者孝焉，长者弟焉，幼者慈焉，贱者惠焉"一句话总括。荀子强调学、为、行，而学以践行为要，以修为为终。所谓行，就是终其一生地践行礼，以敬贵、孝老、悌兄、慈幼、惠贱之道，修养身心，完备道德。在这个基本的伦理道德原则之中，慈幼、惠贱虽列为不可缺少的内容，但维护名分制度仍是其终极目的。"有夫分义则容天下而治，无分义则一妻一妾而乱。"分义，名分等级制度之谓也。容者，包容也。这是说，名分等级制度是治国的头等大事，有之则包容天下人民而太平，无之则连管理一妻一妾也会出祸乱。所以，以名分等级制度导民理政，是荀子以礼治国的核心所在。为了说明这个道理，本篇先后使用了几个生动的比喻。其一，"水行者表深，使人无陷；治民者表乱，使人无失。礼者，其表也，先王以礼表天下之乱，今废礼者，是去表也。故民迷惑而陷祸患，此刑罚所以繁也。"此喻治国以礼示人，礼是分辨治乱的标准，是治国之本，刑罚仅是治国之末。战国末世反其道而行之，竟然争相废弃礼这个治国纲纪，故而导致刑罚繁多，天下大乱。其二，"礼者，政之挽也。为政不以礼，政不行矣。"治国的基本实践和主要内容均由政事体现出来，此喻为政以礼为挽，方能畅通无阻而不致滞塞，这是导民理政的关键。其三，"礼者，人之所履也。失所履，必颠蹶陷溺。所失微而其为乱大者，礼也。"

此喻礼为人之履，有如人之立足，起步若差毫厘则谬以千里，故必慎始，谨防失礼之细微，否则造成祸乱。其四，"礼之于正国家也，如权衡之于轻重也，如绳墨之于曲直也。故人无礼不生，事无礼不成，国家无礼不宁。"此喻礼对于治理国家好比权衡、绳墨，用于正是非、辨曲直，关系国家的生存死亡，人生的成败，事业的兴衰，因而具有本体意义。

　　荀子引法入礼，礼法相融，故将礼灌注到制度、规矩刑法、政策、政务之中，其礼既为道德修养，又为政治统治；其法既有强制作用，又有教化功能。通读《荀子》，可知礼、法是同义之语。本篇所抄录和申述的各种礼仪制度，涉及面广，有的细致入微，全然用于规范人的思想、言论和行为，是礼法大观。本篇对礼法归纳出几个重要原则。第一，礼顺人心为本。这是礼法的人本主义体现。"故亡于《礼经》而顺人心者，背礼者也。背，负也，恃也。只要依恃的仍然是礼，也就必然顺乎人心，是否在《礼经》记载之中，仅具形式意义，不改变其实质。第二，先仁而后礼。人主首先具备了仁心而后才制定礼，礼就成了仁心的准则。这是礼法的仁爱精神体现。荀子认为，仁、义、礼、乐其实质同一。诚然，仁、义、礼、乐各自内部有矛盾，彼此之间也有矛盾，但是仁、义、礼、乐可以贯通而成为治国之道。仁主爱，义主理，礼主节，乐主和而发。"亲亲、故故、庸庸、劳劳"，即爱其亲人、怀念故旧、奖赏民功、奖赏事功，四者为"仁之杀也"。爱有差等，故曰"仁有里"。"贵贵、尊尊、贤贤、老老、长长"，即尊重地位高者、尊敬道德高尚者、推崇贤才、事奉老人、恭敬兄长，五者为"义之伦也"。义而有理，故曰"义有门"。"仁非其里而虚之，非礼也"，虚同墟，居处之意；"非礼也"当为"非仁也"之误。从"君子处仁以义，然后仁也"，可知"仁有里"当谓义；从"行义以礼，然后义也"，可知"义有门"当谓礼。推恩仁爱而有差等，必然合于事理，这就由仁转化为义；循于事理而守名分，必然归入礼制，这就由行仁义的道德规范转化为行尊卑贵贱的政治强制了。"审节而不知，不成礼"，知当为和之误。礼主节，而审于节是为了以和为贵，在尊卑贵贱的礼制中达到平衡、和谐，这就是仁、义、礼、乐贯通的最高境界。第三，文貌情用互为内外表里。这是礼法的正道。礼有大要，即"事生，饰欢也；送死，饰哀也；军旅，饰威也"。其次，礼仪繁多，各有规范法规。但无不"以财物为用，以贵贱为文，以多少为异"，这是礼法的要求，务必"思索"而至于"能虑"，诚如《聘礼》所言："币厚则伤德，财侈则殄礼。"礼之本在于以名分等级安上治民，玉帛仅为礼之末。故曰："下臣事君以货，中臣事君以身，上臣事君以人。"财货、生命和仁是用于实践礼法、事奉君主的三种不同的方式，从而可以区别出下、中、上三类不同等级的臣子，显示出怎样叫坚守礼法正道。第四，由本知末，法以类举。礼义是根本原则，具体的法度条文不可尽数，且又千变万化，但只要掌握了以本统末、同类相推的方法，就可以应付各种复杂多变的情况，做到"有法者以法行，无法者以类举"。第五，赏功罚罪，合乎礼法。"庆赏刑罚，通类而后应。"依据礼法执行赏罚，才会赏必功、罚必罪。

　　荀子认为，在礼法社会，要依靠德政来调整全部社会关系。"故天地生之，圣人成之。"生之、成之，皆使动用法，意谓天地使人生存，圣人给人成就。然而，离开了德行教化，不以礼义改变人恶的本性，圣人也无法成就人。"君臣不得不尊，父子不得不亲，兄弟不得不顺，夫妇不得不欢也。少者以长，老者以养"。得，通德；不得，即无德，没有德行的教化。四"不得"，皆谓"无德"；"以长"、"以养"，皆承前省略"之"实谓以德使之长，以德使之养。这是说，君臣之尊、父子之亲、兄弟之顺、夫妇之欢、少长老养，全社会的文明和谐，都是君主实行德政的结果。所谓德政，荀子以"不富无以养民情，不教无以理民性"的提法来解释，他将以礼法富民与以礼法教民二者结合起来，称之为"王事具矣"，这是很宝贵的思想。要想整治人民的本性，提高他们的文明程度，首先得满足他们饥而欲食、寒而欲衣的基本生活要求，并进而使之富裕起来，才谈得上同时对之实行礼义教化，取得成效。而且，政教不宜强制推行，只有和当地人民的风俗习惯相适应，方能实行。"政教习俗，相顺而后行"一语，强调的就是易于接受和潜移默化的重要。荀子主张君主集权，同时又要求对其加以引导和限制。"天之生民，非为君也；天之立君，以为民也。"民之生不为君，君之立却为民，在国家政治结构中的这种君民关系，显示出民本主义的光辉。为民宗旨的确立，指示君权导向为民谋利而不是与民争利。荀子认为，义与利为"人之所两有也"，缺一不可。尧舜"不能去民之欲利"，桀纣"不能去民之好义",而尧舜能使人民以义克利,桀纣却使人民以利克义,所以前者处治世,后者处乱世。同时也可以看出,处理义利关系对于和谐君民关系至关重要。荀子告诫统治者:"天子不言多少,诸侯不言利害,大夫不言得丧,士不通财货。有国之君不息牛羊,错质之臣不息鸡豚;冢卿不修币,大夫不为场园。"各级官员和统治者不引导人民贵义、敬义,反而耻贫重聚,无视礼法,丧失道德,经营财货,养殖牲畜,操弄场圃,和百姓争夺赢利的职业,及至加重人民负担,惩罚不堪重负的人,其后果难以收拾。"多积财而羞无有,重民任而诛不能,此邪行之所以起,刑罚之所以多也。""上好羞则民暗饰矣,上好富则民死利矣,二者乱之衢也。"荀子的分析和论断十分正确。因此,他主张君主和统治者要限制自己的私欲,"从士以上皆羞利,而不与民争业,乐分施而耻积臧,然故民不困财,贫窭者有所窜其手。"还要有自责精神,像商汤王因大旱而祈祷上天,反省自己有无"政不节"、"使民疾"、"宫室荣"、"妇谒盛"、"苞苴行"、"谗夫兴"等类过错。而且要建立天子即位,上卿、中卿、下卿进言以戒的制度,做到忧虑长远、防患未然、警戒无怠。以上这些措施,均可对君权起到制衡作用。

  君主自身修养,攸关国家的生存死亡和王霸事业的成败,这也是本篇所总结的一个重要思想。首先说道德修养,有"仁义礼善之于人"的全面要求,"大者不能,小者不为,是弃国捐身之道也"。论其道德内容,仁、义、礼、善四者俱全;论其道德践履,大、小各方面言行都要做到仁义礼善,否则会亡国灭身。"禹见耕者耦,立而式,过十室之邑必下。""文王诛四,武王诛二,周公卒业,至成、康,则案无诛已。""武王始入殷,表商容之闾,释箕子之囚,哭比干之墓,天下乡善矣!"这些,标榜夏周圣君为仁义礼善的范型。曾参养亲至孝,其亲殁后方知用米泔水渍鱼会伤人,因而泣涕悲伤,这是彰显曾子的孝子之道,其"言为可闻,行为可见",使效法者"亲近而附远"。子夏安贫,"衣若县鹑",甘愿以柳下惠与守后门贱者同衣而不为世人嫌恶为榜样,决不争小利而失大节。君子重道德的美善,但必须"诚于内"而不是"求之于外",要像雨水一样,"尽小者大,积微者著",终可以"德至者色泽洽,行尽而声问远"。君子的道德磨炼,在乎"立志如穷",无论穷达,都不失正道,所谓"隘穷而不失,劳倦而不苟,临患难而不忘细席之言","贱为布衣,贫为匹夫,食则馆粥不足,衣则竖褐不完,然而非礼不进,非义不受"。其次说学问修养,其最终目标是"理民性",用礼义改变人之恶的本性,使之向善,进而成为圣人。所以说,荀子讲学问修养总是和道德修养、礼乐修养紧密联系着的,而且是终身学习,终身修养,没有止境。这就是"君子之学如蜕,幡然迁之"的过程,"犹玉之于琢磨也",由一块掘发之石,而变为天下之宝的和氏璧;由粗鄙无文之人,而变为天下有名望的孔子高徒。其中起根本作用的,是"被文学,服礼义"。因此,终身学习和修养的过程,又必然是用礼义文学将人培养成为圣贤的过程。荀子说,"亦所以成圣也,不学不成。尧学于君畴,舜学于务成昭,禹学于西王国。"学习礼义文学既然是提升人性而成为圣贤的唯一途径,就会贯穿人生始终,"少不讽,壮不论议;虽可,未成也。"学习和事事相关,"事君难"、"事亲难"、"妻子难"、"朋友难"、"耕难",样样离不了学习,所以孔子五言"焉可息哉",告诫子贡死而后已的道理。荀子说,人之行、立、坐、颜色、辞气皆有"效",即皆有学习,必须持"无留善,无宿问"的态度,方能收到"善学者尽其理,善行者究其难"的效果,最终成就圣人之智。最后说识才除妖的修养。燕国君主"志卑者轻物,轻物者不求助",轻物,即轻人。不求贤以自辅,将会贻害毁灭国家。"迷者不问路,溺者不问遂,亡人好独",君主弃俊士贤人不用而自以为是、喜好独行,正和不问路之迷者、不问"遂"之溺者一样愚蠢,殊不知刍荛之中有高人,"博问"之,方为明智之策。君主最要善识国宝、国器、国用三种人才,同时提防国妖,分别以敬、爱、用和除的不同方针处置。关键在于对各类人才言与行的才干做出综合性的评价,辨别善恶性质,划分高低品级,注重其对于治国理政具有何种价值和作用。孔子曾有人才品级鉴别,是个范例,他说:子家驹取其"续然",晏婴取其"功用",子产取其"惠人",管仲取其"力功"、"力智",这四个国宝级人才后者超过前者,但均因不力仁义,质胜于文而属郊野之人,不可做"天子大夫"。"友者,所以相有也。道不同,何以相有也?"有,通佑,佑助也。君主"慎取臣"、匹夫"慎取友",都是为了求得帮助。因此,荀子将慎取臣子治国提到"德之基"的高度论述,强调君臣"道同"的重要意义。至于国妖一类人物,有三种:"蔽公者谓之昧,隐良者谓之妒,奉妒昧者谓之交谲。"昏暗之臣、嫉妒之臣、昏暗而嫉妒的狡诈之臣，无不是小人，对于他们，君主采取"无与小人处也"的方针。

为人臣下者，必有其道。"主道知人，臣道知事。"知事之臣与知人之君是道同之友，然而"君子难说，说之不以道，不说也"，三"说"字，并音"悦"，前二为取悦，后者为喜悦。为人臣下者以正道取悦君主，"不可以不诚事也"。诚者，实也。此言谓必须实事求是地对待君主，这是基本原则。"不足于行者，说过；不足于信者，诚言。"说过头话的人是行动欠缺，夸饰其言的人是诚信欠缺，均为不实事求是。其次，恪守知事职责，也是为人臣下者的正道。"进则能益上之誉，而损下之忧。不能而居之，诬也；无益而厚受之，窃也。"上者，君主；下者，百姓。不能，即无能。为君主增添美誉，为百姓减少忧虑，决不尸位素餐、骗取俸禄，这是最起码的官德。再次，"有谏而无讪，有亡而无疾，有怨而无怒。"臣下对君主可以规劝、出走、自叹，却不能诽谤、嫉恨、激愤，在维护君主权威的前提下建言立论、拾遗补阙，同时也可自我保护。虞舜、孝己"孝而亲不爱"，比干、子胥"忠而君不用"，仲尼、颜渊"知而穷于世"，但他们初衷不改，忠贞不渝。最为难处的是，"劫迫于暴国而无所辟之"，便"崇其善，扬其美，言其所长，而不称其所短"，这是贤者不遇其时，陷入践踏礼法的国度，只有危行言逊而已。最后，要学会行谦言信，用长避短。"不自嗛其行者，言滥过。"嗛，通谦。其行不自我谦虚者，则其言必浮滥过实。相反，"言之信者，在乎区盖之间。疑则不言，未问则不立。"信，诚也。区，通丘。区盖，即丘盖，疑似之谓也。未问，即未闻。言之诚实者，对尚有疑惑之事不予议论，对尚未闻知之事不立己言，这就叫做行谦言信。"塞而避所短，移而从所仕。"塞，阻而不通也。仕，通事。"用吾之所短，遇人之所长"，是与人辩争，欲胜他人，用己之所短对人之所长，犯了"疏知而不法，察辨而操僻，勇果而亡礼"的错误，必然塞而不通，故曰避所短而改事所长，方可达到通的目的。

灭绝流言邪说，统一思想言论，以利于"王者之事"的完成，是荀子的政治理想中一大课题。"祸之所由生也，生自纤纤也，是故君子蚤绝之。"凡祸生自纤纤细微，君子及早灭绝流言邪说于萌芽状态，这是釜底抽薪，治本之策。"流言止焉，恶言死焉"。止、死二字，极尽痛恶流言邪说的决绝态度。儒家智者自有灭绝流言邪说的办法，即如"流丸止于瓯臾"，"是非疑则度之以远事，验之以近物，参之以平心"。度，测量；验，验证；参，考察。远事，历史事物；近物，眼前事物。平心，公正客观的认识。以历史上的事来衡量，以眼前的事实来证实，加之以公正不偏的态度，必可以唯物而科学的认识，以真实可靠的判断，辨别流言邪说的虚假，致其死命。

尊师重教，关乎国家兴衰。《儒效篇》曰："人无师法，由隆性矣，有师法则隆积矣。"这是从伦理角度，说明师教、礼法能改变人恶的本性。而本篇则总结出一个重要的经验教训，带有极大的历史规律性：凡是国家将要兴盛，必然尊师重教，因而"法度存"；凡是国家将要衰亡，必然贱师轻教，因而"人有快"、"法度坏"。快，放纵也。轻视老师，忽视教育，人们"隆性"而放纵，导致法制废弛，国家岂有不衰败之理！在尊师重教这一总命题之下，荀子又提出"君子壹教，弟子壹学，亟成"的思想，强调专一于教和学，可以速成为圣贤。又提出传承师教的思想，要求自己言谈要称述老师，否则"谓之畔"；教人学习要称述老师，否则"谓之倍"。对于背叛师道的人，"明君不内，朝士、大夫遇诸涂不与言。"这无异于视其为罪人了。

宥坐篇第二十八

本篇所记，又见于《韩诗外传》、《说苑》、《家语》，皆为孔子及弟子问答事。篇名取自守庙者答孔子"此盖为宥坐之器"一语。

孔子在鲁桓公的庙里参观，看到一只倾斜立着的容器。孔子向守庙人问道："这是什么器具？"守庙人回答道："这大概就是君主放在座位右边用来警戒自己的那种容器。"孔子说："我听说君主放在座位右边的这种容器，空着时便会倾斜，灌入一半水便会端正，灌满了水就会翻倒。"孔子回过头来对弟子说："向里面灌水吧。"弟子便舀水往里面灌。果然灌入一半水时容器就端正了，灌满水时容器就翻倒了，空着时容器就倾斜着。孔子长叹说："唉！哪有满了而不翻倒的呢！"子路说："可否请教先生，保持满有什么办法吗？"孔子说："聪明睿智，要用愚钝来守护它；功业覆盖天下，要用谦让来守护它；勇力压倒世人，要用胆怯来守护它；富到拥有四海，要用谦逊来守护它。这就是所谓自我抑制又自我贬损的办法啊！"

孔子做鲁国的代理相国，上朝主政七天就杀了少正卯。他的弟子前来问他："少正卯这个人，是鲁国的名人，先生一当政就先杀他，不会有失误吧？"孔子说："坐下，我告诉你其中的原因。人有五种罪过，而盗窃并不包括在内：一是内心通达而居心险恶，二是行为邪僻而冥顽不灵，三是言论虚伪而强词夺理，四是见识浅陋而貌似广博，五是迎合错误而粉饰润泽。这五种罪过，只要有一种存在人身上，就不能逃脱君子的诛杀，而少正卯却兼有这五种罪过。所以，在他居住的地方足以把门徒聚合成群，他的言谈足以掩饰邪恶而蛊惑民众，他的倔强足以以非为是而独树一帜，这是小人中的奸雄，不可不杀啊。所以汤王杀了尹谐，文王杀了潘止，周公杀了管叔，太公杀了华仕，管仲杀了付里乙，子产杀了邓析、史付。这七个人，虽然处在不同时代却有着相同的品行，不可不杀。《诗经》上说：'忧心忡忡啊，我受到小人的怨恨。'如果小人成群结党，这就足以使人忧虑了。"

孔子做鲁国的司寇，有父子两人打官司，孔子拘留了儿子，过了三个月也不判决。父亲请求撤讼，孔子才释放了他的儿子。鲁国大夫季康子听说这件事，很不高兴，说："这个老头子欺骗了我，他曾告诉我说：'治理国家必须用孝道。'如今只要杀掉一个人就可以警戒所有不孝的人，却又把人释放了。"冉求把这些话告诉了孔子。孔子感慨叹息说："唉！君主失去了孝道，臣民杀了他，这样做可以吗？平日不教育他的人民，却只管判决狱案，这等于是在杀无辜的人。三军大败，不可以对将士都斩首；狱案没有判决好，不可以对当事人都加刑；因为罪责并不在大众身上。法令严密而又勤于诛杀，这是残害人民；征敛应有时却随意滥征，这是暴虐的政治；不进行教育却责求成功，这是虐待的行为。抛弃这三种做法，这才能施加刑罚于人民。《尚书》上说：'即使是应当判处的刑罚和诛杀，也不要立即就执行，就是说恐怕还没有慎重地把事情处理好。'这就是说要先进行教育。"

所以，古代圣王已经陈述的治国之道，君主就应当先实行它。假若百姓没有顺从教化，就推举贤人规劝他们；假若仍然没有顺从教化，就惩罚那些不愿顺从教化的人以示警戒。最多不过三年时间，百姓就会归附教化了。如果仍有奸邪之人不顺从教化，这才可以用刑罚来惩治他们，这样他们也就知道自己的罪过了！《诗经》上说："尹氏太师，周朝的根本。执掌国家的大权，天下靠他维系，天子靠他辅佐，使人民不迷失方向。"所以威严虽有而不尝试，刑罚虽设而放弃不用，说的就是这个意思。

当今的社会就不是这样：教化混乱，刑罚繁多，人民迷惘困惑而堕落，于是跟着进行制裁，因此刑罚越繁多越不能制服邪恶。三尺的高坎连空车也爬不上去，百丈高的山却任随载重车爬上去，这是为什么呢？因为高山是逐渐由低到高的。几丈高的墙大人不能越过，百丈高的山小孩子却可以攀登上去游玩，也是因为高山是逐渐由低到高的。现在世道衰微已经很久了，能教老百姓不犯法越规吗？《诗经》上说："大道平坦像磨刀石，笔直像射出的箭，这是君子所走过的，也是平民所见过的。眷恋回顾那已成过去的大道，不自觉潸然涕下。"难道不可悲吗？《诗经》上说："瞧那迭往迭来的日月，悠悠长长是我的相思。道路竟然这么遥远，哪一天他才能够回来？"孔子说："她磕头了没有？他又回来了吗?"

　　孔子观赏向东流去的水。子贡问孔子说："君子见到大水必定会观赏,这是为什么?"孔子说："大水普遍地施与众生,不求有所为而居功,就像德;大水向低处流去,或方或曲,必定遵循水的流势随物赋形的事理,就像义;大水浩浩荡荡而不停留,就像没有穷尽的道;大水冲决堤岸而湍急奔泻,有如响之应声那么快捷,它奔赴百丈深谷而无所畏惧,就像勇;大水经过坑坎都会灌注均平,就像法;大水盛满了,用不着拿用于斗斛的概去刮平,它自然而平,就像正;大水柔弱滋润而无微不至,就像察;大水将物体反复冲洗而后变得鲜美洁净,就像善化;大水虽经千回万转而终归东流,就像意志。因此,君子见到大水必定会观赏。"

　　孔子说："我有感到耻辱的事情,我有感到鄙视的事情,我有感到危险的事情。年幼时不能勉力勤学,年老了又没有什么知识传授给别人,对此我感到耻辱。离开故乡,侍奉君主而居于显要地位,突然遇到老朋友,竟然没有叙旧念旧的话,对此我感到鄙视。和小人相处,我感到危险。"

　　孔子说："学习像堆小土堆一样,不断地有所进步,我赞成这样的态度;学成像小山丘就停止了,我就不赞成了。"如今有的人刚学了那么一点点无用的知识,就竟然自我满足,还想做别人的老师。

　　孔子往南到楚国去,被困在陈国与蔡国之间,一连七天没有吃到熟食,野菜汤里没有米粒,弟子们都面有饥色。子路上前问道："我听说:行善的人上天会用幸福报答他,作恶的人上天会用灾祸报应他。现在先生你积累道德、学习礼义、心怀美好的志向,而且这样做已经很久了,为什么处境还这么困厄?"孔子说："仲由你不知道,我来告诉你。你以为有才智的人必定会被重用吗?王子比干不是被剜心了吗!你以为忠贞的人必定会被重用吗?关龙逢不是被杀死了吗!你以为谏诤的人必定会被重用吗?伍子胥不是被弃尸姑苏东城门外了吗!能否生逢其时而被贤君任用,要靠时运;贤与不贤,要靠资质;君子学识渊博而又能深谋远虑,却没有生逢其时而得到贤君任用的人,多着呢!由此看来,没有被社会重用的人太多了,何止我孔丘一个人呢!况且香草芷和兰生长在茂密的深林里,并不因为没有人观赏而不散发芬芳。君子学习,并不是为了仕途通达，是为了即使处境窘迫而不困窘，遭遇忧患而意志不衰退，懂得祸福生死的道理而思想不迷乱。贤与不贤，靠的是资质；做与不做，靠的是人；能否生逢其时而被贤君任用，靠的是时运；生与死，就要靠命了。现在有人没有遭遇好时运，虽然贤能，他能行得通吗？假若遇到好时运，又会有什么困难呢！所以君子要广博学习、深入谋虑、修养身心、端正品行，等待好的时运。"孔子说："仲由，坐下，我来告诉你。从前晋国公子重耳称霸天下的雄心产生于他在曹国受到侮辱的时候，越王勾践称霸天下的雄心产生于他在会稽山被吴王打败的时候，齐桓公小白称霸天下的雄心产生于他在莒国受到无礼待遇的时候。所以，处境不遭困厄的人不会思考长远，自身不遭流亡的人志向不会广大。你怎么能知道我将来不会得到知遇于桑荫之下的好时运呢？"

子贡在鲁国太庙的北堂参观，出来后问孔子说："刚才我参观太庙的北堂，没有停止脚步，回头再观看那北堂的门扇，都是一块块的木头拼接起来的，这里面有什么讲究吗？是因为工匠的过失而弄断的吗？"孔子说："太庙的北堂应当有讲究。监造官把技术高超的工匠都请来，根据木材的纹理而加以修饰美化，这并不是因为没有优质整段的木材，大概是讲究文采吧！"

孔子观于鲁桓公之庙，有欹器焉。孔子问于守庙者曰："此为何器？"守庙者曰："此盖为宥坐之器。"孔子曰："吾闻宥坐之器者，虚则欹，中则正，满则覆。"孔子顾谓弟子曰："注水焉。"弟子挹水而注之。中而正，满而覆，虚而欹。孔子喟然而叹曰："吁！恶有满而不覆者哉！"子路曰："敢问持满有道乎？"孔子曰："聪明圣知，守之以愚；功被天下，守之以让；勇力抚世，守之以怯；富有四海，守之以谦。此所谓'挹而损之'之道也。"

孔子为鲁摄相，朝七日而诛少正卯。门人进问曰："夫少正卯，鲁之闻人也，夫子为政而始诛之，得无失乎？"孔子曰："居，吾语女其故。人有恶者五，而盗窃不与焉：一曰心达而险，二曰行辟而坚，三曰言伪而辩，四曰记丑而博，五曰顺非而泽。此五者，有一于人，则不得免于君子之诛，而少正卯兼有之。故居处足以聚徒成群，言谈足以饰邪营众，强足以反是独立，此小人之桀雄也，不可不诛也。是以汤诛尹谐，文王诛潘止，周公诛管叔，太公诛华仕，管仲诛付里乙，子产诛邓析、史付。此七子者，皆异世同心，不可不诛也。《诗》曰：'忧心悄悄，愠于群小。'小人成群，斯足忧也。"

孔子为鲁司寇，有父子讼者，孔子拘之，三月不别。其父请止，孔子舍之。季孙闻之不说，曰："是老也欺予。语予曰'为国家必以孝。'今杀一人以戮不孝，又舍之。"冉子以告。孔子慨然叹曰："呜呼，上失之，下杀之，其可乎！不教其民而听其狱，杀不辜也。三军大败，不可斩也；狱犴不治，不可刑也；罪不在民故也。嫚令谨诛，贼也；今有时敛也无时，暴也；不教而责成功，虐也。已此三者，然后刑可即也。《书》曰：'义刑义杀，勿庸以即予，维曰未有顺事。'言先教也。"

故先王既陈之以道，上先服之。若不可，尚贤以綦之；若不可，废不能以单之；綦三年而百姓往矣。邪民不从，然后俟之以刑，则民知罪矣！《诗》曰："尹氏大师，维周之氐。秉国之均，四方是维，天子是庳，卑民不迷。"是以威厉而不试，刑错而不用，此之谓也。

今之世则不然：乱其教，繁其刑，其民迷惑而堕焉，则从而制之，是以刑弥繁而邪不胜。三尺之岸而虚车不能登也，百仞之山任负车登焉，何则？陵迟故也。数仞之墙而民不逾也，百仞之山而竖子冯而游焉，陵迟故也。今之世陵迟已久矣，而能使民勿逾乎？《诗》曰："周道如砥，其直如矢。君子所履，小人所视。眷焉顾之，潸焉出涕。"岂不哀哉！《诗》曰："瞻彼日月，悠悠我思。道之云远，曷云能来？"子曰："伊稽首不？其有来乎？"

孔子观于东流之水。子贡问于孔子曰："君子之所以见大水必观焉者，是何？"孔子曰："夫大水遍与诸生而无为也，似德；其流也埤下，裾拘必循其理，似义；其洸洸乎不淈尽，似道；若有决行之，其应佚若声响，其赴百仞之谷不惧，似勇；主量必平，似法；盈不求概，似正；淖约微达，似察；以出以入以就鲜洁，似善化；其万折也必东，似志。是故见大水必观焉。"

孔子曰："吾有耻也，吾有鄙也，吾有殆也。幼不能强学，老无以教之，吾耻之。去其故乡，事君而达，卒遇故人，曾无旧言，吾鄙之。与小人处者，吾殆之也。"

孔子曰："如垤而进，吾与之；如丘而止，吾已矣。"今学曾未如肬赘，则具然欲为人师。

孔子南适楚，厄于陈蔡之间，七日不火食，藜羹不糁，弟子皆有饥色。子路进而问之曰："由闻之：为善者天报之以福，为不善者天报之以祸。今夫子累德、积义、怀美，行之日久矣，奚居之隐也？"孔子曰："由不识，吾语女。女以知者为必用邪？王子比干不见剖心乎！女以忠者为必用邪？关龙逢不见刑乎！女以谏者为必用邪？吴子胥不磔姑苏东门外乎！夫遇不遇者，时也；贤不肖者，材也；君子博学深谋不遇时者多矣！由是观之，不遇世者众矣！何独丘也哉！且夫芷兰生于深林，非以无人而不芳。君子之学，非为通也，为穷而不困，忧而意不衰也，知祸福终始而心不惑也。夫贤不肖者，材也；为不为者，人也；遇不遇者，时也；死生者，命也。今有其人，不遇其时，虽贤，其能行乎？苟遇其时，何难之有？故君子博学、深谋、修身、端行，以俟其时。"孔子曰："由，居，吾语女。昔晋公子重耳霸心生于曹，越王句践霸心生于会稽，齐桓公小白霸心生于莒。故居不隐者思不远，身不佚者志不广。女庸安知吾不得之桑落之下？"

子贡观于鲁庙之北堂，出而问于孔子曰："乡者，赐观于太庙之北堂，吾亦未辍，还复瞻被九盖皆继，被有说邪？匠过绝邪？"孔子曰："太庙之堂，亦尝有说，官致良工，因丽节文，非无良材也，盖曰贵文也。"

宥坐：据杨倞注，宥，与右同。言人君可置于坐右，以为戒也。《说苑》作"坐右"。或曰：宥与"侑"同，劝也。《文子》曰："三皇、五帝有劝戒之器，名侑卮。"注云："欹器也。" "汤诛尹谐"数句：据王天海引钱穆曰："《宥坐篇》所载汤诛尹谐以下七事，周公诛管叔为不类，子产诛邓析为误传，此外则皆虚造。盖犹非荀卿之言，而出于其徒韩非、李斯辈之手。" "忧心悄悄"云云：引自《诗经·邶风·柏舟》。 狱犴：乡亭之系曰犴，朝廷曰狱。引申指狱案、狱讼。 嫚令谨诛：据王天海注，"嫚"可通"尴"，今字多以"滥"代之；滥令者，法令繁而过当也。谨，通"勤"，谓勤于诛戮。 "义刑义杀"数句：引自《尚书·康诰》，与今通行本文字有出入。 "尹氏大师"云云：引自《诗经·小雅·节南山》。大，读"太"；氏，本；毗，通"毗"，辅佐；卑，通"俾"，使。 "周道如砥"云云：引自《诗经·小雅·大东》。眷焉，今本《诗经》作"睠言"。 "瞻彼日月"云云：引自《诗经·邶风·雄雉》。 子曰："伊稽首不？其有来乎？"：此处引文疑为他处错简之文，甚费解，存疑为宜。译文径从王天海引之张觉所译。伊，即上文所吟诗怀人之人；其，"伊"所怀之人；有，同"又"。 垤 (dié)：蚂蚁做窝时堆在洞口的小土堆，也叫蚁封、蚁冢。 糁 (sǎn)：同"糁"，以米和羹。

本篇记载的孔子言行事迹，令荀子及其学生颇为向往，故其记述则热情洋溢，评论则观点鲜明。主要涉及孔子法治观念、命运观念和修身观念三个方面的问题。

孔子法治观念的评述。荀子师徒认为，孔子摄鲁国相位七日而杀少正卯，符合礼法。所据罪名有五：心达而险，行辟而坚，言伪而辨，记丑而博，顺非而泽。这些罪名，亦见于《礼记·王制》。实则属于思想罪和言论罪，现代人不认为其触犯刑律，判为死罪则更离谱，但代理相事的孔子则因其冒犯礼法而恼羞成怒,直至置之死地而后快。"故居处足以聚徒成群,言谈足以饰邪营众;强足以反是独立,此小人之桀雄也,不可不诛也。"鼓吹邪说,以非为是,聚众养徒,蛊惑人心,必将妨碍统一思想和舆论。正如荀子在《王制篇》所说:"才行反时者,死无赦。"少正卯是宣传异端邪说且握实权的政敌,危害社会的能量大,不利于用儒家学说统一天下,这是荀子及其学生认定孔子诛少正卯理所当然的原因,对异端邪说实行镇压,实由荀子先声倡导。又补出商汤诛尹谐等七件事,皆为圣王贤相所为,强调道:"此七子者,皆异世同心,不可不诛也。"心,指心志、品行,属道德范围,竟成为被诛依据。这无疑损害圣王贤相之仁义形象。后世学者怀疑诛七子含"虚造"成分,钱穆说:"盖犹非荀卿之言,而出于其徒韩非、李斯辈之手。"这说明,以思想、道德、政治不合而定人死罪,是行苛法,违背荀子倡导的仁义传统。下面所记孔子审理父子讼案,极力彰显仁义教化,则与荀子一贯思想相吻合。孔子与季康子对"为国家必以孝"方针的实施,在诛、教孰先问题上发生争执。季康子主张"杀一人以戮不孝",孔子持相反态度,他认为:"上失之,下杀之";"不教其民而听其讼,杀不辜也";"三军大败"而全斩;"狱犴不治"而全刑,这些做法,全然不可取。其原因,是"罪不在民"。然而当政者其错有三,一是"嫚令谨诛,贼也"。嫚,读为滥,过差也;谨,读为勤,不训严。是说当政者法令繁多而过当,却勤于诛杀。二是"今有时敛也无时,暴也"。有,又也,时敛,定时征敛。是说暴敛无时。三是"不教而责成功,虐也"。责,求也,成功,指事必成。是说不教民于先却苛责于民。孔子认为,人民以不行仁义忠孝而犯法治罪,责任并不在人民自己,而在贼、暴、虐的行政执法,在当政者没有事前对人民进行教育,没有做到"陈之以道,上先服之"。何谓"先教后诛"?首先有统治者为人民做出遵行礼法的表率,此即"上先行之";其次有贤师进行规劝教育,此即"尚贤以綦之";再次给予足够的时间让人民服从教化,此即"綦三年而百姓往矣"。如此做了,仍有"邪民不从",这才"刑可即也"。即令"义刑义杀",还得做到"勿庸以即予,维曰未有顺事"。其所以慎重执法,是为了防止忽视仁义教化而滥令勤诛。古之盛世由于以仁义为本,坚持"先教后诛",导民于正道,因而"威厉而不试,刑错而不用";反其道而行之的今之乱世，以"乱其教，繁其刑"来制民，只能陷入"刑弥繁而邪不胜"的困境。今之乱世"陵迟"即衰微，其根本原因，盖在于忽视教化而滥用刑罚。荀子对孔子以仁义约束刑罚的理解，此节记述说得最为明确。

孔子敬畏天命的评述。对孔子困厄陈、蔡一事，荀子的记述和其他的典籍一样，旨在表现孔子敬畏天命的思想。孔子不讲上天降灾于人的因果报应，也不是"原罪"忏悔、"地狱"责罚之类的恐吓，但一定带着宗教的敬畏感，述说着人生命运的不易捉摸和难以把握。比干剖心，关龙逢见刑，伍子胥磔姑苏，这是智者、忠者、谏者非为必用的事实，否定了子路"为善者天报之福，为不善者天报之以祸"的俗儒之论。"不遇世者众矣，何独丘也哉！"这是带规律性的历史现象，孔子承认天命和时运于人并非均等。"夫贤不肖者，材也；为不为者，人也；遇不遇者，时也；死生者，命也。"材、为、时、命，这四者合取，共为人生命运的要素和条件。"今夫子累德、积义、怀美，行之日久矣，奚居之隐也？""君子博学深谋不遇时者，多矣！""今有其人不遇其时，虽贤，其能行乎？"在说明材、为两个要素、两个主观条件具备了，仍不足以成就成功的人生命运，而时、命才是关键，是决定性的要素和条件。但时、命尚须材、为与之配合，才能显现其决定性作用。材、为在人生命运中不可或缺，是主体精神、自我意识的张扬和发挥。正因为"君子之学，非为通也"，所以才能乐天知命，做到"为穷而不困，忧而意不衰也，知祸福终始而心不惑也。"孔子受"昔晋公子重耳霸心生于曹，越王句践霸心生于会稽，齐桓公小白霸心生于莒"的启发，悟出一个深刻的人生哲理："居不隐者思不远，身不佚者志不广。"隐，指困厄；佚，通逸，指奔逸，非谓安逸。晋文、勾践、齐桓都曾有过出亡或为败囚的经历，而后发愤图强而称霸的。如今孔子困厄陈、蔡，"七日不火食，藜羹不糁，弟子皆有饥色"，仍能以晋文、勾践、齐桓不屈不挠的精神鞭策自己，向往尧之遇舜于桑荫之下，唱出了一支自强不息的赞歌。

君主的自谦是其修养中的极重要内容，它的价值不限于伦理，而是具有全社会的政治意义。以"宥坐之器"来说明欹器对君主帝王具有劝戒作用，古已有之。荀子评述孔子的欹器之论，是说给君主听的。"中而正,满而覆,虚而欹"这三种状态,显示出如何保持中正的物理。孔子以此为喻,引申出君主帝王的"持满有道"。欹器注满而必覆,君主骄傲自满则必亡国灭身。可是,如能培养谦逊美德,以愚道造就智满(聪明圣知),以让道造就功满(功被天下),以怯道造就力满(勇于抚世),以谦道造就业满(富有四海),那就可以促成国家兴盛、天下大治。下面再评述孔子观赏东流之水,仍是宣扬孔子以德治国的思想。水之"遍与诸生而无为也",喻君子之无私德行;水之"流也埤下,裾拘必循其理",喻君子之循义理;水之"洸洸乎不淈尽",喻君子之道路无穷尽;水之"若有决行之,其应佚若声响,其赴百仞之谷不惧",喻君子之无所畏惧;水之"主量必平",喻君子之有法度;水之"盈不求概",喻君子能自为端正;水之"淖约微达",喻君子之善明察;水之"以出以入,以就鲜洁",喻君子之善教化;水之"万折也必东",喻君子之有坚定意志。德、义、道、勇、法、正、察、志、善化,九者合为君子以德治国的德能智才结构,是一个全面的高标准要求。荀子还是以吏为师的倡导者,所以赞叹孔子为人之师必有耻、鄙、殆的精神,鄙弃"今学曾未如肬赘,则具然欲为人师也"的一帮小人,因为他们会误人害国,最不可取。

子道篇第二十九

本篇论述为子之道，提出"从道不从君，从义不从父"乃"人之大行"的观点，为仁人反对愚忠、愚孝，做争子、争臣提供了理论武器。又借孔子与子路的对话，阐述荀子为人处世及治学之道。这些于今都有借鉴意义。

出入家门，都要讲求孝顺父母、尊敬兄长，这是人起码的道德；对上顺从君父，对下笃爱百姓，这是中等的道德；为了服从道而不服从君主，为了服从义而不服从父亲，这是人最高尚的道德。假若用礼为标准来立志向，用事理为依据进行推理，那么儒道就完备了，即使舜也不可能在这上面再增添什么了。

孝子用于不服从命令的理由有三个：假若服从命令父母就会危险，不服从命令父母就会平安，那么孝子不服从命令就是出于忠诚；假若服从命令父母就会耻辱，不服从命令父母就会荣耀，那么孝子不服从命令就是出于义；假若服从命令就会使自己的行为和禽兽一样，不服从命令就会使父母的品行端正，那么孝子不服从命令就是出于敬重。明白了服从和不服从的道理，并且能做到恭敬、忠信、诚实而谨慎地行动，那就可以称得上大孝子了。古书上说："为了服从道可以不服从君主，为了服从义可以不服从父亲。"说的就是这个意思。所以虽然劳苦疲惫却能不丧失对父母的恭敬，虽然遭遇灾祸患难却能不丧失对父母的道义，那么即使不幸而不能使父母顺心甚至被他们厌恶，但是仍能不丧失对父母的爱，不是仁人是做不到的。《诗经》上说："孝子的孝心没有穷尽"，就是说的这个意思。

鲁哀公问孔子说："儿子服从父亲的命令，这是孝顺吗？臣子服从君主的命令，这是忠贞吗？"哀公问了三次，孔子都不回答。孔子快步退出，告诉子贡说："刚才，哀公问我：'儿子服从父亲的命令，这是孝顺吗？臣子服从君主的命令，这是忠贞吗？'三次问我都没有回答，你认为怎么样？"子贡说："儿子服从父亲的命令，这是孝顺；臣子服从君主的命令，这是忠贞。先生又何必回答他呢？"孔子说："小子，你是不懂啊！从前拥有万辆战车的国家都设立诤臣四人，疆界牢固而不可侵犯；拥有千辆战车的国家都设立诤臣三人，社稷安稳而没有危险；拥有百辆战车的大夫之家设立诤臣二人，宗庙完好而不会毁弃。父亲有了谏诤的儿子，就不会做无礼的事；士人有了谏诤的朋友，就不会做不义的事。所以，儿子服从父亲的命令，怎么能说必然是孝顺？臣子服从君主的命令，怎么能说必然是忠贞？要考察他为什么要服从父亲、服从君主的道理，这才能称作孝顺、称作忠贞。"

子路问孔子说："有这么一个人，早起晚睡，耕耘播种，手掌脚底都磨出了老茧，为的是养活父母，然而他却没能得到孝子的美名，这是为什么呢？"孔子说："猜想或者是行为不恭敬吧？言语不谦卑吧？表情不和悦吧？古人有句话说：'穿的，吃喝的，没有不依赖你的。'如今做子女的早起晚睡，耕耘播种，手掌脚底都磨出了老茧，为的是养活父母，如果不出现上述三种情况，哪里会得不到孝子的美名呢？"孔子又说："仲由，你记住，我告诉你：虽然有全国最有力气的勇士，也不能将他自己举起来，并不是他没有力气，而是事实上做不到。所以回到家里而行为不检点，是自己的错误；出外做官而名声不显扬，是朋友的过错。所以君子回到家里要行为笃正，出外做官要亲近贤人，哪里会得不到孝子的美名呢！"

子路问孔子说："鲁国大夫服父母之练丧期间睡在床上，这符合礼吗？"孔子说："我不知道。"子路出来，告诉子贡说："我以为先生是无所不知的，先生自有所不知。"子贡说："你问他什么？"子路说："我问鲁国大夫服练丧期间睡在床上，这符合礼制吗？先生说，'我不知道。'"子贡说："我来替你问先生。"子贡问道："服练丧期间睡在床上，这符合礼吗？"孔子说："不符合礼。"子贡走出来，告诉子路说："你以为先生有所不知吗？先生自无所不知。是你问得不对。按照礼的规定，住在大夫所管辖的地方，是不能非难大夫的。"

子路着盛装去见孔子。孔子说："仲由，如此衣冠楚楚，为什么呀？过去长江从岷山流出，其源头之水仅能浮起酒杯，等到水大流急的地方，如果不行船，或者行船而不避风，就不能渡过。这不就是下流水势大的缘故吗？今天你穿着已很华丽，表情又洋洋自得，天下谁还会愿意规劝你呢？仲由！"子路快步退出，改穿朴素的衣着才又进去见孔子，显出舒和的样子。孔子说："记住，我告诉你：在言谈上逞能的人必然浮夸，在行为上逞能的人必然自傲，由表情上看得出自专其能的人更是小人。所以君子知道就说知道，不知道就说不知道，这是说话的要领；能干就说能干，不能干就说不能干，这是行为的准则。说话掌握了要领就智，行为符合了准则就仁。既智又仁，哪里还有不足之处呢？"

子路走进来。孔子说："仲由，智者怎么样？仁者怎么样？"子路回答说："智者使人了解自己，仁者使人爱自己。"孔子说："这样的人可以称作士。"子贡走进来。孔子说："端木赐，智者怎么样？仁者怎么样？"子贡回答道："智者善于了解别人，仁者善于爱别人。"孔子说："这样的人可以称作士君子！"颜渊走进来。孔子说："颜回，智者怎么样？仁者怎么样？"颜渊回答道："智者善于自知，仁者善于自爱。"孔子说："这样的人可以称作明君子！"

子路问孔子说："君子也有忧愁吗？"孔子说："君子在没有得志的时候，会因为自己有远大志向而感到快乐；在得志以后，又会因为能按照自己的志向处理政事而感到快乐。因此君子有终身的快乐，没有一日的忧愁。小人在没有入仕做官的时候，会忧虑自己还没能入仕做官；在入仕做官以后，又害怕失去官位。因此小人有终身的忧愁，没有一日的快乐！"

入孝出弟，人之小行也；上顺下笃，人之中行也；从道不从君，从义不从父，人之大行也。若夫志以礼安，言以类使，则儒道毕矣，虽舜不能加毫末于是矣。

孝子所以不从命有三：从命则亲危，不从命则亲安，孝子不从命乃衷；从命则亲辱，不从命则亲荣，孝子不从命乃义；从命则禽兽，不从命则修饰，孝子不从命乃敬。故可以从命而不从，是不子也；未可以从而从，是不衷也。明于从不从之义，而能致恭敬、忠信、端悫以慎行之，则可谓大孝矣。传曰："从道不从君，从义不从父。"此之谓也。故劳苦雕萃而能无失其敬，灾祸患难而能无失其义，则不幸不顺见恶而能无失其爱，非仁人莫能行。《诗》曰："孝子不匮"，此之谓也。

鲁哀公问于孔子曰："子从父命，孝乎？臣从君命，贞乎？"三问，孔子不对。孔子趋出，以语子贡曰："乡者，君问丘也，曰：'子从父命，孝乎？臣从君命，贞乎？'三问而丘不对，赐以为何如？"子贡曰："子从父命，孝矣；臣从君命，贞矣；夫子有奚对焉？"孔子曰："小人哉，赐不识也！昔万乘之国有争臣四人，则封疆不削；千乘之国有争臣三人，则社稷不危；百乘之家有争臣二人，则宗庙不毁。父有争子，不行无礼；士有争友，不为不义。故子从父，奚子孝？臣从君，奚臣贞？审其所以从之之谓孝、之谓贞也。"

子路问于孔子曰："有人于此，夙兴夜寐，耕耘树艺，手足胼胝，以养其亲，然而无孝之名，何也？"孔子曰："意者身不敬与？辞不逊与？色不顺与？古之人有言曰：'衣与，缪与，不女聊。'今夙兴夜寐，耕耘树艺，手足胼胝，以养其亲，无此三者，则何为而无孝之名也？"孔子曰："由，志之，吾语女：虽有国士之力，不能自举其身，非无力也，势不可也。故入而行不修，身之罪也；出而名不章，友之过也。故君子入则笃行，出则友贤，何为而无孝之名也！"

子路问于孔子曰："鲁大夫练而床，礼邪？"孔子曰："吾不知也。"子路出，谓子贡曰："吾以为夫子无所不知，夫子徒有所不知。"子贡曰："女何问哉？"子路曰："由问鲁大夫练而床，礼邪？夫子曰：'吾不知也。'"子贡曰："吾将为女问之。"子贡问曰："练而床，礼邪？"孔子曰："非礼也。"子贡出，谓子路曰："女谓夫子为有所不知乎？夫子徒无所不知。女问非也。礼，居是邑不非其大夫。"

子路盛服见孔子。孔子曰："由，是裾裾何也？昔者江出于岷山，其始出也，其源可以滥觞，及其至江之津也，不放舟，不避风，则不可涉也。非维下流水多邪？今女衣服既盛，颜色充盈，天下且孰肯谏女矣？由！"子路趋而出，改服而入，盖犹若也。孔子曰："志之，吾语女：奋于言者华，奋于行者伐，色知而有能者，小人也。故君子知之曰知之，不知曰不知，言之要也；能之曰能之，不能曰不能，行之至也。言要则知，行至则仁。既仁且知，夫恶有不足矣哉！"

子路入。子曰："由，知者若何？仁者若何？"子路对曰："知者使人知己，仁者使人爱己。"子曰："可谓士矣！"子贡入。子曰："赐！知者若何？仁者若何？"子贡对曰："知者知人，仁者爱人。"子曰："可谓士君子矣！"颜渊入。子曰："回，知者若何？仁者若何？"颜渊对曰："知者自知，仁者自爱。"子曰："可谓明君子矣！"

子路问于孔子曰："君子亦有忧乎？"孔子曰："君子其未得也，则乐其意；既已得之，又乐其治。是以有终生之乐，无一日之忧。小人者其未得也，则忧不得；既已得之，又恐失之。是以有终身之忧，无一日之乐也！"

"孝子不匮"：引自《诗经·大雅·既醉》。据王天海注，《左转·隐公元年》引此诗，杨伯峻注曰："言孝子为孝，无有竭尽时。"是也。衣与，缪与，不女聊：据刘师培曰，此文与下文"今夙兴夜寐"四句相应，言古人衣食二端均属自谋，无赖于人。今孝子耕耘树艺以养其亲，则是兼为亲谋衣食也。缪，通"醪"，有汁滓的酒。此处代指吃喝之物。女，汝；聊，赖；不女聊，犹言"无不依赖汝"。

"从道不从君，从义不从父"这一思想的提出和论述，是荀子对儒家忠、孝、仁、义学说的重要补充和丰富，为封建社会伦理政治的发展增添了理论基石。这里的道与义是同义语，指礼义。礼义至上，是国家的根本，人民思想、言论、行动的准绳。一般说来，上顺从于君父，下笃爱于卑幼，就完全符合忠、孝、仁、义的要求和规范。但当顺从笃爱与道义相违背时，就不再服从君、父，而要服从道义。基于这个道理，荀子将孝悌定为"小行"，将顺笃定为"中行"，而将"从道不从君，从义不从父"定为"大行"。"志以礼安，言以类使，则儒道毕矣"一语，是对"大行"的提升。其礼，指礼义；类，指事理；志，指思想、志向。人民的思想、言论、行动若以礼法为最高准则，为子之道必将臻于完备。所谓"不从命有三"，是从实践上诠释"大行"面临"亲危"还是"亲安"，"亲辱"还是"亲荣"，"禽兽"还是"修饰"的矛盾，选择后者，不从君、父之命而能"衷"、"义"、"敬"，"而能致恭敬、忠信、端悫以慎行之，则可谓大孝矣"。由于发自内心的诚意真情而致"亲安"、"亲荣"、"修饰"，虽有违君、父之命，却致大孝，如此"大行"又是"非仁人莫能行"。大孝、仁人"劳苦雕萃而能无失其敬，灾祸患难而能无失其义，则不幸不顺见恶而能无失其爱"，所行不重文而重质、重情、重诚、重礼义，不是愚忠、愚孝，而是"大行"、"大孝"。而且，以孝为起点，以义为旨归，移孝于君于人而秉持礼义始终不渝，则忠、孝、仁、义四者贯通而统一，忠臣、孝子、仁人、礼义之士集于一身，这就是"孝子不匮"、"儒道毕矣"的楷模。记述鲁哀公问孔子事，是为"审其所以从之之谓孝、之谓贞也"做出具体的印证。万乘之国"封疆不削"、千乘之国"社稷不危"、百乘之家"宗庙不毁"，皆因有诤臣；同样的道理，其父"不行无礼"，其友"不为不义"，也都是有诤子、诤友的缘故。为匡救君、父、友之过错而行谏，全然尽孝献贞之举。荀子将"谏父"、"谏君"合论，从家庭伦理延伸到社会政治，是为了彰显忠、孝、仁、义的统一具有保国家安社稷的重大意义，但他始终坚持礼义至上，忠、孝、仁、义或有相夺不两全，高举大忠大孝大仁大义的旗帜，倡导做诤臣、诤子而不为愚忠、愚孝之徒，终于使历代封建专制者扼腕不已。

荀子十分重视为人处世及治学之道，这是从孔子那里学习而得的。有人"夙兴夜寐，耕耘树艺，手足胼胝，以养其亲"却无孝子之名，孔子指出其原因在于"身不敬"、"辞不逊"、"色不顺"。所以，供给衣食酒水于父母仅限于赡养义务，而不同时做到身敬、辞逊、色顺，就没有奉献孝子之心，得不到孝子美名并不奇怪。为此，孔子教导子路为人处世，务须明白"入而行不修，身之罪也；出而名不章，友之过也"的道理，做到"入则笃行，出则友贤"，如此而无孝子之名，是不可能的。

鲁国大夫"练而床"显然"非礼",但身居鲁邑而非难鲁大夫亦是"非礼",所以孔子主张泛泛而论其事,决不指名道姓地指摘。他为人惧于讪上,这种风范当为子路之辈效法。子路"衣服既盛,颜色充盈",遭到孔子批评,因为"奋于言者华,奋于行者伐,色知而有能者,小人也"。孔子教导说,言之要是"知之曰知之,不知曰不知";行之至是"能之曰能之,不能曰不能"。"言要则知,行至则仁",有了智和仁,为人就没有"不足"了。孔子提出"知者若何?仁者若何?"子路答:"知者使人知己,仁者使人爱己。"因其可为修立之人,故"可谓士矣"!子贡答:"知者知人,仁者爱人。"因其有才德操守,故"可谓士君子矣"!颜渊答:"知者自知,仁者自爱。"因能自知,故知人;能自爱,故爱人。这是从根源上修养身心,故"可谓明君子矣"!三个弟子的精神境界有品级差异,为人处世的风范自有上、中、下区分。孔子对君子与小人的得失观有精辟的分析,区别他们以其对待事业和名利的态度为标准:君子未得志前"则乐其意",得志后"又乐其治",故"有终身之乐,无一日之忧"。小人未得志前"则忧不得",得志后"又恐失之",故"有终身之忧,无一日之乐"。君子以意、治为念,故乐其终身;小人以个人得失为念,故忧其终身。

法行篇第三十

荀子主张以礼为法，以礼治国，一切思想、言论、行动均以礼义法度为准绳，故名本篇曰《法行》。本篇通过孔子及弟子的言论，论及荀子所主张的值得效法的行为准则，为"法行"示范。

公输般（鲁班）虽然技巧超常，但不能超越绳墨；圣人虽然智慧超常，但不能超越礼义。礼，百姓按照它去做却并不理解它，圣人按照它去做并能理解它。

曾子说："不要疏远本家族的人而亲近外人，不要自身没有善行而怨恨他人，不要刑罚已经加到身上才去喊天。疏远本家族的人而亲近外人，不是弄反了吗！自身没有善行而怨恨他人，不是舍近求远吗！刑罚已经加到身上才去喊天，不是太晚了吗！《诗经》上说：'水流细小的时候不去堵塞，车毂破碎了才加大轮辐，事情败坏才反复叹息。'这有什么用呢？"

曾子病了，他儿子曾元抱住他的脚。曾子说："曾元，记住，我告诉你：鱼鳖鼋鼍还嫌深潭太浅，而要挖个洞穴，藏身其中；鹰鸢还嫌山太低，而要垒巢于上，栖身其中；它们被捉住，一定是由于被食物所引诱。所以君子如果能不因贪利而害义，那么耻辱也就不会到来了。"

子贡问孔子说："君子看重玉而轻视像玉一样的珉石，为什么呢？是不是因为玉少而珉石多呢？"孔子说："不，端木赐！你这是什么话！君子岂能因为多就轻视它，而少就看重它呢！玉，君子是拿来比喻道德品行的。玉温润而有光泽，好比君子的仁；易治易理，好比君子的智；坚固刚强而不屈回，好比君子的义；有棱角而不伤物，好比君子的品行；虽摧折而不屈挠，好比君子的勇；大小瑕疵一并显现出来，好比君子的诚实；叩击玉，会发出清脆悠扬的声音，远处都能听到，随后戛然而止，好比君子的谦让。所以，珉石虽然也文采昭昭，却比不上玉的素质明明。《诗经》上说：'我思念的君子，温和得像玉一样。'说的就是这个意思。"

曾子说："同别人交游而不被别人喜爱，那一定是自己对别人还不仁；结交朋友而不被朋友尊敬，那一定是自己对朋友还不尊敬；办理有关钱财之事而不被别人信任，那一定是自己还不诚信。这三种毛病都在自己身上，为什么要埋怨别人呢？埋怨别人的人，说明自己没有办法了；埋怨上天的人，说明自己没有志气了。过失在自己，反而去责怪别人，岂不是太离谱了吗？"

南郭惠子问子贡说："先生的弟子，为什么这么杂呢？"子贡说："君子端正自己的品行来待人，想来的人不拒绝，想走的人不阻止。良医门前总是有很多病人求治，檃栝的旁边总是放着许多弯曲的木料，所以先生的弟子这么杂。"

孔子说："君子有三种宽恕之道。对自己的君主不能侍奉，却希望自己的臣子能听从役使，这不能宽恕；对自己的父母不能奉养，却希望自己的儿子能奉养自己，这不能宽恕；对自己的哥哥不能敬爱，却希望自己的弟弟能听从自己，这不能宽恕。士人明白了这三种宽恕之道，就可以端正自身了。"

孔子说："君子有三种值得思考的情况，是不能不思考的。幼年时不勤勉学习，成人后就没有能力；老年时不教育后人，死后就没有人思念；富有时不施舍，贫穷时就无人相助。所以君子年少时若想到长大成人就要勤勉学习，年老时若想到人都会死就要教育后人，富有时若想到可能贫穷就要施舍。"

公输不能加于绳，圣人莫能加于礼。礼者，众人法而不知，圣人法而知之。

曾子曰："无内人之疏而外人之亲，无身不善而怨人，无刑已至而呼天。内人之疏而外人之亲，不亦远乎！身不善而怨人，不亦反乎！刑已至而呼天，不亦晚乎！《诗》曰：'涓涓源水，不雝不塞；毂已破碎，乃大其辐；事已败矣，乃重大息。'其云益乎？"

曾子病，曾元持足，曾子曰："元，志之，吾语汝：夫鱼鳖鼋鼍，犹以渊为浅而堀其中，鹰鸢犹以山为卑而增巢其上，及其得也，必以饵。故君子能无以利害义，则耻辱亦无由至矣！"

子贡问于孔子曰："君子之所以贵玉而贱珉者，何也？为夫玉之少而珉之多邪？"孔子曰："恶，赐！是何言也！夫君子岂多而贱之，少而贵之哉！夫玉者，君子比德焉。温润而泽，仁也；栗而理，知也；坚刚而不屈，义也；廉而不刿，行也；折而不挠，勇也；瑕适并见，情也；扣之，其声清扬而远闻，其止辍然，辞也。故虽有珉之雕雕，不若玉之章章。《诗》曰：'言念君子，温其如玉。'此之谓也。"

曾子曰："同游而不见爱者，吾必不仁也；交而不见敬者，吾必不长也；临财而不见信者，吾必不信也。三者在身曷怨人？怨人者穷，怨天者无识。失之己而反诸人，岂不亦迂哉！"

南郭惠子问于子贡曰："夫子之门，何其杂也？"子贡曰："君子正身以俟，欲来者不距，欲去者不止。且夫良医之门多病人，檃栝之侧多枉木，是以杂也。"

孔子曰："君子有三恕。有君不能事，有臣而求其使，非恕也；有亲不能报，有子而求其孝，非恕也；有兄不能敬，有弟而求其听令，非恕也。士明于此三恕，则可以端身矣。"

孔子曰："君子有三思，而不可不思也。少而不学，长无能也；老而不教，死无思也；有而不施，穷无与也。是故君子少思长则学，老思死则教，有思穷则施也。"

内人之疎：疎，同"疏"，传写之异文。 "涓涓源水"云云：引诗不见于今本《诗经》，盖佚诗也。雍，通"壅"，壅塞；毂，车毂，居轮之中央，承三十辐者也；大息，太息。 珉之雕雕，不如玉之章章：据王天海引郝懿行曰，雕雕、章章，皆文采宣著之貌。语意犹云"星之昭昭，不如月之明明"也。 "言念君子"云云：引自《诗经·秦风·小戎》。

荀子认为，礼义至高无上，完美无缺，即如圣人"莫能加于礼"，这就好比公输般"不能加于绳"一样，谁想有丝毫违背都不容许，也不可能。普通人和圣人不同，仅在于前者"法而不知"，而后者"法而知之"。法，指对礼义的效法；知，指对礼义的理解。圣人效法礼义，而且把以礼为法而实行之变成了自觉意识和理性行为。普通人如能经过礼义教化的习染熏陶，向圣人学习"法而知之"，即可成为君子贤人。荀子讲"法行"，注重的就是这种最高境界；有了它，就能完美无缺地理解和贯彻礼义。

荀子举出完美无缺地理解和贯彻礼义的几种行为准则。一是力戒"三不要"，即不要内疏而外亲："内人之疏外人之亲，不亦远乎！"疏，即疏；远，当为反。此句为使动用法。使本家族的人疏远而使外人亲近，这是亲疏关系弄反了，自然违背礼义所规定的名分等级制度。不要不善而怨人："身不善而怨人，不亦反乎！"反，当为远。自身没有善而怨恨他人，是舍近求远的愚蠢之举，应当立足于自身修为，积善成德，可以从根本上防止违犯礼法而怨天尤人。不要刑已至而呼天："刑已至而呼天，不亦晚乎！"这是无视礼德，为恶积久造成的恶果，自作孽不可恕，呼天无济于事。"三不要"都是说不慎其初，追悔莫及。自救的办法，只能是从自身、从起初、从根本上知法学礼。二是君子"无以利害义"：鱼鳖鼋鼍"以渊为浅而堀其中"，鹰鸢"以山为卑而增巢其上"，它们的错误在于为饵所惑，以致被捉。耻辱加身的原因，是"以利害义"。这是君子所不取的。三是君子"比德于玉"：玉之"温润而泽"，似君子仁；"栗而理"，似君子智；"坚刚而不屈"，似君子义；"廉而不刿"，似君子德行；"折而不桡"，似君子勇；"瑕适并见"，似君子诚实；"扣之，其声清扬而远闻，其止辍然"，似君子谦让。君子素质明著，仁、智、义、行、勇、情、辞集于一身，有如玉之切磋琢磨，修为而得。四是为人切忌"失之己而反诸人"："同游而不见爱者"，自己不仁；"交而不见敬者"，自己不尊重人；"临财而不见信"，自己不诚信。过失在自身，反而责求别人，只能证明自己"穷"，没有办法；证明自己"无识"，没有志气。舍近求远，不如加强自身修养。五是"君子正身以俟，欲来者不距，欲去者不止"：对于一切欲效法

"君子正身"之人，用孔子"有教无类"、"诲人不倦"的态度对待。良医不拒病人，檃栝不弃枉木，良师更以教化为己任。六是"君子有三恕"："有君不能事，有臣而求其使"；"有亲不能报，有子而求其孝"；"有兄不能敬，有弟而求其听令"，以上三者"非恕也"。士人能否正己，首先"明于此三恕"。七是"君子有三思"："少而不学，长无能也"，故以"少思长则学"救之。"老而不教，死无思也"，故以"老思死则教"救之。"有而不施，穷无与也"，故以"有思穷则施也"救之。这就叫做"不可不思"的"君子三思"。

哀公篇第三十一

本篇以《哀公》名篇，旨在通过辑录哀公与孔子、颜渊的言论，反映荀子识别人才及为政治国的思想。

鲁哀公问孔子说："我想选择我国的人才，与他们共同治理国家，请问应该如何选择呢？"孔子回答说："生在当今之世，向往古代的治道；处在当今的习俗中，习惯于古代的习俗。能做到这样还去做坏事的，不也很少吗？"哀公说："那么，戴着殷式礼帽，穿着有绚饰的鞋子，系着宽大腰带并插上笏板，这样的人都是贤人吗？"孔子回答说："不尽然。那些穿着礼服端衣、玄裳和戴着礼帽，乘坐大车的人，心思不在于吃荤；那些身穿用最粗的麻布制成的斩衰丧服，脚登用茅草编制的草鞋，手持竹制孝杖，喝稀粥的人，心思不在于酒肉。生在当今之世，向往古代的治道；处在当今的习俗中，习惯于古代的习俗。能做到这样还去做坏事的，即使有，不也很少吗？"哀公说："对！"

孔子说："人有五个等级：有平常的人，有士人，有君子，有贤人，有圣人。"哀公说："请问什么样的人可以称做平常的人？"

孔子回答说："所谓平常的人，他嘴里说不出美好的语言，心里不知道谦退而不自以为满足，不知道选择贤人善士做自己的依靠而用以治愈自己的忧愁，行动虽然勤勉却不知道所求是什么，聚集在一起却不知道以什么为定准；整天东挑西选，却不知道什么东西最贵重；顺从外物就像流水一样，却不知道归向哪里；五官本应当端正不邪，却因心放纵而败坏。像这样，就可以称做平常的人。"哀公说："对！请问什样的人可以称做士人？"

孔子回答说："所谓士人，虽然不能完全精通治国的原则和方法，但一定有所遵循；虽然不能做到尽善尽美，但一定有所坚持。所以知识不必求多，但一定要弄清真正知道些什么；论说不必求多，但一定要弄清该说些什么；行动不必求多，但一定要弄清该做些什么。所以，该知道的已经知道了，该说的已经说了，该做的已经做了，那么就要像对待自己的生命和肌肤那样不可改变。所以富贵不能给他增加什么，卑贱不能使他减少什么。像这样，就可以称做士人。"哀公说："对！请问什么样的人可以称做君子？"

孔子回答说："所谓君子，就是说话忠诚守信而内心不自以为有德行，身上充满仁义却没有自夸的表情，思虑明白通达而说话并不与人争辩。态度悠闲平和，谁都可以和他接近，这就是君子。"哀公说："对！请问什么样的人可以称做贤人？"

孔子回答说："所谓贤人，行为符合礼义规范而又不伤及人的天性，言论完全可以为天下人表率，而又不伤害自身，拥有天下的财富而不聚敛招来怨恨之财，把财富施与天下百姓而不担忧自己会贫穷。像这样，就能称做贤人。"哀公说："对！请问什么样的人可以称做圣人？"

孔子回答说："所谓圣人，他的智慧能够精通大道，随时应对事物的变化而不困窘，并能区别万物的不同性质。大道就是万物变化和最终形成的根源；万物的不同性质，就是判断是非、决定取舍的依据。所以他管理的事情广大如天地，明察如日月，统领万物如风行雨施，是其他人不可依循的；他又像继承天的职司，他所管理的事情奥妙而不可知，百姓淡然而不知他就像天一样可亲。像这样，就能称做圣人。"哀公说："好！"

鲁哀公问孔子舜所戴的帽子，孔子不回答。连问三次也不回答。哀公说："我向你问舜所戴的帽子，为什么不说话呢？"孔子回答道："古代的王者，戴头盔、穿圆领衣，但他们喜欢施行仁政而厌恶杀戮。所以凤凰翔集在树林，麒麟行走在郊野，乌鹊的窝巢筑在低头可见的地方。君主您不问古代圣王的仁政，却问舜所戴的帽子，所以我不回答。"

鲁哀公问孔子说："我出生在深宫，在保姆的抚育下长大，我从来不知道什么悲哀，不知道什么忧愁，不知道什么劳苦，不知道什么惧怕，不知道什么危险。"孔子说："君主您问的这些，是圣君的问题。孔丘我是卑微之人，怎么能够知道呢？"哀公说："除了您，没有谁能知道了。"孔子说："您进入祖庙向右门走，登上东边的台阶，抬头看橡栋，低头看摆供品的小桌，这些器物都还存在，而使用它们的人却死了。您由此而思念祖先，那么哀伤哪有不产生的呢！君主您在拂晓时梳发束冠，天亮时上朝处理政事，有一件事处理失当，就会引起混乱。您由此而思念忧愁，那么忧愁哪有不产生的呢！君主您天亮时上朝处理政事，傍晚时退朝，必定会有别国诸侯的子孙为求仕而奔走在您的门庭。您由此而思念劳苦，那么劳苦哪有不产生的呢！君主您走出鲁国四方的国门，向鲁国的四周望去，在亡国的废墟上一定还有几所房屋。您由此而思念惧怕，那么惧怕哪有不产生的呢！并且我听说：君主好比船，百姓好比水；水能载船，水也能使船倾覆。您由此而思念危险，那么危险哪有不产生的呢？"

鲁哀公问孔子说："头戴周式礼帽或殷式礼帽，这些会有益于仁吗？"孔子脸色一变说："您怎么这样问呢？穿着麻布丧服，手持竹制孝杖的人不听音乐，并不是他们的耳朵不能听音乐，而是丧服在身才使他们必须这样。身穿祭祀礼服的人不吃荤辛，并不是他们的嘴巴不能品尝美味，而是祭服在身使他们必须这样。并且我听说：'善于做生意的人不会长久折本，道德高尚的人不做买卖。'考察这当中的有益与无益，您就明白了。"

鲁哀公问孔子说："请问选用人才的方法。"孔子回答道："不可选用有逞强干进的人，不可选用以势压人的人，不可选用夸夸其谈的人。有逞强干进的人，往往贪得无厌；以势压人的人，容易犯上作乱；夸夸其谈的人，难免浮夸荒诞。所以，弓须先调试然后才能求其强劲，马须先驯服然后才能求其精良，士人须先诚信忠厚然后才能求其智慧能干。士人若不诚信忠厚却又多智多能，就好比豺狼一样，不能同他接近。俗话说：'齐桓公任用了仇人（指管仲），晋文公任用强盗（指勃鞮）。'所以贤明的君主注重计谋而不注重威怒，昏暗的君主注重威怒而不注重计谋。计谋胜过威怒的国家就强盛，威怒胜过计谋的国家就灭亡。"

鲁定公问颜渊说："东野毕是驾车能手吗？"颜渊回答道："能手倒是能手，可是他的马快要逃跑了。"鲁定公很不高兴，回去对左右侍臣说："君子原来背后也说别人坏话！"三日后，养马的官来报告定公说："东野毕的马逃跑了。车两边的两匹骖马挣断缰绳跑了，中间驾辕的两匹服马回到了马厩。"定公离开座位站起来说："赶快驾车去召见颜渊来。"颜渊来了。定公问："前日我问您，您说：'东野毕驾车，能手倒是能手，然而他的马快要逃跑了。'不知道您是根据什么知道的？"颜渊回答道："我是由处理政事的一般规律推知的。从前舜善于役使民众，而造父善于使马驾车。舜不使民力用尽，造父不使马力用尽，所以舜没有逃离的民众，造父没有逃跑的马。今天东野毕驾车，上车就手抓缰绳，把马驯服得合规合矩；他驱赶着马或快或慢一路奔驰，极尽训马的礼仪；经历各种险阻终于到达了远方的目的地，这时马力已经用尽了。但他仍然驱马不停地奔走，因此我知道他的马会逃跑。"定公说："对！您能不能进一步说说呢？"颜渊回答说："我听说过这样的话：鸟急了会乱啄，兽急了会乱抓，人没有办法了会欺诈。从古到今，还没有使臣民窘迫至极、走投无路而能没有危险的君主啊！"

鲁哀公问于孔子曰："吾欲论吾国之士，与之治国，敢问何如取之邪？"孔子对曰："生今之世，志古之道；居今之俗，服古之服。舍此而为非者，不亦鲜乎？"哀公曰："然则夫章甫、绚屦、绅而搢笏者，此贤乎？"孔子对曰："不必然。夫端衣、玄裳、𬘬而乘路者，志不在于食荤；斩衰、菅屦、杖而啜粥者，志不在于酒肉。生今之世，志古之道；居今之俗，服古之服。舍此而为非者，虽有，不亦鲜乎？"哀公曰："善！"

孔子曰："人有五仪：有庸人，有士，有君子，有贤人，有大圣。"哀公曰："敢问何如斯可谓庸人矣？"

孔子对曰："所谓庸人者，口不能道善言，心不知色色，不知选贤人善士托其身焉以为己忧，勤行不知所务，止立不知所定；日选择于物，不知所贵；从物如流，不知所归；五凿为正，心从而坏；如此则可谓庸人矣。"哀公曰："善！敢问何如斯可谓士矣？"

孔子对曰："所谓士者，虽不能尽道术，必有率也；虽不能遍美善，必有处也。是故知不务多，务审其所知；言不务多，务审其所谓；行不务多，务审其所由。故知既已知之矣，言既已谓之矣，行既已由之矣，则若性命肌肤之不可易也。故富贵不足以益也，卑贱不足以损也。如此则可谓士矣。"哀公曰："善！敢问何如斯可谓之君子矣？"

孔子对曰："所谓君子者，言忠信而心不德，仁义在身而色不伐，思虑明通而辞不争。故犹然如将可及者，君子也。"哀公曰："善！敢问何如斯可谓贤人矣？"

孔子对曰："所谓贤人者，行中规绳而不伤于本，言足法于天下而不伤于身，富有天下而无怨财，布施天下而不病贫。如此则可谓贤人矣。"哀公曰："善！敢问何如斯可谓大圣矣？"

孔子对曰："所谓大圣者，知通乎大道，应变而不穷，辨乎万物之情性者也。大道者，所以变化遂成万物也；情性者，所以理然不、取舍也。是故其事大辨乎天地，明察乎日月，总要万物于风雨，缪缪肫肫，其事不可循；若天之嗣，其事不可识，百姓浅然不识其邻。若此，则可谓大圣矣！"哀公曰："善！"

鲁哀公问舜冠于孔子，孔子不对。三问不对。哀公曰："寡人问舜冠于子，何以不言也？"孔子曰："古之王者，有务而拘领者矣，其政好生而恶杀焉。是以凤在列树，麟在郊野，乌鹊之巢可俯而窥也。君不此问，而问舜冠，所以不对也。"

鲁哀公问于孔子曰："寡人生于深宫之中，长于妇人之手，寡人未尝知哀也，未尝知忧也，未尝知劳也，未尝知惧也，未尝知危也。"孔子曰："君之所问，圣君之问也。丘，小人也，何足以知之？"曰："非吾子，无所闻之也。"孔子曰："君入庙门而右，登自阼阶，仰视榱栋，俯见几筵，其器存，其人亡。君以此思哀，则哀将焉而不至矣！君昧爽而栉冠，平明而听朝，一物不应，乱之端也。君以此思忧，则忧将焉而不至矣！君平明而听朝，日昃而退，诸侯之子孙必有在君之末庭者。君以思劳，则劳将焉而不至矣！君出鲁之四门，以望鲁四郊，亡国之虚则必有数盖焉。君以此思惧，则惧将焉而不至矣！且丘闻之：君者舟也，庶人者水也；水则载舟，水则覆舟。君以此思危，则危将焉而不至矣！"

鲁哀公问于孔子曰："绅委、章甫，有益于仁乎？"孔子蹴然曰："君号然也！资衰、苴杖者不听乐，非耳不能闻也，服使然也。黼衣黼裳者不茹荤，非口不能味也，服使然也。且丘闻之：'好肆不守折，长者不为市。'窃其有益与其无益，君其知之矣。"

鲁哀公问于孔子曰："请问取人。"孔子对曰："无取健，无取诎，无取口啍。健，贪也；诎，乱也；口啍，诞也。故弓调而后求劲焉，马服而后求良焉，士信悫而后求知能焉。士不信悫而有多知能，譬之其豺狼也，不可以身尔也。语曰：'桓公用其贼，文公用其盗。'故明主任计不信怒，暗主信怒不任计。计胜怒则强，怒胜计则亡。"

定公问于颜渊曰："东野毕之善驭乎？"颜渊对曰："善则善矣！虽然，其马将失。"定公不悦，入谓左右曰："君子固谗人乎！"三日而校来谒曰："东野毕之马失。两骖列，两服入厩。"定公越席而起曰："趋驾召颜渊！"颜渊至。定公曰："前日寡人问吾子，吾子曰：'东野毕之驭，善则善矣，虽然，其马将失。'不识吾子何以知之？"颜渊对曰："臣以政知之。昔舜巧于使民，而造父巧于使马。舜不穷其民，造父不穷其马，是以舜无失民，造父无失马。今东野毕之驭，上车执辔衔，体正矣；步骤驰骋，朝礼毕矣；历险致远，马力尽矣。然犹求马不已，是以知之也。"定公曰："善！可得少进乎？"颜渊对曰："臣闻之，鸟穷则啄，兽穷则攫，人穷则诈。自古及今，未有穷其下而能无危者也！"

服古之服：据王天海注，服，犹习也。《韩非子·显学》："服文学而异说。"《广韵》："服，习也。"《礼·孔子闲居》："君子之服之也，犹有五起焉。"郑注："服，犹习也。"且上言"居今之俗"，俗亦习也。此云"服古之服"，即习古之习也，正相承为文。训"服"为服饰者，皆因下文言及服饰而服也。　**舍此而为非者**：舍，处也，居也。　章甫：殷冠（礼帽）。即缁布冠，是殷代男子行冠礼后才戴的，用以表明（"章"）成年男子（"甫"）的身份。　　絇：鞋子头上的饰物，又称拘饰。　　絻而乘路：絻，通"冕"；路，王者之车，亦为车之通名。　　荤：指为斋者所禁之葱、薤类辛物。　　色色：当为"邑邑"之形误。邑邑，通"悒悒"，抑制、谦退之意。　　五凿：五窍，指五官。　　缪缪肫肫：据王天海注，缪缪，通"缭缭"，缭缭缠绕之貌；肫肫，通"沌沌"，水流动貌；缭缭沌沌，状风雨缠绕流动之貌。　　天之嗣：嗣，通"司"，职司。　　绅委：绅，大带；委，委貌，周冠，即玄冠、黑缯冠。　　口啍：据杨倞注，谓口教诲心无诚实者。即今所谓能说会道、夸夸其谈的人。

　　《荀子》全书，论述选取人才的原则和方法，当属本篇说得较为具体和详细。"生今之世，志古之道；居今之俗，服古之服；舍此而为非者，不亦鲜乎？"志，向慕也。服，犹习也，不当训为服饰。此言向慕古之道，学习古之习俗，都是效法古代圣王来治国。孔子指出，要从道、习两方面选取善法先王礼义传统、善法后王礼法制度的人才用于为政治国。对于先王之道、盛世之习，贵在学习其精神实质，并非"章甫、絇屦、绅而搢笏者"之形式。这一"论士"原则非常重要，而鲁哀公却不甚了然，误以为古之道、古之服是个服饰问题，所以多次"问舜冠"于孔子，终因不得要领而遭拒答。古之王者衣冠拙朴而行仁政，故凤、麟出世，乌鹊近人；哀公不问舜德，徒问其冠，不可能从古代圣王那里学到选取贤才的经验。关于绅委、章甫是否"有益于仁乎"的问题，孔子说：丧服在身不得听音乐，"非耳不能闻也，服使然也"。祭服在身不可茹荤，"非口不能味也，服使然也"。前者为失亲而内心悲痛，后者当斋戒清洁己身，都是礼仪习俗所追求的仁道使然。"好肆不守折，长者不为市。"哀公看不到贤才同时也应当是仁德之人，故不明白尊长者和买卖人一样，各固守其志而不渝，无论他们在做着什么。有了这个"论士"原则，再说择士的方法。第一，"无取健，无取詌，无取口啍。健，贪也；詌，乱也；口啍，诞也。"逞强干进、以势压人、口恶无德这三种人，其共同特点是"不信慤而有多知能，譬之其豺狼也，不可以身尔也。"这就是说，取士以诚信忠厚为先，然后求其智慧能干。第二，人才"五仪"。将人才分为五个品级，即庸人、士、君子、贤人、大圣，从德、能、智、才诸方面对他们进行考核评定，按其品级予以使用，使其各得其所。荀子借孔子论"五仪"，从培养人才的视角，阐述了儒家为政治国，应当修身立为、崇礼重法、循道行术、秉仁用智、守志不渝等思想和主张。这是我国古代最早全面论述人才道德标准和智能结构的篇章。

孔子以为人君者知哀、知忧、知劳、知惧、知危之教，开导鲁哀公。孔子用的是情景感悟方法，让"生于深宫之中，长于妇人之手"的纨绔儿触景生情，设身处地思己之哀、忧、劳、惧、危，因先王之亡而哀至，因政务之乱而忧至，因诸侯子孙奔亡求仕而劳至，因亡国之墟而惧至，因水载舟覆舟而危至。为人君者如能戒慎修德，居安思危，以民为本，就不愁国家治理不好。鲁定公从颜渊那里学习到处理政事的一般规律。"东野毕之驭，上车执衔辔，体正矣；步骤驰骋，朝礼毕矣"，颜渊说，这是他"善则善矣"，可是他"历险致远，马力尽矣。然犹求马不已"，故可知"其马将失"。颜渊果然言中，不出三日，"东野毕之马失"。颜渊所据在历史经验，从政规律。"舜不穷其民"是其"巧于使民"之证，故"舜无失民"，这和"造父不穷其马"，"巧于使马"，故"造父无失马"是一个道理。颜渊警告统治者："鸟穷则啄，兽穷则攫，人穷则诈。自古至今，未有穷其下而能无危者也！"这和荀子平政惠民的思想相吻合。他讲这个故事，用以重申：从政的秘诀，是爱民、惠民，而不是夺民、欺民。

尧问篇第三十二

  本篇以首句二字名篇，而内容较杂。前半着重反映荀子为政治国之道，后半则评述"孙卿不及孔子"之说，以表达崇荀思想。后人疑末节为荀子后学尊崇其师，以论荀卿为全书之后序而并入此篇。

  尧问舜说："我想让全天下的人都归顺，该怎么做呢？"舜回答说："坚守一定的治道而不出差错，做细微之事而不懈怠，忠诚守信而不知疲倦，那么天下的人自然就会来归顺。坚守一定的治道如同天覆地载那样始终如一，做细微之事如同日月这行那样光明正大，忠诚充满内心，发舒于外，显现在四海之内，那么天下就像居室的一个角落，人民归顺还用得着去费力吗！"

  魏武侯谋划国事得当，群臣没有谁能比得上的，退朝后他喜形于色。吴起上前说："您可曾听到身边的人说起楚庄王讲的话吗？"武侯问："楚庄王的话是怎么说的？"吴起回答道："楚庄王谋划国事得当，大臣们没有谁能比得上的，退朝后他面带忧虑。申公巫臣上前问道：'大王您退朝后面带忧虑，为什么呢？'庄王说：'我谋划国事得当，大臣们没有谁能比得上的，因此我忧虑。商汤王的左相仲虺在其文诰中曾说过：诸侯能自己选择师保得到指点的就能称王天下，能自己选择诤臣用于匡正己失的就能称霸诸侯，自己选择疑丞以便决疑的就能保存国家，凡事都由自己谋划而大臣们没有谁能比得上的，就会使国家灭亡。如今以我之不贤，而大臣们都还不如我，我的国家接近于灭亡了，因此我很忧虑。'楚庄王是这么忧虑，而您却总是喜形于色。"武侯站起身来，离开座位，拜了两拜说："是上天派先生您来拯救我的过错啊。"

  周公旦的儿子伯禽将要回到他的封地鲁国，周公对伯禽的师傅说："你们将要走了，临行前何不说说你主君的美德呢？"师傅回答道："伯禽为人宽厚，喜欢自己拿主张，而且谨慎。这三个方面，就是他的美德。"周公说："哎呀！这不是把人的不善当成美德了吗？君子喜欢用道德教育人，所以他的人民能归于正道。说他宽厚，但他拙而不辨善恶,你却赞美他。说他喜欢自己拿主张,这是因为他心胸狭小。君子即使力大如牛,却不与牛比赛谁力气大;即使疾行如马,却不与马比赛谁跑得快;即使智慧如贤士,却不与贤士比赛谁智慧多。竞争这种事,不过是均敌者意气用事,你却赞美他。说他谨慎,这是因为他浅陋。我听说过这样的话:不能超越常规就不能发现贤士。见到贤士就应当问:是不是我还有没明察到的事情呢?不善于求问,知道的事情就会少,知道的事情少就会浅陋。知识浅陋,就会采用卑贱人的办法办事,你却又赞美他!伯禽,我告诉你:我作为文王的儿子,武王的弟弟,成王的叔父,我在天下的地位不低贱吧!然而我用尊敬的礼节求见的有十来人,用还礼方式会见的有三十来人,恭敬而接待的有一百多人,婉言请来访者把话说完而接待的有一千余人。在这一千多人中,我仅得到三个有学识有才干的人,来帮助我端正品行,安定天下。我所能得到的这三个人,并不在我所求见的十来人和所会见的三十来人当中,而是在接待的一百多人和一千多人当中。所以,对待地位高的士我用轻一些的礼,对待地位低的士我用重一些的礼。人人都认为我能超越常情地喜好贤士,因而士就都来到我这里。士都来到我这里,我就能观察到事情的实情;观察到事情的实情,我就能知道事情的是非所在。警戒啊!如果你因为掌管了鲁国就在人前骄傲,那就危险了!那些依赖俸禄而生活的士还可以骄傲,而品行端正的士就不能骄傲。那些品行端正的士,宁肯舍弃高贵而甘为卑贱,宁肯舍弃富有而甘受贫穷,宁肯舍弃安逸而甘受劳苦,即使雨淋日晒脸色变成鳖黑,也不会放弃自己的志向,所以天下的纲纪能不停息,礼乐法度没有废弃!"

有传说道:"缯丘掌管疆界的官吏封人,拜见孙叔敖说:'我听说:做官时间久的被士嫉妒,俸禄优厚的被百姓怨恨,地位尊贵的被君主憎恨。如今相国您兼有这三个方面,却没有得罪楚国的士和百姓,是什么原因呢?'孙叔敖说:'我三次做楚国的相国而内心更加谦虚,每当增加俸禄而施舍更加广泛,地位愈发尊贵而礼节更加恭敬,所以才不会得罪楚国的士和百姓。'"

子贡问孔子说:"我注重对人谦逊,却不知怎样才能做到。"孔子说:"想对人谦逊?那就像土那样吧!深深地挖掘土就能得到甘泉,在土上面播种五谷就能繁盛,种植草木就能繁茂,养育禽兽就能兴旺;土能使生者立身，给死者归宿；土有很多功业但从不止息。要想对人谦逊，就像土那样吧！"

从前虞国君主不重用大夫宫之奇，结果虞国被晋国吞并；莱国君主不重用子马，结果莱国被齐国吞并；商纣王剜了王子比干的心，结果被周武王夺去天下。凡是不亲近贤人任用智者的君主，都会遭到身死国亡的下场。

有一种说法："孙卿不如孔子。"这个说法不对。孙卿不得已生活在乱世，受迫于严酷的刑罚；上面没有贤明的君主，下面又遇到残暴的秦国；礼义不能实行，教化不能推广；仁人遭到贬黜而困窘，天下昏暗不明；德行完备的人反被讥讽，诸侯互相倾轧攻伐。在这个时代，有智慧的人不能参与谋虑政事，有才能的人不能参与治理国家，贤良的人不能得到任用。所以，君主在上面受到蒙蔽而看不清楚，贤人遭到斥逐而不被任用。既然这样，那么孙卿就用追怀圣人的心思，装出狂放的姿态，以愚来警示天下人民。《诗经》上说："既高明又智慧，用以保护自身。"说的就是这个道理。正由于此，他的名声不够显著，门徒不够众多，思想影响不够广大。现在学习的人，得到孙卿遗留下来的学说、教诲，完全可以成为天下人的准则和榜样。凡是运用他学说的地方就能得到很好的治理，凡是听取他教诲的人就能发生巨大的变化。观察孙卿的美善行为，即令孔子也不能超过，然而世人对此不加以详细了解，竟然说他不是圣人。有什么办法呢！天下不能太平，这里因为孙卿没有遭遇好的时运啊！他的德行像唐尧、夏禹，只是世人很少知道；他关于治国的谋略方法没有被君主所采纳，因而又被世人多所怀疑；他的智慧十分贤明，又能遵循正道端正品行，完全可以成为天下人的准则。唉！他是一位贤哲啊！应当成为帝王。然而天地竟然不了解这一点，却要赞美桀纣，杀害贤良。比干被剜心，孔子困厄在匡地；接舆避世隐居，箕子假装疯狂；田常兴兵作乱，阖闾逞威霸道；行为凶恶的得到幸福，行为善良的遭受祸殃。如今持上述说法的人又不考察实情，却相信那些传闻之词。孙卿所处的时代不同，美誉又能从哪里产生呢？他未能执政，功业又怎么能够成就呢？他的志向美好，道德高尚，谁能说他不是贤人呢！

尧问于舜曰："我欲致天下，为之奈何？"对曰："执一无失，行微无怠，忠信无倦，而天下自来。执一如天地，行微如日月，忠诚盛于内，贲于外，形于四海，天下其在一隅邪，夫有何足致也！"

魏武侯谋事而当，群臣莫能逮，退朝而有喜色。吴起进曰："亦尝有以楚庄王之语闻于左右者乎？"武侯曰："楚庄王之语何如？"吴起对曰："楚庄王谋事而当，群臣莫逮，退朝而有忧色。申公巫臣进问曰：'王朝而有忧色，何也？'庄王曰：'不穀谋事而当，群臣莫能逮，是以忧也。其在《中蘬之言》也，曰：诸侯自为得师者王，得友者霸，得疑者存，自为谋而莫己若者亡。今以不穀之不肖，而群臣莫吾逮，吾国几于亡乎，是以忧也。'楚庄王以忧，而君以喜。"武侯逡巡再拜曰："天使夫子振寡人之过也。"

伯禽将归于鲁，周公谓伯禽之傅曰："女将行，盍志而子美德乎？"对曰："其为人宽，好自用，以慎。此三者，其美德已。"周公曰："呜呼！以人恶为美德乎？君子好以道德，故其民归道。彼其宽也，出无辨矣，女又美之。彼其好自用也，是所以窭小也。君子力如牛，不与牛争力；走如马，不与马争走；知如士，不与士争知。彼争者，均者之气也，女又美之。彼其慎也，是其所以浅也。闻之曰：无越逾不见士。见士问曰：无乃不察乎？不闻则物少至，少至则浅。彼浅者，贱人之道也，女又美之乎！吾语女：我文王之为子，武王之为弟，成王之为叔父，吾于天下不贱矣！然而吾所执贽而见者十人，还贽而相见者三十人，貌执之士者百有余人，欲言而请毕事者千有余人，于是吾仅得三士焉，以正吾身，以定天下。吾所以得三士者，亡于十人与三十人中，乃在百人与千人之中。故上士吾薄为之貌，下士吾厚为之貌。人人皆以我为越逾好士，然故士至；士至而后见物，见物然后知其是非之所在。戒之哉！

女以鲁国骄人,几矣!夫仰禄之士犹可骄也,正身之士不可骄也。彼正身之士,舍贵而为贱,舍富而为贫,舍佚而为劳,颜色黎黑而不失其所,是以天下之纪不息,文章不废也!"

语曰:"缯丘之封人,见楚相孙叔敖曰:'吾闻之也:处官久者士妒之,禄厚者民怨之,位尊者君恨之。今相国有此三者,而不得罪于楚之士民,何也?'孙叔敖曰:'吾三相楚而心愈卑,每益禄而施愈博,位滋尊而礼愈恭,是以不得罪于楚之士民也。'"

子贡问于孔子曰:"赐为人下而未知也。"孔子曰:"为人下者乎,其犹土也!深抇之而得甘泉焉,树之而五谷蕃焉,草木殖焉,禽兽育焉;生则立焉,死则入焉;多其功而不息。为人下者,其犹土也!"

昔虞不用宫之奇而晋并之,莱不用子马而齐并之,纣刳王子比干而武王得之。不亲贤用知,故身死国亡也。

为说者曰:"孙卿不及孔子。"是不然。孙卿迫于乱世,鳅于严刑;上无贤主,下遇暴秦;礼义不行,教化不成;仁者绌约,天下冥冥;行全刺之,诸侯大倾。当是时也,知者不得虑,能者不得治,贤者不得使。故君上蔽而无睹,贤人距而不受。然则孙卿怀将圣之心,蒙佯狂之色,视天下以愚。《诗》曰:"既明且哲,以保其身。"此之谓也。是其所以名声不白,徒与不众,光辉不博也。今之学者,得孙卿之遗言余教,足以为天下法式、表仪。所存者神,所遇者化。观其善行,孔子弗过;世不详察,云非圣人。奈何!天下不治,孙卿不遇时也!德若尧、禹,世少知之;方术不用,为人所疑;其知至明,循道正行,足以为纪纲。呜呼!贤哉!宜为帝王。天地不知,善桀纣,杀贤良。比干剖心,孔子拘匡;接舆避世,箕子佯狂;田常为乱,阖闾擅强;为恶得福,善者有殃。今为说者,又不察其实,乃信其名。时世不同,誉何由生?不得为政,功安能成？志修德厚，孰谓不贤乎！

《中蘬之言》：即《尚书·仲虺之诰》。本篇以下所引诰中文字，据王天海引日人物双松曰：按师云友云，皆指其臣言之。臣而谓之师友，是乃其君意所谓者然尔，其实非如常人师友比，故曰"自为得师"也。　疑，即"前疑后丞、左辅右弼"之"疑"也，谓大臣也。又据王天海注：疑，即疑丞，古官名，为天子咨询之官。《礼记·文王世子》："虞、夏、商、周有师保护，有疑丞。"《尚书大传》二："古者，天子必有四邻：前曰疑，后曰丞，左曰辅，右曰弼。天子有问无以对，责之疑；可志而不忘，责之丞。"　"女将行"以下文字：据王天海注，"女将行"以下至"女又美之乎"为周公告傅之语，"吾语女"以下之文为周公戒伯禽之语。女，通"汝"，你。而子，犹言"汝君"；而，通"尔"；子，君也。不闻，即不问。　缯丘：缯，同"鄫"。杨倞、郝懿行皆以为古鄫国在东海，属汉之东海郡；刘师培又以为缯丘即寝丘，为孙叔敖桑梓之乡。似均可商榷。据20世纪60年代湖北随县曾侯乙墓出土文物，"鄫"又同"曾"，古曾国即曾侯之国，当在今湖北随州市，正楚国故地也。　扣：通"掘"。　鰌：通"遒"，迫蹙，引申为钳制。　"既明且哲"云云：引自《诗经·大雅·烝民》。　接舆：春秋时楚之隐士。　田常：即田恒，又名田成子，杀齐简公，立平公，自任齐相，齐政尽归田氏。

本篇论述为政治国之道，首先讲尧舜招致天下人民的办法。天下统一，要在人心思齐，人民归附。这是抓天下统一的基础。其一是"执一无失"：执一，即守一定之道。治国之道，像天覆地载一样始终如一，这是圣王明君英明之所在，故曰"执一如天地"。治国方针有一贯性、长期性，同时还须将恩惠普遍地施及于人民。其二是"行微无怠"：行微，即行隐。政事活动便捷通畅，为民谋利细微安徐，虽为人所不见，却不因此而有怠惰之心，此如日月般光明正大，故曰"行微如日月"。勤政廉行，是圣王明君所树楷模。其三是"忠信无倦"：治国当忠，为民当信，忠诚、信用皆于内心形成，其美显现于外，而能感化人民，日复其日，从无疲倦，丝毫不变，故曰"忠诚盛于内，贲于外，形于四海"。为民守信至诚，也是圣王明君执政理念。"天下其在一隅邪，夫有何足致也！"其，可训乃。采用上述三种办法，则天下虽大，就像在居室一角，不用费力，人民招致而来。其次，为政治国，必用贤才。故本篇讲述楚庄王"退朝而有忧色"的故事，来强调这一道理。楚庄王忆起商汤王左相仲虺一番话："诸侯自为得师者王，得友者霸，得疑者存，自为谋而莫己若者亡。"所谓师、友、疑，实为天子咨询辅弼之大臣，并非如常人师友。此言如"自为谋"让师、友、疑等大臣"莫己若"，这个国家就没有王、霸、存的希望，反而会灭亡。楚庄王恰遇此难题："今以不穀之不肖而群臣莫吾逮，吾国几于亡矣，是以忧。"荀子又将"昔虞不用宫之奇而晋并之，莱不用子马而齐并之，纣刳王子比干而武王得之"的事实，归纳得出"不亲贤用知而身死国亡也"的结论，告诫后世君主。最后，为政治国，君主当修身。"君子好以道德，故其民归道。"以，用也。君子好用道德教化人民，所以人民归于正道者众。但教人必先正己，周公关注其子伯禽的道德教养状况，正是希望伯禽真有美德。而伯禽之傅在道德上有误区，周公予以纠正。伯禽"出无辨矣"，出读为拙。意即拙而不辨善恶，却美之曰"彼其宽也"。伯禽"好自用"，本为"婺小"，即心胸狭小，不过"均者之气也"，即耕者农夫之气量，有何值得赞美的？伯禽之所谓"慎"，是其"浅"所致。浅者，浅陋也。周公以"无越逾不见士"强调说，超越常规是发现贤士的充分必要条件，然而伯禽不明乎此，其浅陋在于沿用"贱人之道"而拒纳贤士。伯禽之傅却又予赞美！他犯的错误是"以人恶为美德"，将会误人子弟而害国。周公以自身为例，向其子伯禽说明"君子好以道德"而"士至"的道理："吾于天下不贱"，却"执贽而见者"、"还贽而相见者"、"貌执之士者"，或"薄为之貌"于上士，或"厚为之貌"于下士，以尽收天下贤才，目的是"以正吾身，以定天下"。统治者凭高尚道德和适当礼貌招揽来贤才，可以使君主"知其是非之所在"，即提高执政的能力和水平；另一方面，这些"正身之士"，自身都是道德修养很高的人，他们"舍贵而为贱，舍富而为贫，舍佚而为劳，颜色黎黑而不失其所，是以天下之纪不息，文章不废也"，他们如此守道而不失其志，必能使治国纲纪和礼乐法度常存不废。荀子还指出统治者为人谦逊的重要，如孙叔敖"三相楚而心愈卑，每益禄而施愈博，位滋尊而礼愈恭"，因而能得到士人百姓的拥戴。怎样才能做到"为人下者"，即对人谦逊呢？请记住孔子的教导，像土那样："深扣之而得甘泉焉，树之而五谷蕃焉，草木殖焉，禽兽育焉；生则立焉，死则入焉；多其功而不息。"

附　录

历代名家论荀子

一、西汉刘向传述荀子

孙卿，赵人，名况。方齐宣王、威王之时，聚天下贤士于稷下，尊宠之。若邹衍、田骈、淳于髡之属甚众，号曰列大夫，皆世所称，咸作书刺世。是时，孙卿有秀才，年五十，始来游学。诸子之事，皆以为非先王之法也。孙卿善为《诗》、《礼》、《易》、《春秋》。至齐襄王时，孙卿最为老师，齐尚修列大夫之缺，而孙卿三为祭酒焉。

齐人或谗孙卿，乃适楚，楚相春申君以为兰陵令。人或谓春申君曰："汤以七十里，文王以百里。孙卿，贤者也，今与之百里地，楚其危乎！"春申君谢之，孙卿去之赵。后，客或谓春申君曰："伊尹去夏入殷，殷王而夏亡；管仲去鲁入齐，鲁弱而齐强。故贤者所在，君尊国安。今孙卿，天下贤人，所去之国，其不安乎！"春申君使人聘孙卿。孙卿遗春申君书，刺楚国，因为歌、赋，以遗春申君。春申君恨，复固谢孙卿，孙卿乃行，复为兰陵令。春申君死而孙卿废，因家兰陵。

李斯尝为弟子而相秦，及韩非号韩子，又浮丘伯皆受业，为名儒。

孙卿之应聘于诸侯，见秦昭王。昭王方喜战伐，而孙卿以三王之法说之，及秦相应侯，皆不能用也。至赵，与孙膑议兵赵孝成王前。孙膑为变诈之兵，孙卿以王兵难之，不能对也。卒不能用。

孙卿道守礼仪，行应绳墨，安贫贱。孟子者，亦大儒，以人之性善。孙卿后孟子百余年，孙卿以为人性恶，故作《性恶》一篇，以非孟子。苏秦、张仪以邪道说诸侯，以大贵显。孙卿退而笑之曰："夫不以其道进者，必不以其道亡。"

至汉兴，江都相董仲舒亦大儒，作书美孙卿。孙卿卒不用于世，老于兰陵。疾浊世之政，亡国乱君相属，不遂大道，而营乎巫祝，信禨祥；鄙儒小拘如庄周等，又滑稽乱俗。于是推儒、墨道德之行事，兴坏序列，著数万言而卒，葬兰陵。而赵亦有公孙龙为"坚白""同异"之辨，处子之言；魏有李悝尽地力之教；楚有尸子、长庐子、芋子，皆著书。然非先王之法也，皆不循孔氏之术，唯孟轲、孙卿为能尊仲尼。

兰陵多善为学，盖以孙卿也。长老至今称之曰："兰陵人喜字为卿，盖以法孙卿也。"

孟子、孙卿、董先生，皆小五伯，以为仲尼之门，五尺童子皆羞称五伯。如人君能用孙卿，庶几于王。然世终莫能用，而六国之君残灭，秦国大乱，卒以亡。

观孙卿之书，其陈王道甚易行，疾世莫能用。其言悽怆，甚可痛也！呜呼！使斯人卒终于闾巷，而功业不得见于世，哀哉！可为寘涕。其书比于记传，可以为法。（刘向：《校雠孙卿书录序》）

二、东汉徐幹论荀子

昔荀卿生乎战国之际，而有叡哲之才，祖述尧舜，宪章文武，宗师仲尼，明拨乱之道，然而列国之君，以为迂阔不达时变，终莫肯用也。（徐幹：《中论·审大臣》）

三、唐韩愈论荀子

始吾读孟轲书，然后知孔子之道尊，圣人之道易行，王易王，霸易霸也。以为孔子之徒没，尊圣人者孟氏而已。晚得扬雄书，益尊信孟氏。因雄书而孟氏益尊，则雄者亦圣人之徒欤！

圣人之道不传于世，周之衰，好事者各以其说干时君，纷纷藉藉相乱，六经与百家之说错杂。然老师大儒犹在。火于秦，黄老于汉，其存而醇者，孟轲氏而止耳，扬雄氏而止耳。及得荀氏书，于是又知有荀氏者也。考其辞，时若不粹。要其归，与孔子异者鲜矣。抑犹在轲、雄之间乎？

孔子删《诗》、《书》，笔削《春秋》，合于道者著之，离于道者黜去之。故《诗》、《书》、《春秋》无疵。余欲削荀氏之不合者，附于圣人之籍，亦孔子之志欤？孟氏，醇乎醇者也；荀与扬，大醇而小疵。（《韩昌黎文集·读荀》）

四、宋王安石论荀子

荀卿载孔子之言曰："由，智者若何，仁者若何？"子路曰："智者使人知己，仁者使人爱己。"子曰："可谓士矣！"子曰："赐，智者若何，仁者若何？"子贡曰："智者知人，仁者爱人。"子曰："可谓士君子矣！"子曰："回，智者若何，仁者若何？"颜渊曰："智者知己，仁者爱己。"子曰："可谓明君子矣！"是诚孔子之言欤？吾知其非也！

夫能近见而后能察远，能利狭而后能泽广，明天下之理也。故古之欲知人者必先求诸己，欲爱人者必先求爱己，此亦理之所必然，而君子所不能易者也。请以事之近而天下之所共知者论之：今有人于此，不能见泰山于咫尺之内者，则虽天下之至愚，知其不能察秋毫于百步之外也。盖不能见于近则不能察于远，明矣！而荀卿以谓知己者贤于知人者，是犹能察秋毫于百步之外为不若见泰山于咫尺之内者之明也。今有人于此，食不足以厌其腹，衣不足以周其体者，则虽天下之至愚，知其不能以赡足乡党也。盖不能利于狭则不能泽于广，明矣！而荀卿以谓爱己者贤于爱人者，是犹以赡足乡党为不若食足以厌腹、衣足以周体者之富也。由是言之，荀卿之言其不察理已甚矣！故知己者智之端也，可推以知人也。爱己者仁之端也，可推以爱人也。夫能尽智仁之道，然后能使人知己、爱己。是故能使人知己爱己者，未有不能知人爱人者也；能知人爱人者，未有不能知己爱己者也。今荀卿之言一切反之，吾是以知其非孔子之言，而为荀卿之妄矣！扬子曰："自爱，仁之至也。"盖言能自爱之道则足以爱人耳，非谓不能爱人而能爱己者也。噫！古之人爱人不能爱己者有之矣，然非吾所谓爱人，而墨翟之道也！若夫能知人而不能知己者，亦非吾所谓知人矣！（《王安石文集·荀卿论》）

呜呼！荀卿之不知礼也！其言曰："圣人化性而起伪。"吾是以知其不知礼也。……故礼始于天而成于人，知天而不知人则野，知人而不知天则伪。圣人恶其野而疾其伪，以是礼兴焉。今荀卿以谓圣人之化性为起伪，则是不知天之过也。（《王安石文集·礼论》）

五、宋苏轼论荀子

尝读《孔子世家》，观其言语文章，循循然，莫不有规矩，不敢放言高论，言必称先王，然后知圣人忧天下之深也。茫乎不知其畔岸而非远也，浩乎不知其津涯而非深也。其所言者，匹夫匹妇之所共知而所行者，圣人有所不能尽也。呜呼，是亦足矣，使后世有能尽我说者，虽为圣人无难而不能者，不失为寡过而已矣！

子路之勇，子贡之辨，冉有之智，此三者皆天下之所难能而可贵者也，然三子者，每不为夫子之所说。颜渊默然不见其所能，若无以异于众人者，而夫子亟称之。且夫学圣人者，岂必其言之云尔哉？亦观其意之所向而已。夫子以为后世必有不足行其说者矣，必有窃其说而为不义者矣，是故其言平易正直而不敢为非常可喜之论，要在于不可易也。

昔者，尝怪李斯师事荀卿，既焚灭其书，尽变古先圣王之法，于其师之道，不啻若寇雠。及今观荀卿之书，然后知李斯之所以事秦者，皆出于荀卿而不足怪也。荀卿者，喜为异说而不让，敢为高论而不顾者也。其言愚人之所惊，小人之所喜也。子思、孟轲，世之所谓贤人、君子也，荀卿独曰："乱天下者，子思、孟轲也。"天下之人如此其众也，仁人义士如此其多也，荀卿独曰："人性恶。桀、纣，性也；尧、舜，伪也。"由是观之，意其为人，必刚愎不逊而自许太过。彼李斯者，又特甚者耳。今夫小人之为不善，犹必有所顾忌。是以夏、商之亡，桀、纣之残暴，而先王之法度礼乐刑政犹未至于灭绝而不可考者，是桀、纣犹有所存而不敢尽废也。彼李斯者，独能奋然而不顾，焚烧夫子之六经，烹灭三代之诸侯，破坏周公之井田，此亦必有所恃者矣！彼见其师历诋天下之贤人以自是，其愚以为古先圣王皆无足法者，不知荀卿特以快一时之论，而不自知其祸之至于此也。其父杀人报雠，其子必且行劫。荀卿述王道，明礼乐，而李斯以其学乱天下，其高谈异论，有以激之也。孔、孟之论未尝异也，而天下卒无有及者。苟天下无有及者，则尚安以求异为哉！（《苏轼文集·荀卿论》）

六、宋黄震论荀子

余读荀卿书，然后知昌黎公之不可及。虽欧阳子最尊昌黎公，其议论亦有时而异者。大抵诵述正论于义理开明之日易，辨明正理于是非迷谬之世难。自战国纵横之说兴而处士横议之风炽，极而至于庄周，并收一世之怪，大肆滑稽之口，以戏薄尧、舜、禹、汤、文、武、周公、孔子之道，而天下之正理，世无复知于斯时也！知尊王而贱霸，知尊孔氏而黜异端，孟子之后，仅有荀子一人。而世不称荀子，何哉？盖尝考其故，由汉及唐，皆尊老、庄，其间溢出而为禅学者，亦庄、老之余涨，而荀子尝斥老聃为"知诎而不知伸"，斥庄周为"蔽于天而不知人"，其说正由与汉及唐之学者相背驰，宜其不之称也。独一昌黎公奋自千载无传之后，破除千载迷谬之说，尊孟子以续孔氏，表荀子以次孟子，卓哉！正大之见，孔孟以来，一人而已。其关系正邪之辨，为何如哉！

追至我朝，理学大明，三尺孺子亦知向方矣！老苏以杰然不世出之才，反独远追战国纵横之学，此与荀子正相南北，识者已疑之。欧阳子一见乃惊叹，以为荀子。夫荀子明儒术于战国纵横之时，而老苏祖纵横于本朝崇儒之日。同耶，异耶？而谓苏为荀耶，或者特于其文而言之耶？又曰昌黎谓荀子"大醇小疵"，世之因而指实其小疵者，曰：非子思、孟子也；曰：谓性为恶而谓为善者伪也。若然，则岂止小疵而已哉！余观其非子思、孟子，盖其妄以知道自任，故欲排二子而去之，以自继孔子之传，其意尽于篇末可见矣！正坐不自量耳。至其以为善为伪，则其说虽可惊，其意犹可录。盖彼所谓伪者，人为之名，非诈伪之伪。若曰人性本恶，修为斯善，其意专主习而不主性，其说遂堕一偏，而又古今字义渐变不同。如古以"媚"为深爱，而后世以为邪；古以"佞"为能言，而后世以为谄。荀子之所谓"伪"，殆类《中庸》之所谓"矫而择言不精，遂犯众骂"，不然何至以为善为诈伪之伪也哉！惟其本意之所指，初不期然。此昌黎姑恕其说而指为小疵欤？抑荀子之小疵，虽其议论之近理者，亦或不免，不但非孟、言性而已也。大抵荀子之所主者在礼，而曰"礼之敬文"也，则礼之本于内心者，卿殆未之深考，故其议礼之效，惟欲辨分以足用。其于论王霸曰"粹而王，驳而霸"，曰"义立而王，信立而霸"，几谓王霸无异道，特在醇不醇之间。至于内外义利之分，则略不及。又谓能治其国，则文绣为当然，而厚葬为无害，其与他日讥齐威淫佚而犹许其有大节者无以异。然则使荀卿而用于世，亦不过富国强兵，善致邻国，成霸功尔！（《黄震文集·荀子》）

七、宋朱熹论荀子

诸子百家书，亦有说得好处。如《荀子》曰："君子大心则天而道，小心则畏义而节。"此二句说得好。曰："看得荀子资质，也是个刚明的人。"曰："只是粗。他那物事皆未成个模样，便将来说。"（《朱子语类·战国汉唐诸子》）

《荀子》尽有好处，胜似《扬子》，然亦难看。（同上）

不要看《扬子》，他说话无好处，议论亦无的实处。荀子虽然是有错，到说得处也自实，不如他说得恁地虚胖。（同上）

荀卿则全是申、韩，观《成相》一篇可见。他见当时庸君暗主战斗不息，愤闷恻怛，深欲提耳而诲之，故作此篇。然其要，卒归于明法制、执赏罚而已。（同上）

如世人说坑焚之祸起于荀卿，荀卿著书立说，何尝教人焚书坑儒？

只是观它无所顾藉,敢为异论,则其末流便有坑焚之理。(同上)

八、明宋濂论荀子

(荀子)其论殊精绝,然况之为人,才高而不见道者也。由其才高,故立言或不悖于孔氏;由其不知道,故极言性恶,及讥讪子思、孟轲,不少置。学者其亦务知道哉!至若李斯,虽事荀卿,于荀之学憯乎未有所闻。先儒遂以为病,指为刚愎不逊、自许太过之人,则失之矣。(《宋学士文集·诸子辨·荀子》)

九、明归有光论荀子

当战国时,诸子纷纷著书,惑乱天下。荀卿独能明仲尼之道,与孟子并驰。顾其为书者之体,务富于文辞,引物联类,蔓衍夸多,故其间不能无疵。至其精造,则孟子不能过也。自扬雄、韩愈皆推尊之,以配孟子。迨宋儒颇加诋黜,今世遂不复知有荀氏矣。悲夫!(《震川先生集·荀子叙录》)

十、明李贽论荀子

荀子与孟子同时,其才俱美,其文更雄杰,其用之更通达而不迂,不晓当时何以独抑荀而扬孟也。中间亦尊周、孔,然非俗所以尊者;亦排墨子,亦非十二子,然亦非俗之所以排、所以非者,故曰"荀、孟"。(李贽:《藏书·德业儒臣》)

宋人谓卿之学不醇,故一传于李斯,即有坑儒焚书之祸。夫弟子为恶而罪及师,有是理乎?若李斯可以累荀卿,则吴起亦可以累曾子矣!(李贽:《焚书·宋人讥荀卿》)

十一、清汪中论荀子

荀卿之学,出于孔氏,而尤有功于诸经。(汪中:《荀卿子通论》)

六艺之传赖以不绝者,荀卿也。周公作之,孔子述之,荀卿子传之,其揆一也。(同上)

今考其书,始于《劝学》,终于《尧问》,篇次实仿《论语》。《六艺论》云:"《论语》,子夏、仲弓合撰。"《风俗通》云:"穀梁为子夏门人。"而《非相》、《非十二子》、《儒效》三篇,每以仲尼、子弓并称。子弓之为仲弓,犹子路之为季路,知荀卿之学实出于子夏、仲弓也。《宥坐》、《子道》、《法行》、《哀公》、《尧问》五篇,杂记孔子及诸弟子言行,盖据其平日之闻于师友者,亦由渊源所渐,传习有素而

然也。故曰荀卿之学出于孔氏，而尤有功于诸经。（同上）

十二、清钱大昕论荀子

盖自仲尼既殁，儒家以孟、荀为最醇。太史公叙列诸子，独以孟、荀标目；韩退之于荀氏，虽有"大醇小疵"之讥，然其云"吐辞为经"、"优入圣域"，则与孟氏并称无异词也。宋儒所訾议者，唯《性恶》一篇。愚谓孟言性善，欲人之尽性而乐于善；荀言性恶，欲人之化性而勉于善；立言虽殊，其教人以善则一也。宋儒言性，虽主孟氏，然必分义理与气质而二之，则已兼取孟、荀二义，至其教人以变化气质为先，实暗用荀子化性之说。然则荀子书讵可以小疵訾之哉！古书"伪"与"为"通。荀子所云："人之性恶，其善者伪也。"此"伪"字即"作为"之为，非"诈伪"之伪。故又申其义云："不可学、不可事而在人者谓之性；可学而能、可事而成之在人者谓之伪。"《尧典》"平秩南讹"，《史记》作"南为"，《汉书·王莽传》作"南伪"，此"伪"即"为"之证也。（钱大昕：谢刻《荀子笺释·跋》）

十三、清郝懿行论荀子

近读孙卿书而乐之，其学醇乎醇，其文如《孟子》，明白宣畅，微为毓富，益令人入而不能出。颇怪韩退之谓为"大醇小疵"，蒙意未喻，愿示其详。推寻韩意，岂以孟道性善，荀道性恶，孟子尊王贱霸，荀每王霸并衡？以是为疵，非知言也。何以明之？孟遵孔氏之训，不道桓、文之事，荀矫孟氏之论，欲救时世之急。《王霸》一篇，剀切錞于，沁人肌骨，假使六国能用其言，可无暴秦并吞之祸。因时无王，降而思霸。孟、荀之意，其归一耳。至于性恶、性善，非有异趣。性虽善，不能废教；性即恶，必假人为。"为"与"伪"，古字通。其云"人之性恶，其善者伪也"，伪即为耳。孟、荀之恉，本无不合，惟所持论，各执一偏。准以圣言，"性相近"即兼善恶而言，"习相远"乃从学染而分。后儒不知此义，妄相毁诋。……孙卿与孟时势不同，而愿得所藉手，救弊扶衰，其道一也。本图依托春申，行其所学。迨春申亡而兰陵归，知道不行，发愤著书，其恉归意趣，尽在《成相》一篇，而讬之瞽矇之词以避患也。（郝懿行：《荀子补注》附《与王伯申引之侍郎论孙卿书》）

十四、清王先谦论荀子

昔唐韩愈氏以荀子书为"大醇小疵"，迨宋，攻者益众，推其由，以言性恶故。余谓性恶之说，非荀子本意也。其言曰："直木不待檃栝而直者，其性直也；枸木必待檃栝烝矫然后直者，以其性不直也。今人性恶，必待圣王之治、礼义之化，然后皆出于治、合于善也。"夫使荀子而不知人性有善恶，则不知木性有枸直矣。然而其言如此，岂真不知性邪？余因以悲荀子遭世大乱，民胥泯棼，感激而出此也。荀子论学论治，皆以礼为宗，反复推详，务明其指趣，为千古修道立教所莫能外。其曰"伦类不通，不足谓善学"，又曰"一物失称，乱之端也"，探圣门一贯之精，洞古今成败之故，论议不越几席，而思虑浃于无垠；身未尝一日加民，而行事可信其放推而皆准。而刻核之徒，诋諆横生，摈之不得与于斯道。余又以悲荀术不用于当时，而名灭裂于后世流俗人之口为重屈也！（王先谦：《荀子集解·序》）

十五、清谭嗣同论荀子

孔学衍为两大支：一为曾子传子思而至孟子，孟故畅宣民主之理，以竟孔子之志；一由子夏传田子方而至庄子，庄故痛诋君主，自尧、舜以上，莫或免焉。不幸此两支绝不传，荀乃乘间冒孔之名，以败孔之道。曰"法后王，尊君统"，以倾孔学也。曰"有治人，无治法"，阴防后人之变其法也。又喜言礼乐刑政之属，惟恐箝制束缚之具之不繁也。一传而为李斯，而其为祸亦暴著于世矣。故常以为二千年来之政，秦政也，皆大盗也；二千年来之学，荀学也，皆乡愿也。惟大盗利用乡愿，惟乡愿工媚大盗。二者交相资，而罔不托之于孔。被托者之大盗乡愿，而责所托之孔，又乌能知孔哉？（《谭嗣同全集·仁学·二十九》）

荀卿生孟子后，倡法后王而尊君统，务反孟子民主之说，嗣同尝斥为乡愿矣！然荀卿究天人之际，多发前人所未发，上可补孟子之缺，下则衍为王仲任之一派，此其可非乎？（《谭嗣同全集·致唐才常二》）

十六、梁启超论荀子

孔门之学，后衍为孟子、荀卿两派，荀传小康，孟传大同。汉代经师，不问今文家、古文家，皆出荀卿（汪中说）。二千年间，宗派屡变，壹皆盘旋荀学肘下，孟学绝而孔学亦衰。于是专以绌荀申孟为标识，引《孟子》中诛责"民贼"、"独夫"、"善战服上刑"、"授田制产"诸义，谓为大同精意所寄，日倡道之。（梁启超：《清代学术概论·二十五》）

一，尊君权。其徒李斯传其宗旨，行之于秦，为定法制。自汉以后，均相因而损益之，二千年所行，实秦制也。此为荀子政治之派。

二，排异说。荀子有《非十二子》篇，专以攘斥异说为事。汉初传经之儒，皆出荀子，故袭用其法，日以门户水火为事。

三，谨礼仪。荀子之学，不讲大义，而惟以礼仪为重，束身寡过，拘牵小节。自宋以后，儒者皆蹈袭之。

四，重考据。荀子之学，专以名物制度训诂为重。汉兴，群经皆其所传，龂龂考据，浸成马融、郑康成一派，至本朝（清）而大受其毒。此三者为荀子学问之派。

由是观之，二千年政治，既皆出荀子矣；而所谓学术者，不外汉学、宋学两大派，而实皆出于荀子。然则二千年来，只能谓为荀学世界，不能谓之为孔学世界也。（梁启超：《饮冰室文集·论支那宗教改革》）

十七、章太炎论荀子

荀卿以积伪俟化治身，以隆礼合群治天下。不过三代，以绝殊瑰；不贰后王，以綦纹理。百无以礼穿敩，故科条皆务进取而无自戾……其正名也，世方诸认识论之名学，而以为在琐格拉底、亚历斯大德间（桑木严翼说）。由斯道也，虽百里而民献比肩可也。其视孔氏，长幼断可识矣。

夫孟、荀道术皆踊绝孔氏，惟才美弗能与等比，故终身无鲁相之政，三千之化。才与道术，本各异出，而流俗多视是崇堕之。近世王守仁之名其学，以席功伐已。曾国藩至微末，以横行为戎首，故士大夫信任其言，贵于符节章玺。况于孔氏，尚有踊者！孟轲则踬矣，虽荀卿却走，亦职也（荀卿学过孔子，尚称颂以为本师。此则如释迦初教本近灰灭，及马鸣、龙树特弘大乘之风，而犹以释迦为本师也）。（《章太炎全集·訄书·订孔》）

自仲尼后，孰为后圣？曰：水精既绝，制作不绍，浸寻二百年，以踵相接者，惟荀卿足以称是。……

夫治孟学以綦荀氏者，始宋程、苏。苏与程相敌述，其綦荀氏则合从。彼苏氏尤昌狂妄言（近人或谓苏诋荀卿，乃借以诋荆公，大谬。忿疾荀卿，自是宋世习俗。即如子云文人，偶有撰述，特与徐干等耳，于学术何足轻重。自唐韩氏以扬拟荀，宋人遂以"才高多过"、"才短少过"并讥，要只为楬橥孟学，并忘荀、扬之绝非伦比。若谓苏以诋荀卿者诋荆公，然则诋扬雄者亦可云借以诋温公邪？），推其用意，且曰死而操金椎以葬，下见荀卿，将敲其头矣。利禄小生，不可与道古。其文学以程、苏为宝祐，从而和之，使后圣之学，终于闭锢伏匿；仲尼之志，自是不得见。悲夫！并世之儒者，诵说六艺，不能相统一。章炳麟订之曰：同乎荀卿者与孔子同，异乎荀卿者与孔子异。（《章太炎政论选集·后圣》）

十八、王国维论荀子

荀子之非子思、孟子也，曰："犹然而材剧志大……幽隐而无说，闭约而无解。"于是关穷理之事，则唾而不顾，唯先王之礼是由。其言曰："其于天地万物也，不务说其所以然，而致善用其材。"其主义可见也。又曰："道不过三代，法不贰后王。"故其所言，止于经验界，且但关于礼耳。是故责荀子以哲学，非得其正鹄者也。然其思想之精密正确，实从来儒家中所未尝有，而开韩非子法家之论者也。（《王国维文集·荀子之学说》）

十九、蔡元培论荀子

荀子学说，虽不免有矛盾之迹，然其思想多得之于经验，故其说较为切实。重形式之教育，揭法律之效力，超越三代以来之德政主义，而近接于法治主义之范围。故荀子之门有韩非、李斯诸人持激烈之法治论，此正其学说之倾向，而非如苏轼所谓由于人格之感化者也。荀子之性恶论虽为常识所震骇，然其思想之自由，论断之勇敢，不愧为学者云。（蔡元培：《中国伦理学史》第六章"荀子"）

二十、郭沫若论荀子

荀子是先秦诸子中最后一位大师，他不仅集了儒家的大成，而且可以说是集了百家的大成的。……但公正地说来，他实在可以称为杂家的祖宗，他是把百家的学说差不多都融会贯通了。先秦诸子几乎没有一家没有经过他的批判。……

他以思想家而兼长于文艺，在先秦诸子中与孟轲、庄周可以鼎足而三；加上相传是他的弟子的韩非，也可以称之为四大台柱了。孟文的犀利，庄文的恣肆，荀文的浑厚，韩文的峻峭，单拿文章来讲，实在是各有千秋。……

荀子的思想相当驳杂,他的寿命长,阅历多、涉猎广、著述富,是使其驳杂的因素。书非成于一时,文非作于一地,适应环境与时代,自然不免有所参差。但他并不纯其为儒,而是吸取了百家的精华,确是无可否认的事实。因此我觉得他倒很像是一位杂家。杂家代表《吕氏春秋》一书,事实上是以荀子思想为其中心思想,也就是我这一断案的旁证了。但这种杂家的面貌也正是秦以后的儒家的面貌。汉武以后,学术思想虽统于一尊,儒家成了百家的总汇,而荀子实开其先河。"今之学者得孙卿之遗言余教,足以为天下法式表仪。……观其善行,孔子弗过"(《尧问》),荀子门徒的这一番赞辞,可谓推崇备至了。然而文庙里的冷猪头肉才没有荀子的份,这怕就是那些言"术"的窜杂成分误了他吧!那些"术"本是后代的官僚社会的渡世梯航,尽管人人都在遵守,然而却是不好见天日的东西,于面子问题大有关碍。就这样,荀子便只能做狗肉,而不能做羊头了。(郭沫若:《十批判书·荀子的批判》)

二十一、侯外庐论荀子

荀子的学说不但修正了儒学,而且在某种程度上清理了儒学。他批判了子游、子夏、子张、子思、孟轲的儒学,而且在"儒"之学派中,分析出贱儒、小儒、俗儒、瞀儒、愚儒与雅儒、大儒之对立。他所清理了的儒学,归之于前者;他所修正的儒学,归之后者。著者认荀子不仅在天论与性论上都修正了孔子,本来"言性与天道",是孔子最后的根据,荀子以孔门大弟子"不可得而闻者"与子思、孟轲在这一方面扩大者,都加扬弃,他所修正者,实在是根本精神。那么,荀子继承了儒家的传统是什么呢?答复这一问题甚简单,即先王思想的还元。……

荀子把儒学的理论形式都修正,而后把历史还元,这是可称为伟大的思想家。他在还元了的历史先王传统上,表示了他的主观的主张,继承了所谓"雅儒"、"大儒"之统绪,这是无疑的空想。在这里他是一个"因俗"不变论者。他说这是"以浅持博",其主张亦甚朴素。他量人的尺度,实在是浅近的"习俗"。在一个大学者,而这样把自己的主张等于"习俗"的素描,我们认为和历史上曲解现实如中古儒学经师者大有距离。(侯外庐:《中国古代思想学说史》第十一章"中国古代思想底综合者荀学"）

二十二、范文澜论荀子

孔子礼乐学说至荀子得到适时的修正，通过韩非结合黄、老名法成一大学派。荀子在儒家中是和孟子有同等地位的大师，在诸子百家中也和孟子一样，善于评论异家，表彰儒学，是孟子以后最大的儒者。

荀子人胜天地万物说，是有进步意义的，由此造出专制主义的学说，在当时也是适合政治需要的。可是荀子否认命运，不敬天地，不信鬼神，不法先王，轻视仁义，人本性恶诸说，对统治阶级并不合用。因为统治阶级要利用命运、天地、鬼神来巩固自己的地位，要利用先王、仁义、性善来文饰自己的政治，赤裸裸地用刑法来实行专制主义，是和王霸杂用的统治术不合的。所以在形式上合用的还是孔、孟传统儒学，而荀子在儒学中地位不得不落后于孟子。后世孔子庙中没有荀子的位置，虽然专制主义是他倡导的。

荀子是儒家传经大师，秦汉儒生所传《诗》、《礼》、《易》、《春秋》诸经说，多出荀子，因之在儒家传经事业上，荀子远高于孟子。（范文澜：《中国通史简编》第一编第六章第五节"孟子与荀子"）